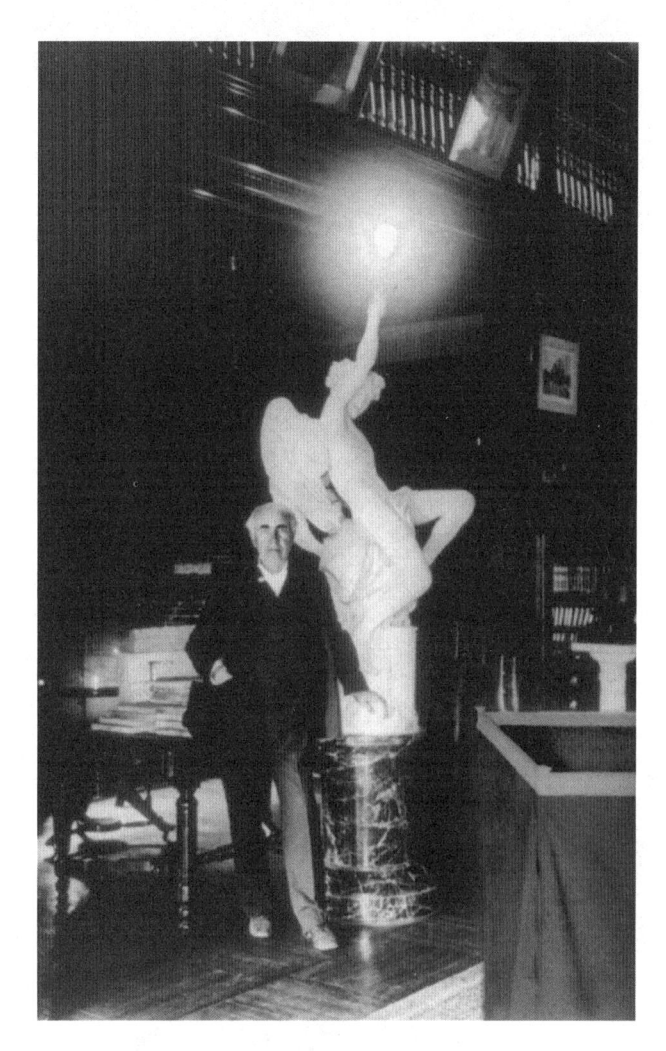

爱迪生在他的实验室图书馆里，
站在奥雷利奥·博尔迪加创作的雕像《电力天才》旁，
1911 年

点亮黑夜

爱迪生传

Edison

[美]埃德蒙·莫里斯 _ 著
(Edmund Morris)

吕凌峰 朱朗讯 陈舸禹 _ 译

中信出版集团 | 北京

图书在版编目（CIP）数据

点亮黑夜：爱迪生传 /（美）埃德蒙·莫里斯著；
吕凌峰，朱朗讯，陈舸禹译. -- 北京：中信出版社，
2023.6（2023.11重印）
书名原文：Edison
ISBN 978-7-5217-5470-4

Ⅰ.①点… Ⅱ.①埃…②吕…③朱…④陈… Ⅲ.
①爱迪生 (Edison, Thomas Alva 1847-1931) —传记 Ⅳ.
① K837.126.1

中国国家版本馆 CIP 数据核字 (2023) 第 058676 号

EDISON
Copyright © 2019, Edmund Arthur Morris Estate
All rights reserved
本书仅限中国大陆地区发行销售

点亮黑夜——爱迪生传
著者：　　［美］埃德蒙·莫里斯
译者：　　吕凌峰　朱朗讯　陈舸禹
出版发行：中信出版集团股份有限公司
　　　　　（北京市朝阳区东三环北路 27 号嘉铭中心　邮编　100020）
承印者：　北京盛通印刷股份有限公司

开本：787mm×1092mm 1/16　　印张：43　　字数：516 千字
版次：2023 年 6 月第 1 版　　　　印次：2023 年 11 月第 2 次印刷
京权图字：01-2023-1548　　　　　书号：ISBN 978-7-5217-5470-4
定价：89.00 元

版权所有·侵权必究
如有印刷、装订问题，本公司负责调换。
服务热线：400-600-8099
投稿邮箱：author@citicpub.com

献给

保利娜

我发现要谈论我的父亲并不容易……我至今没有看到一部令人满意的完整刻画父亲的传记。人们总是过分强调他做过什么事，却很少有人知道他是一个什么样的人。

有时我惊讶地发现，公众对他总是有这样的刻板印象：尽管出身寒微，几乎没受过教育，甚至根本没有个人生活，但他是一个能随心所欲地发明新事物的超人，像一个从不疲惫的非凡机器人，有着不费吹灰之力就能带来成功和惊人财富的最强大脑。然而，我想说，这样形容他不太准确。

———————————————————— 马德琳·爱迪生·斯隆

目 录

III　**译者序**

IX　**序言**
1931 年
我的那些所谓发明已经存在于环境中，我只是将它们拿出来而已。

001　**第一章　植物学**
1920——1929 年
没有什么是永恒的，一切皆在变化中。

085　**第二章　国防**
1910——1919 年
远到全美范围内，近到爱迪生眼前的置物架，到处都有他想要发明的"新事物"。

215　**第三章　化学**
1900——1909 年
"我把我所有的钱都花在了蓄电池上。"专利的申请表明他并不期望早日成功。

281　**第四章　磁学**
1890——1899 年
从活动电影放映机到 X 射线实验。

373　**第五章　光**

1880——1889 年

这张图将 4 个相同的供电区域排列成网格,不仅预见了未来一个世纪内城市的电力设备分布体系,而且清楚地表明了爱迪生的梦想——点亮整个城市。

517　**第六章　声**

1870——1879 年

他并非一直清楚自己在探索哪一门学科——声音电报技术还是电话传输技术,甚至不确定自己是不是在模糊地想象尚未出现的某学科。

603　**第七章　电报**

1860——1869 年

他开始疯狂地工作,有时一天工作 20 个小时,"我永远不会放弃,因为我可能会在死前碰上意外的好运"。

635　**第八章　自然哲学**

1847——1859 年

他只受过 3 个月的正规教育,在课堂上存在学习障碍。当他和母亲读到《自然哲学》时,他感兴趣的基本领域已经确立。

653　**终曲**

1931 年

这个国家的生命和健康依赖于电流,这本身就是爱迪生天才的一座丰碑。

657　**致谢**

659　**图片来源**

660　**参考文献与注释**

译者序

爱迪生,一个无人不知的名字。小时候在妈妈做手术时机智地用反光的镜子为医生照明,经历成千上万次失败后终于发明了白炽灯,一生有上千项发明,"成功就是百分之九十九的汗水加百分之一的天才"……这些广为流传的故事塑造了爱迪生的经典形象。

可能有些人还在互联网上看到过"电流大战"的故事,说爱迪生不择手段地打压了真正的天才特斯拉,这么看来,为人类照亮黑夜的普罗米修斯其实是一个卑鄙小人?但对爱迪生的这种了解全面、真实吗?事实上,爱迪生的女儿马德琳曾经抱怨:"我至今没有看到一部令人满意的完整刻画父亲的传记。人们总是过分强调他做过什么事,却很少有人知道他是一个什么样的人。"

可喜的是,这样一本传记终于问世了。2019 年,纽约著名出版机构兰登书屋出版了《点亮黑夜——爱迪生传》,作者是美国著名的传记作家埃德蒙·莫里斯。莫里斯的第一部传记《领袖的崛起:西奥多·罗斯福》(*The Rise of Theodore Roosevelt*,由新世纪出版社于 2015 年引进出版)出版于 1979 年,随即斩获 1980 年的普利策奖和美国国家图书奖。里根总统在读了这部传记后对莫里斯大为赏识，将他聘为总统的"御用"传记作家，在里根任期内，莫里斯享有自由出入白宫的权利，其地位之非同凡响，由此可见一斑。中国出版界也早已对莫里斯的作品极其关注，已经翻译出版过他的多部著作，如《领袖的崛起：西奥多·罗斯福》《荷兰人：里根传》(*Dutch: A Memoir of Ronald Reagan*，由当代世界出版社于2002年引进出版)、《贝多芬传：扼住命运咽喉的乐圣》(*Beethoven: The Universal Composer*，由译林出版社于2014年引进出版)等。

  遗憾的是，莫里斯于2019年5月去世，《点亮黑夜——爱迪生传》成为莫里斯最新也是最后一部力作。为完成这本书，莫里斯广征博引。西奥兰治的托马斯·爱迪生国家历史公园（TENHP）是一座关于爱迪生的文献宝库，这里珍藏着约500万页的相关文件，莫里斯在撰写这本书时直接利用了TENHP的大量原始档案资料作为依据。此外，他还独辟蹊径，获得了常人更加难以获取的隐秘史料，那就是爱迪生曾外孙所藏的家族档案，甚至还有多年来被尘封的爱迪生给第二位妻子的情书，这些私人档案均向莫里斯敞开了大门。著书所引用的二手论文著作更是不必多说，十分丰富、广泛。莫里斯下了如此功夫搜罗原始文献和专著论文，为全面真实地反映爱迪生的一生打下了坚实的基础。

  该书采用倒叙的方式，以爱迪生每十年的主要工作领域为纲，对这位伟人在植物学、国防、电池、矿业、电灯、留声机、电报机等领域的努力均做了专业的叙述；各章中的小节不全受章名学科所限，对爱迪生生活的方方面面均有述及，举凡时代背景、爱迪生的家庭生活、政治立场、社会新闻，以及他与下属、金融界、竞争对手等的关系都自然地穿插于书中。全书既描绘出爱迪生的经典形象——专注、勤奋的天才发明家，也展现了他较少为人所知的其他面孔：宠爱妻子的丈夫、严厉的父亲、无情的老板、自诩有商业天赋却常常濒临破产的企业家、秉持进步主义理念的老共和党人……通过莫里斯的妙笔，一个鲜活的爱迪生呈现在读者面前。

此书问世之前，也许人们对爱迪生都有着类似的刻板印象：自学成才的天才、精力旺盛的工作狂、不食人间烟火的科学怪人。应当说，这种认识虽然不全面，但与实际相差也不太远。在莫里斯的书中，到处都可寻到例证：爱迪生痴迷于工作，常常忘了吃饭；他和他的"失眠小组"在实验室里不分昼夜地工作，常常在午夜才享用"午餐"；他的脑子里塞满了技术问题，在英国议会，他对议员们激烈的争吵辩论无动于衷，却思考起了大楼的散热问题；他没有接受过小学以上的教育，甚至小学教育也不完整，却阅读各学科的专业著作，追踪期刊文献，并能学以致用，在声学、电气、电化学技术等领域都实现了划时代的突破……凡此种种，不一而足。但这就是爱迪生的全部吗？果真如此，爱迪生就是一个受到顶礼膜拜的神明、偶像，而非一个立体的人了。除了天才的一面，莫里斯也揭示了爱迪生的其他面孔。

爱迪生是个"正常"的男性，他两次和青春靓丽的女学生陷入热恋之中，他对妻子的爱在婚后也未变淡。第一位妻子玛丽弥留之时，他抛开工作奔往妻子身边，在妻子逝后可能是生平唯一一遭不能自已地流下了泪水。追求第二位妻子米娜时，他也一度置工作于不顾，沉溺于对未来夫妻生活的构想中。婚后多年，身在矿山时，他也不忘给妻子寄去一封又一封情书。即便忙于实验，只要米娜来了，他就会耐心地陪着妻子，直到她回家。

对子女来说，爱迪生则显得有些难以亲近、高不可攀，作为父亲，他是迟钝的。尽管经济困难，但他绝不会耽误给远在欧洲的女儿支付医疗费。为了治疗儿子的酗酒，他宁愿花重金将儿子托付在疗养院中。但是他不会给子女们写下充满爱意的哪怕只言片语，因此大大伤了他们的心。

做生意时，爱迪生自认为他和在实验室时一样天赋异禀。然而，科学家的气质使他不能真正精打细算地为自己谋利。他不会把专利卖掉，依靠版税高枕而卧，工程师的热血在他的血管里沸腾，为此他顶着华尔街金主们的质疑，坚持自己筹资，排除各种困难，安装整个曼哈顿下城的电灯系统。他耗时近十年，全身心地投入铁矿事业，几乎掏空了腰包，在此过程中，已很难说他的目的是赢利，他真正享受的是不断地解决难题所带来的乐趣。

近些年来，网络上的一些文章将爱迪生刻画为利欲熏心的企业家、华尔街的代言人，称他残酷地迫害了真正的天才尼古拉·特斯拉。爱迪生是不是这样的人，读过莫里斯的书后，你的心中应该自有答案。

该书除了展现爱迪生个人，还以其生涯为窗口，向读者呈现了美国内战后、大萧条前的科技与美国社会、资本、政治的相互作用。美国内战期间，战事报道的需要极大地刺激了电报行业的发展，爱迪生也在这时成为流浪电报员大军的一员，并在这一领域贡献了他最初的发明才智。可以说，爱迪生的发明生涯是在现实的社会需求下开始的。后来他更是将"只发明人们想用的东西"奉为准绳。在发明生涯的前期，他先后专注于新兴的电报、电话、电灯行业，发明与生意并举，在获得诸多专利的同时财源滚滚。后半生中，爱迪生却不再跟上最新的无线电产业，而是坚持不断完善他老旧的圆筒唱片，最终在声音产品的市场争夺战中败下阵来。

在发明生涯的前期，为了拉到赞助，爱迪生开始和金融界联系，后来更是和古尔德、摩根这样的金融大鳄谈笑风生。金融家们艳羡于他的发明，毫不吝于资助他的科研，尤其在发明电灯时，华尔街的资本让爱迪生拥有充足的物质条件，最终成功地完成"细分电光"的壮举。在这时，资本和科技的发展是互利的。但在电灯发明后，金融家为了谋利又会和他起冲突，对于不那么赢利或成本巨大的项目缺乏兴致，直至篡夺了他的企业，造就了他人生中一段苦涩的回忆。资本将科技视为自身增值工具的本质暴露无遗。

爱迪生的第一项专利电化学投票记录器旨在提高立法机构的计票效率，从这时起，他的发明便和政治挂上了钩。但是这项发明未被采用，某种程度上预示了科学在和政治博弈中的被动地位。晚年的爱迪生已誉满全球，甚至可以对总统施加影响。但是在他深度参与政治的时期，即领导海军顾问委员会时，他仍然不能克服官僚的阻力。爱迪生希望组建一个更多由民间主导、不受政治控制的海军实验室，但华盛顿仅在资金和程序上施加影响，爱迪生的同事们便屈服了。同样，爱迪生曾预言高杀伤力武器的发展会使战争趋于克制，一战中各国政府的表现也完全超出了他的预期。科技未成为政治的主导力量，反倒受到了政治的掣肘。

最后值得一提的是作者的写作方式。事实上，莫里斯向来敢于大胆创新，他在写作里根的传记时，就抛弃了一贯的上帝视角，而是颠覆性地从一个虚构人物的角度叙述传主生平。在《点亮黑夜——爱迪生传》中，至少有以下两点值得注意。

一是倒叙的方式。作者从爱迪生弥留之际写起，逐章倒叙前十年的事迹，直到充满离奇故事的童年，最后在终曲中又回到爱迪生的葬礼和后事。读者面前的爱迪生也从那个熟悉的、被神化了的老人，变成一个忽而志得意满、忽而忧心忡忡的中年人，最后成了米兰的那个奇怪的少年。

  二是每章的小节和标题。每章分为诸多小节，但并非都围绕着章节标题，每一小节可视为这一时段爱迪生经历的一个小故事、一段剪影，因而能反映爱迪生的方方面面。小节的标题几乎都取自该节原文，为反映作者的这一匠心，译者在翻译时也尽量保留了这一特色。因此，读者也可以随意从感兴趣的那一段开始阅读，因为爱迪生人生的任何一段都值得我们驻留品味。

序言

1931 年

爱迪生在走到生命终点之际，正如他在人生起始时一样，只能依靠奶生存。1931 年 2 月，爱迪生 84 岁了，他装作能听到迈尔斯堡镇上的人们为他祝寿。20 个身穿白衣的女学生在棕榈树下护送他到以他的名字命名的一座新桥的落成典礼上。当佛罗里达州长称呼他为"天才"时，他摇了摇头。他剪开绿橙相间的丝带，微弱地欢呼了一声，同时微笑着挥手致意，随后回到他和米娜与亨利·福特夫妇共有的河岸庄园。他谢绝了一块双层糖衣生日蛋糕，喝了一杯 1 品脱①的热牛奶（这是 7 杯中的第 4 杯），他每天都要以此缓解腹部的疼痛。

从少年时代起，他就只吃半饱，恪守提倡节制的哲学家路易吉·柯尔纳罗（1467—1566）的格言："一个人应该饿着肚子离开餐桌。"但这有时也是无奈之举。少年爱迪生是一名流浪电报员，时常在陌生城市的街道上游荡，那时他的收入连一点儿像样的烟草都买不

---

① 1 美制湿量品脱约为 473 毫升。——编者注

起。即使是在收入不菲的而立之年，他的两任妻子都因为高级的饮食而发胖，他本人一顿饭的食物量也仍不超过 6 盎司①，通常只有 4 盎司，饮料只喝牛奶和调味水。"人在喝醉时无法清晰地思考问题。"他唯一的嗜好是抽廉价的科罗纳雪茄，他会整箱整箱地抽，或者不如说是嚼。除了价格实惠，浓烈又辣喉的劲儿也博得了他的欢心。这些长长的雪茄使他本已极度活跃的新陈代谢更加旺盛，他甚至可以连续工作 54 个小时。直到约两年前，他还能习惯性地快速爬好几层楼，而且能将一条腿踢得比桌子还高，十分灵活。在那之前很久，他就胃痉挛得厉害，一餐只能吃下一块羊排或几个鱼丸，再多一点儿就会觉得饭后困倦。77 岁时，他把日常饮食减少到一片烤面包、一汤匙粥、一汤匙菠菜、一条沙丁鱼和四块尤尼塔苏打饼干，用一杯又一杯牛奶把这些食物送下去。81 岁时，他除了在晨起时或者睡前食用 1/4 个橘子，仅以牛奶度日。84 岁的爱迪生饱受肾衰竭和糖尿病的双重折磨。众所周知，他一直以来都是坚不可摧的，但在研究白炽灯几近失明，遭受无数次酸灼伤和电击，手臂和脸都曾被 X 射线照射，吸入多得足以让身体较弱的人得尘肺病的矿尘之后，他最终还是走向了生命尽头，正如 1931 年美国衰退的经济一样，而他的发明则为其贡献了 150 亿美元。

"我想告诫你们的是，一定要勇敢。"他在自己的植物园做告别广播演说时鼓励他的同胞们，"我已经活很久了，眼见历史一次又一次地重演，亲历过多次商业萧条。但是，无一例外，美国都会浴火重生，并且变得更强大、更繁荣。"

冬天即将结束，爱迪生准备回到新泽西的家。在这之前，他向

---

① 1 盎司约为 28.35 克。——编者注

上帝以外的力量祈祷（他否认上帝的存在），希望自己活得久一点儿，能够完成正在进行的一轮植物学实验。"再给我5年时间，美国就会有一种可在12个月内收获的橡胶作物。"

然而，当他到达纽瓦克车站时，很明显，他看不到来年的春光了。他身体虚弱，满头银发，腰弯背驼，走路蹒跚，需要有人在一旁搀扶。他6个孩子中的3个在旁边迎接他。此时，春雷滚滚，一场暴雨倾盆而下。爱迪生踉跄着走向一辆等着去西奥兰治的短途汽车，他的妻子米娜把一块遮雨布披在他的肩上。

第二天早上，在市中心主街他宏伟的实验室大楼里，员工们像往常一样等着"老头儿"——他在20多岁时就被起了这个外号——日复一日地早起准点上班，但在6月剩下的时间和整个7月里，他一反常态地待在其位于卢埃林公园的宅邸"格伦蒙特"里。8月的第一天，他穿戴整齐，准备去乡野游玩，刚到门前却骤然晕倒，被抬回到了床上。三名医生匆匆赶到，其中一人甚至包机前来。那天晚上，他们宣布病人"健康状况不佳"，除了代谢紊乱，还患有慢性肾炎。鉴于这个消息会在华尔街产生负面效果，他们补充道："糖尿病现在已经得到控制，肾脏的情况似乎也有所改善。"

世界各地的新闻编辑室争分夺秒地更新了托马斯·阿尔瓦·爱迪生的讣告。自爱迪生因留声机（他自认为最伟大的发明）一夜成名以来，记者们已经准备了53年。多年来，记者们赞叹，这场不可思议的、为人类历史增添了一个全新维度的声学革命竟然是由一个一只耳朵半聋、另一只耳朵全聋的人完成的。

即使是字数最多的期刊，也没有足够的专栏可以总结爱迪生获得的1 093项涉及机器、系统、工艺流程、现象的产品专利的情况。① （更不用说一项不可能受到保护的发明，即他在新泽西州门洛帕克建立的极具开创性的历史上第一个工业研发机构。）虽然他的残疾程度逐渐加重——"我从 12 岁起就没听见过鸟儿歌唱"——但他发明了 250 种与声音相关的装置：将浸漆丝、云母、铜箔或法国玻璃薄片弯曲并包在半流体垫圈中制成的膜片，会说话唱歌的玩偶，碳钮送话器，用对苯化合物制成的保真度极高的圆筒唱片，可将纸张模压、压平、塑形的复印机，碎钻指针抛光机，圆盘唱片播放机的离心调速器，利用石英圆筒和紫外线的微型扬声器，留声机，有声邮件，小提琴扩音器，声学时钟，无线电话接收器，能够听到太阳黑子爆发的装置，长到必须支撑在两栋建筑之间的喇叭，可供多人共用的骨传导耳塞，声控飞轮，等等。

他在照明技术方面的贡献更是让他千古留名：他创造了可长时间照明的白炽灯泡，并且拥有另外 263 项相关专利。如果他为给医生使用的 X 射线荧光镜也申请专利，那么就会再增加一项。最为人所称道的是，爱迪生设计、制造、构建了世界上第一个白炽灯供电照明系统并为其提供动力。那是 1882 年 9 月的一个夜晚，随着他按下开关，曼哈顿下城第一区昏暗的煤气灯光瞬间变成了如无数颗流光溢彩的珠宝在闪耀的一片光明。

爱迪生在摆弄那些工具和烧瓶时一丝不苟、全神贯注，而他的大脑充满奇思妙想，双手灵巧，由此诞生了通用股票行情自动收录器，电表，巨型发电机，碱性可逆电池，安全矿灯，光滑的糖果包装纸，面部神经痛药膏，潜艇遮蔽装置，夜视望远镜，电子投票记录器，

---

① 爱迪生成年后平均每 10~12 天就会获得一项专利。在 edison.rutgers.edu/patents 这个网站上可以查到根据编号和实体化日期排列的完整专利清单。但该清单不包括他放弃专利权的发明，如 X 射线荧光镜。

旋翼升降飞行器，星光热量传感器，水果保存器，牵引电线、电镀玻璃、标示邮件地址的一些机器设备，金属薄片制造机，从硫化矿石中提炼黄金的方法，电动点烟器，斜面缆索起重机，内燃机自动启动器，超薄箔滚筒压制机，植物汁液萃取器，煅烧炉，织物防水剂，电动笔，声控马毛修剪器，移动式球形打字机，胶带，活动电影摄影机，活动电影放映机，有声彩色电影。他建立了世界上第一家电影制片厂，制造了世界上最大的破碎机，设计了防龙卷风的混凝土房屋，建设了数十座发电厂和一条电磁铁路——铁路上装有机车、电车、制动器和转车台。他捣鼓出一套以电报为主题的哥德堡式系列设备，其中包括可以在一根电线上同时传输多条信息的双工、四工和八工通信设备，可以从高速列车上发送出"蚱蜢"式信号的设备，可以将莫尔斯电码转化为罗马字母的传真信号接收器。如果他在19世纪80年代早期没有忙于发明其他东西，他或许可以将以太点火、热离子发射、扩展感应和整流接收的发现都融合到无线电技术之中。

爱迪生的人生信条在他14岁自己写文章、刊印并发行一份在火车上售卖的报纸时就定下了，那就是只创造实用和有利可图的东西。尽管爱迪生更渴望成为一名企业家，并开办了100多家初创公司，但他发明的欲望仍如情欲一般不可阻挡。他的每一次蜜月都能触发一股技术发明创意的洪流。40岁时，在仅仅一天当中，他就满怀激情地记下了112个"新事物"的原创想法，包括机械采棉机、压雪机、电钢琴、人造丝、铂丝切冰机、渗透摄影系统（预示着12年后放射学的问世），以及"盲人墨水"——一种也许除了刘易斯·卡罗尔[①]，世界上其他人都不可能想到的东西。

[①] 刘易斯·卡罗尔，英国著名作家，著有《爱丽丝漫游奇境记》《镜中世界》。——编者注

在爱迪生 59 岁时，一个吸湿问题困扰了一位专业化学家 11 个月，可爱迪生在两个小时内就解决了这个技术难题。

只有被年龄压倒时，他创新的车轮才会减速。从 60 岁至 69 岁，他只申请了 134 项专利，而从 70 岁至 79 岁，他申请的专利数量又锐减超过一半。81 岁高龄时（1928 年），爱迪生被授予"光之父"国会金质奖章，但这一年他只申请了两项专利，其后两年则一项也没有。他的最后一项发明"电镀宝石底座"诞生在他人生最后一年的年初。

在床上躺了一个星期后，爱迪生精神恢复了一些，读了一本有关胰岛素疗法的教材，他似乎认为学问可以帮助他修复胰脏。尽管他不认为自己是一名真正的科学家，但他总会阅读最新的专业文献，认为做实验之前应该打好专业知识基础。医生们已离开，但主治医生——他的私人医生休伯特·豪博士，对他的病情并不感到乐观："我认为他脱离不了危险期。"

8 月中旬，爱迪生还可以下地走路和说话，但对于能否回到实验室，他毫无信心。实验室中有图书馆，里面堆满了凝结他毕生心血的科技文献，他在那儿有一张老旧的书桌。在整个职业生涯中，他展示了一种可游走在不同学科领域的超凡能力，每天都在化学、射线照相术、矿物学和电气工程之间穿梭。在人生最后的 8 年里，他痴迷于植物学，想方设法利用美国土生土长的含胶乳植物提炼橡胶，其中包括他培育的"爱迪生一枝黄花"（*Solidago edisonia*）。这个项目得到了他的好朋友亨利·福特和哈维·费尔斯通的资助，他们俩当时的产业完全依赖外国橡胶。爱迪生测试了多达 17 000 种土生植物，其中既有热带榕树又有沙漠灌木，他发现从一枝黄花属植物中最有希望提取出合格的橡胶，德怀特·艾森豪威尔少校鼓励他把这种植物开发成战略性军事储备物资。然而，该植物的水性胶乳中含有杂质，阻碍了他浓缩其中的聚异戊二烯颗粒。最终，他的佛罗里达研究小组硫化出了四大块弹性凝结物并将其送到了他的手中。

托马斯·阿尔瓦·爱迪生股份有限公司的总裁查尔斯·爱迪生声称，"老头儿"收到这几块东西时"非常高兴"。

曾有一段时间，小托马斯·A.爱迪生（昵称汤姆，是爱迪生和其第一任妻子玛丽的长子）希望获得查尔斯的职位，以此宣称自己的继承权，而爱迪生却指责他无法担此大任。汤姆的弟弟威廉小时候就感觉自己不受重视，在中年时期则因为父亲对他的"强烈不满"而越发痛苦。他们的姐姐玛丽昂对父爱的渴望并不比他们少。1884年，在母亲玛丽神秘去世之后的一段时间里，玛丽昂与父亲爱迪生互相安慰。但是亲密的父女关系只持续了不到一年半，爱迪生就和一个刚刚毕业的女学生结婚了。

爱迪生与第二任妻子米娜养育了三个孩子：马德琳、查尔斯和西奥多。这三个孩子拥有足够的母爱，但是得到的父爱仍然不足。马德琳抱怨"父亲和我们隔阂太深"。当爱迪生在工作之余花了足够的时间关注到这三个孩子时，他感到米娜的三个孩子比玛丽的孩子们优秀。其中西奥多尤甚，他是一位杰出的科学家。但是父亲的盛名让六个兄弟姐妹都或多或少承受了巨大的压力。只有马德琳生育了四个儿子，也就是爱迪生的外孙们，他们沿用了"爱迪生"作为中间名。

无论如何，爱迪生这个名字都不会被遗忘。从1869年开始，爱迪生以近乎疯狂的执念将自己和自己创立的每项业务紧密联系在一起：波普-爱迪生公司、爱迪生电动笔和复印机公司、爱迪生矿石加工公司、伦敦爱迪生电话股份有限公司、爱迪生机械厂、托马斯·阿尔瓦·爱迪生中央发电站工程部、爱迪生多路音频系统、爱迪生布线公司、爱迪生留声机公司、爱迪生炼铁公司、爱迪生制造公司、爱迪生工业工厂、爱迪生矿石加工联合股份有限公司、爱迪生尼亚股份有限公司、爱迪生波特兰水泥公司、爱迪生蓄电池公司、爱迪生破碎机公司、爱迪生活动电影摄影机公司、托马斯·阿尔瓦·爱迪生股份有限公司。更不必说还有一些名字冗长的附属公司，如智利爱迪生电话公司、法国爱迪生工商业公司、法国爱迪生活动电影摄影机公司、德国爱迪生公司等。

各种各样的照明公司在全世界范围内大肆宣传他的名字，其中有些公司的名字甚至连西方人自己都看不懂。

9月的第二周，他的身体变得更加糟糕。他感觉到自己大限将至，便提前向妻子和孩子告别。休伯特·豪医生每天都发布非常悲观的健康状况公告。一则公告提到，爱迪生患有布赖特病（肾脏的一种慢性炎症），胃溃疡又使他并发尿毒症和糖尿病。他会感到一阵阵的头晕目眩，并逐渐失去了视力，也丧失了残余的听力。似乎他唯一能辨别的声音是米娜一边用手抚摸他的脸颊，一边在他右耳边大喊"亲爱的，你还好吗"。10月初，他只能喝下牛奶，只有一天早晨，医生让他咽下了几勺炖梨。此后，他一动不动地躺着，只有脉搏还在跳动。

外面传言他随时可能会去世。胡佛总统要求即时知情，教皇庇护十一世发电报表达了关切。堪萨斯州的一名妇女主动提出为他献血，希望让这位老发明家活下来。新闻记者开始全天守候在位于爱迪生家车库上方的记者招待室里。其他人则在位于市中心的爱迪生实验室附近逗留，他们还怀揣期待，实验室的创始人可能会在几个小时后从里面钻出来，长着银白色的胡须，浑身散发出化学药品的味道，从领子到袖口都沾着烟草汁和蜡滴，眨着眼说，他得回家挽救婚姻了。

他的大房子里住着一大家子人。尽管长久以来玛丽和米娜这两位母亲生育的孩子之间存在分歧，但此时他们全都聚集在楼下的书房中。主治医生和一组护士一直轮流照看着这位病人，楼上病房的灯一直亮到拂晓时分。卢埃林公园的大门不准汽车通行。邻居们被禁止进行娱乐活动，殊不知，爱迪生从不在意外界的噪声。

15日，爱迪生短暂地睁开了他大而蓝却失明的眼睛，随后陷入最后的昏迷，主治医生豪放弃了希望。爱迪生的手偶尔做出揉捏的动作，似乎仍在测试橡胶的延展性。查尔斯告诉记者："父亲坚持不了多久了。"亨利·福特打出急电，要求将这位伟人的最后一口气息保存在试管中。

10月18日星期日，凌晨3点24分，在米娜和所有孩子的陪伴下，爱迪生悄然离世。

两分钟后，实验室图书馆里的高挂钟停止发出嘀嗒声。接下来的三天，它的指针保持着那一天锐角的形状，彼时身穿老式工装外套的爱迪生正躺在敞开的棺材里。成千上万名送葬者从旁走过，瞻仰他的蜡像。蜡像的雕塑者詹姆斯·厄尔·弗雷泽说："爱迪生拥有一张不可思议、充满力量的面孔，漂亮饱满的额头、鼻子、嘴巴和下巴……手也很棒，指甲和指尖精致又敏感，这些都显示出强大的力量。"

对于那些不怎么关注爱迪生躯体的参观者来说，四周的长廊就如同刻满爱迪生创造力智慧的木质头脑，环顾四周你就可以了解爱迪生。正如那句拉丁文所言："如果你想寻找他的纪念碑，就请环顾你的周围。"配有爬梯、三倍于普通高度的书架，上面摆着数千本各类科技图书，以及按字母顺序排列的各类期刊，涵盖了航空、汽车、化学、建筑、药物、电气工程、水力、机械、冶金、采矿、音乐、哲学、铁路、电报、戏剧领域，但不包含数学，这是极少数令他备感无聊、从未涉猎的学科之一。有一处墙角的基座支撑着一个重达486磅[①]的神秘实心抛光铜立方体。镶板和玻璃柜上摆放着闪闪发光的机械模型、水晶、大块矿石、勋章及金质奖章。陈列品边上还用框裱上了一句引用有误的话："没有任何捷径可以让人逃避真正的思考。"

图书馆的所有灯都变暗了，只有奥雷利奥·博尔迪加创作的大理石雕像《电力天才》仍反射出柔和的光线。在金碧辉煌的房间里，有一张爱迪生一直使用但与房间整体风格格格不入的破旧办公桌。为了腾出空间以便放置他的棺材，这张办公桌被挪到一边，靠着一面墙。桌子上的一个文件格里塞满了他打算发明的物品的备忘录。屋内一个幽暗的壁凹里半掩着米娜给他准备的供他休憩的蓝色小床，但实际上他总是喜欢平躺在工作台上，枕着一条胳膊午休，完全"听不到"周围人的谈话。

此时此刻，他的头枕着丝绸。一支由资深雇员组成的送葬队伍守护在他灵柩的周围。散落的红橡树叶和花圈使得本来充满学究迂腐气息的图书馆弥漫着芳香。西奥兰治卫理公会的神职人员每隔几个小时就会做一次祷告，更增添了一点儿神圣的气氛。这些祷告是应米娜的要求而做的，尽管这违背了她丈夫强烈主张的不可知论。主治医生试图让记者们相信，爱迪生在临终时也流露出了宗教情绪。但是他唯一能回想起的爱迪生临终时神秘的遗言是"有无来世，与我无关"。

这场私人葬礼原定于周三的某一时间举行。就在这个时段，来自全球各地的慰问函铺天盖地地涌来，这充分说明，就照亮地球而言，爱迪生所做的贡献仅仅次于太阳。爱因斯坦从柏林发来电报赞美他："具有创造力的爱迪生，使他自己和我们全人类的生活充满灿烂

[①] 1磅约为0.45千克。——编者注

的光芒。"亨利·福特则宣称，爱迪生的成就"深植于全人类日常生活的点点滴滴"。胡佛总统更是深情妙赞："他，带来无限光明，驱散黑暗。"

此前20多年，爱迪生曾坦率至极地进行了自我评价，但是所有的专家都没有引用过这段话："地球上的一切都取决于毅力。我一生中从未有过任何创意，我没有想象力，也从来不梦想什么，我的那些所谓发明已经存在于环境中，我只是将它们拿出来而已。我什么也没创造，没人能创造东西。创意也不是天生的，一切都来自外部。勤劳的人从环境中'引诱'出创意，浑浑噩噩的人只会让创意躺在那儿，而自己跑去看棒球赛。'天才'昼夜'泡'在实验室里，如果创意出现时他正好在场，他就能抓住；如果他不在场，创意还是会出现，只是会花落别家。"

第一章

植物学

1920—1929 年

爱迪生正在收集植物标本，
1927 年前后

爱迪生在 73 岁担任美国海军顾问委员会主席时，正试图去理解一种与牛顿理论体系完全不同的新知识体系。这个新体系的思想对于年迈的爱迪生来说过于抽象，理解起来并不容易。他曾写道："我的悲伤在技术科学领域。"他需要用双手触碰、感受物体，看到灯丝的光芒，闻到碳酸的味道，几乎失聪却仍要尽力听到音乐的"分子震荡"。

他在自己的实验室里应用了法拉第电磁感应和欧姆的电流、电压、电阻关系这些他所理解的定律。但是现在，爱迪生学习爱因斯坦的广义相对论，可能只能尽可能地减缓他自己的粒子的熵增（根据开尔文勋爵的热力学第二定律，这是所有系统的命运）。近期的日食说服了他，同时也说服了被他嘲笑为"自以为是兄弟会"的学院派科学家们，广义相对论是有根据的，尽管该理论不能表明他在 1878 年所做的日全食观测与他随后完善的白炽灯发明之间有任何关联。

爱迪生阅读罗伯特·劳森翻译的广义相对论的原始文本，第 11 页后的内容就难倒了他。他在手稿的页边空白处潦草地写道："爱因斯坦和其他所有数学家一样，向外行解释问题时连个大概都讲不清楚。"他转而求助于一篇对此进行解释说明的文章——乔治斯·德博特扎特的《爱因斯坦相对论：概览问题本质》，并在笔记本上潦草地写下了 31 页要点。

> 万有引力是终极粒子通过固定的物质聚集体时的速度迟滞造成的。终极粒子充满整个空间，向各个方向前进……

此前 40 年，他至少可以根据自己的观察想象到灯泡中加热的碳丝向周围空间发射出热电子而"蒸发"，这是一种后来被称为"爱迪生效应"的现象。这可能是他在电化学领域寻找"新力量"的最大努力了。当时他的同行对他的发现不屑一顾,但后来他知道,即使没有被认可,他也比海因里希·赫兹早 8 年发现了无线电波。

> 无线电波不能通过空间,但能通过与终极粒子结合的物质……如果这是真的,那么所有物质都是由同样的材料构成的。

爱迪生曾嘲讽一位科幻小说作家的观点,说他自己身体的原子可以和一朵玫瑰的原子进行交换。爱迪生指出,爱因斯坦设想宇宙中拥有共同轴的粒子会聚成坚固的"环",而其他粒子则保持空灵状态①,因此就有了太阳系的"原始环"和行星际的虚无。

> 我们现在有一种物质,它是具有极性的,能够产生我们所说的磁和电。

当然,宗教信徒们会断言,把粒子聚集在一起的是上帝的意志。和爱因斯坦一样,爱迪生愿意相信一种由恒星的秩序和美丽表现出来的"至高无上的智慧",也不愿为这种智慧贴标签,"我不能把这种东西想象成一种精神"。他在形而上学领域所能接受的极限,是把人类的亚细胞粒子想象成"无限小的个体,个体本身就是生命的一个单位"。

> 这些单位以小队(或者以我更偏爱的说法——集群)为单位工作,而且……会永生。可以这么说,当我们"与世长辞"的时候,这些成群的单位就像一群蜜蜂前往其他地方,以其他形式或

---

① 在此期间,爱迪生还详尽地研究了分析原子光谱学,就像他做了旁注的丹尼尔·康斯托克和伦纳德·特罗兰的《物质与电的本质》(1919)抄本所描述的那样。

在其他环境中继续发挥作用。如果组成一个人的记忆的生命单位在个体死后还能聚合在一起，那么这些记忆集群是否有可能在肉体消亡后保留我们所说的个性？

因此，爱迪生在一个多世纪前就预见到了集群智能和DNA（脱氧核糖核酸）遗传理论，他放弃了理解相对论，转而继续研究他更钟情的有形宇宙。

曲奇饼大包

在爱迪生看来，新的十年里，他的第一个任务是让自己的鲜明个性重新在托马斯·阿尔瓦·爱迪生股份有限公司显现。战争期间，他迫于形势，疏于打理这个业务杂乱无序的庞大工业集团。公司的经营因此比之前好得多，他却选择视而不见。之前他在公司运营留声机和唱片生产、电影制作、水泥研磨、蓄电池开发、实验室研究等多项业务，但他过于强势，以至于高管们根本无法对他产生任何影响。

爱迪生不爱听劝，他身上既闪耀着魅力，又带着专横。在他年轻时，他的魅力占上风，但此时他已是一个七旬老人，几乎完全失聪，性情变得很暴躁，不再友善。在过去的半个世纪，他的友善曾让成千上万的人乐意为他工作，视他为偶像。很久之前，他的嘴角总是展现着若隐若现的笑意，好像随时都准备放声大笑。艺术家理查德·奥特考特还记得爱迪生在1889年的辉煌，当时，"男孩儿们"为"老头儿"庆生，送了他一台金银相间的留声机。"他的微笑使整栋楼的气氛变得令人愉悦……只要我活着，我就会永远记得那天弥漫在实验室里的欢乐氛围。"

与那些无法和他一样每天工作18个小时的年轻人相比，爱迪生仍然带着不时迸发的旺盛精力行事，这使他思维清晰、行动更果断。他认为锻炼是浪费时间，睡觉更甚。从 20 岁开始，他就一直保持着体重 175 磅、身高 5 英尺①9.5 英寸②的身材，只有几次体重出现波动，但是很快就恢复了常态。（"我真的认为我身上长了一个曲奇饼大包。"）除了那双蓝灰色的眼睛，他外表最引人注目的地方是他的大脑袋，一头浓密的白发使他的头显得越发大。他头戴定制的 8.5 号草帽，为了舒适把帽带都剪开了。他在与人握手时则表现得十分敷衍且冷淡。他偏执地专注于自己感兴趣的项目，手插口袋，大步向前，眼中只有目的地，从不在意时间。他也从不戴表，昼夜不分，想打瞌睡时就打瞌睡，想起床就起床，并且希望他的助手们也能效仿他。对他来说，每天睡两个小时足矣，他不明白为什么其他人总是睡不够。

尽管爱迪生曾经相当讨人喜欢，但除了偶尔脸上洋溢着亲切的微笑，他不曾给予任何人爱的回应，甚至这种微笑中常常带有一丝嘲弄。他认为那些伤人的玩笑（带电的脸盆、往白色西装上吐嚼过的烟草、往孩子们的赤脚上扔爆竹）都很有趣。依靠非凡的精力和神奇的想象力，赚钱对他来说非常容易（上一次计算发现，他的个人财富接近 1 000 万美元③），但他对别人的不幸和厄运无动于衷，对妻子的孤独也漠不关心。1920 年，他回到实验室工作，决定教教儿子查尔斯·爱迪生一些关于管理大公司的知识。

---

① 1 英尺约为 0.3 米。——编者注
② 1 英寸为 2.54 厘米。——编者注
③ 根据网站 measuringworth.com 上的"购买力计算器"，相当于 2018 年的 1.25 亿美元（本书写作于 2018—2019 年）。

没有什么是永恒的，一切皆在变化中

四年来，查尔斯一直以为托马斯·阿尔瓦·爱迪生股份有限公司（以下简称爱迪生公司）的首席执行官是自己，而不是他的父亲。他的正式头衔是公司董事长和总经理，但"老头儿"已经从海军部回来，重新行使起指挥权，如发射霰弹般发出命令，查尔斯觉得自己降级了。他对此也无可奈何，毕竟父亲一直保留着总裁的头衔。

查尔斯·爱迪生，1920年前后

查尔斯快30岁了，已婚但没有孩子，并且性格古怪。对待工作，他是典型的商人做派，谨慎、礼貌、高效、公正。他素净的穿着体现

了霍奇基斯中学与麻省理工学院的贵族风范。他瘦而结实（父亲称他为"小壮"），长相英俊，在他紧锁的眉头下是一双浅蓝色的大眼睛。晚年的查尔斯与父亲越发相似。

无论是在家里还是在他经常光顾的格林尼治村咖啡馆里，查尔斯都是一个波希米亚式的放荡不羁的人。有两年，他一直在华盛顿广场附近帮忙经营一家先锋派剧院，晚间乘夜行火车返回西奥兰治。他能说一口流利的法语，创作了《搔首弄姿》（"Wicky Wacky Woo"）等歌曲，吸引了大批年轻女性，还以"沉睡者汤姆"（Tom Sleeper）为笔名创作了大量浅显易懂的诗歌。

1916年6月，查尔斯出任公司主席时，他表现出了所有激进青年都具备的坚韧精神。在这之前，父亲吝啬、反工会的管理风格已经让西奥兰治综合大楼成为"人们最不愿意工作的地方"。查尔斯利用父亲在海军部工作的空当，雇用了一些更年轻、更进步的高管，同时将爱迪生公司去中心化，形成一个各部门基本独立的体系，由一个负责公司整体利益的管理部为这些部门提供服务。他为自己"把生意建立在更人性化的基础上"而感到自豪，并且明智地扩大了公司规模。到1920年，拥有1.1万名员工的爱迪生公司因其丰厚的薪酬、完善的医疗和社会福利保障而广受好评。

查尔斯满腹忧虑，父亲已经在抱怨公司太大、太松散，这次回来后，很可能会采取行动解散他"设计精妙的组织"，重新建立极权式管理体系。若如此，会议室一定免不了一场腥风血雨。本就患得患失的查尔斯思及这一前景，更加忧心忡忡。他尊称爱迪生为"父亲、老板和英雄"，而对父亲在公司重新掌权半迎半拒。

查尔斯写信给米娜说："父亲在这里，让我感觉即使公海上风高浪急，我也有一个安全的港湾可以停靠。"

第一章　植物学：1920—1929年

只有我们两个

和以往一样,爱迪生每年3月一般居住在位于佛罗里达州迈尔斯堡用于过冬的居所——塞米诺尔小屋。不太寻常的是,没有一个孩子和他在一起。米娜在给她的小儿子、麻省理工学院新生西奥多的信中写道:"我和你爸爸坐在树下,就在查尔斯举行婚礼的地方,宁静而幸福,只有我们两个……34年来都没有这样过。"

令她惊喜的是,爱迪生不再打算继续写已然数不胜数的实验笔记。爱迪生身为海军部的顶级国防顾问,政府官员们却未采纳他45项发明计划中的任何一项,这似乎重创了他的创造力,米娜不知道这种情况会持续多久。有一件事让他格外受伤,那就是他最喜欢的项目——一个海军研究实验室,原计划建在离华盛顿很远的地方,由平民科学家组成,但官员们把它改造成了一个就在华盛顿下游的服务机构,在那里,"在三观上近亲繁殖"的官员们肯定会压制所有创意。

爱迪生开始鄙视政府官员,视他们为民主的害虫。出于厌恶,他刚刚拒绝接受一枚为表彰他为国防工作所做贡献而颁发的奖章,理由是他的贡献与海军顾问委员会的其他成员无异,这枚奖章他受之有愧。他说他已经对战争武器失去了兴趣,也失去了对美国宪法中有关专利和版权的条款,"以及其他27 946本充斥着法律内容的书"的尊重。

米娜沉醉于丈夫的陪伴中。通常情况下,除非有客人在,否则她只能一个人听听鸟鸣。作为一个狂热的业余鸟类学家("我的梦想是拥有一个天然的鸟舍"),她很少不带望远镜就出门。她对所有长羽毛的生物及它们的栖息地都保有好奇心,对乔木和灌木的拉丁语名称如同对鸟类的拉丁语名称一样熟悉。一开始,爱迪生忽视了生物学这门自然科学,他只关注寻找用于制作灯泡的可碳化竹纤维和留声机唱片用的稀有树脂,这让米娜深感落寞。但在晚年,他开始研究植物学,

爱迪生公司的航拍照，20世纪20年代

在乡村旅行中收集和鉴定标本，并为塞米诺尔小屋周围植物种类的丰富感到高兴。他说要种上一丛丛红栌果树和青栌果树，以及路易斯安那橡树，以后有可能将薄板切割作为一项副业。为了做好充足的准备，爱迪生阅读了有关佛罗里达植被方面的学术论文，确保他的管家能理解将"滑块"挤压进腐殖土中的工艺。

一块松动的皮革

爱迪生和孩子们打交道时迟钝麻木，不顾及孩子的感受，这年夏天，在西奥兰治举行的"爱迪声"（Ediphone）录音机经销商大会上，他就抢了查尔斯的风头。没有人指望爱迪生亲自发表演讲，因为大家都知道他从不在公开场合这样做。他给查尔斯写好了演讲稿，让查尔斯站在台上念。

演讲过程中，爱迪生漫不经心地坐在那里，显然并没有意识到他才是所有人的焦点。他自己的注意力集中在右脚的鞋上。他弯下腰解开鞋带，然后，用在场记者的话说，"脱下鞋，用一把折刀从鞋底上削下了一块松动的皮革"。他发现鞋底本身已经脱落，就盯着它看，又戳了戳，仿佛自己回到了实验室的工作台旁。

当时，现场唯一对这双鞋不感兴趣的人是查尔斯，他仍在侃侃而谈。爱迪生觉察到人群对他的关注，便抬起头来，现场响起了逗趣的掌声。他觉得有必要解释一下，"我去纽约买了一双鞋，发现鞋店老板要价17、18美元一双"，而他的声音盖过了儿子的演讲。

查尔斯别无选择，只好让他继续。

爱迪生说他不会买那么贵的尖头鞋。相反，他去了一家卖廉价货的地下商场，花6美元买了一双科特兰鞋。随后，他慷慨激昂地谴责起服饰商人的敲诈勒索，然后不知怎的，又转到要求他的员工提高生产效率的话题上。

当他示意查尔斯可以继续念演讲稿时，听众明白了，"老头儿"重掌大权了。

招聘和解雇

爱迪生对物价飞涨的抱怨并不完全是富人的矫揉造作，他手里拿着的那只鞋可能意味着科特兰公司急于脱手存货。战后经济繁荣，在贪婪的消费、宽松的信贷和成瘾的投机环境的刺激下，生产过剩导致了生活成本的大幅上升，以至于像他这样年纪的人回想起1873年和1893年的社会恐慌，都能看出美国经济泡沫再次濒临破裂。事实上，它已经破裂了，数以百万计的订单被取消，近期铁路运价又上涨了25%，缺钱的农民为了购买猪饲料不得不宰杀自家的马。城市的工薪阶层感受到了大萧条带来的阵阵寒潮，他们的应对策略是不再购买可有可无的商品。像留声机这样的奢侈品（当时留声机一直是爱迪生公司利润表上最能赢利的商品）不断积压，卖不出去。衣着俭省成了新时髦。女人们穿起了旧裙子，而男人们则把套装"翻"新。威尔逊总统的前财政部长威廉·麦卡杜公开展示自己裤子上的补丁。一直不修边幅的爱迪生也算得上时尚人士了，这在他人生中还是头一遭。

9月16日，一辆装满炸弹的运货车在华尔街摩根公司总部对面爆炸，导致32人死亡，数百人受伤。调查人员将这场灾难归咎于无政府主义者。但对金融家们而言，同期道琼斯工业指数的大幅下跌造成的恐慌更可怕。亨利·福特将一直以来都很少在展销厅展示的基本款T型汽车的价格从575美元直降至440美元。通用汽车也紧随其后。芝加哥亿万富翁塞缪尔·英萨尔——爱迪生的前私人秘书——不得不以私人名义借款1 200万美元来维持他的电力公司网络。通货紧缩拉开帷幕，其蔓延速度之快在美国历史上前所未有。

爱迪生没有等到10月就开始清除他儿子在战争期间雇用的大部分员工。他认为经济衰退下他别无选择，只能削减工资和提高生产自动化程度，如果有必要，前者减半，后者翻倍。他也毫不犹豫地解雇了一些长期为自己服务的助手。米娜在给小儿子西奥多的信中写道："可怜的查尔斯，我真怕他快要崩溃了。"

她尽可能委婉地劝说丈夫改掉总想发号施令的毛病。她必须把想说的话写下来，而不是对着他的右耳大喊：

亲爱的：

　　我很高兴你比年轻人们——查尔斯、约翰、费根、曼伯特、麦克斯韦尔等——更出色，也喜欢你默默地向他们提供建议，使你的智慧和经验对他们有所裨益。

　　我和所有人都很钦佩你把工作交给查尔斯，支持他对工作的付出……

　　你已经功成名就，成功地建立了巨大的产业，所以你无须向世界证明你能力非凡——所有人都心知肚明。让孩子们勇往直前吧，而你给他们领路，岂不乐哉……查尔斯所做一切都是为了你——他一直支持你，与你同在，想方设法取悦你。他总是站在你这边，决不让任何人说一句违背你心意的话——不要错怪他。

成功会造就成功——如果你能让查尔斯感到你确实欣赏他，你将使他和所有人更快乐。试着稍稍忘记你是查尔斯的主管，想想你也是他的父亲——一个伟大的父亲！

米娜可能真的对着爱迪生的另一只聋耳大喊大叫过，因为爱迪生对她的那封信十分在意，他宣称，查尔斯需要消除他的"自负"。父子关系越发紧张，并且已经发展到米娜禁止他们在家庭午餐时谈工作的地步。结果，她告诉西奥多："爸爸在用餐时一次都没有开口。"

到了11月，由于爱迪生和查尔斯都以共和党人的身份参与了投票，支持沃伦·加梅利尔·哈丁入主白宫，双方暂时休战。哈丁以巨大优势击败了对手詹姆斯·考克斯（当晚宾夕法尼亚州匹兹堡的一家自称"8ZZ"的小型初创电台宣布了这一消息），这意味着战争年代的那种暧昧不清的理想主义被抛弃。但只要得过脑卒中的虚弱无力的伍德罗·威尔逊还在执政，这次选举对提振消费者信心就毫无作用。到12月底，银行行长们纷纷自杀，房主们的全部财产都流向了城镇治安官（爱迪生知道这是什么感觉），连通用汽车的创始人"比利"·杜兰特也失业了。

爱迪生不想步杜兰特的后尘。他每天工作18个小时，常常直到天亮才回家。他还加大了裁撤的力度，在圣诞节前撤销了查尔斯的整个人事部门（"该死，我在这儿干着招聘和解雇的活儿"），并解雇了1 650名留声机工厂的工人。他辞退了5/6的工程人员，以及相当比例的簿记员、办事员、艺术家、文案、推销员和猎头。侥幸留下的人的工资被大幅削减，并被告知不用期盼圣诞节奖金了。爱迪生慷慨独裁者的固有形象毁于一旦，查尔斯则陷入了绝望。

三根刺

爱迪生在第一次婚姻中所生的孩子也因大萧条而陷入困境。有30多年，他们一直是父亲背上的三根刺。女儿玛丽昂很少让他操心，她在欧洲定居，并嫁给了一位德国军官。但此时，47岁的她写信抱怨丈夫奥斯卡·奥瑟不忠，还虐待她。她为了躲避丈夫来到瑞士，如果爱迪生不把离婚所需的钱寄给她，她可能会投莱茵河自尽。

44岁的小托马斯·阿尔瓦·爱迪生是个倒霉蛋，总是一事无成，过得穷困潦倒，并且身体虚弱。他经营着一家蘑菇农场，但一直试图用自己的姓名推销各种发明。他最新的一项发明是汽车节油装置，他希望父亲赞助他。1920年的早些时候，米娜害怕汤姆的妻子将生下一个男孩儿。"可怜的爸爸，可怜的我们！"和比阿特丽斯（汤姆的妻子）前几次怀孕一样，这次，她腹中的胎儿也神秘消失了。比阿特丽斯声称自己是一名护士，但是有理由相信，她之前从事过一门更古老的职业。

42岁的威廉之前爱好体育，后来加入了交谊俱乐部，他身材魁梧、声音洪亮、活泼开朗。像汤姆一样，他也自称发明家，但是勉强从事了一种气味难闻的农活儿——饲养家禽。威廉向他父亲的秘书理查德·凯洛承认，他欠爱迪生8 347.36美元，用于购买一辆拖拉机和其他机械。"告诉他，看开点儿，不是所有钱都打水漂了，至少我还活着。"在这期间，他还需要更多的钱，他的妻子布兰奇正需要500美元做手术。

爱迪生同意每月资助玛丽昂200美元，也同意测试汤姆的汽车节油装置，但拒绝为之背书，对威廉的求助则让凯洛予以回绝。"问问他为什么不把拖拉机卖掉。"

赞美主宰

1921年来临，留声机销量的直线下降让爱迪生吓了一跳，他又开启了一轮疯狂的裁员，连支持者也开始怀疑他是否冷静。公司的前首席工程师米勒·里斯·哈奇森在日记中写道："'老头儿'肯定是疯了。解散自己的组织，眼看要断送公司的前程。"

爱迪生对那些因经济危机身无分文又被解雇的员工没有怜悯之心。"我不相信失业保险。"米娜痛苦不堪地写信向西奥多倾诉最近的裁员动向，有时一天写两封。她在信里说："我们怎么做才能让你亲爱的父亲看到，他把整个公司的灵魂都摧毁了呢？……我希望他能冷静下来，让查尔斯来处理事情。"几天后，米娜再次致信："爸爸快累死了，查尔斯也快招架不住了。"

她不知道，查尔斯很快将因自己创建的另一个部门（电力服务部）被解散而辞职。他写了一首苦涩的诗，主题是爱迪生最喜欢的格言之一："没有什么是永恒的，一切皆在变化中。"

> 改变只会带来其他改变，
> 进步在错误的闭环中孕育。
> 计划已定，但改变会扰乱。
> 赞美主宰，变化才是王道。

查尔斯后来承认，他宁愿离开公司，也不愿忍受父亲对他的种种羞辱。其中一次是爱迪生公开声称爱迪生公司在战争期间"由于本该负责管理的人玩忽职守"而效率全无。

查尔斯无法否认，尽管公司1919年和1920年利润表上的数字相当可观，但是1921年亏损了超过100万美元。然而，查尔斯并不是罪魁祸首，大萧条才是：全美范围内，公司利润暴跌了92%。留声机部门最大的竞争对手之一哥伦比亚留声机公司不得不发行价值750万美元的债券，其利息之高无异于断臂求生，而这只是为了抵偿价值相当于一片森林却无法出售的唱机带来的损失。而美国第一家10亿美元的托拉斯——美国钢铁公司正在解雇10万名工人。

爱迪生的眼光比儿子更老辣也更冷酷，在工资在每1美元预算中占85美分的情况下，他看到了采取类似行动的必要性。他不断地指出他11岁就开始经商了。"我经历过六次这样的经济萧条。我知道萧条是什么样的，我们必须裁员，否则我们会破产的。"到了2月，查尔斯的抗议已经变成了事后批评，但爱迪生经常利用自己的耳聋故意不予理睬。

一天晚上，查尔斯躺在床上沉思，听到心灵深处的一个声音说："也许他是对的，我才是错的。"

像拉波尔德一样的振动器

爱迪生对裁员和减薪的热情丝毫没有给他创意的匮乏带来积极作用。自1919年以来，他唯一提交的专利申请是对十年前他那精巧的碱性蓄电池的改进。他正重新研究另一项旧技术，时时刻刻都待在查尔斯在公司对面的哥伦比亚街建造的实验录音棚里，这是他职业生涯中第五次试图完善爱迪生音乐产品的音质。

对大多数人来说，留声机部门新推出的玛丽·拉波尔德和卡罗莱娜·拉扎里演唱的普契尼的《所有的花》（"Tutti i fior"）具有非凡的逼真度，长笛的音色和打击乐器的叮当声与主旋律相得益彰。当这两个女人开始二重唱时，她们的声音似乎在跳跃。爱迪生对此无法忍受。虽然他耳聋，但他坚持认为，只要他把头的右侧靠近扩音器，他就能听得很清楚。他在笔记本上潦草地写道:"一个自认为懂音乐的人怎么能录制这样的唱片?所有乐器都失去平衡,声音也太大,两个歌手歌声不同步,仿佛放了一个像拉波尔德一样的振动器。"

爱迪生阻止唱片的发行为时已晚,但他至少要拿在他看来已经懈怠的部门开刀,不论是录音棚还是销售点。他下令,每演奏4个小时,就要在弦乐器的马鬃弦弓上涂上新鲜的松香。这能防止带子上出现"方形",这种现象是他在显微镜下发现的。要用最细的白色中国猪鬃扫去沾在任何凹槽上的塑料粉尘(这是他在刷牙时想到的主意),扬声器下面的酚醛清漆应该涂上硬脂,以增加播音头下面的光滑度。

爱迪生正在家里听留声机唱片,20世纪20年代

凌辱技术人员加上专注于声音工作再次振奋了爱迪生的精神，他的私人助理威廉·梅多克罗夫特说："在他的所有发明中，留声机似乎是他最喜欢的。"米娜很高兴看到丈夫恢复了以前的幽默诙谐。这时候，他亲切地称呼她为"比利"，这是他们刚结婚时他给她取的男孩子气的名字。她写信给西奥多说："当他开心的时候，世界变得五彩缤纷，他会像现在这样和我做爱。"

自由落体

沃伦·哈丁于1921年3月4日宣誓就任总统。他是一个温和、中庸、走中间道路的中西部人，作为美国一切"正常"事物的化身闻名于世。哈丁反对极端行为，无论是对当前经济形势过于情绪化的反应，还是对其采取的过于轻率的行动。

他的就职演说与爱迪生过去五个月对查尔斯说的话如出一辙。哈丁引用了导致大萧条的"支出失常"一词，宣称："我们必须面对严峻的现实，承认无法挽回的损失，重新开始。"

这听起来像是政府干预经济环境的预警，但哈丁很快就明确表示，他所说的"我们"是指6 200万美国成年人，他们的买卖行为会对经济产生影响。他等待着市场这只"看不见的手"力挽狂澜，自己所做的仅仅是任命了一群杰出的助手来监督这只手的运作。这群人包括财政部长安德鲁·梅隆和商务部长赫伯特·胡佛。物价则继续着自由落体运动。

copra是什么？

那年春天，爱迪生庆幸自己摆脱了数千名"未经培训且粗心大意的工人"，据估计，这数量相当于全部1.1万名领薪员工的1/3。在他看来，若要让爱迪生公司重振雄风，还需要发出更多解雇通知单。他对查尔斯说："你将从这次大萧条中吸取教训。"

显然，他并不在意自己已经成为西奥兰治最讨人厌的家伙，又开始实施一项新计划，用愿意接受更低薪酬的年轻人取代高薪主管。这意味着对应届大学毕业生的风险投资。为了确保他能从数以百计的绝望的大学毕业生中挑选出最优秀的人才，他设计了一份调查问卷来测试他们的基本知识。在最初那批申请人中，他认为只有4%的人值得雇用。他在5月宣布："测试结果令人非常失望，我发现那些上过大学的人非常无知。"

爱迪生的这句话中隐含着对高等教育的蔑视，这也不是他第一次发表此类观点了。它暴露了一种偏见，这种偏见比一个几乎没上过学，但靠着一路摸爬滚打取得成功的小镇男孩儿所抱持的反智主义复杂得多。在密歇根州休伦港的家中，母亲教授他小学内容，她的文化积淀足以让他接触吉本和休谟，彼时他甚至靠自学彻底领会了理查德·帕克的《自然和实验哲学学术纲要》的内容。他的父亲萨姆是个激进粗俗的分离主义者，在爱迪生还在大干线铁路上当报童时，就"赠给"他一套托马斯·潘恩的作品全集。

在那以后的60年里，爱迪生几乎不涉猎人文社科类的书，但是阅读了大量的自然科学著作，以及各种各样的杂志和报纸。如今他声称要研究27种期刊，其中包括《警察公报》、几种自由周刊、《实验医学杂志》，而且每天要读5篇论文，"每月大约要读40磅重的书"。他之所以能够一直高效阅读，是因为他能够快速翻阅并记住任何他感兴趣的数据。"我的书几乎都是各个科学协会的抄本，不会再版的。"

他精力充沛地在页边写下批注，赞同那些打动他的段落，但可能更多时候是对书中内容表示反对。他在奥利弗·洛奇的小说《以太与现实》中的一章上方写下,"这是价值超过一磅铂的年轻形而上学";在舍伍德·艾迪的《信仰的新挑战》中描写母性之爱的一段文字旁边,他评注"为什么要扯到《圣经》里的名言"。引用对他来说信手拈来,他有一种大西洋彼岸的反讽式幽默:"正如弗朗索瓦·德·拉罗什富科所说,我们的美德随着作恶能力的减弱而增强。"他的学识比许多大学教授都渊博,更不用说他们的研究生了。电气理论家乔治·斯坦梅茨曾说:"据我所知,爱迪生是当今在人类所有知识领域中最见多识广的人。"

一个康奈尔大学的毕业生公布了77个爱迪生提出的问题,诸如"皮革是如何鞣制的?""丹东是谁?"和"copra(干椰子肉)是什么?",他认为这些问题剥夺了他在西奥兰治工作的资格,那不公平。另一位被拒者则抱怨说,他没有发现"甲状腺与销售白炽灯泡、吉卜赛人与会说话的机器、玫瑰油与销售产品"之间存在任何有用的联系。

问题的泄露让爱迪生始料未及。他被迫又编写了113个问题,但它们也被刊登在了全美各地的报纸上,标题是"爱迪生说,你如果回答不出这些问题就是无知"。

《哈珀周刊》指责他沉迷于"philallatopism"(卖弄主义),即卖弄般地以揭露他人的无知为乐事。不过,这些问题虽然很难,却非常接地气:

战前哪个国家的人喝茶最多?
《埃涅阿斯纪》的第一行是什么?
车床的活顶尖在哪里?
列举巴拿马运河上的两个船闸的名字。
20英尺×30英尺×10英尺大的房间内的空气重量是

多少？

谁发明了对数？

美国哪个州的名字是一位著名的小提琴工匠？

声音每秒传播多少英尺？

最后一题即使对阿尔伯特·爱因斯坦来说也太难了。当有人向他提出这个问题时，这位"相对论之父"的回答像是在为自己辩护，他通过一名翻译表示，他认为用任何百科全书里的数据搅乱自己的头脑都是没有意义的。爱因斯坦生气地说："大学教育的价值，不是学习许多客观知识，而是训练思维。"

尼古拉·特斯拉，当时流行的"天才"排行榜上爱因斯坦的竞争对手，对此表示赞同。"爱迪生过于看重单纯的记忆。"波士顿大学的一位心理学教授写信给爱迪生，声称所有取得高等教育资格的大学生都是聪明的。因此，任何旨在反驳这一点的调查问卷，即使不是为了满足个人虚荣心，也在设计思路上有问题。"难道你不是用自己的成就为别人树立了一个标准吗？然而美国也只有一个爱迪生啊。"

对于这一敏锐的批评，爱迪生只能回答，他的问卷"本质上是一次粗略的测试"，目的是彰显他最珍视的主管品质——好奇心。在一份公开声明中，他又补充表示，他并未试图衡量"智力、逻辑或推理能力"，只是想雇用那些"头脑机敏……有观察力，对生活充满兴趣"的男青年。[①]

这番解释丝毫不能平息幽默人士（专业的和业余的都有）对他的"无知测量计"的嘲讽。短路的长度，斑马身上的条纹数量，"爵

---

① 尽管在1920年，爱迪生公司的劳动力中有许多女性，但是她们的工作不是用人就是秘书。

士"领结的起源，以及 Mephistopheles mosquito（靡非斯特蚊子）的词源，这些问题都激起了热烈的讨论。一位漫画家讽刺爱迪生是第欧根尼，无知之人看到其知识之光后都仓皇逃窜。韦尔斯利学院的一群女学生给他发了一份 5 英尺长的问题清单，包括"猫薄荷的化学性质是什么"和"当你关掉电灯时，光会去哪里"。

爱迪生抱怨说，报纸"把我搅得一团糟"，并威胁这些报纸，如果他的题目再见诸报端，它们就将面临司法起诉。然而，喜欢出风头的"那个他"却又很享受自己制造的轩然大波。《纽约时报》发表了近 40 篇关于"爱迪生智力计"的文章，像《文学文摘》《哈珀周刊》《新共和》这样的行业标杆杂志更是开始了一场未来持续多年的关于智力测试的辩论。爱迪生包罗万象的问卷并不是第一份智力测试问卷，早在 1917 年，美国陆军部的能力测试就警示过，几乎一半的美国白人是"弱智"，但是陆军部的测试故意设计得不科学，为了彰显个性，而非侧重认知能力。

总之，大多数专业人士忽视甚至嘲笑爱迪生的测试，当最终证明测试无效时，爱迪生也放弃了。但随着时间的推移，它最终被视为对巴比特时代（美国 20 世纪 20 年代，因辛克莱·刘易斯的长篇小说《巴比特》而得名）成千上万的公司采用的非语言性的、过度量化的测试的责难。《世界》杂志评论道，在那个社会氛围因大萧条和禁酒令而变得阴郁的时代，"爱迪生和他的问卷不仅给人们的生活带来了欢乐，也为知识的传播做出了贡献"。

谁有甜酒？

7 月初，米娜在给西奥多的信中写道："生意越来越难做，爸爸似乎很担心。所有事情都显得异常，空气中好像有种不祥的东西，我也不知道接下来会发生什么事。"

事实上,国家经济即将好转,这要感谢哈丁总统对断崖式的经济下行情况坐视不管。物价终于降到足够低,以至于黄金价格终于回归合理的区间。但是,经济复苏对爱迪生带来的积极影响还不明显,对哈丁来说也是如此。7月12日,哈丁在国会呼吁,要求否决一项广受欢迎的向退伍军人发放奖金的提案。哈丁总统说,任何时期的过度扩张都会导致"不可避免的调整,不可避免的冲销",这些话可能也在西奥兰治的董事会会议室里被提出过。削减成本是"恢复常态的唯一可靠途径"。哈丁的致辞广受好评,人们对他的勇气大加赞赏。《纽约时报》宣称他已经超越了裙带政治,证明了自己是"全体人民的总统"。

两周后,在蓝岭山脉的一片草地上,爱迪生有机会自己判断总统究竟是怎样的。亨利·福特和哈维·费尔斯通几乎每年夏天都会邀请他参加一次汽车野营旅行,这一年也不例外,这次旅行说是为了放松身心,但其实是为福特汽车和费尔斯通轮胎做的出色广告。自1918年以来,这些"流浪者"对远足规划得越来越详尽,旅行车和补给车的路线越来越长,这两位大亨看起来越来越衣冠楚楚,与爱迪生形成鲜明对比,他们让爱迪生展现出一个衣着破旧、工作过度、需要新鲜空气的天才形象。这一年,费尔斯通设想,因为哈丁、爱迪生和他一样,都是土生土长的俄亥俄州人,他们应该会相处融洽。如果能在总统方便出席的地方安排一场会面,那么这次"流浪者"之旅一定会受到前所未有的关注。

哈丁很高兴能离开华盛顿,哪怕只是几天也好。国会还在召开特别会议,商讨经济政策。自就职以来,哈丁除了偶尔在白宫里锻炼锻炼,很少有机会从国家事务中解脱出来。他接受了费尔斯通的邀请,于 7 月 23 日至 24 日在马里兰州佩克维尔附近露营，这使得车队扩大到了空前规模，随行人员包括他们的妻子、孩子及大约 70 名用人，甚至还有卫理会主教威廉·安德森牧师。费尔斯通准备了 6 匹良种马，以备哈丁总统不时之需；福特准备了一辆冷藏了 300 只处理过的鸡的卡车；在队伍中充当技术专家的爱迪生安装了一台"无线"电话，以便与首都通话。

总统于周六中午抵达，保镖、助手和记者尾随其后。爱迪生似乎决心抵挡哈丁温厚魅力的诱惑，谢绝了他的雪茄。"不，谢谢，我不抽烟。"

这显然十分不合礼仪，让费尔斯通一时不知所措，但哈丁并没有生气。"我想我能理解你。"他说着，从口袋里掏出一个大雪茄盒。

爱迪生喝了一大杯啤酒。后来费尔斯通听到他说："哈丁不会介怀的，嚼烟草的人都不会在意这些。"

福特的厨师们准备了午餐。不久，潮湿的空气中便弥漫着弗吉尼亚烤火腿、羊排和甜玉米的香味。爱迪生慢吞吞地走进树林，手里拿着一把薄荷叶回来了，问道："谁有甜酒？"

大家围坐在一张圆桌（圆桌中心不停地旋转，用来传递调味料）旁开始用餐，哈丁发现，爱迪生左边的聋耳几乎听不见任何声音。之后，当他来到一棵树下，坐在为吸烟者准备的折椅上休息时，他们的沟通依然不顺畅。被警戒线拦在近 30 码[①]之外的记者，听到哈丁总统用洪亮的声音和爱迪生聊天。

哈丁：你在休息的时候一般做什么？

---

① 1 码约为 0.91 米。——编者注

爱迪生：哦，我吃东西和思考。

哈丁：打高尔夫吗？（提高了音量）打高尔夫吗？

爱迪生：不打，我还没那么老。

此番攀谈之后，哈丁放弃了，自顾自地看起了报纸。爱迪生则来了场著名的不分场合的小睡。他毫不在意自己的白色亚麻布西装，径直躺在草地上，像个孩子似的睡着了。哈丁继续读报纸，然后以古怪的轻柔姿态站起来，把报纸盖在"老头儿"的脸上。"我们不能让蚊虫把他吃掉，是不是？"他对一个注视着他的小女孩儿说道。

在"流浪者"营地，爱迪生在哈维·费尔斯通和哈丁总统面前打盹儿，1921年7月23日

突如其来的醒悟

1921年秋，美国经济迅速回暖。房屋开工率翻了一番，汽车产量增长了近2/3，货品库存滞涨的情况也逐渐消失。但留声机行业仍

然不见起色，爱迪生也不清楚原因何在。唱机和唱片销售一直是他生意中最赚钱的部分。那么，爱迪生公司为何仍背负着230万美元的债务呢？尽管如此，纽约扬基体育场建筑商向他订购了4.5万桶波特兰水泥，在这笔订单的激励下，他又重新开始为工厂和办公室雇用工人。查尔斯为此给他写信，语气卑微至极。

你真的经历了一次突如其来的醒悟。有几次我觉得你把马刺扎得太深了，我肯定会流血而死。（但）大约从去年1月起，我基本上没有反对过你想做的任何一件事……

我想让你相信的是，过去几年我因帮助建立公司空中楼阁般的组织架构而产生的任何骄傲情绪都已经消失了——完全、绝对、毫不含糊地荡然无存……

我也希望你能领导我，而且只希望你来领导我。

米娜告诉西奥多："可怜的小宝贝儿，他彻底受伤了，爸爸没有意识到他造成了多么深的伤害。"

爱迪生只注意到他的公司已濒临破产。如若至此，作为最大单一股东的他就会被扫地出门。截至1921年年底，他个人的现金储备只有84 504美元。[①] 这虽然比美国人的人均毕生收入还高一截，但仍意味着过去两年的损失高达50%。不可否认的是，财富的流失在一定程度上要归咎于他已成年的孩子们不断地索要钱财（玛丽昂的瑞士流亡津贴；汤姆的慢性"大脑痉挛"复发带来的两个月的医疗账单；威廉无底洞式投资的家禽事业；就连马德琳也得靠爱迪生帮助支付汽车

---

① 相当于2018年的120万美元。

维修费）。

夸炫财富对爱迪生来说毫无意义。如果他没有娶到一个家境富裕并希望一直保持优渥生活的女人，他就会随时准备把每一分闲钱都投入生意，像个劳工一样生活。在19世纪90年代的一段时间里，他一下子就赚了200多万美元，而后将这些钱全部都投入生意，回想起来，他认为那是一段极度幸福的时光。此刻他最紧迫的任务是为爱迪生公司偿清债务。他已经解雇了大约7 000名员工，并且要诱导在职员工努力工作，从而让公司保持在化学和电子技术领域的领先地位。

更准确地说，是使公司发展保持在他所认为的时代前沿，而这个日新月异的时代正迅速把他甩在后面。他抱怨道："一切都变得如此复杂……如此错综复杂，如此纵横交错，如此云谲波诡。"

你能给我一辆旧印第安摩托车吗

1922年到来，商业广播在全美蓬勃发展，这一点令爱迪生始料未及。匹兹堡的8ZZ电台在率先报道了哈丁当选后，又发现那些戴着耳机的小听众喜欢在新闻报道之间听音乐。8ZZ在重新命名为KDKA后，将原先每两周一次的"广播"增加到每晚一个小时，并大大增强了广播信号，这让远在伊利诺伊州迪克森的一名小学生[①]兴奋不已。一份新创办的杂志《无线电广播》赞扬道，晚上收听广播的人数激增，真是不可思议。杂志文章称，购买"无线"设备的人在无线电商店里排着长队，现成的设备在"油漆还没干"之前就已经被卖出去了。

随着WJZ-Newark电台在他实验室以东8英里的地方建立起来，

---

① 这个男孩儿叫罗纳德·里根。

爱迪生再也无法坐视不管民众对收音机的狂热追捧对留声机构成的威胁。但他低估了这种刺啦刺啦、简直相当于听觉白内障的"静电"对留声机的挑战。他嘲笑道："这种几乎残缺不全的音乐只能永远待在无线电设备上，它不可能做到真正的原音回放。"他笃定，音乐爱好者最终会更愿意在独属于自己的时间里，用高保真播放器听自己喜欢的音乐，不受任何"大气干扰"。

因此，他加倍努力地完善原声唱片的制作流程。爱迪生本能地坚信自己在声音和音乐领域的开拓一贯正确，而这会让爱迪生留声机部门重回赢利状态。考虑到他的部下都是"笨蛋"，而且他转眼也75岁了，爱迪生的这项工作肯定极费心神。但好在他以前经历过事业成长期的狂热，并无一例外取得成功。他需要做的只是更努力地工作，少睡少吃。

于是，他的办公室开始给唱片制作人送去一连串古怪的便条：

本尼：
你能给我一辆用旋钮控制汽缸的旧印第安摩托车吗
我想要它的排气管像爵士乐队演奏时那样打拍子
击打木头的声音不要太大，也不要太尖细——过来找我
　　　　　　　　　　　　　　　　　　　　爱迪生

我仍是少年

米娜在爱迪生生日前几天告诉西奥多："爸爸刚工作了一整夜才回来。这是这个星期的第二次了，问题似乎出在（圆盘）压模机上。他今早脸色苍白，做这种事实在太困难了。他再也没有力气干那种活儿了。"

几个月后,"他的耳聋越发严重了"。①

爱迪生夫妇在爱迪生 75 岁生日会上,1922 年 2 月 11 日

爱迪生承认他已经几乎完全丧失听力,但比起那些拼命想打扰他的人,失聪也不算什么麻烦了。他在一封问询信上潦草写道:"我一点儿也不介意,事实上,我认为这是一种优势,因为它使我免受喧闹世界的干扰。"

米娜所说的"问题"源于他决心把自己的 10 英寸钻石唱片作为衡量其他所有唱片的标准。尽管事实上,大多数买家更感兴趣的是"热门"曲目,而不是高保真度。(让爱迪生感到震惊的是,年轻人经常把转盘的转速调高,使音调听起来更急促。)他不切实际地试图改善音质,同时降低制造成本,结果却只能减缓生产速度。他

---

① 在 YouTube(优兔)上可以看到一部拍摄于 1922 年夏的无声纪录片《与爱迪生先生在一起的一天》,网址是 https://www.YouTube.com/watchv=ep5NGVOi6QE。它深刻地表现了他的活力、暴躁的决断和极度的耳聋。

把唱片坯上的树脂木粉芯换成了无法修补的瓷土，然后涂上四层清漆（每层清漆都需要等待自然干燥），接着用每平方英寸1 000磅并持续增加的蒸汽压力让瓷土成型。他采用了两项新的专利，以减少唱片在复制时产生的钝感，并采用水冷模具，使它们每一"轮"能够顺利地产出12张唱片。结果是，每台压模机每天只能产出250张唱片。

为了避免他的蓝色安贝罗圆筒唱片业务溃败，爱迪生还试图摆脱对赛璐珞[①]的依赖，这种化合物由于樟脑的稀有而过于昂贵。他隐退到自己的私人化学实验室，寻找一种新的清漆配方。很快他又高兴起来了。他突然意识到，这就是他10岁时专注的事情：摆弄烧瓶和曲颈瓶，呼吸刺鼻的蒸气。他给一名记者写道："我仍是少年，还在做实验。"

结实的橡皮筋

10月，由温斯顿·丘吉尔领导的英国殖民部宣布，今后将限制橡胶的对外供应，并大幅提高其价格。英国当时几乎垄断了全世界的橡胶供应。此举被称为"史蒂文森计划"，是对战后生产过剩的一种应对措施。当时的生产过剩使得马来亚[②]烟片胶等橡胶制品比加州的罐装无花果还便宜。爱迪生的留声机和电池工厂是这种聚合物的大采购商，因此他计划在新泽西州布卢姆菲尔德开一家自己的橡胶厂。但他对橡胶的需求量无法与哈维·费尔斯通相比，后者的工厂每月要消耗

[①] 赛璐珞是商业上最早生产的合成塑料，由硝酸纤维素制成，使用樟脑来增加塑性。——编者注

[②] 马来亚，现称"半岛马来西亚"，马来西亚西部地区，简称"西马"，曾是英国的殖民地。——编者注

1 000万磅生胶。亨利·福特预计次年将售出200万辆T型汽车，而每辆车都需要四个橡胶轮胎才能开出展销厅。

其他轮胎和汽车制造商同样依赖英国东印度种植园产出的橡胶。的确，从运输到纺织领域，很难想象美国有哪个工业领域丝毫不使用橡胶。美国消耗了全球产出的3/4以上的橡胶。橡胶彼时的地位就如同石油日后对发达国家的意义一样，是一种足以引发武装冲突的重要原材料。

德国的橡胶荒在很大程度上导致了第一次世界大战进入僵持期。1917年，美国战时工业委员会的伯纳德·巴鲁克将橡胶列入最重要的商品名录，即政府应该在紧急情况下储备的商品。从那时起，各种各样的预言家就一再警告国会，不要被不断刷新纪录的外国橡胶产量冲昏头脑，从而产生一种错误的安全感。他们说，"外国"这个词应该让美国人停下来思考。正如其中一人指出的，"橡胶是现代战争中唯一我们还没有学会生产的重要商品"。

最危言耸听的是费尔斯通。正如固特异、日内瓦轮胎、百路驰这些公司的商业大亨一样，他认识到，如果橡胶价格降到每磅7美分以下，许多英国种植园主就会破产，并可能引发一场工业灾难。费尔斯通愿意支付任何合理的价格来防止这种情况的发生，但他对英国能否始终守住其橡胶生产中心的地位并不乐观。如果俄罗斯帝国可以被一小群布尔什维克推翻，那么松散控制的殖民地又能有多稳定呢？如果已经在太平洋上占据制海权的日本有一天征服了整个东南亚，并用一根结实的橡皮筋扼住美国经济的脖子，那该如何是好？

类似这样的问题困扰着华尔街和华盛顿，更不用提西奥兰治了。橡胶现货市场价格上涨了两倍，达到每磅23美分，并且英国当局警告说，如果有必要，它将减半供应以进一步提高价格。赫伯特·胡佛，哈丁总统任下极度活跃的商务部长，以及"其他所有部门的副部长"，承诺通过外交渠道废除史蒂文森计划。但他知道自己机会渺茫（英国需要出口所得的每一先令来偿还巨额的战争债务），于是支持参议员梅迪尔·麦考密克的立法提案，即美国应该考虑在海外建立自己的种植园，同时也探讨在国内种植橡胶作物的可能性。

费尔斯通并不完全信任胡佛，他相信比起保护美国工业，胡佛对扩张权力更感兴趣。但他也认为，应该认真尝试建立一家国内橡胶厂，他认为自己知道该由谁来担此大任。托马斯·阿尔瓦·爱迪生最近在《纽约时报》的一项民意调查中被评为"仍在世的最伟大的美国人"。对他传奇般的创造力的挑战即将到来。

凸面就会变冷

爱迪生很快就收到了费尔斯通寄来的一本皮面大书，书名是《橡胶：它的历史和发展》。费尔斯通在附信中写道："我希望你会对它感兴趣。"

这句暗示其实没有必要，因为他知道爱迪生一直对橡胶感兴趣。在几年前的一次露营旅行中，费尔斯通对爱迪生在橡胶方面的专业知识惊叹不已。但在此次危机之前，他的知识主要局限于技术层面。爱迪生仍然认为橡胶是人造的，而不是从树上渗出来的。正是这种弹性体在采矿时保护了他的矿石破碎机的传送带，并且以其最柔软的溶质形式使他早期生产的唱片保持光滑，能持久存放。硬化成网格状的橡胶可以使他的蓄电池电极绝缘。一个内部抛光的硬橡胶"暗盒"，闪现着爱迪生于1875年发现的"以太力"。如果他拿起一片橡胶，用手扳弯，凸面就会变冷，凹面就会变热。

费尔斯通那本配有丰富插图的书使爱迪生的知识相形见绌。他在实验室里研究的那种更便宜的录音介质已经教会了他很多生橡胶的化学性质。他知道如何运用二氧化硫和硫化氢双重饱和的皮奇硫化法来硫化生橡胶，以及如何通过用粗苯预溶解绉片胶来氯化生橡胶。他可以将橡胶熔融在萘中，并仔细分析其成分，直至发现锰和铜的大部分残留颗粒。但要如何自己生产橡胶，又该用哪种本土生产的原材料呢？

爱迪生还没意识到自己正踏上职业生涯的最后一段伟大征程，他阅读了一些关于产胶马利筋、野生莴苣和大麻的植物学研究著作，并在 H. M. 霍尔和 F. L. 朗的专著《北美植物的橡胶含量》中做了标记，他特别强调了一段话："如果要在美国量化生产天然橡胶，那么必须有能在廉价土地上实现巨大产能的工厂，并且得实施几乎全面的机械化操作。"

"75 块地砖"

爱迪生的橡胶实验逐渐深入生物化学领域，第一个迹象出现在当年年初，当时他在自己的袖珍笔记本上的许多页生产数据之后草草记下了一个条目。

爱迪生刚写下一些生化研究的初步思路（按 1/8 英寸的厚度将马利筋切片，将其放入含有盐酸或防凝固溶胶的水，然后用 150 目筛网将乳液与马利筋碎片分离），对收音机的狂热又使他急切地转移了注意力，以至于费尔斯通断定他已经丧失研究橡胶的兴趣。[①] 爱迪生在接下来的 8 个月里都不会再进行橡胶的研究，尽管他的随身笔记本上偶尔会出现一些相关记录，表明他心里还惦记着这件事。与此同时，

---

① 2月27日，费尔斯通在华盛顿公开呼吁美国应实现橡胶独立。众议院投票决定拨款50万美元来进行此项研究，哈丁总统在3月初签署了麦考密克法案。

他需要巩固自己的娱乐事业以免瓦解。爱迪生钻石唱片的销量已呈断崖式下跌。他唯一能想到的竞争方法就是发明一种在录音和回放方式上让人眼前一亮的产品，这样的话，即使是那些喜欢节奏而非旋律的年轻女性也会被重新吸引到留声机上来。

在纪念爱迪生发明45周年的仪式上，他说道："我已经下定决心，要以75人组成的管弦乐队完美地再现贝多芬的《第九交响曲》。完成这件事我就退出留声机事业。"

爱迪生提出了一种不算特别高明但富于想象力的理论，他认为声波在移动距离达到125英尺之前，会一直保持原样不变。为了测试这一理论，他命令机械厂铸造一个125英尺长的黄铜录音喇叭，相信用它能捕捉到管弦乐队中所有乐器的音色。一个"怪物"慢慢成形了，呈现出一节一节的圆锥形。喇叭的每一节完成后，就被运送到哥伦比亚街，那里的留声机部门有一套录音设施，可以进行后续组装。随着喇叭变长，演奏工作室逐渐和隔壁的车床车间分隔开来。演奏工作室是一栋两层楼高的谷仓状建筑，楼体外部包裹着牛皮用于消音，车床车间则用来给唱片刻槽。所幸周围的空地足够宽敞，车床车间可以尽可能往东移动。这个笨重的喇叭和三万颗铆钉由一个水平的脚手架支撑着，四周有屋顶和壁板保护它不受风雨侵蚀。两座大楼之间牵起了一根电话线方便通信，尽管事实证明，通过喇叭直接交谈更简单。

喇叭的一端连接到车床车间的一台振膜和切割设备，直径只有3英寸。另一端的开口则大到6英尺高的人可以站在里面张开双臂，就像莱昂纳多在《泰坦尼克号》里的经典动作那样。在第一次试验中，喇叭对方位的敏感度令人沮丧。由于乐器的位置不同，其距离喇叭的远近不同，有些乐器的声音在喇叭中的传播和保真情况比其他的好得多。

爱迪生听不得这些不悦耳的声音，当他得知这一情况时，他把工作室的地砖画出来并进行编号，就好像在设计一个巨大的蛇梯棋游戏。

他对自己的音乐总监欧内斯特·史蒂文斯说："让萨克斯管吹奏者从第一块地砖的地方开始吹奏《微笑着离开我》。让他在 75 块地砖上都停下来吹奏一会儿，我去打个盹儿。"

史蒂文斯一个多小时后把他叫醒。爱迪生听完了所有的录音小样，选择了他认为最能代表萨克斯管音色的那一个。"现在，拿起管弦乐队的每一件乐器，重复刚刚的流程。"

他花了几个星期，才为每位演奏者找到了在他看来理想的位置。但当他把超过两三根的音线连接到喇叭上时，发出的声音均衡感奇差，对任何听觉正常的听众来说都是折磨。测试曲目是圣-桑的《洪水》序曲，由新泽西州海顿管弦乐团演奏，声音被记录在车床车间的唱片上，听起来仿佛所有的弦乐器中都塞了棉花，只有木管乐器声音清亮悠扬。爱迪生似乎没有想到，他仅剩的听力是单声道的，这使他丧失了一切音域感。他从他的巨型喇叭中能听到的最纯正的音调是史蒂文斯的钢琴独奏[1]，以及一个风琴二重奏组合对斯蒂芬·福斯特《家中老人》的精美演绎。

即便如此，爱迪生仍会为可能只存在于他想象中的错误和声忧虑。他试图消除喇叭在特定频率下产生的回音，首先在喇叭管周围包上冰块，然后用电加热。有一天，从麻省理工学院放假来公司帮忙的西奥多发现，爱迪生正对一大堆关于声学的数学知识感到头疼。

---

[1] 欧内斯特·L.史蒂文斯一直活到了立体声录音时代，他一直对自己曾为爱迪生录制的钻石唱片感到骄傲。他在 1973 年说："那些唱片听起来就像你在房间里听别人弹钢琴，没有泛音，没有颤音，什么杂音都没有——那是市场上音质最好的钢琴唱片。"

西奥多知道父亲不擅长数学，就告诉他"有一种更简单的方法"，但爱迪生拒绝了他："我要按我自己的方式去做。"

他体内的糖

那年冬天，加班、压力和强制节食让爱迪生付出了代价。他3月中旬动身去佛罗里达，这对家人来说太晚了。西奥多在给米娜的信中写道："父亲肯定打算在这里多待些时日，而不是动身前计划的四个星期。"

她回信说，爱迪生的糖尿病"很严重"。他的胃很不舒服，医生说他体内的糖让他的手指感到刺痛。

爱迪生的病一直持续到4月底，那时他走路的姿势已经僵硬得令人担忧，同时他还得接受肺炎检查。但他仍然每天一瘸一拐地走到他的花园实验室里，用马利筋和银胶菊做橡胶相关的实验。银胶菊是一种生长在西南部沙漠的植物，似乎很有可能适应科学栽培。他收到了查尔斯的报告，说电池销量飙升，这让他很高兴。他说："我要在这里停下来，好好享受一番。"米娜让他承诺，北上回到西奥兰治后会调整自己的工作安排，让查尔斯处理爱迪生公司的大部分常规管理事务。

他遵守了诺言，只是因为他又花了一个月的时间治疗糖尿病，恢复体力。他和查尔斯之间的关系渐渐融洽起来，他们又能像从前那样互相开玩笑了。接着，爱迪生的宿敌神经炎卷土重来。这让他几乎无法参加6月初举行的西奥多的毕业典礼。爱迪生告诉记者："他是个好孩子，但他的特长是数学。我对此有点儿担心，因为他可能会和爱因斯坦那家伙结伴一飞冲天。如果真的是这样……他就不会为我工作了。"

西奥多·爱迪生，1924 年

他说这番话时，身体已然虚弱不堪。这是爱迪生首次公开暗示，他希望让查尔斯和西奥多分别以首席执行官和首席工程师的身份继承他的企业。这也暴露了他的担忧，即西奥多思想独立，可能有不同的想法。毕业典礼结束后，他告诉麻省理工学院校长塞缪尔·斯特拉顿，他希望西奥多能立即到西奥兰治报到工作。

西奥多又高又瘦，脾气暴躁，总是喋喋不休，擅长国际象棋，喜欢古典音乐，他渴望从事的职业正是爱迪生曾经鄙视的：纯科学家。但一想到要让父亲失望，他就畏缩了。他用尽可能温和的语气给父亲写了一封信，承诺只要他能回到大学继续读一年研究生，并利用暑假去旅行，他就能在父亲的工厂"工作很长一段时间"。"我认为这一年半对我来说意义非凡,而我在公司里工作一年半,对你而言无关痛痒。"

爱迪生发现他的小儿子最为顽固,但西奥多最终得偿所愿。

"我不会进军收音机领域"

到了初夏,爱迪生觉得,经过13年来孜孜不倦的精细改良,他已经使钻石唱片变得完美。米娜在给姐姐格蕾丝的信中写道:"我真诚地希望这次能一劳永逸,唱片表面比以往任何时候都好,托马斯很高兴。"

实际上,他只是成功地完善了一项过时的技术。录音——他最自豪的成就——无法突破某些技术瓶颈。不管振膜对声波力、热蜡对声波的传递有多敏感,都无法用机械方式回放过高或过低的声音频率。有一段时间,唱片部门的总经理沃尔特·米勒多次向爱迪生汇报,贝尔实验室的科学家们正在研究一种新的电子录音方法,频率范围为50~6 000次周期性变化,是任何声学系统的两倍多。一旦这项发明实现商业化,贝尔公司的所有者美国电话电报公司就将打算把它出租给留声机公司。

具有讽刺意味的是,在使电子录音得以实现的三种装置中,爱迪生率先发明了两种(封装热电子发射的真空管和将声波转换成信号的"微型电话"),同时他还发明了留声机。更讽刺的是,他很久以前发现的"以太力"为无线电广播的"爆发"提供了助力("爆发"这个词比以往任何时候都更贴切),这要归功于在商业接收器上安装的重低音磁性扬声器。收音机不再是一种没有扩音器、只能用耳机听的媒介。相反,它可以免费提供数量惊人的歌曲,以至于四大留声机公司——维克多、布伦瑞克、哥伦比亚和爱迪生——不知如何与之竞争。

爱迪生试图保持他的厚圆盘唱片和红木唱机在奢侈品市场的畅销地位，当然这注定以失败告终。除此之外，只有两个选择：把无线电接收器硬生生挤进唱机，或者清除巨大的留声机和唱片库存，全部替换为新一代的全电动留声机。无论用哪种方式，都需要向美国电话电报公司支付每张唱片的版权费，除非能找到避免涉及海量版权的方法。

在留声机企业的高管中，不承认录音技术（输入不平衡、输出也不可控）正逐渐落伍的人绝非爱迪生一人。哥伦比亚和布伦瑞克也忽略了美国电话电报公司最初的进步。埃尔德里奇·约翰逊的维克多留声机公司曾是每年销售额高达 5 100 万美元的聚宝盆，此时也遭受了电动留声机的冲击，业务量急转直下。四大留声机巨头公司开始了为期一年半的改革阵痛，与此同时，一个新的娱乐巨头，美国无线电公司，收入翻番至 5 500 万美元，全国的广播声里充满音乐，甜美的曲调掩盖了西奥兰治一位老人低沉的叫喊声："我不会进军收音机领域。"

银胶菊

那年 6 月，爱迪生在实验室发布了一项新的日常命令，要求开展"从各种植物中提取类似橡胶汁液物质的实验工作"。实验进度报告看起来很古怪，因为它还追踪了人在机器上的操作情况。更奇怪的是——除了在爱迪生看来——他的口袋笔记本上随心所欲的记录，其中歌名与植物名、化学物质和其他数据糅合在一起：

> 获取大量蓟叶马利筋并做实验
> 脱去胶乳和填充物
> 当燕子飞回家的时候

我美丽的报春花

Guylue［这里爱迪生出现拼写错误，应该是"guayule"（银胶菊）］干重8株3.638磅

他很快就学会了如何正确地拼写"guayule"这个单词，并撇开马利筋，转而把注意力集中在银胶菊上面，因为它可作为一种国内橡胶来源被研究。它生长在格兰德河南北的干旱地带，很容易连根拔起，并能立即再生。夏末，在他心爱的《沃茨化学词典》的帮助下，他发明了一种提取该植物中大量聚异戊二烯分子的方法。他研究了一些来自墨西哥的样本，计算出他可以从每株植物中提取7.5克橡胶。他在给亨利·福特的信中写道："单株占据大约一英尺的横向空间，因此每英亩[①]土地大概能生长4万株。这相当于每英亩产出680磅橡胶，价值183美元。"

如果爱迪生的计算准确（并非总是如此），那么可以想象，美国国内的银胶菊橡胶可能会以每磅27美分的价格出售，与当时外国生胶的价格相当。但他警告福特，仍需要大量的实验来确定银胶菊能否像橡胶树适应东印度群岛一样适应美国的种植园。他打算尝试在佛罗里达的庄园里种三叶橡胶树，这是一种产胶量惊人的植物，虽然它从来没有在北美茁壮成长过。与此同时，他也在佛罗里达的庄园和格伦蒙特的温室里种植银胶菊。

那里通常是米娜种植玫瑰和兰花的地方，但既然她成长于俄亥俄州阿克伦——"世界橡胶之都"，她应该能容忍这种含胶物种对她领地的入侵。

---

① 1英亩约为4 046.86平方米。——编者注

我记得，我记得

当沃伦·哈丁于 1923 年 8 月 2 日心脏病发作逝世时，爱迪生那几乎被人遗忘的俄亥俄州背景又重新被忆起。比他小 18 岁且近期看起来身体健硕的总统意外去世，提醒了爱迪生，生命短暂。8 天后，爱迪生在米娜、福特一家和费尔斯通一家的陪同下，参加了在俄亥俄州马里恩举行的葬礼，然后利用这个机会带他们参观了他在米兰的出生地，马里恩以北仅 60 英里的地方。这处房产属于他，但自从 1854 年搬到密歇根州休伦港后，他只来过几次。梅塔·沃兹沃斯小姐，他的一个远房表亲，住在里面管理着这栋房子。

一行人开着三辆崭新的林肯旅行车沿着 4 号公路出发①，车上装配的是巨大的低压强"气球"轮胎，这部分解释了费尔斯通垂涎橡胶的原因。休伦河的两条支流往同一个方向流去，好像要把爱迪生带到它们的交汇处，他就出生在附近。这场旅行神奇地把哈丁在马里恩的墓地和爱迪生的姐姐玛丽昂在米兰的墓地联系起来，甚至还有他的大女儿玛丽昂，她正打算结束在欧洲的流亡生活。

爱迪生喜欢跟地质学家和古生物学家开玩笑说，他对未来太感兴趣了，无暇为过去操心。他人生的头 7 年当然是这样的，而他能回忆起来的只有三四年光景。尽管那 7 年正是他父亲财星高照的时候，米兰也处于黄金年景，运河边和仓库里堆满了小麦，但他对这座小镇的记忆都是痛苦的：一次当众鞭打，一把削去他一个指尖的斧头，一个游泳时溺水身亡的伙伴，一位抱怨年幼的爱迪生看起来"精神错乱"的老师。相比之下，他一直认为休伦港是他满心欢喜发现自我的地方。

傍晚时分，米兰在前方几座美丽的小山间若隐若现。两三千名居

---

① 爱迪生本人的深绿色林肯汽车如今在迪尔伯恩的亨利·福特博物馆展出。

民在广场等候迎接他,和70年前他受罚的场景如出一辙。但车队未做停留,继续前进,一直开到陡峭山地的最高点,此处可以俯瞰整个盆地。萨姆·爱迪生于1841年亲手建造的有7个房间的优雅小房子仍矗立在那儿,房子的红砖墙和有着石砌过梁的高高的窗户一如既往地坚固挺立。①

从正面看,它像一种简单的单层结构建筑。只有当爱迪生走到后花园时,地下室和上面的楼层才会从绝壁的斜坡上显露出来。

亨利·福特对着他的右耳喊道:"你觉得自己熟悉这个老家吗?"

街上的记者们毫不费力地听到了爱迪生的回答:"是的,很熟悉。"

他似乎对镇上的景色比对房子本身更感兴趣。但是,70年前,当他还是一个小男孩儿的时候,他看到的是一个挤满驳船的淡水港口,而此刻,白发苍苍的他看到的却是一派萧条的景象。野生的灌木和杂草在古老的运河沿岸蔓延开来,运河早已干涸,泥沙淤积。一座破旧的罐头厂门口曾一度停满了等着卸货的货车,如今却一片寂寥。自从铁路出现后,米兰和它的水上经济再没有恢复往日光景。

最后,当爱迪生带着他的同伴们进屋时,他惊奇地发现梅塔还在用煤油灯。他发明的电灯在世界各地获得的成功在这里却没有踪影。他接着走进东北角的小卧室,凝视着他出生时看到的墙壁,心中不免感慨万千。然后他走到门廊上摆好姿势照相,独自站在那里,夕阳照在他的脸上。

梅塔说:"汤姆,你现在得去广场发表演讲,否则镇上的老百姓都会心碎的。"

---

① 托马斯·爱迪生出生地博物馆现在是美国的一个国家级历史地标。

第一章　植物学:1920—1929年

接着是惯常的仪式，人们向他致敬，称他为"世界上最伟大的发明家"，但他礼貌地拒绝回应，一如既往地让人失望。他解释道："我耳聋得厉害，以至于说不出话来。"在铜管乐队演奏《星光灿烂的旗帜》时，他还把手在耳旁拢成杯状强调了这一点。

虽然米娜看出他很快就累了，但他还是忍受了漫长的握手仪式，一遍又一遍地重复："我记得，我记得，是的，我记得。"

事物的多样性

离开米兰后，爱迪生加入了他的"流浪者"伙伴，和他们一起去密歇根州的半岛露营。他仍旧满腹哀愁，并向费尔斯通25岁的儿子小哈维传授他的"记忆群集"理论，这种群集使人性得以延续。"显微镜根本找不到它们……当这些实体离开身体时，身体就像一艘没有舵的船——空空如也，不再运动，而后死去。"

爱迪生自以为在谈论形而上学，他竭尽全力避免使用"上帝"这个词，但这反而让一个老人对确信死亡并非最终归宿的渴望欲盖弥彰。两年前的夏天，在马里兰州露营时，他问了威廉·安德森主教一个令人吃惊的问题："请告诉我，在我们短暂的一生结束时，我们将何去何从？"

当然，这是人类存在的基本问题之一，从科学和理性角度都无法回答。在并不短暂的一生中，爱迪生大部分时候都是托马斯·潘恩的信徒。关于他，爱迪生写道：

> 我一直对这个人很感兴趣。我父亲在家里的书架上放着一套托马斯·潘恩的书。我大概是在13岁的时候翻开这套书的。我还记得他的书中闪烁着启蒙的灵光。他在政治和宗教问题上的观

点与我们周围的许多人如此不同,能启迪智慧……

许多人无法理解卢梭和孟德斯鸠,却认为潘恩的书开卷有益。他的著作逻辑鲜明、条理清晰、语言精准,即使是一个小学生也能够理解……

他被称为无神论者,但其实不是。潘恩相信有一种至高的智慧,该智慧代表了一种理念,其他人则常常通过神的名字来传达此种理念。

爱迪生对这位伟大的理性主义者的认同体现在他称赞其为发明家上。"他构想并设计了铁桥和空心蜡烛,这正是现代中央通风燃烧炉的工作原理。潘恩展示出了普遍性的天赋,他对事物的多样性很感兴趣。"

如果上述事迹表明他们两人都持纯粹的机械泛神论,爱迪生此时则发现自己已跳出了人工制造的"东西",更多地研究自然万物。在潘恩看来,多样性比任何东西都更令人敬畏。"自然之书从不说谎,在这本书中,我们可以学到几乎所有关于生命、死亡,或许还有不朽的哲理。"

夹竹桃的原生质

9月回到西奥兰治后,爱迪生再次尝试挽救留声机,不停地修补他的长喇叭,让西奥多去打磨钻石触针,并阻挠两兄弟进军无线电行业的雄心。但他把越来越多的时间用于研究生物化学领域的奥秘,经常在实验室图书馆和楼上进行私人实验的"12号房间"里度过不眠之夜。他批准了一项将同时在西奥兰治和迈尔斯堡开展的橡胶研究项目,并毫不犹豫地将其纳入公司预算。多亏了水泥和蓄电池销量喜人,爱迪生公司再次实现盈利。

他意识到自己必须学习很多植物学知识，还确信地对一位前雇员讲："在一个人能复制出一片草地前，大自然都可以嘲笑他所谓的科学知识。"他在其他科学领域的博学程度非同寻常，但也是单一线性的，因为在某种意义上，是一股共同的力量——电力——把他在电报、电话、声音和光技术、磁力选矿、电影、电池设计方面的实验联系起来的。现在他需要接纳种植、形态学和繁殖系统，而这些与电无关。

这意味着他必须全神贯注地研读技术文献，并且要比以往任何时候都更加努力地工作，直到理解这些文献，而后取得成功。他认为最终一定能从植物组织中提取出橡胶，就像他曾经用锡箔"演奏"出音乐一样。

爱迪生躲在实验室图书馆里，研究阿尔弗雷德·艾伦的《商业有机分析》，看看哪种酒精溶剂能给他提供黏性最强的橡胶提取物；研读威廉·H. 约翰逊的《帕拉橡胶的培育和制备》，以学习胶乳凝固和提纯的相关知识。他还阅读了克纳·冯马里劳恩的《植物自然史》并做了大量旁注。很快，他就觉得自己的储备已足够，把弗兰克·布雷厄姆的《橡胶种植手册》的内容当作"一堆废话"不予理睬。他也对威廉·威克利的《橡胶培育的全流程技术》一书中的许多结论提出疑问。布雷斯福德·罗伯逊的《生长与衰老的化学基础》以其学术底蕴让他印象深刻，这本书本也该提及他自己身体的衰老，但在这个问题上沉默了。

含乳白浆液的植物品种

在 1924—1925 年的大部分时间里，爱迪生都在他的私人实验室以及西奥兰治工厂的"花粉症室"里根据种子和标本的存量进行着天马行空的补充研究。开车经过新泽西的一片杂草地时，他总是忍不住从车里跳出来寻找含乳白浆液的植物品种。在外人看来，他的口袋笔记本是一本万花筒似的拼贴集，记录着各类数据和知识：植物的拉丁语名称、多种有机溶剂、海绵橡胶里孔洞的大小、机械图纸、地理和气候统计数据、贝多芬《月光奏鸣曲》主题的声学分析、尿检结果、欺骗系统在战争中的应用（他无法放弃对国防技术的兴趣）。

尽管他很早就告诉亨利·福特，他利用银胶菊设计了"一种提取橡胶的非常好的方法"，但这只是他的一个习惯，提前假想成功，以此激励自己。他不时地把"现象"这个词写在笔记本上，但这往往意味着难以理解的失败。他开始推断，要从橡胶树以外的任何一种植物中寻找可观含量的优质橡胶，从植物学角度来说，都无异于从石头中提取血液。

银胶菊有望被美国农业部归类为紧急情况下的国内橡胶来源。爱迪生在迈尔斯堡种植了一些银胶菊，但幼苗长得太慢了，导致他计算出这种植物的繁殖周期长达四五年，这对实际栽培来说太久了。他也不喜欢银胶菊的橡胶分子呈胶态分散在根、主干、枝条表皮的薄壁组织，以及更易碾碎的叶子中。他认为除非能想出一个比浮选法（将整株植物磨成粉，然后浸在稀释过的氢氧化钠中，直到木质污垢沉淀，橡胶像"小虫"般浮上水面，便于撇出来收集）更好的提取方法，否则银胶菊产出的又软又黏的成品恐怕无法和帕拉橡胶甚至坤甸生胶相比，后者是他为电池部门的硫化流程进口的，又硬又黑，切片后发白并会散发出潮湿的酸臭味。

鉴于此，他认为种植银胶菊永远不可能赢利。他体内的创造精神一直渴望着独辟蹊径，于是开始尝试政府不太看好的其他含胶植物。他对桉叶藤的潜力感到兴奋，这是一种生长迅速的藤本植物，种子繁殖力强。其橡胶的平均含量只有3%，但他相信通过合理培植，含胶量可以增加两倍。不过，这种植物有一个主要缺点：它会成片蔓延，妨碍机械收割。接下来，他想到了橡胶无花果树——印度榕，一种像三叶橡胶树一样容易出白胶的榕树。然而，它也不适合机械收割，因为它结构特殊，爱迪生能想到的任何装置都无法收割。但这并不妨碍他在迈尔斯堡种植了一株这一巨大树种的样本——孟加拉榕树。他不知道，再过一个世纪，它就会变成一座占地近一英亩的绿色大教堂。[①]

一个不错的儿媳

令米娜惊愕的是，1924年夏，一个野心勃勃、抽着烟、"轻浮放荡"的摩登女郎出现在西奥兰治，和她最喜欢的儿子西奥多订婚了。安·奥斯特霍特小姐是来自马萨诸塞州的一名23岁医学生。她向米娜保证，"我太爱泰德了"，尽管她很勉强才放弃了婚后在新泽西州从医的梦想。米娜认为持家（请很多用人）和母性才能凸显女性气质，所以她甚至有点儿期待安能够归还西奥多的戒指——她自己对西奥多的爱的象征。

相反，爱迪生对奥斯特霍特小姐另眼相看，因为她的父亲是哈佛大学的生物化学家。这个年轻女人对科学的爱好给他留下了深刻的印象（她对胶体行为这一新课题有着强烈的兴趣），他允许她在实验室的研究部门与西奥多一起工作，而这个部门的人员在此之前都是男性。他告诉米娜，他总算要有"一个不错的儿媳"了，其他孩子的配偶总是不尽如人意。

玛丽昂的丈夫奥斯卡·奥瑟就是一个很好的例子，他对玛丽昂不

---

① 爱迪生-福特过冬庄园的榕树现在是北美最大的榕树。

忠，加之凡尔赛会议（巴黎和会）后他仇视伍德罗·威尔逊，以至于玛丽昂不得不在这一年的秋天回到了美国。她讲了30年的德语，英语已经生疏了，便想在新泽西州找个离汤姆和威廉近的地方安顿下来，但不知道父亲会不会同意。她告诉爱迪生，"多年来，我一直渴望从你那里找到一些爱的迹象"，并补充，她后悔自己十几岁时因为父亲娶了米娜而反抗他。"如果我没有那么爱你，我就不会这么妒火中烧。"

米娜和以前一样对此表示反对，因为她对爱迪生的"另一个家庭"深恶痛绝。那些孩子从来没有让米娜安心过，尤其是玛丽昂，因为她是三个孩子中最年长、最叛逆的一个。米娜想在西奥兰治给玛丽昂办欢迎会，玛丽昂很感激，但最终还是选择在曼哈顿的一家经济型酒店住下来。

西奥多和安于1925年春结婚，住在离实验室不远的一间公寓里。这暂时证实了西奥多为父亲工作的决心。爱迪生很庆幸西奥多没有迷失在虚无缥缈的学术世界中，于是他以自己最优美的笔法起草了一封感谢信发电报，却忘记了电报发出去的只有点和杠。连米娜都被他写信时脸上的自豪感打动了。

她自己就没有那么春风得意了。只要儿子还单身，她就觉得自己还可以照顾他。但现在，格伦蒙特又空出一间卧室，她陷入了绝望。她写信给西奥多："在我的一生中，我没有付出任何努力，就得到了爱、关注和钦佩，但现在看起来，我的吸引力在减弱，我发现自己在挣扎，我要学会调整自己，但这真的很难。"

米娜偶尔会觉得自己受到冷落，并因此大发雷霆，但在随后的几周里又悔恨不已。"我被宠坏了，我必须忏悔。"查尔斯和西奥多表示理解，因为他们知道她的大部分问题是因为父亲不在她身边。每当她闯进实验室找他时，即使正在做实验，他也准备好用微笑融化她的心。他只愿意被米娜打断，并总是耐心地陪伴她，直到她离开。

然而，当爱迪生闯入米娜与两位记者的一次午宴采访时，他们惊讶地发现，爱迪生虽然在场，却如同空气一般。

在爱迪生又一次突然离开房间后，米娜对她的客人说："爱迪生先生几乎没有朋友，由于工作的特殊性，他大部分情况下不得不独自生活，自力更生。"她承认"他极致的努力程度"使她无法参与对他来说最重要的事情，但她已经感到心满意足了。"我有一份明确的终身工作，那就是为托马斯·爱迪生提供贴心的服务。我所能付出的一切都是值得的。"

"成为第一"

爱迪生年近八十了，他逐步从与橡胶研究无关的一切工作中解脱出来。1926年2月1日，他签署了一份遗嘱，将他的公司股份——他的大部分遗产——传给西奥多和查尔斯。"我亲爱的妻子米娜·爱迪生已经从我这儿或别的地方得到了足够的赠予。"他将少量现金赠给三名长期雇员，并指示将他剩余的资产委托给一家信托机构，收益"将平分给我的6个孩子"。与此同时，他以78 200美元的价格把他仍然持有的所有专利卖给了爱迪生公司。

这只是象征性的一笔钱，但他的公司如同美国大部分公司一样，正以前所未有的速度积累巨额财富，作为大股东，他无论如何都会从中获利。这促使他把总裁的头衔移交给查尔斯。在担任了56年主管后，他发现自己又能集中精力做实验了，心情十分激动。"吉米，生意能做下去的秘诀，就是创造能让人们掏腰包的产品。"他对詹姆斯·牛顿如是说道。牛顿是和他的迈尔斯堡庄园相邻的一座庄园的年轻管理人。"除非我看到市场对这些产品的需求,否则我不会去发明它们。与其说我对赚钱感兴趣,不如说我热衷成为第一个发明社会所需产品的人。"

杰出的天文学家和诺贝尔奖获得者阿尔伯特·迈克尔逊听到爱迪生如此夸口,就想阻止他在美国国家科学院春季会议上获得院士提名。自从爱迪生于1880年发明了一台理论上"无法成功"的发电机后,科学院就对他持有强烈的偏见,认为他是一个唯利是图、哗众取宠的技术人员。然而,加州理工学院校长罗伯特·密立根却有勇气颤颤巍巍地站出来表明,是时候认可这位伟大的发明家了。"我相信没有物理学家会反对提名爱迪生先生。"

但是迈克尔逊从前排站起来,平静地说:"我就是那个反对他的物理学家。"

这足以否决密立根的提议。爱迪生对此并不感到意外,他曾多次嘲讽他们只不过是"纸上谈兵"的理论家,这次否决也算咎由自取。"发明家本质上应以实用为第一要务。"但他觉得自己在职业生涯中至少贡献了五项真正的科学发现,并应《电气世界》杂志的邀约,展示了这些发现。它们分别是:电子传输的"爱迪生效应","现在应用于无线电灯泡";动态电报原理,它使触针在带电的电解表面上畅行无阻;"以太力"火花,后来被归功于赫兹;可逆镍铁原电池;物质在压力下电阻变化的现象,体现在他的碳钮电话送话器上。

在爱迪生展示的这些科学发现中,杰出的物理化学家迈克尔·普平只认可动态电报原理。普平说,其余发现不是假设的就是非纯科学的。"毫无疑问,爱迪生先生是一个充满智慧的天才,他在科学发现的技术实现过程中克服了诸多技术上的困难。我认为在这方面任何人都难望其项背。但是他真正的贡献在于应用领域,而非真正的科学。"

爱迪生被这番评论刺痛了，匆匆地写下了自己的另一份科学"第一"清单，包括 X 射线荧光镜、发电机换向条中的云母绝缘体，以及电报录音机中碲的电化学接受性。匆忙中，他忘记了提及微压计，以及他年轻时发表的关于磁导率和热磁发电机的论文。然而，主流科学家仍否定了他自认为应得的荣誉。

人必须与时俱进

查尔斯和西奥多可以自由地宣传他们的"爵士时代"方案了，之前为避免惹恼父亲，计划一直保密。这是一次从声学录音到电子录音的转变（被他们巧妙地称为"爱迪声"技术），也是一个针对 12 英寸慢转唱片的实验，他们计划以制造商和生产者的身份进军无线电市场，最终创建公司自己的广播业务。

查尔斯认为创新是在该领域与对手竞争的唯一途径。维克多留声机公司通过引入大受欢迎的内置 RCA 接口的维克特罗拉唱机（Orthophonic Victrola）①来顺应无线电的繁荣发展；布伦瑞克公司当时正在推销一种全电动的收音机-留声机（Panatrope）；在与英国同名公司联合注册西方电气技术公司后，哥伦比亚公司也实现了盈利。在四大留声机公司中，只有爱迪生公司的留声机部门不景气，唱机太贵，垂直切刻的圆盘唱片和圆筒唱片不能在其他型号的留声机上播放，销售人员无法说服年轻顾客，让他们相信"手风琴之王"弗兰克·卢卡斯是比阿尔·乔尔森更优秀的艺人。只有"爱迪声"录音机部门业绩很好——这很讽刺，因为爱迪生最初就是为了这个目的而发明留声机的。

---

① 这种留声机借由电子扩大系统将留声管信号放大，与先前的留声机技术不同。——编者注

在他看来，他的儿子们想做的事情太多，也太迟了。但米娜同意他们的看法，"人必须与时俱进"。她冒着离婚的风险，在格伦蒙特安装了一台五管收音机，她很快就沉迷于收听政治事件报道。爱迪生很难反对米娜在他工作的时候用一些方式填补待在大宅子里的空虚，而他的耳聋也避免了噪声的打扰。但他确信查尔斯会后悔投资这种新媒介。他警告儿子："三年后，这将是一个残酷的行业，没有人会赚到钱。"

说了这句斩钉截铁的话后，他不再捣鼓哥伦比亚街上的长喇叭，而是继续他的聚异戊二烯化学实验。用米娜的话来说，从她丈夫于1927年2月11日满80岁那一天起，"家里的一切都变得一团糟。我们谈论橡胶，思考橡胶，连梦里都是橡胶"。

做大事的最佳时机

过去三年中，爱迪生不断加深的执着程度与进口橡胶流入美国的数量成反比。除了1924年一次反常的橡胶临时短缺（也只是供不应求，算不上匮乏），史蒂文森计划被证明一败涂地，因为英国殖民部无力遏制对手荷兰在远东的竞争。然而，哈维·费尔斯通一如既往地宣扬"美国应该自己生产橡胶"的口号，亨利·福特和商务部长胡佛也加入了他的行列，鼓励爱迪生继续深入研究。

在宣布自己目前是一名全职植物学家之前，爱迪生不得不在纽瓦克参加一场生日午宴，出席午宴的有一百多位"爱迪生先驱"，他们已经是头发花白的老将，曾见证了19世纪七八十年代的黄金岁月，当时他们的老板每两周就会发明出新玩意儿。那天，菜单上有七道菜，特色包括奶油芦笋汤、用鲱鱼子填塞的鲱鱼以及牛羊胰脏馅饼，这些菜都出了名地软。

这种场合对爱迪生来说是一种折磨。他不喜欢暴饮暴食，也厌倦了别人赞扬他是智力超人。他放弃了天才是"百分之一的灵感加上百分之九十九的汗水"的说法，这已经成为陈词滥调，然而"先驱"们仍然坚持这一说法，也许只有极少数除外，这些人在他年轻时就与他相识，当然他们自己彼时更年轻：弗朗西斯·杰尔和威廉·哈默，见证了他第一个实用灯泡持续发光的那个晚上；查尔斯·克拉克和约翰·利布，曾在1882年帮助他第一次为曼哈顿的一平方英里区域供电；塞缪尔·英萨尔，他以前的总管，比午宴上除了亨利·福特外的其他人都富有。

福特对爱迪生着迷至极，以至于报纸在刊登他们交谈的过程中福特的嘴对着爱迪生耳朵的照片时，都觉得有必要向读者解释："福特不是在亲吻他年迈但仍然精力充沛的朋友爱迪生。"福特计划在密歇根州迪尔伯恩投资500万美元建立爱迪生理工学院。在那里将再现主人公的第一个实验室，力求真实还原，小至最无关紧要的一瓶王水的细节都不含糊。福特争取到的第一件物品是一份适合装裱的证明书，证明留声机是半个世纪前在那座棚屋里发明的。爱迪生为此专门致信一封，以表明他在80岁时仍能挥洒自如地书写。

福特先是买下了这个灌木丛生的小村庄，这里曾经是新泽西州的门洛帕克。接下来，他把原来房子里的每块砖和木板都搬了出来，并在土壤中寻找做实验用的碎石。让米娜越来越恼火的是，他也参加了对塞米诺尔小屋周围一堆小东西的抢购，在那里，人们总能看到他的身影。他还提议拨款给爱迪生在那里的实验室，以支持投建适合橡胶研究的现代化设施。

米娜威胁说要把自己的尸体捐给这项计划。她一直无法理解丈夫对福特和费尔斯通的友好态度，认为他们俩都是小气鬼，在利用她丈

爱迪生写给福特的关于留声机发明的信

信中大意为：
1927年2月15日
亲爱的福特先生：
  世界上的第一台留声机是在我的指导下由我在新泽西州门洛帕克实验室的一位员工于1877年初秋制造的。
  我是第一个对留声机说话的人——当时我就念了两句诗。
"玛丽有只小羊羔，
羊毛洁白如雪。
无论玛丽走到哪里，
小羊羔都会跟着去。"
这就是留声机最早记录和回放的语句。

你真诚的
托马斯·A.爱迪生

夫的名声。她没有想到，也许是爱迪生反过来利用他们的财富和意愿资助自己。

自1912年以来，他一直在容忍福特的阿谀奉承，因为公司贷款的利息和电池订单从迪尔伯恩源源不断地流入。但近年来，他很难接受反犹报纸文章合集《国际犹太人》（皮面装订多卷本），福特觉得有必要在文中警告雅利安人关于"犹太人分裂社会的计划"和"犹太人的爵士——白痴音乐"之类的威胁。为了避免尴尬，爱迪生要求他的工作人员不得公开承认他收到过这些书。"我对福特先生的努力知之甚少。我不想卷入任何关于英国人、爱尔兰人、德国人或犹太人的争论——连美国本土的北方人都不想提及。"

爱迪生觉得自己这样就算撇清了干系，顺势同意与福特和费尔斯通合作，成立一家官方的"爱迪生植物研究公司"，认真解决美国对外国橡胶的依赖问题。

光照不到的地方

福特本来希望在敲定资金和人员安排的所有细节之前，推迟对新合资企业的宣传。但是，80岁的爱迪生仍像30岁时一样，隐瞒不住重大新闻。他刚到迈尔斯堡，就接受了各位记者和各家新闻机构的一系列"独家"采访。

《纽约时报》宣称："托马斯·爱迪生正在他的实验室里工作到深夜。他相信，这个实验将彻底改变世界橡胶贸易格局，把美国南方从'棉花之乡'变成全国的橡胶作物种植中心。"其他刊物的报道也描述了这位伟大发明家的梦想，种植园在大地上交织成拼接画，向北延伸到大草原，向西延伸到银胶菊生长带，这样在战争时期就可以满足全美的橡胶需求。据报道，当时爱迪生正在设计一种机器，可以收割、碾碎、压榨橡胶作物，并从中吸取橡胶汁液，这种橡胶作物可能是他自己培育出来的某种含乳白汁液的藤蔓、草本植物或灌木，它们生长得很快，很少需要打理，而且容易繁殖。他目前感兴趣的是一种原产于马达加斯加的桉叶藤属植物。亨利·福特购买了一批这种植物的稀有种子，并从那座岛上运来了。

亨利·福特、爱迪生和哈维·费尔斯通在佛罗里达，1928年前后

爱迪生在塞米诺尔小屋门口林荫道的对面为种植新植物清理了一块地。由于种在潮湿的河畔，他4年前种下的含胶树已经高高耸立，绿荫如盖。他高兴地说："我根植于泥土，有泥土的气息。"到了晚春，他在9英亩的土地上种植了16种含胶乳的植物，其中包括100棵印度榕和350株马达加斯加桉叶藤属植物。后者生长得过猛，几乎已影响其他植物，难以控制，也无法进行机械收割。爱迪生意识到，这种植物比他过去应对的无机材料更不适合自动化处理。除了这个问题，

自然的谜团也令他困惑。他对三叶橡胶树干枯树皮下面的绿色形成层感到不解。"为什么植物会把叶绿素放在光照不到的地方？"在没有昆虫的温室里种植的含胶植物，分泌的胶乳更少，树脂更多。难道胶乳是某种驱虫剂吗？

他充分利用了那辆"灰头土脸"的福特T型汽车，在佛罗里达州中部的荒野中寻找标本。他学会了如何把一片叶子撕开，检查从分裂的毛细管中垂下的"薄纱线"。（"如果叶子含有橡胶，'薄纱线'就不会下垂，而是能延伸0.25~0.5英寸。"）他用甘油涂在刚切开树干外皮的印度榕上，发现它使胶乳的流速加快了一倍。遗憾的是，多元醇也延缓了胶体的凝固。松树不含胶乳，但他还是敲了敲一棵松树，看看它的树胶滴落的速度能有多快：计量结果是每82秒一滴。晚上，他研读橡胶工业相关期刊或坐在办公桌旁随手画植物素描，就当作休闲了。

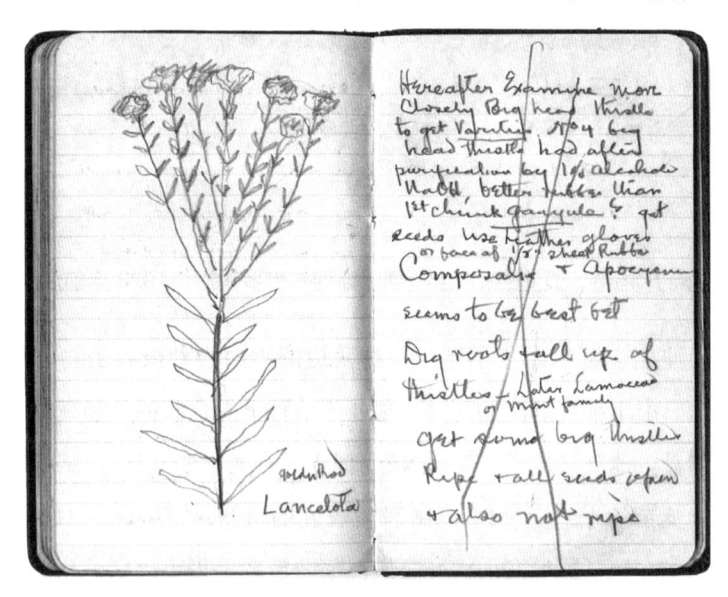

爱迪生画的植物素描，20世纪20年代

浓稠的白色汁液

爱迪生回到新泽西州过夏天时才知道，美国国家科学院最终还是投票选他当了院士。在最近一次会议上，一位比罗伯特·密立根更能言善辩的身份不明的倡议者，引用了一位法裔院士写给莫里哀的墓志铭，令科学院全体成员蒙羞："当爱迪生先生去世时，我们不能说，'没有什么能增加他的荣耀，我们只能遗憾他没有增加我们的荣耀'。"

他用特别优美的签名接受了这份任命书，但除此之外，他对其毫无兴趣。他此时对聚合物非常痴迷，以至于有一天早上米娜在他的纽扣孔里插上一朵康乃馨时，他问米娜是否测试过它的茎干内有无胶乳。人们很快看到他在纽约植物园折腾各种大戟属植物，"折断它们的茎干，用手蘸取它们浓稠的白色汁液，反复揉搓来测试其弹性"。花园里的工作人员对这位杰出破坏者的到来感到荣幸。园长约翰·斯莫尔教会了他标本的编目、保存和标记。

7月29日，福特和费尔斯通正式成立了爱迪生植物研究公司，同时在西奥兰治和迈尔斯堡进行实地培植和实验室操作。该公司最初的资本总额为9.3万美元，两位巨头各投了2.5万美元，爱迪生不顾他们的反对，坚持也要投入同样的金额。他雇用了14名田野植物学家，给他们每人一辆福特汽车和一顶帐篷，命令他们分散至美国各地，"砍下所有能看到的植物"，只要它们可能符合他的要求。不到一个月，他就收到了几十份寄来的样本，每个样本都按属、发现日期和生长土壤类型分类。他要求西部铁路公司的代理人检查铁路沿线的土地，寻找看起来可能含胶乳的灌木。他告知佛罗里达的房地产经理弗兰克·斯托特要增加种植园品种，其中包括巴西的塞阿拉橡胶树、利比里亚的非洲胶藤属植物、印度无花果树、银胶菊、一品红和其他几十种样本植物。与此同时，爱迪生自己每天会分析多达50株植物中的酶和蛋白质。他意识到大多数物种的细胞的橡胶含量需要 2~5 年才能达到峰值，于是写信给医生说，自己正在"与死亡天使赛跑"。

米娜注意到他的体重在下降，担心他是为了达到福特和费尔斯通的期望而过于拼命。但实际上她明白，他生性对赞美无感，耳聋更是加剧了这一点，"他的努力只是自发行为"。至少他不再为留声机事业发愁了。"他很开心，整日忙着研究橡胶，不想别的。"

查尔斯也为此高兴。在一封致"父亲（爱迪生实验室橡胶学系）"的信中，他写道："我得出的结论是，您真的只想专注于橡胶，而不再为其他业务细节操心。"

这封信充分说明，查尔斯相信父亲对自己的半玩笑话不会介怀。正如米娜所见，爱迪生又回到了过去取得重大成就之前的那种心无旁骛的专注状态。如果他能活到银胶菊灌木长成的那一天，他可能会再次震惊世界。

但他也可能做不到。"我干得太辛苦了。"有一天玛丽昂找他时，他这么说。当时他完全失聪，身体疲惫不堪。年轻的时候，他觉得攻克电灯技术遇到的难题是令人上瘾的挑战，而现在植物学带来的问题常常把他弄糊涂。他告诉《大众科学月刊》，橡胶研究是"我所遇到过的最复杂的问题"。

至少他能确认银胶菊不是他要找的植物。在对大量的分泌物进行提纯并将凝固物送到阿克伦塑形后，他得到的只是一组破裂的易碎轮胎。他因此对沙漠物种失去了兴趣，用剩下的时间使用大戟科、萝藦科和夹竹桃科植物进行试验，并向记者说："我们才刚刚开始。"

不成形的浆糊

那年冬天，爱迪生申请了他的第 1 090 项专利，也是他在植物学技术领域的第一项专利——"从植物中提取橡胶"。它的独特之处在于，其设计就像40年前他发明的磁力选矿机一样，是为了从总体没什么价值的材料中提取有价值的东西。

他描述了一个包括两个阶段的过程。首先，让风干的小型含胶植物通过重金属滚轴，"以便打开木髓缝隙并使树皮破裂"，同样对木质主干、枝条和根进行如此操作。半碎的植物被切成短条，浸泡至树皮和木髓软化，然后将其倒进装满水的圆石磨，在那里翻滚的石球将剩余的植物固体捣碎，轻轻地把木质固体从浆中分离出来。经历一个小时左右，产生的浆液就可以从磨粉机中通过一面细筛网被倒出，然后被洗去杂质。爱迪生写道："保留在筛网上的木质物非常干净，几乎像雪一样白，就某些植物而言……也许可以用来造纸。"

第二步是对第一步进行改良，生产出一种"不成形的浆糊"，慢慢地将混合物中的橡胶颗粒释放并使它们凝聚在一起。

爱迪生的这项发明之所以独一无二，主要是因为它使含胶植物的收割和浓缩成为可能，而这些植物只含有不到1%的聚合物。两年后，专利局批准了这一专利申请，但那时他已经对这些低产的植物失去了兴趣，并爱上了美国路边最被忽视的杂草之一。不过，彼时他没有将它的名字公布。

神圣的红色黏土

1928年新年伊始，查尔斯在送父亲去佛罗里达时恳求道："你真的不让我们进军无线电市场吗？"沿着站台往下走，爱迪生植物研究公司的6个助手正在往火车上装载一百箱生化设备。

爱迪生回答说："好吧，如果你想成为一个该死的傻瓜，去吧，你已经经得到了我的许可，但我告诉你这没有用。"

塞米诺尔小屋在那年1月最美丽。米娜看到自己种的各色花，尤其是兰花开了，橙树和杧果树上结满了几乎整个夏天都结不出的果实，她心里很高兴。麦格雷戈大道对面的橡胶作物种植园看上去也郁郁葱葱，但亨利·福特为了建一个新的化学实验室而腾出的空地破坏了这里的景色。她做好了心理准备，眼睁睁地看着爱迪生在他们结婚第一年建造的那间昏暗的旧工作室一点点消失。爱迪生本人对此并无太多愁绪，他需要更多的空间来容纳他的"橡胶学家"新团队。

威廉·本尼被任命为实验室主任，他是爱迪生可以全天候依赖的耐心、坚强、无所不能的助手之一。弗朗西斯·席默尔卡，一位奥地利出生的化学家，在一名植物学专家、一名机械师和其他五六个工作属性不同的职员的协助下，主导分析和提取工作。这些人既包括十几岁的标本收集者，也有年老的弗雷德里克·奥特，他是爱迪生电影中首位出镜的"明星"。

当福特在月中到达时，米娜对他的态度有所改观，因为他对自己设想的爱迪生博物馆做了完整的规划。看到这个世界上最富有的人对她丈夫所走过的土地顶礼膜拜，她不禁感动。这并不只是嘴上说说而已，因为福特坚信，整体搬运旧实验室时，也应该带上一英尺深的佛罗里达土壤。他打算把门洛帕克神圣的红色黏土，以及残存其中的一切"爱迪生痕迹"也带走。①

福特并不知道，他正在孕育一个将来被称为工业考古学的科学门类。他只知道，如果没有"先驱"们精心收藏的爱迪生职业生涯各个时期的物品，包括模型和机器（其中有威廉·哈默收藏的按时间顺序排列的灯泡），他的博物馆就是不完整的。"先驱"们希望在

---

① 根据弗朗西斯·杰尔的说法，福特还设法抢救了"旧实验室里几乎所有的木材，包括门和大部分的窗棂"。

他们自己的展览上展出这些珍品,地点可能在华盛顿特区的史密森学会。

另一方面,福特汽车公司面临着来自通用电气的挑战,即该由哪家公司来赞助1929年10月21日爱迪生发明出白炽灯泡的周年纪念活动。考虑到福特只要跨过他们过冬别墅之间的草坪就能成功说服"老头儿",这似乎是一场不公平的竞争。然而,通用电气获得了"先驱"们的强大支持,如果"白炽灯泡金禧庆典"能够在它的诞生地纽约斯克内克塔迪举行的话,通用电气就将准备奖赏他们和史密森学会。

爱迪生似乎一点儿也不关心庆典日的地点和纪念物的安放。因此,福特向米娜示好,告诉她,如果有必要,他准备花500万美元在迪尔伯恩的爱迪生理工学院举办周年纪念活动,这样能一箭双雕。她答应福特,她和丈夫北上过夏天时,会就这个问题召开一次家庭会议。爱迪生本人不太可能参加,他已不再对公众荣誉感兴趣了。当得知他与福特和意大利的贝尼托·墨索里尼一起被选为在世的三个最伟大的人时,他开玩笑地模仿了一个犹太典当商的腔调,说:"'壕'吧,'塔'们'似'伟人,没错,但没有'法明'的人绝不是没出息的。"[1]

没有如此完美的终幕

2月底,德国作家埃米尔·路德维希造访了塞米诺尔小屋。他刚出版了一本关于拿破仑的畅销传记,但如果他内心认为爱迪生是另一个英雄人物,他将会发现,爱迪生实际上只是一个心不在焉的老人,

---

[1] 这句话是爱迪生故意开玩笑说的,说得不标准。原文为:"Vell, dey vas great men, yes, but de man vot invented interest vasn't no slouch."——编者注

这位老人重新找回了童年的一些奇妙之处：

> 我看见他从他那铺满鲜花的工作室走了出来……他穿着白色的西装，低着头。他右手拿着一株小小的植物，脸上洋溢着喜悦，因为这株植物的含胶量相当大。
>
> 他把我们领到一棵橡胶树前，用刀刺破树干，然后把从切口上滴下来的白色液体收集起来，同时就数字和百分比和我们展开话题。然后他把我们带回工作室里，展示了他用夹竹桃、金银花等所有产胶植物的汁液配成的制剂。它们都经过了称重和蒸馏。他面带微笑地拿起一支盛有树叶汁液的试管。
>
> "这是主要的物质——叶绿素。"他说。
>
> 这个人的生活是多么戏剧化啊！自歌德的晚年之后，就没有如此完美的终幕！

到了初夏，爱迪生能做记录了，"我在佛罗里达测试了2 250种野生植物，其中545种含有橡胶"。他还设计了各种农作物处理机器，包括每天能处理两万株夹竹桃的脱叶机。这对他来说还是太慢了："一定要达到8个小时脱叶16万株。每人负责2英亩。"

与此同时，他尝试开发一项更复杂的提取技术，却因为很难找到合适的凝固剂而受阻，理想的凝固剂沉淀出的东西没有不可能硫化的液滴那么黏。但他通常认为，每一次失败都是向成功迈进的一步，他告诉米娜，过去的5个月是他度过的最快乐的时光。

米娜却不这么认为，每当晚上醒来发现旁边没人——有时爱迪生甚至根本没在床上睡——时，她总是感到孤独。她在一个失眠的凌晨给西奥多和安写信道："亲爱的父亲肯定是在竭尽全力地践行自己有关橡胶的想法，他正在实验室里研究溶剂之类的东西，现在是凌晨 2 点 30 分。"

西奥多和查尔斯的来信加剧了米娜的孤独，他们的生活、婚姻和工作都充满乐趣。她希望收到分享更亲密内容的来信，虽然她也不指望查尔斯会这么做。他已经 38 岁了，而卡洛琳比他大得多。米娜的希望寄托在安身上，但那个志存高远的年轻女人似乎对学习经济学比对缝制婴儿衣服更感兴趣。①

爱迪生不知道也不关心她的焦虑（"不要问我关于女人的任何事，我不了解她们"），他只会思索种子、风、树苗、大树、树枝和树叶。

不能播种新的"幼崽"

6 月初，麦格雷戈大道对面崭新、宽敞的绿色实验室里开始挤满了工作人员和设备。实验室内的东西摆放得井井有条，一边是用于化学加工的粉碎室和干燥室，一边是机器车间和玻璃吹制车间。一些访客认为它是仿照福特在底特律的著名生产线建造的。他们没有意识到，福特自己的灵感来自 19 世纪 90 年代爱迪生的"环形通道"采矿设备群。而那在很大程度上又要追溯到 25 年前门洛帕克的工作台布局，两者如此之像，以至于弗雷德里克·奥特环视着这个长长的面阔二间、进深四间的实验室，以及 12 个摆放着桌子和管子的双隔间时，不禁生出一种怀旧之情。除此之外，这个实验室的橱柜里塞满了种子、溶剂、切片机、研磨机、过滤器、布氏漏斗、筛网、平底锅和陶瓷球。索氏提取器像玻璃芦苇一样"生长"在房间尽头的桌子上，它们折射出能俯瞰种植园的高大窗户。

---

① 米娜向埃米尔·路德维希表达了对她丈夫没有孙子的担忧。"爱迪生结了两次婚，生了 6 个孩子，没有一个延续他的姓。

托马斯·爱迪生在化学实验室沉思

米娜这时还禁止她丈夫在那里工作。新屋顶上还没有爬满藤蔓，她担心夏天的热浪会击倒他。她说，是时候回新泽西州避暑了。

爱迪生开玩笑说："我不想走，但她逼我走。"他们在6月12日登上了北上的火车。

经过10个月的组织管理，爱迪生植物研究公司呈现两极化，但运作平稳。它的南北两端围绕着许多对"战争橡胶"感兴趣的机构，如纽约植物园、美国农业部和商务部、陆海军军需品委员会、福特公司和费尔斯通公司。爱迪生把它们不同的"力场"连接在一起。没有他的批准，不能进行实验，不能播种新的"幼崽"，也不能索要种子。即使是资深的科学家也要服从他不间断发出的命令，不管是口头的、书面的还是电报传达的。令他们感到欣慰的是，他的耳聋使他不能使用电话。

他让有24名成员的佛罗里达研究小组负责分析和驯化国外的橡胶植物。西奥兰治那边处理爱迪生植物研究公司的采集员实地收集的源源不断的标本。好像这还不够，爱迪生又花了 8 000 美元将自己在格伦蒙特的花园变成了一个种植园，种植了一行又一行的药草和野草，共 500 多种，邻居们乐见其成。爱迪生如此痴迷，无怪他的助手威廉·梅多克罗夫特一改 20 年来的顺从，抱怨道："橡胶事业似乎没有尽头。"

一件大事

8 月 20 日，为商讨周年庆典计划，米娜在格伦蒙特举行了"重大的"家庭秘密会议。爱迪生的长子第一次代表爱迪生参会。汤姆被召回工厂，担任见习工程师，测试电烤面包机，大家都同情他，他身体孱弱又婚姻不幸（比阿特丽斯和一个杂务工出轨，给他戴上了"绿帽子"）。查尔斯、西奥多、安·爱迪生以及米娜的哥哥约翰·米勒都参会。唯一的外人是"爱迪生先驱"的代表——约翰·利布。

米娜主导了整场讨论。在她看来，当通用电气在 1892 年将她丈夫的名字从其公司名中去掉时，它已经丧失了庆祝的权利。为"先驱"摇旗呐喊的利布说，如果爱迪生愿意为斯克内克塔迪的庆典献上自己的祝福，通用电气公司立马就会支付他一年 10 万美元作为补偿，并在那里兴建一座爱迪生博物馆。但是，米娜仍然对塞缪尔·英萨尔的背叛耿耿于怀，拒绝了这个提议。她证实了亨利·福特准备为他提议的爱迪生理工学院投资 1 500 万美元，并对这位富豪"想要把周年庆典变成一件大事——一件国家大事"的愿望表示赞许。

表决结果是，大家一致支持福特和迪尔伯恩。利布设法与通用电气谈判并达成一项协议，通用电气仍将在密歇根州赞助"白炽灯泡金禧庆典"，而福特汽车则同时宣传爱迪生理工学院的开幕式。最终，福特汽车的博物馆将收藏大部分"爱迪生先驱"的藏品。

就这样，爱迪生不得不做好一年后被神化的准备，尽管那时他唯一想做的就是生产一些不会粘在他手指上的国产橡胶。人们已经纷纷开始向他赠送礼物。在财政部长梅隆的建议下，国会授予爱迪生金质奖章，以表彰他"照亮进步之路"。他说他太忙了，没有时间造访华盛顿，所以10月20日梅隆带着一个政府代表团北上，在他的实验室里为他颁授奖章。

有3 000万广播听众听到了财政部长对他的赞扬，称他是"少数改变了现代生活潮流并使其在新渠道中发展的人之一"。爱迪生对部长授予奖章表示感谢，但是收到一件用光泽黯淡的金属制造的工艺品——他在1877年发明的第一台留声机时，他看起来更开心。这台留声机是伦敦科学博物馆极不情愿地出售的。

万岁！

17天后，赫伯特·胡佛当选新一任美国总统。爱迪生是最早投票给他的人之一，他不确定胡佛在入主白宫后是否会支持国内的橡胶研究。但无论如何，他打算继续自己的植物学探索，直到成功，或者直到他的身体垮掉或大脑不再运转。

就好奇心和存储复杂信息而言，爱迪生的大脑没有任何衰退的迹象。但是他对其他观点的容忍度，尽管过去也很有限，现在则几乎完全为零。当爱迪生听到或误听到他不赞同的观点时，他会像鼓风炉一样对人家狂轰滥炸，此时，他竖立的眉毛会扭曲，一直不流畅的姿势会变成痉挛，整个人声嘶力竭，好像他确信周围的每个人都有智力缺陷。与这番情景相比，亨利·福特偶尔发出的不满简直不值一提。

玛丽·蔡尔兹·纳尼是查尔斯雇来整理爱迪生公司文件的编目员，她一开始在实验室图书馆的楼上工作，后来发现公司的创始人就在楼下。

> 我永远不会忘记我看到他的第一眼，或者更确切地说，听到的第一声。一阵阵的高声谩骂不绝于耳，或针对群体，或针对个人……我从长廊的栏杆往外看。
> 一个中等身高、健壮结实的男人站在发明者的桌子旁，有点儿驼背，头脑十分聪明，头发雪白，给人一种庄严的感觉。当他展示出惊人的词汇量时，他美丽的眼睛闪闪发光。会不会是——确实是"老头儿"本人。

爱迪生给玛丽留下身材结实的印象是因为他的一个古怪想法，他认为任何太合身的衣服都会擦伤他皮肤中的微血管并造成内部损伤。所以他尽量穿最大、最轻便的衣服，高领也不会扣紧，脚上穿的鞋也要大两码。冬天，他拒绝穿大衣，因为根据耐热理论，僵硬的袖子会让冷空气灌进袖管，包围他的胳膊。相反，他穿两三件内衣来保暖，在暴风雪天气下甚至会穿四件内衣。尽管他的背心和裤子几乎总是破旧不堪，但他的衬衫一尘不染，这可能是米娜的功劳。爱迪生对上等的亚麻制品有一种超乎寻常的喜爱，不论是黑色的缎子系带，还是一英尺见方的印度丝巾，以及他随风飘动的宽大睡衣。但这不影响他把烟草汁溅到衣服上，或者午饭后把夹克卷起来当枕头。

这些天里，他的午饭不过是热牛奶就着几块饼干下肚。当他抽空吃晚餐时，晚餐也同样简单。他坚持认为固体食物会使大脑迟钝，他需要用所有的智慧来调整他的提取技术，以应对有成千上万标本需要处理的生物化学研究。

爱迪生抱怨"我总是被橡胶提取物中残留溶剂的黏性打败"，他已经绝望，觉得不可能获得硬得足够硫化的沉淀物了。尽管他的"水溶浮选法"成功获得了专利，但他发现索氏提取器的"干燥化学"方式效率更高。那高高的、摇摇欲坠的玻璃管错综复杂，看上去就像他在早期灯泡实验中为获得完美的真空环境而使用过的斯普林格尔真空泵。这两种装置都利用了重力和气锁。

　　索氏提取器放置在一块热板上，由热板加热一个平底的溶剂瓶（爱迪生尝试了90种不同的配方）至溶液蒸发，然后蒸气进入一个安装在顶部的水冷式冷凝器。当蒸气重新液化时，这些液体就慢慢地流入一个装有植物粉末、用多孔纸做的嵌环塞住的圆筒。溶剂浸泡粉末，吸收了橡胶分子，形成稀糖浆状滤液，接着滤液被吸回加热瓶。在那里，整个蒸发、凝结、溶解和滴落的过程循环往复，直到几乎过滤出所有橡胶。把"糖浆"倒进一个瓷盘里烘干，它就会凝固成"僵硬的果冻"状，永远干不透，弹性也不符合他的期望。物理规律不断地破坏他获取的残留物的纯度。他依据不同的搅拌、揉捏或清洗凝固物的方式，得出不同的结果。在提取过程中，天气，或者说投在索氏提取器上的光，似乎会影响提取物的分子结构。但是，11月7日，爱迪生往一棵黑皮红树的树叶粉末里加了些稀硫酸后，高兴地拿起铅笔写道："万岁！"

爱迪生用铅笔写的"万岁！"

植物中的植物

　　然而，爱迪生用一种溶剂提取一种植物的橡胶成分的成功，并没有使他更接近将国产生胶转变为国家战略储备的梦想。1929年年初，他声称已经测试了 15 000 种植物，但是没有发现产胶量高于 6.91% 的。他对《星期六晚间邮报》的记者说："我可以说，我过于高估自己对工作的耐心了。"

当 82 岁生日临近的时候，他体会到了工作带来的痛苦，既有精神上的（"哪里能找到智慧？哪里能寻得理解？"），也有肉体上的。每当研究被打断时，他就会感到疲惫、饥饿和近乎恐慌的不安，这些都对他的健康造成了损害。他饱受胃痉挛的折磨，突然间变得看上去很虚弱。

当他南下之后，工作量一点儿也没有减轻。迈尔斯堡的实验室和西奥兰治的实验室一样繁忙。米娜在给西奥多的信中写道："他只会工作，别的什么也不做。早晨 9 点左右离家，在那边待到傍晚 6 点，回家时筋疲力尽。在持续三天每晚大约两个小时的阵痛之后，他睡着了，一直到晚上 11 点半，然后又起来看书到凌晨 1 点半或 2 点。"爱迪生把他的痛苦归咎于消化不良。但他和他的医生都知道，他患有慢性糖尿病性胃轻瘫。

鉴于生命短暂，而大多数植物的再生周期都很长，所以他决定推迟进一步提高提取物质量的尝试，转而致力于提升数量。1 月 25 日，爱迪生选择了大约 40 种他认为可以生产出两位数橡胶量的植物。当他按其拉丁语名字罗列时，*Solidago* 属比其他任何一属出现的次数都多。在他还只是美国中西部数百万普通孩童中的一员时，他就已经知道这玩意儿叫"一枝黄花"。每年 8 月，这种野生植物就会绽放出黄色花朵，预示着上学的日子又要到了。它那弯曲的细小球状蓓蕾，在盛开前在茎上保持着平衡，不知这是否会让他想起 50 年前的一种类似的发光构造。从产胶量上看，草原黄花比其他种，如墨西哥黄花、高黄花、甜黄花和松林泥炭地黄花，高不止一个百分点，只有一个佛罗里达州的标本除外。此标本如此普通，爱迪生只是把它编号为"Fla. 201"。他此时记录的只是它的产胶量为4.15%，多年生，是"好植物"。爱迪生花费了几个月的时间才确认它是莱文沃思一枝黄花，并得出结论，这是最让他兴奋的"植物中的植物"。

无明显莲座叶丛

17天后，爱迪生举行了例行的生日记者招待会，地点在庄园的一个迷人的隐蔽处，这是米娜为了给他惊喜而建造的。问题（大多数听起来都很愚蠢）以书面的形式被呈交给他。如果为新型的记者即"会说话的新闻短片报道者"着想，他本可以大声作答，但他情绪低落，大多数情况下，他只是接过每一张纸条，用铅笔在上面写下简短的答复，就好像在处理讨厌的信件一样。当被问及"快乐生活"的秘诀时，他潦草地写道："我不认识任何快乐的人。"

然而，一个小时后，他认识了快乐的人。当选总统胡佛乘游艇抵达塞米诺尔小屋的码头。胡佛身形高大，情绪平稳，在一次寻找枪鱼的航行中晒得黝黑，是美国式成功的范例。此时，他所代表的政权——极端资本主义、令人眼花缭乱的投机、到处充斥着红利——正处于鼎盛时期。在接下来的几个小时里，当参观爱迪生的庄园，和爱迪生一起乘车穿过迈尔斯堡时，他发出了阵阵快乐且和善的声音，以掩盖他的冷酷无情。

总统的拜访表明了公众人物对"光之父"可能在他的金禧庆典之前去世的担忧。亨利·福特利用这个机会宣布他对爱迪生理工学院的捐赠计划。他发布了一幅建筑图，展示了一座比凡尔赛宫和克里姆林宫加起来还大的五层工业博物馆的设计，同时重点介绍了费城独立大厅的超大复制品。他重建的门洛帕克和迈尔斯堡实验室则未包括在内。后来，公关宣传人员爱德华·伯奈斯发布的新闻报道证实，它们将成为毗邻的"格林菲尔德小镇"的核心，这个小镇是福特的一项尝试，旨在重现曾被他的汽车大肆破坏的美国小镇。整个建筑群占地542英亩。

那年春天，爱迪生更感兴趣的是他在麦格雷戈大道对面的9英亩土地上种植的植物，特别是莱文沃思一枝黄花的插条。经过六周的盆栽生长和两周以上的地面生长，它们已经高达14英寸。3月底，他计算了一下，如果它们继续保持旺盛的生长势头，"很可能会每英亩长出一吨叶子"。

他越看这种一枝黄花越喜欢。到5月，他得出结论，在他测试过的所有植物中，这种植物产胶的潜力最大。"无明显莲座叶丛，生长迅速，占地面积最小，6×6，不拥挤……尽管还没开花，但已经高达40英寸。"橡胶集中在叶子中，并且这种植物可以繁茂地一直长到地面，所以如果他培育的植株茎足够直，就可以用机器收割。以6.9%的提取率计算，每英亩橡胶产量预计为138磅，这意味着他的整个种植园每年可能生产大约54个费尔斯通气球轮胎。按照三叶橡胶树甚至银胶菊的标准，这是一个很低的产量，但是爱迪生确信，通过选取最好的根茎进行大量繁殖，他可以让它们叶组织中的橡胶含量再增加2%或3%，并且大大增加植株的大小。

在自学过杂交技术后，他整天坐在实验室的转椅上，周围是几十株开花的一枝黄花。他小心翼翼地清洗了一些标本的花药，等它们干燥，然后刷上其他标本的花粉，耐心得仿佛手握水彩调色盘的微型画画家。

6月，他起草了一份详细的从一枝黄花中提取橡胶的流程指南，给佛罗里达研究小组作为指导。共7个提取过程，相互关联。首先，将叶片低温脱水，防止橡胶细胞氧化；然后，碾碎并用丙酮提纯；用苯再次浸泡以提取橡胶；对所得溶液进行部分蒸馏；在浓缩物中加入凝固剂；最后，硬化的生胶通过起皱滚轴后，水合以冲洗掉其含叶绿素的树脂。

爱迪生对一枝黄花产出的橡胶很有信心，因为它"一点儿也不黏"，可以被硫化，尽管有一个麻烦：某种化合物影响了他的整个过滤过程，削弱了最终产品的弹性。他暂时对他的选择只字不提，因为他知道一旦走漏风声，媒体会立即幻想他发现了一株神奇的植物。[1]

我在写这些东西

到了夏天，胃病一直困扰着他，他发现缓解腹部疼痛的唯一方式就是完全吃流食。亨利·福特从底特律空运了大量经过巴氏杀菌的冰镇牛奶过来，但爱迪生更喜欢自家庄园奶牛产的新鲜牛奶，含糖量高、乳脂含量低，而且从奶液中仍能感受到奶牛乳房的温度。奶牛并不总是愿意合作，所以他就和迈尔斯堡的多宾斯奶牛场达成协议，以泽西牛奶作为备用供应牛奶，每当他离家前去收集植物时，他都要订购24品脱泽西牛奶。

米娜注意到，当他在植物研究工作中被打扰而分心时，他的胃就会更难受。她害怕，哪天他会发现查尔斯和西奥多带领爱迪生公司进行文娱技术现代化革新的努力失败。他之前预料得分毫不差，他们引入收音机、电子录音和慢转圆盘唱片为时太晚，代价也太大了。现在，他们冒着激怒父亲的危险，停止生产蓝色安贝罗圆筒唱片，留声机部门很快也不得不关门大吉。具有讽刺意味的是，在公司其他方面

---

[1] 2013年5月，保罗·弗雷泽拍卖行以12万美元的价格出售了爱迪生这一时期的一本橡胶研究笔记本，其中有他画的一株开花的一枝黄花。

获利丰厚的背景下，唯一营收表现良好的声音机器是"爱迪声"录音机。他的儿子们可能忘记了（虽然爱迪生没有忘记），从留声机第一次对他"说话"的那一刻起，他就把它看作一种商业设备。

在爱迪生返回西奥兰治的前夕，米娜警告西奥多说："父亲现在有点儿担心和不安。所以要让他安定下来，让他意识到，让他烦恼的并不是你的工作……而是他的橡胶实验。这可能会让他变得暴躁和挑剔，所以要理解，如果有什么不对劲儿的事，要耐心，要知道一切都会过去的。"

事实显然并非如此。不管是因为身体不佳还是出于行政管理上的考量，爱迪生都对查尔斯建设一条绿色"中和接收法"收音机生产线和在卢埃林公园建造一座宏伟的石砌建筑的决定表现得非常愤怒，以至于查尔斯起草了一封代理自杀信。这封信表面上来自一位名叫"威廉斯"的朋友，其中写道：

>你的儿子查尔斯不再是个孩子了。虽然他还不到40岁，但在你的控制下，他已早生华发。在最黑暗的日子里，他对你始终不渝的忠诚是多么罕见而又令人钦佩……他以丰富的想象力和判断力处理了一项困难的工作。
>
>无线电事业的情况岌岌可危，没有人比查尔斯更清楚……如果你强迫他服从你，他就完了。他如此绝望，我甚至害怕他会自杀。
>
>你是个了不起的人，在他独立事业开启的关键时刻不能让他失望。我恳求你让他完成他的战斗，（即使）这意味着扫除你所做的一切。

在以他朋友的姓结尾之前，查尔斯写道："查尔斯不知道我在写这些东西，我也永远不会告诉他。"他还没有完全绝望，让母亲看了全部四个版本的草稿。她又把其中一个版本给西奥多和安看。他们没有认真看。安什么也没说，西奥多唯一的评价是，作者的手笔"像个男人"，信听起来"很认真"。在仿照威廉斯手迹写的最终版中，删除了有关自杀的那行字。①

全在这儿

8月下旬，爱迪生因肺炎发作而病倒，医生们担心他的安危。他在劳动节②时恢复了体力，但又一次出现胃轻瘫。这一次，他的恢复速度变慢了。10月19日星期六清晨，迪尔伯恩附近的一座车站里，当他从亨利·福特的私人火车车厢里走出来的时候，他已是白发苍苍，瘦骨嶙峋，就如同踏上了晚年的最后一站。

金禧庆典还有两天就要到了，福特想让他熟悉——或者重新熟悉——某些已经完成的物件，比如格林菲尔德小镇的草坪和新植树木间隐约可见的砖块或墙板上的凤凰。小镇的绿化工程仍在建设中，还要持续数年。但爱迪生工学院的中心建筑"独立大厅"，已经完整无缺地矗立在炎炎烈日下，准备在周一接待胡佛总统和其他500位贵宾。

爱迪生在抵达一座名为"史密斯溪"的车站时有些迷惑。事实上，这座车站与他12岁时被赶下车的那座车站高度相似，当时他在

---

① 这封信很可能没有寄出去。爱迪生很容易就能发现"作者"威廉斯是爱迪生工业公司的副主席并以干涉家庭事务为由开除他，后者在公司中被称为"查尔斯的右手"。

② 美国的劳动节是9月的第一个星期一。——编者注

车上做化学实验，激怒了售票员，被赶下车。然而，印象中，那个时候的这座车站是大干线铁路上的一个停靠站，位于眼前车站的东北方，与其相距 60 英里。这种困惑在福特带领他穿过带刺铁丝网时愈加强烈，米娜则一直跟在他身边。放眼前方，可以看到曾经构成门洛帕克的 6 座建筑，其中主建筑为白色，双层，有许多窗户。他在密歇根州还是新泽西州？他正踏在自己 50 年前走过的土地上，这些土可以装满足足 7 节火车车厢。

在密歇根州迪尔伯恩的格林菲尔德小镇重建的门洛帕克，1929 年

爱迪生的认知在时间和地点上来回跳跃。当米娜试图扣上他的外套时，他躲开了。"我没事，我能照顾好自己。我和当年在旧实验室工作时一样年轻。"他在白色的大楼前点点头，其他人都能看到那是座新建筑。"那是原来的公寓，和它之前的样子一样。"就这件事来说，他确实没错，他的研究小组曾经居住的旅馆也保留了下来，并且完好无损地被运到了这里。"天啊，亨利就差没有搬来那棵老榆树的树桩了。我告诉你，一切都是原样，每个细节都没变。"

第一章　植物学：1920—1929 年

起初，爱迪生看到这些建筑后神采奕奕。但当他进入实验室，爬上楼梯，直接被带回到半个世纪以前时，他说不出话来了。福特饱含热情策划惊喜派对，以为他花钱修复的那些东西，不管是真品还是复制品，都会唤起这位英雄的喜悦。他没有意识到，这种突然的似曾相识的感觉对一位八旬老人的影响可能更复杂，更不用说令他沮丧了。

与1879年一样，一间充满阳光的长长的房间再次打开，桌子上摆满了"爱迪生先驱"收藏的数百件工具和机器。化学制品柜在墙上闪闪发光，从天花板上"钉"下来的煤气灯装置还没接上电线。远处的一角竖着一台管风琴，那是希尔伯恩·罗斯福在"午夜午餐"时为"男孩儿们"娱乐而准备的。爱迪生带着若有所思的微笑望着他。他指着自己年轻时的"圣经"——法拉第的三卷本《电实验研究》，满意地说："还在原来的地方。"旁边放着几把直背椅，用来防止打瞌睡。他走到一把椅子前坐下。

似乎是出于某种本能的顾虑，大家都安静下来，其余的人都没有跟他一起坐在椅子上。爱迪生环视房间几分钟，双臂交叉，眼神黯淡。最后，他注意到一个和他一样满头白发的矮个儿男人，恭恭敬敬地在房间的另一头等待，那是弗朗西斯·杰尔，当年他还是一个肌肉发达的年近20岁的小伙子，爱迪生雇他来帮自己操作水银泵。杰尔现在是福特的档案保管员，也是爱迪生第一个白炽灯泡发光的那晚最后一位尚在人世的见证者。

爱迪生已经18年没见过他了，但仍和以前一样不在意他表现出的半恭敬半敌视的态度。他只是站起身来，把杰尔领到一个装满药品的柜子前，问道："你以为他们是从哪儿弄来的这些东西？全在这儿，我放在门洛帕克所有的化学制剂都在这儿。"

确实是这样。为了满足福特对仿真的狂热追求，杰尔从实验室的前供应商那儿订购了这些制剂,这家供应商仍在纽约做生意。爱迪生随机打开一些罐子,嗅着粉末,舔掉沾在手掌上的晶体,然后在实验室里的桌子之间闲逛,拿起许多认识的工具。"我可以坐在这儿,用我的旧工具干活儿。"在一位摄影师的要求下,他确实这么做了,用铲子铲起一些含碳糊状物,浸渍几根棉线,然后将它们放在手掌间揉搓,直到它们变得又硬又亮,准备好被烤成细丝。

"弗朗西斯,把煤油给我。"他说,心里想着那罐洗手液应该还在50年前的位置。他猜得没错,杰尔递给他擦手的那条毛巾也在。

他尽量配合媒体演戏,但有那么几次,他的眼里毫无防备地噙满了泪水。

开灯,弗朗西斯

那个周末,在芝加哥,塞缪尔·英萨尔雇用的电气工程师准备了一把"天空书写枪",打算在庆典之夜用大写字母在50英尺高的空中让爱迪生的名字闪现。要显现这些字母,必须准备一道云幕,但即使没有云幕,烟幕弹放映机也已经准备就绪。来自世界各地的无数技术人员准备庆祝电灯的诞生,他们一致认为,爱迪生发明的系统是自印刷术以来人类最具开创性的技术进步。阿姆斯特丹宣布举办一个完整的"爱迪生电灯周",东京银座的街道上悬着白炽灯拱。在柏林的一个演播室和福特宴会厅的扬声器之间,架起了一条精心制作的陆空线路,因为爱因斯坦想在节日的高潮时口头祝贺爱迪生。

迪尔伯恩周一的天气真是糟透了。当爱迪生和福特两家人到达里弗鲁日中转站参加9点的总统抵达仪式时,落下的冰雨打在他们身上。胡佛还没和大家一一握完手,自己就浑身湿透了,而他的妻子则温柔地试图用自己的伞为爱迪生遮雨。

在月台对面，一辆老式机车正在等候，不间断地冒出烟雾，乘客车厢、吸烟室和行李车厢接在后面。这是福特仿造的爱迪生当报童时坐过的火车。他让自己的贵宾挤进后部的车厢里，而媒体和政府人员则聚集在前部的车厢里。很快，火车就颠簸着向格林菲尔德小镇驶去。火车以每小时4英里的速度前行，这给已经休整一天的爱迪生足够的时间来重温他以前的工作。这节车厢为此配备了一篮子水果和糖果。

"糖果、香蕉、桃子、苹果。"他佯装叫卖的嗓音比一个少年的沙哑许多。

"我要一个桃子。"胡佛说着掏出了一枚25美分的硬币。

到了下午，爱迪生的精力开始减退，当时他陪同总统一行人在小镇上进行了一次漫长而泥泞的游览。下午4点，在胡佛、福特和一群摄影师的注视下，他在实验室里组装了一个1879年灯泡的复制品。他聚精会神地工作着，手依然灵巧敏捷，他知道，自己必须在6个小时后再做一次，那时他要面对更令人生畏的观众。

结束后，他说："现在万事俱备，只要真空状态理想就行。"

杰尔摇摇晃晃地爬上梯子，把水银倒进斯普林格尔真空泵，把灯泡部分抽空。

爱迪生告诉胡佛："我们过去常常很快就能把它们封起来。"他用电池给灯丝通电，消耗掉残留的气体。"把水银柱抬升到很高的地方，我们抽出了大量的空气。"

身为工程师的总统着迷地看着，直到水银柱停止下落。

"嗯，对于所有的实际用途来说，这就足够了。"爱迪生说道，同时紧盯出气管，"封。"

杰尔加热、软化、剪断灯泡的引线。当灯泡冷却后，爱迪生重新把引线接到电池上。一束光在玻璃罩里亮起了。他靠在椅背上，面露喜色。

胡佛说："哎呀，先生，有了这个小发明，你把世界之光增加了千倍之多。"

黄昏时分，爱迪生又变回一个虚弱的老人。白天的狂风暴雨并没有停止，芝加哥的天空书写人员不得不放弃了在高空赞颂他的计划。奇怪的是，格林菲尔德小镇和爱迪生理工学院的门前只点着微弱的油灯，而无其他照明设备。这种朦胧感是故意制造出来的，经过6个月的不断宣传，爱德华·伯奈斯即将上演一场绝妙的戏剧表演，这将使电气时代至此见到的一切都黯然失色。

晚上7点30分，"独立大厅"内开始了对福特500位最有权势的朋友（竟然还包括玛丽·居里）的欢迎仪式的现场广播报道，所有宾客衣着考究，风度翩翩。然而，厅内光线却几乎和外面一样暗。只有手工蜡烛发出点点光亮，在白色的墙壁和天花板上投下影子，而枝形吊灯和壁灯没有被点亮。

贵宾们在自由钟楼下喝鸡尾酒时，体验了一次非比寻常的经历。他们与全世界数百万广播听众一起听到一位NBC（美国全国广播公司）评论员从隐藏的扬声器里传来的声音："收音机前的女士们、先生们，晚上好。我是格雷厄姆·麦克纳米，现在正在密歇根州迪尔伯恩，亨利·福特和埃德塞尔·福特正在这里举行美国历史上最著名的聚会之一，来表达对托马斯·阿尔瓦·爱迪生的敬意。"

麦克纳米并不在大厅内，而是在600码开外的实验室里，和他一起的还有福特夫妇、爱迪生、米娜、胡佛和杰尔，杰尔在一张小桌子上放了另一组陈旧的灯泡零件。爱迪生重复了下午的表演，但没有抽真空。他对麦克纳米制造悬念的夸张说辞（"今晚是白炽灯泡金禧庆典的高潮，这个高潮……对所有活着的人是最好的献礼！"）充耳不闻。他不明白为什么他的电灯泡要等到 8 点整——正式的纪念日开始时间——才点火。在 1879 年，并不是每个人都如此守时。

麦克纳米对着麦克风说："它会持续发光，还是会像以前那么多的灯一样闪烁之后又熄灭呢？啊，这间屋子里安静得连一根针掉落的声音都能听见。"

爱迪生说："开灯，弗朗西斯。"。

杰尔满怀敬意地拒绝了这项殊荣。

爱迪生需要有人搀扶才能站起来。他又把灯泡接到电池上，灯丝又亮了。胡佛依照事先的安排，摁下了按钮。

回到宴会厅后，枝形吊灯和壁灯突然发出光亮，一位见证者说："这效果就像日食突然结束，阳光照射下来。"自由钟大声作响，上演 50 年电灯时期的奇观。迪尔菲尔德小镇和底特律，以及全美许多市中心都灯火通明。一千枚火箭在雨夜的空中轰然爆炸，与此同时，两架福特飞机从公司停机场起飞。其中一架燃放银星烟花，另一架则在机翼下展示出发光的红色标牌，上面写着"爱迪生"——终究还是在天空中写下了爱迪生的名字。

现在，女士们、先生们

福特安排了一辆汽车在实验室前待命，把他的客人尽快接到"独立大厅"。当时是柏林时间凌晨两点多，爱因斯坦正等着通过广播发表他的贺词。但爱迪生倒在了路上。他被抬到门厅边凹室里的沙发上躺着，米娜和白宫的医生乔尔·T. 布恩赶去照顾他。喝了一杯热牛奶后，他恢复过来，进入宴会厅，全场起立鼓掌。

胡佛无视礼节，坚持邀请爱迪生坐上荣誉之位，这让现场达到了高潮。米娜看到丈夫依旧脸色苍白，敦促当晚的演讲立即开始。宴会主持人，通用电气的欧文·扬，同意米娜的提议，并谈到了"精神的活力……在一点儿磷的帮助下"，70年前，年轻的爱迪生曾因为磷在史密斯溪站被赶下火车。他把磷比作镭发出的光芒，激发在场宾客又为居里夫人献上热烈的掌声。沃尔特·巴斯托，"爱迪生先驱"的主席，告诉客人，就在爱迪生点亮他们所在的大楼时，新泽西州有一座纪念塔也突然放光，地点就在1879年爱迪生战胜黑暗的地方。巴斯托引用了纪念塔基座上的题词："灯光一旦点亮，就将永不熄灭，并且从始至终都会向他致敬。"接着，他笑着补充了爱迪生最喜欢说的一句话："当一个人既能拼尽全力，又能耐心等待时，好运自然降临。"

扬宣读了伽利尔摩·马可尼、威尔士亲王、魏玛共和国总统兴登堡和海军上将伯德的贺电，伯德正在南极洲经受着更糟糕的天气。"现在，女士们、先生们……有请托马斯·阿尔瓦·爱迪生先生。"

爱迪生站了起来，现场宾客雷鸣般的掌声在他的右耳里只不过是沙沙作响。他对演讲的恐惧并非出于害羞，而是不确定自己声音的大小。他听不见其他人说话，他们能听见他说话吗？

大家听到的是一个男中音，由于用力过猛，声音显得沙哑，当爱迪生进一步对着摇摇晃晃的麦克风用力时，男中音破音了。

"总统先生，女士们、先生们，我了解到今晚我的声音将传到世界的每个角落……"

在油漆刷得发亮的墙壁和壁柱反射出的耀眼光线中，他能看到的范围内，光芒笼罩着一个大教堂般的空间，长桌整齐有序地排列其中，两边有更多的桌子一一排开。每桌前排站立着共约500位系着领带的达官显贵及其夫人——洛克菲勒家族、摩根索家族、罗森沃尔德家族和卡恩斯家族，奥维尔·莱特和李·德福雷斯特，乔治·伊斯曼和威尔·罗杰斯，以及大学校长和工业大亨们。他们所有人能使用电话、录音机、股票行情自动收录器（股票报价机）、留声机，能看电影，以及能从雇员和用人那里得到额外的工作时间（因为现在有数以亿计的灯泡照亮了世界），都要感谢爱迪生。

爱迪生继续说道："在这毕生难忘的夜晚，对于授予我的荣誉，我感到羞愧，你们颂扬我，也是在颂扬过去大批的思想家和工人"——此时他的声音哽咽了——"和那些将继续发明事业的人，没有他们，我的工作就会打水漂。"

查尔斯、西奥多和他们的妻子，还有米娜的一大群亲戚，都担心爱迪生会崩溃。但他还是逼着自己把话说完，他把声音提高得令人恐慌。

"这次经历使我前所未有地认识到，美国人民多——多——多愁善感，而这件大事，白炽灯泡金禧庆典，"——他又哭了起——"让我充满感激之情。我想我要感谢我们的总统和你们所有人。"

爱迪生转向右边。"亨利·福特先生，语言已经不足以表达我的感情。我只能用最朴实无华却最饱含深情的字眼告诉大家，他是我的朋友。晚安。"

最后两个字是半吼着喊出来的，用掉了他最后一点儿力气。他无法留下来听总统的演讲，不得不在布恩医生的帮助下回到了接待室。由于身体虚弱，爱迪生躺在那里一动也不动，丝毫没有听到胡佛对他的电灯发明深情而诙谐的感谢。

> 电灯延长了我们能够使用眼镜的时间；它使在床上阅读变得极度舒适；只要摁下一个按钮，我们在对付窃贼时就多一分惊奇……它使城镇居民能够在夜晚穿上欢乐的衣服，无论他们

白天显得多么悲伤。它的多种用途延长了我们享受生活的时间，减少了恐惧，用欢乐代替了黑暗，提高了安全性，减少了我们的辛劳，使我们能够阅读电话簿上的文字。它已成为成人和儿童的朋友。

此后，爱因斯坦通过广播念出了德语颂词，但没有几个人能听懂，尽管有些人可能听到了 *Visionär*（富有想象力的），*Ausgestalter*（安排者）和 *Organisator*（组织者）这三个词。最后，他试着用英语说了几个词："晚安，我的美国朋友。"

充满黄金

在福特庄园休息了两天之后，爱迪生恢复了体力，回到了西奥兰治。"我厌倦了所有的荣耀①，我想回去工作。"到家时，他却听到了两个灾难性的消息。10月29日星期二，股票剧烈下跌，股票报价机因为无法跟上抛售的速度而一直响到深夜。同一天，阿瑟·沃尔什，爱迪生公司的一位副总裁，宣布留声机部门停止生产，"从而把我们创造的伟大的留声机工厂转用于生产收音机……走到这一步我们深表遗憾，因为可供家庭娱乐的留声机是爱迪生先生最喜欢的发明之一"。

对爱迪生来说，这两种结局都不足为奇。1929年早些时候，在他的生日记者招待会上，他详细阐述了过度投机带来的后果："终极恐慌，丧失信心。"此刻，在接下来的48个小时里，许多前一周坐着听他演讲的富豪，眼见着自己的财富像丙酮一样挥发了。从长远来看，没有人比塞缪尔·英萨尔遭受的损失更大，他的电力事业帝国融资额

---

① 1929年10月，爱迪生的"荣耀"被第一届奥斯卡金像奖放大，"以感谢你对电影创作和发展做出的杰出贡献"。

高达20亿美元，数额如此之大，以至于再无额外信贷来挽救他破产和最终流亡的境地。

查尔斯曾多次暗示，留声机部门（就像它的创始人一样）正走向衰老。爱迪生公司最新的电唱机和唱片质量过硬，但事实证明，考虑到公司一直以古板的设计、枯燥的曲目和平庸的艺术家闻名，这些产品是不可能成功的。

爱迪生的怒火爆发了，他猛烈抨击查尔斯，之后回到了植物学研究中。"刚才我脑子里老是想着橡胶。"12月初，他宣布选择莱文沃思一枝黄花作为美国实现橡胶国产化的最佳保障。在测试了17 000种植物后，他确信它可以生产出一种足够坚韧的聚合物，价格为每磅16美分，低于当时国外生胶的现货价格。但是需要几年的培育才能使这种植物达到最大含胶量。由于他自己岁月无多，所以他在这一年不会像往常那样在家里过圣诞节了。

《时代周刊》在12月16日报道：

> 爱迪生、爱迪生夫人、4个用人、十来个实验室助手、5个火车车厢的实验室设备和原材料，从新泽西州南下驶向迈尔斯堡……发明家爱迪生在庆祝自己发明灯泡50周年后，发布了一份"充满黄金"的公告，标志着他将开启一年一度的冬季迁移。

第二章
国防

1910—1919 年

爱迪生和美国海军部长约瑟夫斯·丹尼尔斯在美国军舰"纽约号"上，1915 年 10 月 10 日

63岁时，爱迪生管理着一个非常庞大的工业综合体，只有他自己清楚这个工业园区每一个部门的情况。他在西奥兰治实验室有一张卷盖式办公桌，上面堆满了数量惊人的新发明。①爱迪生对此扬扬自得地调侃道："你们是不是认为我会被这些复杂的发明弄糊涂？"远到全美范围内（全美有4 100万个爱迪生发明的灯泡正在发光，有6 000座城市发电站和上万座独立发电站为其提供电力能源），近到爱迪生眼前的置物架，到处都有他想要发明的"新事物"，他一直在等待可以集中精力逐项研究的机会。但是这个工业园区只能有一个重心。眼下它扩张的速度太快，如果爱迪生的掌控力变得薄弱，这个综合体就会有解体之虞。

　　如今覆盖4个城市街区的7栋多层混凝土建筑，使得他在1888年建成的带有搬来的实验室的6栋砖楼（本身就是对门洛帕克旧建筑的巨大扩张）相形见绌。但就在这6栋老房子和散布在周围的21座小楼里，诞生了电影、留声机和唱片、原电池和蓄电池、商业机器，以及诸多化学产品。考虑到房子里塞满了性质不稳定的化学材料，确保消防安全十分重要。国家留声机公司，也就是爱迪生的声音部门，每天生产13万张唱片，每周生产6 000台留声机，年收益为700万美元②，而他的电影工厂则每年生产800万英尺的硝酸纤维素胶片。爱迪生雇用的员工加起来超过3 500人，其中绝大部分受过专业的技能训练，不过女性占比很低③，而且无论是化学家、细木作工人、猎头、钻石切割工、验光师、专利律师、编剧、宝石工匠、机械师和

---

① 1910年年中，爱迪生已经申请了1 328项专利，相当于他在发明生涯中每11天就申请一项专利。
② 相当于2018年的1.91亿美元。
③ 除了电影女演员，爱迪生雇用的女性只有速记员、包装员和厨师。

音乐家，还是整天除了从大理石碎片中提纯锂之外什么也不做的矮个儿希腊老头儿，薪水都很微薄。

爱迪生的商业财产远不止占地 30 英亩的西奥兰治综合大楼。除了新泽西州北部数千英亩的山地矿区，他还在特拉华山谷拥有一座石灰石采矿场和世界上最大的水泥厂；在锡尔弗湖拥有一家同样规模巨大的化工厂；在纽瓦克拥有一家电动车工厂；在曼哈顿第五大道有一个录音工作室和展销厅；在布朗克斯有一家比纽约大都会歌剧院还要大的玻璃屋顶电影制片厂，每周拍摄两三部电影。由于他的发明在每个国家受不同专利法的管理，他还在伦敦、巴黎和柏林设置了代理机构来应对。此外，他还在美国设立了出口部门，每周将数吨唱片和唱机销往远隔重洋的海外地区，如马达加斯加、中南半岛、马尔维纳斯群岛和东非。

位于布朗克斯的爱迪生电影制片厂，1910 年前后

离太阳太近

从表面上看，爱迪生是一个有天赋的商人，他自己也这样认为。爱迪生工业公司的一砖一瓦和每一份资产负债表都源自他的天才发明，最早甚至可以追溯到40年前他在纽瓦克开设第一家独立工厂的那一天。他喜欢自夸"我用钱衡量我做的每件事"，但选择性忽视了职业生涯中因挥霍浪费和错失良机而损失的数百万美元。即使有时他想克制住自夸的冲动，努力表现得像一个精明的苏格兰人，最终也还是掩藏不住。以前的一些合作伙伴笑话爱迪生，认为他那时应该选择稳定的收入，不应该一次性接受收购电话专利权的巨款，而应当像提取利息一样每年收取部分。

爱迪生的鲜明个性让他陷于矛盾之中：没有耐心、"强迫症"、喜欢冒险，既令他胜过竞争对手，又是他生意失败的原因之一。除此之外，他还有其他一些怪癖：不管想法多么惊世骇俗，他都一定要通过实验实现（他花了9年完善他的碱性蓄电池，这一点足以证明他的执着）；他热衷于提前大肆宣传自我突破；他蔑视投机者，但从不停止在自己身上下注。爱迪生对财务预算就跟对足球一样一窍不通，他烦透了"做假账"，但喜欢精打细算地花每一分钱。爱迪生在给员工发工资方面无比吝啬，只有在极少数情况下，他觉得一个员工发明功劳极大的时候，他才会在奖金上慷慨大方。他诚实而可敬，然而对那些能帮助他在申请专利上击败竞争对手的人，无论是谁，哪怕手段阴险，他也能够容忍。如果让他必须在支付到期账单和掏空银行存款购买新设备之间做选择，他会认为他的债权人应该和他一起面对贫困。

与爱迪生做生意的人，都对他在投资技术以外领域对金钱价值的无知感到惊讶。有一天骄阳似火，联邦蓄电池公司的总裁拉尔夫·比奇注意到爱迪生把手伸进口袋，他以为爱迪生会掏出一包香烟。"事实上，那是一沓钞票，很明显那些钞票已经放在他口袋里好长时间没动过了，在他那条旧羊绒裤子里被汗水浸得变形。"爱迪生盯着那叠钞票，满眼失望，比奇建议他可以用这些钱买一顶新帽子。

"是的，我知道，但我真的没有时间。"

如果爱迪生当初没有做出那个最愚蠢的决策，即卖掉爱迪生通用电气公司（他创立的最大的公司）的股份资助铁矿开采（他做过的最大的荒唐事），他可能已经和塞缪尔·英萨尔一样富有了。英萨尔是一名处事冷淡的财务助理，过去当爱迪生违反本性专注于经营管理工作时，是英萨尔为他维持了公司良好的财务状况。在那些常常出现大风大浪的岁月里，一位英国导演曾这样评价爱迪生："像所有富有创造力和诗意头脑的天才一样，爱迪生无法理解普通人要打好基础有多困难。天才都会有一种特质，飞得太高、太快，而忽略了离太阳太近，翅膀可能会被熔化。或许这就是爱迪生陷入经济困境的原因。"

这番话是私下说的，如果爱迪生听到了，他必然会嗤之以鼻。他自恋地认为自己既有"发明家的模样"，又有"对发明的商业敏锐性"。然而，正如英萨尔的继任者阿尔弗雷德·泰特所观察到的那样，数学计算是爱迪生的劲敌，因为他无法理解资产负债表中的数字。编制预算时，他对自己劳动的价值漫不经心。他忽而毫无理由地夸大它，忽而天真地因金主的投资超出他的预期而感到惊讶。他也不太善于察言观色，只会挑选实验室里可以忍受自己高强度工作节奏的人。或许是出于率性，又或许是因为宽容，只要没有被触碰底线，他很快就会原谅那些对他不善的同事。然而，他并不同情那些离开公司后陷入困境的老员工，比如泰特和弗朗西斯·杰尔，这又使他给人留下了冷酷无情的印象，因为这给人一种感觉：只要是离开他视线的人，死活便与他无关。

第二章　国防：1910—1919年

爱德华·约翰逊是一个勤奋的牛奶包装盒商人。曾在爱迪生身边工作，后来却被遗忘的人中，约翰逊最忠实，也最了解爱迪生。他认为仓促是爱迪生商业生涯中最致命的缺陷。爱迪生总是匆匆忙忙地从一项发明转向另一项发明，以至于他经常会搁置已经开发了大半的项目，转而去研发可以测量行星际热量的微压计，但是这种设备明显没有什么市场。又或者，他会浪费过多精力去改进已经是销量冠军的安贝罗拉唱机，导致没有时间将最新型号的留声机投入大规模生产。多年来，他坚持对他所有的公司和部门进行垂直管理，而不是按照社会环境下已被认可的方式进行横向整合，最终让爱迪生工业公司濒临财务崩溃。

约翰逊在1893年首次提出："如果爱迪生将纯粹生意层面的事务交给具备商业才能的手下去做，那么对这个世界和爱迪生都有好处。"时间证实了这个"真正朋友的看法"。

哈奇森想要什么

1910年7月17日，一个身材矮小、衣着光鲜的34岁英俊企业家陪同三名海军军官来到西奥兰治实验室。米勒·里斯·哈奇森对此地的大门并不陌生，为了获得生意往来和爱迪生的喜爱，他已经向爱迪生献了至少9年的殷勤。根据他自己的说法，从他还只是亚拉巴马州的一个男孩儿时起，他就一直是"大首领"的"崇拜者"。在接受了军校、耶稣会学院、理工学院和医学院的特殊教育后，哈奇森成了一名富有创造力的电气工程师，他发明的便携式助听器帮助英国的亚历山德拉王后克服了耳聋，并且因此获得了金奖。他也想帮助爱迪生解决耳聋问题，但未能如愿，因为他发现爱迪生喜欢沉浸在安静的世界里，不被外界的声音打扰。但这并不影响哈奇森经常和潜在客户一起造访实验室，在他成为受欢迎的老熟人以后，他甚至被允许带人来游览整个工业园区。

与平时向爱迪生寻求工作或支持的骗子不同，哈奇森想法卓越，身价不菲。他仅从克拉克森喇叭这一项发明中就获得了一大笔收益，这玩意儿火鸡般的巨大叫声引发了全世界热爱和平人士对汽车的厌恶。①哈奇森自己的专用豪车是一辆帕卡德和一辆6缸皮尔斯-阿罗，其中任何一辆都让爱迪生的贝利电动维多利亚四轮敞篷车黯然失色。

没人知道在实验室闲逛的哈奇森想要什么，但事实上，一向不与人深交的爱迪生已经喜欢上了哈奇森的陪伴，并且认可他的社会地位。他们在一起形成了有趣的对比，一个年纪轻轻，深沉严肃，穿着优雅，抽着精选的哈瓦那雪茄；一个白发苍苍，不修边幅，穿着邋遢，嚼着最便宜的烟草。哈奇森有一副非凡的动听嗓音，带着几乎是东方式的卷舌音。他称爱迪生为"爱迪生儿先生儿"，尽管聊天中他保持彬彬有礼的态度，但他也能和那些一边说着"哦！我的老天爷！"，一边低俗地拍着大腿的人相处融洽，常常在椅子上笑得前仰后合。

> 一个年轻人被问他的黑眼圈是怎么弄的。他回答道："我和我的女友拥吻并互道晚安时，她的弹性吊袜带断了。"

哈奇森那天带来的客人是几位年轻的潜艇指挥官，他们希望开发能在水下使用的爱迪生蓄电池（"精密似手表，结实如战舰"）。

爱迪生以前做过国防技术相关工作，他在1889年与W.斯科特·西姆斯一起研制可操纵鱼雷，在1895年委内瑞拉危机期间试图

---

① 1910年，哈奇森的克拉克森喇叭专利费就达到了41 921美元，相当于2018年的100多万美元。

空投鱼雷和"炸药炮",并在美西战争期间发明了一种爆炸照明材料。但在那之后,他并没有像普通的报纸读者一样去关注攻击型潜艇,约翰·菲利普·霍兰德长期以来致力于向海军出售这种具有革命性的新武器。西奥多·罗斯福总统曾乘坐一艘"霍兰德牌"潜艇潜入长岛海峡深处,消失长达两个小时,这一消息震惊世界,国会这才真正产生了兴趣,并在1906年和1907年的国防拨款中批准建造7艘更大的潜艇。

这并没有阻止海军部的卢德派分子继续抵制潜艇技术的改进。霍兰德抱怨说:"革新对这些胆小的灵魂而言无异于纵身跃入冰水。"蒸汽工程局的反对声尤为激烈。多年来,该局要求潜艇在水下的驱动、照明和控制必须由其管辖的部门提供,而不是将电动机连接到霍兰德推荐的埃克塞德电池上,这是一种敞口的铅酸电池,在潜艇浮出水面后需要长时间充电。

对哈奇森而言,蒸气工程局的反对并非没有道理。几周前,他和他的同伴小弗雷德里克·麦克奈尔中尉乘坐"墨鱼号"潜艇潜水。他当时本来应该展示一下他发明的一种航速指示器,但他非常好奇为什么航行角度从来不会超过15度。中尉解释说,倾斜角度过大会导致船上电池舱中的硫酸溢出并"侵蚀主压载舱的钢板"。如果主压载舱在水压下破裂,海水就会涌进来,海水中的盐被酸分解后,船上所有人要么会被淹死,要么会因氯气窒息而亡。

这给了哈奇森机会提醒海军部,经过10年的不断改进,爱迪生已经完善了一种碱性镍钢电池,这种电池温和无害,就算在切萨皮克湾水下翻转,也不会释放比氯化铁酸性更强的东西。更重要的是,抗蚀钾碱的使用保护了电池不被腐蚀。这种改进后的电池比铅电池更轻、寿命更长,可以充电,也可以放电。这本来是为电动轿车和电动卡车设计的，但是哈奇森确信这样一款大型电池也可以用于海军军事领域。所以趁这一机会，哈奇森将爱迪生设计的电池介绍给了海军军官。

于是，麦克奈尔自费去了西奥兰治，与他同行的还有其他军官。他们与爱迪生交谈了两个小时（在此之前，他们已经和哈奇森顺利沟通过了），简要地说明了铅酸潜艇电池的缺点，并且询问是否可以将碱性电池的最大容量从225安培小时增至几千安培小时。随着谈话的深入，他们告诉爱迪生，不管怎样，帮助海军部解决最大的难题是"他的责任"。

爱迪生同意了，至少同意进行一系列实验。哈奇森在那天的日记里写道："这是爱迪生蓄电池投入潜艇使用的开始，也是我与托马斯·A.爱迪生友谊的开端。"

一个幸运日

无论爱迪生是否将完成这个新的挑战看作自己的责任，其难度都对他产生了巨大的吸引力。那天来拜访的军官的具体要求比陆用电池要求更加苛刻。他们希望这种碱性电池足够支撑一艘长105英尺、重273吨的战舰在水下连续数天的照明、运行和驱动。他们希望电池的造价能在国会的承受范围内，这就有些不切实际了。他们忽略了一个事实，由于内部构造极其复杂，镍电池的初始制造成本会很高。麦克奈尔所说的这种巨无霸电池成本至少是铅酸电池的三倍，达到45 000美元。如果可行，爱迪生会花很长时间研发和测试这种电池，那么价格只会更高，哈奇森就得费尽口舌让他们相信这种电池维护费用更低、容量更大，以抵消他们对高昂造价的顾虑。

然而，毫无疑问，只要爱迪生能够发明出不易被腐蚀的电池，这款电池就会成为美国潜艇的标配，可以让爱迪生赚很多钱。其他国家的海军必定会效仿，要么直接从他这儿订购，要么购买他的国外专利权——爱迪生每年可以通过专利赚 2 000 万美元。为了获得华盛顿的第一笔大订单，他需要一名超级销售员，这个销售员需要很有魅力、精力充沛，并且得是电化学方面的专家。

这样的人他并不需要找太久。米勒·哈奇森就是不二人选，他具有军事教育背景的优势，有信心成功游说海军部的每一个人，甚至是乔治·杜威上将。8 月 25 日，爱迪生授权哈奇森着手做这件事。哈奇森就像一台被触发的发电机，立马行动起来。不到 48 个小时，他便回来报告，他花费了"一个幸运日"的时间去推销爱迪生电池，即便没能推销给杜威上将，至少说动了英厄姆·科恩上将，后者是蒸汽工程局的局长。科恩将哈奇森引荐给了他的高级电气专家威廉·埃弗里和海军指挥官罗宾森，这两位都负责潜艇改进的相关工作。哈奇森成功地邀请了埃弗里去岩溪公园坐马车，并在新维拉德酒店吃了晚饭。

爱迪生受到了极大的鼓励，声称可以立即开始制造一块实验性的大电池。但他并不能花费太多精力，因为他还有两个主要项目，一个是有声电影，另一个是超光滑塑料，这种塑料可以代替他的安贝罗圆筒唱片生产线上所用的硬蜡。哈奇森将要监督开发的大部分流程，他并不指望能很快成功。因为爱迪生的化学研究团队对生产 A-4 汽车电池的那段漫长又痛苦的日子记忆犹新，所以他们对这个新的挑战——尽快制造 10 倍容量的电池来装备新一代潜艇——并不感到十分兴奋。

仁慈？善良？仁爱？

进入 20 世纪第二个十年以来，随着西方世界加紧备战，科学和宗教之间的争论不断升温，西奥多·罗斯福试图解决这个问题，发表了一篇题为"以崇敬的精神寻求真理"的文章。哲学家、心理学家兼神秘主义者威廉·詹姆斯的观点恰好体现了这场争论，他相信，或者至少是推测，灵魂是一个可分离的实体，能够在肉体死后回到地球。

对爱迪生来说，相较于复活神学，这个理论更像是原子物理学。他毫不怀疑真理是科学的，并且认为对真理的崇敬必须排除信仰。8月，詹姆斯去世了，随后《纽约时报》的专栏作家爱德华·马歇尔问爱迪生在实验室有没有发现过灵魂的踪迹。

爱迪生反问道："你说的灵魂是什么意思？大脑？"

马歇尔说："好吧，为了论证，姑且称之为大脑，或者大脑中的东西。难道人脑中没有不朽的东西吗，比如思想？"

爱迪生说："当然没有。"

他们一起坐在爱迪生巨大而昏暗的实验室图书馆里。爱迪生喜欢在夏天关上百叶窗以阻挡热量，但阳光还是透进来了。马歇尔注意到，当这位发明家思考一个抽象的问题时，他光滑而平静的脸上会突然出现细纹，有时，他在回答问题之前会紧紧地闭上双眼。

爱迪生说："我的留声机圆筒唱片不过就是录制好的声音卡带，在特定的条件——有些条件我们根本不了解，就像我们不了解大脑的某些构造一样——下，留声机圆筒唱片会再次发出这些声音……然而，没有人想到圆筒唱片或留声机是不朽的。那为什么有人要宣称大脑机制或驱动大脑的力量是不朽的呢？我们尚且不知道这种力量是什么，我们就可以认为它不朽吗？"

他坚持认为大脑是一台"纯粹的机器"，除了声音，它还可以记录无数的东西，但它们最终都是会消失的，因此不可能是不朽的。

"意志是大脑的一部分吗？"

爱迪生说他不确定。"意志可能是电的一种形式[①]，也可能是其他某种我们还不知道的形式。但不管它是什么，它都是我们可以利用的物质。"

爱迪生认为"我们称之为生命或灵魂的东西"的有些部分在死后仍然存在，从化学的角度来说，元素和能量是守恒的，所有的物质都通过变化而继续存在。但是变化并不是说转移到另一个想象的世界。我们只有一个此时此地的世界，对任何形而上学家来说，它都足够神秘。天堂是人们心中的极乐世界，人们认为只有善良的人死后才能魂归天堂，但实际上天堂只不过是"无知、懒惰之人的避难所"，在那里可以躲避一切与己愿相悖的事物。爱迪生说："你要知道，有许多野蛮人仍然认为火是永存的。"

马歇尔又问，作为一个科学唯物主义者，如何分析灵魂。

爱迪生觉得这只能在微观层面进行，检测小到足以穿透玻璃的微观感知单位。爱迪生说，"我们身体的每一部分都是由数百万个细胞组成的"，例如，皮肤复制磨损指纹的能力，如果不意味着精神上的独特性，也意味着生理上的独特性。他自己的性格只不过是神经、化学或电子脉冲的"集合体"，就像纽约是一群"不断死亡、离开和被取代的"人的集合体一样。他死后有来生的概率和纽约上天堂的概率一样。

马歇尔三番五次试图让爱迪生谈论通灵研究这个广受欢迎的话

[①] 在爱迪生大胆提出这一观点一个世纪后，一个由美国神经生理学专家组成的小组用他们自己的语言表示赞同。他们研究了 12 名自由意志行为被试的 1 019 个神经元的运动，得出结论："有大量证据表明顶叶和内侧额叶参与了意图的表达和自我生成活动的启动。" Itzak Fried et al., "Internally Generated Preactivation of Single Neurons in Human Medial Frontal Cortex Predicts Volition," *Neuron* 69, no. 3 (February 2011).

题,但爱迪生眉头紧皱,毫无兴趣。"我对通灵不感兴趣。"他说,并因通灵从业者"渴望相信"而对其不予理会。爱迪生天真的坦率赢得了记者们的喜爱,他承认了自己一厢情愿的想法。有一次,在对某种矿石进行实验时,他随机选取了一些碎石进行分析。

"我非常仔细、理智、科学地分析了这些随机选取的东西,结果显示其中某种物质含量有20%。然后,我取了同样数量的矿石碾碎、化验,结果显示有17%。我试了一次又一次,每次都得出同样的结果。我搞不懂。所以我又来到矿石堆前,闭上眼睛,抓起我碰到的第一把矿石。(它们的)化验结果和碾碎的矿石一样。但是,如果我睁着眼睛选,我总能选到测试结果显示含量高的矿石。"[1]

事实上,他的眼睛能够在几毫秒内感受到矿石某物质含量3%的差异,这确实让爱迪生自己也感到惊讶。他更想让马歇尔看他放在桌子上的一张旧照片,照片上带有俄国肖像工作室的印记。"那是门捷列夫。看到照片底下的签名了吗?"

他边说边凝视着它,解释说门捷列夫是发现元素周期表的"伟大推广者"。爱迪生还解释说:"现在所有的实验人员似乎都是在完善元素周期表的细节。"[2] 可能有一天,一个和门捷列夫智力相当的人会"通过物质研究"的科学方式探索出灵魂的奥秘。

"通过物质研究"这个词组显然对爱迪生意义重大,因为他低声重复了一遍。"那个俄国人死了。他的意志在哪里?他是一个非常伟

---

[1] 爱迪生再次预测了现代神经科学家的发现,所谓"随机"选择实际上是大脑故意做出的选择,通常在几百毫秒后,大脑才会说服自己做出相反的选择。P. Haggard, "Human Volition: Towards a Neuroscience of Will," *National Review of Neuroscience* 9, no. 12 (December 2008).

[2] 威廉·詹姆斯在他的上一本书《多元宇宙》(1909)中也表达了类似的不满:"我们美国大学里的年轻学生过于尊崇技术性,由此带来的沉闷令人震惊。"

大的人，他的意志是他留下的最伟大的东西。那份意志怎么样了？"随后他摇了摇头，"我不知道。"

马歇尔终于借助此契机，让爱迪生谈到上帝的存在这个他一直回避的话题。"当门捷列夫死后，这种意志就完全停止了，这表明自然界中存在着一个松散的系统，不是吗？"

爱迪生说："这只是表象，但自然的系统——自然的方法——并不松散。很难弄清楚。也许物质在不断发展、不断进步。可能就是这样。但是上帝真的是万能的吗？不可能！"

这位记者挖掘到了他的独家新闻。爱迪生曾公开表达不可知论的怀疑观点，但从未表达过无神论的相关观点。很明显，他不能像罗斯福或詹姆斯那样在信仰和理性之间妥协。

"仁慈？善良？仁爱？我不知道。我们熟知自然，但对宗教里的诸神一无所知。大自然不友好、不仁慈，也不仁爱。假如寓言中同时具备我说的以上三种品质——仁慈、善良和仁爱——的上帝造就了我，他就同时造就了作为人类食物的鱼。那么上帝对鱼的仁慈、善良和仁爱从何而来呢？"

爱迪生继续表述了一番，他强烈的信念感震慑了马歇尔。爱迪生为了强调一些观点而激烈地晃动着他的大脑袋，导致脸憋得通红。但他最后还是笑了。"自然似乎是社会中非常不受欢迎的成员。"

"证据！证据！"

《纽约时报》充分利用了马歇尔文章的噱头，在10月2日星期日的杂志头版以"没有灵魂不朽"为标题进行宣传，反响非凡。两周之内，发行了至少三本小册子，寄给报社和爱迪生本人的抗议信件如崩落的积雪般扑来。两周之后，马歇尔吹嘘道："在过去的10年里，没有任何一位科学人士的言论能引起如此广泛的轰动。"

为了保持热度,马歇尔煽风点火,采访了最愤怒的受访者之一——威廉·汉纳·汤普森博士,这位博士的著作《大脑和人格》受到爱迪生的赞赏。汤普森不是作为临床神经学家或纽约医学会前主席,而是站在一个信徒的立场上抱怨道:"不相信永生的人,就算精神没有问题,也不是一个正常人。"他批评爱迪生没有克制自己,公开宣讲了一些"非常不科学"的主张。("大脑是透过有色眼镜来看人的。")

不出所料,传教士抨击爱迪生是一个亵渎神明者,并且是一个"无政府主义知识分子"和忘恩负义者,他在否认了宗教的慰藉作用后竟没有丝毫不安。查尔斯·阿克德是曼哈顿第五大道教堂的牧师,他想知道,虽然爱迪生作为发明家确实出色地处理了技术问题,但他到底解决过哪些形而上学的问题,又凭什么有资格谈论神学和形而上学。《泰晤士报》的一篇社论表达了类似观点。它谴责这次采访(然而还是用了6种语言重印)展示了部分学者"在某一领域取得卓越成就后就自我膨胀,经常在别的领域内表现出可笑乃至可悲的过度自信"。巴尔的摩的红衣主教吉本斯也因为爱迪生在不属于自身研究领域的问题上大放厥词而谴责道:"爱迪生像达尔文一样,片面地相信实验,从而使自己的思维残废了。"

爱迪生傻眼了,因他而引发的这一场神学丑闻,几乎没有自由思想家支持他。他只不过是用许多不确定的表述表达了一种形而上学的观点,该观点是通过50年来对自然的经验归纳得出的。似乎没有人注意到他与马歇尔讨论的一系列纯科学问题,包括赫兹波、布朗运动、大脑布罗卡区折叠记忆的损耗、超微显微镜的发现("我们最终可能会看到物质的内部结构"),以及做出的惊人预测:"有一天,一个肾脏不好的人将能通过开放市场,从其他有健康肾的人那里购买一个,并用它替换掉自己身体中的病变肾。"

在回应《哥伦比亚杂志》的批评时,爱迪生说他忍不住会这样想。

> 我真诚地相信,信徒们建立了宏大却不准确的体系,但奇怪的是,他们所基于的事实是任何诚实的人绝不会承认或认真对待的。
>
> 我没有通过研究传统得出结论,而是通过研究确凿的事实得出结论。我不认为未经证实的理论或观点可以影响在如此重要的事情上的信念。科学可以证明理论,也可以推翻理论。我从未见过任何科学证据能够证明宗教当中的天堂和地狱理论,或者个人的来世、人格化的上帝。我真诚地相信我是对的。证据!证据!这是我一直追求的,要有证据我才能相信一个理论是事实。
>
> 道德教育是人类在这个世界上最需要的东西,如果这群人愿意把全部时间都用在道德教育上,用在以科学方式探索最基本的真理上,而不是浪费在阐述一开始就没有坚实基础的神学理论上,那么他们当中的许多人可以成为伟大的道德教师。我们需要做的是寻找基本规律,而不是重复那些诞生在过去的传统,那个时代的知识远比现在少。

某些特质

爱迪生在舆论圈引发的火药味儿不早不晚正好赶上了11月初两卷本传记《爱迪生:他的生活和发明》的出版。这本书的合著者是爱迪生实验室的总顾问弗兰克·刘易斯·戴尔,以及美国电气与电子工程师协会前主席托马斯·康默福德·马丁。这本书装订结实,以镀金盒包装，内容考据仔细，文笔充满敬意又不阿谀奉承，还独具特色地印有爱迪生的授权签名，几乎是"完美"的。第二卷结尾有156页的附录，描述了爱迪生"2 500多项"发明中的19项。

曾严厉批评爱迪生宗教观点的《纽约时报》在沉默了一个月后，在一篇未署名的评论中承认，在其他方面，爱迪生值得传记作者对他的所有赞扬。

> 读这本书的时候，人们能够感觉到某些特质在爱迪生身上的存在……不止一次，他被称为在世的最伟大的美国人，至少有点儿奇怪的是，美国一份大型日报的民意投票和一本电子工程杂志的民意检测都认为他比在世的其他所有人都更厉害。不知何故，人们认为爱迪生已经和同时代的马克·吐温一样伟大，同是典型的美国人，而在精神素质和实际成就方面与林肯和富兰克林同列。

评论者指出，书中有很多页内容是爱迪生自己修正过的，基本上可以说是自传，"引用了他自己紧张而有力的言语"。与此同时，这部著作在记叙过去50年电气创新的历史方面足够专业，而这段历史的大部分正是爱迪生主导的。

> 然而，他的工作并没有在电力方面戛然而止。阅读这部传记会有更多有趣甚至令人惊讶的发现：爱迪生是美国最大的水泥制造商之一；他在提纯磁性铁矿石方面做出了巨大贡献；他早年的工作是把打字机调试到最合适的状态；他发明了包装糖果的蜡纸；他发明了油印复印机，每天花18~20个小时运用他的聪明才智解决机械技术和科学中几乎所有的实际问题。作者在一项接

一项地介绍爱迪生的发明时，使用的似乎都是溢美之词，但不得不说，他们如此近距离地见证了爱迪生的多才多艺、旺盛精力和丰硕成果，为之折服自然不足为奇。

一把干草叉作为圣诞节礼物

爱迪生的妻子是个虔诚的信徒，她担心丈夫受到过多关注，会把"紧张而有力的言语"越来越多地用在技术之外的领域。她给查尔斯写信道："看到他失去了往日的单纯，我很难过，他过去从不坚持己见，但现在他在任何问题上都不肯退让一步。这个关于不朽的可悲想法真令人心烦。"

不过，他展现出的异端对米娜来说也不是新鲜事了。早在1885年他们恋爱时，她就意识到爱迪生是一个无忧无虑的无信仰者，常常对她的虔诚信仰感到讶异。米娜的父亲也是个信徒，是俄亥俄州阿克伦第一卫理公会的主事人，如果当时不是爱迪生声名显赫，凭他那老掉牙的求婚方式，米娜的父亲可能就不会把女儿嫁给他，而是另择信徒作为女婿了。

结婚25年，爱迪生从未和她一起去过教堂，米娜不再寄希望于把爱迪生培养成信徒，而是把自己的精力转向了一个更棘手的新问题：如何处理女儿马德琳和一个罗马天主教徒的感情。他们的情况几乎和任何一对情人都相反，22岁的马德琳是布林莫尔学院的校花，聪明、机智，个性张扬；约翰·艾尔·斯隆身材矮小，性格阴沉，戴着眼镜，生活拮据，除了每天凌晨摸黑起床去参加6点的弥撒之外，不知道自己在25岁时该做些什么。他的母亲爱丽丝也不好对付，如果在教义上发生争论的话，胆怯的米娜根本就不是她的对手。两个女人都下定决心阻止马德琳和约翰的婚姻，但看起来不太可能。

马德琳和父亲爱迪生一样，有些放荡不羁（她开玩笑地给爱迪生买了一把干草叉作为圣诞节礼物）。虽然她也是一个信教的人，但她不明白为什么信仰对约翰如此重要。他安度周末的方式是持续静修，试图自我赎罪。这比年轻人的惰性更让爱迪生烦恼。他身上似乎缺乏"增长智慧"的能力，这与马德琳形成了鲜明对比，当然她的部分智慧被她母亲强加的社会习俗禁锢了。她抱怨"我想成为一名自由职业者"，试图去寻找家务、礼节之外的东西，而这两样加上生育正代表了米娜心目中的理想女性特质。马德琳觉得自己是男性偏见的受害者。她喜欢演业余戏剧，但约翰不同意。纽约的一名研究人员向她提供报酬，让她帮助处理 E. H. 哈里曼的论文，这让她激动不已。但爱迪生直白地告诉这名研究人员，自己足够富有，养活女儿绰绰有余。

马德琳·爱迪生，1911 年前后

这对不幸的恋人因为偏见和贫困的隔阂，偶尔也会闹分手，但总会重归于好，他们通过私订终身寻求慰藉，尽管可能要晚几年才能完婚。约翰不断向马德琳保证，在上帝的帮助下，一切都会好的。"毕竟这是上帝和你我之间的事，请相信，到时候上帝会指引我们的。"

它们太棒了

12月21日晚，米勒·哈奇森将另一份取悦爱迪生的圣诞礼物带到了格伦蒙特。这份礼物是海军部的命令：要不遗余力地开发和制造一块试验性的潜艇电池。哈奇森报告说，海军上将科恩已经提出，一旦该装置准备就绪，就可以用美国军舰"墨鱼号"进行测试。很明显，最高指挥部对此很感兴趣。爱迪生对哈奇森的奖励是把他介绍给自己的家人，这是一项殊荣，因为米娜很少同意与外人来往。

新年伊始，新S型电池的规格草案已准备就绪。它将由102块碱性电池组成，每块电池有5英尺高，包含19个阳极和20个阴极。加满电解液时，每块电池重达508磅。这样的设计比铅酸电池轻25%，但储存电量是铅酸电池的3倍。此外，该电池可以完全放电，而酸性电池在电压降至100伏后则会损坏。改进后的电池寿命是原先电池的3倍，可使用10年或更久，并且释放的电力足以驱动潜艇在水下以5节①的速度轻松航行150英里。根据哈奇森的计算，结果激动人心，S型电池具有92%的操作优势。

哈奇森利用查尔斯不在实验室的机会，努力成为他的替补，而且比预期更快地取得了成功。他有获得"老头儿"青睐的特质，工厂里的其他马屁精很难与之竞争，其中一个特质是他对耳聋有着科学的理解。哈奇森很清楚，爱迪生一生都在假装接受自己的耳聋，以听不到世上大多数噪声为借口，隐藏着自己被世人排斥的感觉。从青春期开始，耳背引发的孤独使他只能和工人们面对着冰冷的机器一起生活。哈奇森也和爱迪生一样都是在半夜精力旺盛，他开玩笑说自己只在"凌晨2点到早上7点"休假。最默契的是，两人都有发明家那种

---

① 1节约为1.85千米/时。——编者注

活跃的想象力。他们可以通过铅笔草图看到草图背后坚实的、已经完成的成果，甚至都能不那么理性地预见到感兴趣的买家们带来的大量订单。

哈奇森写道："如果在未来 5 年内我们获得美国海军部现有潜艇的电池业务，按照电池寿命计算，我们将出售 6 912 块 S-19 电池，总销售额为 371 万美元。"如果世界上其他国家的海军效仿，将会有数十亿卢布、马克、里拉、日元和英镑涌入西奥兰治，而这只是其中的一小部分。目前，美国有 18 艘潜艇，另有 10 艘正在建造中。德国部署了 8 艘，日本部署了 9 艘（有传言称这两个强国都在秘密紧急扩大舰队规模），俄国 30 艘，法国 56 艘，英国 63 艘，都得依赖铅酸电池。因此，哈奇森的下一步是给驻华盛顿相关大使馆的海军武官写信，并让爱迪生签名，邀请他们参观实验室，向他们简要介绍 S 型电池的技术特征。

他为自己能写出诱人的文案而自豪，但这些文字（"它们太棒了"）只吸引了一个主要海洋强国的代表——俄罗斯帝国海军指挥官德米特里·瓦西里耶夫。爱迪生很少被人拒绝，他声名显赫，别人都珍视与他见面的机会，但这次，爱迪生第一次体验到海军官僚对新发明的极端谨慎。

当瓦西里耶夫穿着全套制服来访时，爱迪生并没有展现出外交官的能力。这位指挥官受到了爱迪生的接待，后者对 20 世纪俄日之间的战争发表了长篇大论。之后，哈奇森能做的只有说服瓦西里耶夫接受在喀琅施塔得用 4 块小型电池进行测试。竞争对手们也在拭目以待，想看看爱迪生的电池原型性能到底如何。

因为早就听说过爱迪生是出了名的完美主义者，他们并不着急。丧气之下，哈奇森向爱迪生申请并获得了在国内外销售 S 型电池的独家代理权，每单收取 10% 的佣金以代替工资。与此同时，他试图用老套的销售技巧，即让顾客觉得奇货难求，来激发顾客的兴趣。有个皇家海军承包商对情报比对商业更感兴趣，当承包商询问电池的性能时，他机智地回复道，有很多大陆强国都找过他，"我现在不能给你任何明确的安排"。他还对弗兰克·戴尔夸口道，即使是美国海军部也不得不耐着性子。"我告诉海军部的人，我们现在还没打算考虑和他们合作，因为爱迪生先生不愿意做任何他没有完成、没有彻底测试过并满意的东西的生意。所以我还没有对此事下定论，他们的代表虽失望而归，但又满怀希望。"

"股份有限公司"

戴尔是爱迪生的高级助手中最有野心的一个，除了担任公司法律顾问和销售经理的职务，他还是一名传记作者，渴望拥有更高的知名度。戴尔一直希望以传记《爱迪生：他的生活和发明》为底座，让"巨人"爱迪生移步其上，成为一尊不理俗务的大理石像。这样戴尔就能将西奥兰治混乱的多家公司（没人知道该怎么称呼这个公司组合）重组成爱迪生公司，并获得新公司的总裁职位。

抛开个人野心不谈，当务之急是让受过公司法培训的人为新时代做准备，届时实验室不再是爱迪生个人发明的源泉，而应仅作为一家大型制造企业的研究部门。爱迪生最赚钱的国家留声机公司因为向不赢利的子公司输血而损失惨重。子公司中的两家——爱迪生蓄电池公司和爱迪生波特兰水泥公司都各自生产了一种极好的产品，看起来似乎可以收回他们高昂的启动成本了。国家留声机公司也是如此，它的播放圆筒唱片的安贝罗拉唱机在声音上优于维克多的播放圆盘唱片的维克特罗拉唱机。但有明显的证据表明，消费者更喜欢方便的扁平唱片。维克多留声机公司上一年的销售总额为825万美元，国家留声机公司为267万美元，甚至爱迪生本人也同意他必须接受圆盘唱片技术，否则公司会倒闭。在过去的20年里，他自掏腰包花费了400多万美元来维系他的商业帝国。戴尔让他明白，任何进一步的挥霍都会让他破产。现在只有外部投资能有所帮助，而确保这一点的最佳方式是利用他最大的资产——他的名誉。

爱迪生不情愿地同意将国家留声机公司重组为爱迪生公司，公司由一个而非几十个执行委员会管理。他被任命为董事会主席，随后董事会选举戴尔为总裁，留声机工厂厂长卡尔·威尔逊为总经理。放弃独裁管理的爱迪生得到的补偿（至于他还能忍耐多久，没有人知道）是创建一个"工程和实验部"，允许他继续控制实验室的所有知识产权。

新公司于1911年2月28日注册，它几乎没有完成整合。因为害怕吓跑投资者，蓄电池公司和水泥公司被排除在账目之外。这家迈向现代理想化专业管理的上市公司中仍然保留了一堆过时的部门。戴尔创造的"股份有限公司"声名鹊起，注册资本为1 200万美元，雇用了约3 600人。

你会以为他穿的是围裙

爱迪生重组公司的那天，恰巧是他与米娜的银婚纪念日。他们在格伦蒙特举行家庭聚会庆祝。房子里堆满了礼物和鲜花。在麻省理工学院读大二的查尔斯无法出席，所以马德琳把他的照片放在餐桌上。米娜尽可能地把自己挤进婚纱里，"作为一个惊喜"。至少11岁的西奥多被她迷住了，声称自己"爱上了"她。晚饭后，爱迪生与每个人都玩了飞行棋游戏，这是他在当电报员的时候学会的。

第二章　国防：1910—1919年

对米娜来说，丈夫陪伴自己一整个晚上是一种享受，因为他最近一段时间都近乎疯狂地在实验室工作。将潜艇电池开发的绝大部分职责交给哈奇森丝毫没有减少他的工作量，他只是承担了一个他认为更紧迫的项目：让爱迪生留声机部门（它的新名字）重新赢利。这意味着他要推出一款不侵犯竞争对手专利的圆盘唱机和配套的唱片。"真是个累赘，"米娜向查尔斯抱怨道，"你不认为维克多一直在赢吗？"

她密切关注零售趋势，并为丈夫自欺欺人地拒绝接受圆筒唱片注定的失败而烦恼。很快，爱迪生唱片就要成为除法国百代唱片外唯一仍在生产圆筒唱片的公司。他这样做绝非感情用事。在发明留声机之前，他就已经对一张电报录音圆盘进行了实验，他知道圆筒唱片的几何形状可以使音高更加稳定。它的螺旋形凹槽从左向右盘旋，没有收紧或变细，而圆盘的凹槽向转盘轴收缩，减慢了触针在播放唱片时运转的速度。

在用同一个喇叭播放爱迪生安贝罗圆筒唱片和维克多红封12英寸圆盘唱片时，毫无疑问能听出哪一个的声音自然，哪一个的音量微弱、音质粗糙。但圆筒的硬蜡凹槽因其可塑性而逐渐被蓝宝石触针破坏，保真度会因此下降，而圆盘上粗糙的虫胶清漆表面则更持久。

如果不是因为1905年针对他的一项不合理禁令，爱迪生早就在他的圆筒唱片坯上涂上了一种他在留声机时代早期就已发明的纤维素化合物。直到此时，在购买了一项竞争对手的专利后，他才可以自由改变涂料。但是他的明星化学家沃尔特·艾尔斯沃斯——"我所知道的最好的实验工作者之一"——给他提供了比赛璐珞更硬的材料。这是一种用氨和甲醛的杂环化合物浸渍的不溶性酚醛树脂。这种塑料唯一的问题是其硬度类似玻璃，虽然难得地保持了触针的垂直角度，但是会导致播音头滑跳。此外，每次跳针和随后的触碰会撞击蓝宝石触针，使声音支离破碎。爱迪生成功地测试了一个更重的播音头，只是为了让声音听起来更加顺畅，代价是触针磨损得越发严重。

为了寻找一种更能保护蓝宝石、更适用于圆盘和圆筒唱片的清漆，他为自己的"录音配方"申请了专利，那是一种加入了熔化后的卤化萘晶体的硬树脂。这些晶体在冷却和凝固的过程中黏结在一起，最终得到的产品具有非凡的张力和强度。他将用棉绒硬化的德国褐煤蜡管叠在一起，发现其基底和涂层具有相同的膨胀系数，这意味着曾经在温度或湿度变化时圆筒唱片上的熟石膏会出现裂缝的困扰不再会出现了。可喜的是，他也申请到了该工艺的专利。他在申请文件中夸口道："我改良的唱片十分耐用，我可以用力把它扔在地上而不会有任何破损。"

虽然如此，他仍不得不承认艾尔斯沃斯发明的塑料耐用性更强，它没有纤维，所以更光滑。由于艾尔斯沃斯本人都很难读出它的浓缩硬化剂六亚甲基四胺的名字，他们使用了一个特定的品牌名称"康顿赛"（Condensite）。爱迪生把专利所得的所有权益都给了艾尔斯沃斯个人，并在新泽西州的格伦里奇工厂将其投入批量生产。①

虽说在接下来的 18 年里，他一直坚持使用圆筒唱片作为自己录音的首选介质，但康顿赛圆盘唱片美妙的声音还是惊艳到了他。但圆盘必须平整，否则，他坚持的触针的垂直运动（与对手偏爱的敲墙般的水平摆动相反）往往会使圆盘表面的凹凸更加明显，导致失真和音高变化，让他那异常敏感的残存听觉痛苦不堪。放置圆盘唱片还需要

---

① 就在他这么做的时候，纽约化学家利奥·贝克兰开发出了一种竞争产品——酚醛树脂。在接下来的几年里，爱迪生的美国康顿赛公司不得不与贝克兰进行专利侵权诉讼抗争，尽管后者的产品更纯净、更坚硬。1917 年，康顿赛被赋予优先权，但那时艾尔斯沃斯已经去世。

一个超重的基座，这也可能让一些客户望而却步。

米娜希望他完全放弃留声机，卖掉所有的东西，然后退休。塞米诺尔小屋外的植物结满了果实，橙树花朵尽情开放，吸引了憧憬安逸田园生活的米娜。但爱迪生说他太忙了，不能南下，他甚至连睡眠时间都很短。米娜在3月6日给查尔斯的信中写道："你爸爸今晚在实验室里不停地捣鼓他的圆盘唱片，他得不到最纯粹的音质，这让他十分苦恼。"和往常一样，爱迪生解决问题的办法是一次又一次地做实验（在播音头上的实验就有2 000多次），直到疲惫不堪。同一天晚上，哈奇森拍下了"老头儿"在化学大楼的工作台上打盹儿的照片。

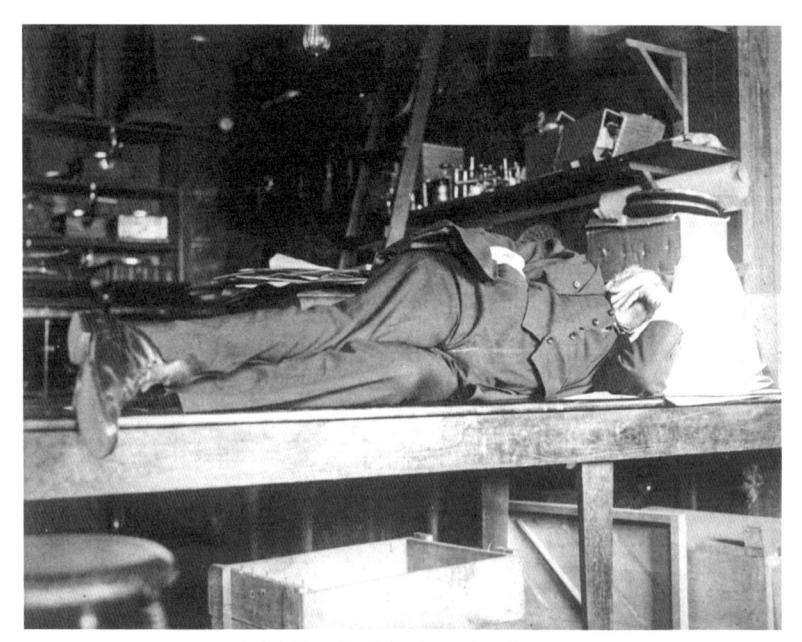

爱迪生在他的实验室里睡着了，
1911年3月6日（由米勒·哈奇森拍摄）

如果他没有在凌晨4点半回家，早餐后又匆匆赶回去工作，那么他就会在外面待上几天,直到米娜过来强迫他吃饭、洗澡和刮胡子。

爱迪生步履不停,当他有干洗衣物要送到山谷路的亚美尼亚洗衣店时,他会命令他的司机保持好速度,不要停车,在洗衣店门口把装有脏衣服的包裹扔进去。洗衣店里年轻的移民萝丝·塔兹安已经习惯了听到包裹砰的一声撞在纱门上。有时他的背心上几乎没有一块地方是干净的,全都被酸灼烂或溅上了蜡。康顿赛的液滴当然是无法清除的。萝丝抱怨道:"你会以为他穿的是围裙,皮围裙!"

尽力洗涤后,萝丝会徒步爬上卢埃林公园的长坡,把衣服送到格伦蒙特。如果是米娜应门,她还可以指望有15美分的小费。但如果在门口出现的是房子的男主人,那她一分钱也得不到。

他对我逐渐敞开心扉

虽然爱迪生向哈奇森和《纽约时报》的一名记者展示了他设计的一种新的"有声图像"系统,但他说自己对这个系统还不满意。"我想用这个图像系统播放大歌剧……我想用它播放泰迪[①]在会议上做演讲。"[②] 他对主要的问题即同步性置之不理,坚信一解决录音事宜,这个问题就会迎刃而解。

无论如何,他仍然参与了潜艇电池的开发,因为哈奇森想要和他建立一种特殊的亲密关系,这是男人们深夜在同一张实验桌旁并肩工作而产生的战斗情谊。他们对电池原型进行了安全测试,检查了它的耐水性,并给它装了一个过充报警器。它的充电单元——手提箱大

---

① 此处的"泰迪"是指美国总统西奥多·罗斯福,泰迪是西奥多的小名。——编者注
② 西奥多·罗斯福此时再度作为一股政治力量出现,有可能成为候选人进入第三个总统任期。爱迪生从未为他拍摄过一段有声图像,但确实在1912年发行了4张他竞选演讲的圆筒唱片。

小、600磅重的钢质蓄电瓶——在充电周期开始时释放大量氢气，因此它们要经受一系列的内部爆炸测试，以确保钢的厚度足以承受爆炸力。①4月22日，哈奇森写道："他对我逐渐敞开心扉。"一个月后，他又写道："我们畅聊许久。我渐渐成为他越来越有用的帮手。"

他常常在黎明时分开车送"老头儿"回家，有时他会立刻回到实验室，完全不睡觉，并希望他的奉献精神可以很快引起注意。事实上也正是这样。爱迪生很快就奖励他在湖滨大道的蓄电池大楼里享有自由的办公空间。哈奇森大受鼓舞，把妻子和4个儿子都接到西奥兰治的一套出租房，同时密切关注卢埃林公园的房地产购置机会。他发现爱迪生喜欢乘车穿过新泽西州的乡村，便用他的帕卡德载着爱迪生和米娜长途旅行，并带他们看他住的地方。米娜开始怀疑他，如同怀疑马德琳的男友一样。一直让爱迪生夫妇称其为"哈奇"的这个人，是不是也在寻求与世界上最伟大的发明家的特别关系？

随着天气转暖，她着手把丈夫从繁忙的工作中解放出来，把女儿从约翰·艾尔·斯隆的怀抱中解放出来。她宣布是时候让爱迪生一家——她的爱迪生一家，当然不包括汤姆和威廉——去欧洲旅行了。整个夏天他们都应该远离家乡，去法国北部、阿尔卑斯山、多瑙河峡谷和德国探险。也许可以安排一次与玛丽昂·爱迪生·奥瑟的团聚，他是西奥多从未见过的同父异母的姐姐，而马德琳和查尔斯几乎不记得她了。玛丽昂嫁给了一名德国军官，住在米尔豪森。

爱迪生并不反对休假。他在几个月的时间里申请了18项留声机改进的专利，并设计了一款圆盘唱机原型机（更不用说为电影添加声音和色彩的设备了），他承认自己很累。自1889年以来，他就没有真

---

① 有一次爱迪生让哈奇森在一个稍微膨胀的气球里引爆了一块电池，这是现代汽车安全气囊的原型。

正地休过假。他在佛罗里达度过的冬季假期，不过是从一个实验室转到另一个实验室。他一时仍然不会离开，因为他要等这台唱机在7月的全国发声机器批发商协会大会上展出。在那之后，他又申请了另一项专利，即回收电镀阴极产生的废水，而哈奇森在制造镍片方面也需要帮助……

6月24日，米娜、马德琳和西奥多坐船前往法国，爱迪生暂时留下来，等到空闲的时候再带着查尔斯一同出发。

一辆绿色的七座敞篷戴姆勒汽车

8月初，爱迪生终于登上了"毛里塔尼亚号"，他对记者们开玩笑说："我想离开这里去做一些令人担心的事情。"他说，他太忙了，工作时没有时间奢侈浪费，现在至少有两个月的时间来弥补。

出海的第一天，查尔斯成年了。他抽了人生中的第一根烟以示庆祝，在他的余生中，他尽可能地保持着这个习惯。父亲送给他505股爱迪生公司留声机的股票[①]，期望可以推动他在未来的事业上走得更远。查尔斯并不排斥将来接管公司，但他们可以先期待一下欧洲的饕餮盛宴。精明的马德琳感觉到查尔斯有成为"放荡不羁的艺术家"的倾向。"他喜欢稀奇古怪的东西和不寻常的地方。"

如果爱迪生是想要通过"逃离"来摆脱自己的名声，那么他很快就会发现名声正与他一起旅行。他成了头等舱吸烟室里的常客，其他乘客都在听着他一边抽雪茄一边发表长篇大论，其中一位是亨利·詹姆斯。詹姆斯在一封描述这次航行的信中写道："伟大的、平淡无奇的、简单的、有一张街头男孩儿面孔的失聪人爱迪生也在船上，而且

---

① 这件礼物在1911年价值50 575美元，相当于2018年的140万美元。

我和他交谈过。"他还说,他被爱迪生对他最喜欢的侄女的善意和同情感动,她是抑郁症的受害者。查尔斯被《鸽子的翅膀》的作者和父亲一起在甲板上扔纸飞镖研究空气动力学定律的场景逗乐了。"蒸汽动力的时代即将结束,"爱迪生观察到蒸汽动力在他脚下轰鸣,"飞行将成为未来的交通常态。"

爱迪生即将抵达伦敦的消息传到了英国政府最高层。尽管自由党政府的议会法案——自1832年改革法案以来最具争议的立法——就定于8月8日晚上在下议院进行辩论,但议会还是安排了在当天晚上于下议院接见他。爱迪生难以理解,为了这项试图剥夺由不经选举产生的上议院控制公共支出的权力的法案,英国几乎面临一场革命。

他在英国的法律事务代表,下议院议员乔治·克罗伊登·马克斯在他入住的卡尔顿酒店与他会见,并陪同他和查尔斯前往威斯敏斯特。按照下议院议长的指令,他们被安排在下议院的贵宾席上,俯视着一场异常激烈的言辞攻击。这场辩论由温斯顿·丘吉尔主持,他作为执政党的内政大臣,指责他的保守党同僚休·塞西尔勋爵试图通过抵制渐进变革来挑起"骚乱和混乱"。塞西尔宣称,首相阿斯奎斯和他的内阁企图推翻长达一千年的贵族特权,当属"叛国罪"。反对派领袖亚瑟·贝尔福为一项令人恐慌的修正案进行了辩护,该修正案旨在保护君主制免受大卫·劳合·乔治等自由党煽动者的暴力攻击。"叛徒"的叫喊声在过道里回响。

而此时的爱迪生一个字也听不懂,他正在思考议院通风系统的缺陷问题。那是一个炎热的夜晚,他问是否有办法使房间降温。马克斯回答说,通常情况下,当气温变得令人难以忍受时,他们会将冰水喷到外面的窗户上。爱迪生听着,睁大了眼睛。"是这样的吗?难以相信竟会有人做如此愚蠢的事情。"

辩论一直持续到午夜之后，他感到无聊，于是在露台上休息，那里有一群不断向他致敬的议员。劳合·乔治，一个天性快乐的威尔士人，问他是否可以"发明一个让法案迅速在议会通过的东西"。爱尔兰民族主义领袖T. P. 奥康纳也给亨利·詹姆斯留下了同样天真的印象。"他就像一个优秀的学生……天才的纯朴从未如此引人注目地体现出来。"①

隔天早上，当报纸大肆宣传政府胜利的消息时，一场大火将卡尔顿酒店变成废墟。由于这是英国警察到访城镇的传统聚集地，塞西尔勋爵无疑将它的毁灭视为投票的象征。但是，爱迪生和他的儿子已经结账离开了，他们正在前往福克斯顿的路上，准备乘渡船去布洛涅，在那里，米娜、马德琳和西奥多坐在一辆绿色的七座敞篷戴姆勒汽车里等着他们。

瓦伦丁先生

这辆车是由一向足智多谋的哈奇森为他们租来的，配有一名司机，这种交通工具是专为英国王室定制的。爱迪生对它的体积和功率感到欣喜。他从未学过开车，但他的怪癖之一是喜欢坐在前排座椅上发号施令。

接下来的6周，他都占据着这个有利位置，欣赏了法国北部、卢瓦尔河谷、勃艮第、瑞士、奥地利蒂罗尔和意大利多洛米蒂、匈牙利、波希米亚、巴伐利亚、萨克森和普鲁士的全景。但所有的景色都被美国国旗遮住了一部分，13岁的西奥多是一个爱国者，对外国的一切都很蔑视，他坚持将国旗插在汽车前保险杠的一根杆子上。爱迪生抗

---

① 爱迪生收到了一份由阿斯奎斯、劳合·乔治和其他政府高官签署的议会法案副本。

议说，沿途旅馆的老板在看到星条旗后会给他们原价位两倍或三倍的报价，但他的抗议是徒劳的。

离开巴黎后不久，他们意识到另一辆车正在跟踪他们。原来这辆车载着一名《世界》杂志的记者，当被质问时，他反驳说他奉命报道爱迪生一家在欧洲的一举一动。"你知道的，我们做新闻的人必须做这些事情。"

爱迪生不想和那个记者有任何瓜葛，但当戴姆勒汽车驶近因特拉肯时，爱迪生给了他一把铲子，因为车子滑到了一条沟里，必须用马拖出来。此后，他们接受了这名记者的随行。爱迪生的孩子们为记者感到难过，因为他是一个收入低，体弱多病，但又有些讨人喜欢的能力不太行的人。[1] 他们喜欢他的名字——爱德华·艾布拉姆·乌芬顿·瓦伦丁，可以简称他为"2月14日"。爱迪生只好屈服于他们的恳求，不情愿地同意偶尔接受采访。在奥地利小镇布卢登茨，瓦伦丁误服了过量的士的宁[2]，差点儿丧命，米娜拿出令孩子们惊讶的冷静照顾他。他太虚弱了，不能提交下一份新闻报道，最后查尔斯为他写了这份报道。

没有耐心的爱迪生对这个倒霉的抄写员没有表现出多少同情，对戴姆勒继续向东行驶时他们所看到的那些肮脏贫困的农民也一样。（查尔斯留在了后面，自从瓦伦丁先生恢复了之后就一直和他待在一起。）他们的下一个目的地是布达佩斯，马德琳和米娜都很想去那里看看。如果他们以为在偏僻的地方就可以像普通的美国家庭一样游玩，那他们的幻想会逐渐破灭的。无论多瑙河两岸的村庄有多小，城市有

---

[1] 约瑟夫·普利策的外国特约记者瓦伦丁在1912年出版了一本小说《赫克拉·桑德维思》，但卖得不好。

[2] 1911年，摄入小剂量的这种致命毒药被认为可以增强心脏功能。

多大，从克拉根福到维也纳再到杰尔，他们都被人群包围着。

在布达佩斯，一个来自门洛帕克的戴着圆顶礼帽的人伤感地和他们搭讪。这个人就是弗朗西斯·杰尔，爱迪生在29年前把他送到国外，后来对他失去了兴趣。杰尔此时在布达佩斯电力公司工作，他的妻子身有残疾。他心怀不满，自己曾为白炽灯泡技术所做的工作创造了巨额财富，却未能分到丝毫。对爱迪生而言，他其实也没有享受什么，但是对杰尔来说，豪车、匈牙利大酒店的皇家套房以及街上拥挤围观的人群都代表着上流阶层的生活。

杰尔时而谄媚，时而牢骚满腹，最终鼓起勇气告诉他的前老板，他本人、爱德华·约翰逊、弗朗西斯·厄普顿和威廉·哈默都觉得他们的服务没有得到回报。约翰逊现在是"牛奶商"，而厄普顿是"卖沙子的"，爱迪生对此耸了耸肩，说他们应该靠自己。

尽管如此，9月13日，杰尔还是自豪地陪同爱迪生去了布吕恩，炫耀他在1882年代表爱迪生大陆公司为之安装白炽灯的剧院。第二天早上，爱迪生一行人去了布拉格，玛丽昂和她的德国丈夫奥斯卡也加入其中，他们乘坐瓦伦丁先生的车。戴姆勒汽车在警察的护送下，在欢呼声和鲜花的簇拥中上路。杰尔脱下帽子站在路旁，直到汽车消失在视线中。

一个冲过马路的小男孩儿

马德琳和她同父异母的姐姐一见如故，那是一个健壮活泼且坚强的38岁女人。她也喜欢奥斯卡，一个几乎不会说英语的德国军官。"他似乎是个非常和善的人，开朗亲切，脾气也很好，深爱着他的妻子。"

这些年来，玛丽昂变得更像德国人而不是美国人。甚至连她的外表也是这样,她有着一头被绾成发髻的金发和结实的身材。她法语也说得很流利,对歌剧有敏锐的鉴赏力,拥有马德琳所钦佩的老成,但缺乏过上好日子的手段。她继承了母亲对金钱的热爱,像汤姆和威廉一样,她觉得爱迪生给她的钱从来不够。她并不嫉妒马德琳的布林莫尔学院学生身份,尽管有一天她会抱怨"我父亲认为我不应该接受任何教育"。玛丽昂 17 岁时在法国患了天花,爱迪生拒绝去看她,甚至拒绝写信给她[①],爱迪生的忽视在她内心留下了很深的伤疤,同样在她那留下少许痘印的脸上印下了伤疤。但她对父亲直率的吹捧让他深感荣幸,在玛丽·爱迪生死后那段日子里又恢复了对女儿的爱。

"我最好的发明是什么?"他回答奥斯卡的问题,"你拥有着她。"

这对夫妇的德语在关键时候发挥了重要的作用。9 月 17 日星期日,戴姆勒汽车驶进劳夫市的黑森林村时,撞上了一个冲过马路的小男孩儿。他有畸形足,可能是在玩比胆量游戏时绊倒所致。愤怒的人群立刻围上来,爱迪生和米娜跳下车,试图阻止人们扶起这个男孩儿,担心他会被不断涌出的血呛死,但随后他们发现男孩儿已经死了。

奥斯卡、玛丽昂和瓦伦丁先生落后了车队几英里,花了一些时间赶到事发地。事态逐渐恶化,直到当地警方证实事故是男孩儿的错。尽管如此,奥斯卡的军人风度和玛丽昂的巧妙解释还是帮助平息了这个令人惶恐的事件,那天晚上,爱迪生一家总算能在旅店里断断续续地睡上一觉。第二天的官方调查澄清了他们没有责任,爱迪生留下了 400 马克来补偿这个男孩儿贫穷的母亲。

剩下的 10 天很难熬过。米娜一直希望马德琳能在这一年余下的

---

① 见第四章。

时间里去意大利，可能的话，忘掉约翰·艾尔·斯隆。但是当她说更愿意回家时，米娜也没心情去抗议。

在德累斯顿与玛丽昂吻别之前，爱迪生感觉到了她对汽车的极度渴望。他让她买一辆奔驰，并记在他的账上。在柏林，他把戴姆勒汽车送回了巴黎，然后带着家人坐火车去汉堡。9月28日，他们登上了德国邮轮"美洲号"，抵达纽约后第一个为他们接风拍照的人就是米勒·哈奇森。

另一座更大的拱门

爱迪生发表的关于来生的言论，总是引来采访和追问，除非让美国记者确切地了解他对现代欧洲的看法，否则他很难回到家里。"我对另一边的人有什么印象？好吧，我来告诉你。他们中的大部分都太迟钝——太宽厚。"

在各种各样的采访中，他批评"懒惰"的英国人消耗了太多的"牛肉和黑啤酒"，与百老汇的照明相比，他将巴黎的照明贬为"暮色"，还抱怨他在那里和布拉格看到的女性风尚。"她们礼服上的原色是不发达的标志……女性的裙子应该从臀部开始就呈曲线式弯曲。"至于莱茵河以东的城市景观，"德国人的审美观也有些问题，他们的脑袋里装了太多的啤酒，结果就建造出了啤酒建筑"。

最后一句话激怒了曾欢迎他来到柏林的科学家、作家和实业家，他们对他极其尊敬，"我都想亲吻他的手"。与爱迪生相识四十多年的西格蒙德·伯格曼给他写了一篇题为"一个有啤酒幻想症的爱迪生"的文章，要求他否认和收回自己之前说过的话，"这样我就能安抚这里的人们，他们对此感到悲痛"。爱迪生用海底电报发送了一封准纠正信，赞扬显著增长的德国工业，特别是在化学制造领域，试图为自己的失态赔罪。

当谈到他在每一个参观过的国家都能感受到的好战民族主义时，他看起来更严肃了。"他们都对战争想得太多了，到处都是堡垒和枪炮，每个人都在寻找间谍。"甚至在瑞士，也有一名男子因在瑞士和德国边境的错误一侧采摘草莓而被枪杀，人们担心国际秩序会崩溃。他告诉《匹兹堡电讯报》的记者："我不是马尔萨斯理论支持者，我不相信战争在控制人口方面的作用，尽管我认为，如果法国与另一个国家再次发生冲突，其惊人的智慧将远远胜过强大的蛮力。"他所指的"蛮力"是什么已经很明显了。他对欧洲历史过度美化战争感到担忧，并说这就是他从未被凯旋门打动的原因。"我总是在它旁边看到另一座更大的拱门，有几千英尺高，是用那些为拿破仑个人荣誉而牺牲的遇难者骸骨里的磷酸盐做成的。"

爱迪生说，如果欧洲的每一座战斗纪念碑都要铭刻鲜血和金钱的代价，那就不会再有新的纪念碑了。然而，现在有了一种威慑力量，他相信这种力量会产生同样的道德效果：飞行器的发展带来的"对滥杀滥伤的恐惧"。"从我们的一艘现代飞艇上投下的硝化甘油炸弹会造成比拿破仑时代一整天的战斗更大的破坏。"没有一个理智的政治领袖会考虑这样的屠杀。"换句话说，武器发明已经超过了杀戮的需求，被释放的科学力量将会压倒侵略性的外交。"

几夸脱

10月18日，在爱迪生公司的员工欢迎他们的董事长回来工作（哈奇森又一次突然离开）的9天之后，来自斯德哥尔摩的非正式消息说，爱迪生将被授予4万美元的诺贝尔物理学奖奖金。这一消息至少可以算是对他在当年早些时候被美国国家科学院拒绝的安慰。①但是当诺贝尔基金会正式宣布结果时,该奖项被颁给了维尔茨堡的威廉·维恩教授,而维尔茨堡是一座建有许多啤酒建筑的城市。爱迪生保持了沉默。如果他在旅行中没有激怒欧洲人,他可能已经和获得诺贝尔化学奖的玛丽·居里一样身上挂满勋章了。

作为替代,他接受了美国矿业工程师协会主席为他定制的礼物。这是一个1立方英尺("切割得不多也不少")的立体铜块,雕刻上赞美的文字,以感谢爱迪生的电气发明自1868年以来对国家铜工业的推动作用。他把这件礼物安装在实验室图书馆的一个基座上,比起自己获得的其他华而不实的奖项,他更喜欢这个有触感的468磅的立方体,他说在这个奖项里藏了"几夸脱"。

经过假期的休整,爱迪生抖擞精神迎接秋天的诸多商业挑战。米娜在10月27日写道:"他带着新的活力回家了,他太强大了,而我快要瘫痪了。"爱迪生发现在他离开期间,平时依靠他指导的250名实验人员在很多方面都很松懈,最关键的是,他们未能使他的圆盘唱片留声机原型机适应商业生产的要求。尽管向批发商展示的模型看起来、听起来都很棒,但他必须确保其复杂的技术不会使其定价过高而被市场淘汰。他还需要一年的时间来完成这一任务。

实验人员在爱迪生更为之疯狂的一项发明——混凝土家具——的制造上也停滞不前,这种产品主要的优点是稳定坚固。他的项目中只有潜艇碱性电池取得了进展。铅酸电池游说团体已经开始反对它了,这是华尔街对此感兴趣的明确信号。

作为感谢,爱迪生任命哈奇森为他在工厂的私人代表,并透露一

---

① 根据卡耐基科学研究所所长、物理学家罗伯特·伍德沃德的说法,爱迪生只获得了三张选票,"因为我们的学术同事对任何不是以他们特有的方式完成的工作都有根深蒂固的偏见"。

旦他的首席工程师唐纳德·布利斯被解雇，这个权力很大的职位也会是哈奇森的。

有重要影响的平民

哈奇森很快就为自己创造了一个新的头衔，并印刷了新名片，宣称自己是"托马斯·爱迪生在海军事务中的私人代表"。他筹划让爱迪生被任命为海军联盟的名誉副主席，并于11月2日开车送他、米娜、马德琳和西奥多去斯塔滕岛观看纽约湾举行的大西洋舰队检阅。那是之前从未有过的美国海上力量的集中大展示，以证明美国海军实力彼时仅次于英国。寒风中近4 000门大炮轰鸣，24艘战舰乘风破浪经过自由女神像，后面跟着一排5英里长的小型装甲舰队列，它们看起来不再是西奥多·罗斯福时代的那种白色，而已经进化为随时准备参战的钢铁灰色。爱迪生和他的团队特别感兴趣的是8艘潜艇，它们只浮出水面一点儿，敬礼的船员甚至有可能从狭窄的鲸背甲板上滑下去。

月底，哈奇森陪同爱迪生去华盛顿，向塔夫脱总统、杜威上将和海军造船厂的官员介绍情况。爱迪生对他们关于国防问题的讨论保持沉默，只是预测有一天美国军舰上的大部分工程设备将会电气化。一周后，他邀请了200名来自布鲁克林海军造船厂的军官和士兵来到实验室，并为他们做了碱性电池技术的讲座演示。他将S型电池描述为他一生电化学工作的巅峰，并向他们保证，这种研究将使潜艇船员能够在水下待3个月，而不会吸入任何致命的"酸性气体"。更重要的是，它不会受到冲撞的影响。听众中的水手对此特别感兴趣，他们中的一些人可能在舰队演习中耳朵受过损伤。他们说，在过去，猛烈的声波就像是炮火，已经毁坏了许多铅酸电池。

爱迪生正在慢慢地、不知不觉地成为一名对美国国防有重要影响的平民，虽然他因为仍然全神贯注于圆盘唱片和有声图像的开发而没有意识到这一点。哈奇森在12月底写道："我被安置在这里，就在当世仍活着的最伟大的发明家旁边，当他去世时，我会接替他的位置。辉煌的未来在我的面前，别人眼中的非凡成果在我的身后。如果回顾过去，我生命中的每一年都能这样令人满意，那我就太幸福了。"

小小的赌博

1912年到来，哈奇森陪同参观爱迪生工厂的第一个重要访客是来自密歇根州迪尔伯恩的一个新晋百万富翁——48岁的亨利·福特，他一直都非常崇拜托马斯·爱迪生。他把15年前在布鲁克林一家海滨酒店给爱迪生拍的照片视作神圣的信物。那时，福特是底特律爱迪生照明公司的一名雄心勃勃的汽车设计师。此时，由于他的T型汽车获得巨大成功，他成了美国最富有的人之一，但还是一如既往地渴望接近他的偶像。

爱迪生的电动汽车常驻专家威廉·J.比同样热切地渴望福特为爱迪生蓄电池公司投资。他送给福特一幅老板的画像，上面写着奉承的话，还有一封邀请他到西奥兰治的邀请函，因为爱迪生"非常乐意见到福特先生"。

比让福特相信了轻量级碱性电池是汽车自动启动器的理想触发装置，这让爱迪生感到无比高兴。福特同意从1913年开始投资120万美元用于爱迪生公司的建筑和设备，而爱迪生公司每年需要向福特汽车公司提供45万块A型电池。爱迪生对这笔意外之财喜出望外，他用书写重要文件的花体字给福特写了一封信：

亲爱的福特：

比利·比①似乎痴迷于让你和我在蓄电池的未来上做一点儿小小的赌博。没有什么比你的加入更让我高兴的了……

到目前为止，我只是用其他东西带来的利润来扩建工厂，这是有限度的。我当然可以去华尔街得到更多，但是我在那里的经历就像肖邦的《葬礼进行曲》一样悲伤。所以我一直和那里保持距离。

你的朋友
爱迪生

一个值得关注的人

1912年2月，爱迪生年满65岁，他认为碱性蓄电池已经足够"完整"，无须进一步改进就能出售，这是他自创造电影摄影机以来最复杂的发明。无论哈奇森还要花多长时间完成潜艇版本的测试（海军部的关键性审批程序肯定要花更长时间），更小的A型电池已从他的工厂里源源不断地涌出，福特的订单如雪片般涌来。哈奇森只看到了金钱，他获得了爱迪生电池的广告和销售代理的许可，欣喜若狂。他写出来的东西流畅又清晰，刊文的杂志媒体经理们可能都想对他表达感激了。

"我怕他。"米娜给查尔斯写道，"他是如此咄咄逼人，把爸爸完全掌控在自己手里，而爸爸却没有意识到这一点，谁也不知道他会走多远。在我看来，他是一个值得关注的人。"她心底的担忧是，当她的儿子从麻省理工学院毕业时，"哈奇"已经积聚了足够的力量，可

---

① 威廉·J.比的小名。——编者注

能威胁到查尔斯作为爱迪生公司未来继承人的地位。

那年夏天,哈奇森被正式任命为首席工程师,他意识到了米娜的恐惧,也感觉到了弗兰克·戴尔(身体不适,过度劳累,在董事会又被爱迪生欺负)的担忧。为了摆脱不利境地,他在工厂里日夜加班,比其他任何人时间都长,当然也包括"老头儿"。哈奇森用虚伪的真诚给查尔斯发了一份冗长的公司活动报告,令这个年轻人心驰神往,并使他确信自己的未来是安全的。

> 我非常急切地想让你在大学毕业后有一份合适的工作……这里没有一份工作是我可以拿薪水的……我非常喜欢你的父亲,即使你的父亲有什么突发状况,我也会尽力工作10年来帮助他。就目前情况而言,我完全希望我在政府业务[①]上的履职能在未来几年内达成一笔可观的交易,同时,我也在尽我所能促进电池公司和爱迪生公司的利益。

"我非常喜欢你的父亲。"米娜担心这种喜爱可能是需要酬谢的。爱迪生在他职业生涯的大部分时间里对奉承都是免疫的。他总是依靠助手们来完成他的想法,并把他们都当作既疏远又亲近的密友。但是他对待助手从来没有像这次这样近乎对待子女。他接受哈奇森的赞美,对他的"黑人"笑话大笑,并且允许这个年轻人在宣传时把他扮成一个白发苍苍、面带慈祥微笑的雪茄店里的印第安人形象。他摆好姿势拍了两张奇怪的照片,哈奇森毫不犹豫地将其刊印在公司资料上。一张照片中,他在跟一块几乎和他身形一样大的潜艇电池"交谈";另

[①] 到此时为止,哈奇森能获得整个电池业务20%的收入。

一张照片中，神情孤僻的爱迪生坐在那里发呆，而熟练掌握莫尔斯电码的哈奇森则在他的膝盖上敲出一条信息。

爱迪生在接收来自哈奇森的莫尔斯电码，1912年前后

失眠小组

照片具有欺骗性，事实上爱迪生在十几岁时就被舞台吸引，他很喜欢在镜头前装腔作势。留声机工厂的职工发现，他在进行新一轮圆盘唱片长线开发时并非单枪匹马，他有7名助理工程师，这些人自称"失眠小组"。自1912年9月9日前后关起门以后，有一个半月，他们很少睡觉，也很少洗澡、洗头。米娜也没能把爱迪生赶回家，因为她一直不在家，先是和她的孩子们去了缅因州度假，后来又去了阿克伦，她的母亲正处于弥留之际。爱迪生充分利用了这段自由时间，他

也许比睡眼惺忪的同事们更乐在其中。当他夸口说他们"一天工作超过 21 个小时"的时候，他没有算进他独自奋战的时间，那达到了连续 95 个小时 49 分钟。

爱迪生对小组玩命般的工作速度负有很大责任，因为他发誓要推广最新款留声机，还非常乐观地认为可以在 10 月就公布这款新产品。在他要求生产 3 500 台圆盘唱机的 14 个月之后，只有 329 台完成包装，这情况令人沮丧，因为销售部门已经接到了近 5 000 台的预订订单。问题不在于缺货——他的仓库里堆着价值 80 万美元的唱机——而在于缺少可供发售的唱片。在这一点上，他自己对音质的痴迷是罪魁祸首。

让他的执行委员会灰心的是，爱迪生几乎否定了他听到的每一张测试版唱片。圆盘唱片在复制过程中接触的灰尘和其他杂质会产生轻微的表面噪声，实际上并不会有太大影响，但他把播放装置的音量开到最大，把他的右耳贴在喇叭上，抱怨"刮擦"声音太大。他不允许自己迫于商业压力而发布产品，除非唱片的品质能与他在实验中剪辑的大师作品的干净声音媲美。这是"失眠小组"面临的挑战，爱迪生哄骗着成员们行动。①

经过两三天的努力，大家一起摆姿势拍了一张炫耀的"历史性"照片，就像他年轻时在门洛帕克那样，当时的一些实验人员还只是男孩儿。在这张照片中，一群还没有筋疲力尽的人在凌晨两点吃汉堡包、苹果派，喝咖啡。他们需要尽可能多的食物，爱迪生称之为"为我们的身体提供能量的燃料"。直到 10 月中旬，他才写信给米娜说："我

---

① 形势十分严峻，因为急切的经销商已经订购了超过 17.5 万张尚未生产的圆盘唱片。与此同时，爱迪生的留声机工厂在 1911 年 126 154 美元的总亏损额之外，还在运营方面损失了 65 000 美元。

确定已经克服了主要困难。"

爱迪生和"失眠小组"在吃"午夜午餐",1912年秋

10月26日,他获得了三项重要的圆盘唱片模型改进专利。其中一项涉及控制康顿赛流到一个转盘上的系统,该转盘是用白铜抛光的,在缓慢旋转的过程中,转盘倾斜,使清漆在旋转变成水平角度之前均匀地流过转盘表面。虽然爱迪生还没有读过爱因斯坦的书,但他表现出了对与重力有关的陀螺仪运动的本能感知。同样巧妙的是,他用离心力将清漆中的气泡和灰尘颗粒向外抛,而使清漆保持流体状态。在冷却和硬化后,粗糙的边围可以被切掉。爱迪生宣称,这样做的结果是可以得到"一种没有缺陷的同质薄板",然后专利局同意了,批准了他的三份申请,以及自1910年以来他提交的其他58份申请。

相当残酷

那个时期恰好也是进步主义在政治上崛起的时候,白人、中产阶级、道德主义者和支持管制者从两大政党的自由派中汲取力量。在1912年这一选举年，随着共和党退党人士们正式成立了一个进步党，这一运动达到了高潮。它的领导人是强大的总统候选人，正谋求第三个总统任期的西奥多·罗斯福。他一方面（用他最喜欢的话来说）反对共和党领袖威廉·霍华德·塔夫脱，另一方面反对新泽西州长、民主党人伍德罗·威尔逊。

爱迪生一直是一名忠诚的共和党人，那年秋天，他的耳朵一直贴在留声机喇叭上，可能对遥远的全国意识形态辩论的喧嚣声不予理会。但是，令作家威尔·欧文吃惊的是，爱迪生在观看自己的 A-6 型电池在奥兰治电气铁路系统上试用时①，宣布支持罗斯福。

"我是个进步主义者（进步党支持者），因为我65岁，还年轻。"他说，"这是一场年轻人的运动。有许多人50岁之前在思想上就已经死亡了，你提出任何在他们儿时不曾有过的事物，都会让他们大惊失色。"

爱迪生看着自己的电池充电，充电时的电流足以熔化传统的铅酸电池，他那龙胆蓝色的眼睛里流露出梦幻般的眼神，欧文被那眼神打动了。爱迪生站在那里，双手插在口袋里，半自言自语着，这是不喜欢被打扰的人常有的神态。

> 世界就是这样发展的——年轻人勇往直前地做事情，而老年人靠边站。我希望我永远和年轻人在一起。
>
> 你看，刨根究底，这是我们文明中一个相当原始、粗糙

---

① 自1911年夏以来，拉尔夫·比奇设计的轨道车和由爱迪生提供动力的电池已经在纽约市和宾夕法尼亚铁路上投入使用。下悬式电池每次充满电可在大雪中推动载着24名乘客的轨道车行驶100英里。

的部分——相当浪费、相当残酷，结果往往是一样的，不是吗？……我们的生产，我们的工厂法律，我们的慈善机构，我们的劳资关系，我们的分配——全都错了，都过时了。我们跌跌撞撞地走了一段时间，试图用旧的方式运转一个新的文明，因此，我们必须开始创造世界。

爱迪生对德国的君主政体和该国不服从人民意愿的"伟大的常备军"表示不赞成。至少，美国能够通过定期选举和宪法修正案保持其政治平衡。他说，他支持罗斯福最激进的提议，即对司法裁决进行普遍审查。目前的最高法院权力过大，也过于保守。"先例，全都是先例！"他如是嘲笑道。

欧文想到，爱迪生的上千项发明都是建立在某种先例的基础上的。然而，他声称自己"一直都是一个进步主义者"也并不具有讽刺意味。他的整个职业生涯都在追求现代化。

爱迪生引用了法院反对雇主责任法的说辞："有一个关于工人受伤的问题，一个工人在事故中失去了右手，手是他的资本。这就好像我的工厂会在没有购买保险的情况下就被烧掉……我从罗斯福那里听到的最确切、最真实的一句话莫过于：受伤工人蒙受的损失应该由企业赔偿，必要时再从公众开支中追加赔偿金。"

欧文可能不知道爱迪生的第一个例子与他记忆中的一个截肢者有关——可怜的约翰·戴利被他们工作中的 X 射线辐射致死，而爱迪生自己也不知道他很快将会成为经历第二个例子中的痛苦的人。

我们压制了你们

爱迪生也支持罗斯福倡导的女性选举权，这让他极端保守的妻子和小女儿都很不高兴。自从马德琳试图离开西奥兰治去找一份有报酬的工作后,她就一心只想嫁给约翰·斯隆,并生下他的孩子。① 她对女性选举权运动很冷漠。

露西尔·厄斯金则不是这样的,她是一名年轻的独立记者,也是华盛顿大学的优等毕业生。在一次采访中,她大胆地问爱迪生对女性有什么看法,得到的回答让她大吃一惊。

他说:"女性在智力上与男性平起平坐需要3 000年——最短2 500年。"

她回击他:"女人就没脑子吗?"

"确实有一点儿,"爱迪生承认,"有一点儿,但不多。女人缺乏交叉神经。这是我们的错!我们压制了你们。但现在你们开始进化了。"

从他闪烁的眼神中,厄斯金小姐意识到自己被取笑了。

她后来写道:"我本有机会向他说出居里夫人的名字,但由于缺乏'交叉神经'而忘记在恰当的地方说了。"

公司的遗憾

11月,伍德罗·威尔逊赢得总统之位,而弗兰克·刘易斯·戴尔失去了他的总裁职位。自爱迪生公司成立起,员工们就一直在猜测"老头儿"能容忍以自己名字注册的公司被别人经营多久。爱迪生将留声机部门的业绩持续落后于维克多留声机公司归咎于戴尔,他选择性忽略了自己的完美主义(或者是蓄意阻挠,那位饱受折磨的律师可能会这么说)才是耽误有竞争力的新产品推出的主要原因。

---

① 大约在这个时候,马德琳写给米娜的一封信清楚地表明,她和约翰已经是恋人关系。这份文件仅女性可看意味着米娜要对爱迪生保守这个秘密。

戴尔在离职信中写道："我希望圆盘唱片留声机的问世将标志着属于你的繁荣时代的到来。我认为我的继任者最好从一开始就接管这项业务，而不是以后。"他和爱迪生都很清楚谁将成为接班人。

> 我目前的职位很难做下去。许多下属直接向你汇报工作，我有理由相信，在许多情况下，你已经向他们表明，你已对我的能力和才能失去信心。这种谣言自然传播得非常快，摧毁了我所有可能的权威。
>
> 在我最近与你的谈话中，你严厉地批评了我，但我认为你的批评是不公正的。

戴尔指出，是他推动了圆盘唱片项目的起步，以及如果爱迪生没有纠结于康顿赛的成分，公司此时刚刚投入市场的蓝色安贝罗圆筒唱片的新生产线可能提前两年就开工了。他将电池部门和录音机部门的利润飙升归功于自己，尤其是他自己创建的电影专利公司——一家利润丰厚的垄断电影发行市场的托拉斯。大多数部门主管都能免费获得一辆公司的电动汽车，身为总裁的戴尔却从未享受过这一福利，虽然如此受辱，他还是向爱迪生保证："我将永远对你怀有最强烈的钦佩和个人感情。"

威廉·梅多克罗夫特以公司一贯的遗憾口吻宣布了戴尔的离职，随后说道："爱迪生先生担任总裁是为了让自己在一直负责的技术细节之外，还可以指导公司的政策。"

多么曼妙的身体

1912年年底，爱迪生在实验室工作到半夜，米勒·哈奇森像往常一样在他身边。远处的汽笛声宣告了1913年的到来。两人握了握手，哈奇森祝愿他的"大首领"安好——事实上他也确实应该祝好，因为爱迪生刚刚用氰化钾擦拭了一张唱片，并开始感到不舒服。但是在去图书馆躺到小床上之前，他把一个留声机喇叭放在耳边，以便更好地听到汽笛声。

哈奇森认为，这个扩音器是爱迪生新推出的有声活动电影机的有声图像系统的一部分，他将很快向记者和放映商介绍这个系统。但他并不期待这项任务，因为这台设备肯定会与爱迪生和迪克森在1894年发明的不成功的西洋镜音频设备（也被称为有声活动电影机）搞混，更不用说他们更早的尝试——对声音做出反应的有声活动电影机的摄影机原型。哈奇森怀疑这种改进——将之前独立的机器复杂地连接起来——如果被交给未经培训或接受培训不多的操作员，将无法像爱迪生所说的那样"完美"地工作。从当时的情形看，他与签约的影院业主和放映员的合作经历并不乐观。他给查尔斯·爱迪生写道："如果需要有一个人完成这场艰难的比赛，那就是你了。"

爱迪生是电影行业第一个将图像和台词、音乐同等看待的先驱："我正在测试一种仪器，它为眼睛服务就像留声机为耳朵服务一样。"但在第一台有声活动电影机失败后，他放弃了这个想法。在19世纪最后的那段时间里，美国五分钱戏院的经理们在屏幕后面通过敲打椰子壳来模仿马奔跑的声音，与屏幕上的铁匠一起敲击金属杆，在战争场景中吹奏军号或放爆竹。一些人会雇用隐藏的演员大声念出摄影机前的演员的台词。嘴唇像橡胶一样光滑的艺术大师可以模仿轮船的汽笛声、地板的嘎吱声或风的呼啸声，并能因此赚得一大笔钱。无论是现场演奏的还是录制的音乐都是常见的背景音效。莱曼·豪是一个流浪的"留声机表演者"，他经常厚颜无耻地使用爱迪生机器为其他制片厂的电影伴奏。

与此同时，在法国，几十个发明家将有声图像的奇观与各种系统结合使用，但这些系统或早或晚都会面临他们最讨厌的问题——同步和扩音。唯一能与电影摄影机匹配的"现场"录音（与后来的配音不同）是将留声机放置在尽可能靠近演员做动作的位置，并使圆筒唱片与摄影机同步滚动。只要留声机能在蜡筒用完之前（不超过2分钟）录制唱片，演员和工作人员就能体会到一种同步的错觉。但是，当圆筒唱片和胶片被分别复制和安装在不同的影院时，要保持同步几乎是不可能的。这些装置必须通过电线或齿轮轴连接起来，但这些装置通常都在放映厅的地下，会受到老鼠或振动错位等因素的干扰。胶卷放映时的任何跳跃或拼接都可能导致莎拉·伯恩哈特戏剧性地"死"在屏幕上，或开始像个男人一样说话，或者更糟的是，突然开始唱歌。观众的愤怒是可以预见的，还有许多剧院经理因为制作和放映的巨额成本而破产。

在1900年的巴黎博览会上，即使是天才导演克莱门-毛里斯·格拉蒂欧莱特的"有声电影戏剧"的首演，也不得不依靠放映员在通过电话收听乐池里演奏的微弱声音的时候足够熟练地以不同的速度操作手摇曲柄。这个放映员一定有非凡的手耳协调能力，因为起初格拉蒂欧莱特的事业蒸蒸日上，放映员使其芭蕾舞剧《浪子回头》和罗斯丹的《西哈诺》决斗场景的精彩表演赢得了盛赞。《晨报》宣称："美丽的声音和优美的姿态是永恒的。"但报纸盛赞的美丽更多是新奇之美，而非真实的声学效果之美。当观众可以在剧院看到美丽的克莱奥·德·梅罗德的真身（多么曼妙的身体！）表演时，能够同时欣赏她的舞蹈和乐声带来的惊讶就不值一提了。而且在"真人表演"时，她的伴舞音乐是一支佳美兰乐队的现场伴奏，而不是从锡质喇叭里发出的模糊声音。

爱迪生在视听领域最危险的竞争对手是莱昂·高蒙，他公然侵犯了爱迪生的声音和电影专利权。高蒙的设备有几项创新，比如被用作提高同步性的传动离合器。但是高蒙也试图通过向他的留声机的播音头中喷射压缩空气来解决扩音问题，但这只给他的声流增加了更多的咝咝声而不是音量。他的设备还让放映员可以在电影播放因音高变化而发生快进或滞后时调整圆筒唱片的转速。

然而，当爱迪生决定恢复使用他的有声活动电影机概念时，高蒙的音像机已经成功地在整个欧洲被展示，一些手工着色的产品进入了北美市场。但是，它们的声音仍然十分微弱。爱迪生相信他能在许多人失败的地方获得成功。作为世界上最大的电影制片厂和留声机公司之一的总裁，他在整合这两个领域的实验资源方面都处于独特的地位。作为强大的电影专利公司的总裁，他可以确保不会再有高蒙这样的人来窃取属于他自己的知识产权。

他在实验室对面的一个限制进入的石棉填充帐篷[①]里工作，开发的新型有声活动电影机表面上看起来就像它 1894 年的前身。新设备仍然有一个录音的蜡筒，这暴露了爱迪生在圆盘和圆筒之间仍然抱有对圆筒的偏爱。只是它变成了一个胖胖的、长 1 英尺的鼓状圆筒，可以容纳 6 分半钟的对话或音乐，这让爱迪生的有声电影导演奥斯卡·阿普菲尔能够在一个镜头中拍摄完古诺的歌剧《浮士德》中的监狱场景。此外，蜡在录音触针下是如此纯净和光滑，简直像冷冻的黄油。它有一个 12 瓣的喇叭，像追逐阳光的大百合那样往声音的方向扩张并倾斜，这使它能捕捉到 30~40 英尺以外最轻柔的声音——叹

[①] 爱迪生建造这顶大帐篷的想法是，它的帆布帘可以避免实心墙的"回声效应"。

息声、轻微的脚步声、嘎吱声。留声机本身是固定住的（重 74 磅），隐藏在取景框之下。爱迪生发现，当演员走开时，喇叭对声音的接受能力会以复合速率减弱，这限制了演员们在舞台上的移动。这导致他用来展示有声活动电影机对各种娱乐类型的适应性的六部电影都是居中的、画面相对静止的模式，与无声电影流畅的动作形成了鲜明的对比。

一条紧绷的带子连接着两个轮子，一个由留声机轴旋转，另一个驱动"同步器"，该同步器又通过蜗杆轴与摄影机相连。与之前的法国电影机不同的是，有声活动电影机的记录和拍摄速度是由圆筒唱片的旋转控制的，而不是由摄影机快门的旋转控制的。打印胶片和用康顿赛复制圆筒唱片时，两者都不能剪辑，否则声音和图像会立刻分离。爱迪生承认，"1/5 秒的变动都是致命的"。

连接丝带越短、越紧，拍摄时的同步性就越高。① 但是放映时总是需要通过滑轮把系统延伸到放映棚，那里有一台看不见的设备（这玩意儿对小孩有无穷的吸引力）可发出移动的光束，留声机则设定为播放模式，隐藏在屏幕后面，通过一扇小纱窗"说话"。从爱迪生 1 月 3 日在实验室主持的预演开始，每一场演出都需要两名操作员：一名操作画面，另一名在看到提示时启动留声机。在片头字幕从屏幕上消失时，画面转换成一个穿着晚礼服的演员进入一间陈设豪华的房间，走过去站在两株盆栽中间，张开了嘴。

自然中的一切现实主义

"几年前，"一个清晰的男高音发着大舌音，吐出每一个音节，"托

---

① 爱迪生的导演们在每次拍摄开始时都会把分成两半的椰子壳拍在一起。

马斯·爱迪生先生向世界展示了他的活动电影放映机。[①] 全世界的发明家都在努力使留声机和电影同步。但荣誉最终留给了爱迪生先生——"

这些声音究竟来自真人，还是来自隐蔽在盆栽下某个地方振动的一个钻石触针播音头？房间里的大多数人都彻底迷惑了。当演员继续背诵哈奇森为他写的台词时，可以听到四周都是讶异和惊奇的喘息声。

"把他的两项伟大发明结合起来，这就是现在给你们带来乐趣的有声活动电影机。爱迪生有声活动电影机无疑是真正的有声电影的开端。"

"开端"当然不是事实。12年前，格拉蒂欧莱特的"有声电影戏剧"也达到了类似的逼真程度，只是不那么精细。但哈奇森这位电影炒作的先行者显然认为"真正的"这个词有其特殊的含义。

在舞台上自由活动的演员继续说道："演员在舞台上的表演和自由活动的每一句话和每一个动作都被同时记录下来，具有自然中的一切现实主义。"

接着演员打碎了一个瓷盘，吹了吹喇叭和口哨，并介绍了一些音乐家，其中包括一个唱《夏日最后一朵玫瑰》的漂亮女孩儿，以此来证明有声活动电影机的保真度。在越来越大的噪声中，他带来了两条狂吠的狗。

爱迪生在前排座位上叼着一支黑雪茄，对着喧闹声咯咯地笑了起来，在听到这位演员预测"100年后"世界各地的人将会观看这样

[①] 此处说的是1897年8月31日获得专利的爱迪生电影摄影机。截至1913年，Kinetoscope（活动电影放映机）、Kinetograph（活动电影摄影机）和Kinetophone（有声活动电影机）的商标术语在公众认知中经常被混淆。关于它们在19世纪80年代和90年代不断变化的含义，见第四章和第五章。

的表演时点了点头。但是当他的签名在屏幕上闪现时，他皱起了眉头，因为他听到自己被描述为"声音和视觉的巫师，托马斯·爱迪生先生"。哈奇森还没有意识到"巫师"这个词激怒了他。

演出继续放映了另外 6 部示范短片：《游吟诗人》的垂怜曲，普兰克特的轻歌剧《诺曼底的钟声》中的一个场景（其中有硬币和钟叮当作响的声音），《尤利乌斯·恺撒》中勃鲁托斯和凯歇斯的争吵，以及三部带有爱迪生式幽默的喜剧小品。然而，演出结束后，他在接受记者祝贺时十分谨慎。他说："没有一台机器是完美的，人也不是完美的。"尽管如此，他仍无法掩饰他的骄傲，毕竟他把留声机和电影摄影方面的所有实验都融合到了一起。他说，已经"到了电影被称为'有声电影'的时候了"。

不到 24 个小时，"有声电影"这个词就成了人们的日常用语。包括爱迪生的儿子威廉在内的许多企业家都急于获得有声活动电影机的展览权。芝加哥金融家约翰·多斯·帕索斯提出以 100 万美元的首付款换取该项目的控股权。但爱迪生对保付支票"只是笑了笑"，说他想"自己运营机器并推销它们"。胜出的竞标者是美国三大歌舞杂耍组织的联合代表，它接受了爱迪生开出的条件，并将自己命名为美国有声电影公司，与爱迪生签订了生产 300 套电影机系统的合同。全国发行日期定在 2 月 17 日，这让哈奇森非常担心。预演进行得很顺利是因为房间很小，而且操作员都受过良好的训练。但是，当用细绳捆绑的联动装置放到像纽约殖民地剧院这样的大型剧院时，他不知道如何确保同步性，更不用说如何说服工会的放映员学习一项复杂的新技术。他警告爱迪生："整个产品装置暂时并不能让我们满意，我能预见未来会有各种各样的麻烦。"

对爱迪生而言，那是哈奇森的问题。他从不把电影当作娱乐，而是想把它改造成教育用的媒介，不管是有声还是无声的。此外，他还想继续改进他的圆盘唱片，那玩意儿也没有让他满意。

哈奇森通过对"老头儿"的巧妙操纵获得了首席工程师的职位，可他不知道究竟是谁操纵了谁。作为爱迪生的蓄电池销售代理，他所期待的丰厚佣金才刚刚开始积累，这要归功于火车和运输卡车公司令人鼓舞的订单。但是海军部在一艘试验潜艇S型电池的安装过程中强加了太多的繁文缛节，以至于人们对其从酸性电池转向碱性电池的意愿提出了疑问。与此同时，爱迪生很快就利用了哈奇森无薪雇员的身份，将工厂的所有运营责任都压在了他身上。

哈奇森暗自希望将来成为爱迪生公司的总裁，但米娜越来越明显地表露出她不会允许查尔斯以外的任何人继承这个职位。她和哈奇森的关系在1月底演变成公开的敌对。她给查尔斯写信道："那个男人的聒噪让我感到恶心。"出于对爱迪生的关心，他们达成休战协议，爱迪生只是隐约知道有些人在实验室的音乐室之外的某个地方争吵。哈奇森试图用冗长而虚伪的信件让查尔斯放心，他只不过是他父亲的忠实仆人。他写道："对'老头儿'来说，每一套即将投入实际使用的（有声活动电影机）设备都价值不菲。我自然渴望看到尽可能多的设备投入运营来赚钱。"

米娜确信爱迪生正面临周期性的现金流问题，因为他运走了成千上万台昂贵的圆盘唱机，同时又限制了用这些唱机能播放的唱片的生产。接受多斯·帕索斯的提议可以驱散笼罩在他头上的破产乌云，但对他来说，独立比安全更重要。她只能等着他把乌云变成阳光，就像他以前总能做到的那样。

爱迪生迫不及待地想再次与"失眠小组"合作，他尽了最大努力帮助宣传有声活动电影机这个新产品。"哦，是的，我有足够的时间和你会见。"他对一名记者说道，该记者要求看看系统的运行情况。他带记者去了他的私人放映室（"这是我的实验剧场"），并命令放映员放映《游吟诗人》的垂怜曲。记者因影片强有力的视听效果感到不知所措。他用眼角的余光瞥见，在他观看影片的时候，爱迪生正注视着他，带着一种奇怪的、探询式的微笑。"真的，这位实践科学之人，正注视着他最新的创造对人类的影响！"

2月17日下午4点，爱迪生站在纽约殖民地剧院的舞台侧面，观察1 000多名观众对他的示范短片的反应。节目在期待的寂静中开始，只有快门颤动的声音从放映箱中发出。但是当发言人哈奇森出现在屏幕上并开始用洪亮的声音讲话时，全场响起一片惊讶的低语声。当那个漂亮女孩儿唱歌时，当勃鲁托斯和凯歇斯吵架时，当靡非斯特嘲笑浮士德时，当一群吟游诗人（其中两个扮演黑人）唱起流行歌曲时，这种惊叹声更甚。演出在合唱国歌《星光灿烂的旗帜》时达到高潮。结束时，观众们入迷地坐了很长一段时间，然后爆发掌声和"我们要见爱迪生！"的高喊声。他一直躲在人们的视线之外，而呼喊声和有节奏的拍手声越来越大。5分钟后，美国有声电影公司的一名主管弗兰克·泰特上台说，这位发明家没空。混乱并未平息，直到泰特再次出现，说爱迪生已经在前往另一场在哈莱姆区阿尔罕布拉举办的展映的路上。

幸运的是，他去对了地方，没有前往市中心的联合广场剧院，如果去了那里，他会因为一个10秒钟的同步失误而受到羞辱，这个失误引起了观众的尖叫和嘲笑。在"爱迪生吟游诗人"短片中，不知什么原因，戴了一顶抹了粉的假发的节目主持人在他被放大的声音停下之前早早就坐下了，而由他介绍的歌手则开始了一段《纽约时报》所说的10~12秒的"热情但无声的演唱"。

西奥多·爱迪生带着一个14岁孩子的坚定信念宣称，联合广场剧院的蓄意破坏行为是罪魁祸首。事实上，在剧院里操作有声活动电影机比在摄影棚里难得多。放映员需要手动操作机器，一只眼睛盯着屏幕，另一只眼睛盯住身边的同步器，还要通过耳机听远处留声机的声音。哈奇森在写给查尔斯的信中，把放映员的工作描述得过于简单了：

> 这套装置上有一个小指示器，可以显示操作员是否正确转动了机器，通过这个小指示器，操作员可以把他的活动电影放映机（投影机）推到留声机前面，或者反之，这完全可以视情况而定。
>
> 留声机当然是放在屏幕后面的。首先电影的片名通过活动电影放映机被投射到屏幕上。虽然留声机马达在运转，但圆筒唱片没有，而播音头被正确地放置在唱片的开头。在片名显示之后，会有一秒的空白时段，一旦空白时段不再存在，画面打开，留声机操作员摁下按钮，离合器就会在关键时刻插入圆筒唱片，让留声机持续播放声音……如果留声机操作员摁这个按钮稍微慢一点儿，这套装置当然就会出现不同步的状态，这时就要靠活动电影放映机操作员将活动电影放映机的放映减速，直到它与留声机同步。

事实上，哈奇森还需要半页纸来描述辅助电话装置的工作原理，如果放映员碰巧有第三只手，他就可以借此来联系不在眼前的同事。他抱怨说，他要培训20名工程师，让他们在11家剧院指导操作员，还要应付消防检查员和"不讲理的"剧院经理。"我从来没有遇到过像这个讨厌的'有声电影'一样有这么多麻烦事的东西。"

但是，当有声活动电影机系统运转良好时——当然开始的时候大多数情况下都运转良好——它取得了辉煌的成功，也会给投资者带来巨大的回报。基思宫廷剧院的爱德华·阿尔比发电报给他的地区经理："爱迪生的有声电影是多年来最成功的，成千上万的人……掌声如暴风般……我们会尽快把机器送到你们的城市。"随着奥芬剧院和联合预订连锁剧院的加入，演出已经扩展到了 100 多家剧院。哈奇森不得不派遣他的操作指导员到更远的地方，并下令工厂轮班生产放映机以满足需求。国外版权则卖给了远至南美洲、欧洲和亚洲的放映商。到 1913 年年底，爱迪生似乎至少能稳赚 50 万美元的版税。

观众很难相信他们听到的声音不是直接来自他们面前的影像。《费城新闻》报道说："这是如此自然，看起来几乎不可思议。"专栏作家阿瑟·本宁顿在《世界杂志》上写道："我听到一张照片在咆哮，照片中的水从一根虹吸管里喷出，洒落在浴缸里。"得克萨斯州沃思堡的一位音乐评论家惊叹于《浮士德》影片的同步性。"这项工作是如此完美，以至于会让人遗忘机械的细节。"有几篇评论称赞了钻石触针播音头所回放的声音之美，以及演员发音时即使是轻微的口齿不清也能被捕捉到的精准。报道引用了一位身材矮小的老妇人在阿肯色州派恩布拉夫的一场展映结束后说的话："不，赛拉斯，他们骗不了我，帘子后面有个男人。"

而不是用他们的脑子

不同寻常的是，一生热衷自我推销的爱迪生对有声活动电影机从未表现出过多的热情。他不停地说，这离完美还有很长的路要走，在有声电影有机会取代无声电影之前，必须先解决一些主要问题。其中包括舞台动作受到拘束、影片长度有限、大型放映厅扩音功能不足，以及最具挑战性的问题——操作员的叛逆或不称职，他们的人数很快超出了哈奇森的指导能力范围。

爱迪生试图解决这个问题,于是发明了一个高架传音系统,它可以把抓取到的声音扩展到舞台无法触及的各个角落。它包括一项可调节高度的天篷,里面装有微型电连接收器。"我在多个点上收集声音……然后把收集到的声波对应的脉冲发送到一台单独的录音设备上。"如果需要的话,他还允许在舞台地板的格栅下安置接收器。他于1913年3月6日申请专利并获批,但这个系统没有被安装在布朗克斯的电影制片厂里。[①]

也许是因为耳聋,又或者是因为他不满足于仅被看作大众娱乐的提供者,爱迪生主要把有声电影技术作为一种提升大众品位的手段:他希望"使边远地区最贫穷的家庭只花5美分就能够看到和纽约市所放映的相同的歌剧和戏剧"。他也意识到这项技术在记录时事方面的巨大历史潜力。他已经有了一个有声活动电影机摄影师——詹姆斯·里卡尔顿,此时里卡尔顿正在拍摄保加利亚和土耳其之间的战争。

鲜为人知的是,15个月前爱迪生到访白宫时,他曾邀请塔夫脱总统做选举的视听候选人。塔夫脱刚刚结束了为期8周的全国巡游,300多万人因此能一睹总统风采。爱迪生建议他将有声活动电影机作为"竞选机器",这样可以录下他的竞选演说,让共和党全国委员会分发到各地的剧院,这样总统不用离开办公桌就可以让6 000万选民都看到演说。但是塔夫脱不愿意接受这个建议。没有什么比离开华盛顿更让他高兴的了,所以他放弃了率先使用电子媒介的机会,而这种媒介终有一日将重新定义民主进程。

爱迪生在推动电影成为未来的教育媒介时表现出了更多的激

---

① 1928年,沃尔特·威尔曼在拍摄《乞丐的生活》时设计了空中吊杆,在此之前,电影的拍摄一直是固定的、静态的。

情——用他自己的话说就是，"我在燃烧"。① 他长期以来对这个项目怀有兴趣是因为难以回答他儿子西奥多不断提出的一些问题（就像66年前年轻的爱迪生在俄亥俄州米兰折磨他的老师一样）。耳聋也让他不同寻常地认识到，要从亲眼所见中学习，而不仅是听老师上课。考虑到美国教师激进的保护主义，他当时最大的希望就是，他的缩小版放映机——家庭活动电影放映机——能够吸引一些进步的学校董事会将其作为地理课的课堂工具。随着时间的推移，它的有效性（实际上比老师的口头讲述更有优势）应该会吸引更大的市场关注度。然后他可以增加自己的电影制片厂制作的主题种类。"我们的目标不仅是教授地理，还有科学、机械力学、化学、植物学、昆虫学，事实上，是所有的正规学科。"

当纽约的16所学校放映爱迪生教育短片的样片时，11个观众团体，包括高级教职员工、董事会成员、市政官员和家长协会，都非常热情，其中6个团体投票支持立即购买一台放映机。可是，机器的成本和租影片的费用使其他一些潜在购买者望而却步。在斯克内克塔迪的一次类似的示范展映就失败了。那是在纽约州校长协会的年度大会上，会员主要由小镇教师组成，他们拒绝使用家庭活动电影放映机，因为它威胁到了他们信赖的"老式教学方式"。

这对哈得孙河以西的州来说不是个好兆头，更不用说得克萨斯州的埃斯特雷马杜拉地区，这里的一位西南部教科书出版商西尔弗&伯内特公司的代理人警告爱迪生说，地方学校董事会要花很多年才能接受孩子们用眼睛和耳朵而不是用他们的脑子学习的观念。

爱迪生拒绝接受这一点。他咆哮道："书，很快就会在公立学校被

---

① 爱迪生的教育影片计划是他的电影制片厂于1910—1913年推出的一系列半纪录片性质的短片，内容涵盖了贫民窟、肺结核和童工等问题。

淘汰。"这番话引起了自1911年他否认灵魂不朽以来最大的轰动。一个重量级的教学权威代表团在盛夏来到西奥兰治，想确认他的这句话是不是认真的，其中包括哲学家约翰·杜威、罗素·塞奇基金会的伦纳德·艾尔斯、纽约教育部门的阿瑟·迪恩。这次访问是由社会学杂志《调查》赞助的，该杂志于9月6日在一个题为"爱迪生 vs 欧几里得：他发明了通往学习的移动阶梯吗？"的专题栏目中报道了这件事。

爱迪生是认真的，这一点很明显。代表团发现他有一份近1 000个教育"场景"的制作清单。除了已经杀青的，还有50~60个正准备拍摄，其中涵盖了天文学、细菌学、物理学、林学、美术和动物学等学科。哈奇森在示范展映中放映的电影，其技术上的卓越性令人惊叹，尽管人们对其效果的反馈因专业或偏见而不同。亚拉巴马州一所学校的创始人玛丽埃塔·皮尔斯·约翰逊评论道，爱迪生找到了一种方法，将"快乐"带回教育。鲁道夫·里德是纽约孤儿院的负责人，对电影教学的"无限可能性"印象深刻，同时断言，有些科目还是用"文字、文字、文字"来教学更好。伦纳德·艾尔斯惊叹于对贝塞麦钢生产过程的描绘，以及展现晶体形成和毛虫变形的缩时镜头的美感。他认为，爱迪生发明了"一种极具价值的教育工具"。然而，"细节的完美"使得电影摄影如此令人着迷，让他担心这会使学生们彼此疏远。"当他们安静地坐在黑暗的房间里时，他们是独立的、排外的。当他们因功课需要而做一些物质的或者抽象的东西时，他们则是积极的、警觉的。当他们看电影的时候……他们是被动的、毫无生气的。"

不出所料，约翰·杜威为《调查》的研讨会贡献了最具思想性的论文。"毫无疑问，爱迪生先生在利用人类对行动的本能反应方面有良好的心理学基础并做出了贡献……但让我印象深刻的是，毕竟，观察事物的行为是一种相当具有替代性的活动形式，存在着使较好的教育方式成为最好的教育方式的敌人的危险。"

痉挛

让杜威非常吃惊的是，爱迪生公司除了开发有声活动电影机和圆盘唱片留声机，还要为如此雄心勃勃的计划投入巨额资金。爱迪生手头此时非常拮据，不得不接受了哈奇森 5 万美元的短期个人贷款。哈奇森有足够的现金储备，他刚刚以 142 500 美元的价格出售了他发明的克拉克森喇叭的权利，并且很高兴能从这笔横财中获得 5% 的利息。但是，任何一个没有爱迪生那样自信的雇主，都会因为受制于下属而感到尴尬。

6 月 24 日，爱迪生的财务压力减轻了，亨利·福特的商业贷款第二次分期付款的 10 万美元到账了，还有来自"爱迪生有声电影"的版税，他此时以每月 5~6 部的速度制作有声电影。他宣布，他在电影行业的下一步将是"制作多幕银幕戏剧、彩色电影，以及可能具有实际效果的立体电影"，但他只申请了一项色彩处理专利就出现了精疲力竭的症状，并遭受了他的宿敌胃肠痉挛的复发。

米娜坚持要爱迪生跟她和孩子们一起去缅因州的孟希根岛度暑假。她在这一年中的大部分时间都很沮丧。马德琳固执地与约翰·艾尔·斯隆订婚，查尔斯则爱上了波士顿的一个女孩儿，讨厌的"哈奇"见她丈夫的次数比她还多，她抱怨说自己被"挤出"了她所爱之人的生活。"我每一分钟都感觉自己被家人抛弃，这让我感觉不到被爱，我很难过。"

爱迪生最多只能在 8 月下旬陪她 10 天。他以典型的爱迪生方式为旅行做准备，即在出发前夜仍通宵工作，经过 3 天的汽车旅行后，到达孟希根岛时，他已筋疲力尽。他在那里一直生病，承受着腹部的剧烈疼痛。劳动节过后和家人南下返回时,他执意在波士顿停下来见亨利·福特。那位汽车巨头和另一个英雄、博物学家约翰·巴勒斯都在波士顿,在一个被马德琳称为"聊天"的漫长早晨,三人间的友谊诞生了。

一名医生在西奥兰治给爱迪生进行了检查,诊断出他的疾病要么是胆结石,要么是胆囊脓肿,并宣布他"病得很重"。手术的准备工作已经做好,但是冰敷减轻了他的痛苦,他便又很快回到了实验室,每天工作长达 20 个小时。

作家约翰·H. 格罗伊塞尔问他为什么觉得有必要不吃不睡,他回答:"我只是按照自己的规律生活。"

格罗伊塞尔无法理解爱迪生的规律,也无法理解为什么他如此具有强迫性。他总结道:"爱迪生是我们这个时代最奇怪的人物,冷漠、神秘,不服从人类生活的常规法则。"

哇、哇、哇

随着圣诞节促销季的临近,爱迪生急需推出他的圆盘唱片留声机和配套的唱片目录。12 月初,他就在宣传活动中重点推介了唱片中使用的钻石。

广告文案、海报和夹板广告牌把"爱迪生钻石唱片"这一品牌口号变成了口头语,通过重复的齿音和咝咝声,从发音上暗示了触针的抛光硬度("无触针——无麻烦")和隐藏的喇叭所发出声音的清晰度。这些唱片不能在其他留声机上播放,它们的外观和音质一样不同寻常:1/4 英寸厚,像炉盖一样不可弯曲,狭窄的凹槽可刻录 5 分半钟的音乐,远远超过一张 10 英寸的维克多圆盘唱片。光滑的黑色唱片上没有纸标签,爱迪生用他实验室的一种常用物质灯黑加强了这种黑色。这些唱片必须与光线呈一定角度，才能看到爱迪生的肖像，用网板印在主轴孔旁边，当然还有他的名字、签名和唱片名称。但令人困惑的是，这些唱片上都没有表演者的名字。爱迪生对一个批发商说："我有非常充分的理由不把艺术家的名字放在我们的唱片上。"但他对细节没有给出进一步的解释。

钻石唱片零售广告，1913年12月23日

广告文字意为：
所有热爱美好音乐的人在听到爱迪生先生最新发明的钻石唱片留声机的声音时都会惊诧不已，机器声完全被消除。第一台产生完美音乐的装置，被许多人认为是爱迪生最伟大的发明。爱迪生陈列室，纽约第五大道10号。

国家留声机公司位于曼哈顿第五大道10号的老旧联排建筑，被翻新为一个豪华的四层空间的新机器陈列室，发布了五个型号的机器：A80、A150、A250、A300和A450（"路易十六世切尔克斯胡桃木，金属部件镀金"）。当顾客们意识到数字代表价格时，爱迪生的首席推销员珀西·摩根所能做的就是让他们听一张钻石唱片样本。通常一两分钟就足以让怀疑者们相信，门洛帕克巫师的魔法"又成功了"。他们的反应（摩根逐字记录并每周汇总发到西奥兰治）几乎一致，惊讶于唱片录制的音乐听起来是如此饱满和甜美。

全国 1.3 万家商店的顾客也持有相同的观点。作为一个独特的群体，音频狂热追求者一致认为，钻石唱片留声机的悬浮播音头[1]、齿轮跟踪和拥有坚不可摧的平滑度的唱片这一组合优于市场上其他任何音响系统，只有爱迪生的安贝罗拉唱机和卓越的蓝色安贝罗圆筒唱片这一组合[2]可以与之媲美。有人这样高度评价："如果我不事先知道，我会认为这台机器播放的歌曲其实是由房间里的歌手现场演唱的。"这给爱迪生后面的宣传提供了想法。芝加哥大学的一位教授称赞 A250 留声机"发音清晰，音色圆润，各部件间达到了精细平衡"，尽管他已经拥有了一台维克特罗拉唱机，但他还是立刻升级了自己的设备。

爱迪生 A100 "现代" 钻石唱片留声机，1915 年

---

[1] 爱迪生声称它的无滑跳宝石支托是经过 2 300 次实验的结果。
[2] 音乐历史学家罗兰·盖拉特在《绝妙的留声机》中写道："蓝色安贝罗圆筒唱片……当用爱迪生钻石播音头播放时……表现力超越了市面上其他一切媒介，爱迪生录音工作室里的耳朵对回放良好声音的元素非常敏感。"

这些发烧友愿意花半个月或一个月的工资购买一台不兼容其他唱片的唱机，这证实了弗兰克·戴尔的预言，钻石唱片将会恢复爱迪生公司的财富。① 在很长一段时间内，爱迪生公司确实获得了大笔收入。尽管爱迪生变得越来越独断专行，并且不遗余力地把自己的音乐品位（或者说他恰恰缺乏的音乐品位）强加给留声机行业的每一个人，从录音室的表演者到商店里的顾客。

在发表于《大都会》杂志上、题为"爱迪生的新音乐梦想"的采访中，爱迪生47次使用了第一人称代词。他承认自己既不识谱也不会唱歌，但他仍然宣称这是一门艺术，"它落后的状态就如同40年前电的情况一样。我要把它发扬光大……我还要让留声机成为世界上最伟大的乐器"。

尽管爱迪生不反感贝多芬，也不反感一个名字以元音结尾的作曲家偶尔创作出的咏叹调，但他最喜欢的保留曲目仍然是他和"男孩儿们"在门洛帕克的日子里经常弹奏的如月光般的旋律，以及路德维希·玻姆的弹奏——比如《我可怜的心因梦想而悲伤》和《我会带你回家，凯瑟琳》，他听不够第二首曲子，所以把它录了很多遍。对他来说，这种甜美、简单的旋律比德彪西那无法调和的和声更有价值，他将德彪西的和声比作"被打断的对话"。

这一特别的评论非常尖锐，但是职业音乐家们发现爱迪生的其他一些评论甚至令人生畏，他以萧伯纳的那种令人怀疑而自命不凡的口吻来表达自己的观点。莫扎特是"作曲家中旋律最差的"，他喜欢《原野第七夜曲》，因为它听起来"没有不和谐音"。在听了2 700首

---

① 追求富有的鉴赏家爱迪生很快又增添了更复杂的圆盘唱机。1919年，在留声机热潮的顶峰，他推出了一款价格为6 000美元（相当于现在的87 000美元以上）的豪华机。

圆舞曲之后，爱迪生发现"这些圆舞曲大约由43个主题组成，以不同的方式组合在一起……当然，我没有把肖邦的圆舞曲包括在内，因为他的圆舞曲不是传统的圆舞曲"。显然"没有一个与时间相关的明确的音乐术语"。总之，关于这些音乐，"我发现音调都太高了"。

爱迪生对古典剧目的挑剔还延伸到了最早期的流行音乐叮砰巷音乐，他认为这种音乐并不和谐。他对流行音乐或轻歌舞剧没有什么偏见①，甚至在首张钻石唱片发行时，还纳入了一首名为《丛林中的月光》的滑稽二重唱，里面有黑猩猩的叫声和鸟鸣声作为伴奏。但他坚持亲自批准他的工厂所发行的每一批唱片的供应，结果蓝色安贝罗圆筒唱片和钻石圆盘唱片因为不符合市场需求而销量增长缓慢。批发商对可用唱片的缺乏感到沮丧，也因爱迪生对他们建议的漠视而感到灰心。匿名政策也让他们觉得爱迪生隐藏重要的销售信息是有其他一些原因。批发商的抗议越来越强烈，爱迪生被要求对此进行解释：

> 我不公布歌手名字的主要原因之一是音乐界正在进行的"造假"。如今有许多歌手因意大利和犹太②辛迪加的炒作而声名鹊起，但他们不应该被允许在任何舞台上演唱。他们没有美妙的声音，只有个性。作曲家和那些拥有优美嗓音（但缺乏）辛迪加名声的艺术家被忽视了，公众也被误导了，认为只有大歌剧艺术家才唱得好。维克多留声机公司把这一点发挥到了极致……

---

① 1917年，爱迪生推出了一张唱片，它被广泛认为是第一张真正的爵士唱片——《演奏迪克西兰爵士乐的有趣的"Jas"乐队》，由阿瑟·柯林斯和拜伦·哈兰完成二重唱。
② 威廉·梅多克罗夫特在打印爱迪生的声明时，在"犹太"（jew）这个词后面加了后缀"ish"（jewish）。

第二章　国防：1910—1919年

> 我想做的是在世界上寻找好歌手、优秀的演奏者来录制和重新录制他们的歌曲，直到在音乐上达到完美或者尽可能接近完美，根据唱片本身的价值出售，并以公众自己的判断来命名。

爱迪生笨拙的语言让人们并不完全明白他在说什么。无论如何，匿名政策很快就被推翻了，他的艺术家们得到了应有的赞誉，但是这也没多大作用，因为他在支付录音费用方面十分吝啬。他没有支付像卡鲁索和帕德雷夫斯基这样的明星所要求的巨额报酬，而是寻找更年轻、更渴望成功的有才之人，他们也更愿意满足一个认为自己比音乐家更懂得音乐的聋人的诉求。[①]

为他试音的其中一位是塞缪尔·加德纳，一个20岁的俄裔小提琴家，他有很高的天赋，但一直没有得到认可。爱迪生没有请他演奏，而是"非常粗暴又非常友好地"请他对刚从德国收到的两张小提琴唱片发表评论。

> 他说："他们的水平低劣。这些演奏非常不稳——'哇、哇、哇'地嘶鸣。"……我听了其中一首，演奏的乐曲是由威廉改编的舒伯特的《圣母颂》。我听到第一个音符，就辨认出了那位伟大的艺术家。我听到强有力的振动、非常稳定的音调，我想知道他所谓糟糕的演奏是指什么。那段音乐是阿尔伯特·斯伯丁演奏的。
>
> 然后，他说："我想让你听另一首。"另一首一模一样的曲子，

[①] 1911年，杰出的轻歌剧作曲家维克多·赫伯特再也无法忍受专业上的侮辱，辞去了爱迪生的音乐顾问一职。

声音没什么不同，只有演奏者不同。这首是卡尔·弗莱什演奏的。这个老人，我想他甚至不知道他听到的是什么。他说："这些演奏不稳，听起来'哇、哇、哇'的。"我记得我问他："爱迪生先生，你是怎么知道的？"唉，他听不见……他给了我一个显微镜——一小块玻璃，来观察凹槽。我看了又看，但我不知道我在看什么。他说："你没看到那些凹槽有多不平滑吗？凹槽中必须是一条平滑的线。"

我无话可说了。

加德纳意识到，无论爱迪生怎样在右耳边把手拢成杯状，无论他听的是什么音乐，他都会接收到错误的声波。他脑袋里像是有一座海堤，有一道窄窄的水闸，把所有的海浪都变成了泡沫。因为他只能听到（或者在这种情况下是看到）距离很近的声音，所以他只能忍受最平缓的波动。对一个普通人来说，饱满而丰富的、带有特殊的弦外之音的声音，会使得每个乐器演奏者演奏出的音色和每个歌手的声音都显得独一无二，而这种声音对爱迪生来说却是折磨，他不明白为什么没有人讨厌这种不和谐的和声。

加德纳说："爱迪生先生，这不对，是你的想法不对。"

梅多克罗夫特一如既往地站在老板的身边，他吓坏了。"你不能那样和爱迪生先生说话。"

爱迪生没有生气，他让这个年轻人录下没有任何左手颤音的《圣母颂》。加德纳渴望得到10美元的酬金，但他又不愿去掉舒伯特曲子中饱满的音质。他恳求道："我刚刚开始我的小提琴生涯，我不想一开始就将它扼杀。"

他在说话的时候，突然想到至少有一首曲子可能适合爱迪生想要的那种冰冷、白色、"幽灵般"的音调，那就是肖邦的《葬礼进行曲》。他不喜欢那种声音，但那样演奏的话，就可以如愿以偿地得到一张10美元的支票。在他的坚持下，最终发布的唱片上没有他的名字。

加德纳后来成为一名演奏家、教师和获得普利策奖的作曲家，有着漫长而光荣的职业生涯。在他年迈时，被问及爱迪生的音乐欣赏能力因听力差而受到影响这一点，他回答得很简洁。"他的耳聋与他的乐感无关，因为他没有乐感。"

谁告诉你你是一名钢琴演奏家的？

与大多数有听觉问题的人不同，爱迪生不遗余力地将它宣传为一种专业资产。他很乐意为《大都会》杂志上的文章插图摆拍一张照片，画面中他正在审核一张钻石唱片，他的右耳正好卡在喇叭网上。配文写道："贝多芬正在弹奏他的聋耳听不到的奏鸣曲，画面并不比爱迪生更悲惨：爱迪生头发灰白的脑袋紧贴着他发明的说话唱歌的机器。"

还好摄影师不知道爱迪生在捕捉留声机发出的最后一点儿弱音曲段时会采用更极端的方法。他解释道："我通过我的牙齿、通过我的颅骨来听声音，我用牙齿咬住木头，然后我就能清楚地听到声音。"很多时候他会咬住安贝罗拉唱机的橡木或红木外壳，以便将它们的回响传递到他的大脑中。因为他很难做到不流口水，所以一些唱机表面的着色剂悄然消失了，看起来就像被一只巨大的啮齿类动物袭击过一样。在一位家庭成员演奏他喜欢的曲子时，他甚至咬住了格伦蒙特的大钢琴。那年12月，一位住在家里的客人，教育家玛利亚·蒙台梭利，在看到爱迪生咬住木质框架，好像正在试图"吃掉"它的声音时，感动得流下了眼泪。

他坚持认为能够以这种方式听到声音是一件"幸事"，因为他的颅骨过滤掉了背景噪声的阴霾——呼吸声、沙沙声、鞋子的嘎吱声、心跳声和微小的振动。即使在一个沉闷的录音室里，这些声音也会掩盖音乐的纯粹。爱迪生说："我的'内耳'非常灵敏。最初，我不知道它比任何人的都灵敏，50多年来，它一直被包裹在几乎完完全全的沉默中。"

他所说的灵敏就是指在任何距离下都无法听到更高（或更低）的音乐频率。一些噪声，如钢琴上的重击声或小提琴轻快的跳弓演奏声，都会变得异常突出。音响工程师惊讶于他能发现录音室中其他人没发现的录音缺陷。在对一段管弦乐录音进行牙齿试听后，爱迪生精确地将声音中的一个瑕疵追踪到木管乐器的首席演奏者那里。"那家伙笛子上的音调吱吱作响。"他用一个毛毡垫衬着的带有橡胶振膜的号角状助听器，通过一些科学上难以理解的方法来测量泛音的频率。他的音乐总监欧内斯特·史蒂文斯说："我在任何地方敲击钢琴上的任何一个音符，他都能说出准确的振动情形。我不知道他是怎么做到的……真的很了不起。"

然而，同样的敏锐度使爱迪生对优质音调必需的两种音效也做出病态的反应，一种音效是加德纳演奏中令他不安的颤音，另一种是歌手喉咙里快速的单音符的搏动——尽管被一些卖弄技巧的表演者夸大了，但这是一种完全自然的现象。对爱迪生来说，这是一种审美上的侮辱，是"声音的最大缺陷"。他试图通过让歌手在歌唱前喝冰水来杜绝这种音效。有一次他大声问，是否把一个女高音的胸部用胶带绑住压平就能达到好的效果。

当称得上世界上最伟大的钢琴家的谢尔盖·拉赫玛尼诺夫参加爱迪生唱片公司的试音时，史蒂文斯忘了警告他"不要演奏任何会伤害这位老绅士的耳朵的东西"。在他演奏了他的《升C小调前奏曲》

的前三个雷鸣般的音符之后，爱迪生打断了他，问道："谁告诉你你是一名钢琴演奏家的？你只是一根杵。"拉赫玛尼诺夫愤怒地站起来，伸手去拿他的帽子。史蒂文斯所能做的就是说服爱迪生让他录制更多的片段，其中包括对李斯特的《匈牙利狂想曲第二号》的通透演奏。

尽管爱迪生贬低音乐家的言论刺痛了大多数音乐家的自尊，但其中仍然有部分人因为他的超凡魅力、他的声望和钻石唱片无可比拟的音质而与他交好，尤其是可爱的歌剧歌手安娜·凯斯。唱片完美刻录的声音的响亮度和真实感给人一种错觉，以为表演者是以某种方式"藏身"在机器中表演的。凯斯小姐是一次行之有效的广告宣传活动的灵感来源，该活动充分利用了唱片的保真度。

> 一天，我走进一家商店，它正在播放我的一张唱片。当我走进门的时候，我开始和唱片一起唱歌，并且让我的声音听起来完全像它……他们请我带着这台机器去开巡回演唱会。我站在机器旁边，在卡耐基音乐厅举行了一场独唱音乐会，并复制了录音。他们不知道我什么时候会唱歌，什么时候不会。当然，他们可以看到我的嘴唇在动，但从音质角度来说，他们听不出有什么不同。

其他著名的艺术家也被雇来在全美各地进行"爱迪生音调测试"，有时他们把自己和留声机藏在布帘后面，要求听众区分现场演唱和录制的声音。测试结果显示唱片足以以假乱真，以至于在电子录音时代的初期，爱迪生公司仍卖出了数百万张钻石唱片。①

---

① 2018 年，加州大学圣芭芭拉分校的研究人员承诺将 9 000 张爱迪生钻石唱片进行再存储和数字化，并在美国国家人文基金会的资助下，使公众能够获取这些唱片资源。

双重人格

1914年1月，查尔斯·爱迪生到他父亲的工厂报到工作时才23岁，他刚刚从麻省理工学院快活地辍学了，之后游历了全国，从波士顿到科罗拉多再到旧金山。尽管四处游荡的快乐日子还没有结束，可是他越来越渴望成为一名成熟的高管，并着手学习成为爱迪生公司二把手所需的一切知识。如果说米勒·哈奇森仍对成为爱迪生的副手抱有幻想，那么查尔斯很快就打破了他的迷梦。一个周日的晚上，查尔斯到他家里拜访，就"业务的所有内容"对他进行盘问，直到凌晨两点。

爱迪生几年来都没有表现出要移交权力的迹象，他也没有试图将自己的管理风格（"独裁者是管理行业的最佳人选"）强加给儿子。查尔斯更愿意也更有机会听到"老头儿"的5 000名员工的抱怨，遗憾的是，他发现员工们士气低落，而且几乎没有企业精神，反而都在试图寻找报酬更高、受气更少的工作。查尔斯对自己说，"我们绝对不能采取家长式作风"，他顶着"爱迪生先生的助理"的模糊头衔，在一个又一个部门调研。

对米娜来说，查尔斯回家是件好事，不过她晚上常常见不到他。查尔斯和他的父亲保持着一样的习惯，通常在晚饭后出门。但是穿过卢埃林公园的石墙大门后，这对父子的路线就岔开了。爱迪生向左拐向实验室，而查尔斯则表现出双重人格，瞬间从一个商务人士变得放荡不羁，向火车站和纽约出发。

米娜对西奥多的看管越来越严格，又担心马德琳很快就会变成约翰·艾尔·斯隆的夫人。尽管父母双方都努力阻挠，但这对年轻恋人还是克服了各自的宗教和情感疑虑，决定在春季举行婚礼。约翰在长岛市开了一家航空制造公司，所以他们计划在曼哈顿租一套公寓。对查尔斯来说，住在格林尼治村则更加便利。

在克卢萨哈奇河岸

2月底，爱迪生一家去佛罗里达度过了最后一次全家的假期。马德琳看到福特车队在迈尔斯堡等着迎接他们，感到十分惊讶，这表明她父亲最富有的朋友也来到了这里。爱迪生邀请福特一家和约翰·巴勒斯南下度长假，他认为对他们而言，"远离虚假的文明"是好事。

马德琳喜欢"非常慷慨的"福特，但她不喜欢巴勒斯。她觉得他作为美国最受爱戴的作家之一，过度爱惜羽毛。说话啰唆、过分简单、白胡子、眉宇低垂，他小心翼翼地塑造了一个与爱迪生相似的平民形象，但是缺乏独创性。

在3月初的大沼泽地，越野汽车探险巩固了三个人的友谊，他们希望将来会有更多这样的"流浪者"之旅。当时，福特是"三巨头"中最不受欢迎的，他更多因为财富而不是魅力而出名。但是，他刚刚宣布了他在底特律的工人每天将有5美元的工资，这让人眼前一亮。他提供的薪酬水平远远超过任何与他收益平级的实业家，是爱迪生支付给工人的薪酬的两倍，一夜之间把福特汽车公司变成了熟练工人的圣地。

像不论贫富的大多数人一样，福特需要被爱。但他太渴望得到关注，对自己热爱的东西却过于轻率，无法长久地保持公众对其的喜爱。在社交方面，他是幽默和无趣、智慧和愚蠢的不协调组合。他身材瘦削，衣着总是一尘不染，不像其他工业巨头那样头戴高帽、手持木杖、身穿制服，但不知何故，他缺乏风度。他的笨拙与爱迪生轻松自如的能力形成了有趣的对比，爱迪生能在任何地方休息，无论是在大石头上还是在划艇中。福特不能在公共场合打盹儿，就像他不能把他那潦草的笔迹练成书法艺术，也不可能像爱迪生那样轻松、从容地讲故事。

然而，还是有很多东西让他们聚在了一起，他们都在密歇根州当过机械师，都蔑视常春藤盟校毕业生、酒精和高级美食，都有充沛的精力、图形式的思维，都对新事物具备强烈的好奇心。在他们刚认识的时候，爱迪生低估了福特的智慧，但是认识一段时间后，他发现福特富有充满诗意的想象力。但是当他注意到他的朋友拥有"爱尔兰承包商工头和犹太经纪人的实际能力"时，他用了一个福特会反对的形容词。

在塞米诺尔小屋看鸟、钓鱼、吃露天晚餐，两周之后，福特北上返回，他对爱迪生过冬庄园的美丽和宁静印象深刻。他比以往任何时候都更加敬畏他的英雄，如果有机会，他准备在克卢萨哈奇河岸购买一座类似的美丽庄园。爱迪生对邻居开玩笑说："只有一个迈尔斯堡，可是有9 000万人想过来。"米娜和克拉拉·福特对这两位大亨之间发展起来的"老男孩儿"般的亲密关系很谨慎，她们没有急着去效仿。

爱迪生接受了福特的溢美之词，就像他对哈奇森、梅多克罗夫特和其他几十只"飞蛾"一样，他们在他这团火焰周围飞舞了多年。尽管他一如既往地容易发脾气，但他生气几乎总是与商业困难有关。此时，他的电池和留声机部门正在蓬勃发展（钻石唱片一天能卖出57 000张），他可以毫无顾虑地打开来自西奥兰治的邮件。

他不知道查尔斯已经给哈奇森发了电报，告诉他"除非绝对必要，否则不要给父亲发送任何消息，无论是好消息还是坏消息"。因此在天气温暖的6周里，爱迪生可以在他外墙枝蔓繁茂的实验室里自由地闲逛，叼着廉价雪茄（或者在米娜不注意的时候嚼一块口嚼烟），一天睡12个小时，尽情享受他最喜欢的娱乐项目——在最崎岖的道路上驾车旅行。当他如此放松的时候，他就会散发令人难以抗拒的孩子般的魅力。马德琳恳求她的未婚夫南下，来听她父亲在晚饭时全神贯注地谈论他目前感兴趣的任何话题——心理学、物理学、音乐和医学。

第二章　国防：1910—1919年

尽管查尔斯封锁了爱迪生的邮件，爱迪生还是听说了布朗克斯的一场大火烧毁了他的电影制片厂，造成了10万美元的损失，不过他保持住了平静的心情。他只能对大部分硬件被保存下来表示欣慰，并表示无论如何他都想将制片基地转移到西奥兰治。一个新的有声电影工作室正在有声活动电影机大楼的二楼被建造，在那里他将把有声电影技术提高到"极限……向戏剧工作者展示，科学工作者可以在他们擅长的领域击败他们"。

他间接承认了爱迪生有声电影是一项成功的发明，但是在商业上没有太大的建树。训练有素的操作员太少，不足以应对向成千上万家影院分销的任务。像《盖纳市长和他的内阁》①这样的影片被精准地投影、扩音和同步时，观众们因其对生活的真实反映感到惊讶。但爱迪生的广告口号"他们笑，他们说，他们唱"，似乎在更多时候指的是与银幕动作无关的说话和唱歌，以及因为嘲笑和嘘声而显得粗俗的笑声。对于演员受限的舞台动作和缩短的情节，观众的抱怨越来越多。哈奇森觉得他对有声活动电影机的疑虑被证明是正确的，但是爱迪生相信问题会及时得到解决，就像家庭活动电影放映机和教育影片遭到越来越多学校董事会的拒绝这个问题一样会被解决。他不停地说："别着急，不急。"

马德琳似乎对自己的婚礼也有同样的感觉，她倾向于推迟婚礼，因为米娜和斯隆太太正在为未来孙辈的宗教信仰而争吵。最终米娜屈服了，婚礼将采用私人化的天主教仪式，前提是没有主教在场。6月17日，爱迪生在格伦蒙特送他的女儿出嫁，米娜在一封黑色镶边的信中祝愿这对年轻夫妇一切顺利。

---

① 这一系列的头部特写访谈现在已经散轶，这是第一部有声音的政治纪录片。

没有荣誉或荣耀

8天后,奥匈帝国的弗朗茨·斐迪南大公在萨拉热窝被暗杀。

战争的化学反应在欧洲和俄国扩散,爱迪生和大多数美国人一样,只关心在世界上最自由、最安全、技术最先进的政体中追求幸福。他从未将追求与成就混为一谈——"幸福只属于诚实的人是一条贯穿物质发展的定律,如同万有引力一样不可探测"。但只要美国保持自身的和平,他就看不到对国家稳定的直接威胁。可以肯定的是,近期在由社会主义的世界产业工人联盟组织的罢工中,双方的激烈行为都在增加。但这和海外动荡相比算是温和的了,革命前的皇帝和农民、独裁者和无政府主义者、殖民主义者和绝大多数无投票权人民之间的冲突剧烈得多。幸运的是3 000英里的海水把蒙托克角和兰兹角分开了。爱迪生近期的各国巡游已经满足了他对旧大陆的所有渴望,此时这些国家相互仇视,他满足于在自由女神像的庇荫下度过他的余生,当"美洲号"在去霍博肯码头的途中驶过自由女神像时,他"感觉像是在亲吻"女神的铜裙。

作为一个狂热的报刊读者,爱迪生对政治事务很了解,但并没有特别关心。除了在1912年短暂地接触了进步主义,他从未偏离过他年轻时的正统、孤立主义及亲商业的共和主义。此外,与他自己专横的天性一致的是,他坚信中央集权。"今天有一种开放的懒惰哲学,在社会主义中找到了一个好名字……我对基于寡头政治的政府更有信心,少数人通过进化法则统治多数人……他们被赋予了极大的主动性智慧,这种智慧正在积极地为大众谋福利。"

如果说爱迪生的这一观点接近社会达尔文主义,他在对战争的态度上则与该主义完全相反。他以一种轻蔑的审视眼光阅读了弗里德里希·冯·伯恩哈迪的《德国和下一场战争》,在一段赞扬流血的文字旁潦草地写道:"战争杀死最好的动物,让退化的动物繁殖,这是对达尔文定律的误用。"至于把战争浪漫化为英雄的滋生地,他写道,"思想世界肯定会发现其中没有荣誉或荣耀"。

他行事果断

爱迪生不用想太多就能推断出,当8月的战火开始燃烧时,美国工业很快将面临从欧洲进口的有机化学品严重短缺的境况。"替代品!替代品!我们必须找到它们。对我们来说,进口原材料太容易了。"他本人是美国最大的德国和英国苯酚消费者,他每天要将一吨半的苯酚混入康顿赛中,后者是使钻石唱片变得光滑的清漆。苯酚也是烈性炸药的基本成分,所以外国军火工厂将来会对它进行封锁。

爱迪生发挥了自己化学家的一面,推断苯酚是焦炭的挥发性衍生物,然而,美国国内鲜有专门的炼焦炉可用于提取苯酚。在徒劳地向几家化学公司寻求苯酚的紧急供应后,爱迪生决定自己合成这种化合物。不到3天,他就发明了一种通过磺化融合的10步结晶工艺。他告诉一个朋友:"这种工艺实践得不错,而且它确实是不可或缺的。"然后,他带领另一个由40名绘图员和化学家组成的"失眠小组",夜以继日地工作,在锡尔弗湖畔设计并建造了一家苯酚工厂。

玛丽·蔡尔兹·纳尼曾说,没人见过爱迪生行事匆匆。"他行事果断,但并不匆忙。"在任何时候,即使在危急时刻,他都表现出一种猫一般的平静。然而,他的精神很少放松下来,他也很少花时间吃饭或睡觉,以至于他的成就看起来似乎总是突如其来的。新工厂于9月8日开业,成为生产纯净苯酚的聚宝盆。过剩的产量使他还可以每天向他的竞争对手出售四五吨多余的产品,并将生产扩大,在宾夕法尼亚州约翰斯敦附近开了第二家工厂。

他的成功使他能够与煤焦油公司签订合同，并将设备安装在他们的炉子上，从炉子中可吸出丰富的气体用于净化、液化和结晶。一台这样的提取器每天能产生18 000加仑①的苯。他变成了一个高价值化工中间产物批发商，这些中间产物包括防腐剂乙酰苯胺、芳香物质硝基苯、甲苯溶剂、苯胺盐，以及爱迪生口中的"难发音词语"——对苯二胺，这是已知的唯一能使灰色毛皮变黑的染料。这些产品的需求增长得极快，爱迪生建了第三家专门工厂，结果却发现与自己进行商业往来的是皮草商和时装公司。由于英国对德国的海上封锁，爱迪生最终将有9家工厂生产紧缺的化学品。②

即使不是一名民主党人，作为一名和平主义者，爱迪生也支持威尔逊总统在"欧洲"战争中宣布美国中立。他愿意从中获利——甚至向总部位于德国的拜耳公司③秘密销售苯酚，只要他不涉足军火生意。"制造杀人的东西对我不利。"他的良心并没有因为他设计S型电池来改良载有鱼雷的潜艇性能而不安。直到夏天的最后一天，潜艇仍然被世界各国视为防御装备，是美国港口的守护者。

但是9月22日，一艘在荷兰海岸进行隐形巡逻的德国潜艇在不到90分钟的时间里击沉了三艘英国船只。这一消息表明海上战争将会和陆地上的一样不同于以往了，潜艇和机枪的存在将会粉碎战争中

---

① 1加仑约为3.79升。——编者注
② 1917年11月，他卖掉了这9家工厂中的最后一家，大赚了一笔，恢复了大量个人财产。
③ 1915年夏，美国特勤局调查了一个误落在开往曼哈顿的火车上的公文包，发现了一个证据，即一份价值10万美元的合同，该合同通过一个欺诈性的"化学品交换协会"买进爱迪生苯酚，再转售给美国的德国公司。涉案资金来自德国大使馆的一个间谍账户。虽然爱迪生已经把剩余的苯酚交给了美国军方，但当《世界》杂志把这件事公布时，他还是感到很尴尬。

的骑士精神和公平的旧观念。与此同时，一份秘密报告显示，威尔逊的改革派海军部长约瑟夫斯·丹尼尔斯接受了米勒·哈奇森关于水下铅酸电池危险的所有说法。"E-2号"潜艇在大西洋深潜时发生内部硫酸泄漏，很难浮出水面，19名船员的肺部都被灼伤，无一幸免。调查显示，硫酸已经腐蚀了压载舱的内壁，并与海水混合，使每个舱室都充满氯气，德国正是用这些氯气来对付在比利时的法国人的。

哈奇森在华盛顿的一次访问中听说了这起事故。他抓住机会邀请丹尼尔斯北上，看爱迪生新发明的S型电池在布鲁克林海军造船厂进行压力测试。另外，哈奇森临时起意，建议部长先去西奥兰治，并在午餐时认识爱迪生，哈奇森再开着自己的豪华轿车载部长和爱迪生一道去海军造船厂。丹尼尔斯不仅接受了邀请，而且在听说爱迪生从未登上过军舰后，安排了一艘无畏舰和一艘潜艇在指定的日期（10月10日）供他调研。

部长52岁，来自北卡罗来纳州，是一个身材肥胖、说话温和的人，穿着西装，打着只有在乡野之地才流行的领结，一副古板的样子。作为《罗利新闻和观察者》的老板兼编辑，他既富有又权力在握，还曾帮助伍德罗·威尔逊入主白宫，和总统一样有着贵族偏见和种族偏见。此时这些特征不明显了，因为他已经搬到了华盛顿，成为一个油腔滑调的政治操纵者。只有当他刻板的卫理公会信仰受到挑战，或者他允许哈奇森用奴隶方言称呼他时，"马斯·约瑟夫斯"才显露出曾使他参与1898年北卡罗来纳州威尔明顿种族起义时的那股偏执劲儿。

像大多数第一次参观爱迪生工厂的人一样，丹尼尔斯对工厂的规模和复杂设计感到敬畏，在实验室里见到这位伟大的发明家之后更觉谦卑。他略显不连贯的话语被记录在留声机部门档案的蓝色安贝罗圆筒唱片上。

美国的"麦加"不是国家首都,而是爱迪生的工厂。我很高兴能够看到这个不同凡响的人正在不断完成他的任务,尽管他在全世界范围内都称得上超人,但他非常有人情味……在如今的欧洲,是爱迪生让战争变得更加可怕,但是,我们也可以期待爱迪生能够让战争结束得快一点儿,当这场战争结束时,我们将不再有战争。

当时还不清楚爱迪生究竟被认为做了些什么,是使战争恶化,还是加速战争的结束。任何看法都没有多大意义,除非和平主义者丹尼尔斯认为现代技术总体上会让未来变得更可怕。

爱迪生向一名记者保证说"我不会对战争发明感兴趣",但从他和秘书在19声枪响和海军上将敬礼的场景中到达海军造船厂的那一刻起,他的行为就与此相反。他在无畏舰"纽约号"的甲板上踱步,然后下行到达绝密控制站,对埃尔默·斯佩里的陀螺罗盘的平衡感到惊讶。"它应该在几年前就被发明——这是轻而易举的事。"他问军械官员,打碎装甲板的炮弹是否比撞击时爆炸的炮弹更致命。在"G-4号"潜艇狭窄的鱼雷舱里,他吹嘘说自己可以很容易地设计出一套机械鳃系统,它能从海水中提取氧气,让潜艇连续几个月保持深潜状态。

对哈奇森来说,参观的高潮是造船厂的指挥官给爱迪生看了一个蒸汽动力装置,这个装置使他的S型电池承受了陀螺仪各种角度的挤压。"是的,先生,在两个月的大部分时间里,我们一直在以各种速度和角度来回撞击你的电池,它们仍没有泄漏。"

爱迪生对这种来回摇晃、撞击的机器不屑一顾。他说:"松开它,让它撞得更远、更快，电池绝对没问题。"

美丽的景象

　　爱迪生之前仍然抱有希望，认为他的有声电影和教育影片会在连文化本身似乎都正在消退的时代取得成功，但他的希望在 1914 年 12 月 9 日晚工厂的浓烟里化为乌有。刚刚日落，下午 5 点 25 分，胶片检查楼内发生了自燃，这是一座单层木质建筑，里面堆满了硝酸盐。当胶片着火时，这座小楼变成了一个火药桶，很快就引燃了附近的一个木材仓库、两个酒精罐和五层楼的"蜡馆"，那里储存了数百张圆筒唱片坯，以及 20 吨高挥发性的苯酚。那座建筑变成了火海，导致它的一些混凝土柱子像蜡烛一样在火中熔化。

　　来自周边 6 个城镇的消防队努力喷湿街区西南角实验室的砖墙。但他们的灭火工作因水压不足而受到阻碍，即使把爱迪生自己的自流井中的一条管道加到主供水管上，也没有什么灭火效果。一阵北风吹来，将火焰吹向木工作坊和木板胶合部门，这两个地方都堆放着稀有的硬木。到 6 点半时，火势已经失控。混凝土或煤渣块都阻挡不了火势，火焰向东侵入运输楼、包装楼、装配楼和胶片印刷楼，穿过几十扇木框窗户，把铁皮门烧得像箔一样皱起来。半个小时后，留声机部门占据的西院的两栋主要建筑也着火了。巨大的唱片大楼存储着将近 40 吨的钻石唱片坯和蓝色安贝罗圆筒唱片坯，一扇扇窗户、一层层楼都被均匀地点燃，就像有一台移动火焰喷射器在里面推进。

　　1.2 万名当地居民聚集在能俯瞰工厂的山谷斜坡上观望，爱迪生也在其中。他出奇地平静，尤其在看到他的实验室是安全的，湖滨大道对面的蓄电池大楼长长的水泥墙挡住了火势之后，他甚至很高兴。他对查尔斯说："把你母亲和她的朋友带到这里来，这样的火绝无仅有。"①

晚上7点30分,一场可怕的爆炸表明有苯沉积物被破坏了。五颜六色的火焰射向夜空,照亮了周围半英里的风景,燃烧物的碎片纷纷扬扬地飘落。这场大火在晚上9点左右烧到了极致,到那时,大火已经吞噬了占整个建筑群一半以上的13座建筑。尽管它对建筑里面的东西具有破坏性,但坍塌的只有一栋高单元楼——11号楼——的一个顶角,那儿存放着已制作好的安贝罗拉唱机,装在板条箱里准备通过伊利铁路运输。那里的热量和高炉内相当,熔渣从弯曲的大梁上滴落,熔化的玻璃像水一样流淌。

1914年12月9日的大火

爱迪生如同在监视一个实验般推测,四楼的一些装有化学物质的桶已经爆炸了。产生的溢出物会将硝酸、盐酸和硫酸混合成王水溶液,

---

① 一度有人听到兴奋得脸红的爱迪生朗诵鲁德亚德·吉卜林的诗《如果》的最后几句。

腐蚀性非常强，足以摧毁砖石结构。

明火最后在午夜时分熄灭了。"爱迪生先生，这对你来说是一场可怕的灾难。"广告部的一位主管用颤抖的声音说道。

"是的，麦克斯韦尔，今晚一大笔财富化为乌有，但这难道不是一派美丽的景象吗？"

天亮的时候，已经站了超过 24 个小时的爱迪生回到实验室，那里墙壁潮湿，满是煤烟，但完好无损。他用铅笔写了一份简短的声明给记者。"我已经筋疲力尽了，但是明天当我弄清自己的处境时，我就会迅速行动起来。"然后，他躺在长凳上，把外套卷成枕头，睡着了。

冬天的阳光

"我从报纸上看到爱迪生工厂的大部分被大火烧毁了。"众议员欧内斯特·罗伯茨（马萨诸塞州共和党议员）那天下午对丹尼尔斯部长说。

丹尼尔斯在众议院海军委员会成员面前证实了加速潜艇建造计划的必要性，他承诺如果目前对 S 型电源组的测试成功，他就将推动这一计划。

他说自己听到了同样的消息。"据我所知，电池厂没有损坏。"

"该报称工厂部分被毁，5 000 名工人失业。"

"我不知道会怎么样。"

实际上，损失远没有"烟火表演"显示的那么严重。爱迪生对自己损失的最初估计高达 500 万美元，而真正的数字是 150 万美元。一名工人在第一次化学物爆炸中丧生，但由于公司定期进行消防演习，所以整体伤亡很少。重要文件、记录原件和便携式精密仪器也被高效转移。①令人惊讶的是，97%的重型机械经受住了高温和爆炸，7座主要建筑的钢筋混凝土墙和楼板——除了木质构件，都是防火的——基本完好无损。

爱迪生非但没有解雇他的员工，反而把他们推进了一个清理和重组的紧急项目，而纽约的一家建筑公司则三班倒，把火灾后仍然屹立的建筑改造得更好。20天之内，6英亩的土地被清理干净了。方形的柱子被磨圆以增强其负荷能力，楼板被用最坚硬的波特兰水泥加固和打磨光滑。爱迪生不喜欢的隔板分区（"这让他们看了太多报纸"）被减少到最低限度，从而扩大了空间。当建筑的垂直面、平面和圆柱表面被漆成白色，冬天的阳光从倾斜的有金属框架的新窗户射进来时，大楼看起来就像日后包豪斯学派建筑所呈现的一样朴素优雅。

蓝色安贝罗圆筒唱片的生产在12月的最后一天恢复。此时，留声机部门比以往任何时候都更应该成为爱迪生财富的主要来源。他需要它和他的外围化学工厂获得利润，因为他投保的火灾保险在919 788美元的索赔中仅支付了287 000美元。他非但没有沮丧，反而在迎接新的一年要全面振兴的挑战时散发出能量和兴奋劲头。"我已经67岁了……我经历过很多这样的事情，这可以使我免受无聊的折磨。"

一个伟大的研究实验室

到1915年春，爱迪生相当于创造了一家新工厂，而他年轻的效率专家斯蒂芬·曼伯特把它变成一家彻底现代化的公司的核心，这也是弗兰克·戴尔4年前的梦想。曼伯特是典型的进步派"管理工程

---

① 火灾烧毁了许多有历史意义的蜡筒唱片，包括19世纪伟大音乐家汉斯·冯·彪罗的唯一录音，更不用说马克·吐温讲笑话的录音，它们都没有被保存下来。

师"学院毕业生，他文质彬彬，仪表干净整洁，最近才理了发，颈部被高高的、可拆卸的白色衣领包裹。组织结构图和预算编制——商业科学的几何学和微积分——是他最热衷的事。曼伯特与主要在格林尼治村家中工作的查尔斯相处友好，他们一起建立了福特式的生产流程和方法，要求严格核算每一份采购订单，细致到每一枚回形针，基于此，爱迪生公司拥有了最健全的财务管理制度。

爱迪生对公司迅速发展的官僚机构有所怀疑。他评论道，这是"一种淹没个人的'效率'，是一种低效率"。但对他来说，把行政事务交给别人做，有更多时间钻研新发明是一种解脱，其间他发明了一种便携式电池供电探照灯，可以投射几英里远的光束，这个创意是他在火灾期间想到的。他一如既往地打算放弃失败的项目，并兴奋地从一位日本企业家那里得到 5 万美元作为有声电影业务投资的一部分，并四处寻找其他一些大型企业的投资。

他的"海军事务私人代表"哈奇森则不需要接受任何帮助。自欧洲的战争爆发以来，哈奇森向政府出售蓄电池的速度与湖滨大道上工厂的生产速度一样快，最近的一单售出了 7 000 块 B-4 型电池，被用于军舰上的无线系统。[①] 约瑟夫斯·丹尼尔斯选择了上一年秋天发生氯气事故的"E-2 号"潜艇作为第一艘装备爱迪生 S 型电池的潜艇，他还批准了未来在缅因州建造的更大的"L-8 号"潜艇上安装爱迪生 S 型电池。爱迪生将后一份订单的价格定为 9 万美元，并给部长写信说："你的电报会让这儿的伙计们把我绑在机器上，以防我高兴地飞起来。"

哈奇森看到了一个可以推动两人建立更密切关系的机会，以巩固

---

① 1915 年 3 月 20 日，哈奇森向马德琳·爱迪生·斯隆吹嘘道，他一天出售了 41.5 万美元的电池和苯酚。他的佣金是 20%，相当于现在的 220 万美元。

自己在两人之间的利益地位。如果他能说服爱迪生放弃和平主义观点，用发明天才为政府服务，他的银行账户就会增加一连串的"0"。5月7日，一艘德国U型潜艇为他省去了麻烦。它在爱尔兰海岸击沉了冠达邮轮"卢西塔尼亚号"，128名美国人和1 000多名其他国家的无辜乘客溺亡。这场悲剧导致即使是最中立的爱国者也呼吁制订一套"预案"，一旦德国再次袭击就宣战。

其中第一位就是爱迪生，他选择在阵亡将士纪念日那个周末，在《纽约时报》的一篇重要文章中提出了自己的建议。他反对建立一支庞大的常备军并过度扩张海军，但主张在美国两条海岸线上的战略要地储备大量武器："我们所有的战争都会发生在那里。"应该快速建造新的战列舰和潜艇并将其停放在船坞里，数以千计的军用"飞机"要预备着即时起飞，200万支润滑性良好的步枪存放在武器库中，可以通过卡车而不是火车来获取，以加速分配。与此同时，年轻的美国男人应该接受训练，一旦国家召唤，他们都应该挺身而出。

爱迪生说："我相信除此之外，政府还应该运行一个伟大的研究实验室，由陆军、海军和平民共同控制。在这个过程中，可以不断增加研发大炮的可能性，以及新型炸药的细节、陆军和海军发展的所有技术。当时机到来时，我们可以利用从这项研究工作中获得的知识，迅速制造大量最新、最有效的战争工具。这个时间节点迟早会到来。"

哈奇森立刻为丹尼尔斯起草了一封寄给爱迪生的信，恳求他帮助建立这样一个海军"发明与开发部门"，同时成立一个由杰出的平民科学家组成的委员会来监督它的运作。丹尼尔斯改写了这封信，纳入了他自己和他的强硬派助理部长富兰克林·罗斯福的一些观点，于7月7日将其寄往西奥兰治。

> 我觉得，如果我们能在一开始就有一个人，他的发明天才得到全世界的认可，那么我们获得公众对这个项目的兴趣和支持的机会就会大大增加。我们所有人都认为你是一个能把梦想变成现实的人，除了你完美的头脑，你还拥有从事这项工作的最好的设施。
>
> 我想问你的是，你是否愿意为你的国家服务，担任这个委员会的顾问，接受你认为有价值的东西。但我们目前还没有准备好去调研，如果你觉得值得，在调研中就可以使用你自己的宏伟设施。

爱迪生读了这封信，然后潦草地写上"哈奇——记录并回复评论"，将信放入送信匣。

你现在是准将了

许多年后，爱迪生已经去世，丹尼尔斯成为富兰克林·罗斯福总统的驻墨西哥大使，年事已高、身形消瘦不少的哈奇森回忆起他用海军部的办公用品打印出自己文字时的兴奋感。他自负地给丹尼尔斯写信说："这是我对这个委员会的全部构想。"

> 我把它反复灌输给爱迪生先生，直到他意识到这种需要，并允许我让他担任发起者。我去了华盛顿，拜访了你，在你的家里，我说如果委员会由杰出的科学和工程学会选出的人组成，他会很高兴担任领导……威尔逊总统任命了爱迪生先生和我。
>
> 我永远不会忘记我们宣誓的那一天，我开玩笑地问爱迪生先生是否想为他的制服量尺寸。他说："制服?!"我回答："但你现

在是准将了，真的必须穿制服。"他转向你，说："如果我必须穿制服，那就别让我当准将。我希望如果一位海军上将做错了的话，我能够告诉他。"

回想起来，哈奇森把相隔15个月的一组日期混为一谈了。他也没有提到潜艇事故，因为那可能会让他入狱。丹尼尔斯要么过于委婉，要么是自己也糊涂了，他没有质疑前首席工程师的回忆，毕竟他的记忆在其他方面还是相当准确的。哈奇森甚至依靠《纽约时报》的作家爱德华·马歇尔来宣传爱迪生当时为建立美国海军研究实验室的呼吁。

1915年仲夏，爱迪生的第一要务是组建拟议中的委员会。丹尼尔斯于7月15日再次到访格伦蒙特，同意了爱迪生的建议，即应该从发明家协会和十大专业协会中招募成员。这些协会包括美国航空学会、化学学会、电化学学会和数学学会，美国电气与电子工程师协会，美国矿业工程师协会，美国汽车工程师协会、土木工程师协会和航空工程师协会，以及技术协会战争委员会。每个机构将被要求提名两名代表，并将此作为爱国任务无偿服务。

显然，爱迪生排除了美国国家科学院和美国物理学会，理由是两者都不太可能提名任何"务实"人选。他接受了委员会的最高职位，丹尼尔斯同意任命哈奇森为他的"私人助理"，他们对此心照不宣，因为爱迪生的耳聋可能会让他无法参与大部分会议。这样全体成员数量就是24人。

不出所料，当提名被宣布时，科学界人士对被冷落感到愤怒。爱迪生很快就意识到，学术界的愤怒与此时席卷欧洲的战争狂热不相上下。但眼下他可以安享威尔逊总统对他的赞誉，因为他把自己的"天才"奉献给了国家，并宣传了即将开展的事业。《科学美国人》的总编辑沃尔德马·肯普弗特写道："爱迪生愿意担任主席就是委员会最好的宣传。"

10月6日星期三，海军顾问委员会（委员会的正式名称）在白宫台阶上拍了第一张集体照片。爱迪生只认出了他周围的几个人，其中的两个人对他一点儿也不友好。出生于比利时的酚醛树脂发明家利奥·贝克兰对康顿赛的成功感到不满，并错误地认为沃尔特·艾尔斯沃斯侵犯了他的专利。还有弗兰克·J. 斯普拉格，37年前，爱迪生给他机会让他作为一个年轻发明家获得了第一次突破，那时他那像狼一样的皱着眉头的脸就已经够可怕的了。斯普拉格从那以后似乎就没笑过，至少在祝贺他取得电力领域辉煌成就的文章中没有记录。美国电气与电子工程师协会的金牌挂在他的脖子上好似磨盘一样沉重，因为它的正面刻有托马斯·阿尔瓦·爱迪生的侧面像。斯普拉格对他的前任老板怀恨在心，因为后者让通用电气公司将他的名字从公司历史上抹去，但他忘记了爱迪生本人在公司也遭受了同样的命运。

橡胶传送带的发明者小托马斯·罗宾斯有着一张迷人的面孔。他在新泽西州奥格登斯堡的爱迪生矿场工作过。罗宾斯已经46岁了，留着中分发型，普林斯顿大学毕业，行事严谨，是委员会秘书的不二人选。爱迪生还认识采矿工程师威廉·桑德斯、陀螺仪的发明者埃尔默·斯佩里和博学的赫德森·马克西姆，马克西姆是一个蓄着胡须的怪人，热衷于诗歌、书法和炸药（他左手的假肢就是明证）。委员会的其他成员包括各种各样的科学家、工业界高管和工程师，他们对爱迪生来说都很陌生。

当他们进去见总统时，威尔逊借这个机会宣布了他向备战的转变，他小心翼翼地补充说，成立这个委员会应该"不是为了战争，而是为了国防"，陆军和海军将欢迎"本国最优秀的人才和知识分子的合作",以加强国家安全。

为了消除谣言,丹尼尔斯部长当天下午组织了一次总统游艇"五月花号"在波托马克河上的巡游,这样委员会成员就可以在前往印第安黑德枪炮试验场的途中结识一些海军上将。爱迪生就像一个小学生一样,控制不住地想要摆弄船上的通信设备。第二天早上,在委员会组织开会之前,有人在邮政部大厅的水族箱前发现了他,他全神贯注地看着游动的金鱼,以至于来报信的人都不敢打扰他。

11点,爱迪生通知同事们前往海军部图书馆会合。委员会的第一个决策是选举托马斯·罗宾斯为秘书。爱迪生随后将委员会委员长的实际职责让给了桑德斯,他的耳聋显然让他失去了当委员长的资格。① 水银蒸汽灯的开发者彼得·库珀·休伊特成为副委员长。与会者一致认为,委员会应至少每两个月在大家商定的地点举行一次会议。然后任命了15个小组委员会,就海空防御的各个方面提出建议。爱迪生没有参加其中任何一个。相反,他承担了领导一个5人委员会的主要责任,根据弗兰克·斯普拉格的提议,该委员会将尽快"组织一个设备齐全、运转良好的研究和开发实验室……这对海军部的需求至关重要"。

午饭后,爱迪生列出了他对该实验室的粗略设想。它应该在大西洋海岸的某个地方用坚不可摧的混凝土建造,在"潮水深度足够的海岸边,允许无畏舰停靠在码头"。附近应该有一个大城市,"这样就可以方便获得物资供应",但是不能离得太近,否则会分散年轻研究人员对他们实验工作的注意力。其设计的主要考虑是保密和安全,不允许探视。为了以最快的速度开展研究和发明,它还应该是一座工厂,

---

① 此后,爱迪生成了海军顾问委员会的主席,但在他余下的任期里,直到1921年,他都被笼统地称为委员会委员长。

配备全套流程车间，包括铸钢厂、光学研磨机和炸药部门，工厂必须"与主实验室分开"。

在下午的漫长辩论中，爱迪生不得不修改他最初提出的完全由平民控制实验室的建议，因为这对海军部不利。他同意让技术能力合格的官员来管理这一设施，只要他们不强加"太多的繁文缛节"。然而，它的所有创新都必须来自海军部之外，包括委员会认为值得发展的自由创意。

丹尼尔斯在整个会议过程中只打断了一次，他提醒委员会，它还没有法律地位或资金，最好不要要求大幅增加海军开支，以免让众议院拨款委员会中的和平主义者与其保持距离。但这并没有影响最终的决议，该决议支持爱迪生的估算，即实验室需要花费 500 万美元，而且每年运营成本至少是这个数字的一半。

他自己将成为千万富翁

一周后，海军顾问委员会主席宣布："未来的士兵不会是手持军刀、嗜血成性的野蛮人，他们将是机械师。"

爱迪生在芝加哥举行新闻发布会，与此同时，他的私人普尔曼汽车登上了一列火车的尾厢，它将带他去旧金山参加巴拿马太平洋万国博览会，并与亨利·福特重聚。显然，他很享受自己作为一名"战备预言家"的新角色，他说，美国是"世界上最伟大的机器国家"，在战争时期，它应该能够在战场上部署比人类效率高 20 倍的屠杀机械。

《纽约时报》的一名代表问道："你对燃烧弹和窒息性气体有什么看法？"

"它们非常适用于防御，但不适用于进攻。一个人有权用挖、抓、咬或踢的方式来自卫。"

这种感想令充满激情的和平主义者福特感到震惊，而爱迪生随后宣称将把国防创新事业置于政府管制之外（"我厌恶那些兵工厂"），更是让他的首席工程师感到惊诧。

此时，哈奇森"博士"（他此时喜欢被人称呼为博士，因为他已经从母校获得了这一荣誉学位）迫切渴望得到海军部的好感。在最近的委员会会议上，他的座位紧挨着他的老板，近得可以在爱迪生大腿上敲莫尔斯电码，以防爱迪生听不清。这也意味着他想实现的梦想又推进了一步。在以后的会议上，他几乎成了爱迪生的代理人。"老头儿"最近一次和记者说的俏皮话可能会影响哈奇森要出版的一本名为《使用爱迪生蓄电池的潜艇》的精美小册子。哈奇森已经向海军的每艘船都送了一本，并指望在"E-2号"潜艇上成功安装S型电池，最终实现电池的普及，而他自己将成为千万富翁。

哈奇森还计划在当月晚些时候策划一场媒体攻势，将西奥兰治与旧金山联系起来，将爱迪生公司宣传为历史上最具创新性的公司。

我有次遇到一个女孩儿

爱迪生从来没有像哈奇森那样对S型电池如此乐观。尽管密封的、无腐蚀性的化学物质可避免氯气中毒事故，例如最近离火奴鲁鲁不远的"F-4号"潜艇又有21名船员因此丧命[1]，但他知道，当电流反向通过蓄电池时，所有的蓄电池都会释放氢气。他自己的碱性电池在充电的最初阶段就释放了大量氢气。当它们被安装在通风良好的交通工具如汽车和火车上时，这不是问题。但是安装着巨大的电池组的潜艇必须在水面上让所有风扇运转，才能清除这种无味气体。

---

[1] 爱迪生在"F-4号"潜艇灾难发生后宣布："世界各国的海军……只要继续在这些潜艇中使用硫酸，那么肯定将会发生灾难。"

令爱迪生担心的是，S 型电池在再次充电后会继续释放少量的氢气和氧气。在一封他坐火车穿过艾奥瓦州时写给"朋友贝克兰"的信中，他就这个问题征求建议。一个化学家无需提醒就能意识到，在有限的空间中，一定浓度的氢氧分子"会达到爆炸性混合物的标准"。爱迪生说他曾设法用高锰酸盐吸收氢气，也通过无釉瓷器将氢气泵出，后者是一种有效的方法，但在水下不可行。"请你想一想其他的吸收体或方法，看看能做些什么。"①

三天后，爱迪生和米娜到达旧金山时，亨利·福特正在那里。他不太乐意陪同他们乘坐军舰"俄勒冈号"在海湾巡航，该舰在 1898 年圣地亚哥战役中打响了第一枪。当爱迪生充满爱意地拍拍军舰上的大炮时，福特说，对他而言，所有的战舰都是渡渡鸟，只适合装东西。

这两个人首次作为获奖者一起在巴拿马太平洋万国博览会上公开露面。无论福特希望得到的是什么样的荣耀，在他的朋友面前都相形见绌。加州人从未见过爱迪生，他将在 10 月 21 日"爱迪生日"被授予荣誉，相当尴尬的是，这一天被定为电灯泡发明的 36 周年纪念日。但是在庆祝的前夕，福特紧紧抓住他的英雄，与其一起参观展览场地，每当媒体镜头闪现时，他就更靠近爱迪生一些。

有一次，他们在西联②的展览前停下，爱迪生在一台陈旧的电报机前坐了下来。

"你是从哪里找到这个的？"他一边问在场的年轻女士，一边拿起穿孔纸带。

---

① 贝克兰花了一个月的时间才想出一个主意，让氢气通过一个防水的通风口从潜艇里排出来。爱迪生不得不解释说，我们需要的是一种"不能让任何气体离开潜艇，以免向敌人表明有潜艇存在"的方法。

② 现名为西联国际汇款公司，最初是美国的电报服务提供商。——编者注

"这是您做的,爱迪生先生。"

"哦,哦!在纽约,我有次遇到一个女孩儿,她一分钟可以用它发送 119 个单词。"

相比第二天哈奇森在庆典高潮时安排的对话,这种交流来得更即兴。第二天在加利福尼亚大楼的午餐宴会上,哈奇森在爱迪生的餐桌与他在西奥兰治图书馆的站点之间安排了音频连接,使用了多接头将塞缪尔·莫尔斯的第一条信号线、第一条跨大西洋电缆、亚历山大·格雷厄姆·贝尔 1875 年的第一条电话线路,以及其他具有历史性意义的线路的一部分都连了起来。

当哈奇森跨越全国的"呼叫"被传送到餐厅时,那声音听起来就算对爱迪生来说也响亮而清晰,他正在借助一个特殊的扩音器收听。首席工程师说,他正在由爱迪生蓄电池供电的爱迪生白炽灯的柔和光线下阅读他的手稿。他接着说,他周围有"几百个你的朋友",包括门洛帕克的老员工和爱迪生的 4 个儿子。然后他故作惊讶地说:"这是你最喜欢的爱迪生钻石唱片留声机发出的声音。爱迪生发明的碳钮送话器正在将声波转换成电脉冲,沿着河流和海湾之间,山谷、沙漠、平原和山脉之上的铜线曲折前进。"

当哈奇森华而不实的冗长发言告一段落的时候,他的东方和西方听众已经迫不及待地准备好聆听爱迪生本人的讲话。人人都知道"老头儿"从来不在电话里说话。但此刻他就在这里,倚在话筒旁,读着哈奇森拟定的宣传文字:

这是我第一次通过电话进行交谈。这是一项相当大的工程,但是贝尔系统的工程师们已经使人们相隔 3 400 英里通话比过去相隔 34 英里还要容易得多。我非常清楚地听到了哈奇的讲话录音。我现在想听一张音乐唱片。如果你手边有一张,我希望你能播放路易丝给的那张安娜·凯斯的唱片。

后来,当他前往大厅领取纪念章时,他不得不在人群中奋力前行,人群太密集了,结果他的妻子和帽子都不见了。

白色黑莓

眼看处理海军部相关工作的繁忙冬季就要到来,爱迪生利用在西海岸的机会乘火车和汽车游览了两周。亨利·福特坚持去圣罗莎参观路德·伯班克的花园。这位小园艺家有着和约翰·巴勒斯一样受欢迎的圣洁形象,尽管他渴望用培育白色黑莓那样的方式繁育出一个白人超级种族。

福特注意到,在伯班克带领他们四处参观时,爱迪生对植物不太感兴趣。但是最近在旧金山与哈维·费尔斯通会面后,他提出了有关橡胶的问题,并预测如果美国参战,橡胶将是第一种被切断供应的重要进口商品。

福特问道:"你能在国内发明出一个替代物吗?"

"有一天我会的。"爱迪生说。

与尼古拉分享

10月27日的日落时分,爱迪生在圣费尔南多谷的环球城停下来,在卡尔·莱默尔的大型新电影制片厂的墙上挂了一块牌匾。匾文称赞爱迪生是"世界上最伟大的电气专家",但只字未提他20年来在一个行业中建立的统治力。这或许也无妨,因为联邦法院刚刚下令解散"爱迪生托拉斯",这是他的电影专利公司的别称。法官发现,"爱迪生托拉斯"剥夺莱默尔通过一款已获专利的放映机独立放映电影的权利，这是一个在电影业的各方面限制贸易的阴谋。

这项判决对爱迪生来说是种责难，对代表数百名特立独行的电影制作人的莱默尔来说则是一次重大的胜利，两人都同意参加挂牌仪式实属奇迹，但他们似乎对彼此怀恨在心。爱迪生只能希望最高法院能够重申电影专利公司对其产品的许可权，否则他自己的依靠版税来维持盈利的电影制片厂将会很快关门。电影的未来属于好莱坞，而不是布朗克斯或李堡；属于明星云集的长篇叙事剧情片，而不是他所擅长拍摄的双卷胶片电影。

11月8日，他回到家中，得知自己又一次有望获得诺贝尔奖。这一次是因为物理学。《纽约时报》报道说，他将与尼古拉·特斯拉分享奖项。爱迪生不予置评，但特斯拉态度亲切，称"他认为爱迪生先生值得十几个诺贝尔奖"。[①]

结果，他们输给了一个英国晶体学家父子组合，注定至死都无法获得这一荣誉。

一系列计划

经过在西部城市3个星期的日晒，米娜的皮肤变成了红褐色，但爱迪生仍然面色苍白，就像从未离开过实验室一样。从精神层面来说，多少确实如此：他的脑子里充满国防技术的需求，从隐形潜望镜（海

[①] 1917年5月18日，美国电气与电子工程师协会授予特斯拉爱迪生奖章。他回忆起1884年自己作为一个新移民为爱迪生（"这个神奇的男人"）工作的情景（见第五章）。关于爱迪生和特斯拉是死敌的互联网传言的讨论，见 Bernard Carlson, *Tesla: Inventor of the Electrical Age*（Princeton, NJ, 2013），397ff，以及文章"Edison and Tesla"，网址为 http://edison.rutgers.edu/tesla.htm。

军部近乎嘲弄地指望着他）到由海潮涨落驱动的无烟导航灯。他想知道巴西萤火虫是如何做到违背热力学第二定律的。"它的发光器官只是斑点，发光不产生热量。我研究那只小虫子已经很多年了，并用最精密的温度计进行了测量，我愿意付出任何代价来搞清楚这小虫子是如何做到的。"

他担心他设计的用来燃烧潜艇中无法排出的氢气的封闭圆筒装置可能会因变得太热而引发爆炸。海军已经注意到哈奇森安装在"E-2号"潜艇上的电池发生气体泄漏，并要求安装氢气探测器，警告指挥官如果氢气扩散得厉害，潜艇就要浮出水面并打开所有舱门。

爱迪生让他的首席工程师处理这个问题，而他则为海军研究实验室起草了一系列计划。他在当年的最后一次会议上向海军顾问委员会提交了这些建议，会议在布鲁克林海军造船厂举行，3名海军部军官作为顾问出席了会议。

委员长桑德斯开玩笑说："这是爱迪生先生的第一次演讲。"他不知道36年前，2 000名科学家就曾聚集在萨拉托加矿泉城，听当时还是年轻发明家的爱迪生关于白垩圆柱体电话的演说。[①]

演讲中，爱迪生给出的评论尽可能简洁，他把一页又一页的纸放在桌子上，让图纸自己说话。图上有13栋建筑和8个车间，他对每个车间的昂贵设备都有很精确的描述："精密器械……所有通用工具……3 500千瓦的涡轮发电机组。"

当他结束演讲时，海军部军官称他们已经被说服，这样的设施将大大加快新类型装备的开发。戴维·泰勒少将是建设和维修局局长，他认为可以说服国会为此投资500万美元。蒸汽工程局局长罗伯

---

① 见第六章。

特·格里芬少将对此则没有那么确定，"如果爱迪生先生带着他所有的计划和数据出现在（众议院）海军事务委员会面前……他一定会给人留下深刻的印象"。

爱迪生不喜欢在公众面前曝光，但他认识到自己作为委员会主席的责任。"我会去委员会解释一下，如果你们希望，我会努力争取。"

一个来历不明的火花

1915年年底，哈奇森在他的日记中写道："这是我一生中最快乐的一年，我期待1916年同样如此。"他期盼着国会通过一项由他自己起草的法案，即规定在所有美国潜艇上安装爱迪生S型电池。

但仅仅两个多星期后，快乐就变成了屈辱。1月15日下午1点12分，"E-2号"潜艇在布鲁克林海军造船厂发生大爆炸，造成5人死亡，10人受伤。潜艇当时停在船坞中，工人们正在对其电池装置进行改造。随着轰的一声响，艇上冒出灰白色的烟雾，还有一名水手仍抓着一段钢梯，一切表明这是一场氢气爆炸。救援人员在进入充满烟雾的潜艇内部之前必须戴上氧气面罩。除了死伤者——有些被烧得面目全非，还有些被压在破损的机器下面——他们还发现引擎室的舱壁被炸得向后弯曲，这表明潜艇里的200块爱迪生电池有着惊人的爆炸力。

消息在当天下午晚些时候传到了西奥兰治。哈奇森急匆匆地前去检查出事的潜艇，而爱迪生则正打着白色领带准备参加纽约俄亥俄协会的年度晚宴，但显然不会感到喜庆了。他不可能退出，因为他是贵宾，丹尼尔斯部长也北上来向他致敬。两个人看起来都僵硬而严肃，他们忍受着原本应当充满快乐的庆祝活动。和往常一样，爱迪生保持着沉默。当被记者提问的时候，他只是说："我没有什么可说的，事故可能会是一百种原因中的任何一种造成的。"

哈奇森给他发了一封正式的信件，把这场灾难归咎于通风不良。这是冬天最冷的早晨，中午也是 11 华氏度的严寒天气。"除了在场的船员之外，艇上还有 9 名管道工，很明显他们想要取暖。"海军部官员对损坏情况的初步调查显示，爆炸是由"一个来历不明的火花"引发的，点燃了浓度高得令人无法接受的电池气体，一些被解剖的遇难者遗体也证实了这一点。丹尼尔斯别无选择，只能指定一个军事调查法庭审理此案。

1 月 18 日星期二，在威廉·布拉德上尉的主持下，法庭在海军造船厂开庭。年轻的军法官是一个身材瘦长、沉默寡言的中尉，名叫约瑟夫·费希尔。另一名年轻军官切斯特·尼米兹中尉担任"E-2 号"船长的顾问。一位退休的海军工程师威廉·麦克格兰则代表哈奇森和爱迪生蓄电池公司。

诉讼开始前，哈奇森与媒体进行了交谈，因此未能赢得爱迪生和法庭的好感。《纽约时报》在头版报道了哈奇森的自我开脱，并抹消了爱迪生仅剩的一点儿作为和平主义者的声誉：

> 一支国外的海军部队也使用爱迪生电池，哈奇森先生说三艘装备了这种电池的潜艇已击沉过许多船只，氢气没有任何缺陷，设备泄漏的氢气量极少，他坚持认为"E-2 号"的爆炸纯属意外。

他还气冲冲地对《太阳报》说："'E-2 号'的电池看起来一点儿也没有损伤，因此我认为没有理由向爱迪生先生建议对爱迪生潜艇蓄电池的理论、结构或安装方法做任何修改或变更。"

费希尔立刻拿出证据，证明哈奇森提到的"管道工"是在电池上方安装更大的新通风口的管道工人。早在 1915 年 9 月,"E-2 号"的指挥官小查尔斯·库克中尉就对船上的电源组表示担忧。有些电池似乎比其他电池热得多,这表明其放电速率异常,库克通过海军部的渠道向爱迪生的公司要求提供一个氢气探测器和一个单独的电池电压表。尼米兹表示,这两项请求都因为哈奇森的否决被搁置了,他在等待潜艇通风系统的改进。首席工程师还建议,管道系统应使所有电池先行放电至零电压,以使它们在被投入海上使用前达到平衡。

哈奇森以另一份新闻声明作为回应,声称"E-2 号"的两台通风机中有一台在事故发生的那天早上一直闲置着。① 因此,应当是船上的指挥官,而非电池的制造商,导致了氢气和氧气的爆炸性混合物在艇上充溢。当他出现在证人席上时,布拉德上尉指责他有妨害司法的公开行为:"本次调查的相关方今后不得向公众媒体引用或提供文章。"哈奇森红着脸说记者有权知道全部事实,因为电池似乎是在"受审",这使他又一次遭到了申斥。

他很庆幸自己未因没有在口头上或在电池维护说明中向库克中尉警告氢气的威胁而受审。费希尔反复谈论这种失职行为,却未能发现库克对气体泄漏的担忧与海军部自己发表的一项关于所有蓄电池(不管是爱迪生蓄电池还是埃克塞德蓄电池)的通风都至关重要的研究吻合。1915 年,大西洋舰队至少发生了 6 次铅酸电池爆炸,这是另一个被法庭忽视的事实。哈奇森怀疑有工业界人士在幕后游说。②

哈奇森不得不在进一步的证词中承认,他"不清楚""E-2 号"

---

① 在托马斯·爱迪生国家历史公园的档案中,一张附有注释的爆炸图显示,主要的外侧电池排气管被关闭,靠近风扇的平板被打开,以使艇内更加通风。
② 哈奇森告诉丹尼尔斯,他雇用的一名侦探在审判过程中观察到,法庭的一名成员和爱迪生的主要竞争对手在"频繁磋商"。

的电工迈尔斯在灾难发生前抱怨过的4块古怪的电池到底出了什么问题。它们放电的速度比其余电池快，这意味着其余电池仍在放电时，它们已开始充电并释放氢气。这引起了哈奇森和费希尔关于谁应对潜艇中的气体积聚负责的争论——是电池安装者哈奇森，还是电池管理者库克？

  问：你有没有告诉库克中尉，爱迪生潜艇蓄电池中的可逆电池在与其他不可逆电池连接的闭合电路中产生的气体量比正常放电时更大？
  答：没有。我认为没有必要，就像我不会告诉一个工程师锅炉里要有水一样。

  军法官要求撤销哈奇森傲慢的第二句话，但被布拉德驳回。"我认为这没什么坏处。"
  后来，费希尔仍在反复强调电池过早开始逆向充电，他看到了一个展现自己高傲的机会。但在专业术语的使用上，哈奇森比他更为熟练。

  问：这似乎是爱迪生蓄电池公司的工作人员不知道的现象？
  答：我认为没有人对这种可逆电池释放气体的现象——如果你称之为现象的话——有充分了解。

  以高人一等的态度对待法院的官员是一个错误。从那时起，费希尔决定免除海军部的一切责任。他反复提及"E-2号"上电池的"缺陷"，并一度大声说哈奇森是骗子，这引发了麦克格兰的强烈抗议，后者要求他道歉。

"我为我的激动举止道歉,"费希尔说,"但是我的话站得住脚。"

我们需要的所有野蛮人

当军事调查法庭闭庭并将报告秘密发给丹尼尔斯部长时,爱迪生已经对指责哈奇森——这种指责也波及他自己——的头条新闻失去了耐心。他公开呼吁寻求行业支持,并指责他的竞争对手"正在试图毁掉一个产品,而我在这个产品上花费了数百万美元和多年的不懈努力"。

他承认,他的首席工程师对潜艇被安装了 4 块非同步电池负有责任,并且过于疏忽,直到爆炸前一天才向海军部发出关于 S 型电池的氢气的警告。① 但是库克中尉应该在"E-2 号"停靠在船坞中的时候保持电池的工作状态,并且不应允许在电池放电的同时进行容易产生火花的金属相关作业。

丹尼尔斯对此表示理解,当委托包括尼米兹在内的技术审查委员会判定爱迪生电池是否优于埃克塞德电池的时候,他还隐瞒了这份报告。但这没有帮助改善爱迪生的声誉,尽管爱迪生的电池生产线已为全美最大的铁路系统提供了照明和信号电源,并为国内 1/3 的电动卡车提供牵引力。事后看来,他可能更关注哈奇森对 S 型电池的过度开发。但是两年来,这种巨型电池在波士顿和火奴鲁鲁的海军潜艇中表现完美,更不用说它在外国潜艇的操作和运行中的秘密成功了。但这些辉煌成就都被"E-2 号"事故玷污了。

爱迪生安慰一位痛苦的助手说:"是的,这很糟糕,然而我不得

---

① 然而,哈奇森曾在 1915 年秋发给美国海军司令部的关于 S 型电池详情的小册子中明确说明了各种电池气体的释放情况。

不接受。"

在这种情况下，3月15日，当爱迪生向众议院海军事务委员会提交建立国家研究实验室的计划时，他本认为会遭遇咄咄逼人的质询。但是他的魅力——其中一部分是世界声誉的光环，另外一部分是他不稳定的精力和直率演讲的力量——给会议室下了一个魔咒。他的耳聋如此严重，极其依赖哈奇森，而哈奇森必须对他大声重复别人说的每一句话，这种对比产生了令人震惊的效果。这让他看起来既强大又脆弱。或许正是因为这些，"E-2号"爆炸事件没有被提及。

"实验室的目标是完善所有不同的细节，或战争机器的一个组件，并且迅速完成。"爱迪生在他的开场白中说。

> 当我想快速制作一件东西时，我会派100个人而不是几个人全心全意地制作它，几个星期或者几个月都专注于它；我会把工厂里能用的人都安排在这件事情上……
>
> 在这个实验室里，我有各种各样的机器，不是制造机器，而是所有的通用机器，就是大型工具厂里用来制造工具的那些……在那个工具厂里，我几乎可以做任何事情……我把一切都摆在这里，对我来说，我已经有了它们的所有细节，以及我们需要的土地、建筑物和机器的最低数量，我估计至少要150万美元。我估算的数字就是这么大，如果你们愿意，你们可以增加拨款。

显然，坐在一旁听着的丹尼尔斯已经说服海军顾问委员会调整了最初的500万美元的启动预算。但他明确表示，他预见到未来几年会有"一个非常大的实验室"，并对委员会关于战时实验室维护费的担忧漠不关心。

亚拉巴马州民主党众议员威廉·奥利弗问道："要多少钱？"

爱迪生回答："嗯，我们会三班倒工作，每班 8 个小时，从不间断。我想应该需要超过 100 万美元。你们可以增加数额。"

马萨诸塞州共和党众议员欧内斯特·罗伯茨问道："你认为你能找到足够的技术人员和科学家来三班倒工作吗？"

爱迪生回答："是的，先生。我能找到我们需要的所有野蛮人——很多。"

哈奇森说："爱迪生先生称实验工作者为'野蛮人'，他是自己工厂的'野蛮人协会'主席。"

众议员罗伯茨又问："假设在这样一个实验室里，研制出了一架令人满意的飞机，而第二天，外面的某个发明家向市场推出了一种更高级的飞机发动机。现在我们已经在实验室花了大量的钱，这样我们能从中获利多少？"

爱迪生回答："这个嘛……换一个问题。"

当罗伯茨又问他专利部件是否会给军火制造带来问题时，他大笑着回答道："我不会关注专利，大不了事后和解。"

他谈到这个实验室时，就好像它已经由他自己建造和管理了，但随后耸了耸肩，说："它可能由海军部管理。"但实验室的创造性有赖于为钱工作的平民科学家和工程师。"如果另一个组织每年支付 12 000 美元，你就得支付 14 000 美元，否则你就招不来人才。"

最后，众议员奥利弗说道："我提议我们应该站起来，以表达我们的敬意和感激。"

当爱迪生收起计划图离席时，21 名国会议员站起来鼓掌，这实在是非同寻常。

如果他能感到富有

在迈尔斯堡度假时，爱迪生欣喜于马德琳生下了他的第一个外孙托马斯·爱迪生·斯隆。①随后他北上参加了 5 月 13 日纽约的备战大游行。

丹尼尔斯希望利用他这位名人新朋友支持和平主义代表威尔逊总统连任，但他的想法破灭了，在同一天，《纽约时报》头版引用爱迪生的话，称西奥多·罗斯福"绝对是唯一"会在接下来的四年里领导美国的人。"他更有真正的政治家风度，并且有比其他所有候选人加在一起更强的处理战争结束时将出现的重大国际问题的执行能力。"报纸还刊登了罗斯福动情的回应："我亲爱的爱迪生先生：你写的关于我的信深深地打动了我，我将请求罗斯福无党派联盟把原件送给我。我希望把它交给我的孩子们。"

尽管西奥多·罗斯福已经从对进步主义的攻击中恢复过来，并愿意在下个月的共和党全国代表大会上被提名，但他还不是一个严格意义上的候选人。从"卢西塔尼亚号"沉没以来，他一直是干预一战最热心的拥护者。要增加爱迪生背书的影响力，差的就是他和爱迪生在第五十五街与第五大道交叉口 95 英尺高的美国国旗下一起大步前进了。但是罗斯福在长岛的童子军活动中耽搁了，所以爱迪生与其委员会成员及其他 125 000 名爱国者一起游行，挥舞着大量的小旗子，以至于第五大道在 11 个小时内都是一条由红、白、蓝三色组成的缓缓流动的河流。②

爱迪生在准备就绪的游行队伍中占据主导地位，大步走着，挥手

---

① 马德琳的消息与比阿特丽斯·爱迪生公开承认怀孕的消息不巧同时传出。比阿特丽斯"预期"在 6 月底分娩，但之后她和汤姆仍然没有一儿半女。
② 游行激发柴尔德·哈萨姆绘制了他著名的纽约国旗画系列。

微笑，以一个20岁年轻人的活力引起了围观人群的阵阵骚动。（米娜戴着一顶紫色的大太阳帽，在人行道上试图跟上他，害怕他会遭到和平主义者的袭击。）但是爱迪生无忧无虑的外表是具有欺骗性的，此时的他忧心忡忡，也睡不好，正被金钱和其他烦恼困扰。米娜在给西奥多的信中写道："我可怜的爱人啊，如果他能在他的一生中感到一次富有就好了。"除了"E-2号"灾难对爱迪生蓄电池公司销售的破坏性影响之外，他还被劳工骚乱和他的一家苯酚工厂的污染诉讼困扰。尽管"爱迪生托拉斯"的解散还没有得到最高法院的确认，但他的电影事业已经走到了尽头。众议院海军事务委员会建议为他的梦想研究实验室拨款200万美元，这让他很失望——正好是他要求的数额，但远远低于他希望得到的，当初他还刻意暗示说："如果你们愿意，你们可以增加拨款。"他给参议院委员会的民主党主席本杰明·蒂尔曼写了一封语气愤怒的信，说如果国会再削减数额，"那么最好是完全放弃"。

他的另一件烦心事是如何处置哈奇森。斯蒂芬·曼伯特和查尔斯要求从今以后限制首席工程师通过损害爱迪生蓄电池公司的利益来为自己谋财的行为。他们怀疑哈奇森在卢埃林公园的豪宅"科洛尼亚"（还配有3名日本裔用人）的来路，并试图对他实施新的规定，恢复公司向政府出售非潜艇用电池的权利。爱迪生不得不同意，因为1916年6月12日，查尔斯已正式成为爱迪生公司的董事长。

我见过的最高的一脚

西奥多·罗斯福放弃了共和党总统候选人提名，转而支持查尔斯·埃文斯·休斯——一个保持着体操运动员般平衡的中立者。之后，爱迪生很明显地屈服于蒂尔曼和丹尼尔斯部长的压力，站出来支持伍德罗·威尔逊。毕竟，他在海军顾问委员会的职位上欠了伍德罗·威尔逊一些人情。

他在由民主党全国委员会公布的一封信中表了态。他写道："他们说（威尔逊）犯了大错，或许是这样，但我注意到，他虽有错误，但仍在前进。"爱迪生的支持立即成为全国头条新闻。两周后，爱迪生、哈奇森和海军顾问委员会的其他18名成员在华盛顿正式成为海军部军官并宣誓"保卫美国宪法，对抗国内外一切敌人"，得到了丹尼尔斯部长的热烈欢迎。①

他们被迫向新近的海军法案宣誓，该法案对国会要求他们如何回报200万美元的拨款给出了严厉的指示：

> 关于枪炮腐蚀、鱼雷动力、陀螺仪、潜艇火炮、潜艇防护、鱼雷和水雷攻击、潜艇附件改进、潜艇发动机、蓄电池和推进装置、飞机和航空器的改进和发展、无线电装置的改进这些实验室和研究工作，以及其他有益于政府服务的必要工作，包括实验室的建造、设备和操作，（和）必要时雇用科学行政助理，这些工作的费用将由海军部长负责。

相比之下，爱迪生更关心的是华盛顿的官僚不喜欢他提出的在远离他们视野的地方建立海军研究实验室的想法。美国国会已经开始行动，命令在华盛顿哥伦比亚特区进行实验室建设，但幸好被参议院否决了。爱迪生的所有委员会同事都和他一起抗议这种剥夺他们顾问特权的行为。丹尼尔斯向众议院海军事务委员会主席、众议员莱缪

---

① 从这天起，丹尼尔斯称呼爱迪生为"海军准将"，他也不介意爱迪生一直将自己的名字读作"丹奈斯"。

尔·帕吉特建议道："他们非常重视在会议和调查之后就选址问题做出决定。"

在9月19日上午的委员会全体会议上，爱迪生当选为一个6人委员会的负责人，该委员会的任务是汇报大约50个可能的实验室地点。其他成员还有斯普拉格、贝克兰、罗宾斯、惠特尼和阿迪克斯。丹尼尔斯部长作为贵宾出席，向他们保证："我希望先生们理解，我自己对它应该选址在哪里根本没有意见。"但他私下对帕吉特说："华盛顿可能是最好的地方。"

10月6日，身为一名渴望威尔逊总统连任的忠诚民主党人，丹尼尔斯前往纽约，不顾一切地向爱迪生和亨利·福特募集竞选资金。美国选民似乎对两个主要政党的候选人都不怎么喜欢，所以缺乏魅力的查尔斯·埃文斯·休斯未必会如民主党战略家预测的那样落选，这位罗斯福口中的"大胡子女士"也有可能获胜。为了强调形势的严峻，丹尼尔斯带上了民主党主席万斯·麦考密克。丹尼尔斯在回忆录中描述，在比特摩尔酒店吃午饭时的会面并不顺利。

"我不认为如此奇怪的事情能在纽约和其他地方的午餐会上发生。"吃完第一道菜后，爱迪生指着房间中央的一盏有许多球形装饰物的枝形吊灯说道："亨利，我敢打赌我能把那盏吊灯上的球形装饰物踢掉，要是我输了，你说什么我都答应你。"吊灯高高地挂在天花板上，福特看了一眼，答应了赌注。爱迪生站起来，把桌子推到房间的一边，站在中间，眼睛盯着球形装饰物，踢出了我见过的最高的一脚，把装饰物踢得粉碎。然后他说："亨利，让我们看看你能不能踢到它。"汽车制造商福特小心瞄准，但他的脚要碰到吊灯还差一英寸。爱迪生赢了，为此，在餐后甜点端上来之前的那段时间,他对着福特表现出幸灾乐祸的样子,说:"你比我年轻,但我能踢得比你高。"他似乎为这高高的一脚而感到自豪,仿佛他发明了一种结束潜艇战的方法。

当丹尼尔斯提到竞选资金的问题时,爱迪生利用耳聋假装听不见。福特也同样小心翼翼,尽管他同意了在全国性报纸上刊登一些付费广告,这些可能有助于威尔逊的胜利。最终威尔逊以微弱优势获胜,休斯有15天一直拒绝认输。

我们没有任何责任

尽管爱迪生几乎没有参加过海军顾问委员会的任何会议,但他仍热情地投身于海军法案规定的任务中。他第一次涉足弹道学,发明了一种大口径、自稳定的炮弹,这种炮弹不需要膛线,从而减少了炮筒内的腐蚀。他出席了在弗吉尼亚海角举行的射击训练,并在笔记中讽刺了最新战列舰的低火力控制[①]标准。"新泽西号"的测距仪震动得厉害,"纽约号"明亮的探照灯只有利于让"敌人知道你在哪里","内布拉斯加号"的185门炮没有一门可以击中目标,"佛罗里达号""骇人"的指挥通信网络会激怒一位呼叫食品杂货店老板的家庭主妇。他写道:"在这里,我们拥有这艘船在组织战斗时的整个神经系统,鉴于它的全部操作都在一个系统上,即使在和平时期,这个系统也经受不起普通演习的压力。"

1916年的最后几周,爱迪生的主要任务是说服委员会的其他成员同意推荐新泽西州的桑迪胡克作为海军研究实验室的理想地点。他

---

① 火力控制是指瞄准、平衡和集中海军炮火对准移动的目标。

强调从那里乘快艇去曼哈顿和布鲁克林很容易,但没有提到它其实离西奥兰治也很近。"两岸波涛汹涌,离老铁路码头 20 英尺或者再多一点儿,以前去纽约的轮船就从这里出发,不过现在已经废弃了。政府在这里修建了全段运行的铁路……这里有 1 300 英亩土地,实验室可以很容易地得到 100~150 英亩,并且可以将更多的土地用于特殊实验。"海角的尽头有一座堡垒和试验场,非常适合测试他打算在现场设计和锻造的大炮。附近的大陆上有一道悬崖,可以看到整个纽约湾。爱迪生认为这个有利位置是进行海洋能见度测试的理想地点,这对潜艇探测技术的发展至关重要。

贝克兰赞成在安纳波利斯建实验室,他注意到桑迪胡克有"非常大的缺点",即远离国家首都。爱迪生反驳道:"实验室如果要取得成功,就应该尽可能远离华盛顿。"[①] 委员会的其他成员也赞同贝克兰,他们指出要将海军学院作为智力资源的优势。诚然,国会议员和海军官员们更有可能访问切萨皮克湾的一个小城市,而不是远在 225 英里以北的一片沙滩和盐碱滩,实验室的产品迟早要得到这些官员的批准,贝克兰看到了这一点,因而意识到安纳波利斯的位置是其优势。

最终结果令爱迪生非常恼火,提交给他签字的报告上写道:"我们一致支持安纳波利斯。"鉴于国会拨款"令人遗憾地减少",一个压倒一切的考虑是,塞文河口的可用土地已经归政府所有,或许可以免费获取。报告没有采纳爱迪生最初提出的组建代表陆军、海军和平民利益的"三驾马车"管理层的想法,而是建议实验室由一名只对丹尼尔斯汇报的海军部军官主管。

40 年来,爱迪生一直按照自己的方式规划实验室,如今却要被

---

① 爱迪生早前曾在纽约湾的沃兹沃思堡和加弗纳斯岛,甚至哈得孙河谷进行过勘探,但"由于冰层的原因,我没有越过塔里敦"。

迫做出决定，他对此异常愤怒。他拒绝签字，理由是一个与海军学院关系如此密切的设施将变成科学设施而非技术性设施，并将创造理论而非尖端新武器。他写道："我相信我在桑迪胡克选址和快速建设实验室的想法是正确的，我会坚持下去。我永远不会依附于一个死气沉沉的政府经营机构。如果我不能很快得到结果，那我就不玩这个游戏。"

弗兰克·斯普拉格建议接受修改后的报告，其中包含关于桑迪胡克选址的正反方意见。爱迪生无视了这一建议，写了17条态度强硬的异议。他认为，无人居住的偏远地区对安全至关重要，这一片被海水冲刷的土地的脆弱性几乎与海洋条件相似，沙丘是开发"飞机"的完美选择，纽约丰富的专业工厂可以在接到通知后一两个小时内提供最不起眼的原材料。他设想建立一座秘密的发明工厂，每天24小时"在战争的基础上"运作。"至于拟建实验室的管理方式，我认为应该是由平民运营。"

海军顾问委员会全体成员最终拒绝了爱迪生的少数派报告而接受了大多数人的意见，爱迪生因此感到被羞辱了。斯佩里承认这次投票更多地受到了政治因素的影响，他给爱迪生写了一封致歉信。"写这封信是为了让你确信，你的榜样力量给了我们所有人灵感。而且，你对事业的奉献……深深触动了我们。所以，亲爱的爱迪生，一点儿也不要气馁，因为一切都可能会有最好的结果。"

丹尼尔斯更是富有同情心，因为他知道爱迪生也因另一份报告的泄露而受到严重伤害。"E-2号"电源组技术检查小组的建议是："在开展进一步测试表明它们的缺陷已得到解决之前，我们的任何潜艇都不能安装爱迪生电池。"这暗示了镍钢电池技术本质上不如铅酸电池技术（铅酸电池在充电时需要同样的通风条件，此外还容易在海上引发氯气事故），这一点刺激了这位老发明家的自尊心。哈奇森警告罗斯福的幕僚路易斯·豪："你没有见过爱迪生被激怒的样子，我很难向你描述这对他的影响，他无论如何都很难从这件事中恢复过来。"[①]

丹尼尔斯部长处于尴尬的境地，觉得自己不得不接受大多数人的意见，但他又更看重爱迪生的意见，同时也感谢爱迪生对伍德罗·威尔逊的支持。丹尼尔斯尽可能温和地要求爱迪生考虑将自己的选票从桑迪胡克转投给安纳波利斯，因为他担心选择范围会变得更小。"海军部的专家们对两个地方都不支持，他们更喜欢华盛顿哥伦比亚特区。"

爱迪生基于自尊回应道："我一直坚信公众希望我的实验室取得成功，无论我的决策正确与否，我必须自行完成九成的工作。因此，如果我不能做好成功的必要准备，我就不会做这件事，也不会与它有任何联系。"

12月23日，他寄出了这封信，随后在1916年剩下的几天里一直躺在床上，因为他不小心让亚硝酸烟雾灼伤了喉咙。同时，他还患了重感冒，可能会发展成肺炎。对他在海军顾问委员会的"私人代表"哈奇森来说，这可能也是一个毫无安慰的季节。哈奇森在他的日记中写道："如果我能回到一年前阻止'E-2号'的爆炸事故，不管要付出多少钱我都愿意，这让我们付出了惨痛代价，尤其是我。我们没有任何责任，却为千夫所指。"

红外和超红外光谱

1917年1月，爱迪生被诊断出肺衰竭，他在海军顾问委员会的

[①] 哈奇森说，爱迪生非常愤怒，他下令拆解所有用于制造S型电池的精密工具和模具。

同事以他身体不适为由，将他排除在一个新成立的委员会之外，新委员会的任务是在国会指定的任何地点开发和设计实验室。原本许多成员对他拒绝支持安纳波利斯感到愤怒，但是当报纸报道他病危时，他们又开始同情他，甚至为可能会失去一名伟大发明家而忧心忡忡。赫德森·马克西姆写道："如果在这个时候发生什么事情让你失去生命，那将会是一场巨大的人类灾难，就像又一个亚特兰蒂斯即将沉入海底一样。"

马克西姆的比喻与德国的一份声明遥相呼应，从2月初开始，德军对盟军船只的攻击将扩大到所有涉嫌携带违禁品的美国船只。威尔逊政府在战争中仍然假装保持中立，但是任何一个德裔美国人都能看出，他真正的态度是亲英的。不到72个小时，柏林方面就击沉了美国海军的"胡萨托尼克号"，而里面装载的只是小麦之类的普通货物，这是在公然向美国示威。很快，威尔逊将德国大使驱逐出华盛顿，并警告德国政府不要再有任何"公开的引战行为"。形势十分紧张，于是丹尼尔斯建议爱迪生忘掉委员会的责任，重新专注于发明，在一个由政府付薪的25人支持小组的帮助下秘密设计军事防御方案。①

肺病好转后，这位海军准将设计了一系列探测潜艇的实验。他利用自己海军部高级官员的身份，说服埃塞克斯县公园委员会租给他一个位于鹰岩山顶的安全位置，在这座山上可以俯瞰西奥兰治。他想到了一栋叫卡西诺的优雅的两层建筑。在旺季它本是一家餐厅，但现在孤独耸立，冷冷清清，空无一人。这栋建筑能看到方圆40英里范围的有利地点非常适合他的研究目的②，他想看看自己能否提高"飞溅

---

① 1917年3月10日，海军顾问委员会投票确认爱迪生为"终身主席"。
② 这栋看起来从爱迪生时代起一直没怎么变样的建筑，现在是鹰岩的一家豪华餐厅。

观测员"的视野。"飞溅观测员"是指坐在桅顶追踪射击准确性的水手们,如果能聚焦到准确的海洋区域,他们还能辨认出轻微的泡沫痕迹,从而判断一艘潜艇正在他们下方靠近。

爱迪生在工厂里参加了一场为了庆祝他的70岁寿辰举行的1 500人超大规模午餐会,然后就在卡西诺的二楼安顿下来,回到了光学的研究中,1888年,是埃德沃德·迈布里奇让他开始注意光学。他把两名服务志愿者送到纽约的一名眼科医生那里,写道:"请为这两个人检查,并报告他们是否可以使用后马托品(合成抗胆碱药)。"这种药物(会使人上瘾,平时得锁起来)能扩大瞳孔。爱迪生认为这可能有助于夜视,以及在浓雾中辨别远处的东西。得到医生许可后,他把溶解成滴剂形式的后马托品给这两个人使用,然后让他们待在暗室里的磷光屏前。光线调得很暗,以至于半个小时之内,在药物没有起效时,他们如同盲人。渐渐地,他们可以辨别出一些可以分解成可读字母的零星微光。[①]

这个实验和其他在红外和超红外光谱范围内的实验("想要让眼睛只看到红光,想要深浅不一的红光")没有获得任何结果,除了一个显而易见的事实,即在海上和阳光下,瞭望员最不需要的就是瘫痪的视神经。他能做的最有用的事就是制作一块巨大的手持遮阳板以减少周围的强光,但他自己是不会考虑如何带着它顺着桅杆梯子爬上去的。他走向另一个极端,设计了一种低矮的圆形玻璃窗,用于潜望镜观察暗色轮廓,而在多次测量装有海水的管子中光的吸收情况后,他又发明了一种水下探照灯。他测试了各种化学烟雾在海上的不透明度,以及可以喷洒在海面上使潜望镜变模糊的油的黏度。

---

① 爱迪生早在1903年12月就针对残存视觉做了实验,当时他告诉一位报纸编辑,眼睛在低强度光下"有着惊人的选择性"。

他掌握了足够的几何理论，能够用船内倾斜的镜子反射出"点"和"杠"，以便在电话线被切断时进行紧急通信。也许他最具独创性的发明是一种陀螺仪式的、圆盘分割的护航灯，这种灯在潜艇之间闪烁，光线在水平面不可见。

水从浪端的白色泡沫中落下

到了早春，爱迪生需要一个方便出海的实验室，于是他离开了鹰岩，去了桑迪胡克。从这里看到的纽约湾全景比从卡西诺看到的宽得多，也距离海更近。隐蔽的西海岸（有一半是冬青林）为他所设想的一些弹道实验提供了一片宁静的水域。这个地方也非常安全，只和海岸警卫队及汉考克堡陆军基地共用，后者还有自己的试验场。当威尔逊总统因为潜艇继续"肆意地、大规模地摧毁非战斗人员的生命"而要求国会向德国宣战时，他刚刚在基地南面的码头上为自己和团队建造了一间棚屋。

在威尔逊于4月6日签署宣战命令之前，爱迪生首先想到的就是他的化学和蓄电池设施可能会因战争而遭到破坏。因此，他给战争部长牛顿·贝克发了电报："一直以来都不断地有谣言或威胁言论说要破坏我最重要的工厂，我请求您立即给予它们军事保护。"这一请求被提交给了一个遥远的陆军部门，归档后就被遗忘了。然而，海军情报局认为爱迪生的工作非常重要，可以为他提供一名保镖。

他以加倍的紧迫感投身于实验，甚至克服了对那些有学位的人的厌恶，召集了来自普林斯顿大学的4名科学家，就他在轨迹图形、无线电共振、空中和海上导航、陀螺仪力学等领域的不解之处向他提供建议。和以往一样，他最开心的事是发明声波装置——防水麦克风、飞机测向仪、可以进行"测深"的深水炸弹，或者做化学实验[1]，比如把木炭和碱石灰装进让桅顶的观测员免受烟囱废气干扰的防毒面具。

他的新成员之一，卡尔·康普顿，是一个完全有资格观察爱迪生为何永远精力旺盛、坚持工作的物理学家。

> 他几乎没打招呼就拿出铅笔，开始描述海军顾问委员会向他提出的一个问题——提高鱼雷驱动装置的效率，从而在不改变其射程或大小的情况下储存更多的炸药。他给了我一份非常简短的目前鱼雷的发展历程资料……告诉我有了解决办法后再来见他。
>
> 大约三个星期后，我向他报告说，我发现了三种似乎有可能使用的燃料。他只用三句话就否决了这些方案："燃料 A 只能在德国获得。燃料 B 已经试过了，但是因为有爆炸的危险而被放弃。燃料 C（含酒精）不好，因为水手们会喝这该死的东西。"

康普顿惊讶于爱迪生在为海洋舰艇用麦克风制造低阻颗粒时展露的想象力。他从一家刷厂购买猪鬃，先将它们电镀，然后用切片机将闪亮的细丝切得更细。接下来，他在一种溶液中洗掉了猪鬃的角蛋白——他称这种溶液可以让"男人溶解他们被谋杀的妻子"[2]——然后将剩下的环状物装入一张振膜，再将振膜与电话接收器相连，并用三极真空管放大。通过这些复杂的程序得到的含颗粒振膜仍然不能令人满意，他便又削出了一张效果更好的云母圆盘。康普顿写道："他非常具有独创性，能想出设计仪器的各种方法来完成他想做的事情。

---

[1] 爱迪生在 1917 年 2 月对一位记者说："我一直对化学比对物理更感兴趣。"
[2] 氢氧化钾，也称苛性钾。

他也是世上最有耐心、最有毅力的人之一，他始终能够把自己的想法贯彻到综合测试的最后阶段。"

至此，爱迪生的水下监听装置终于安装好了，它能让货船船员听到 1 英里外一艘潜艇的引擎声。该装置由一个从船首斜桅上垂下的圆锥组成，在船前方 10 或 20 英尺处，那里没有船尾颠簸的声音。流入圆锥的水产生的力被振膜后面压缩的空气产生的力抵消，可以让它在任意速度下自由振动。他发现，通过旋转调整接收角度，可以确定一枚接近的鱼雷的路径。但是圆锥后来变得太过敏感，记录了大量的干扰信息。

爱迪生不得不利用他所有的声学知识来解决这个问题。他在 1917 年 4 月 30 日写给丹尼尔斯的"第 31 号报告"中给出了解释，这样部长就不必期待第 32 号报告了：

最大的麻烦是水从浪端的白色泡沫中落下的声音。但是今天，我终于完成了大量的测试，几乎完全可以通过机械操作的共振柱来消除噪声。

监听潜艇时，水柱不断上下移动，6 分钟便形成一个循环。幸运的是，任何由船只运动引起的水的运动都不会改变音高。每秒振动 2 500 次到每秒振动 70 次的音调都从这一团声音中被挑出来，变得突出。如果有两个以上重复的声音并且看不到船，那肯定是潜艇发出的声音，因为大海本身不会发出高频率的声音。

影子航行

在接下来的一年半里，爱迪生在陆地和海上努力完善 39 种新的防御设备、系统、战略和战术。他的一些想法逗乐了海军科学家，比如延长桅杆，使瞭望台升到令人眩晕的高度。①但只要爱迪生能够成功完成一件事，他就可以回敬这些曾经的冷嘲热讽："我觉得你们丧失了最基本的想象力。"他把这场战争看作技术的竞赛，而不是意识形态的竞赛，并探索了可能有助于赢得这场战争的每一个概念：无线电报信息扰频器、夜间望远镜、可以减缓敌人鱼雷冲力的用大炮发射的钢丝网、不需要膛线的涡轮头炮弹、水下海岸监察站、一种用于水下火炮防锈的混合了锌粉的凡士林油、用煤炭灰烬上釉的含碳酸的硅酸盐灭火器，以及用于船只快速转弯的水刹车。借着天马行空般的想象力，他甚至提议派遣一队自动驾驶小艇到比利时的泽布吕赫港布雷。②

爱迪生最后的发明无比疯狂，甚至令人窒息，更反常的是，他竟然严守秘密，不向记者吹嘘。他对待保密工作和花政府的钱一样一丝不苟，他不断向丹尼尔斯保证这次的创新是具有经济效益的。③他一天工作20个小时，并且自筹一些项目的资金。他鼓动他新招的科学家无偿工作，因为这是一项爱国义务。他唯一坚持要求收到的酬劳是海军方面承诺的一艘大型游艇。1917年初夏，海军部试图用劣质船只来糊弄他，他对此威胁要"放弃需要一艘游艇的实验"。在他向助理部长罗斯福无限期地租赁一艘210英尺长的"猎潜艇"时，哈奇森

---

① 威廉·桑德斯于1917年9月中旬透露，当美国国家军械局的一位官员反对爱迪生测试一些炮弹时，丹尼尔斯告诉他："长官，你在这件事上可能是对的，但公众会认为爱迪生是对的，所以让爱迪生继续测试它们吧。"
② 爱迪生的创造力是如此之强，以至于他在4月请求丹尼尔斯："请不要给我发送其他人的想法……我现在拥有的创意比我能创造出来的还要多。"
③ 当一系列实验变得成本高昂时，丹尼尔斯不得不鼓励爱迪生"继续努力，花尽可能多的钱"来完成这些实验。

第二章　国防：1910—1919年

帮了很大的忙。

"萨克姆号"潜艇有 20 名船员，船长是经验丰富的深海航海家巴顿中尉。这艘猎潜艇里除了一间专为爱迪生准备的大舱外，还有供 10 名研究人员使用的客用铺位、一间会议室和足够容纳发射装置和观察设备的甲板空间。它唯一的不足是没有适合女性乘客使用的设施，不过这在军舰上也不足为奇。海军对女人有着传统的偏见，听说爱迪生想让米娜和他一起航行时，巴顿犹豫不定，拿不了主意。

这一要求与其说是为了照顾七旬老人的不安全感，不如说是为了便于一个聋人与他人交流沟通。女性乘坐军舰是史无前例的，丹尼尔斯出面命令船长服从。米娜为此受宠若惊，这一次她感受到自己对于爱迪生是无可替代的。然而，关在一个摇摇晃晃的豪华房间里，远离她的花园、鸟儿和孩子们，短则数周，长则数月，她对此也没有多少热情。西奥多从蒙特克莱尔学院回到家，19 岁的他和约翰·艾尔·斯隆一样，热切地想报名参军。米娜想起了自己的弟弟，他也叫西奥多，在美西战争中阵亡。她害怕当她再次见到她的孩子时，他可能已经穿上了军服。（她对查尔斯没有这种担心，他已经登记为"总经理"这个类别以享有兵役豁免，并声称自己也快失聪了。）

威尔逊总统要求在爱迪生出海前见他一面，听听他的一些计划。他们 8 月 20 日的面谈给威尔逊留下了深刻的印象，他发誓要尽自己所能帮助爱迪生。他告诉丹尼尔斯："当他的第一批发明首次抓住全世界的想象力时，我还是个大学生，从那以后，他的发明给我的神奇感觉一直留在我的脑海中。"[1]

24 个小时后，海军准将和他的妻子在霍博肯被送上"萨克姆号"

---

[1] 相比之下，爱迪生只记得威尔逊是个"自负的书虫"。

的舷梯。它立即起航前往长岛的萨格港,爱迪生在那里建立了一个鱼雷研究站。他计划把康涅狄格州的新伦敦作为在海湾进行实验性航行的另一个基地。第一次航行之后,米娜决定尽可能多地在陆地上住宿。她给西奥多写信道:"爸爸和我睡在只有一张床垫的木板床上,我可以告诉你,这太难受了。"

巴顿船长以一种刻意的礼貌对待她,随着时间的推移,这种礼貌逐渐变成了不耐烦。她时不时地逃回西奥兰治和马德琳闲聊几天以恢复精神。马德琳又怀孕了,她忧心忡忡,因为约翰即将启程去服兵役,他已成为驻华盛顿陆军航空兵的一名二等兵。

与此同时,头脑灵活的爱迪生向战争部长建议:"我发现了许多对军队有价值的东西。"如果他能有几个额外的工程师帮忙,他就会开发这些东西。牛顿·贝克立刻授权他雇用"30个你想要的那种人"。西奥多是第一个获得资格的人,爱迪生给了他一台飞机测向仪,让他在纽约米尼奥拉的黑泽尔赫斯特试航。西奥多的独立天性很快显露了出来,他开始研发一种自己设计的可怕武器,一种自动推进的、独立的齿轮,上面装满了TNT(梯恩梯,一种常用的军用炸药),他认为这玩意儿可以无视铁丝网、冲破西部战线并在目标战壕中爆炸。他在战争期间一直忙于开发这种危险的武器。[1]

起初,爱迪生喜欢在海上做实验。受到高级军官的礼遇对他而言是一件新奇的事,尽管他仍穿着平常的那套破旧西装,以亲切而不拘礼节的态度对待所有人。但是到劳动节的时候,他已经厌倦了船上生活带来的幽闭恐惧和缓慢的港口程序,后者经常受到天气和通信延迟的影响。当查尔斯和西奥多突然造访游艇时,米娜意识到爱迪生有多

---

[1] 1917年11月15日,西奥多给他的父亲写了一封带有插图的长信,向他解释这个装置,这封信表明他是一个天生的发明家。

想念他们，以及在他们离开后是多么依恋自己。

对爱迪生来说，另一个阻碍是海军部，"朋友丹尼尔斯"看似想要阻止他的每一项技术计划。爱迪生对丹尼尔斯的一些偏见感到愤怒，尽管他收到的大多数拒绝答复都是恭敬的，并且附有详尽论证。10月初，他派了一名副手负责"萨克姆号"上正在进行的实验，自己则在华盛顿临时办公，以便更直接地与各局长对接。

海军准将爱迪生和"萨克姆号"潜艇的船员们，1917年

丹尼尔斯在海军部附属大楼里为爱迪生准备的套房非常豪华，这是当年去世的马尼拉湾英雄乔治·杜威上将曾经的住所。但无论是住所还是爱迪生自己的声望，对他试图笼络的一线军官都没有多大影响力。哈奇森再也不能帮忙了，查尔斯在西奥兰治推行的管理改革，以及国会对于利益冲突游说的新禁令，束缚了哈奇森的双手，导致他不可避免地要辞职，但又不能太快，以免为"E-2号"灾难引发的一系列企业诉讼承担责任。

爱迪生预计只在首都停留几周。对海洋光学的研究使他对隐形潜艇及其他一些类似的现象产生了兴趣，包括一个关于黑暗现象的终极课题。在回到海洋实验室之前,他需要利用华盛顿的参考信息来找出大多数 U 型潜艇袭击发生的时间和地点。结果,为了分析大量的图表和统计数据,他动用了三个助手来帮助整理。在这个过程中,他开始研究在不列颠群岛周围的一种进攻模式,盟军的航运公司对这种进攻模式没有采取防御行动予以反击。

他对托马斯·罗宾斯说:"正如我所料,那些从挪威到希腊做生意的船长不懂航海,他们只是从一座灯塔航行到另一座灯塔,德国人知道这一点,就坐在那里等着他们。"他开始努力变成一名制图员,以为英国新任海军大臣埃里克·坎贝尔·格迪斯爵士会感谢他关于盟军如何阻止重要进口品损失的建议。在这个过程中,他发现统计分析与他的演绎实验方法没有太大的不同。截至 11 月 21 日,他有 8 项政策建议和 45 份"战略地图"要送给埃里克爵士。他完全没有想到,一个英国政府的成员可能会对一个不知分寸的业余美国人的帮助感到不满。爱迪生写道,任何有"想象力"的人都可以看到盟军 94% 的损失发生在白天(他字里行间夹枪带棒地暗示很少有航海人有想象力)。因此,"除了晚上,任何货船都不得进出任何英国或法国港口"。这不适用于护卫舰队,护卫舰队可以更有效率地在黎明时进入,在黄昏时离开,在这样的协调下,有一半的时间将不需要驱逐舰护航。昼夜不停工作的三国路线办公室将确保没有哪条航道过于拥挤。来自国外的蒸汽船应该停止转向爱尔兰海岸、锡利群岛和塞文河口的灯塔,而是转向一条潜艇很少的中间航道。同时,它们应该燃烧无烟煤,并且彻底改变轮廓。爱迪生写道:"砍掉桅杆,它们已经没有任何用处了;将烟囱数量减少到最低限度;通过帆布(侧面)来缩小船上各种甲板结构之间的间隙,以形成匀称的轮廓。除此之外,所有向东或向西穿越危险区域的船只的航线都应该与太阳光线保持一致,也就是采取我所说的'影子航行'。"

当他试图在美国本土实施他的想法，"以应对敌人的潜艇在美国海岸开始行动"时，他发现由于缺乏相关记录，他不得不自己编制图表。这项任务让他在华盛顿又待了两个月，并导致他越来越多地反思美国政府的"繁文缛节"和他被挫败的海军研究实验室计划。

1918年1月中旬，米娜去丈夫住的酒店看望了他，发现了他可能抑郁的迹象。她向西奥多一一列举：

> 目之所及的衬衫上满是斑点
> 换下的脏衣服，没有纽扣
> 袜子上全是洞
> 眼镜有了裂痕
> 房间像被龙卷风袭击过一样
> 手提箱甚至没有打开

弗兰克·斯普拉格寄给他一封简短的信，抱怨战争进行了10个月后海军研究实验室仍未建成，这并没有提振爱迪生的情绪。这位暴躁的工程师指出，海军顾问委员会选址委员会中只有一名成员应该为安纳波利斯建设工期拖延负责。由于"无法忍受"的延迟，海军部和国会现在属意华盛顿的贝尔维尤。

斯普拉格写道："坦率地说，我们没有权利让这件事再拖下去。"他建议委员会一致投票支持贝尔维尤。

爱迪生对首都方面和无休止的政治妥协失去了耐心。他命令"萨克姆号"在佛罗里达的基韦斯特海军基地和他会合，并在2月初和米娜一起搬到了那里。威廉·梅多克罗夫特感觉到了他的极度沮丧。

"他不会把自己的心情展露给大家看,只有那些非常了解他的人才能意识到他是多么心灰意冷。"

爱迪生向丹尼尔斯而不是向斯普拉格自我辩白,他在3月4日写道,他一直都设想实验室是一个快速开发产品的地方,而不仅仅致力于研究。

> 当然,委员会成员可以做他们认为最好的事情,但他们不能指望我同意推荐我坚信会失败的东西……我聋得厉害,所以很少参加这个顾问委员会的会议,并且与那些人完全不接触,继续担任委员会的负责人对我来说似乎是一种欺骗,所以我认为我最好脱离它,直接为海军部工作,委员会可以选举一个年轻而有进取心的人来代替我。

某种怨恨

丹尼尔斯不理会这封信,也许只有"终身主席"死去,辞职才能生效。爱迪生的另一种选择是,尽可能在华盛顿特区以南的一个宁静的、大片棕榈树荫遮蔽的海军基地冷静下来。他选择了基韦斯特,成为指挥官弗雷德里克·特劳特上尉的客人。特劳特是一位人情练达的绅士,在修复爱迪生对海军部军官心灰意冷的态度方面起了很大作用。作为战前柏林的一名使馆随员,特劳特与威廉二世有过广泛的接触,自然对德国的进攻技术了如指掌。他坚持让爱迪生一家住在他位于基地的宽敞别墅里,还主动提出给西奥多找一座无人居住的小岛来测试他的致命齿轮武器,这让他赢得了爱迪生一家的喜爱。

海军准将爱迪生在基韦斯特海军基地，1918 年春

"'萨克姆号'上的小伙子们"的到来进一步鼓舞了爱迪生。他立刻开始做实验，利用基地的航海、空中和无线设施，花大量时间在海上测试他的快速旋转锚。他甚至试着蓄起银白色的水手胡子。米娜意识到自己又成了不受欢迎的女人，气冲冲地回到了迈尔斯堡。

查尔斯为了安慰米娜而前来拜访，带着他交往了几年的女友"小马"卡洛琳·霍金斯，这是一个身材瘦小、严肃的女人，对自己的年龄和家庭情况秘而不宣。一天，这对情侣从码头到访家里，宣布他们"想马上结婚"。米娜还在挣扎着从这个令人震惊的消息中努力恢复过来，爱迪生已从基韦斯特打电报给查尔斯表示同意："如果你已经决定了，那就越快越好。这肯定比在前线生活好很多。"

婚礼于 3 月 27 日在塞米诺尔小屋的一棵樟树和一棵桂树之间举行，只有米娜、查尔斯的前护士和一名男管家参加。世界上没有几个地方比这里离前线更远了，此时德国的炸弹正在法国遍地开花。正如爱迪生发来的那封语言俏皮的电报所说，28岁的查尔斯的婚姻将确保他不会很快被征召入伍。

这并没有阻止另一位38岁的爱迪生家庭成员加入陆军坦克师。像许多在寻常生活中迷失的灵魂一样，威廉把这场战争看作证明自己不仅仅是一个花花公子的机会。他接受过军事训练，不久就获得了中士的军衔。当他被派往海外的时候，米娜抑制了多年的厌恶，前往葛底斯堡祝愿他一切顺利。

42岁病恹恹的汤姆不可能做得了任何一件勇敢或可称为鲁莽的事。他没有像蘑菇那样疯狂成长的运气，反而在青年时代就出卖了自己的名字。他想要的只是一份在爱迪生工业公司的工作，一份用他天才的双手可以完成的工作，但是长期以来一直被拒绝。① 公司已经从"E-2号"灾难中恢复过来，在查尔斯先进的领导下，公司的留声机、电池、水泥和化学工厂都创下了销售利润纪录。查尔斯喜欢汤姆，也越来越自信地担任董事长这个职务，他决定在战争结束后给他同父异母的兄弟一个机会。②

查尔斯最终以巨大的代价让公司摆脱了米勒·里斯·哈奇森，用112 589美元的遣散费取消了哈奇森最后的佣金特权。爱迪生没有提出异议。哈奇森带着征服世界的野心辞职了，在纽约伍尔沃斯摩天大楼的顶层租了一个办公室套间，四处寻找新的商业机会。③

---

① 1918—1934年，小托马斯·爱迪生获得了10项美国机械专利。
② 1919年1月，查尔斯在担任董事长的同时又加上了总经理的头衔。
③ 哈奇森曾开创了如日中天的事业，但随后成为战后大萧条的受害者。到1925年年底，他的资产已跌至仅剩275美元。他一直活到1944年，一直坚持自己的"博士"头衔，并一直沉浸在曾经跻身伟人行列的回忆中。"我和爱迪生度过了一生中最快乐的时光。我比任何人都了解他。"

4月23日，爱迪生结束了他在基韦斯特的实验，把剩下的东西转移到格伦蒙特的车库，在那里他继续用逐渐消退的精力做一些实验。他对约瑟夫斯·丹尼尔斯所描述的"18个月，每天稳定工作17个小时"的压力终于开始让他付出代价。越来越多的人怀疑海军和陆军都不会采纳他的任何想法。马德琳注意到，一看到格伦蒙特的门口有穿军装的人，她的父亲就会勃然大怒。"他似乎怀有某种怨恨。"[1]

8月，爱迪生和亨利·福特、哈维·费尔斯通、约翰·巴勒斯一起在蓝岭和斯莫基山脉露营。巴勒斯被他坐在一边沉思的新习惯震惊。"偶尔在篝火旁，我们会向他请教化学问题，他的嘴里冒出一个又一个公式，就好像他是照着书本念出来的一样。"

10月5日，布鲁克林海军造船厂发生了一起与"E-2号"爆炸几乎相同的潜艇爆炸事件，导致船长和一名军官死亡，爱迪生注意到这次氢气是由铅酸电池组释放的。这只会让他更加觉得自己和哈奇森受到了海军军事调查法庭的歧视，尽管富有同情心的丹尼尔斯仍在压制该法庭的最终报告。[2]

此时战争即将结束，但爱迪生继续固执地把自己强塞进海军部，要求指派一艘比"萨克姆号"更大的潜艇来测试他最新型号的水下麦克风。丹尼尔斯试图让他明白，他已经做了很多事情来保卫自己的国家。爱迪生的回答是，这项发明在和平时期会和防撞装置一样有用。

威廉在11月11日停战前两周到达了西部战线。他活了下来，很快就缠着父亲要钱，并乞求带他回家。

---

[1] 那个夏天，约翰·斯隆并没有改善家里的气氛，因为他暗示查尔斯和西奥多在逃避战争责任，这让爱迪生大为光火。

[2] 该报告从未公开。通过他的法律部门，爱迪生积极地与"E-2号"灾难引发的诉讼斗争，索赔总额超过50万美元。1919年，他以6.6万美元的价格与他们和解。

海军的感谢

爱迪生根本不关心和平,在1919年整个夏天仍然表现得像个海军科学家一般,为此丹尼尔斯几乎无法掩饰自己的愤怒。当助理部长罗斯福让"萨克姆号"退役,转而为爱迪生提供一艘生锈的准备拆除的替代品时,他没有领会到任何暗示。当替代品也被撤回,取而代之的是一艘船头宽度不足15英尺的游艇时,爱迪生问他是否要结束他的海洋实验。9月10日,罗斯福通知他,由于整个服役舰队的规模缩减,不可能再给他提供任何废铁了:"我现在请求向你表达海军对你所做努力的感谢。"

爱迪生同样冷淡地回答说,他会发现回到私人生活并"结束与政府的联系"是"相当令人满意的"。他没有屈服于丹尼尔斯的请求,拒绝向将在华盛顿哥伦比亚特区建立的"位于政府拥有的土地上,由海军部管辖"的海军研究实验室致以告别式的祝福。在余生中,他会为他最初的想法被歪曲而感到恼火。三年半前,他怀着如此高的期望向国会提出了这种想法,怯懦的海军顾问委员会最终却批准了它的歪曲版本,而最令他痛苦的是,军队并未接受他的任何一项贡献。"战争期间,我提供了大约45项发明计划,但他们把每一项都搁置了。"

在这十年的最后几天里,他唯一的安慰不是任何陆军或海军的官员,而是来自一个雄心勃勃的、抽着哈瓦那雪茄的空气动力技术促进者。一架巨大的"汉德利·佩奇"轰炸机在卢埃林公园上空低空飞行,并向爱迪生致敬:

世界上最伟大的陆地型飞机向世界上最伟大的发明家致意。

哈奇

第三章
化学

1900—1909 年

爱迪生在他的化学实验室里，1902 年

爱迪生的 53 岁生日快到了，但他儿子威廉的一封信给这个喜庆的日子蒙上了阴影。威廉从耶鲁大学辍学，为人不可靠，几个月前还信誓旦旦地说"再也不会家门抹黑"。

威廉在那段时间还娶了一个名声不太好的年轻女子，爱迪生拒绝接受这个儿媳妇。威廉在给父亲的信中写道，他们住在纽约，已经"在社会上获得了相当大的成功"。他们唯一缺少的就是去格伦蒙特的邀请。"只要一个晚上，这就是我所要求的……我可能是一个不听话的儿子，但绝不是一个坏儿子或无用的儿子。"

在爱迪生看来，威廉恰恰完全能匹配这三个形容词，而他的妻子布兰奇是特拉华州一位医生的女儿，挥金如土。毫无疑问，这对夫妇花光了威廉从他母亲玛丽·爱迪生那里继承的财产，现在又想从他父亲那里捞一些钱。他们俩和所有人一样，都认为爱迪生很有钱。事实上，爱迪生的财务状况非常紧张，他在新泽西州高地的一座铁矿上浪费了 200 多万美元，又在新墨西哥州奥尔蒂斯的金矿中投入了 50 万美元。他再也不想让威廉和另一个浑蛋儿子汤姆重新进入他的家属名单，而汤姆的妻子的名声甚至比布兰奇还差。

这两个儿子已不再是孩子了，威廉 22 岁，汤姆 24 岁[①]，他们不关心自己的父亲还有另一个更年轻的家庭需要供养。威廉给爱迪生带来的是不断的辱骂和放纵，汤姆则是持续的牢骚和自怜，这让爱迪生不得不靠米娜来摆脱他们的纠缠。如果米娜是带着爱心把他们俩带大的，而不只是在履行责任，那么他们对生母玛丽的模糊记忆可能就会融入和另一个"母亲"更鲜活的共同生活体验。但是，尽管米娜尽了最大努力，但她还是无法掩饰对亲生骨肉的偏爱。他们越过米娜寻找

---

① 玛丽昂嫁到了德国，快 27 岁了。

自己真正的归属感，远远地就看见了他们的父亲，父亲就如同一座熟悉的大山，隐约出现在远方的地平线上。只是每当他们靠近时，他就后退或消失。父亲真的在那里吗？

查尔斯和马德琳没有这样的困惑，西奥多长大后也没有。他们把父母之间的爱和父母对他们的爱视为理所当然，把爱迪生长期不在格伦蒙特当作家庭生活的一部分，就像他们在家里会原谅爱迪生因为耳聋或心不在焉而不太注意他们一样。几年后，查尔斯在从麻省理工学院寄来的一封信中表达了他对家庭的思念之情，但这个家庭从未完全接纳他同父异母的哥哥姐姐：

> 我在想，客厅是不是还是原来那个样子：大窗户外结了霜的草坪上散落着玩具，精致的旧休息室里摆着大桌子。月光透过高高的北窗将婆娑的枫树影子照进屋里。通过运河送来的煤在壁炉里明亮地燃烧，椅子上方有一盏大玻璃灯，椅子上坐着世界上最受爱戴、最受尊敬的人。阅读室的地板上堆满了杂志，靠近门的桌子上堆放了一些书，一块皮革盖在书上，旁边是椅子和小脚凳，母亲您坐在那里……在南边的旧厅里，姐姐在写作，厅里摆放着钢琴，还有插着一些花的大花瓶，再加上光线柔和的雪花石膏灯……放着冰冷座椅的餐厅很安静，活动室很大，但是令人不舒服。西奥多房间的留声机，我房间的白色亚麻、红玫瑰，每个角落都被我触摸过。我梦想着几年后依然可以再次看到这些人和景。

马德琳和查尔斯一样，享受着米娜的溺爱。他们意识到米娜对爱的需要是永远得不到满足的。随着年龄的增长，她的抑郁症也越发严重。她是一个发明家的女儿，嫁给了另一个发明家，但她时刻担惊受怕，纠结着爱迪生是不是更关心实验室，而非自己的妻子。

34岁时，她早已失去了1885年夏迷倒爱迪生的那份少女般的性感（那个时候爱迪生满脑子都是米娜，以至于过马路时差点儿被车撞倒）。紧致的皮肤开始松弛，琐碎的家务事和过短的冬季假期让"肖托夸少女"过去的迷人光芒变得暗淡。但她绝不是一个操劳过度的家庭主妇，她雇用了11名家政工来保持豪宅的整洁、舒适和光鲜，家中的桌子上摆满了食物（但没有酒，她不喜欢酒），庄园和温室一尘不染。孩子们在私立学校和法国女家庭教师那儿接受教育。[①] 马夫和司机随时准备送她去参加妇女午宴和"美国革命女儿会"地方分会的集会。爱迪生给了她一大笔零用钱，所以她穿的衣服都很贵，而且在纽约的任何一场歌剧或舞会上，她都付得起最好包厢的费用。

爱迪生在格伦蒙特家中客厅里的椅子和灯，1900年前后

---

① 查尔斯回忆说："我们以前讲法语和讲英语一样流利。"

尽管米娜拥有优越的外表和舒适的生活，她身上却有一种冷酷的气质，这是由她坚定的卫理公会信仰所决定的。她听不懂笑话，会对舞蹈和低胸礼服皱起眉头，对爱迪生快乐的不可知论感到惋惜。每年8月，她都会参加肖托夸集会，这是她的父亲在纽约州北部与其他人联合举办的成人进步活动，气氛沉闷，主题包括"苦难的问题"和"耶稣关于工业修道会的教导"，她在这些主题讲座或音乐会中舒缓她那紧张的情绪。

之后，她惊恐地发现，汤姆像大多数百万富翁的儿子一样已经走上了酒鬼之路，还娶了一位金发歌舞女郎玛丽·路易丝·图希。她对威廉给自己的评价也无法释怀，威廉曾对爱迪生说："我永远不会爱或哪怕是喜欢继母，因为她毁了我们的幸福。"

"无答复"

爱迪生每年会收到3 000封信，其中大多数是纠缠不休的信件，他的应对之策是在信件第一页的顶部草草写下"无答复"。（通常情况下，第二页的最前面往往都会谈及钱的问题。）之后他会将邮件交给他的秘书约翰·兰道夫处理，由兰道夫决定来信者是否值得表达一下礼貌性的歉意。兰道夫擅长处理宗教狂热者或有着男性笔迹的孤寂遗孀寄来的垃圾信件。尽管爱迪生——在孩子成年前他还是很好说话的——时不时会因为两个儿子的不当行为而扬言要削减给他们的费用，但兰道夫还是觉得无视汤姆或威廉的信会有些不自在。秘书也有自己的情绪，总是不禁为汤姆和威廉的境遇感到难过。由于秘书是唯一能回应他们诉求的人，也是帮爱迪生开支票的人，他们便开始把秘书"约翰尼"当作一个盟友，当他们没能得到父亲的回应时，"约翰尼"或许可以帮助他们。

1900年春，爱迪生面临的问题是如何让两个儿子尽可能远离纽约的花花世界而安顿下来。威廉给米娜发了一封近乎暴力威胁的信，紧接着八卦媒体又描述了汤姆和一位在卡西诺剧院舞台穿着淡粉色网状上衣表演的歌舞女郎玛丽一起在麦迪逊广场花园的阿里翁舞会上开怀畅饮。这让爱迪生意识到解决这两个人的问题已成了当务之急。

更令爱迪生担心的是，汤姆在与记者交谈时假扮成他的创新精神的继承人。"我在父亲自己的实验室里长大，受父亲本人的教育，我认为我有能力继续父亲生前可能都无法完成的事业。"兰道夫以令人恼火的频率报告说，这个家伙就是在开空头支票，然后把自己的姓氏卖给了所有的来访者。

小托马斯·阿尔瓦·爱迪生，1900年前后

5月9日，一张传单送到实验室，宣布小托马斯·爱迪生已成为"新设立的国际科学与发明局的专家顾问"，该局在纽约、伦敦和巴黎均设有办事处。"公司的熟练技术人员随时可以检查和研究一切创意，或者向我们提交任何创意（如随附所示），如有需要，也可以提出一些改进意见。"该局将帮助"一切好发明"获取专利，作为回报，它可分享发明带来的利润的2/3。其总经理A. A.弗里登斯坦通知爱迪生，汤姆向他保证了，"上述计划已经得到您的同意。如果是这样，能麻烦您替我出谋划策吗？因为我不会在任何没有经过深思熟虑的事项上投一分钱"。

多年来，爱迪生阅读了诸多类似的产品和公司广告信件，比如小爱迪生改良白炽灯泡、小托马斯·爱迪生&威廉·霍尔泽钢铁加工公司、爱迪生-罗杰斯荧光屏公司以及小托马斯·爱迪生化学公司（更不用提什么可以通过恢复女性脆弱器官的力量，治愈"女性独有的疾病"的爱迪生博士减肥药丸、爱迪生电动腰带）。爱迪生把类似弗里登斯坦这样的问题都交由律师处理，自己则投入了世界上最长的旋转式水泥煅烧窑的研制。

一个全新的伏打组合

5月的一天，爱迪生站在曼哈顿的西边，等待着去泽西城科特兰特街的渡轮。两个街区外是史密斯&麦克内尔餐馆。有一次，他在快饿死的时候，在那儿用仅剩的几枚硬币买了一盘苹果饺子、一杯咖啡和一支雪茄，这是他记忆中最美味的盛宴，比他后来在德尔莫尼科餐厅吃的都要好吃。那儿的饺子一直保持早前的价格（2.95美元），他还时不时地以"吃过的最好吃的饺子"来向朋友推荐这份美味。

这些年来，他点亮的街道上挤满了马车——拥挤的车辆、谩骂的驾驶员，以及遍地的粪便和尿液，空气中都弥漫着这些人和物的混合气味，他不得不用最带劲儿的雪茄来抵消它。如果纽约在20世纪早期就如此拥挤，那么它再过多久会陷入交通停滞呢？爱迪生花了整整两个小时，在笔记本上记录下了他设想的补救方案。

> 负载有限，拥塞，由此产生的延误和费用……
> 解决方案：电动卡车，占据街道的一半面积，速度快两倍，承载力大两到三倍。开发需要：运行齿轮——简单；电机驱动器——简单；控制器——简单；电池——（？）

与电车和火车相比，电动卡车和汽车依赖于铅酸蓄电池。它噪声小，但作为代价，铅板如轮胎般沉重。更别提正负极间会有腐蚀性液体流动，散发一种近乎马尿的气味。有两种可替代的选择，但它们也各有不足。汽油车很难启动（发动机必须用手摇，它的反冲力可以震断一个人的胳膊），也很难驾驶，需要一个可变速齿轮（换挡齿轮）来加速或减速。此外，它的烟味熏人、声音刺耳。蒸汽汽车需要频繁换水，也很麻烦，在冬天甚至需要45分钟来预热。[①]但蒸汽汽车毕竟动力强大，已占领全美8 000辆"无马马车"市场的大部分。但是，在某种既实用又便宜的交通工具出现之前，城市道路上的粪便不太可能会减少。

爱迪生在科特兰特街笔记里表示，他打赌，无齿轮、无污染的电力将赢得最终的胜利，即使不用于汽车，它至少也会被送货的卡车和出租车采用。而他需要做的就是发明一种可逆电池，它将更轻、更便宜，可以与高能量密度的汽油竞争，而且像蒸汽一样干净。它可以产

---

① 1900年，蒸汽汽车占美国汽车市场的40%，电动车占38%，汽油车占22%。

生稳定的电流，并在需要充电之前能保证牵引车辆很长一段路程。它可以承受短路，在道路不平整、超负载以及电压降到零的情况下依然保持运行。诚然，这些优点都有巨大的不确定性，但他本性喜欢迎接挑战。经过10年的打磨与沉淀，他想重新研究电化学原理。

他拒绝接受只有铅、铁和硫酸才能产生足够汽车运行的电流这样的教条说法。这"在理论意义上非常完美"，但在实践中存在缺陷，"因为液体电解质存在着固有的破坏性"。每辆车上充其量安装6~8块铅芯硬橡胶电池[1]，会导致15%的功率损失。在这种损耗下，电动汽车车主就需要比其他车拥有更多的保养技巧和耐心，更不用说把废电池抬出来还需要很大的力气，通常得两个人才行。爱迪生宣称："如果大自然打算用铅来维系电池的供电，它就不应该让铅如此之重。"

爱迪生还没有意识到，他的科特兰特街笔记结尾的问号将会成为他职业生涯中最难解决的难题。他开始寻找存在于"大自然"某处的电化学的"阴阳"，一种正极和负极、吸引力和排斥力、充电和放电、物质和能量的完美平衡。如果说爱迪生那个年代还没有实现，它也已暗含在此前一百年"应用电力之父"亚历山德罗·伏打发明的最早的电池之中：一堆浸过酸的硬纸板圆盘组成的圆柱体，交替分离厚厚的圆形银片和锌片，或者铜片和锌片。潮湿层与金属层发生反应，在电池与外部导体连接的瞬间，从正极到负极产生电流，虽然流量很大，但是不可逆，持续消耗直至电池"死亡"。

加斯顿·普兰特于1859年发明了二代铅酸电池，这是一项几乎与伏打的发明一样伟大的技术创新。作为曾经的儿童化学家和青少年电工，爱迪生对这两种电池都有过深入的了解。但成年后，有一次实

---

[1] battery 和 cell 这两个表示"电池"的单词今天被混淆到了可以互换的程度。在爱迪生的时代，battery 指的是一组电池。

验中溅起的硝酸差点儿毁了他的脸，于是他开始思考用碱性电解液填充电池的可行性，或许要取消平板电极，以避免能量浪费在致密金属的移动上。

1889年，他朝着这个想法迈出了第一步，当时他改进了拉兰得-夏普隆电池，这是一种在氢氧化钾水溶液中以锌为正极、铁为负极的原电池。① 它的封闭结构抑制了电解质的蒸发，令他相信非腐蚀性的电池可以由外部发电机充电。为此，他花了近一年时间，一直用氧化铜电极进行再实验，他将氧化铜电极浸入不同强度的腐蚀性溶液，结果并不令人满意，要么铜氧化了太多，要么根本不可逆。在1900年夏末之前，他准备尝试将50种金属和矿物进行组合，以找到"一个全新的伏打组合"。

"爱是一样陌生的东西"

爱迪生的两个大儿子秉性大不相同，说来荒唐，他们就像是故障蓄电池的两极。汤姆是腐蚀性的负极，注定要吸引像弗里德兰德先生这样的黏附性离子，而威廉则是强硬的另一极，疯狂地喷出电子，有时甚至存在爆炸的风险。任何一件小事——臆想中的怠慢、一个谣言、房东对欠款的追讨，都有可能触怒他。但他也很容易被感动到热烈地诉说自己的爱意或好感。他和哥哥一样有一种需求感，但是汤姆对爱的需求大于对金钱的欲望，对威廉来说，往往一张支票便足够了。

不知何故，7月的时候，汤姆意识到，作为一个工业大亨的儿子，他的期望错位了。他立刻怀疑米娜在策划剥夺他继承权的阴谋。他的偏执在给沃尔特·马洛里（一位伟大而又悲哀的工程师，他经营着爱

---

① 现在被称为爱迪生-拉兰得电池。截至1900年，爱迪生每年向铁路公司销售了数十万块这种电池，用于信号系统。

迪生波特兰水泥公司）的一封信中表现得淋漓尽致。

> 你能尽快让我知道我父亲是否剥夺了我的继承权吗……
> 是爱迪生太太和他的几个朋友吗？谁在这件事上起关键作用……对我父亲来说，爱是一样陌生的东西，但世界很快就会知道事情的真实情况。关于我和我妻子的谎言已经蒙骗了他，随他去吧，但在上帝面前他会后悔，我也会告诉他和米勒帮，他的这个儿子并非纨绔子弟。

可怜的汤姆有着瘦高的个头儿，穿着优雅的西装，硬挺的高衣领下隐藏着瘦削的脖颈。（相比之下，威廉看起来像一名即将脱衣参加拳击对垒的中量级选手。）"米勒帮"指的是米娜的那些宗族亲戚，这些亲戚总是看不起她的继子女。

威廉则继续抱怨着不得不谋生的烦恼。他在华盛顿特区经营一家汽车代理公司，但经营得一点儿也不好：

> 我不得不找工作，因为我微薄的收入难以维持生计。我的父亲，如果他是一位真正的父亲，他就应该照顾我，为我谋福利。他从来不去了解我到底是死是活，但我会告诉你，马洛里……我厌倦了这一切，在我入土之前，一些肮脏的事情必将发生。

马洛里把这封信转交给了他的老板，老板曾有一段时间每年给威廉 2 160 美元的资助，这比当时大学教授的平均工资还多。[①] 爱迪生

[①] 爱迪生也给了小托马斯一份差不多的收入。这段时间，爱迪生还给两个儿子还抵押贷款，但不清楚他们抵押了什么。

第三章 化学：1900—1909 年

不在意这些，但布兰奇接着又歇斯底里地涂鸦了一封 6 页的信，信中写着"20 世纪最伟大的人"的孩子不应该生活在这样的贫困中，爱迪生表现出了罕见的愤怒。

> 我没有理由继续支持我的儿子，他没有给我带来任何荣誉，而且多次让我蒙羞。事实上，他有时给我带来的情感伤害是无法估量的。在超过 15 年的时间里，我每年给我的家人不到 2 000 美元，我们生活得很好。而在我尽可能地支持你们的时候，你们也从未对我表达感激之情。让你的丈夫像我一样自己去赚钱。我将继续每月给你们提供相应的费用，但无论是什么情况，我都不会借钱给你们或者增加每个月的生活费。

我所有的钱

10 月，爱迪生在"可逆电池"或所谓的"蓄电池"上做的有用的新改进所涉及的两项专利预示着他作为化学家的自我发现，而此时他又不得不接受他永远不会成为另一个安德鲁·卡耐基的事实。采矿的经济困难迫使他放弃了在新墨西哥州的新冒险，那里的金沙太差，无法加工，同时他关闭了自己和马洛里在新泽西州奥格登斯堡建造的炼铁厂。9 年前不切实际的希望破灭了。

从那以后，他们不得不改造爱迪生的长窑和遗留在奥格登斯堡的机械，用来生产波特兰水泥。爱迪生打算花尽可能多的时间在试管和电流计上，"我把我所有的钱都花在了蓄电池上"。

专利的申请表明他并不期望早日成功。他写道，他利用镁的绝对中性来防止锌在充电时"呈海绵状沉积"在负极上，从而改善了碱性电池的性能。相反，如果用氧化铜，就会形成相当大的团块。但锌本身就是个问题，锌在碱性溶液中实在太容易溶解了，一段时间后这些团块就会降解，迅速降低放电容量，正如"其他使用这种电池的实验人员"已发现的那样。

"其他使用这种电池的实验人员"将再次困扰爱迪生。他与瑞典科学家恩斯特·瓦尔德马尔·琼格纳的研究有相似之处，琼格纳开发的碱性汽车"蓄电池"与他的研究是如此相似、如此同步，如果不是被大洋和多重语言障碍隔开的话，他们甚至会互相怀疑对方安排了技术密探。琼格纳也在几年前发明了拉兰得电池的一个变种，他的第一块碱性银镉电池于1899年8月26日在德国获得专利，这大约是在爱迪生开始在氢氧化钾溶液中测试锌和铜的极化之后两个月。也大约是在同一时间，琼格纳还在美国申请了一项基础电池专利，但此时还未收到申请结果。

如果爱迪生在申请专利时了解这些详细信息的话，他将不得不阅读琼格纳发表在德语期刊《电化学杂志》上的一篇文章《可以二次使用的具有恒定电导率的电解质的电池》。这并非不可能，因为他订阅了该德语杂志的姊妹刊《电技术杂志》，并聘请了翻译人员来帮助他跟进国外的最新创新研究。

无论如何，他在10月15日提交的第二份专利申请显示出他对镉元素电化学的深刻理解，并为攻克了一个击败了所有"之前的实验家"的难题而感到自豪。爱迪生用最精确的语言描述了一项自他在1874年发明的四工电报机以来最复杂的发明。该发明的构造始于两块长方形薄镍板的轧制和退火，这两块薄镍板分别布满了镉和铜元素，然后被面对面地拉在一起，就像两面相对的镜子一样。为此他先用高温和氢气对两块薄镍板进行抛光，以尽可能地使电池保持轻薄的质地，然后将它们固定在镍质的扁平"口袋"里。

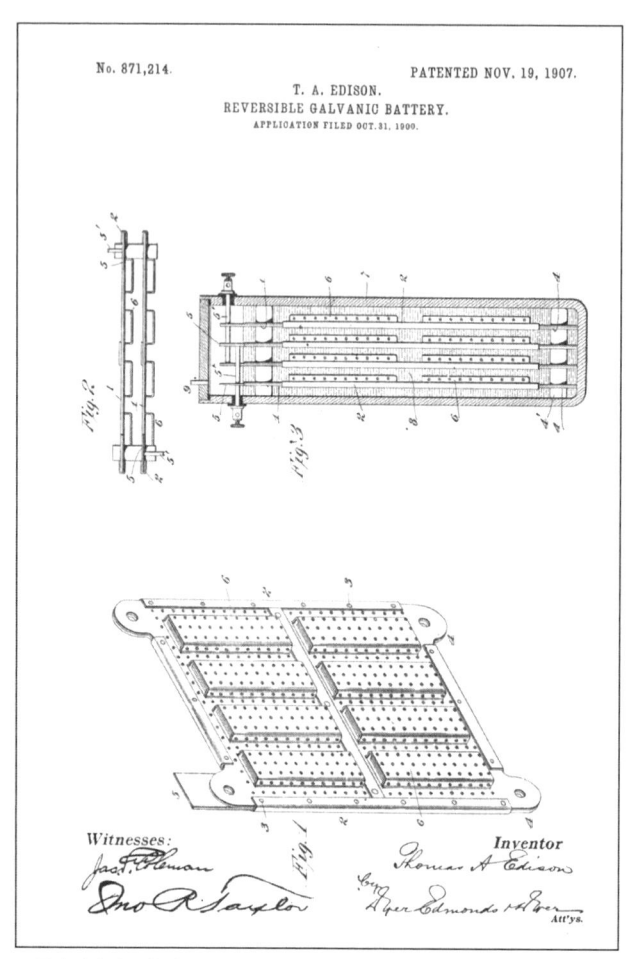

爱迪生镉铜蓄电池的专利申请说明，1900年10月15日

  镍质口袋和镍板被穿孔，以便之后浸泡碱性液体。接下来极其复杂的工艺便是用两种金属粉末去填充这些口袋。填充阳性板的口袋的是切割得很细的镉；填充阴性板的口袋的是类似处理的氧化铜。虽然到目前为止，电池的组装是两极对立的，但所含元素必须以不同的方式制造。他通过发生在铂阴极上的电沉积来获得镉，从阴极上剥离出一条条丝带一样的"极细的、丝状的、纯度极高的"物质。

他用水洗去了所有残留的硫酸盐,然后把丝状物塞进镍质口袋里,要塞得足够紧密,让丝状物具有"连贯性",但又不会紧密到让口袋失去孔隙度。

这种操作流程虽然很精细,但不像分解氧化铜那样困难。这就是琼格纳(或爱迪生质疑先于他发明可逆电池的其他任何人)未能创造有效去极化剂的地方。他们的一切努力都被"产生的少量铜盐阻碍,铜盐呈蓝色,可溶于碱性液体"。随着盐的循环和溶解,它迅速腐蚀了正负两种元素,尤其是锌。为此必须扩大电池容量以补偿损耗,但这样电阻也随之增加。

爱迪生写道:"因此,使用氧化铜作为去极化剂的可逆电池从未在商业上使用过,现在已经过时了。"他发明的电池的独特之处在于,他用化学方法分解氧化物,使电池像最纯净的滑石一样光滑。"如果……有一块不管体积多小的密度大的铜,甚至如果把切割得很细的铜压缩到足够大的密度,便会形成一种可溶的铜氢氧化物。"为了避免因这种压缩而产生的铜盐带来的障碍,爱迪生将碳酸铜与氢在尽可能低的温度下还原,得到了这种粉末。这使得它很轻,脱水且不溶于水,这是影响蓄电池电极功率的至关重要的因素。"当把铜以精细切割过的形态固定好后,就把它模压成合适形状的薄块,紧贴着放在电池板的口袋里……"

到那一刻为止,在自己 2/3 的专利申请里,爱迪生显然都陶醉于他所描述的发明的复杂性以及需要用以区别每一个细微差别的术语中。"伟大的科学,化学。在所有的科学中,我最喜欢它。"

> 铜(填充)板成型后,在一个不超过 500 华氏度的封闭房间里将它们放置 6~7 个小时,直到铜转化成黑色氧化物(CuO,氧

化铜）。如果需要更高的温度，那么黑色氧化物的密度将增加。被氧化后，氧化铜块被电解，还原为金属铜，然后在充电时被电流再次氧化，直到转化为红色氧化物（Cu_2O，氧化亚铜）。然后将氧化亚铜块插入（即将被使用的）电池板上的穿孔口袋。

正如上面所解释的，最初通过氢还原得到的铜粉可以被装在穿孔口袋中，而不像所描述的那样首先因加热而被氧化。但我发现，这样做的效率不是很高，因为当铜第一次转化为黑色氧化物时，它不像镉那样呈丝状，最初产生的颗粒物互相没有产生紧密的电接触。

制造可逆电池的最后阶段是用镍框架加固已经做好的电池板并使其绝缘，进行电连接，再将这个能像提公文包一样轻松地整体提起的紧密集合体放入镍套。然后加入10%的氢氧化钠溶液并密封，只留下一个用于在充电时释放氢气气泡的单向阀。最后是两个整齐突出的正负极的极尖，可以与其他设备叠加，提供所需的电流。

在最后一段描述中，爱迪生为他所设计的可逆电池感到欢欣鼓舞。在放电过程中，镉变成镉氧化物，铜氧化物变成铜。在充电过程中，金属和氧化物会还原到原来的状态，甚至电解质中的水也会"分别分解和再生，每次放电后，液体的状态和体积都完全相同"。几乎什么都没有蒸发，电池几乎不需要再装上盖子。"事实上，通过实践，我发现在电池板之间夹上薄薄的石棉……只要用碱性液体将石棉浸湿，就几乎可以得到与实际浸泡在碱性液体中一样好的结果。"

这是一种最先进的电池，它以金属和潮湿纤维的交替使用向比它早100年的伏打电堆致敬。

被人看见并被跟踪时

即使爱迪生签署了两项新专利,他也知道自己在挑战铅酸汽车电池这个领域做得还不够。他的镉铜电池也存在几个问题,首先是这两种金属的价格高到不可接受。[①] 只有0.44伏特的输出也是不实用的,即使单位重量能产生更多的能量,其精巧的装配也不利于商业生产。另外,爱迪生并没有像他声称的那样彻底解决蓝色铜盐沉淀的问题。到了11月,他回到了化学实验室,再次寻找可逆电源的完美阴阳极。

爱迪生收到威廉的来信已有一个月,威廉似乎已经忘记了他前不久刚惹得父亲很生气。此时他以一个表达关心的弟弟的身份写道,汤姆的歌舞女郎妻子[②]抛弃了他,并在滥用她和汤姆以前的关系:

> 有人看见玛丽·爱迪生带着两个奇怪的男人和一个坏女人走进"干草市场",这是纽约最糟糕的地方之一。她在"田德隆区"四处奔走,向每个人夸耀自己是爱迪生的儿媳,备受他的宠爱……她似乎认为她把我们都当成了"傻瓜"。她喝醉了,被人看见并被跟踪时,还把一切都告诉了这些肮脏的人。

威廉恳求他的父亲做点儿什么来保护这个家庭的"好名声"。爱迪生认为听从威廉的意见是明智的,他私下做了安排,如果玛丽停止

[①] 当时镉的价格是每磅1.2美元,而铅的价格只有每磅4美分。
[②] 玛丽于8月初在乔治湖与汤姆度假时,汤姆丢失了现金和衣服。但玛丽和另一个男人回到了纽约,汤姆心烦意乱,随后乘另一趟火车回来,但他又没钱,只付得起到杨克斯这个地方的路费,然后步行完成后面的路程。8月16日,《纽约时报》报道玛丽重返卡西诺剧院的舞台,出现在音乐喜剧片《自由美女》中。汤姆失踪了6个星期,可能是在哪儿成了酒鬼,爱迪生不得不雇用两家代理机构去寻找汤姆。

这种对他的攀扯行为，就每周给她提供 25 美元。

爱迪生又把注意力转回到比较适宜的制造工艺上，重新考虑这一年早些时候申请专利的长窑。它将成为他打算在新泽西州斯图尔茨维尔附近的纽村建造的大型水泥制造厂①的中心。虽然长窑已经准备好了，但在电池实验期间，他还是忍不住想把它加长。沃尔特·马洛里发现，爱迪生关于"长"的新想法是，不管管道的容积是多大，每天都要"吐"出 1 000 桶水泥。当工程师警告他产量已超过业内任何火炉容量的 4 倍时，他又提出了要特制一个长 150 英尺、直径 9 英尺的窑炉的想法，这个窑炉由 15 个铸铁部分组成，在 15 个大得足以承载纳尔逊纪念碑的轴承上运转。

佛罗里达最美丽的地方

1901 年到来时，爱迪生已经有两项专利正在申请中，又有 100 多名实验室工作人员协助他进一步开发碱性蓄电池，他已无法对投机客隐瞒他的大项目了。一家名为琼格纳的瑞典公司在斯德哥尔摩成立，由爱迪生唯一的竞争对手创建，但它的名字在华尔街引起的反响远不如爱迪生蓄电池公司，后者 2 月 1 日的市值达到 150 万美元。不到 18 天，纽约信托律师路易斯·博梅斯勒就向爱迪生提供了 300 万美元现金，以换取推广新电池的权利，尽管在当时新电池只处于理论阶段，尚未生产出实物。

爱迪生拒绝了。博梅斯勒认为他是在寻找其他的合作机会，于是有些恼怒地写道："我不想在这件事上做太多工作，当我准备结束时，我才意识到我是在竞争……（因此）我提出了一个你无法拒绝的

---

① 它曾经是世界上最大的工厂废墟，现在仍能在新泽西州的纽村看到。

数字。"

实际上,这个价格已经高到足以抵消爱迪生所有矿业方面项目的债务,并为他的水泥厂买单。但他一直很有礼貌地把博梅斯勒推到一边("我不想对你的论点提出异议"),直到那位糊涂的律师意识到,爱迪生是一个不能被收买的人。

小托马斯·爱迪生却不是这样的,他急于出售自己的名气,导致爱迪生&霍尔泽钢铁加工公司的一名投资者受骗,受骗者在2月中旬起诉他,要求他赔偿40万美元。来自第三方的警告说,小托马斯可能会坐牢,爱迪生对这件事的回复像往常一样:"我对此事一无所知,所以我不想和它有任何关系。那个少年早已长大成人,他所做的事,我都不知道。"

因为这些烦心事,他决定暂停阅读尤利乌斯·汤姆森的《热化学》、格拉德斯通和特赖布的《普兰特和福雷的二代电池化学》以及《美国化学学会期刊》的过刊,休息一下。他跟一位友人开玩笑说:"我要去佛罗里达用一个月的时间来打磨一下我的智力。"这是他14年来第一次毫无拘束地回到迈尔斯堡他和好友(之后变成敌人)埃兹拉·吉利兰共同购置的庄园。回溯往昔,在那段他俩互称对方为"达蒙"和"皮西厄斯"的旧时光里,米娜·米勒小姐是吉利兰带给爱迪生的最好的礼物。① 肥胖的"达蒙"此时被心脏病折磨得奄奄一息,他对迈尔斯堡来说也早已是一个陌生人,所以他们再也不可能隔着20码宽的花园怒目相向。

事实上,爱迪生早该检查一下房产自1887年以来的损坏情况,因为这里住过一连串的度假者。米娜和他们的三个孩子、两个亲戚和

---

① 关于爱迪生和吉利兰的早期关系以及最终为何反目成仇,见第五章和第六章。

一个女佣陪伴着他。这次访问与其说是怀旧，不如说是受罚。看门人曾试图用少量的油漆来粉刷房子，但没有足够的床铺供 8 个人使用，也没有厨师为他们做饭。吉利兰的房子现在属于一位千万富翁（标准石油公司的总裁安布罗斯·麦格雷戈），与杂草丛生的邻居的房子形成了鲜明对比。尽管如此，周围的那片爱迪生在 1885 年设计的花园却生机勃勃，米娜看到了在那里做园艺的巨大潜力。

在接下来的 5 个星期里，他们凑合着过日子，和富豪麦格雷戈一家成了朋友，在市中心的酒店里吃饭，用卡车运来泥土种植新植物。爱迪生用一根钓竿"打磨"着他的智力，从克卢萨哈奇河清澈的水中拖出一条重达 30 磅的鲈鱼，但他几次出海尝试钓大海鲢都失败了。他告诉记者，他打算把迈尔斯堡作为自己冬天的家。"这是佛罗里达最美丽的地方，来东海岸的游客迟早会发现这个地方的。"

哪个词？

北上返回之后，爱迪生做的第一件事就是去哥伦比亚大学聆听尼古拉·特斯拉的电气讲座。尽管都是该领域的革新者，但他们两人和他们所代表的对立电力系统（直流电和交流电）一样罕有共同点，所以关系一直都很疏远。爱迪生可能不会原谅任何试图靠他教的东西发财的前同事（埃兹拉·吉利兰就是最好的证明）。但是，特斯拉在 1884 年为爱迪生机械厂的发展贡献了自己的智慧，并且在 6 个月后离开去创立特斯拉电灯和制造公司时，什么也没带走。

爱迪生在到达哈弗梅耶大厅时已经迟到了，但观众还是对他的入场报以热烈的掌声。此时，特斯拉已经在展示他的电动振荡器的光效应，在欢呼声中，他抬起头。现场的一位记者这样描述当时的场景："看到了所有美国发明家中最伟大的一位……特斯拉停下手中的工作，抓住爱迪生的手，握了握，把他带到一个座位上。"紧接着观众再次为他们俩欢呼鼓掌。

现场另一个感兴趣的聆听者是伽利尔摩·马可尼，这位 27 岁的意大利工程师比在座的学生大不了多少。4 月 16 日，他来到西奥兰治，参观爱迪生关于"无线电报"的旧专利，并听他絮絮叨叨地谈了 4 个小时，主题是有朝一日要发射环绕地球并穿透太空的声波。这对马可尼来说算不上什么新发现，因为他已经将莫尔斯电码发送过英吉利海峡了。但他对这项专利很感兴趣，而且这样的商业讨论对他的实验更有价值。

不久之后，《西方电工》的一个大字标题讨论该用什么专业术语来称呼这种媒介。"火花、空间、无线、以太、赫兹波还是无线电报——哪个词？"马可尼这时还没有提到"无线电"这个词。

与其说是一箱，不如说是一组

5 月 21 日，爱迪生工业公司的首席理论家阿瑟·肯内利博士在美国电气与电子工程师协会的年会上宣布，他的老板发明了一种新型的蓄电池。爱迪生自己做了大约 9 000 次实验，发现有两种金属的电化学性质非常接近，从而使可逆电池得以实现。

肯内利接着发表的论文非常专业，但论文透露爱迪生用一种镍的超氧化物做电池正极，这在业界掀起了轩然大波。众所周知，镍在氧化和还原状态下是不导电的，而且，它几乎和镉一样昂贵。将铁（爱迪生的负极元素）作为负极则易于理解，那意味着大量的深度放电循环。爱迪生将石墨薄片与镍水合物混合，然后将混合的粉末填入先前设计的电池中，从而提高了正极的导电性。石墨（纯碳结晶）除了在每种化合物中作为微观电线管外，不参与新电池的任何化学反应。它使氧离子在25%的氢氧化钾溶液（爱迪生在所有电池实验中最喜欢用的碱性电解质）中自由地从一个口袋流到另一个口袋。

最让反对者难以置信的是，肯内利声称这种镍铁电池每磅有14瓦时的存储能力，充一次电的能量就足以将自身重量的重物抬升到7英里的高度。相比之下，铅酸电池只能抬升到2~3英里的高度，重物就会掉下来，并在地面留下明显的凹痕。爱迪生的电池与其说是一箱，不如说是一组，它组合得很牢固，能够承受汽车会遭遇的各种冲击，而且如同它的创造者一样，它的平衡性极好。肯内利在演讲结束时承认，电池的口袋仍然存在一些问题。比如，当它们分别失去或重新接触氧气时，它们的扩张和收缩会导致镍板轻微膨胀，而铁板则与之相反，会收缩。在这两种情况下，内部压力的变化会导致电池薄钢壁的凸起和凹陷。但是，他坚持认为，这些都"在金属可承受的弹性极限之内"。

最后，肯内利模棱两可地回答了对蓄电池感兴趣的人提出的成本问题。他说："爱迪生先生认为，在工厂设施完工后，它生产出的新型蓄电池的价格不会高于铅酸蓄电池。"

水泥工业的新纪元

那年春天，爱迪生的两座工厂仍在建造中，它们位于特拉华州拉克万纳 & 西部铁路沿线，相隔60英里，途经17个车站。他成了这条铁路上的通勤者，往返于两座工厂之间，监督施工的每一个细节，思考可能的产出。一个周六的上午10点40分，他抵达纽村，参观了水泥厂的采石场和包装间。在水泥厂的11座钢筋混凝土建筑中，有7座已经完工或接近完工，其余的建筑看起来也快要完工，并将在仲夏前装备齐全。尽管呈现在他眼前的已是全美第五大水泥厂，但他还是决定将产能从每天 400 桶提升到每天 1 000 桶。他整个下午都在那里沉思，然后乘坐下午 5 点 30 分的火车回家。他凭记忆工作了一整夜，一直到星期日下午，列出了对工厂设计进行必要修改的近 600 条建议，包括新机器的尺寸，以及订购两台卡耐基蒸汽挖土机以便从地下水泥岩石矿脉中挖出更多矿石。①

将这份建议清单复印后，他才通知爱迪生波特兰水泥公司的一位董事哈伦·佩奇，公司将不得不出售"大概有 40 万美元"的优先股票来完成他所要求的修改。爱迪生相信这家工厂将开创水泥工业的新纪元。②

沃尔特·马洛里的部分工作就是让佩奇这样的人高兴，他从 10 年的山区工作经验中知道，爱迪生的设计更多出于本能，而不是理性。但是在长窑投入使用后，水泥厂的产量超过每天 1 100 桶，这时他评论道："我不禁得出结论，在机械评测和商业评估上，爱迪生拥有普通人所不具备的直觉和敏锐度。"

《第二十三街发生了什么事？》

1901 年 6 月 8 日，美国《马里昂（俄亥俄州）民主党人》杂志首次提出，爱迪生并不是碱性汽车电池的唯一发明者。"一位瑞典工程师，斯德哥尔摩的琼格纳先生，发明了一种新的蓄电池（accumulator③），非常轻，但据说容量很大……一辆装备该电池的汽车在 95 英里的试运行中都不需要充电……这个方案似乎和爱迪生的上一个发明相似。"

---

① 爱迪生还在纽村设计了美国最大的自动润滑系统，他将润滑油用在长达半英里的 1 万个轴承中。
② 到 1924 年，爱迪生长窑已经成为美国波特兰水泥行业的标准。
③ 欧洲常用的蓄电池术语。

俄亥俄州的读者对瑞典汽车工业的兴趣不大，但爱迪生显然对此蓄电池很了解。7月初，伦敦的一位企业家 W. N. 斯图尔特提议，他可助力爱迪生把琼格纳在欧洲的专利与爱迪生自己的专利结合起来。"琼格纳教授（他似乎是一位颇有能力的化学家）的实验周期为7年，非常有价值……据我所知，琼格纳教授对您在这一领域的工作评价很高，所以对于蓄电池的研究，他将竭尽所能，毫无保留。"

爱迪生对此不屑一顾，这也是他对直接竞争者的一贯态度。"听说你买了琼格纳的专利，我很惊讶。你将会发现它们毫无价值，因为它们是建立在理论上的。实验将证明他的理论在每个方面都是错误的。"

相反，他以100万美元的价格把自己过去及未来5年可能获得批准的所有专利都卖给了爱迪生蓄电池公司。他只拿了10万美元的现金，并相信自己能通过股票的收益赚到剩下的90万美元。如果此时他知道这一时期他还将获得62项电化学专利，那他可能会将自己的专利权价格定得更高一些。

但他多年来一直试图从中获利的电影专利却并非如此，当时他已从诉讼中脱身，并得到承诺将从电影专利中获得巨额版税。7月15日，位于纽约南区的美国巡回法院裁定，爱迪生诉美国谬托斯柯甫和比沃格拉夫公司一案中，爱迪生是活动电影摄影机的发明者，因此他可以阻止他人在没有许可证的情况下利用活动电影摄影机进行任何活动。该判决可以继续上诉，但这让爱迪生暂时成为美国最有权势的电影执行官。

他对电影制作的创造性从不感兴趣，所以满足于让自己公司的天才导演埃德温·鲍特负责制片，而自己却在加拿大待了6周，为他的新电池寻找镍资源的供应者，这种金属的价格略低于镉或钴。如果阿瑟·肯内利提到的那家正在锡尔弗湖畔迅速崛起的化工厂要赢利的话，他就需要按成本价从私人处购买这种材料。假设电池经受住了他要求的一系列苛刻的振动测试，他计划大约在一年半后开始生产。

8月初，他向北航行穿越圣克莱尔湖，这是一座位于美加两国交界处只能做短暂停留的湖泊，它一半属于美国，一半属于加拿大，这片水域把伊利湖和休伦湖分开。儿时的他曾在这片水域航行，从出生地俄亥俄州米兰前往密歇根州格拉希厄特堡的白色大房子。正是在那里，他长大成人。此时，他没有时间在休伦港露面，也没有时间去重温儿时的旧梦，因为这艘船正驶向镍矿丰富的安大略省萨德伯里。

爱迪生在那儿一边打苍蝇一边用磁化针探测矿缝，同一天，鲍特在纽约架起了摄像机，拍下了一部新的爱迪生短片《第二十三街发生了什么事？》。短片捕捉到了这样一个时刻：盛夏时节，一名年轻女子顶着烈日漫步在人行道上，她跨过通风的格栅，裙摆随风向上翻起，满足了路人偷窥的快感。

万能的财富

爱迪生在萨德伯里的东福尔肯布里奇地区发现了密集的镍矿矿床[①]，可是当他成功地带着一份开矿权回到家时，他发现家里又出了问题。他几个年幼的孩子遭到了绑架威胁，虽然绑架未遂，但马德琳的家庭教师却为此心烦意乱，最后甚至自杀了。汤姆设法逃过了牢狱之灾，但他拒付支票，并在小托马斯·爱迪生化学公司的标识上为一种叫作"巫师墨水便笺本"的东西做广告（"我们有来自1 000家银

[①] 1902年和1903年，爱迪生试图在福尔肯布里奇这个地方下沉放置一种实用的井筒，但井筒被流沙层破坏，最终他放弃了这座矿。

行的证明")。威廉当时格外安静，但他的这种平静通常预示着暴风雨即将来临。

尽管9月6日威廉·麦金莱总统在布法罗的泛美博览会上遇刺[1]，但至少展会的交易情况还是不错的。遗憾的是，关于总统临终前的新闻报道和副总统西奥多·罗斯福接掌大权的新闻短片，让鲍特拍摄的展览馆场地的夜景显得微不足道。夜景画面精美，如钻石洒在黑色天鹅绒上。除此之外，爱迪生的电影制片厂做得不错，他的国家留声机公司也是如此。抛开后来出现的积极进取、势头强劲的维克多留声机公司不谈，爱迪生的留声机公司的表现胜过当时所有的竞争对手。水泥厂已经建成，化工厂也快了，蓄电池也受到了媒体的热议。在《罗切斯特民主党和纪事报》上发表的一篇关于蓄电池"奇迹"的文章的插图中，一名坐着的男子用一只手臂举起了狭长的金属盒子。文章评论道："爱迪生的这一最新成就很可能注定会像电灯一样引起工作方式的一些巨大变化。事实上，每个人都能轻松地明白一个道理：当一个人的手掌蕴藏着可以移动大山的力量时，他就几乎拥有了一种万能的财富。"

11月16日，爱迪生收到了托马斯·阿马特寄来的长信，阿马特是万花筒电影放映机的发明者，爱迪生在1896年通过购买该专利将其变成了自己的维太放映机。[2] 鉴于爱迪生近期在法庭上战胜了美国谬托斯柯甫和比沃格拉夫公司，阿马特请求他考虑撤掉目前正在上诉的案件。"尽管你对这起诉讼的结果抱有希望，但你可能和我一样意

---

[1] 麦金莱的助手想到了爱迪生在1896年发明的荧光镜，恳求爱迪生实验室送一台"X射线机"到布法罗来，以期用某种方式挽救总统的性命。从西奥兰治已正式派出一名工作人员，但麦金莱的医生诊断总统身体太虚弱，无法再接受辐射。
[2] 见第四章。

识到，判决虽然有可能有利于你，但也绝不是板上钉钉的事。"到那时为止，这起案件的后果是剥夺了所有当事人本应获得的利润，而"数百名无知或不识字的专利侵权者"却以很低的成本发了财。

阿马特写道，各大公司不应继续对簿公堂，而应携手成立一家联合电影公司（或称"托拉斯"），并将它们所有的专利集中起来。这种联合行动将形成真正的技术垄断，因为没有侵权者能战胜如此强大的联合体。这种在专利上的交叉许可将给爱迪生带来版税和制造特权，其价值将远远超过单一专利的原有价值。

"我能期待很快有答复吗？"阿马特问道，显然他知道爱迪生对任何侵犯他知识产权的举动都很谨慎。

爱迪生把这件事交给他的电影制片厂负责人威廉·吉尔摩处理。"我不好写信去调查这件事……我也不同意他关于诉讼的许多建议。"然而，吉尔摩对关于托拉斯的想法很感兴趣，于是他请阿马特派一个中间人来和他讨论这件事。他终究没有赞同阿马特的提议，而是建议在上诉法院做出裁决后再就一项交叉授权协议进行谈判。阿马特看出爱迪生是在赌一场更大的胜利，这场胜利将使他变得更强大，从而成为真正的垄断者。

一个实力较弱的玩家除了孤注一掷，等待法院的裁决，别无他法。但至少他们初步讨论了关于建立国家电影托拉斯的想法，如果爱迪生掷出的骰子点数少于6，这个问题就可能会被再次讨论。

巨大的胆识

1902年1月13日，在纽约举办的美国电气与电子工程师协会的一场特别晚宴上，桌子上的装饰物变成了绿色的小灯泡，而不是惯有的鲜花。在阿斯特画廊的两端，白亮耀眼的大灯泡拼出了神秘的单词"波尔杜"和"圣约翰斯"①，还有更多的灯以三盏一组的形式排列，灯光明灭交错，闪烁着用莫尔斯电码表示的字母 S——一个月前，尊敬的伽利尔摩·马可尼把字母 S 从康沃尔发送到了大西洋彼岸的加拿大。

众多电气巨头的脸沐浴在灯光下：亚历山大·格雷厄姆·贝尔、伊莱休·汤姆森、弗兰克·斯普拉格、卡尔·赫林、威廉·斯坦利，以及协会主席查尔斯·斯坦梅茨。当然灯光也照亮了独自坐在高桌旁的米娜·爱迪生。

斯坦梅茨在公开讲话中表示："我相信，我能说出所有人的心声，我们非常遗憾没有请到我们这个行业的大师爱迪生先生。"于是，他欢迎马可尼的到来。"另一位天才……他继承了爱迪生先生在事业起步时留下的衣钵，并取得了比别人更大的发展。"

这听起来好像是在提及另一个缺席的名人尼古拉·特斯拉的无线工作，但斯坦梅茨并没有做详细说明。②他将现场交给了主持人托马斯·康默福德·马丁，马丁随即给大家读了爱迪生的亲笔信："很抱歉，我没能出席今晚的年度晚宴，在此我想特别向马可尼表达敬意，这个年轻人有巨大的胆识去尝试，并成功地使电波跨越了大西洋。"

像我父亲一样冷漠的心

那天晚上，爱迪生病了，躺在纽约的一家医院里。在过去的 4 天

---

① 1901 年 12 月，伽利尔摩·马可尼第一次使无线电波越过了英国康沃尔郡的波尔杜和加拿大纽芬兰省（现纽芬兰和拉布拉多省）的圣约翰斯之间的大西洋。——译者注

② 特斯拉发来一条口信，说他觉得自己"无法应付这个场合"，但他对马可尼在"心灵触角"上取得的稳定进展表示赞赏。6 天后，他申请了自己的无线专利。

里，他只靠水维持生命。米娜能够离开他的床边去赴晚宴，就表明他已经开始恢复了，但又过了3天，他才能喝点儿牛奶，吃一块肉排。

威廉·爱迪生本可以选择一个更好的时机写信给他的继母，抱怨他作为"一个伟人的被抛弃的儿子"的生活。但机智从来不是威廉的主要美德，他也不善于巧妙地博得那个能使他在家庭中恢复名誉的人的同情：

> 从我上次收到您或家里的信到现在已经两年多了，这种对待人的方式让人很不舒服。当然，我发自内心地相信，如果不是因为我父亲的意愿，您不会这么冷漠地对待我，因为我相信您拥有一颗善良的心，而不是像我父亲一样冷漠的心……我一点儿也不怪您，因为您有自己的孩子，他们占用了您所有的时间和精力。我们有点儿像一根枯木漂流而下，要把那根木头推回起点并不容易。当一个人没有属于自己的家时，他在星光下很难找到家的方向。我常常想着回奥兰治，但不知怎的，我脑子里突然冒出的念头会阻止我的脚步，因为我不知道是否会有人向我伸出欢迎的手。

按照米娜惯常的经验，每次威廉来信，都是为了钱。但这一次，他所要求的只是一张孩子们的照片："想想看，我在街上和他们擦肩而过，却不认识他们。"

米娜带爱迪生到迈尔斯堡休养。3月中旬，爱迪生还很虚弱，他听说汤姆和威廉在北卡罗来纳州伊丽莎白城与警方的一场争吵中被逮捕了。汤姆被指控在大街上喝醉酒，他的弟弟则因殴打警察而被拘留。他们在监狱里待了一晚，汤姆付了7.5美元的罚金后被释放，威廉在某处筹到了100美元的保释金并承诺出庭，他被指控殴打他人。

《世界晚报》报道了这件事，但同期的另一条新闻对这两个年轻人"铁石心肠"的父亲来说才是令人痛苦的：

爱迪生不是电影的发明者

美国巡回上诉法院今天下午宣布，托马斯·爱迪生不是"电影"的发明者，除此之外，其他各种机器发明也未侵犯他的专利。由于这项裁决，爱迪生公司将损失数千美元的版税。

爱迪生愤怒地重新公告了他的摄影机基本专利，缩小了原有专利的范围，并再次起诉所有他知道的电影制片公司，其中包括法国的梅里爱和百代。对他来说，这并不是一个快乐的月份，尽管国家留声机公司的报告说他的新产品"金模"蜡筒唱片销量猛增，产量高达每天1万张。4月回到西奥兰治后，他每天中午仍然需要休息。

随着夏天的来临，蓄电池成功的道路测试堪称治愈他身心的良药。第一次测试是一辆小型车在小树林里径直行驶了62英里，他因此从爱迪生蓄电池公司的股东那里得到了一盒雪茄。他自己也参加了其中的一些测试，并像蛤蟆先生（20世纪初的童话《柳林风声》中的主角）一样沉迷于疾驰在乡村公路上带来的快感。"以70英里的时速驾驶汽车，我称之为王者的运动。地球上没有什么能与之相比。"爱迪生不可能通过"电动"达到那样的速度，汽油车才更有可能，但能跑起来是最重要的，在他的余生中，他将一直是一个"路霸"。奇怪的是，作为一个喜欢控制的人，他却不适合开车。他试了一两次，但都失败了，只好坐到司机旁边的座位上，这样他就能看到前面的所有景象，但后面的乘客却要吸他的二手雪茄烟。

米娜对他的新爱好很是担忧。她在给母亲的信中写道："今天下午，我们坐上一辆飞驶的汽油车去了趟南奥兰治。这是一项伟大的运动，但它让我觉得自己每时每刻都紧贴着车两边，感觉自己被拉到了最紧张的状态，害怕会发生什么事。"爱迪生买了两辆用于内陆远足的白色大"汽车"，家人给它们分别起名为"不和谐"和"灾难"。

将发生火灾

仲夏前，大量电池订单已纷至沓来。但爱迪生是一个狂热的测试者，出售这些电池还为时过早。除非他的 5 块电池原型都经受住了和 3 吨重的卡车一样大的电动车狂野行驶 5 000 英里的测试，否则他将一直拒绝投产。此外，他还在试验镍铁以外的其他复合材料，并对钴表现出浓厚的兴趣。

但这不影响他在 7 月的《北美评论》上宣布他已经完成了碱性蓄电池的"最终改造"。他写下，既笨重又具有自毁性的铅酸电池无法与之相比。"名副其实的蓄电池应该是一种完全可逆的装置，它像发电机一样接收和释放电能，同时应毫不损坏转换的机制。"他那时正在测试的碱性电池每块重量不到 16 磅，而且"即使在一块已经充电、放电超过 700 次的电池里也没有任何化学物质变质的迹象"。

他承认，用电池驱动的汽车价格不菲，至少要 700 美元，但他认为电动汽车的马力比起真正的马还是很便宜。爱迪生电池花 50 美分充一次电就足够驱动一辆贝克双座汽车行驶 85 英里，而且在不用的时候也不必像对马那样每天添加燕麦饲料。还有一个与马形成对比的地方是，它工作时没有烦人的噪声。"电动马车行驶时几乎是无声的，在紧急情况下也很容易停下来。"

在这个时候，埃德温·S.鲍特可能需要想到一个以汽车为主角的场景，因为他肯定要做点儿什么来拯救老板陷入困境的电影业务。他确实想到要拍一部讲述戏剧性故事的电影，而不再是拳击赛或独舞那样的阶段式"短片"，但他是围绕着一群疾驰的骏马这一更具电影色彩的场景来导演的。他的《一个美国消防员的生活》从那年秋天开始拍摄，这部电影制作精良，以至于11月15日的《纽瓦克晚间新闻报》觉得很有必要提醒读者："今天下午东奥兰治的罗得岛大道将发生火灾。"

鲍特后来喜欢吹嘘《一个美国消防员的生活》是"第一部故事片"。事实并非如此，但它在使用时间重叠技术方面是前所未有的。这部电影先于杜尚的《下楼梯的裸女》，将动作分解为一系列的视觉碎片，每个碎片的角度不同，但与之前或之后的碎片融为一体。这种自相矛盾的效果体现在讲述故事的速度和情节的匆忙推进上，尽管该影片已比普通的电影时间长了不止一倍。

一名值班消防员坐在那里昏昏欲睡，他梦到了自己的家（只见妻子朦胧的身影，轻手轻脚地把女儿放在床上），警报声突然响起。消防员的队友们惊醒，套上油布衣裤，从一根柱子上滑下来。在下面的马厩里，急着要冲出的马被套上了马鞍。消防员及时赶到，跳上了准备出发的马。外面出人意料地是白天，消防站表面上看起来很安静。接着，一队又一队的人马冲出马厩的大门，疾驰而去。在居民区，一群人围观至少10匹马从摄像机前奔驰而过。当水带车停在一栋燃烧的房子前时，左侧的镜头追踪着它。楼上的卧室里，一个小女孩儿和她的母亲正在睡觉（也不知睡了多久），不明烟雾穿过门和地板飘了进来。母亲醒来了，喘不过气，冲到窗前挥手求救，然后晕了过去。一个消防员进来，用斧头砸开窗户。这时梯子搭到了窗台上，他把女人扛到肩上爬下梯子，从观众视野中消失了。过了一会儿，他又爬了进去，发现女孩儿还在沉睡。当女孩儿也被抬到安全的地方时，两个人握着消防水带从门口进来,用水大力喷洒卧室,卧室的主要装饰——一块写着"托马斯·A. 爱迪生(商标)"的镶框牌匾,几乎被水冲得从挂钩上掉了下来。

在下面的花园里,消防员正准备破门而入。那名女子出现在他的上方,透过窗户向他挥手求救,画面与一分半钟前看到的景象相反。当她晕倒在地的时候,之前的场景中救了她的梯子——等下又会救她一次——被向上倾斜着搭到了窗台上。这时,挥舞着斧头的消防员已经上楼了,他打开窗户,把她带下来,轻轻地将她放在潮湿的草地上,她醒转过来,又疯狂地挥动手臂告诉消防员还有一个人在里面。消防员又急忙爬上梯子,将困在屋里的小女孩儿也救了出来,故事以两个穿着睡衣的女性相拥的镜头结束。

过了 13 年,爱迪生曾雇来演一个小角色的大卫·W. 格里菲斯[①]才崭露头角,从人们的记忆中抹去了电影导演埃德温·S. 鲍特的影子。同时,比格里菲斯年长一些的鲍特开创了一种风格,在未来的电影中可能会被描述为"似曾相识"。

托普西

鲍特的下一部影片《电击大象》就没那么有趣了,但更值得一看。这部电影于 1903 年 1 月 4 日在科尼艾兰拍摄,记录了托普西生命的最后几分钟。托普西是马戏团的一只厚皮类动物,性情多变,3 个月内攻击 3 个人致死,不得不被关进监狱。第三名死者是一个酩酊大醉的驯兽师,他认为给托普西喂一个点燃的烟蒂会很有趣。托普西慢慢点头,摇摇晃晃地跟着它的训练员走到一块带有 6 000 伏直流

---

① 格里菲斯在爱迪生的影片《从鹰巢中营救》(1970 年由埃德温·鲍特和瑟尔·道利执导)中的表演非常出色。

电的垫子上，大家把它绑到合适的地方，它静静地站了几秒钟，然后白色的烟雾在它的脚周围翻腾，它像一艘被刺穿的飞艇一样倒了下去。当它侧身躺倒在地时，摄像机对它进行了特写，直到它的左腿僵硬地伸展、放松，然后落下。①

托马斯·A.爱迪生的名字

威廉·爱迪生想要保护他父亲的"好名字"（尽管爱迪生自己都没保护好它），在那年冬天，这个愿望成了一个紧急的商业事项。无论是镶嵌在电影片场的墙上，还是印在成千上万的留声机、发电机和其他设备上，商标都是无价的财富。就在他准备批准大规模生产蓄电池和波特兰水泥时，爱迪生对于给他的大儿子取了一个与他一样的名字深感遗憾。

爱迪生用作商标的签名，1902年

约瑟夫·麦考伊是爱迪生的工业密探和私人密探，他报告说，汤姆把他的名字卖给了查尔斯·史迪威，还附赠了"Jr."（"小托马斯·爱迪生"的"小"）。"史迪威先生想创立小托马斯·爱迪生留声机

---

① 电影《电击大象》对大象施以电刑已引起了一次互联网谣传，那就是大象托普西是被爱迪生故意杀害的，以证明交流电比他自己喜欢的直流电具有更致命的危险。其实相反，将它处死是由卢娜公园的官员下的令，他们原本想吊死它。在防止虐待动物协会的劝说下，他们采用毒死、勒死和电刑的三重方法。爱迪生将该纪录片用他的商标名发行，但没有参与纪录片的拍摄。他在电椅开发中扮演的角色，见第四章。

公司并将其推向市场,他说可以凭此大赚一笔。"

史迪威是汤姆的舅舅,以前是玻璃吹制工,一直满怀热情、雄心勃勃。爱迪生谨慎地善待他。史迪威以前利用过他的家庭关系,帮助汤姆组建了小托马斯·爱迪生改良白炽灯泡公司。麦考伊在他的备忘录中写道,他们的新公司无礼地侵犯了爱迪生的个人领地。"他说他上周拒绝了5 000美元,因为他认为自己可以得到更多。"

显然,史迪威已经试图将爱迪生的名字转售给哥伦比亚留声机公司,而后者是国家留声机公司的主要竞争对手,但是转售失败了,因为他的中间人(有可能是汤姆)"喝了3个多星期的酒,哥伦比亚方面因此不愿与他们交易"。如果还需要什么来确定汤姆的父亲的命运,那就是史迪威对麦考伊说的一句话:"爱迪生先生只能再活几年,在他死后,我会提起诉讼,指控国家留声机公司在它的留声机、唱片和其他物品上使用托马斯·A.爱迪生的名字。我会从中大赚一笔,因为国家留声机公司如果继续使用托马斯·A.爱迪生这个名字,就必须给我付钱。"

爱迪生不得不在对汤姆的愤怒和对史迪威的同情之间挣扎,史迪威前不久双目失明,又要养活一大家子人。尽管汤姆和史迪威之前在照明行业有过合作,但他们的脑子都不像灯泡一样灵光,比如史迪威就天真地认为麦考伊不会立刻提醒爱迪生他们的意图。

爱迪生很清楚,应该让汤姆受到法律上的惩罚以警示他不要再犯法。与此同时,爱迪生也要为汤姆的悲惨处境承担一定的责任,因为他一直拒绝给汤姆和威廉在自己的工厂安排一份工作。这个年轻人因为婚姻的失败而一贫如洗,郁郁寡欢。他跟史迪威夫妇一起住在纽瓦克,经常喝得酩酊大醉。除此之外,长时间的突发性头痛也让他卧床不起。

但即使到这个境地，爱迪生也还是无法哪怕是象征性地用手摸摸儿子的额头，"汤姆要么是疯了，要么就是个坏蛋"。他让兰道夫给汤姆寄了一封简短的信，说他们必须立即达成一项能保证双方安全的法律协议。

作为回应，汤姆写了一封长达3页、精心构思的泄愤信，爱迪生很吃惊，因为这封信并不像是汤姆这样胆小的人写出来的。信的开头是"亲爱的先生"，接下来是：

> 自从我在6年前离开您，我的职业生涯便一团糟。每个人都知道这一点，但我并不感到遗憾，因为我从中获得了经验和教训。很抱歉我用这样的方式伤害了您，然而这种伤害不会继续了，我将和您进行一场男人间的对话，好让您意识到我们对彼此的仇恨有多深。
>
> 坦白来说，我从来没有想过要伤害您，但是您坚持不让我和您住在一起。我承认，这常常使我在能为自己谋利的事情上很少考虑到您。据我所知，我做过的所有生意中，没有一笔是不被利用的，因为我经常被迫达成协议，以使自己免于赤贫……
>
> 我从来不敢向您征求意见，也不敢就任何事情咨询您，因为从一开始你就给了我充分的理由让我相信您是我最大的敌人，直到今天我仍然这样认为。

汤姆优美的书法似乎让他平静了一些。他承认爱迪生从来没有给他造成过严重的伤害，"即便你想这样做，你也办不到，因为我已经伤害自己太深了"。他是在绝望中仓促与史迪威达成交易的，而他却从未与自己的父亲这么做过。他承认，爱迪生可能对出售名字的合同反感。① "我写这封信给您,目的是弄清楚您是否希望收回这些合同,毕竟目前我只能靠它们谋生。"

通常在这类信里,总是会出现行乞的字眼。汤姆放下了所有的尊严,径直乞求父亲的怜悯。"我将和您签署任何合理的协议,即便它将剥夺我可以凭借爱迪生的名声享有的一切权利。您可以用自己的方式诠释协议,我没有任何意见。"

这是可鄙的投降。爱迪生让他的法务部门起草了两份合同,保证汤姆和史迪威每年分别得到1 890美元和1 350美元的报酬,条件是他俩保证以后不会再敲诈他。为了确保他们不再出尔反尔,他还向法庭起诉,以阻止小托马斯·爱迪生化学公司以他的名义出售所谓的爱迪生磁电活化剂。

自燃

到2月中旬,爱迪生位于新泽西州的两家大型新工厂已经开始生产水泥和汽车电池。每个项目的进展都是试验性的、缓慢的,但他预计很快就会进入营销阶段。他并不惧怕琼格纳公司对他尚在等待审批的铜镉电池专利的威胁,大概是为了引起美国的注意,该公司用英语宣布:"美国专利局不支持爱迪生的主张,已经问了他几个令他不悦的问题。他和琼格纳之间的案件的某些细节将由陪审团判定。"

的确,专利局听取了琼格纳的申诉,赞同琼格纳早在1899年就在英国获得了银镉电池专利的说法,但爱迪生确信那个早期的装置根本不实用。无论如何,他不再对镉感兴趣,而是成功地申请了镍铁电池的专利。

---

① 爱迪生在整个职业生涯中都被模仿者和骗子们试图用他的名字销售产品困扰。这也是为什么当他自己的儿子滥用他的名字时,他的反应如此愤怒。

"我终于完成了我的蓄电池工作,"他对一个正好撞见他在实验室里俯身在一本黄色便笺本上做笔记的记者说,"现在我要休息一下。"他扔下一根短铅笔,跌坐在扶手椅上。"我真的累坏了,太累了,我已经被抽干了。"

他说这话时,眼里仍闪着光,他坚持认为自己需要的是一个在佛罗里达州开启的长假。他有一本 400 页的笔记本,里面记录着他从来没有时间去实践的想法。"我放弃工业科学已整整两年了,这两年里,我选择研究纯科学来让自己放松下来。"

毫无疑问,爱迪生已经筋疲力尽了。他到达迈尔斯堡开始钓鱼,之后再也没有提起那本笔记。事实上,他对钓鱼只有一点点兴趣,但钓鱼适合他的耳聋和喜欢独处的性格。"马德琳号"、"查尔斯号"和"西奥多号"小船在延伸到克卢萨哈奇河中的码头边颠簸着,还有一艘名叫"托马斯·A. 爱迪生号"的 92 英尺长的双层汽船,正在上游为游客服务。米娜也有自己的同名船,那是一艘 25 英尺长的以石脑油①为燃料的游艇。但她对这里的房子更有认同感,在前面两个淡季里,这栋房子被大规模翻新,"一切都那么清新、漂亮"。她决定从今以后把它改名为塞米诺尔小屋。

爱迪生只享受了一个星期的"休息",纽村的灾难消息就传到了他的耳朵里。工厂的吹煤机发生了爆炸,引燃了邻近的油罐。至少有 6 人死亡,数十人受伤。有些人被严重烧伤,伤者的脸部皮肤看起来像培根一样卷曲起褶。随后的新闻报道称遇难者增加到 10 人,并将爆炸归咎于 70 吨煤粉的自燃。据报道,工厂大部分被毁,损失(不

---

① 石脑油又叫化工轻油、粗汽油,是用原油或其他原料加工生产出的轻质油,主要用作燃料或化工原料。——译者注

包括法律诉讼）估计高达几十万美元。①

爱迪生在塞米诺尔小屋旁，20世纪初

这是爱迪生职业生涯中最严重的工业灾难。他着手制订提高工厂安全性的计划，但显然没有想到要北上安慰那些受难者以及因事故失去丈夫的寡妇。正如他的一个助手带着嘲弄的口吻说的那样："爱迪生先生比其他人幸运，因为他生来就没有感情。"

6月，汤姆签署了一份正式协议，承诺不再在商业领域继续使用父亲的名字。当然他可以用自己的名字做任何自己喜欢做的事情。作为交换，他将得到每周35美元的津贴，每次付款都要求签一张收据。他天真地以为自己的小过失已经被父亲原谅了，在7月，他便向父亲申请了一份实验室的工作。爱迪生很快就让他醒悟过来。在给汤姆的回复中，爱迪生写道："你必须知道，凭你开空头支票的记录和酗酒的次数……我不可能让你参与我的任何商业项目。奇怪的是，以你每周的收入，你怎么就做不了一些小生意……威廉似乎情况不错。"

然而，爱迪生并没有提到，他刚刚同意了威廉提出的"借2 000

---

① 爱迪生波特兰水泥公司以每人500美元的价格与死者们的遗孀和解。伤者不得不向法庭追讨一切损失。

第三章 化学：1900—1909年

美元"在华盛顿特区买一间车库的请求。爱迪生对年长的两个儿子很冷淡，但当他们试图靠自己的努力获得成功时，他也会公正地对待他们。威廉是个很好的机械工，那时正是他涉足汽车行业的好时机。7月17日，也就是亨利·福特在底特律开办一家新汽车公司的第二天，威廉便收到了第一笔借款。

威廉在信中写道："我亲爱的父亲，这是我最后一次打搅您。我可以向您保证，我已与几年前大不相同。"

完善一项发明需要时间

当《电气评论》的一名记者来参观实验室时，爱迪生暗示他自己可能会成为一名汽车工程师。他刚测试完一台24马力的汽油发动机，发现它跑得快，但很不稳定。"看这儿，这是汽车数据。"他边说边掏出一本红皮小本子，里面记满了笔记和图表。"我要造一辆好车。"他的车将是全电动的，适应沙地的牵引力，而且"从长远来看，它能够击败（至少不会落后于）任何一辆汽油车"。

这让记者不禁提问：为什么在多次声明之后，碱性蓄电池仍然没有上市？事实上，爱迪生就是为了解决这个问题来到西奥兰治的。

爱迪生给出了保守的回复："我们现在每天生产一组，很快就可以每天生产两组。我们没有做任何广告，因为我们的订单太多，已经无法满足……公众似乎不明白完善一项发明需要时间。"他指出，电灯泡商业化花了6年，电话送话器花了8年，留声机花了16年。

事实是，尽管他的电池在理论上很简单，但它的构造比之前的那些装置更复杂，因此也更难制造。亟待解决的问题是如何防止铁电极被相反的镍电极的上升容量压制，以确保放电周期内电压曲线平稳和恒定。正如他的首席化学家沃尔特·艾尔斯沃斯所说，这两种元素必须保持平衡。两个电极里用每平方英寸①4吨的压力压制的石墨薄片是必要的，但由于电池壁的弯曲，它们几乎不可能保持在恒定的水平。这影响了薄片的导电性和电池的性能。爱迪生尽可能从瑞典订购最好、最坚固的钢材，但他很担心成本问题，并对运输延误感到愤怒。

对电池经济前景的另一个威胁是它的独创性受到了质疑。虽然最终如爱迪生预期的那样，专利局驳回了琼格纳的诉讼，但它援引了一项不知名的法国碱性电池专利（达里乌斯233083号）作为理由，这比爱迪生的发明早了好几年。当下，他又听说琼格纳在9月1日获得了一项直接基于他自己发明的"新型"蓄电池改进技术的美国专利。爱迪生似乎认识到应该向专利律师弗兰克·L.戴尔寻求帮助。

就在几个月前，他聘请戴尔全职处理他积累的专利申请文件，这些文件已经有800多份，每年要花费公司10万美元在保护性诉讼上。戴尔对电影版权有深刻的理解，这使他有过硬的能力来充分利用美国上诉法院的一项意外裁决，该裁决授予爱迪生电影制片厂对其以纸质形式提交给国会图书馆的所有电影胶片的完全所有权。这项裁决尽管是技术范围内的，但对这个行业产生了重大影响，当时他也正在努力确保这项裁决生效以振兴爱迪生电影制片厂的命运。②

这一年结束之前，戴尔还作为私人律师为爱迪生服务。他身材高大，戴着眼镜，书生气十足，做事一丝不苟。对一个不喜欢受约束、不喜欢按流程办事的发明家来说，戴尔就是完美的搭档。他沉稳冷静，

---

① 1平方英寸约为6.45平方厘米。——编者注
② 直到1912年，胶片上的电影才受到版权保护。但是，如果将一系列相同尺寸的静止图像印在感光纸上，则有资格获得法律的保护。爱迪生电影制片厂为此付出了很大的努力，也为保存这些若以硝酸盐的形式存在则或许会消失的电影做出了巨大贡献。这些纸质电影胶片被收藏在国会图书馆。

第三章 化学：1900—1909年

善于处理错综复杂的人际关系。他崇敬爱迪生，但也为汤姆和威廉感到难过，在他看来，爱迪生和他的两个儿子永远无法真正地握手言和。

一枪接着一枪

戴尔为取消琼格纳的新专利做了积极的准备，而埃德温·鲍特也恢复了爱迪生电影的制作，其中有一部名为《快乐的鞋店销售员》（*The Gay Shoe Clerk*，字面意思为"同性恋鞋店销售员"）的喜剧片。1903年秋，这部剧的片名仅是单纯表达欢乐之意，后来它还被解读成其他意思。① 埃德温·鲍特这一年的主要作品是《火车大劫案》，这是一部先锋"动作片"，也是美国历史上第一部轰动一时的大片，它制造了极强的临场感，剧院观众都以为自己身处凶残强盗劫持的火车上。在敞篷行李车厢（沿着爱迪生去水泥厂乘坐的那条拉克万纳线疾驰而过）上拍摄的场景给人真实的动感，从煤渣飞溅的火车头上方和后方拍摄的一个更惊险的镜头也同样如此。但让观众尖叫得最大声的是最后一个残酷的特写镜头：劫匪头子举起左轮手枪，面无表情地向外扫射，一枪接着一枪。

或许是模糊地意识到固定摄像机时代已经结束，爱迪生下令拆除了"黑色玛利亚"，这是10年前他的电影制片厂拍摄用的旧暗箱。

"这次辱没"

对汤姆和威廉来说，这一年过得很是糟糕，前者因不明原因的病住进了疗养院，而后者把在华盛顿的车库命名为爱迪生汽车公司后，招致了父亲的愤怒。爱迪生写道："你严重地伤害了我，你像汤姆一

---

① 不甘示弱的独立电影制作人西格蒙德·鲁宾拍了一部名为《不要和你的美甲师搞同性恋》（1903）的片子。

样，为名所累，你似乎也是一个没有希望的人，我现在通知你，从今以后你走你的路，顾好你自己的事……你我不必再联系。"

威廉非常害怕自己向父亲的借款陷入危机，他即刻道歉并聘请了一名律师来"取消自己因愚蠢而成立的公司"，该公司将改组为哥伦比亚汽车公司。布兰奇写信说，她正在经营这家公司，有四个机械师在"比利[①]的密切关注下"昼夜不停地工作。她认为她的丈夫对商业一窍不通，在她看来，公司的成功运营只需要额外的资本注入。因此她向爱迪生求助说："我们想要200美元来渡过难关。"

爱迪生拒绝了她。

威廉在信中写道："你似乎认为我不会感激你为我所做的一切，恰恰相反，我很感激……值得一提的是，我从未接受过商业培训，尽管大多数父亲都会让自己的儿子去接触这种培训。这显然不是我的错，因为我曾多次请求在你的工厂获得一个职位，但每次都遭到了拒绝。"

查尔斯·史迪威在写给兰道夫的短信中证实了汤姆病情严重，他在纽瓦克的圣詹姆斯医院接受治疗，病因可能是酗酒。他希望兰道夫不要让爱迪生知道汤姆"这次辱没爱迪生名声"的事。

像这样的野餐

到1904年1月，爱迪生汽车电池的产量大幅增加，终于可以推向市场。他将其命名为"E型电池"，并提供了三种尺寸和续航能力的型号。但最初火爆的销量并未给他带来切实的满足感，因为弗兰克·戴尔未能说服专利局的审查员，他们不公正地将碱性可逆电池发明者的称谓优先授予了瓦尔德马尔·琼格纳。

[①] 此处的"比利"应该是威廉的小名。——编者注

爱迪生非常担心自己可能会遭到琼格纳或达里乌斯的起诉，他有生以来第一次去游说一位重要的政治人物。他在给罗斯福总统的信中写道："先生，我和专利局打交道 30 年了，有时我觉得批评我是有道理的，我也因此一直保持沉默。但是我发现最近我受到了很大的不公正待遇，这是由于他们不称职或欺诈造成的。"他把最后"其中两位审查员"这一措辞画掉了。他抱怨道，专利审查员采取了"武断的、实际上是对立的立场"，拒绝了他对此案进行再审查的请求。"在我看来，我有权进行这样的调查，如果证明这确实是暴行，我也就满意了。"他最终把"暴行"改成了"不公正事件"。

罗斯福第一时间委托了特派员弗雷德里克·艾伦。"托马斯·爱迪生为这个国家做出了很大贡献，我希望你能尽量向他提供帮助，只要适当而又不失礼节。"他要求至少给这位伟大的发明家安排一次"充分的听证"。

令人鼓舞的是，琼格纳的德国专利于 1 月 9 日在柏林被取消，最高法院裁定他的电池"不能工作"，这正是爱迪生在美国质疑它的理由。特派员艾伦别无选择，只能下令审查员进行复审。

爱迪生为自己订购了两辆兰斯登"电动车"、一辆房车和一辆快运货车作为 2 月的生日礼物。[①] 他没有被汽油车的日益普及吓倒（威廉和布兰奇在华盛顿吹嘘他们已经获得了新型福特汽车的代理权），也没有因为电池买家抱怨电动汽车没有达到其夸大的宣传效果而气馁。每磅电池产生的电量远远没有铅酸电池多，平均每块电池只有 11.8

---

① 他还在迈尔斯堡的 36 英尺游艇"信赖号"上花费了 2 250 美元（相当于现在的 65 000 美元以上）。1908 年，他直接收购了兰斯登电动汽车公司，从这个意义上说，他本人就是汽车制造商。Albion, *Florida Life of Edison*, 60; Millard, *Edison and Business*, 188–89.

瓦时。它的焊接缝会产生细小的气孔,导致电解液泄漏。最令人烦恼的是,每一次充放电循环都会降低它的容量。爱迪生发现,后一个问题可以通过在逆向过程中耗费时间加热来解决,但是他认识到这个问题必须彻底被排除,这样他的电池才能成功。

他已经花了 150 万美元来开发它,但他对这种深入的实验却有一种反常的快感。一位长期忍受反复实验折磨的助手评论道:"我永远不会忘记,当他遇到严酷的困难时,他反而显得很高兴。"改进后的电池非常完美,闪亮的滑套里塞满了多达 18 磅的镍水合物、氧化铁、钢和氢氧钾。怀着要么是受虐狂要么是施虐狂的情绪,爱迪生坚持随机挑选样品,然后把样品从实验室的上层扔到铺满沥青的院子里。("现在试试三楼吧。")如果电池因此停止工作,它们就不够牢固,设计还必须改进。

对他来说,完美是一种永远迫在眉睫、可以实现的状态,所以他不会花时间庆祝过去的成就。当美国电气与电子工程师协会再次举行正式晚宴,祝贺他发明了实用的电灯时,他像往常一样面带微笑,沉默不语。然而,这个纪念日似乎在他的脑海中留下了印记。5 月中旬,当新泽西州的乡村最是绿意盎然时,他接受了通用电气郊游俱乐部的邀请,去参观门洛帕克旧址。

起初他很失落地看到:玛丽生前居住的房子此时被意大利人租住着;他的第一台大型发电机曾经轰鸣的地方此时却是破旧不堪的机械车间;他的先锋电动火车生锈的躯体失去了光泽,深深地陷在草丛中;鸡在以前弗朗西斯·杰尔用来制造灯黑的棚屋里做了窝。令人欣慰的是,那座古老的实验室大楼(爱迪生的父亲于 1876 年为他建造了这座楼,那时它看起来很大)还在修缮中,楼里的一部分用作附近农业社区的消防站,另一部分作为剧院。还有一个类似火车站的地方,供那些可能说服宾夕法尼亚铁路在那里停车的游客使用，以及一个邮局，继续接收寄给他的信件。没有这些设施的话，这个小村庄就是一个毫无生气的幽灵村。

爱迪生参观了所有的地方，除了他以前的办公大楼，那里住着一个古怪的隐居者。后来他高兴起来，坐在大树下的一根圆木上，吃了一顿迟来的午餐，有冷鸡肉和面包。他说："我厌倦了盛大的宴会，但像这样的野餐……我还是很高兴来到这里。"

那是一个美好的下午，直至日落，他才恋恋不舍地离开。

这是最糟糕的

总统的关注让爱迪生对琼格纳专利的质疑成为华盛顿的一个热点话题。特派员艾伦精明地溜出去度假，将办公室的审查工作分配给了一个专利特派员助理爱德华·摩尔，这位助理将受质疑的内容分解为三个审查部分，再逐一对每个部分单独进行裁决。然后他又请了5名内部专家进行审查，在向内政部助理部长亚历山大·坎贝尔提交最后的报告之前，5名专家都要宣誓保密。报告暂时获得了坎贝尔的批准，但他要求他的上司伊桑·希契科克部长做进一步背书。但是，希契科克部长不想卷入这件案子，除非把整件案子的文件打包交给罗斯福总统。最终，总统还是授权坎贝尔于6月14日宣布爱迪生败诉。

人们发现，专利局"绝对没有任何渎职的行为"，其做法是正确的。它最终将蓄电池的优先权授予了琼格纳。但是为了安抚爱迪生的情绪（也可能是总统的情绪），专利局的相关审查员被调到了其他部门。

爱迪生面临两个选择。他可以继续大规模生产他的电池，并且赌琼格纳没有起诉他侵权的钱或意愿。但如果赌输了，他很可能就会倾家荡产。另一个选择是,鉴于针对电池不可靠性的抱怨越来越多,他应该召回已经售出的电池,并花必要的时间和资金来彻底改进他的发明。这两个选择都令人非常痛苦,整个秋天,他一直犹豫不决。

与此同时,他还得处理汤姆的麻烦。为了逃避复仇心切的商业伙伴,汤姆住进了纽约州格林伍德湖的一家度假旅馆。也就是在这个时间,曾在19世纪90年代帮助爱迪生做了无数X射线实验的克拉伦斯·戴利双腿截肢,因为辐射伤害而奄奄一息。

爱迪生很幸运地没有遭受类似的伤害。他开始试图拿进口到美国的第一批数量有限的镭做实验。威廉·哈默,他以前的照明工程师之一,曾在巴黎与皮埃尔和玛丽·居里一起工作,他得到了居里夫妇的许可,可以将9管溴化镭带回家,看看是否可以用它来制造新的发光物质。[①] 爱迪生从哈默那里买了一管,因为他觉得镭和那些毒害了戴利的"发光盐"不太一样。("别跟我说X射线,我怕X射线。")他发现,有100多种化学物质在接触这种神秘的元素时会发出荧光,而且它在钻石戒指中会引发磷光现象。然而,当他感觉到自己的胃和左眼受到了损伤时,他就完全放弃了辐射研究。戴利于10月2日去世。

就在这个月的月底,爱迪生公司的蓄电池在市场上的表现已经很不稳定了,有必要完全退出市场。总共只售出37 000块电池,这对公司来说意味着巨大的损失,也是爱迪生在矿业投资失败和在专利局蒙羞之后的又一次挫折。他下令召回已售出的电池,自己带着18名助手组成团队展开了一系列补救实验。他们在两个实验室轮流工作,日夜不休,把注意力集中在电池的能量消耗率上,挨个儿

[①] 作为回报,皮埃尔·居里对哈默的要求是得到爱迪生在一些私人照明实验中使用的钨酸钙的样品。

实验。爱迪生认为3个月后他的问题就可以解决，但是这种希望被证明是虚幻的，团队也只是在绝望地寻找一个只有爱迪生相信存在的"完全可逆"电极。弗雷德里克·奥特是最受折磨的实验人员之一，他不得不多次进行无手套操作，热钾碱渗进他的指甲导致手指流血。当疼痛变得难以忍受时，他就用手指蘸醋酸来中和碱。他整夜睡不着觉，除非躺着把滚烫的双手撑在头上方。一位同事在5年后的采访中说："在我们寻找过的所有难以捉摸、令人失望的东西中，这是最糟糕的。"

1905年1月，在重新研发初始阶段的关键时刻，爱迪生的左耳患上了慢性乳突炎，需要进行手术，这是一次危险的手术，很可能会让他左耳仅存的一点儿听力下降为零。[1] 术后的检查显示，他左眼的视神经也已经变得和绳子一样粗，这是不是辐射的结果，用当时的医学知识并不能解答。从此以后，他不得不忍受部分模糊的视力以及更严重的耳聋，这让人越来越难以与他交谈。他试图用独白或他特有的古怪幽默把谈话者拒于千里之外，比如他讲了这样一个故事：一个患有肝病的人在圣华金河谷买了一处泉眼，然后发了财，他的泉水治愈了来自世界各地的病友。"大约20年后，那个人死了，验尸官验尸时，把他的肝脏取出来，用棍子使劲击打。"[2]

爱迪生术后恢复得很快，但是因为手术刀已经切进了他的颞骨后面，医生命令他在春天之前"不要动脑子"。他没有理会医生的建议，立即又回到了蓄电池实验中，甚至拒绝在佛罗里达休养。2月，他发

---

[1] 弗兰克·戴尔在1906年抱怨道："与他交谈当然是很辛苦的事。"1908年2月23日，爱迪生接受了第二次危及生命的乳突炎手术，这让他的听力越来越差。

[2] 1906年爱迪生讲故事的录音可从密歇根州立大学的文森特语音图书馆下载，网址为 http://archive.lib.msu.edu/VVL/dbnumbers/DB500.mp3。

现石墨薄片在长时间的电解作用下是不稳定的，这与他之前的想法相反。在正极元件中，它经常短路，增加了电阻，因此减少了电池的容量。这就使他需要寻找其他某种不溶性材料，既能像石墨一样被压成薄片，又能与周围的活性粒子保持接触。3月31日，他申请了一项专利，在电极盐中加入微量的高导电性的钴"鳞片"，使其与镍形成合金，以将氧化降低到几乎为零。制造过程需要非常小心。首先，他在铜板上电镀了锌，他将此称为"少量的腮红"。随后，将铜板清洗并转移到一个电解槽中，在铜板上涂一层钴镍合金薄膜（按比例由不同的阳极混合），其厚度仅为0.000 2英寸，甚至没有下面的"腮红"厚。然后是第三次浸泡，这一次是在稀释的酸液中，溶解了锌，导致微小的氢气泡从铜板上冒出来，抬升合金薄膜。爱迪生写道，当它自由漂浮时，它会分裂成"片状或鳞屑状，自然呈现出弯曲或扭曲的形状——这是钴特有的现象"。通过微孔筛网对它们进行尺寸调整，然后用氢气将其退火至高温状态，"这种处理方式可以非常完美地清洁表面"。

他刚完善了这道精细的工序，金属薄板翘曲的严重问题又出现了。把大量带鳞片斑点的镍水合物塞进口袋是没有意义的，因为口袋并不能压缩它们。一个月后，爱迪生和艾尔斯沃斯针对管状而非立方体的口袋又联合递交了一项专利申请，这种口袋仍由穿孔钢制成，但顶部和底部封闭，并且因其管状结构而不会膨胀。当这些"不可变形"的管子里装满活性的镍水合物，并且吸收了周围的电解质时，根据专利申请中的表述，它们应该达到"期望的"内部压力，并可以无限期地保持这种状态。

这份申请被审查员接受了，并最终获得专利权，但在内部弹性和外部刚性之间保持恒定平衡的想法被证明是虚幻的。令人抓狂的是，钴"鳞片"在活性物质内部不断移动和造成短路，并用一种油性的绝缘体覆盖自己，爱迪生实验室的化学家们都无法对这种绝缘体进行分析。将填充压力从每平方英寸 6 000 磅增加到 20 000 磅，可以使"鳞片"的导电性更好，但这样会把口袋里的东西压缩成像皂石一样硬的东西，从而导致孔隙度的丧失。

因此，"完善"可逆碱性电池的相关工作一直拖到夏秋时节，谁知道接下来还会再耗费几个季节呢？甚至爱迪生自己也一筹莫展，他也想知道这电池究竟能不能被完善。每当阴极的凸面隆起时，它似乎都会减小阳极凹面的下凹程度。

伯顿·威拉德夫妇

汤姆搬到纽约格林伍德湖的谷屋旅馆去住了，但他依旧没能逃过债主的追讨。他化名躲在那里，一边酗酒，一边与疾病和抑郁做斗争，直到被比阿特丽斯·威拉德拯救。这是一位令人捉摸不透的年轻女性，在她生命的不同时期拥有不同的名字，她的曾用名包括玛蒂尔达·海泽、比阿特丽斯·拉蒙塔尼·海泽、比阿特丽斯·玛蒂尔达·海泽小姐、托马斯·蒙哥马利夫人（麦迪逊广场花园票务员的遗孀），以及最近的比阿特丽斯·威拉德夫人（或小姐）。她的出生日期和名字一样多，导致最后她要么是 31 岁，要么是 20 岁，要么是 10 岁。

汤姆第一次写信给家里人提到她时，她是"威拉德夫人"，这样就很难否认曾经存在一位威拉德先生了。威拉德夫人是旅馆的一位客人，在小托马斯最近一次"精神崩溃"后，是她在护理他，直至他恢复健康。1905 年，汤姆渴望在比阿特丽斯的陪伴下回到纽约，所以他自己改姓为威拉德，这样解决了很多问题。他们打算结婚，但这只有等到汤姆那毫无责任心的妻子同意离婚才行。可是只要玛丽每周都收到爱迪生的支票，离婚似乎就不太可能。此外，玛丽还是天主教徒。因此，汤姆和比阿特丽斯只是以伯顿·威拉德夫妇的身份租住在斯塔滕岛的一栋房子里。

9月，他们在那里的避难状态被打破了，新布赖顿的一名医生写信给约翰·兰道夫，说有个"年轻人"需要被送进精神病院。"我建议他下周搬到哈得孙河畔康沃尔的拉宁医生家去。"他指的是康沃尔疗养院，这家疗养院可以对酗酒者、所有麻醉药品成瘾者和患有精神疾病的人进行科学而持续的治疗，这听起来完全适合汤姆。信中写道："虽然我不是很相信这个'年轻人'，但我确实看到了一些糟糕的病例在那儿得到了治疗。"

兰道夫无法向爱迪生隐瞒这个消息，因为疗养院巨额的账单将震惊爱迪生。拉宁医生提出，酒精中毒的治疗每周就要花费100美元，还要为病人和他的"妻子"提供食宿①，他预计让汤姆在他那里待一个月就足以让汤姆戒掉酒精。爱迪生告诉兰道夫可以做必要的安排。

11月下旬，当爱迪生再次收到儿子的来信时，信中流露的感激涕零使他一时无法专注于电池的工作。汤姆在信中写道："对于最近患病期间您给予我的一切关怀，任何言语都不足以表达我的感激之情。我已经彻底摆脱了迅速吞噬我生命的毒药，浑身散发着一种新的男子汉气概，我变成了一个名副其实的人。"

使他濒临自杀的那种"麻木、狂热、痛苦和忧虑"的感觉已经消失了，他可以坦白地承认，"很多次我都渴望得到怜悯，但又害怕惊扰您，因为我用于接受责难的勇气早已离我而去"。即使是此时，他仍然觉得"那座把父子隔开的桥"让他无法与他在世界上最崇拜的那

---

① 有证据表明汤姆在这个时期还对阿片上瘾。

个人面对面谈话。然而——

> 在我的新名字、新生活和新朋友的陪伴下，我整装待发，打算在这个世界重新开始，以便为提升我的商业能力做好万全准备。而这也就意味着我必须有一份职业……
>
> 我一直对农业很感兴趣，我发现我内心深处极度渴望拥有一座农场，然后开始做一些蘑菇的生意……我精通一切有关蘑菇的事情。

这虽然不太真实，但对爱迪生来说也算是新鲜事。汤姆在第4页提到，拥有任何农场都需要投入资本。"我的想法是，先请您为我购买一座农场，做一份6%的抵押贷款……"

爱迪生仔细阅读了信的其他内容，并在信笺上方写道："兰道夫，告诉他最好是租一座农场……如果到时觉得合适的话，可以再买下来。让他挑选一个地方，确定租金以及经营一年所需的费用，然后告诉我，如果满意的话，我便会帮助他解决财务问题。"

那年冬天，威廉·爱迪生也感受到了大自然的呼唤。他先后在一连串失败的汽车企业担任了两年的经理、推销员和修理技工，然后在弗吉尼亚州沃特维尤市给父亲写了封信，信笺上印有"奇趣岛游戏＆家禽农场"的标识。他和布兰奇是那儿的老板，正好赶上圣诞节，他们为客户提供"巨型青铜火鸡、英国雉鸡、信鸽、比利时野兔、帝王鸭、浅黄褐色交趾鸡、墨西哥鹌鹑等"。

熟悉威廉的人都很清楚，他的事业只是纸上谈兵。信中还暗示，他将在春季再看另外两处农村房产，希望自己负担得起其中一处的首付。

突发事件

似乎每年年初爱迪生都会中毒，1906年1月1日，他吸入了太多的氰化氢，不得不赶紧到室外用冷空气清肺。一名实验室助理在午餐时告诉弗兰克·戴尔："'老头儿'在处理这类东西时，似乎就把它们当作牛奶一样……我想它们会害死他的。"

戴尔意识到老板快60岁了，于是他开始写日记，期待有一天能为托马斯·阿尔瓦·爱迪生的官方传记撰稿或做点儿贡献。"这正是我想做的事。"他还发现爱迪生的留声机公司和电影公司的总经理威廉·吉尔摩也有和汤姆一样的欲望（酗酒），因此经常无故长时间缺勤。也许有一天，吉尔摩将不再受重用。届时机会合适的话，将会有一个雄心勃勃、对待爱迪生更友善的律师来替代他。

尽管戴尔未能对琼格纳的电池专利提起完整的诉讼，但薄片浸渍法已从根本上改变了这项技术，那次诉讼即便胜诉，此时看来也是得不偿失的。他鼓励爱迪生和他谈法律以外的话题，而且快速记录下可能出现在传记里的谈话内容：

> 今天我在和爱迪生谈话时提到，我打算依据联邦公司法，要求所有购买行为都像签房地产契约一样在华盛顿登记，以消除股票投机行为。爱迪生以清晰而有趣的方式不断地陈述自己反对的理由，就好像他的脑海中已有相关知识的储备，他只需去调阅就好……
>
> 我问他从哪儿收集到这么多有关华尔街的信息，他说他研究过5年股票行情自动收录器。他永远不会忘记自己了解过的事实。

让约翰·兰道夫松了一口气的是，戴尔也成了爱迪生与他那两个讨厌的儿子以及更让人心烦的儿媳之间的主要调和者。他是维多利亚时代小说的爱好者，喜欢处理他们之间发生的戏剧性危机。2月8日，他见到了比阿特丽斯·威拉德，发现她过于热情，但她渴望嫁给汤姆的迫切心情又令人感动。9天后，汤姆的妻子玛丽·图希去世了，年仅26岁，这真像是一本廉价小说的结局。

"小托马斯·阿尔瓦·爱迪生的夫人死了——歌舞女郎嫁给发明家的儿子后不久就离开了。"戴尔必须处理这个突发事件带来的三个后果。第一个来自图希家族，他们认为爱迪生愿意为葬礼买单（然而爱迪生并不愿意，但还是做了）。汤姆接着问他是否可以和比阿特丽斯结婚，在他等待爱迪生的回复时，戴尔拜访了住在斯塔滕岛的"威拉德夫妇"，这次见面让他不再认为汤姆是个失败者。这个年轻人看上去很健康、很开心，对蘑菇生意的未来很是期待。他娴熟地弹着钢琴，比阿特丽斯则做了一顿丰盛的午餐。戴尔当晚写道："这真不错，我希望他的父亲能帮助他。"

爱迪生履行了自己的诺言，租下并整修了汤姆在新泽西州伯灵顿找到的一座农场，但他拒绝在格伦蒙特接待他和比阿特丽斯，也不愿听到他们结婚的消息。汤姆通知戴尔说，结婚仪式还是非常必要的，然后他们在7月9日结婚了。爱迪生对这个消息的反应出奇温和，他说，他认为家庭生活对儿子来说是最好的事情，"可能会让他保持正直"。

除了汤姆在10月含糊地说比阿特丽斯"过得很好"，没有任何关于她可能怀孕的消息。那时，汤姆要把他那原始的宅基地改造成一座种植上等蘑菇的农场，这项工作需要有复杂的设施，他开始畏缩不前了。而且冬天快到了，在这个真菌培养最艰苦的季节里，他又病了。

他不确定自己是否有足够的体力来搬运、填埋、压平和喷撒数百辆车的马粪堆肥，而这个漫长又气味难闻的过程，只是为明年春天培育一种畅销的作物做准备。汤姆又一次丧失信心，他向戴尔提议，他可能更适合在父亲的水泥厂工作。如果不行的话，他就考虑成为一名专业摄影师。

听到这个消息后，爱迪生勃然大怒，戴尔以前从未见过爱迪生这样发怒。爱迪生说他不希望他的儿子靠近他或他的任何一家工厂。如果有必要，他会给他安排另一份工作，但汤姆肯定会失败，因为他过去一件事都没做成。汤姆太没用了，"就是一个堕落的人"。

戴尔试图说服他，汤姆应该得到很大程度的同情，但终究是徒劳的。戴尔在日记中写道："爱迪生竟然如此冷酷无情、如此记仇，这似乎不太寻常。"

小宫殿

这时爱迪生正承受着巨大的压力。对汽车电池进行了上万次实验之后，他抱怨说，他还没有掌握碱性电化学的"百万分之一"。他和艾尔斯沃斯在对格伦里奇工厂生产的 E 型电池进行改进的同时，承诺对召回的旧电池进行维修或更换。具有讽刺意味的是，由于五分钱戏院在全国范围内的普及，以及留声机成为人们日常生活中不可或缺的一部分，他分配给埃德温·鲍特（负责电影制作）和沃尔特·米勒（负责唱片生产）的业务给公司带来了巨额收入。沃尔特·马洛里管理的纽村大型水泥厂要想收回成本还需要几年时间，但它已经可以每周生产 6 000 桶最好的波特兰水泥，马洛里承诺要比蓄电池公司更早实现盈利。

爱迪生仅凭他水泥的卓越品质就值得赞誉，他设计了一种自动计量送料斗系统，将石灰石和水泥粗料混合在一起，注入单独的定向秤，每台秤都根据化学家规定的重量限制设定倾斜度。在秤倾斜时，一根针浸入一杯带电的水银，关闭漏斗，以精确调节所得混合物的比例。这种精确性只是水泥质量高的部分原因。更重要的因素是，他坚持将运往窑里的泥浆研磨至比工业平均水平细腻 10% 的程度，因此至少有 85% 的浆料会在煅烧前通过 200 目筛网。在从另一端取出粒状"熟料"后，首先将其重新研磨到能用湿润的手搅成乳霜状的均匀程度。但他发现这样的稠度会导致水泥很快凝固，于是他调整了破碎机，使研磨后的浆料更有颗粒感。① 用这种浆料加白的混凝土达到了很好的强度。爱迪生自豪地说："这是所有伟大建筑的未来。它不会弯曲，不会断裂，而且就算你试着烧它，也烧不坏。"

几个月前发生在旧金山的那场灾难性地震，让他回忆起了初建水泥厂时的想法。他看到了低成本的模塑混凝土房屋正在取代大多数美国人居住的脆弱"木箱"。承包商用水泥混上一种胶状的添加剂，便可现场浇筑成预设的样式。一栋三层楼的房屋可以在 6 个小时内浇筑完毕，并在不到一周的时间内就可建成。那些模子可以一段一段地拆下来，然后在社区允许的范围内重复使用。它们的样式可以多种多样，不一定必须是相同的。爱迪生告诉《保险工程》杂志的一位记者："可能会有数百种设计，建筑师将会工作得很开心，因为他们可以在完成墙壁建造的时候浇铸雕像和各种各样的装饰。这样，我们就能拥有一座座小宫殿，租金可以达到每月 10 美元左右。"

"屋顶也是用水泥做的吗？"

---

① 爱迪生制出的水泥太细滑了，这让竞争对手感到不安。其中一位竞争对手抱怨道："如果爱迪生做一种类似我们这样的水泥，那就好多了。"然而，爱迪生的水泥纹理成了这个行业的标准。

"是的，整栋楼都是用水泥浇筑的。"①

他不得不承认，镀镍的铁质浇筑套件价格高昂，每件约为 2.5 万美元，但客户会买单的，因为它使用得太频繁且太普遍了，壁炉架、栏杆、天窗、电线管道"甚至浴缸"都要用到。得到投资后，承包商每 4 天就可以建造一座新房子。每座房子的售价为五六百美元，这将使数百万低收入的美国人第一次拥有自己的房子，自此之后他们不必再担心地震、飓风或火灾。爱迪生承诺道："尽管我 60 岁了，但是我一定会看到这一创新被普遍推广。"

爱迪生和水泥房屋模型，1906 年前后

---

① 爱迪生和这位对话者犯了一个常见的错误，他们都把水泥等同于混凝土。水泥其实只是混凝土中的一种成分。

第三章　化学：1900—1909 年　　271

全国各地的建筑商对此持谨慎的怀疑态度。他们以前听说过混凝土房屋，但从未从一个如此有决心和能力的梦想家那里听说过。宾夕法尼亚州纽卡斯尔的一名混凝土工人说："这是天才的疯狂想法之一，爱迪生是疯狂的。如果他不是如此，他就不会是一个伟大的发明家……一个能用钴电池解决电动汽车问题的人几乎可以做任何事情。"

既成事实

实际上，爱迪生在 63 岁时才开始修建他的第一批陈列馆（有两座在卢埃林公园）[1]，并推出了重新设计的汽车电池。那时钴"鳞片"就像旧年的落叶一样，成为逝去季节的象征，而他已经在新领域开始了自己的大冒险。一个领域是自传，或者更确切地说是恣意地回忆往事，这是应两位富有好奇心的传记作者之邀。他们俩是弗兰克·戴尔和《电气世界》的编辑托马斯·康默福德·马丁，后者早在 1877 年就结识了爱迪生。这两个人因在文章中展现出清晰、冷静的思考而备受推崇。他们以严谨认真的工作态度完成了两卷本的权威研究报告《爱迪生：他的生活和发明》。[2] 这份近千页的研究报告在学术界留下了浓墨重彩的一笔。

因爱迪生失聪，他们无法口头提问，所以他们对爱迪生的"采访"都是通过手写完成的。他的回答有时断断续续，但大部分还是愉快而不加思索的。母亲和第一任妻子的去世是他记忆里最令他痛楚的部分，而除了为自己的父母感到无比骄傲之外，他几乎没有流

---

[1] 这些仍然坚实稳固的建筑可能会被视为国家公园管理局开展的格伦蒙特建筑游览的附属设施。

[2] 这部著作于 1910 年 10 月由哈珀兄弟公司在纽约出版。

露虚荣心。他以最动人的笔触描绘了自己在俄亥俄州的童年生活（"洛克伍德家的男孩儿和我去游泳，他下去了，我在岸边等着他回家"），以及他在纽约的早期生活，直到他以独立发明家的身份开设工厂：

> （1869年的）一天，我成功地展示并使用了一种装置。当股票经纪人办公室里的股票行情自动收录器失调，开始疯狂打印数字时，该装置的总站能使它恢复协调，这可以省掉许多人的劳动，也减少了股票经纪人的麻烦。马歇尔·勒弗茨把我叫进他的办公室，对我说："年轻人，我现在想买断你的发明，你认为我应该支付你多少钱？"我已经下定决心，考虑到这项发明所耗费的时间和其中遇到的障碍，应该要价5 000美元，但3 000美元我也能接受。但是考验心理素质的时刻来了，我没有勇气说出这个数字。我就说："嗯，先生，先给我一个报价吧。"然后他说："4万美元你觉得怎么样？"这个数字让我几乎晕了过去。我害怕他会听到我急促的心跳声。我设法让自己冷静下来，然后说我认为这个价格是合理的。

擅长文学创作的弗兰克·戴尔与马丁和威廉·梅多克罗夫特合作润色了爱迪生的语言，淡化了他提及"耶稣""犹太人"的部分。戴尔这位公司的谋士谨慎地牵头组织了对各方都有利的合作。① 他针对1907年的两项法院判决，认为相互敌对的爱迪生电影制片厂与美国谬托斯柯甫和比沃格拉夫公司共同持有电影制作方法的专利，建议

---

① 戴尔于1908年7月23日继任威廉·吉尔摩在爱迪生电影制片厂的职位。

诉讼人携手朝着建立一家"托拉斯"的方向努力,该托拉斯将他们的权利与其他主要制片商的权利集中在一起,从而将一些独立制片商和盗版放映商排除在外。1908年12月,戴尔最引以为傲的创造成果——电影专利公司成立。在实验室图书馆举行的庆祝会上,与会者向爱迪生示好。他和以前一样和蔼可亲,但对把电影当成娱乐的想法感到厌倦。晚饭后,当法律文件出来的时候,他说:"你们好好谈谈,我去睡一会儿。"他退到书架后面的小床上,醒来后发现自己已经控制了美国90%的电影产业。

戴尔要求他允许开发一种圆盘留声机,以与新兴的维克多留声机公司抗衡,但他不太同意。令爱迪生费解的是,许多唱片购买者选择的是声音听起来像用砂纸打磨过的扁平的硬唱片,而不是他珍爱的用厚纸板包装出售的两分钟圆筒唱片,厚纸板包装盒在被打开时会散发出蜡的甜味,圆筒唱片通过带有牵牛花形状的大喇叭的留声机发出悦耳的声音。让他感到满意的是,联邦上诉法院取消了他在赛璐珞录音介质上的旧专利,因为尽管他耳聋,但他还是知道让声音保真比音量更重要。1907年,国家留声机公司卖出了750万张圆筒唱片,这表明他并不是唯一有这种执念的人。当他的主要竞争对手美国留声机公司推出了一款可播放4分钟的6英寸圆筒唱片时,他发行了新的黑蜡唱片"安贝罗",它安装了爱迪生的标准芯轴,但每英寸有200圈螺纹。它可播放较长时间,而且声音没有那么刺耳,但它的"丘陵"状沟纹很精细,容易跳针。[①]戴尔只能等待爱迪生承认柔声时代已经结束。到1909年2月,安贝罗唱片及其配套的安贝罗拉播放机都未能遏制销售量下滑超过50%的形势。米娜对她最有

---

① 虽然通常被描述为蜡,但安贝罗唱片的介质实际上是硬脂酸和钠盐的软皂化合物,用地蜡和硬脂酸铝硬化。

技术头脑的儿子西奥多说，爸爸正在研究新圆盘唱片播放机，他在播音头上的研究进展也不顺利，"我希望你能够给他一点儿意见，帮助他克服困难"。

无论圆盘唱片方面的困难有多大，都不太可能与他在化学上费时9年、既要求理论思索又要求机械操作的工作相比，正是那些工作才让他在6月26日宣布"蓄电池是一个既成事实"。记者们经常听到他这样说，以至于这次报道连标题都没有，甚至没有在头版刊载。直到1909年7月，第一批1.2伏A型电池问世，它们轻薄、有光泽的特点，经过精心设计的外观，以及接近实心的形态才让人们开始意识到，爱迪生已经在电化学领域掀起了一场革命。

他重新使用了薄片技术，这次用的是镍片，他把它镀得很薄，能像游丝一样飘浮在空中。将250片镍片压缩平整，才到一张名片的厚度。它们被从迅速地交替浸入铜和镍电解液的旋转的桶里抽出来。每一层沉积物都被清洗、变干，当它们以0.396 9毫米的厚度分层时，薄片被剥开并被切成小小的方形，然后浸泡在一种能腐蚀铜的溶液中。这样就留下了120片镍片，每片约1/25 000英寸厚。

其后的电极安装过程曾耗费爱迪生多年的努力

爱迪生A-12型蓄电池的外观，1909年

和150万美元的个人资金，由他设计过的最精密的机器完成。其中一台机器不断地将细长的金属杆插入A型电池的穿孔钢管，用粉末状的镍水合物和镍片组成的700片盘状物把它们包装起来。钢管是螺旋包裹的结构，用无缝钢环加固，以承受每平方英寸2 000磅的插入力。它们的两端被挤得紧紧的，然后平行地安装在正极上。一种类似但更简单的工艺用极细的氧化铁填充平坦的负极板口袋，氧化铁的电阻比钢管的电阻小，所以不用和镍片混合。

每块电池由5块负极板和4块正极板组成，用硬橡胶绝缘、固定，最后被装进薄钢板里，并用带有锂的氢氧化钾溶液浸透。[①] 爱迪生大胆地焊接了钢板外壳的顶部，以示电池在工作时无须被打开，根据他的计算，电池至少可使用4年。[②] 露出来的只有两个锥形的尖头，一个有盖的补水孔和一个释放氢气气泡的阀门。

由于不想再次从市场召回，他对新电池的性能进行了严苛的物理测试。随机挑选的电池将在"一个结实的立方体上"上下重击大约200万次，然后在"一块砖或石头的桥墩上"以每小时15英里的速度撞击500次。如果它们经受住了这种暴击而不丧失功能，他就可以肯定这些电池将会通过纽约市场的终极考验。爱迪生自豪地说："我希望很快看到每辆出租车都使用新的蓄电池，还有汽车和其他的交通工具。"

[①] 爱迪生在电解液中添加了锂水合物，明显提高了A型电池的容量和稳定性。这比锂离子电池早60年，后者现已成为电力科学领域的重要产品。曼哈顿计划的弗朗西斯·T.邦纳将爱迪生的这项创新形容为"真正的魔力"，但在20世纪50年代，大家还未完全理解这种技术。

[②] 爱迪生低估了超过10倍，45年后，美国的部分地方仍在使用爱迪生蓄电池。2011年，一名研究者发现有85年历史的爱迪生蓄电池仍可完美工作。

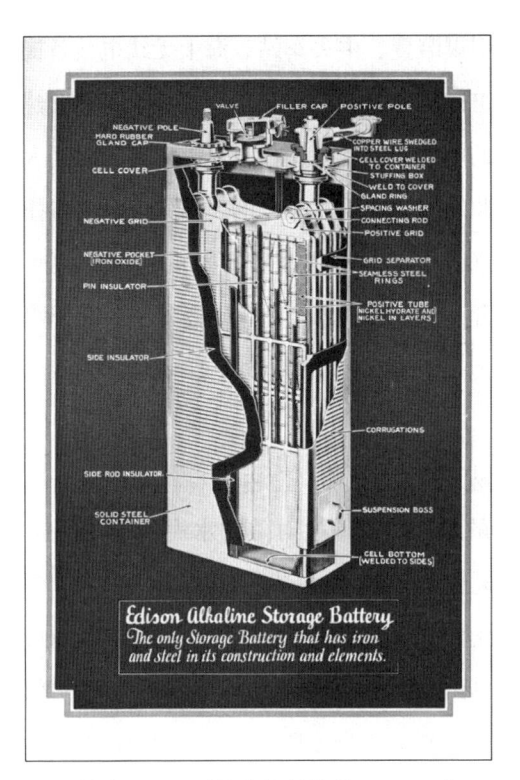

爱迪生 A-12 型蓄电池的构造，1909 年

电池上方小字依次为阀门、补水孔，左侧小字从上到下依次为阴极、硬橡胶盖帽、电池盖、阴极栅、阴极口袋（氧化铁）、针形绝缘体、侧面绝缘体、侧面杆形绝缘体、纯钢外壳，右侧小字从上到下依次为阳极、插入钢质尖头的铜线、焊接到外壳上的电池盖、填料函、电池盖焊接点、密封环、间隔垫圈、连接杆、阳极栅、栅隔板、无缝钢环、阳极管（镍水合物与分层镍）、波纹、电池底部（与侧面焊在一起）。电池下方文字为爱迪生碱性蓄电池，唯一使用钢和铁的蓄电池。

在某些方面，他的梦想实现了。很快，出租车、有轨电车和快递公司的订单多到让他应接不暇。这款碱性电池无声、无味的优点让铅酸电池制造商非常害怕，其中一家公司甚至发布了一款外观类似的电池，名为"铁甲"，尽管它不含任何铁元素。多年来，各种型号的"爱迪生 A 型电池"为美国一半以上的电动卡车以及铁路信号和时钟系统、矿灯、引爆装置、中央车站、海上无线电设备提供动力。一位在西奥兰治闲逛的雄心勃勃的年轻工程师甚至将能够建造一块大得足以驱动潜水艇的电池。但爱迪生在电池上停留的时间太长了，已无法对抗由内燃机驱动的"快乐汽车"的飞涨人气。底特律的福特汽车公司推出了一款价格低廉、行驶里程更长的福特 T 型汽车后，他的电池又畅销了一年。但自那之后，"电动汽车"一词开始逐渐从日常用语中消失，成为一个带有古意的词语。

我们就像非法占有者一样生活

在这十年的最后，爱迪生对他的水泥和电池的成功创新感到高兴，他期待着这两项成功一定会带来的财富。除了有严重的耳聋和慢性胃痛，他像研究生一样精力充沛，对科学充满好奇。他问两个老搭档："你们有没有意识到实际上所有的工业化学本质上都是胶体的？"①40 年里，他平均每 11 天就有一项发明，所以他没有心情听他年老的表姐莉齐·沃兹沃斯的建议："我亲爱的阿尔瓦……我想你的大脑该休息一下了，你已经给了这个世界足够多的东西，现在你应该好好休息一下了。"

他想，在把他的生意交给小儿子之前，他还可以再干上 20 年。两个大儿子仍然是他的心头刺，时不时让他的心隐隐作痛。只要他在世，他们一直都会这样（除非他们真的像偶尔威胁的那样自杀）。"伯顿·威拉德"是两人中比较悲哀的那个，他在身体好的时候拼命地在他的蘑菇农场干活儿，在身体不好的时候就不得不乞求帮助。上一次脑癫痫发作让他在费城的一家医院里躺了 7 个月。

威廉和布兰奇仍在忙着从一个"地狱洞"飞到另一个"地狱洞"，

---

① 爱迪生于 1909 年 4 月提出了这个问题，比沃尔夫冈·奥斯特瓦尔德开创性的《胶体化学手册》英文译本的出版早 6 年。

被愤怒的房东追讨租金，他们还把爱迪生的补助挥霍在切萨皮克湾的香槟游轮上。当威廉要求购买定制服装和一辆皮尔斯-阿罗轿车却被拒绝时，他非常刻薄地给父亲写了一封信，以至于弗兰克·戴尔都抛下了他作为律师的礼貌，回答道："我毫不怀疑，如果我们把10万美元交给你，这笔钱在两个月后就会全被浪费在那些无聊的傻事上，最后我们还会听到同样的抱怨……你的表现就像个没长大的孩子，我一点儿也不同情你。"

爱迪生对威廉设计的双作用火花塞表现出了一些兴趣，但他忍不住认为这是他不欢迎的汽油车新时代的标志。当与一位老朋友、艺术家兼哲学家埃尔伯特·哈伯德共进午餐时，他对未来既担心又充满希望。他们是木星协会的创始成员，该协会是一个环保团体，致力于将电力推广为未来的清洁能源。爱迪生拿出一支新鲜的雪茄（"把火柴递给我，谢谢！"），他开始对其他点火设备进行激烈的批判：

> 总有一天，会有人发明一种集中和储存阳光的方法来代替这种古老而荒谬的普罗米修斯点火法。如果没人，我就自己来做……
>
> 为了获得动力而燃烧，一想到这方法如此浪费，我就感到恶心。我们应该从自然中获得我们所有的力量。阳光是能量的一种形式，风和潮汐是能量的表现形式。我们使用了它们吗？哦，没有，我们烧木头和煤，就像租房子的人把篱笆当燃料一样。我们就像非法占有者一样生活，似乎不是财产的拥有者。总有一天，热量和能量会被无限地储存在每个社区，这些都是由自然力量收集的。电应该像氧气一样便宜，因为它不会被消灭。
>
> 现在，我只确定，我的新蓄电池就是一个重要的例子。

第四章

磁学

1890—1899 年

爱迪生在他的奥格登矿场，1895 年

在 43 岁生日前夕，爱迪生饱受沮丧情绪的困扰。他刚刚从震惊中恢复过来，之前他目睹了自己此生最骄傲的成就——纽约珍珠街发电站被烧成灰烬，8 台发电机中有 7 台被毁。所幸当地照明公司迅速采取了紧急行动，该系统仅在几天之内就恢复了服务。他的脑海中都是他精心设计的发电站被烧焦、被淋透以及窗户破裂的场景，这深深地刺痛着他。而此时，坐拥千万财富的爱迪生通用电气公司总裁亨利·维拉德却想让爱迪生转手一千股公司的股票，以便让德雷克塞尔-摩根银行资助和支持的范德比尔特利益集团买入。①

想到自己可能会被进一步挤出以自己的名字命名的公司（金融家们又会保持这个商标多久呢？），爱迪生被激怒了，而此时他更愿意减持投资组合中的那些不太安全的资产。19 世纪 80 年代，他同意全美各地几十座独立中央发电站的财务主管用股票而不是用现金支付，结果他拥有了面值近 400 万美元但此时一文不值的废纸。后来他又同意爱迪生通用电气公司收购他曾掌控的所有电器制造公司，这个决定或许也是愚蠢的，因为支付的现金不知何故也变成了一堆废纸，他发现他的收入已经从 250 000 美元降至 85 000 美元，他除非将自己的口袋掏空，否则将无法满足西奥兰治实验室的后续运行。②

他在给维拉德的信中写道："你的要求让我非常烦恼，这是让我情绪低落的主要原因。"他需要到北卡罗来纳州的山区度个假，以使自己的身心焕然一新。

---

① 爱迪生通用电气公司成立于 1889 年，由三家爱迪生的电气照明制造公司合并而成。
② 然而，爱迪生在 19 世纪 90 年代初绝不是穷光蛋。德雷克塞尔-摩根银行提供的爱迪生的最新银行账单显示，他的账户余额为 465 440.25 美元，相当于 2019 年的 1 250 万美元。

22年来，我一直处在对金钱极度渴望的压力中。我把企业都卖给了爱迪生通用电气公司，最大的诱因是这笔钱数额巨大，我曾经以为手里的这些钱是不会发生变化的，当然也是为了摆脱经济压力，从而继续投身技术领域。但是，将钱重新投入商业领域是我未曾考虑的……我觉得是时候从与照明有关的商业领域退休，投入少点儿压力和忧虑、更能令我愉快的事情。

维拉德认为这种威胁不过是一个喜怒无常的天才偶尔发出的强烈抗议。他回答："不用担心，好好休息一下，我相信你回来时精神会好些。"

像豹子一样长着斑点

事实上，爱迪生曾经的一个非凡之处在于他几乎从未失去他那种乐观的镇静。5年半前，他的第一任妻子去世以后，他还没有表现过这样的情绪。但从19世纪90年代开始，他变得忧心忡忡，这与80年代的欢庆和成功氛围形成了鲜明对比。此时，他又成了金融家们的玩物（维拉德建议他通过借钱来弥补损失）。按照合同规定，他必须每天无薪工作9个小时来处理那些本该由专业工程师解决的电气领域问题。他习以为常的工作时长为18个小时，这就让他要用剩下的9个小时来解决那些紧迫的问题，比如进展缓慢的会说话的爱迪生玩偶的生产，销量急剧下降的留声机和唱片，两项即将出现的可能会令他蒙羞的法院判决，一条条来自宾夕法尼亚铁矿的坏消息，而最糟糕的是他远在德国的大女儿患上了天花。

玛丽昂此时躺在德累斯顿的一家医院里，用她的家庭教师和监护人伊丽莎白·厄尔的话来说，她17岁的身体"像豹子一样长着斑点，

十几岁的玛丽昂·爱迪生

或者说她就是豹子"。她在欧洲旅行了 10 个月,部分是为了完成学业,但主要是为了与米娜保持距离。在爱迪生看来,汤姆和威廉已经从失去亲生母亲的悲痛中恢复过来,并很快地适应了另一位母亲。玛丽昂对母亲玛丽的记忆(金发,巧克力,笑声)相对更加深刻。她不能原谅米娜取代了亲生母亲。米娜无法填补这个女孩儿心中的空白,所以玛丽昂决定出国。

旅行本身就花了爱迪生很多钱,而这时玛丽昂的病更是让他的钱包"大出血",假设她能活下来,爱迪生将要面临数千美元的医疗和康复费用。[①] 米娜对其他家庭成员的预算也出现了超支的倾向。儿子们在新罕布什尔州康科德的圣保罗中学读书[②],这是一所收费不菲的寄宿学校。此时,米娜还怀着她的第二个孩子。

只要爱迪生手头宽裕,他就会去资助那些依赖他的贫困或未成年的家庭成员,上至 85 岁的老父亲,下至不到两岁的马德琳。但他付

[①] 厄尔夫人在 3 月 10 日给米娜的信中写道:"她背部的脓肿对脊柱造成了永久性伤害,当他们刺穿它的时候……她流了很多血,他们都担心她的生命安全。"出血性天花几乎总是致命的。

[②] 1891 年,圣保罗中学的两名寄宿生每年的费用是 1 200 美元,相当于 2019 年的 32 280 美元。

出的慈善仅限于签写支票,他从不写慰问信,甚至连正在外国疗养院饱受脓肿之痛的玛丽昂也没有收到父亲的信。玛丽昂可以放心,她所有的账单都会被付清,不管治疗需要多长时间,直至她有麻点的脸被彻底治愈。但是,爱迪生无疑忽略了一位前任家庭教师的建议,即玛丽昂最需要的是"她的父亲寄来的一封充满爱的信"。

爱迪生对拦路抢劫的陌生人都和蔼可亲,甚至对竞争对手也慷慨地给予建议,但他没意识到自己经常伤害亲人和密友的感情。他既合群又冷漠,他曾说"我生活在自己的一个伟大的、不断变化的世界里",就像通过活动电影放映机的窥视孔看到的闪烁的图像一样。当他注意到那些不如他成功的人痛苦、孤独、羞愧或有其他神经病症时,他很困惑为什么他们不像他那样,去从事一些大胆的冒险活动,使自己振作起来。

更多更大的岩石

有一个令人期待的传言,说爱迪生在北卡罗来纳州的山区找到的铁矿比新鲜空气还多。多年来,他一直梦想成为矿业大亨,这与他作为实验室工程师的工作形成了难以想象的巨大反差。这个梦想可以追溯到 1881 年他在长岛库格发现的一片黑色海滩,每当风向改变或退潮时,一层又一层的粉末状磁铁矿就会在沙滩上移动再沉积。一直以来,大西洋海岸带斜坡上的氧化铁在他看来就像金子,尽管在质量和数量上都不如苏必利尔湖周围的氧化铁矿床。

他用掉了很多 4B 铅笔,计算着他必须提炼多少低品位的阿巴拉契亚磁铁矿,才能把价格降到密歇根州的水准,那里的赤铁矿质地更软、储量更大,但沿着 1 000 英里的铁路往东运输需要花一大笔钱。爱迪生的方程式是以许多变量为条件的,其中包括他设计用于挖掘、压碎、研磨和分选的机器的能力,这些机器的大小和复杂度需要保证,即使该地区其他工厂关闭，且中西部矿产量增加，它们仍然可以保持竞争力。此外，他还必须确保，他所发现的矿床足以保证他的矿石永远不会用完。

沿着蓝岭寻找铁矿6个星期依然无果后（"我在这个地方外出勘矿的时候遇到一个黑人，他把我介绍给另一个黑人，最终我找到了矿藏——一条牙钻式的矿脉"），爱迪生北上返回，确信自己最大的胜算在奥格登斯堡附近，靠近他家乡的树木繁茂的高地上。① 他近期在斯巴达山上获得了一块1.6万英亩的土地，那里有只有东部地区产铁的时代遗留下来的废弃挖掘坑。他估计，如果按照他的规划进行开发，仅在奥格登矿场中央的3 000英亩就有2亿吨潜在产量的低品位磁铁矿，这足以使他成为亿万富翁。"新泽西的矿石埋藏在原始的岩石中，如果这些矿藏丰富的岩石可以商业化，新泽西州的铁矿储量将超过世界上任何一个面积相当的地区。"毗邻州边界的是宾夕法尼亚州东部正在挣扎求生但仍然活跃的铸造厂，还有为它们提供天然鼓风炉燃料的无烟煤矿。"市场就在它们当中。"爱迪生在他方案的说明中写道。他指出，当地劳动力更便宜，富有经验的经理人也更多。"唯一需要的是廉价铁矿石。如果储量丰富……美国的铁生产中心将往东部迁回很多，而西部（出口商）也不会在东部铁厂的门口出价过低。"

这些优势已经足够，爱迪生要以"新泽西和宾夕法尼亚选矿厂"的宏大名义复兴奥格登矿场。一只凤凰正从过去的爱迪生矿石加工公司的灰烬中飞升，该工厂将具有合法公司的所有特征，有一个小规模的董事会和25万美元的股本。他决心不让它进入自由市场，并准备

---

① 1888—1891年，爱迪生对横亘于纽约州和南卡罗来纳州之间的阿巴拉契亚铁矿地进行了一次大规模的磁针测量，并在东部地区鼓风炉的可使用范围内买下了"97%的可提炼矿"。

亲自为它未来的扩张提供资金，而不是像过去那样依靠约翰·皮尔庞特·摩根这样的吝啬鬼。他自己要成为大股东，并且有小罗伯特·L.卡廷、查尔斯·巴彻勒和塞缪尔·英萨尔等忠实的朋友支持他。

3月24日，亨利·维拉德在纽约举办了一场晚宴，有许多照明行业的资深人士出席。这场晚宴证实了爱迪生长期以来的猜测，维拉德正在促成爱迪生通用电气公司和汤姆森-休斯敦电气公司的合并，此举如果成功，将会使它们各自在照明和发动机技术方面的优势结合。爱迪生反对这一做法，因为通过交叉授权，汤姆森-休斯敦可以利用爱迪生的专利，而爱迪生不确定自己能否得到公平的补偿。此外，汤姆逊-休斯敦采用的交流电系统比他的系统效率更高，因此也令人讨厌。[①] 不管这笔交易是否成功，摆弄了20年电线的他已经厌倦了电气发明。虽然如此，他仍不明白电到底是什么，除非电流在他的手指上跳动，或者他遭受电击或感受到电的热度，否则他不能理解一些实质性的东西。

当爱迪生还是一个阅读R. G.帕克的《自然哲学》的孩子时，他就知道科学被分为"可衡量的"和"不可衡量的"，也就是有无质量的差别。到目前为止，他已经研究了电报、声音和光这些不可衡量的现象。接下来他想运用自己的力量和世界上物质的厚重进行一番较量。他发自内心地渴望能比前人碾碎更多更大的岩石，并利用磁力把铁从尘土中"拽"出来。

行业杂志《铁器时代》的一篇社论警告称，这种欲望会让人上瘾，并可能带来毁灭性后果：

> 从贫矿石中提炼精矿是一种非常有趣的生产过程，精矿里只

[①] 见第五章。

有很少的异物微粒能被探测到。任何接触过这个课题的发明家都逃不出解决这个问题的热情和胜利的气氛……然而，从事这类工作的人很少对其涉及的成本和损失有充分的认识……

我并不是说提炼磁铁矿是一个没有辉煌前景的领域，但是，一般来说，由于对费用的低估而产生的希望，又必定会导致失望。

黑色的牙膏

对爱迪生来说，比电更迷人的最大奥秘是"磁体南北两极之间的奥秘"。年轻时，他就写了一篇关于磁力在自主调控的电报继电器中的作用的学术文章，他想知道是否可以用它来偏转太阳光谱中的铁射线。后来，他又发明了无数的电磁和热磁装置，其中包括一架可以非常精确地测量各种金属材料完整性的菱形电桥。他对磁力最富有想象力的运用是把它应用到弯曲的灯丝上，当他把磁铁靠近灯丝时，灯丝神奇地变直了："一极吸引，而另一极则排斥通电的碳丝。"他前不久在西奥兰治展出了一块极具选矿潜力的熟铁磁石，足有6英尺长，2.5英尺宽，用铜线缠绕着，重3 000多磅。

他在纯科学家眼中只是技术实验者，事实恰恰相反，爱迪生也深入阅读分析性的文献，熟悉自然力理论的所有方面，包括法拉第和詹姆斯·克拉克·麦克斯韦的著作。他对磁应力的抗磁性、铁磁材料导电性丧失等现象的研究，都因为数学知识的缺乏而受到限制。慢慢地，他开始依赖于阿瑟·肯内利的帮助来理解这些不在自己专业范围内的知识。

后来，只要一条薄且有一定宽度的矿石流经过磁体的两极，而矿石流的黑色部分向旁边摆动，发亮的部分则笔直下落，爱迪生就会承认磁性的神秘存在。他设计的第一台选矿机（1880年他在疯狂地完善白炽灯泡时突然想到的）非常简单，看上去几乎有些冒傻气：一根木质灯柱，一个悬挂的漏斗，一块安装好的电磁铁，一个分为两部分的接收容器。基于物理学中最基本的重力和磁力原理，它能在含有铁的沙滩上良好运转。

爱迪生并没有妄称自己发明了磁力选矿法。他与约翰·伯金拜恩合写了一篇研究论文，发表在《美国矿业工程师协会学报》上。论文中强调，在阿迪朗达克山脉以及遥远的波希米亚和新西兰等地，人们尝试过各种各样的采矿方法。但是，它们的效率都不敌爱迪生在1881年获得专利的7款选矿机，最新的一款解决了矿石干燥结块而导致燧石颗粒阻碍铁颗粒提取的问题。他把碎石直接放进一个水箱里，然后用一个旋转的磁化滚筒搅拌，这样就可以使所有的颗粒自由分散。当滚筒从水里冒出来的时候，它的杆子上就会沾满细粉，之后这些细粉可以像黑色的牙膏一样被刮下来。

至于奥格登矿场，爱迪生在为一款精密的选矿机申请专利，这是他与他最具天赋的工程师、苏格兰摄影师威廉·肯尼迪·劳里·迪克森合作发明的。其驱动轮、卷轴和装载颗粒状物质的传送带的组合，与他们正在研制的一种秘密照相机非常相似。

蛇形给矿机把干的或湿的矿石都送进一个漏斗里，漏斗把细颗粒往一个方向输送，粗颗粒往另一个方向输送。同时，有4块巨大的磁铁把铁粉吸到传送带上，使铁粉形成波纹状，随着磁极的转动，波纹越来越密。在这个过程中，这些粉末失去了磁性，从收集袋落入一个运输容器。风扇卷走了附带的灰尘，过滤出"浮铁"。整个系统的独特之处在于，它能反复抵消重力和磁力，从而提高颗粒的浓度，进而使颗粒在沉淀时达到很高的纯度。

5月，爱迪生下令在奥格登矿场进行一系列初步试验。他让迪克森组织试验，自己则回到西奥兰治，计划在秋季对设施进行大规模扩建。如果说东部其他的"钢铁工人"每天能生产1 000吨矿石，他规划的开采和打磨的量则是其5倍。在匆忙制订计划的过程中，他可能没有读5月11日《匹兹堡快报》上的一篇报道："新的铁矿区出现了——在明尼苏达州一块未开发的土地上发现了丰富矿藏的迹象。"

这条山脉叫梅萨比山脉，据报道，这里红色的赤铁矿储量非常丰富，当地的3名企业家已经开始修建一条从德卢斯通往世界各地的出口铁路。

你应该感恩

多亏了德累斯顿市一位最好的医生的护理，玛丽昂·爱迪生才躲过了天花的严重摧残。但她的脸上还是留下了痘印。直到深红色的伤疤消失，她才重新回归欧洲社会。爱迪生送给这位医生一套精美的银器，并在法国里维埃拉为玛丽昂租了一栋别墅，在那里她可以在厄尔夫人的陪伴下隐居养病。过了好几个月，玛丽昂才在劝说下不再戴着面纱外出。她依然渴望从父亲那里得到一些文字上的安慰，但通常是徒劳的，同时她又责备自己是父亲的负担。她在给米娜的信件中写道："一想到爸爸为我花的钱，我就觉得很难过。"

由于显而易见的原因，不能指望这名年轻女子早早步入婚姻殿堂，从而解除爱迪生对她的责任。她既想家又心存傲气，但她也完全明白另一个孩子的到来将会使父亲的第二个家庭变得更大，她紧紧地抓住厄尔夫人，接受了自己是一个流放者的命运。

查尔斯·爱迪生于1890年8月3日出生。玛丽昂听到这个消息后，在信中写道："你是一个幸运的女人，妈妈，你应该感恩有一个最可爱的男人做你的丈夫，还有一个可以给你带来信誉、金钱和美貌的小宝贝。在我看来，你不会再渴望世界上的其他东西了，因为这就是天堂啊。"

"和谐曲线的社会"

比起刚出生的查尔斯，爱迪生戏称的"奥格登新生儿"看上去更不能摄取加工过的食物。迪克森利用从布伦南公司租来的破碎机处理当地的矿石，发现其中的铁矿粉末与海滩磁铁矿大不相同。在干燥的天气里，它会成为粉状，磨损机器上涂了润滑油的接头，可以渗透很厚的面罩。在有雨的天气里，它会变成潮湿的黏土，堵塞回转筛，导致它无法通过筛网。不幸的是，斯巴达山的铁含量平均只有16%，这比爱迪生预期的少。上一代矿工已经挖出了4个最易开采的矿层，剩下的他得自己想办法开采了。

当迪克森报告最初的试验结果是"彻底无利"时，爱迪生并没有气馁。在困难的刺激下，他暂时关闭了工厂，并着手设计新的筛选和干燥系统，以应对奥格登矿场的所有挑战。此举让他与紧张不安的董事会承担了每月2万~3万美元的储囤成本，与此同时，有关明尼苏达州发现越来越多赤铁矿的新闻也接踵而至。

9月，雄心勃勃的作家乔治·帕森斯·莱思罗普来到西奥兰治，希望爱迪生有空与他合作一个项目，这个项目的灵感来自爱德华·贝拉米的乌托邦小说《回顾》的非凡成功。莱思罗普是《与爱迪生的对话》的作者，这是这一年早些时候发表在杂志上的一篇文章，它在很大程度上体现了主人公和蔼可亲的性格。爱迪生那种鼓舞人心、充满诗意的梦幻般的创造发明给他留下了深刻的印象——"这些发明一直在我的脑海中浮现"，他建议他们合写一部名为"进步"的科幻小说。令他吃惊的是，爱迪生不但同意了，而且对酬金毫不在意。莱思罗普本来计划只要写就可以了，而爱迪生为了好玩儿，想出了未来主义的概念来美化这个故事，他甚至用自己创作的一些插图来加以说明。

根据与麦克卢尔报业集团签订的第一份连载版权合同，他们的合作将被保密。莱思罗普告知了爱迪生的秘书，也是他们的中间人阿尔弗雷德·泰特，"我们都会从中得到一些钱"。毫无疑问，这本小说可以作为畅销书出版。此外，他会给爱迪生一份版税，"我想尽管这在他的眼里不算很多"。

39岁的莱思罗普在文学上并非无足轻重。他娶了纳撒尼尔·霍桑的女儿为妻，出版了几本小说和诗集，创办了美国版权联盟，并担任《大西洋月刊》的副主编。然而，这些成就并没有把他从一个自由作家职业生涯中的那种焦虑和酗酒的双重折磨中解救出来。接下来的9个月里，在经历焦虑和酗酒频繁复发的困扰时，他发现爱迪生可能是美国最忙碌的人。[1]

他们的"合作"拖延的征兆出现在10月中旬，爱迪生给莱思罗普寄去了33页的便笺，字迹潦草，有些地方几乎看不清。有些是超现实的，有些是幻想的，但大多数读起来都像是爱迪生给自己实验的提示，他好像忘记了这些提示应该是要告诉别人的：

在高温条件下，用溴盐替代物润滑

通过熔融钛来制氧

用白炽分解整个卤族

莱思罗普假装很高兴地收到这样的便笺——"我已经抄下来了。

---

[1] 根据阿尔弗雷德·泰特的说法，爱迪生当时正在监督72个项目。

它们信息量巨大！"——然后把手稿还给了爱迪生，上面用红色铅笔写了许多要求说明的内容。他不清楚什么是"和谐曲线的社会"，也不清楚如何通过电激发使汽化的云母变成缩微胶片。他还需要得到由"以太力"驱动的电缆电报技术、无螺旋桨汽船、气候变化、航空导航、催眠机、留声机报纸、撒哈拉运河、珍珠母空间嵌板和彩色音乐等方面的帮助。爱迪生无法接受面谈，但他答应把一些解释录在蜡筒唱片上。莱思罗普的等待终究是徒劳的，他并没有因为又收到了一批神秘的备忘录和两张"飞艇"的草图而感到宽慰。最终，爱迪生与他见面了，并和他做了一番仓促的讨论，结果只是让莱思罗普更加摸不着头脑了。

莱思罗普的预收款一点点地花光了，麦克卢尔报业集团也抛出了一些比较尴尬的问题，他试图通过已有的一些笔记来完成作品。这项工作虽然不那么具有技术性，但也不容易。爱迪生为科幻小说做的笔记像出自一个小学生的手笔（"一个在不导电的房间里的人……在没有摩擦的真空环境下，穿过大气屏障的限制，将速度调整到每秒100 000英里"），或是由一个疲倦的半睡半醒的人在逐渐睡着的过程中完成的（"萤火虫——不受欢迎——追求完美的稳定性和美丽的眼睛"）。

莱思罗普拼凑了一些最初的章节，并把它们交给爱迪生审阅。6个星期过去了，没有回音。他只能恳求麦克卢尔延长他的合同，并希望这个世上能有可以分散爱迪生注意力的事物，这样他们就能很快重新开始另一段富有想象力的旅程。

视觉暂留

这年秋天，爱迪生秘密地在实验室的"精密空间"里研制一种装置，这种装置就实际效果而言，比任何一部小说里的机器都神奇得多。这就是他的活动电影摄影机，是他对两年前构思的圆筒胶片电影放映机重新设计的产物。①W. K. L. 迪克森（回到西奥兰治过冬，同期奥格登矿场的新建筑拔地而起）已经使他相信，用一条半透明的胶片一圈圈地从侧面缠绕在观察器的卷轴上，便能以每秒10帧的速度展现成百上千幅更大、更清晰的图像。②

　　结果体现在11月前后的《恶作剧》当中，爱迪生的一名希腊雇员穿着束腰的多褶男式白色及膝裙，极力挥舞着白色长袖，做出一系列模糊的动作。这些动作持续不到半分钟，有的时候图像还会扩散开，就像水母在游动一样。但是，这部作品是表演和摄影的结合，这也是美国历史上制作的第一部电影。迪克森和助手威廉·海斯做了其中大部分的机械工作。③

　　使这部《恶作剧》成为可能的电影胶片是由纽约罗切斯特的乔治·伊士曼用感光性硝酸纤维素塑化而成的。胶片很薄，有弹性，带

---

① 见第五章。

② 大多数电影史学家认为，爱迪生发明活动电影摄影机的时间，可以追溯到1890年10月，迪克森回到实验室与他会合之时。但早在那年2月，《奥兰治日报》就报道："过去好几个月，爱迪生一直在进行一系列瞬时摄影实验，这些实验最终都获得了成功。"4月，《西方电工》描述了在纽约雷诺克斯剧场进行的一次神秘的爱迪生式投影："一盏几乎具有不可思议的力量的魔法灯投射在天花板上……这些画面似乎是活生生的人的真实表演！"同月，《明尼阿波利斯时报》称，他正在测试一台水平传送的卷轴式电影放映机（"他称之为活动电影放映机"），并计划为其配备同步音效："当它完成时……可能将不仅能听到一个人的声音……而且能同步看到说话人的脸、每一次表情的变化、每一次眼神的移动等。"

③ 电影的发明年表比较复杂，涉及在法国、英国和美国同时进行的实验和优先权主张，这也是这三个国家的学者悬而未决的辩论主题。爱迪生与艾蒂安-朱尔·马雷的关系，以及他于1888年和1889年在活动电影放映机方面的开创性工作，将在第五章中被讨论。

着香甜的香蕉味，被卷成 70 毫米宽的卷。迪克森认为这太宽了，他把它切成两半，然后在一边穿孔，以适应活动电影摄影机的转动齿轮。最终，他拍出了一部胶片宽 35 毫米的电影，这部电影（作为一个被遗忘的老人，他为此感到自豪）成了电影制片术的标准素材。①《恶作剧》之后还有聚焦更好的续集和一系列改进的"摄影测试"，但是很多关于驱动和暗室的问题一直推迟爱迪生公开宣布他的发明的时间。这些问题包括擒纵机构颤动得太慢或太快；在显影过程中，成片的胶片乳剂从底片上脱落，在凹槽底部留下含油的图像；胶片上的孔眼受阻；扭矩猛地将图像扯得变形。还有"视觉暂留"——爱迪生喜欢用这个词来解释眼睛无法区分剧照的快速演替，它就像一种新媒介不肯合作的特质，让影像太过生硬以致无法合成。

卑鄙的恶意和对名声的欲望

1891 年 1 月 1 日，爱迪生很恼火地看到《太阳报》上刊登的一则广告，广告说他和罗伯特·路易斯·史蒂文森、鲁德亚德·吉卜林是一部即将出版的重要小说的作者。这一消息甚至传到了德国，在那里，这部作品被认为是将被改编成舞台剧的两卷本"与电有关的小说"。《哈特福德新闻报》嘲弄地说："请保持文学界的纯粹和简单，这不是属于他的地方。"

爱迪生把这件事归咎于他的合作伙伴，称这是"欺诈行为"，并威胁说，如果再有令人尴尬的公开事件发生，自己将断绝与他的关系。莱思罗普为自己辩解，"《太阳报》的误述中伤了我，因为它忽视了我的名誉"。虽然他得到了原谅，但从那以后，他更加难以接近爱迪生

---

① 迪克森写道，他在看了一眼爱迪生的"穿孔纸自动电报"后产生了电影胶片的想法。信息源自迪克森写的《简史》。

了。莱思罗普请求米娜归还他寄到格伦蒙特的样本章节，但从书稿被归还时的状态可以看出，爱迪生显然没有读过这些书稿。

除了与 W. K. L. 迪克森共享奥格登矿场的新磁力选矿机的专利，爱迪生不喜欢他的名字和其他创造者并列，无论是小有天赋的作家莱思罗普，还是他曾雇用的才华横溢的发明家弗兰克·J. 斯普拉格。19世纪 80 年代，他一直很小心地不让斯普拉格参与他的实验性电气化铁路项目，因此他错过了斯普拉格后来在铁路牵引技术方面的重大创新。这种虚荣心在他有次访问布法罗时被表露出来，他告诉当地的一位记者，爱迪生通用电气公司"将为你们的有轨电车系统提供电力"。

"你们公司是不打算使用斯普拉格系统吗？"

"会使用的。但它不叫'斯普拉格系统'，而是'爱迪生系统'。我们已经吸收并改进了斯普拉格系统。"

爱迪生通用电气公司前不久确实收购了斯普拉格电气铁路和发动机公司，获得了其宝贵的专利和日渐增长的商誉（自 1887 年以来，已安装或签约拟安装的该城市系统超过了 100 个），为其提供了扩张所需的资金。但爱迪生骄傲地自夸已经"改进"了它的技术，因此足以用自己的名字代替斯普拉格的名字，这听起来像是给了在收购后辞职的斯普拉格一巴掌。33 岁的斯普拉格责备爱迪生通用电气公司和亨利·维拉德阻挠了他名声的提升：

> 爱迪生通用电气公司本应充分利用股东们的财产和人脉关系，并为他们的最佳利益考虑，但实际上，它却任由爱迪生先生及其代表管理，这也是对我的人身、专业和事业造成伤害的推动剂。猜忌、卑鄙的恶意和对名声的欲望就是他们最大的动机……
>
> 这个国家的每个铁路界人士都心知肚明，一些传递出的信息

并非真实，公司却满足于此，并尽一切可能抹掉斯普拉格的名字，来使爱迪生先生得到源于别人的工作成果的名声……辱骂斯普拉格的人最受他的宠爱，对他不敬的人却备受冷遇。这是铁律：对爱迪生的崇拜必须支持，斯普拉格的名字理应废除……

不仅爱迪生先生的下属，还有那些沐浴在他们微笑下的人，甚至包括爱迪生本人在内，都抛弃了他们的尊严，嫉妒那些在电气科学领域有任何小发明的人。他们不会放弃任何攻击或者试图贬低我的机会。

斯普拉格后来成为一名同样杰出的垂直牵引系统发明家，在他的余生里，他一直都在抱怨这个世界无人承认他的天才，却把爱迪生推崇到司管文艺的帕尔纳索斯山顶。[①] 他从来不承认他的成就虽然伟大，却局限于"整个电气科学领域"，也不承认在其他领域，如音乐的谐波、电影的幻觉艺术、索氏提取器内橡胶分子的分散及新泽西州北部高地的磁力选矿，他确实达不到爱迪生那样的成就。

玫瑰色叶状结构

2月初，爱迪生通用电气公司的股价大幅上涨的消息非但没有让爱迪生放慢脚步，反而刺激了他的急躁情绪，促使他在严冬过后土地刚刚解冻的奥格登矿场开始进行采矿和精炼的工作。投机者将股价飙升归因于一个传言：手头拮据的亨利·维拉德将把自己的多数股份卖给了某个与范德比尔特利益集团有关的人。这并不是爱迪生第一次听到维拉德和范德比尔特的名字出现在同一句话里。人们常提醒他，他

---

① 1911年，斯普拉格在得知电气与电子工程师协会将授予他最高荣誉爱迪生金质奖章时喜出望外。

发明的灯泡、制造的发电机、创建的行业，其企业化程度都已经远远超出了他的控制。

3月中旬，爱迪生北上，为新工厂的生产做准备。一辆小型矿车在霍帕康湖边接到他，然后便开始向斯巴达山的一处后山坡进发。它经过一个世纪前废弃的赫德旧矿，又穿过仍未长出新叶的茂密森林。没被蕨类植物或藤蔓遮住的斜坡上散落着巨石，看起来随时要滚下来砸碎矿车。到了1 200英尺的高度时，它噗的一声停了下来，爱迪生步行走完最后半英里，然后到达奥格登矿场。

这条有些滑的小路通向一座被称为"铁山"的采石场，是他的辽阔领地中最容易到达的地方。那里是一片绵延4英里的扁平片状的片麻岩①，沿着比弗莱克背斜的东南斜坡延伸，与阿巴拉契亚山脉的波纹状山脉平行。每当春雨把岩石上的泥和雪冲刷得干干净净时，一片片云母就会映入眼帘。片麻岩上的玫瑰色叶状结构显示出磁铁矿晶体的分布，这些晶体只是密集分布在零星的几个位置，其他地方都令人失望。但是谁知道这些矿层会有多深、多厚呢？它们是隐没在斜坡上，还是几乎垂直地潜入基岩呢？爱迪生估计每个方向至少有400英尺或1英里。如果有必要，他准备把整座山都挖空。

从山脊和水库之间的有利位置往东看，新泽西和宾夕法尼亚选矿厂连成一片，虽然中间被他决定改造的众多旧矿井建筑打断。他花了近5.4万美元购置了一座新的磁力选矿厂，还添置了一些用于储物的机库和几英里长的铁轨。现存的石砌发电站装有四缸、三倍膨胀的垂直发动机，该发动机是他在1889年的巴黎世界博览会上为自己制造的。一条链斗式的索道被架在铁山的上层平地上，用以搬运人工装

---

① 到1898年，这块岩地已作为"爱迪生片麻岩"为地质学家所知。

载的矿石（当时他还没有用来吊起较大石块的起重机），从 400 码远的地方运到山下的碾磨厂，17 台颚式破碎机会把矿石咬碎成小圆石。从那里开始，研磨机和回转筛进一步把它们从碎石打磨成矿石颗粒。然后，磁力选矿机分拣出用于储存和运输的铁"微粒"，以及作为沙子单独出售的沙状"尾矿"。在选矿厂的其他地方，两座碾磨厂房隐约可见，一座旧，一座新，还有一个机械车间和一个从选矿厂中心地带的废弃竖井里抽水的黑色塔形水泵。

这是尚未开发的土地上的一幅原始而粗陋的景象。为爱迪生工作的劳动力有几百人，大部分是意大利移民，他们不得不挤在奥格登斯堡的廉价公寓里，从山上走下来要半个小时。而爱迪生至少在工厂东边有一个好客的农家招待他。他每次从 60 英里外的格伦蒙特来到这里，都会被邀请住在那里。

后面加"0"

奥格登矿场的总经理哈里·利弗努力服从爱迪生的命令，想立即开始碾磨矿石。但碾磨系统太复杂了，直到 4 月初才勉强达到了正常生产的水平，即便如此，还是存在大量的机械和协调问题。采石场的原矿石通常是潮湿的，夹杂着肮脏的黏土或者被撕裂的植物根部纤维，这些东西会干扰机器，堵塞筛网。而且，从原矿石上会弹落大量的灰尘，这些灰尘与索道滑轮上的油脂混合在一起，磨损索道滑轮，所以经常需要关闭设备以进行更换和维修。颚式破碎机的小容量令人沮丧，6 台选矿机需要不断调整。爱迪生对此毫不气馁，他前往宾夕法尼亚州为他的铁精矿寻求铸造厂的订单。他认为可以以每吨 5.28 美元的价格提供纯度为 66% 的精矿（高于矿石 25% 的纯度），从而赚取每吨 2.62 美元的利润。

伯利恒钢铁公司的约翰·弗里茨与其说是被他的数字说服，不如说是被他的雄心壮志折服。"嗯，爱迪生，你为东部地区的矿业做了一件好事……我愿意帮助你。我在生意中掺杂了一点儿感情，我愿意从你这儿订购10万吨。"

爱迪生选择记住的对话是这样的。他有个习惯，喜欢像用管子吹出肥皂泡一样在任何数字后面加"0"来让自己开心。[①] 弗里茨的订单实际上是100吨/天，条件是提前交货。宾夕法尼亚钢铁公司和北方布兰奇钢铁公司也做出了类似的承诺。利弗设法以弗里茨想要的速度交付，但是这样的话，他每天只能向其他两个客户提供40吨，他的产品质量也下降了。爱迪生警告他："伯利恒方面抱怨铁的含量下降了，而磷的含量却在上升，小心点儿，否则我们将被勒令停止发货。"利弗反过来又抱怨说，他没有得到足够的市场支持："很明显，我们没有采取正确措施来处理我们的产品……当矿石被运到炼铁炉边的时候，应该马上派一个对这门生意略知一二的人去监督我们需要冶炼的矿石的品质。"

这不是与爱迪生争论的正确口吻。利弗很快就被解雇了，因为他是一个"该死的傻瓜"，作为一个矿业专家，他竟敢预言奥格登矿场的采矿-炼矿方式永远不会赢利。

"完美组合"

正如爱迪生担心的那样，伯利恒钢铁公司在购买了几千吨精矿后就取消了订单。它指出，磷含量高、炉膛反吹和结块问题是奥格登精

[①] 例如，他在1906年声称纽村的爱迪生水泥厂每周生产"6 000万吨"波特兰水泥，正确的说法应该是60万美元。1891年5月，他告诉一名记者，奥格登矿场的铁储量为"2 000 000 000 000吨"。

矿的主要缺陷。

爱迪生认为只能亲自实施自己的宏伟计划。这意味着他要长时间待在山里做进一步的重新设计和重建。他觉得自己完全能胜任这个任务："我觉得自己正处于全盛时期，比以往任何时候都更优秀。"但他首先要面对一起重大的专利侵权案件——爱迪生电灯公司起诉美国电气照明公司，该案在纽约南区巡回法院审理。如果法官威廉·华莱士做出有利于爱迪生的判决，爱迪生将能得到数百万美元。其次，他必须准备两份极其困难的专利申请，包括他仍然保密的活动电影摄影机技术。迪克森和海斯改进了摄影机和它的配套播放器，可以向精心挑选的观众演示它们。但法国和英国正在开发有足够竞争力的设备（艾蒂安-朱尔·马雷给起伏的海马和海葵"连续照相"所得的精美图片近期被刊登在《科学美国人》上），这让人们对爱迪生能否赢得电影摄影的专利权产生了怀疑。[①]

爱迪生突然想到，乔治·莱思罗普仍然渴望得到自己的关注，他将是一篇关于活动电影摄影机的文章的理想撰写者，这篇文章可能在潜意识层面对专利局审查员产生有利影响。莱思罗普欣然接受了这个机会，开始为《哈珀周刊》写一篇长文。随即爱迪生屈从于专利的诱惑，开始提前谈论活动电影摄影机，并抢先宣布自己挑选的宣传人员。

5月12日，在一次会议上，爱迪生告诉计划于1893年在芝加哥举办的世界博览会的一些委员，他将展出某样东西，它会引发家庭娱乐的一场革命：

---

① 爱迪生熟悉马雷的开创性工作成果，不能否认其优越性。他至少也模模糊糊地知道威廉·弗里斯-格林的情况。这位英国发明家于1890年3月18日写信给他，说将另寄一篇"描述1秒钟可拍摄10次的'机器相机'的论文"给他。托马斯·爱迪生国家历史公园里没有这篇论文的踪迹，但是他确实收到了这封信。

这是摄影与电的完美组合，一个人可以坐在自己的客厅里，在幕布上看到远处舞台上歌剧演员的形象，听到歌手的歌声。这项发明在博览会举办之前就会被完善，歌手脸上每一块肌肉的移动都清晰可见；他或她的服装的每一种颜色都将被精确地复制，步伐和姿势将像活人一样自然多样。对于体育界，我要说的是，不久以后，这个系统就可以应用到职业拳击赛上。整个场景，伴随着击打的声音、谈话的声音等，会被如实地转移到幕布上。

当被问及这项新发明将被称作什么时，爱迪生第一次公开地说出了它的名字。"它叫Kinetograph（活动电影摄影机）。这是什么意思？这个词的前半部分是'动'的意思，后半部分是'写'的意思。也就是运动的写照。"

从他对声音效果、色彩、近距离摄影和投影的强调中可以清楚地看出，他的想象力已经远远超出了迪克森和海斯所设计的从一个带有窥视孔的盒子里发出来的无声闪烁的光。他只字未提有关的机械装置，"但这对爱迪生来说无关紧要"，《费城询问报》评论道，"对他来说，构思就是执行……他慷慨地陈述，似乎对任何剽窃他的设计的人都不屑一顾，哪怕他已经给了他们一个暗示线索"。[1]

两周后他坐在曼哈顿的法庭上，紧张地嚼着一根牙签，他的专利律师理查德·N.戴尔[2]总结了爱迪生的公司7年来和美国电气照明公司的对抗情况。后者此时属于乔治·威斯汀豪斯（西屋电气公司的创

---

[1] 旁听爱迪生在芝加哥的玄奥演讲的记者之一是刚被《芝加哥晚间邮报》录用的弗兰克·L.鲍姆，他被爱迪生"头重脚轻"的外表迷住了。后来写了《绿野仙踪》的作者写道："门洛帕克的巫师身高中等……他有一个容量巨大的脑袋。"

[2] 爱迪生公司后来的总裁弗兰克·戴尔的兄弟及合作伙伴。

始人），戴尔的论点最后集中在爱迪生在过去 10 年间的"电流大战"中为对抗对手而受尽苦难。[①]

戴尔用了 4 个小时为爱迪生 1879 年的基本电灯泡专利进行了辩护，称其为"完全由玻璃制成的接收器"，将导体插入近乎完美的真空状态下的碳灯丝，这一做法具有独创性和史无前例的意义。因此，威斯汀豪斯持有的老旧且有缺陷的美国 204144 号专利，相当于构成了无效竞争，他没有资格销售明显模仿爱迪生的灯泡。而美国电气照明公司自 1880 年就已经开始这样做了，所以，威斯汀豪斯欠爱迪生通用电气公司的版税可能高达 1 500 万美元——这还不包括在 1897 年爱迪生的专利失效前另外应付的 200 万美元。

诉状涉及太多无聊的技术数据，法官的面前也摆放了 7 卷证据，所以，除了爱迪生和两三个新闻记者，法庭的公共席位很快就没有人了。无聊之余，爱迪生欣然接受了《太阳报》记者关于活动电影摄影机的低声提问，并邀请记者到西奥兰治去看电影。

这成了两人离开庭审的一个借口。庭审又持续了几天，最终华莱士法官承诺在当年夏初做出裁决。在此期间，爱迪生回到实验室，不仅展示了他"非凡的机器"，还为他的客人画了一张草图，这让乔治·莱思罗普嫉妒不已。

他解释说，A 是扩音器，B 是留声机，C 是摄影机，D 是驱动整个同步系统的主电池。很明显，他仍然认为活动电影摄影机是一种视听设备，尽管出于申请专利的目的，他只需要描述 C 部分。从草图上看，不太清楚 C 那个部件只是用来摄影的还是也用来投影。他坚持认为，桌子上的这个东西能够在视觉和声音上记录一部歌剧的整个

[①] 见第五章。

场景。"玛丽·詹森走出来唱歌，乐队将演奏迷人的华尔兹小步舞曲，然后她满场跳舞，观众鼓掌。"

爱迪生画的桌上活动电影摄影机草图，1891年5月28日

记者问道："爱迪生先生，您是如何设想做到这些的呢？"

爱迪生进入了充满想象力的模式。"我会让公司先进行一次彩排。我把一台由留声机和活动电影摄影机组成的可以一直工作30分钟的复合机器放在管弦乐队后面的一张桌子上。管弦乐队演奏，幕布升起，歌剧开始。两台机器同时工作，一台录音，另一台摄影，以每秒46张照片的速度记录动作。"

他说，在他看来，快门的速度给人一种最真实的连续运动的错觉。① "然后在机器中冲洗并更换摄影带，用投影镜头代替摄影镜头，调整留声机的声音回放部分。然后，通过一盏石灰光灯，便可以将这种效果在一面白色的帘子上重现。"

---

① 迪克森似乎使爱迪生相信了这一点。马雷以每秒30~50帧的速度拍摄。

他的实验室图书馆里就挂着一面白色的帘子。但是爱迪生对于展示比活动电影摄影机的投影范围还要大的影像含糊其词。他像个小男孩儿一样精力十足地跑上楼，打开一个看上去像普通的松木盒子的东西，展示了一条"胶质"胶片带，3/4英寸宽，一侧打了孔，水平穿过两个细长的、衬有天鹅绒的卷轴，上面印着微小而质朴的摄影图像。每一幅画描绘的都是一个年轻人——W. K. L. 迪克森——以极其微小的变化幅度伸手去拿他的帽子。爱迪生关上盒子，打开它的电驱动装置，所有的电力都集中在卷轴上，通过一块1英寸宽的窥视孔透镜，迪克森变成了一个奇迹般在移动的人，他脱帽致意，摇头，挥手，大笑。只有当电量减小时，他的动作才会变得不平稳，直至最后静止不动。

爱迪生自豪地说："如果我愿意，我可以把一卷1英里长的胶片带放进去。"这将容纳82 800张照片，每张半英寸见方且彼此间隔半英寸，以每秒46帧的速度，可以拍出半个小时的影片。

记者注意到他算的数字有误，但没有勇气去纠正一个天才。

第二天，5月28日，《太阳报》对此进行了独家报道，以"活动电影摄影机——爱迪生最新、最令人惊讶的设备——纯粹的运动记录和回放"为标题作为头版头条。这样一来，几天后莱思罗普想在《哈珀周刊》上发表自己的那篇文章时，能报道的就不多了。不过，文中阐述了爱迪生对迈布里奇和马雷等"瞬时摄影"先驱的敬意。"我所做的一切都是为了完善之前尝试过但没有成功的事情。这只是我迈出的第一步。"爱迪生谈及的不是声音，也不是投影实验，而是他在旋转的快门和跳跃的画面之间的精确协调。在每秒46帧的速度（大约是蜂鸟挥动翅膀的速度）下，他们有时间来曝光和调换胶片，这样可以做到为每一束新的光线都准备好新的空间。

莱思罗普对这种使人类远离彼此、远离现实本身的技术心生敬畏。"我们似乎正在接近一个时代：任何人都可能通过展开房间里的一卷胶带（它装满了这颗宜居星球上所有的构成和运动），触及古老、哲学的缩影（一个自己的小世界）概念。"

比那更好

7月14日中午，爱迪生正在奥格登矿场睡觉，因为前一天他一直工作到深夜。这时，矿场负责人亨利·哈特碰了碰他。

"什么事？"

"我有个好消息要告诉你。"

"我知道，筛板来了。"

"比那更好。"

哈特递去一份电报，爱迪生坐在床边阅读，内容是华莱士法官支持他的电灯专利。在经历了过去11年所有的模仿、挑战和公然的侵犯——其中最让人恼火的是乔治·威斯汀豪斯——之后，他于1880年发明的灯泡终于不再被他人玷污。

他想不出应该说些什么，只说了一句："这不是极好吗？"然后和哈特及其他矿工一起吃午饭。

威斯汀豪斯一定会上诉，但法院的判决基于十分具体的设计细节，他也只能试图拖延支付版税的日期罢了。爱迪生无权同时要求美国电气照明公司偿还在技术方面拖欠他的1 500万美元——他的专利技术属于爱迪生通用电气公司，所以必须由该公司全体董事提起诉讼。一起价值如此巨大的诉讼案势必要拖到1897年以后，在这个过程中或许要付出与破产的维拉德相同的代价。[1]

---

[1] 爱迪生的公司杂志《留声机》在1892年预测，其他所有侵权的照明公司应支付爱迪生通用电气公司高达5 000万美元的损害赔偿，再加未来每年200万美元的版税。

由于同样的原因，爱迪生也不能指望上诉法院做出有利于他的裁决后，情况到底会有多大的改善。他处理重要专利的经验是，法律允许的最长 17 年保护期不足以保护这些专利，更不必说从专利的真正价值中获得利益了。"我之所以能创造这些东西，是因为我对这些发明有了更深刻的理解，而且比海盗们更善于掌握它们的制造过程。"[1]

他并没有沉浸在极度的痛苦中，只是抱怨他的电灯和电力专利一分钱都没赚到。鉴于活动电影摄影机已经公布，他很快就又申请了相关的两项专利，以显示它兼具摄影和播放的功能。[2] 但是他同情那些无力为保护自己的专利而战的发明家："他们的专利证书只不过是济贫院的通行证。"

重要的事情

爱迪生把全部时间都花在奥格登矿场上，他发誓，如果有必要的话，他可以在那里再待半年，因为他不相信其他人能够妥善管理矿山和工厂，并解决启动如此复杂的操作系统所固有的问题。一天下午的晚些时候，一位记者在那里发现了他，当时发电站的大型发动机已经停止了运转。太阳正在斯巴达山上落下，山谷里的牛铃叮当作响。然而，一队意大利劳工正朝铁山进发，那里有一堆米白色的碎石需要运

---

[1] 华莱士法官的判决于 1892 年 10 月 4 日得到美国巡回上诉法院的支持，这距离电灯专利的通过已经过去了 12 年多。英国法院在爱迪生 & 斯旺联合电灯公司诉伍德豪斯 & 罗森公司一案（1887 年）中也发布了一份相同的裁决意见，肯定了爱迪生的发明在海外的原创性。
[2] 爱迪生并没有试图为活动电影摄影机申请海外专利，也许是因为他对证明自己的发明优先于马雷、普林斯、弗里斯-格林等竞争对手将使他面临的成本和困难感到畏缩。但他因此损失了数百万美元，也让法国的竞争对手如卢米埃尔、百代得以大举进军美国市场。

往破碎厂。

爱迪生指着采石场附近一排准备照亮晚班场地的弧光灯说："我们不分昼夜，不停工。"他显然对这番优美的景象感到自豪——方圆6英里全部归他所有，他宣布，山上有足够的铁矿石，可以开采至少一个世纪。

惊天动地的爆炸声从铁山的上层平地传来。"瞧，刚刚又开采了5 000吨。"他咧嘴笑着说。

爱迪生和许多孤僻的人一样，喜欢向陌生人吐露秘密。"我喜欢从重要的事情开始。人生苦短，不能从小事做起。大事包含着小事，细节源于原则……我们容易震撼于眼前的巨石，却忽略了头顶的山崖，而巨石可能从那里滚下来。你读过埃德加·爱伦·坡的《阿恩海姆乐园》吗？"

他解释说，这是个关于一个富有的男人[①]的故事，他热爱美，并孜孜不倦地寻求最大程度地实现它。"他追求的是成就，而不是让人认为他功成名就。爱伦·坡说，这个男人蔑视野心，却找到了世俗幸福的原则。"

爱迪生的秘书阿尔弗雷德·泰特告诉乔治·莱思罗普，爱迪生正在奥格登矿场全职工作（"他实际上已经从这个世界退隐了"），这位困惑的作家在给爱迪生的信里发泄了他满是怒气的挫败感。他提醒爱迪生，从他们第一次谈到一起写一本书以来，已经有14个月了。"你诚恳地同意了，甚至还建议把你的草图剪下来。"基于这种鼓励，"麦克卢尔已经向我支付了一些款项，如果无法完成工作，我将无力偿还"。

---

① 巧合的是，这个人名叫Ellison（埃里森，音近"爱迪生"）。

我不应该因为你迟迟不完成笔记而被要求退还这些钱，因为我的写作需要那些笔记……

我能理解——像你那样专注，特别是如果你对这本书的计划多少失去了兴趣——我反复提到这个问题，你可能会觉得有点儿讨厌。但是，另一方面，我想让你试着认识到，我被迫像狗一样等着骨头——甚至等不到骨头……

你应该给我一个机会，让我以我们开始决定写这本书时的那种愉快、和悦的心情，同你讨论一下这本书，这才公平。为了可以写出东西，我一直愿意等待，愿意和你一起去矿山或任何地方。但是麦克卢尔先生曾希望10月可以在他的报纸上看到相关文章，现在没有时间再等了。

我是说话算数的人，你也是说话算数的人。我把你捧上了天，认为你不仅是卓越的天才，更会忠于承诺。一个人的诺言比他的债券还珍贵——就像你曾经告诉我的那样。我希望你坚守信念，也希望我有理由认为你是这样的人。

莱思罗普其实还不如省点儿他的墨水。爱迪生确实对这部小说失去了兴趣，他痴迷于自己的矿山和碾磨厂，他通过泰特提出补偿麦克卢尔。莱思罗普认为这是他自己欠下的荣誉债，气愤地拒绝了："尽管我欣赏爱迪生的慷慨大度，但我不能接受他的金钱资助。"

就这样，他经历了多年的贫困、酗酒和困惑，其间试图把爱迪生在他们最初几次见面时所说的话变成似是而非的科幻小说。最终，他出版了一部苍白无力的奇幻小说《在时间的深处》，讲述了两个人用机械的反重力高跷探索火星的故事。这本书几乎没有引起什么关注，尽管它被宣传为"由与托马斯·爱迪生合作的乔治·帕森斯·莱思罗普完成"。①

"远离了太阳"

那年夏天的一天,爱迪生正在一棵大树下的一个大铁架顶部吃午饭,这时他发现口袋里的袖珍指南针在异常地震颤。他有一种短暂的思绪:"通过星际空间发出的信号可能是造成这种干扰的原因。"这时,他想起自己正坐在一座有五六英里深的磁铁矿的中心。无论它的品位有多低,它对太阳黑子电磁闪焰的反应至少比英国矫天文台下面的沉积物强烈 100 万倍,虽然矫天文台每天都测量太阳辐射情况。

他对把自己矿场的磁场和太阳的磁场连接起来的想法很感兴趣,于是把一根由 15 根导线组成的铜线绕在铁架周围的杆子上,然后把它接到工厂里一台普通的贝尔电话接收器上。他说这样他就能听到太阳黑子活动的声音,并通过望远镜观察它们。他对《太阳报》的一名记者恰如其分地说:"哎呀,它们如此漂亮,干扰是巨大的……是的,先生,我能用这部电话听到它们的声音……下一次,如果太阳的黑子有任何剧烈的变化,扰乱了地球上的磁力线,我就会知道;如果 60 万英里的氢气远离了太阳,我就会听到。"②

大量橡胶

塞缪尔·英萨尔告诉爱迪生,他在奥格登矿场的冒险每个月将使他亏损 6 000 美元,这时爱迪生那种拿起武器与一连串麻烦做斗争的

---

① 莱思罗普因为债务和丧子在精神上受到伤害,于 1898 年死于酗酒,终年 46 岁。他最后的文学作品是一部爱迪生的传记。
② 爱迪生在 1920 年提出:"应该在密歇根建立一个对星际信号进行科学观察的机构,如果太空真的存在磁信号的话,那么大量的矿石可以用来接收它们。"

特殊爱好就更加明显了。他的反应是放弃利弗已经安装的昂贵机械，订购他自己设计的替换品，沿着西边的斜坡建造一条窄轨距铁路，并在相邻的地方开始建一个配有邮局、商店、酒吧的安居点，用以安置意大利和匈牙利的移民劳动力。不出所料，这个安居点被命名为新泽西州爱迪生镇。[①]

《工矿杂志》派出的一批检查员在初秋参观了这里的工厂。虽然工厂的有些部分因整修而闲置，爱迪生也不愿展示他的任何新机器，但他们可以看出，虽然在破碎和精炼的过程中遇到了困难，但他已经很擅长采石和磁力选矿了。他们对爱迪生的索道系统印象特别深刻，每一个悬挂的"箕斗"以每斗12美分的价格向破碎机运送4吨矿石。但他们预测，鉴于当地铁矿石的铁含量较低，爱迪生仍将不得不花费大量资金，动用"最多的工程技术资源"，才能与铁含量为64%的梅萨比矿石竞争。"以他卓越的天赋和承受无限痛苦的能力，毫无疑问，他最终将会获得成功。"

奥格登矿场的另一位访客是小托马斯·罗宾斯，一位正在找一份工程方面的工作的22岁橡胶销售员。罗宾斯注意到工厂正在更换一些帆布传送带，便问亨利·哈特这些帆布传送带一般能使用多久。

哈特回答："6~8个星期。"

罗宾斯观察着一条被丢弃的传送带。它被涂上了橡胶，以免受到倾倒矿石导致的磨蚀。但是橡胶涂层太薄了，以至于他可以用指甲戳透它。结果承受最大重量的中心地带被侵蚀，又因为皮带在槽形轴承上是弯曲的，所以边缘易被磨损。他数了一下，总共有50条传送带，其中有些长500英尺以上。他计算出更换这些传送带要花费工厂一大

[①] 不要和现在的新泽西州爱迪生镇混淆了，那是米德尔塞克斯县的一个纪念门洛帕克原址的小镇。

第四章 磁学：1890—1899年

笔钱。真正需要的是大量橡胶，以弹性代替阻力，从而使较轻的传送带比之前耐用50倍。

这一判断为罗宾斯赢得了1900年巴黎世界博览会的大奖。同时，这也使他受到爱迪生的喜爱，在接下来的几年里，爱迪生让他就地完善他的发明，使奥格登矿场成为世界上第一个连续处理大块材料的系统的发源地。

来自太阳的惊喜

在接管新泽西和宾夕法尼亚选矿厂的6个月内，爱迪生使公司的认购资本从50万美元增加了一倍，达到100万美元。他的董事们看得出来，他准备将其再翻一番，当董事们退缩的时候，爱迪生就自己开支票。他如此确信，总有一天订单会源源不断地涌来，就像纯净的、不含磷的精矿被卡车源源不断地运出一样。

他对可以随心所欲地建设和重建感到欢欣鼓舞，却对持有仅10%的爱迪生通用电气公司的股份无能为力。在该公司位于市中心曼哈顿富丽堂皇的总部，亨利·维拉德大权在握，而在董事会会议上，华尔街的热切兴趣也越来越明显。维拉德不受离群索居的爱迪生的约束，再次试图出售自己的多数股权，将爱迪生通用电气公司与汤姆森-休斯敦公司合并。近年来，汤姆森-休斯敦公司由一位杰出的商业战术家查尔斯·科芬经营。科芬利用爱迪生对交流电系统的偏见，在1892年年初，将公司股本增加至1 840万美元，超过了爱迪生通用电气公司的1 500万美元。事实上，它是一家规模较小、利润较低的公司，产品质量低劣，其商业行为和盗窃差别不大。相比之下，爱迪生通用电气公司为4 000~5 000个客户提供了优质服务，每月的营业额高达100万美元。爱迪生通用电气公司有14英亩的生产工厂，而汤姆森-休斯敦只有8英亩。但是科芬发现爱迪生通用电气公司有一个弱点——一笔350万美元的流动贷款，只要他的金主约翰·皮尔庞特·摩根暗中同意，他就可以加以利用。

2月6日星期六，也就是维拉德计划在爱迪生通用电气公司的受托人年度会议上宣布这一消息的4天前，两家公司合并的消息泄露，立刻引起了轰动。自华莱士法官判定了爱迪生电灯专利的首要地位以来，人们普遍认为爱迪生的公司将吞噬所有竞争对手。然而正相反，鲨鱼吞下了大鲸鱼。维拉德摆出一副无所畏惧的样子确认道："谈判正朝着那个方向……而且，进展很快。"

那个周末，随着爱迪生通用电气公司被收购，发生了一连串可怕的电暴力事件，有记录以来最大的一场地磁风暴开始在太阳表面移动，而在纽约奥西宁，一名被判有罪的杀人犯查尔斯·麦克尔文将在周一上午被处决。爱迪生与这两件事的联系不只是隐喻性的。他在奥格登矿场给他的"宇宙电话"装上了电线，就是为了这样一个来自太阳的惊喜，他还联系了纽约州的新新监狱并建议道，因为血液的电阻比骨头小，所以通过手腕的1 600伏电压或许能比通过头部的更快击毙麦克尔文。

这次处决让人想起一场爱迪生很快就忘记了的宣传运动，那是19世纪80年代末，他曾试图将交流电打造成一种最适合死刑的刑具。[①]他派阿瑟·肯内利（当时正在测试电磁对狗和男孩儿的大脑的治疗作用[②]）在自己跟踪太阳黑子的时候去监视死刑执行的过程，同时在收到自己的谈判代表塞缪尔·英萨尔的意见之前，他对这次公司的合并

---

① 见第五章。
② 肯内利关于"磁疗"的实验，是爱迪生当时发起的一个重要磁性研究项目的一部分，该项目先于现代磁共振成像技术近80年。

持保留态度。

周一上午 11 点 32 分，麦克尔文被绑在了新新监狱的电椅上。经过重新安置，他的手臂被压进了两个装有盐水的罐子里，水罐与监狱里的交流发电机连在一起。主持医生告诉在场的人："在执行麦克尔文先生的死刑时，将尝试托马斯·爱迪生先生建议的一种新方法。"最初持续了 49 秒的震动证明了爱迪生的导电性增强理论是错误的，因为麦克尔文似乎还活着。随后，一个电极被匆匆地贴在他的头骨上，他腰背僵硬起来，喘不过气，最后死了。

冬天的风不间断地吹过爱迪生在斯巴达山上的电线杆，这使他无法听到渴望已久的冲击世界各地天文台的渐强日磁信号。在那个星期剩下的时间里，他在望远镜旁寸步不离，对宇宙的兴趣超过了对爱迪生通用电气公司命运的关注。

周六，他在太阳黑子经过子午线后兴高采烈地说："昨晚的北极光很美，对吗？"那时，他的董事们已经正式批准汤姆森-休斯敦兼并爱迪生通用电气公司。由此产生的企业集团的名字还没有决定，从技术上来说，维拉德暂时是公司的总裁，但实际权力已经发生转移。不久以后，"爱迪生通用电气"这个名字将被缩短到仅仅两个没有个人色彩的词。

人们会忘记

多年以后，阿尔弗雷德·泰特写道，爱迪生在听说自己是那次恶意收购的受害者时，吓得脸色发白。"我以前从未见过他改变脸色。他的自然肤色是一种明显健康的苍白，但我宣布消息之后，它变成了像他衣领一样的白。"米娜也在年老时激动地抱怨，英萨尔把她的丈夫卖掉，让他几乎破产，却为自己打下了赚取一大笔财富的基础。

记忆往往会夸大事实。事实是爱迪生大声叫喊着批准了合并。合并远不会让他破产，实际上他认为，摩根提出用他在爱迪生通用电气公司10%的股份来换取新公司同样比例的股份，"在财务上对我有利"。他仍然拥有几家没有包括在汤姆森-休斯敦收购计划中的"大工厂"，其中最新的也最有前途的是他在新泽西的炼铁厂。他承认对英萨尔在谈判中的表现有些失望。然而，"我们现在关系最好。我希望，合并完成后，他还会和我一起合作"。

至少，他的第一个预言被证明是正确的。摩根以5 000万美元完成了收购，使得爱迪生拥有了500万美元的现金，这是他一生中最富有的时候。塞缪尔·英萨尔也收获颇丰，尽管担任总经理的希望破灭了——查尔斯·科芬担任总经理，他被任命为副总裁，职位比科芬低两级——但爱迪生公司的其他高管都没有得到这样的优待。这激起了他在西奥兰治和斯克内克塔迪的同事们的愤怒和猜测，认为"萨米"（塞缪尔·英萨尔的小名）已经把他们和"老头儿"都出卖了。

像有天意一般，这时芝加哥爱迪生公司的董事们请英萨尔为他们找一位新总裁，他提名了自己并被接受了。爱迪生没有提出异议就让他走了。尽管这个身材矮小的英国人一向不受欢迎，但他还是在德尔莫尼科餐厅接受了爱迪生、维拉德和几乎所有电气工业要人的告别。英萨尔只有32岁，他面前闪耀着一个出身卑微的小伙子渴望得到的一切：超越想象的成功，美丽的女演员妻子，3.1万平方英尺[①]的宅邸，2 000万美元的歌剧院。但再进一步展望将会是低俗小说的情节：破产，逃避法律，死在外国的铁路月台上，口袋里只有一块丝

[①] 1平方英尺约为0.09平方米。——编者注

绸手帕和价值 8 美分的外币。① 而此时此刻，宴会上的另一位客人查尔斯·巴彻勒说："我认为这对他来说是一个非常明智的决定。"

4月15日，"通用电气"正式宣布成立。爱迪生没有公开抗议他的名字被从商标中去掉，也不认为自己受到了冷落，除非伊莱休·汤姆森和埃德温·休斯敦也这么认为。他被任命为这家新巨头公司的董事，但只参加了一次会议。只有在与私人秘书的一次谈话中，他才流露出被从他所创立的这个行业的历史中抹去的悲痛。

> 泰特，如果你想知道关于电的任何事情，去电流计室问问肯内利。关于电，他知道的比我多得多。事实上，我得出的结论是，我对它一无所知。我现在要做的事情与众不同，而且比我以前做过的任何事情都重要得多，以至于人们会忘记我的名字曾经和一切电气方面的事有关联。

喘气或短促的呼吸

7月，爱迪生得知，他的采矿事业到目前为止已经花费了他85万美元，其中包括无法解释的约10万美元。比重最大的一笔钱支付给了在传送带两端搬运和卸载矿石的工人。颚式破碎机工作的时间太长了，所以需要昂贵的维修费用。磁力选矿机饱受筛选问题的困扰，铁含量只有47%——远不能与铁含量66%或70%的五大湖区铁矿竞

---

① 奥森·威尔斯曾将英萨尔而不是威廉·伦道夫·赫斯特作为《公民凯恩》的角色原型："一个真正的人，为他中意的女高音建造了一座歌剧院。"然而，与凯恩不同的是，大萧条时期，英萨尔价值5亿美元的电力帝国崩溃，他也因此失去了自己的财富。他被联邦政府以反垄断的罪名起诉，尽管被判无罪，但他再也没有从随之而来的耻辱中恢复过来。

争。与此同时，他还需要处理奥格登矿场一个在建仓库倒塌导致 5 人死亡、12 人受伤的事故，失去亲人的家庭提起了过失诉讼。

他的钱包里夹着一张剪报，上面写着："托马斯·爱迪生是一个健康快乐的人，他并不忧虑。"像往常一样，他更努力地向前推进事业，以抵消坏消息的影响。他没有继续通过特别的调整来"改进"奥格登矿场，而是将其母公司的资本增加到 125 万美元，然后关闭工厂进行拆解重建，这一做法将极大地扩大工厂，使其成为自动化设计的样板。在一座新的选矿厂房刚建起来的时候，他认为还需要建一些筛选塔，所以一切又得重新建造。

"'老头儿'今天还好吗？"一名爆破工低声问装配工头，"他告诉我要把厂房爆破拆除。"做这项工作需要 40 个人。

建筑工人发现爱迪生经常和他们一起工作、吃饭甚至睡觉。他喜欢繁重的劳动和由此带来的疲劳感，然后，舒服地倒在床上或离他最近的软软的粒煤堆上。在给米娜的一封信中，他的落款是"你始终如一的爱人（穿着靴子睡觉，抽 23 美分的雪茄）"。

米娜本可以让爱迪生留在格伦蒙特陪伴她的，因为她要管理一个不和谐的家庭。19 岁的玛丽昂终于从欧洲回来了。她身上的天花疤痕已经完全消退，可以面对从寄宿学校回家过暑假的汤姆和威廉。一个悬而未决的问题是孩子们会在他们都讨厌的圣保罗中学待多久，更重要的是，米娜能不能使玛丽·爱迪生的孩子和她自己的孩子和睦相处。在马德琳的保姆和查尔斯的保姆的帮助下，她暂时觉得自己还有能力照料这些孩子。但对玛丽昂来说，她迫切地想和父亲恢复亲密关系，因为米娜不可避免地会优先占有爱迪生和照顾自己的孩子。

爱迪生在斯巴达山上待的时间越长，他就越渴望爱人那橄榄色的、结实的、还没有因为青春的逝去而变得粗糙的身体。"我们亲爱的小妈妈不想离开她那美丽的家去陪伴她的爱人——为什么？答案是没有真爱。"他这样开着玩笑，并未意识到她可能也有同样的感觉。在一封又一封的信件中，他使用各种充满崇拜的称呼："夏娃的第 649 个孙女"，"亲爱的，亲爱的比利，还有两个小天使"，"亲爱的、最甜美的、最可爱的、最聪明的比利"，"在这个充满花岗岩、青翠草木和水的星球上最可爱的人"。他的落款甚至更有文采："对你的爱宏大如安第斯山脉，我是你的爱人托马斯·阿尔瓦·爱迪生"，"给你一吻，如 13 英寸炮弹嗖嗖向你发射而来，我永远是你的爱人，坚定而不可改变"。

他写道，他是如此渴望见到她，以至于不得不四处寻找她的照片，并因为照片太少而感到沮丧。他知道她在卫理公会礼节的面纱下其实喜欢关于性的笑话，于是分享了他在工厂听到的一个笑话。问题："如何识别现代女性或所谓将来的女性（coming woman）？"回答："通过（她的）喘气或短促的呼吸。"在他的下一封信里，他说当他们见面时，他还有更多这样的故事要告诉她。"我想你已经明白了'将来的女性'这个笑话的意思，如果你还不明白，我就做出图表和注释。"

出现了裂痕

10 月，爱迪生指派沃尔特·马洛里监督奥格登矿场的改造工作。马洛里是一个经验丰富的钢铁工人，很快就成了爱迪生最亲密的助手。爱迪生自己重新在西奥兰治确立了地位，并与迪克森合作开发了一款改进版的活动电影摄影机，他想为其申请专利，并在来年春天的芝加哥世界博览会上将其展出。他在《留声机》杂志上发表的声明再次表明，他将新机器设想为一种视听设备："活动电影摄影机是一种旨在同时呈现运动和声音的设备,是一种构造特殊的摄影机和留声机的组合。"它的 35 毫米胶片垂直传送,而不再是水平传送,有两排穿孔,在胶片以每秒 46 帧的速度曝光时,这些穿孔使画面保持稳定,并且它和一台记录装置实现了电路连接,这就是即将到来的 20 世纪的电影摄影机的原型机。

当巨大的新建筑出现在斯巴达山上时,迪克森在西奥兰治实验室后面的一块空地上也建造了一座小小的、特别丑的建筑。房子被漆成黑色,沥青覆顶,钉着大块的毛毯,没有窗户,只有一小块长方形的红玻璃和一个斜角朝向天空的孔。房子也没有地基,为了在一天的任何时候都能对准太阳,它被建在了一条圆形的木质轨道上。它是世界上第一家电影制片厂,利用的是自然光,既非嗞嗞作响、闪着火花般光芒的弧光灯,又非"通用电气"的灯泡发出的柔光。迪克森在以每秒 46 帧的速度拍摄时,需要充分利用他能得到的光源。为了给前景动作制作出暗色背景,他把舞台后部围成 14 英尺的锥形,并把活动电影摄影机安装在轨道上,以便推进有限的变焦镜头。里面有一台留声机,用来做声音同步实验,中央有一个炉子,后面还有一个暗室。在恶劣的天气里,天窗可以用一张黑色的沥青纸盖上,室内光线变暗。这座小屋被称为"爱迪生的黑色玛利亚"。[①]

有几个月里,爱迪生和他的大女儿重新找回了玛丽·爱迪生去世后父女之间的那种亲密感。玛丽昂很高兴她崇拜的爸爸回到了格伦蒙特,发现他对她不再像她初次离开时那样冷淡了。但是当汤姆和威廉再次回家过圣诞节时,米娜开始觉得家里有太多爱迪生前妻的孩子了,她也无法掩饰自己对玛丽昂拒绝马德里的一位社会名流的求婚的遗憾。

---

① 在托马斯·爱迪生国家历史公园有一座按原大小重建的"黑色玛利亚"。

黑色玛利亚，1893年前后

令爱迪生尴尬的是，一名八卦专栏作家在《城市话题》杂志上报道了他的家庭状况：

> 我总是在报纸上看到关于世界上最伟大发明家之一的家庭生活的精彩报道，他是个天才，住在离纽约不远的地方。这位发明家非常高兴可以拥有一个年轻的妻子，这位妻子因她的美貌而引人注目，并且对他非常忠诚。他们自己有两个很好的孩子，而发明家和他的第一个妻子有几个已经长大的孩子……说到这里，大家都知道做一个好继母有多难了，因此，一点儿也不奇怪，发明家的妻子绝不是她试图让人们相信的那种令人喜爱和慷慨的人。据说，她认为她在对待她丈夫与前妻的孩子们方面是完全合乎责任的，但是我相信，她的朋友们并不认为她有多么宽容和温柔。

1893年1月，那个曾黏着姐姐玛丽昂、体弱多病的小男孩儿汤姆17岁了，他拒绝回到圣保罗中学，他说他想为他的父亲工作。爱迪生发现这个家庭出现了裂痕，于是决定把门洛帕克的老家作为礼物送给玛丽昂。虽然她还没满21岁，但他认为没有理由再等一年才把它交给她。玛丽昂在某些方面比米娜成熟得多，米娜从未体验过四处漂泊的不安全感，更不用说在异国面对死亡的经历了。爱迪生在1月的最后一天转让了契约，几周后，玛丽昂搬出了格伦蒙特。人们不知道她独自一人能在梅塔钦一个被破坏的小村庄里待多久。但对爱迪生而言，她"现在已经安定下来了"。

回到奥格登矿场后，爱迪生有些恼怒地试图安慰米娜，试图让她感觉到他的心完全属于她。"你真卑鄙，竟然在上一封信里那样怀疑我……你不是爱人，只是偶尔给我留下爱我的印象，无论如何，你的爱都不像我的爱那样强烈而深沉，你的爱仅有一点点而且容易被干扰，总有一天，亲爱的比利，你会爱我的……今天这里很冷，风刮得很厉害。"

不是最佳时机

2月，美国运输行业的支柱费城&雷丁铁路公司因过度扩张而突然资金链断裂并破产。已经开始担心国库黄金储备下降的投资者因而争相购买尽可能多的金块。正当芝加哥世界博览会的举办方准备庆祝美国的工业实力时，恐慌开始了。

迪克森在铁路公司倒闭的同时倒下了。摄影师、制作人、演员、电影制片厂建造者和调音师（在一次实验中，他拉着小提琴，而两个年轻人则不自觉地在镜头前跳起了华尔兹）的多重职责让他疲惫不堪。①在这些职责之外,他还在老板的授权下着手撰写老板的生平故事,并已在《卡西尔杂志》上发表了前几章。爱迪生体贴地邀请他到迈尔斯堡的家中度过了 10 个星期的带薪假期。但他们承诺的在展览会上展示活动电影摄影机的有声版已经没有希望了,甚至连展示基本的摄影机也没有可能。

爱迪生已经放弃了早些时候的梦想,即成为世博会的官方电力供应商,让他的最伟大发明的光芒充满白色的宫殿。由于他已不再从事照明行业,乔治·威斯汀豪斯以低于通用电气的出价赢得了这一荣誉对他来说也无关紧要了。就个人而言,让他满意的是威斯汀豪斯为了避免侵犯他此时已被普遍使用的灯泡的专利,只能给会方提供有缝隙的重新配置过的灯泡,其寿命和蜡烛一样长。

5 月初,克里夫兰总统刚宣布世博会开幕,另一个投机巨头国家缆索公司进入了破产管理程序。股票市场崩盘了。毫无疑问,经济正走向大萧条,数百家银行收回贷款,然后也倒闭了。爱迪生对自己公司的各种投资多少能为他提供一些保护,但他所有的孩子都还依靠着他,当然还有喜欢美食和漂亮衣服的米娜,所以他每个月的家庭开销将近 3 000 美元。②他错误地以为在奥格登矿场建新厂的速度和改造旧厂的速度一样快,但此时实在不是认识到自己错误的最佳时机。这个项目原计划耗时 4 个月,耗资 10 万美元,但实际上似乎还要再拖一年半,成本也无法计算。他手头的精矿数量有限,订

---

① 《迪克森实验有声电影》(1894 年或 1895 年)是电影史上第一部有声电影,由国会图书馆、纽约罗杰斯与汉默斯坦有声资料档案室共同完成修复工作。该电影可在 https://www.youtube.com/watch?v=Y6bowpBTR1s 观看。
② 约翰·兰道夫于 1894 年秋为玛丽昂的个人信息准备的资料显示,爱迪生每年在家庭开支上花费 33 220 美元,相当于现在的 100 万美元。

单也寥寥无几。

"奥格登宝宝病了。"他对泰特说。

他自己身体也不舒服，患上了糖尿病，余生中他将一直受其困扰。两家保险公司以"糖"为由拒绝为他投保，只有在严格节食后，他才在第三家保险公司完成登记。他还面临着其他很多方面的压力，比如他以6%的高利率从德雷克塞尔-摩根银行借了11.5万美元，解雇了许多员工，自己的专利被"职业骗子"侵犯。他对一名招揽生意的律师说："我不再申请专利了。"在接下来的4年里，他只向专利局递交了5份申请——对他来说，这相当于彻底的抵制。

在盒子里面

迪克森及时从佛罗里达回来，帮助爱迪生于5月9日在布鲁克林学院首次公开展示活动电影摄影机。这次活动是非营利性质的，物理学系主任乔治·M.霍普金斯将就此对400名科学家做一次演讲。这一次，爱迪生没有安排报纸的报道，他自己也没有参加这次展示活动。他对埃德沃德·迈布里奇嘲笑道："这些摄影设备太感性了，不值得公众投资。"或许他是对自己的失败感到尴尬，两年前，他曾承诺要在世界博览会上用声音和色彩展示活动画面，但他没能拿出比当晚的那个顶部有一个窥视孔的高大的亮漆盒子更令人印象深刻的东西。至于照片，他能给霍普金斯博士的只有一些无声的黑白实验照片。

教授选择了一组27秒的循环画面，三个铁匠聚集在一块铁砧周围分享一瓶啤酒，锻造一块白热的铁。他无法将动作投影，让公众观看，但他使用了一盏很神奇的灯在礼堂的屏幕上闪现了几张定格画面。每一帧之间的渐变差异至少是可以辨别的。他解释道："视觉暂留，依赖于将连续的照片融合成一段不断变化的摄影影片。"它的基

第四章 磁学：1890—1899年

本特征是一个以难以理解的速度运行的推进系统。"在爱迪生先生的机器里，更完美的结果得到了保证，这台摄影机启动、移动和停止每秒接收46帧摄影图像的感光胶片带。"然后他邀请他的同事们列队经过活动电影摄影机，弯下身子通过窥视孔观看在盒子里面无休止地播放的铁匠的场景。

三个小时以后，所有人才都看了一遍。除非他们中的任何一个人到过海外，并且偶然看到过路易斯·普林斯、艾蒂安-朱尔·马雷和威廉·弗里斯-格林的纸卷电影的私人展览，否则这种新媒介还是非常新奇的，人们在刚开始的时候无法理解。每个科学家依次用眼睛盯着玻璃，从明亮的礼堂被拉进一个闪烁的世界，在那里，小人国的人物在明暗对比中移动，他们的小锤子无声地落下。

最初的几次震荡

在8月的奥格登矿场，伴随着越来越大的噪声，爱迪生开始组装和测试选矿设备的组件。首先出现的是世界上最大的移动式起重机——一座在采石场的铁轨上轰隆作响的215英尺长的"桥"，它在空中超载运行，发出震耳欲聋的声音。还有一台6吨重的电动设备轰隆隆地把矿石倒进破碎机。1894年3月，爱迪生发明并安装了一对他自称"巨人"的压碎辊，火车尖锐的汽笛声、发动机和发电机的轰鸣声，以及数英里长的传送带上发出的矿石碰撞声被放大得极其刺耳，甚至会对人造成伤害。

压碎辊的两根对向旋转的波纹圆柱直径为6英尺，每根重约30吨。连同4对附加的轧辊，它们的设计可以把最坚硬的片麻岩磨成粉末。只有耳聋的爱迪生才能毫不畏惧地站在它们旁边。他自豪地说："它们的速度接近每小时40英里，打击力相当于180万磅的重量。"① 它们如此凶猛的原因是他在驱动器上增加了一个摩擦离合器。当遇到无法移动的物体时，释放轧辊，使其在压到一块巨石之前自由旋转，这样仅靠动量，70吨重的冷钢撞击几吨重的石头就能使其碎裂。

最初的几次震荡表明，他将轧辊组合装置安装在一个木质基座上是不明智的。通过送料斗落下的碎矿石会造成机器失调，要么导致机器被卡住，要么导致岩石被抛到空中然后坠落、旋转，像轻盈的乒乓球一样在轧辊表面弹起，无法被碾碎。爱迪生明白，除了铸铁底座和轴承，任何东西都不能加固轧辊组合，使其能承受持续不断涌入的矿石。

这次试验是一场灾难，迫使他花更多的时间重新设计破碎机，他又花费了20万美元，新泽西和宾夕法尼亚选矿厂的正常生产也再一次被推迟了。

外面那群人

回到实验室以后，爱迪生也没能把留声机和活动电影摄影机切实可行地结合起来。他勉强同意了在春季展示霍普金斯已经在布鲁克林公开的一台"投币式窥视孔播放机"，还会公开一个小小的"胶片"库——这是他的原话——来奇迹般地展示摄影动作。他不再抱有给动作配上声音的希望，将其重新命名为"活动电影放映机"②，并宣布其制作的第一部胶片电影将展示"地球上最强壮的人"尤金·桑多的二头肌。

桑多又名弗里德里希·威廉·穆勒，是一个曾在世界博览会上博得观众欢呼、能扯断铁链的德国人，对他来说，与这个时代最著名

---

① 爱迪生夸大了他的这款破碎机的动力，实际上打击力相当于7吨，可以粉碎一块5吨重的石头。
② 活动电影摄影机从此之后只指代会说话的摄影机。

尤金·桑多在迪克森的
摄影机前摆造型，
1894年3月

的发明家联系在一起是一个最好的机会。这意味着成千上万的美国人可以通过电影欣赏他的体格，并购买他的各种健身产品。公众的关注也不会伤害爱迪生，他需要用活动电影放映机来转移人们对他关闭炼铁厂的注意。爱迪生欢迎这个身材魁梧的年轻人来到西奥兰治，并在他身边摆好姿势拍照，他还特意站得高一点儿，接下来，爱迪生陪同桑多去"黑色玛利亚"。进屋后，桑多把衣物脱到只剩拳击靴和一件白色内衣，从此"briefs"（有"三角裤"的意思）一词有了新的含义。

迪克森和海斯在灿烂的阳光下拍下了这41秒的"现实"，桑多握紧拳头，扭动身体，旋转的镜头完美地捕捉到了肌肉的运动。或许是偶然，但更可能是因为精心设计，灯光突出了他的一些不那么灵活的突起部位，对这些细节的展现是电影摄影在发展的70年中都没有达到的。

4月14日星期六，也就是桑多的照片和其他20多组"移动的图片"[①]展映的前两天，纽约第一家使用活动电影放映机的放映厅前

---

① 一次对1894年美国报纸上的单词的搜索表明，当爱迪生在3月10日公开他的活动电影放映机时，"移动的图片"（moving pictures）这个短语首次被用来描述摄影动作的幻觉。在此之前，它指的要么是感人的静态图片，要么是舞台上的移动画面。7月21日，《美国百科词典》宣布，它是第一本定义"活动电影放映机"和"活动电影摄影机"的参考书。直到1895年卢米埃尔兄弟为他们的电影放映机（Cinématographe camera-projector）申请了专利，cinema（电影）这个词才进入英语。Motion picture（电影）出现在1896年；movie（电影）出现在1908年前后。正如人们所见，爱迪生在1913年创造了talkie（有声电影）这个词。

点亮黑夜——爱迪生传

院里的一个底座上出现的却是以古铜色石膏浇铸而成的托马斯·阿尔瓦·爱迪生的肖像。位于百老汇1155号的放映厅的出租人是雄心勃勃的阿尔弗雷德·泰特，和之前的英萨尔一样，他利用爱迪生私人秘书的身份，获得了各种各样的额外股权。在他的兄弟伯特伦和朋友托马斯·隆巴德的帮助下，他们用整个上午安置了10台活动电影放映机以满足随时观看的需要。这些橡木柜用电线连接，放置成两排，四周围上弯曲的栏杆便于观众扶靠，观众从一个窥视孔移动到下一个窥视孔前观看影片。与高高地挂在墙上、表现出静止的镶框画相比，下面窥视孔里的那些生动的"表演"似乎显得更突出了。光滑的地板反射出放映机抛了光的橡木外壳，而盆栽棕榈更增添了一种沙龙式的优雅感。

到了下午早些时候，一切都为周一的开幕式做好了准备。泰特和他的同伴们退到后台办公室去抽烟聊天。

> 我们打算那天晚上在百老汇和第二十六街东南角生意兴隆的德尔莫尼科餐厅吃一顿尤为丰盛的晚餐，庆祝活动电影放映机事业的创立。从我坐着的地方可以看到陈列橱窗和驻足凝视爱迪生半身像的人群，然后我想到了一个绝妙的主意。
>
> "听着，"我指着橱窗说，"我们为什么不让外面那群人付我们今晚的饭钱呢？"
>
> 他们俩都望过去，看着人群在橱窗前渐渐散去，又重新聚集。
>
> 隆巴德笑着问："你的计划是什么？"
>
> 我对伯特伦说："伯特（伯特伦的小名），你来管理这些机器，我去卖票。"又对隆巴德说："你站在门口，充当接待员。我们可以一直干到6点，到那时我们就该赚到吃晚饭的钱了。"

这三个人一直没能去德尔莫尼科餐厅。参观者蜂拥而至，泰特忙到星期日凌晨一点才关门。在接下来的几个星期里，放映机成了吸引男男女女的磁铁，人们钦慕桑多的男子气概以及女舞者和柔术演员的旋转姿态。最后，爱迪生尴尬地命令把他的半身像移走。

放映的影片既没有情节又十分短促，公众却如此入迷，除了对人体着迷的因素外，主要是因为人们对连续变化的运动可以被记录和被回放感到怀疑和不可思议。50英尺长的胶片神奇地让拳击手反复地出拳、让理发师反复刮胡子、让体操运动员反复翻筋斗、让弗雷德里克·奥特不停打喷嚏、让安妮·欧克丽反复射击，直到电影胶片开始疲劳——接着，一份副本将会被绕到卷轴上。迪克森和海斯更喜欢拍摄新奇的东西，而不是记录美丽的事物，只有蝴蝶、阳光和安娜贝尔·惠特福德的蛇舞除外。惠特福德一头金发，穿着飘逸的服装，容光焕发，这促使他们两人逐帧亲手着色，制作出几条胶片带。然后观众才有幸看到惠特福德小姐在彩色薄纱的跃动中旋转，这些薄纱一会儿像翅膀，一会儿又像被风吹动的巨大花朵的花瓣。[1]

很快，通过三家相互竞争的机构，爱迪生制造公司的活动电影放映机部门每周能卖出价值2 000美元的放映机，此外还有活动电影摄影机和胶片。随着新的放映厅在全国各地开业，购买订单急速增长。在接下来的一年里，爱迪生从他的这项发明中获得的收入超过了25万美元。[2] 然而，他又一次克制住了，没有在海外申请专利，并在《世纪杂志》6月刊上发表的一份手写声明中再次强调，他不是"移

---

[1] 可访问网址 http://earlysilentfilm.blogspot.co.uk/2013/08/peerless-annabelle-symphony-in-yellow.html 观看。

[2] 相当于2019年的710万美元以上。

动的图片"的唯一促成者。他写道，如果这项技术能展现像纽约大都会歌剧院里那样壮观的场面，那将归功于"我自己，以及迪克森、迈布里奇、'玛丽'及其他进入这一领域的人的努力"。

不必过于在意爱迪生优雅声明的真实性（他把马雷的名字都错误拼写成了"玛丽"），这份谦逊的荣誉共享声明抵不上他前几行的宣言："1887年，我想到有可能设计一种为眼睛服务的设备，正如为耳朵服务的留声机那样。"

如果他是故意修改了发明的真实年份中的一个数字，而不是简单的笔误，那他就是在撒谎，迪克森在后来的40年里一直狂热地坚持这一谎言，从历史的眼光审视，爱迪生和迪克森因此受到道德上的质疑。

该死的傻瓜

前一年的大萧条引发的恐慌在7月达到了顶点，放映商们迫切地想要投资活动电影放映机。爱迪生这才后知后觉地认识到娱乐是公众的需要，在困难时期尤其如此。他再也不能自称他的留声机只是一种最适合速记的商业工具。他反思着爱米尔·贝利纳那台与他竞争的圆盘留声机的成功，认为自己可以做得更好。投币式留声机是一种非常成功的产品，是对娱乐场里"窥视孔机器"的完美补充。但首先，他必须从重病的濒临破产的企业家杰西·利平科特手中夺回这项发明的商业权利。

6年前，爱迪生把这些权利卖给了利平科特，同时承诺专门为他生产留声机，这样爱迪生可以从每台机器中获利250美元。为了还清欠爱迪生的款项，北美留声机公司一直在激烈的竞争中挣扎求生。当爱迪生听说欠款数额为100万美元时，他决定推动该公司申请破产保护。

爱迪生在北美留声机公司董事会的代表泰特对他的出其不意和残忍感到震惊，他觉得自己有义务履行公司与当地零售商达成的许多协议——如果破产诉讼成功，他将不得不取消这些协议。与其那么做，不如辞职，泰特选择了后者。

爱迪生恼怒地质问他："泰特，你怎么了？你为什么要变成一个该死的傻瓜？"

这是与门洛帕克时代的另一位老将的决裂，泰特显然比爱迪生痛苦，因为这段时间以来他注意到爱迪生越来越任性。

> 从爱迪生通用电气公司和汤姆森-休斯敦公司合并的时期起，我就注意到他在这方面有了显著的变化。他似乎排斥讨论，他的决定成了自己内心深处发出的命令。如果这些决定被质疑，他就会不耐烦，只会不停地重复……
>
> 当我割断了把我和一个我真诚敬爱的人联系在一起的纽带时，我仿佛把铁刺扎进了我的肉里。

8月21日，北美留声机公司宣布破产。虽然遭到了不那么精明的竞争对手的挑战，但爱迪生以12.5万美元收购该公司资产的出价被接受了，并最终得到了接管人的确认。因此，他重新获得了开发和销售他最喜爱的发明的全部权利，并为此创建了一家新的子公司——国家留声机公司，他说："我不想让任何人对我的大脑拥有留置权。"而泰特渐渐过起了一种闲散的、事不关己的成功人士生活，他的管理职责被威廉·吉尔摩顶替，这是一位更强硬、更适应时代潮流的高管。①

一个特别肮脏的人

那年夏天，尽管爱迪生的电影事业取得了成功，但他还是不得不把新泽西和宾夕法尼亚选矿厂的股本增加到175万美元。他需要资金将工厂的破碎机重新安装在铸铁基座上，还需要加固移动式起重机（专家警告称移动式起重机太宽，有安全隐患），并建造一个人们在金属工厂附近从未见过的东西———一座砖厂。冶炼厂曾抱怨奥格登矿场的精矿可能会在轰鸣的冶炼炉中"爆炸"，而这一耗资巨大的实验性建筑算是爱迪生对他们的回应。他还试图找到一种方法把铁精矿凝聚成可用于生产贝塞麦转炉钢的矿砖，其硬度足以承受沉重的铁铲，多孔性还可以使其在高温下吸收还原气体。

在奥格登矿场，每解决一个问题似乎都会生成十几个新问题。卷轴上的传送带开始以一定的速度滑动，建筑物需要多次重新配置，以至于木匠们对他们的工作几乎毫不在意，他们嘲讽道，这些东西迟早都会被更换掉。

爱迪生全身心地投入，处理每一个程序上的问题，直至最终解决。他和沃尔特·马洛里在爬到高80英尺的干燥机上调查上面的堵塞问题时，遭遇铁矿砂崩塌，惨遭掩埋，差点儿窒息死亡。事故后不久，爱迪生难得有一次回家看看，这在年幼的马德琳的记忆中留下了永不消逝的印象：

---

① 泰特在他的回忆录中没有提到总是很快消气的爱迪生给了他一笔800美元的告别贷款。泰特说，无论何时，只要他能作为一名个体经营商获得他的"第一笔股份"，他就能偿还这笔钱。26年后，泰特很高兴地寄给爱迪生一张包括利息在内的2 060美元支票。

一个星期六,(查尔斯和我)在放学后被叫来陪母亲去车站接他,我们梳洗得整整齐齐。母亲,一个非常漂亮的女人,穿着花裙子,戴着鸵鸟羽毛装饰的帽子,打着花边阳伞,看上去很精致。车夫穿着漂亮的制服,驾驭着那九匹兴高采烈的栗色马……我们俩虽然很痛苦,但也只能很烦躁地、僵硬地听天由命,因为我们意识到这将是一个伟大的时刻:"爸爸"要回家了!

然后火车到达了,喷着烟——黑色的软煤烟,从火车里出来一群我所见过的样子最狼藉不堪的人,他们说笑着,满身灰尘,蓬头垢面,脸上布满了煤灰……他们看起来都像一个星期没有刮胡子。我惊恐地看着他们,然后,一个特别肮脏的人突然跳下火车,跳进我们的马车,特别热情地吻了吻我的母亲,随后我们离开了——这就是我父亲到达时的样子。

如果玛丽昂在那里,她可能会想起年轻时同样蓬头垢面的爱迪生把她母亲的上等衣料弄脏。不出所料,她无法忍受自己在门洛帕克的"乡巴佬"生活,于是回到了德国。此刻,她希望爱迪生同意她与萨克森王室军队的卡尔·赫尔曼·奥斯卡·奥瑟中尉结婚。

她像往常一样坦率地写道:"我终于爱上了一个比我更优秀的人,亲爱的爸爸,我希望你能飞到欧洲来见证我结婚。我有一个很好的理由希望你能为我这么做:我从不乱花钱,以至于人们认为我不是你的女儿,而是个冒名顶替者。"

随着她的弟弟们迅速长大,玛丽昂担心她的父亲会不公平地分配或分割他的王国。米娜对爱迪生的影响比他们所有人加起来还要大,为了她自己的孩子,她一定会像《李尔王》里的高纳里尔那样尽可能多争取一部分。至少玛丽昂在离开时是这么认为的,爱迪生因此很生气，拒绝送她，也不让米娜送她。

爱迪生对奥斯卡真诚的求婚感到欣慰，但这还不足以让他跨越大西洋去为女儿送嫁。直到中间人保证，中尉是一个爱她的正派人士，他才最终同意这门婚事。在新萨尔察-施普伦贝格舒适地生活了几个月以后，玛丽昂才为"离开美国前的行为"道歉。她责怪她那年迈的旅伴厄尔夫人，是她让自己怀疑父亲对自己、汤姆和威廉的爱意。"她告诉我，你会把所有的钱都留给米娜，我们最后一个子儿也拿不到。"

这个时代或其他任何时代最伟大的天才

9月，托马斯·克伦威尔公司宣布即将出版《托马斯·阿尔瓦·爱迪生的生活与发明》，这是一本四开本的书，近400页，有250幅插图，由威廉·肯尼迪·劳里·迪克森和他的妹妹安东尼娅合著。这是他们在《卡西尔杂志》上发表的有关爱迪生的传记文章的扩充版，被称为"他生平第一个完整而真实的故事"，反映了两位作者在各个题材之间多年的相互合作。

爱迪生收到了一份预印本，并出具了一份合格的证明书："虽然我还没有时间把书仔细地读一遍，但随便看了一眼之后，我必须说这本书写得非常好。"

他"随便看了一眼"，所以可能没有注意到最后一行，那句话把他描述为"这个时代或其他任何时代最伟大的天才"。爱迪生已经习惯了最高级的敬意，也很清楚自己的公众地位，但迪克森兄妹的赞扬足以使自大狂都觉得窘迫。考虑到这本书包含的许多传记信息来自爱迪生本人，这一赞扬就更令人尴尬了。《纽约时报》对它的评价很好。"没有人会不钦佩书中呈现的那个人，他白手起家，几乎获得了人们所珍视的一切。40年前在大干线铁路上卖报纸的那个男孩儿，今天在全世界都享有盛名……人们普遍认为，如果爱迪生活得足够久，那么他将会发现一切。"

灾难性的愚蠢之物

爱迪生斥巨资在奥格登矿场重建了工厂，在此过程中变卖了他在通用电气公司的股份。刚开始，重新开放的工厂似乎实现了设计者的梦想：由自动机器提纯的磁铁矿被廉价地、无限量地运送到阿迪朗达克山脉两侧发展得欣欣向荣的铸造厂。

10月中旬，他将机器投入了实验运行，意识到生产线——有22道按顺序排好的破碎、分选和精炼工序——上出任何一个故障都可能使整个系统陷入瘫痪。第一场灾难发生在12月，当时一台矿石升降机开裂并坠落，结果需要重建全部三台矿石升降机，配套的破碎机也需要进行复杂的调整。经过多次失败的尝试，新的砖厂生产出了一些磁铁矿含量高的块状矿，但它们数量太少，而且太脆了，在被送往铸造厂的途中必然会碎裂。在潮湿的天气里，它们又会像海绵一样吸水。爱迪生不得不又把奥格登矿场关了一个冬天。他下令建造一座更大、更复杂的矿砖厂房，并着手研制一种树脂黏合剂，当时的他没有料到"矿砖问题"会在未来几年里如此地折磨他。

在1895年年初的几个月里，他两次向其他股东要求注资。选矿厂每天的维护成本高达1 200美元，出于这种担忧，股东们拒绝增持股份。爱迪生的工程师们感到沮丧，他们都认为巨大的压碎辊是一件灾难性的愚蠢之物。只有他仍然相信，当它们的运动速度加快到超过炸药爆炸力的程度时，选矿厂就会迎来一个自动磁力采矿的新时代。

足够的荣耀

迪克森被世界各地的放映商购买爱迪生的电影机器和放映爱迪生电影的热潮鼓舞,选择在这时发表了《活动电影摄影机、活动电影放映机和活动电影留声机的历史》。在这部专著中,他表达了自己作为最伟大之人的最亲密助手的荣耀。但爱迪生对任何有关亲密关系的假设都异常敏感。他认为自己在《世纪杂志》上对"迪克森、迈布里奇、玛丽(马雷)及其他人"在摄影技术上的创新的赞扬已经授予了他们足够的荣耀。

爱迪生看到了他的那篇颂词以及自己的一幅全身画像,被复制出来作为这部专著的起始页内容,然而这本书对他的其他方面却甚少提及。接下来的文本显然是受过良好训练、拥有高水平文字能力的迪克森的妹妹安东尼娅写的。("不断震动着的、似帆船般的屋顶,乌黑的颜色,黑色玛利亚看起来拥有一副像船的怪异外表,就像中世纪海盗们做出来的笨重船体或者是某种恶魔的飞艇。")迪克森被认为是这本书的设计师,他设法把自己极其清晰的签名附加在大部分插图(包括两张奇怪的自画像)上。一张自画像是他模仿拿破仑把一只手藏在大衣里的样子,另一张是他被砍下的头颅放在盘子里的特效图片。

迪克森最主要的过错是"应请求"在书中附加了《美国摄影年鉴》上的一篇文章,其中将他描述为"一位聪明的年轻电气工程师","与爱迪生共同发明了磁力选矿机"。这导致爱迪生爆发了少见的愤怒,一位速记员记录下来的原话是:

> 我反对迪克森出版的那本小书。有关迪克森是磁力选矿机等产品的共同发明人的那部分内容是不正确的,因为奥格登矿场没有我与迪克森或其他任何人共同发明的东西……迪克森先生可以

因为他所做的事情得到充分的赞扬，但不应将他的成绩强行灌输给大众……我并不是特别喜欢自己的照片被放在这本书里，它看起来太像自负和自我吹嘘，公众从来不会友好看待一个总是强势地展现自己个性的人。他们想要知道的是事情本身，而不是他们不关心的人。

爱迪生就这样使自己（而不是别人）相信了自己的谦卑，进而渐渐冷静下来。但作为美国电影摄影技术的先驱之一，迪克森永远不会得到他应得的"全部荣誉"。

一位顶尖的实验工作者

3月中旬，爱迪生正准备重新开放奥格登矿场时，传来了尼古拉·特斯拉在曼哈顿的实验室被大火烧毁的消息。虽然这位塞尔维亚裔发明家是一个富有的人，但是，因为对自己在交流电和无线电力传输方面卓越创新的自信，他忽略了为财产投保。有人看见他像鹳鸟一样在废墟中行走，捡起一块黄铜，吹去上面的烟尘，然后含着泪把它丢到一边。

特斯拉告诉记者："我太悲伤了，说不出话来。我能说什么呢？我几乎半辈子的工作成果，我所有的机械仪器和科学设备……一切都消失了。我必须从头再来。"

爱迪生向他那位受挫的同事表示同情。他知道一遍又一遍地重新开始是什么样的感觉。特斯拉告诉记者："我收到了爱迪生先生的来信，他邀请我使用他的工作室以继续我的实验。他对我很好，也很体贴。不过，我认为我不会接受这个建议。"

他说，他将在这个城市寻找临时住所，并试图在那里恢复工作。

许多观察家认为他更有可能是失去了理智。就在几周前，他坦言他目前的实验"如此美妙、如此迷人、如此重要"，以至于他几乎忘记了吃饭和睡觉。这令人难以置信，因为特斯拉是德尔莫尼科餐厅的常客，一个孤独的食客，病态般地食用大量的肉。① 由于体质虚弱，他不能像爱迪生那样工作那么长时间而不损害自己的身体。他也承认："我想我会一直这样下去，直到彻底垮掉。"

除了创造力，这两个发明家在各方面都是截然相反的。39岁的特斯拉是个忧郁的独身主义者。49岁的爱迪生却仍然保持着健康的性欲，娶过两位十几岁的新娘，还让她们多次怀孕。② 如果说爱迪生傲慢自大，那他的虚荣心也只与工作有关，而特斯拉的狂妄则是没有界限的。《纽约时报》夸张地报道，"就个人而言，他们是亲密的朋友"，尽管他们在专业上存在差异，但他们彼此钦佩。爱迪生克制住自己对交流电的蔑视，赞扬了特斯拉从尼亚加拉瀑布输送水电的"惊人"成功，而特斯拉也让人们知道，他"太了解爱迪生先生的天赋"。

被遗忘的先驱

就在奥格登矿场恢复生机的时候，有消息称美国的活动电影放映机行业突然陷入了萧条。和爱迪生合作的3家主要的电影放映公司——莱瑟姆公司、马奎尔&鲍卡斯公司、拉夫&盖蒙公司——的销售额在1月达到顶峰后，分别暴跌了72%、92%和95%。显然，人们对这种通过窥视孔显示动态图像的装置的新奇感已经消失了。除了少数偷偷摸摸前来的老顾客，尤金·桑多紧致的臀部未能吸引人们

---

① 一名知情人士透露，特斯拉会数他咀嚼时下巴动了多少次，而且总是用18张餐巾纸。
② 米娜·爱迪生除了生育了三个孩子，还经历过至少一次（有可能是三次）流产。

重复观看。

弗兰克·盖蒙请求爱迪生将活动电影放映机改造成能娱乐大量坐着的观众的样式，而不是一次只接待一个站着的客户。但他并没有得到爱迪生热情的回应。4年前，爱迪生未能成功投映任何宽于10英寸的图像，这使他失去了对放映图像的兴趣。[①] 投影的困难之处在于它需要间歇性的运动（胶片每秒46次猛烈地停止和开始运动），每一帧都要在光和镜头之间通过。否则，它就无法逼真地再现于20英尺以外的地方，更不用说100英尺以外了。活动电影放映机的胶片在目镜下方流畅运行，清晰度尚可接受。

总之，爱迪生这个制造商宁愿把多台机器卖给放映厅，也不愿把一台单独的机器卖给剧院。迪克森措辞严谨地告诉爱迪生，莱瑟姆公司正在生产一种专门用来放映爱迪生电影的放映机，但爱迪生对此毫不在意。迪克森没有告诉爱迪生这台机器其实是他自己设计的，他在纽约和莱瑟姆兄弟一起度过了许多个夜晚，秘密地讨论着，计划在机器完善后就加入他们，并尝试建立一家大规模的制片公司。这样的电影制片厂当然会和爱迪生产生竞争，迪克森满是犹豫，截至那时他还没真正背叛过他的老板。

[①] 爱迪生从未解释过为什么他放弃了他在1891年用来吸引《太阳报》记者的投影方法。迪克森兄妹在《托马斯·阿尔瓦·爱迪生的生活与发明》的第22章中对此进行了描述。他们特别提到爱迪生摄影部门"放映室"的"展览夜"，在墙上挂黑布来防止另一端的屏幕反射出"光的圆圈"，"投影仪"同样用布帘覆盖着，以便唯一暴露着的"一个用以放置镜头的窥视孔"连接到一台正在运行的"发出奇怪单音调的"电动机。他们甚至报告说，有些图像是"立体投射的"，带有"令人愉悦的圆形"。这些展览夜可能不晚于1894年9月，也就是他们的书出版的时候，也可能不早于1893年10月，《卡西尔杂志》出版了这一章的一个更短的版本，其中根本没有提到投影。如果像迪克森兄妹所说的那样，投射到屏幕上的影像真的有那么"鲜活"，那么爱迪生就是"电影放映之父"。然而，这些放大的照片显然"并没有……比原尺寸（一帧宽35毫米的胶片）的10倍还大"，太小了，不适合商业性观看。

迪克森为爱迪生工作了12年，他首先要确保与莱瑟姆兄弟之间的秘密不被泄露，他害怕一旦秘密被发现，他就会被解雇。莱瑟姆公司几乎不为人所知且资金不足，在迪克森为之尽心尽力工作的神话般的大企业面前，它是如此相形见绌。尽管莱瑟姆开出的12.5万美元股票的条件很诱人，但作为西奥兰治的摄影部门主管，迪克森已有不错的薪水，还有可观的版税。前不久，他还经营着一项有利可图的副业：出售爱迪生的肖像照、实验室的照片，以及以他名义享有版权的纸质胶片。然而，额外的收入后来被总经理威廉·吉尔摩削减了，吉尔摩以总经理的名义迫使他将大部分版权转让给爱迪生制造公司。也正因如此，迪克森讨厌吉尔摩，觉得吉尔摩取代了他，成了"老头儿"最喜欢的助手。

事实上，这个流动的头衔目前属于沃尔特·马洛里。只是因为迪克森贩卖照片的行为有助于树立爱迪生的公众形象，所以爱迪生一直对此睁一只眼闭一只眼。但这次他同意了吉尔摩的观点，必须停止这种做法，因此，他突然批评迪克森夸大了他的对外形象（多年来，他一直假装没有注意到），这也暗示了吉尔摩曾建议他与这位共事多年的同事保持距离。

然而，该来的还是来了，总经理听到了迪克森与莱瑟姆谈判的风声。4月2日，吉尔摩当着爱迪生的面指责迪克森对公司背信弃义。迪克森咆哮着反驳，说自己只是在暗中监视竞争对手，并要求爱迪生在他和吉尔摩之间做出选择。最后，他的愿望得到了满足，但不是他所希望的结果。

后来又证实，迪克森还向美国谬托斯柯甫公司提供了富有创造性的建议，这家公司很有野心，一直想在电影技术上超过爱迪生制造公司。① 爱迪生公开表示："我们不是最好的朋友。"迪克森成了美国谬托斯柯甫公司的一名环球旅行摄影师，比起在爱迪生手下任职，这是他事业的一次退步。在后来的生活中，他像爱德华·约翰逊、弗朗西斯·杰尔、阿尔弗雷德·泰特和门洛帕克的其他许多同事一样，可悲地成为历史学家和传记作家关注的对象。为了在马雷、弗里斯-格林之前优先向爱迪生索赔，迪克森狂热地坚持谎报自己在活动电影摄影机和活动电影放映机的发明方面的参与——他掩盖了事实，把每一项发明的年份都向前推进了一年，以表明大部分工作是他自己完成的，主要的荣誉应该属于他。迪克森从爱迪生那里辞职近百年以后，一个在 1888 年 10 月 14 日于约克郡一栋房子的花园里拍摄的原始摄影片段，证明了路易斯·普林斯才是他们所有人中被遗忘的先驱。

花季的大黄蜂

爱迪生的活动电影放映机生意在春天继续下滑。为了弥补这一项业务的缺口，他推出了他和迪克森一年前组装的"活动电影留声机"，并将其重新命名为有声活动电影机。这是一个圆筒唱片和卷轴胶片的组合播放器，配有两套橡胶耳塞管，这样两个人就可以一起看电影，还能同时听到背景音乐。他没有试图对这台机器进行更细微的同步性处理，最终只售出了 45 台。

莱瑟姆兄弟此时成功地在公众场合演示了他们的莱瑟姆放映机，爱迪生让吉尔摩去处理这件事，他自己如释重负地回到铁矿厂的工作中。

在一份给投资者的报告草稿中，他自豪地说："现在这座工厂

---

① 它最终成为美国谬托斯柯甫和比沃格拉夫公司，爱迪生起诉了这家公司，这是一场马拉松式的专利侵权官司，最终以他胜诉告终。

是世界上最大的破碎厂。它的能力是苏必利尔湖的卡鲁梅&赫克拉铜矿破碎厂的两倍。"当奥格登矿场全力集中生产时,每天应能生产"1 400~1 600 吨可用于生产贝塞麦转炉钢的矿砖"。它在机械和方法上都很现代化,其自动化程度达到了"极限",所以将来它可能会在仅有一位管理员的维护下运行。"这次冒险具有成功的所有要素。"

然而,这座令人厌恶的矿场污染了阿巴拉契亚山脉的天际线。在近期的一次统计中——因为他不断地扩建——这些工程包括位于奥格登斯堡的爱迪生路尽头的 39 幢主要建筑物,主要是教堂大小的磁力选矿厂房,以及交织成网状的桥梁、起重机、传送带、蒸汽管道、电力线和繁忙的小铁路,整体看起来像是一个压缩的涂成红色的城市。在其杂乱边缘的北边、南边和西边,灰色岩石悬崖被炸得逐渐后退,而周围的森林(被年代久远的矿井危险地破坏了)也在后退,留下了一堆被砍倒或枯死的树木。从工厂里冒出来的滚滚烟尘,把地表的每一处以及工人和管理人员的衣服和头发都染白了。那些在意空气质量的人戴着凸起的、海绵填充的橡胶口罩。在灰蒙蒙的暮色中,隔着 10 英尺或 12 英尺望去,他们可能会被误认为是直立行走的猪。只有当雨水冲洗了肮脏的地面之后,奥格登矿场才暂时让人觉得干净。

爱迪生似乎并不在乎这种感觉,对他来说,工厂就是天堂。他在实验室里不修边幅,在这里则模仿着他手下最邋遢的雇员。但是那个戴着棕色帽子的大脑袋(帽子被割出一个豁口,并在后面系了带子,以适合头围),还有刮得干干净净的下颌(要么嚼着雪茄,要么被口嚼烟塞得鼓鼓的),都向大家展示着他的"老头儿"身份,一个总是愿意停下来与你交换故事、一起吐唾沫的温和独裁者。

8 月 9 日,他在给米娜的信中写道:"今天比为卫理公会牧师保留的地狱第七区还要热。"米娜正虔诚地前往肖托夸进行每年一次的朝圣。"空气中的灰尘是可怕的……我很失落没有回家看我亲爱的干净比利。没有洗澡的我该如何是好？一些小草的种子已经从我的大衣缝里开始发芽了……想想吧，比利，亲爱的，你的爱人变成了一座花园。"

12天后，他有更严重的问题需要倾诉。砖厂的破损率超过了50%，而且线路的上游经常发生事故，引发了劳资纠纷，还要更换昂贵的安全设备。爱迪生不得不出售另一批通用电气的股票以维持工厂整个夏天的生产运营。

> 似乎一切都出了问题，我担心我们将因缺钱而不得不关闭工厂。
>
> 我4天只睡了6个小时，我努力地把一切恢复。特别是要解决砖厂的所有问题以及我们实际上可以做什么的问题。我要一直干到星期六晚上，如果运气好的话，我可能会继续；如果运气不好的话，直到我把钱全部用光，我们可能都会处于停产状态。在筹集资金的时候，我可以有时间休息一下，仔细核查整个过程，这样当我们重新开始的时候，一切都会好起来的。马洛里现在是你未见过的最沮丧的人，机械工头和康利先生也完全气馁，而你的爱人却像花季的大黄蜂一样欢快明朗。

爱迪生突然想到，既然工厂建设的主要阶段已经结束，那他可以通过裁员来大幅削减成本。迪克森在1894年拍摄的一组照片让他大吃一惊，照片上至少有400名工人聚集在工厂的院子里，像是一窝蚂蚁聚集在屋顶和蒸汽管道上。那时的他们看上去心满意足，即使是那些每天收入不超过1.3美元的矿工、制泥工和运煤工也是如此。但是此时，因为爱迪生拒绝支付加班工资，他们威胁要罢工。

奥格登矿场的工人，1895年前后

他听说工人将在8月22日星期四工作结束时举行罢工会议，顿时看到了加速实施裁员计划的机会。在离下班时间还有5分钟的时候，爱迪生在化验楼外面挂了一块大招牌，上面写着：工厂暂停工作，工人将于星期六也就是24日领到全部工资。

结果，愤怒的工人在周末大量离开。周一，工厂恢复了生产，但留下来的人员非常少。马洛里惊讶地发现，在没有人力协助的情况下，这条生产线的大部分环节都运转得很好。他的精神振作起来，他说服自己，在爱迪生的感染下，"我们很快就能够生产出利润非常可观的产品"。

几十年后，红色之城消失了，森林夺回了矿区，马洛里写道：

和一个人生活在一起，你一定会对他有很多了解：天冷的时候，他会穿两三套内衣，而不是很多件毛衣和外套；晚上脱掉衣服时，他会把衣服扔在地板上，这样第二天早上就可以很容易地再穿上；他喜欢吃馅饼，也非常喜欢抽雪茄。所有的小事情，都是大事情的开始。当然，他要处理很多大事。我们所有与爱迪生有关系的人从一开始就知道，我们必然要与一个非凡的人打交道。

"更有独创性的天才"

到19世纪90年代末，爱迪生大部分时候都在奥格登矿场工作，平均每天工作16~18个小时，只有星期日才回格伦蒙特。他频繁地停止和恢复生产（"每天都有新的问题需要解决"），以至于他所做的马上就要成功的预言听起来就像是真的。工厂碾碎的钱比磁铁矿还多，爱迪生为了保持资金充裕，不得不接受通用电气公司15 000美元的预付金来开发一种纤维素喷挤灯丝。

这种讨厌的事没有持续很久，但在1896年的第一个星期，另一种暂时的、无法抗拒的干扰令他分心了。来自伦敦的消息称，德国物理学家威廉·伦琴发现了一种神秘的绿色"X"射线，它从一根电气化的玻璃真空管中发出，可以使9英尺外的一块涂有氰亚铂酸钡的荧光屏发出荧光，即便这两者之间放置了一块非常厚的硬纸板。当它穿透一个人的身体时，会产生一种类似的甚至更可怕的效果，使人坚实的肉体分解成一团雾状物，在雾中锐利突出的骨头显得既色情又恐怖。伦琴的妻子在他用这种射线照射了她的手和结婚戒指后说："我看见了我死去的模样，我看到了自己的死亡。"

爱迪生立刻充满探索和利用这种电磁现象的欲望。在得知此事10个小时后，他开始在西奥兰治建造一间特殊的暗房。他在给阿瑟·肯内利的信中写道："你愿意过来用伦琴的新辐射现象做实验吗？我有吹玻璃机、运转着的真空泵，还有所有的摄影器材。在别人刮起第二次旋风之前，我们可以做很多事情。"

他很快就自己制作出了 X 射线，并在 2 月的第一周开始拍摄和打印射线照片。记者们缠着他，要他把照片打印出来。威廉·伦道夫·赫斯特"特别请求"爱迪生给他一张人类大脑的照片。爱迪生未能用伦琴所用的标准克鲁克斯管复刻这种侵入摄影的完美范例，相反，他设计了一系列不同的用铂丝和更薄的玻璃制作而成的灯泡来增强光的发射。让他感兴趣的不是成像，而是不可见的、不可偏转的不是光的光流："我想看看伦琴射线是否真的垂直于阴极板，或者说它们是否在阴极和阳极之间以与磁射线相似的方式弯曲。"

他全神贯注于自己的工作，对巴黎传来的报道很少注意，巴黎的卢米埃尔兄弟完善了间歇式动作放映机，即电影放映机，并向付费观众放映电影。当威廉·吉尔摩建议爱迪生立刻行动去获得可与之竞争的美式放映机，又称"万花筒"的专利权时，他只是耸耸肩表示同意，然后又立刻投入射线实验。[①]

那个月的一个晚上，《大都会杂志》的一名记者在爱迪生的暗房里找到了他，他正在调节一个长灯泡里的电力和不透气性的平衡。他似乎"对世界上的一切都浑然不觉，只注意到灯管里光线的变化"。爱迪生从恍惚的状态中被哄骗了出来，他说他正试图确定 X 射线是"形态虚无的"还是"与更粗糙的物质有关"。这些术语的模糊性表明他的研究仍然是不科学的。他像实验室里那 4 个年轻的助手一样，天真地享受着探索一项当时来看温和无害的新技术的兴奋感。他们工作到深夜，拍摄不同程度的辐射对不透明物质的影响。每条胶片带都要

---

① 2 月 26 日，91 岁的萨姆·爱迪生去世，爱迪生前往休伦港参加葬礼，短暂地中断了这些实验。

第四章　磁学：1890—1899 年

曝光 20 分钟。直到凌晨两点，他才把照片晾起来，并邀请记者与他和"男孩儿们"（其中一个是小托马斯·爱迪生）共进晚餐。他一边吃，一边不停地谈论着伦琴的魔法射线的实际意义。

有人设法把实验对象从荧光变成白光，并问他是否愿意接受人类视网膜能否储存光的测试。爱迪生同意了。他闭着眼睛坐了两分钟，然后把眼睛睁开，直视几英寸开外相机上的一盏灯所发出的刺眼亮光。盯了两分钟的强光之后，所有的灯都被关掉，相机同时发出咔嗒声。它捕捉到了爱迪生影像后面瞬间的双重闪光，当照片被印出来的时候，他看起来不像人类，而像一只猫，一只黑暗中的大猫。[①]

爱迪生绝不是美国唯一的，甚至不是第一个用 X 射线做实验的人。伦琴的公告激励了美国许多优秀的电气工程师，包括伊莱休·汤姆森、威廉·马吉和尼古拉·特斯拉。爱迪生意识到他们都会像他一样冒险进入一个陌生的新世界，他并不贪恋在竞争中保持领先地位。3 月 18 日，他在《电气评论》上发表了他的研究成果，其中有两项发现说明了 X 射线行为的卡罗尔悖论：第一，真空度越低，管内荧光越弱，管外辐射越大；第二，最锐利的"影子"是由最短的灯泡记录下来的，而且越远处的影子越锐利。

特斯拉花了将近一年时间才从失去实验室的悲痛中恢复过来，就在同一天，在同一份期刊上，他也描述了自己的辐射实验。他吹嘘说，由于他近期发明了一种振荡蒸汽发电机，他已经能成功地把 X 射线投射到 40 英尺以外或更远的地方。他也曾试图拍摄大脑——这次是他自己的大脑。他近距离拍摄了半个多小时，但发现这种方式只会让他昏昏欲睡。爱迪生给他寄去一封鼓励的信："我希望你在进步，可

---

① 爱迪生在 1917 年为美国海军部研究夜视光学时重复了这个实验。

以给我们带来能打败伦琴的东西。"

尽管他们互相抱有善意（虽然有所保留），《斯克里伯纳杂志》当月的一篇文章还是尽力把他们塑造成敌对的大卫和歌利亚。文章的作者、布朗大学的校长 C. 本杰明·安德鲁斯认为，特斯拉是"比爱迪生更有独创性的天才"，因为他把灯泡里的电线去掉了，通过自己的身体输送高压电流。"他将自己包围在一圈电光之中，并呼唤着来自大地的紫色电流。他的目标是把人类的机器和大自然的机器直接钩起来。"爱迪生不在意这种夸张语句的传播。但关于"天才"的比较登上了全美许多报纸的头条，并使他和特斯拉被当成 5 月 4 日在纽约开幕的全国电气展览会上同台竞技的对手。

巧合的是，他们都在开发荧光灯，并希望能够及时展示。特斯拉声称他的荧光灯将具有 250 烛光[①]和 10% 的发光效率，而爱迪生追求的是 12% 或 15% 的发光效率，他说他在管子里涂上了一种神秘的材料，从而利用了 X 射线的部分电磁能量，"我把它们变成了易分解的纯白光"。

他将这一神秘材料（钨酸钙）当成秘密，因为他也把它用在了另一种装置上，如果能在展览前完善该装置，那它一定会引起轰动。化学家爱迪生在 150 根灯管中测试了 1 800 种荧光盐并发现，当熔融的钨酸钙晶体在真空中受到激发时，这种荧光体就会活跃起来。他把它涂在一块便携式面板的屏幕上，面板呈喇叭状，和脸部紧密贴合，便能立即拍下面板前的事物的一张 X 射线照片，如果需要的话，甚至可以拍下一组运动的照片。他对米娜说："你可以清楚地看到身上的

---

① 烛光（candlepower），发光强度的旧单位。——译者注

骨头和心脏的跳动。"[①]他所称的"荧光镜"的这一功能对医务人员来说有明显的用处,在枪击等紧急情况下,医务人员并不想在等待两个小时之后才能看到显影 X 射线照片。因此,他拒绝为其申请专利,并将一个早期的模型寄给了他的一位实验伙伴——哥伦比亚大学的迈克尔·普平。

普平在感激信中惊讶地写道,"这是一件美丽的仪器",他在三次公开演讲中都展示了"它的神奇力量",赢得了很多掌声。然而,他怀疑荧光镜检查法"将完全取代外科手术中的照片诊断方法",毕竟在外科手术中,记录是至关重要的。为此,他已经在试验一个可以直接从爱迪生"非常出色"的屏幕上提取的接触印刷图的想法。"所有的科学家将以极大的喜悦来接受你的成功。"

爱迪生从未听过如此赞美,尤其是写在附有"大学纯科学学院"标识的信笺上的赞美。他很感动,回复说他正在研究其他的一些管子,"我想这些管子会给你带来惊喜,并帮助你在不是我专业的领域进行科学研究"。

没有必要再对他的钨酸钙灯泡遮遮掩掩了,因为在电气展览会之前的几个星期里,荧光镜很快就取代了它,成为轰动一时的新闻。广告声称"爱迪生会在那里,特斯拉也会到场",这刺激了观众对门票的需求,有一句宣传语说,任何有勇气在魔法机器下拉手的人都可以免费得到骨骼检查。

这种宣传转移了人们的注意力,从而让特斯拉不必回答太多令

[①] 一位年轻的名叫洛伊·富勒的美国舞蹈家,在这个时候去爱迪生的暗房拜访了他。她突然有了灵感,穿着渗透了爱迪生使用的辐射盐的服装表演。他们一起进行了实验,虽然荧光一直在减弱,但他们取得了初步成功。在她后来的职业生涯中,富勒赢得了以光为基础编舞的声誉,同时也成为一个业余的放射学专家。

人尴尬的问题，比如为什么他自己的灯没有被展示出来。爱迪生从来不认为他是一个照明工程师，他知道特斯拉在这方面尚有不足。但他恳求《西方电工》的编辑不要发表那条"愚蠢的"新闻，拿他们各自的荧光灯与丹尼尔·麦克法兰·摩尔的新型辉光放电管做不利的比较。"我不在乎别人怎么说，但特斯拉是一个神经质的人，这将使他非常难过，并干扰他的工作……但摩尔先生一定不要忘记，特斯拉也是一位顶尖的实验工作者，他一定能及时完成他承诺可以做出的东西。"

他的要求当然没有得到重视，媒体纷纷猜测爱迪生和特斯拉是竞争对手。《纽约时报》刊登了一篇简短的报道，说这两个人都抱怨长时间暴露在 X 射线下损害了他们的眼睛，但未引起公众注意。

完全烤好了，硬得像花岗石

随着电影技术的精进，专利局和版权局堆满了很多希腊语和拉丁语的商标名称，其中大部分以"scope"结尾，那些娱乐业律师很难记住 tachyscope（快速观看器）、eidoloscope（莱瑟姆放映机）、mutoscope（妙透镜）、bioscope、parascope、veriscope、magniscope、kalatechnoscope 之间的区别，更不用说 cinematograph（电影放映机）、centograph、projectograph、kineopticon 了。[①] 爱迪生很幸运，因为他很有名，所以只要把他的名字与活动电影放映机和活动电影摄影机联系起来，就可以暗示它们在某种程度上优于其他同类产品。吉尔摩敦促他给万花筒赋予类似的优势标志，尽管万花筒是托马斯·阿马特的发明，这位年轻的工程师把它授权给爱迪生以支付展览版税。爱迪生同意将这种投影机器作为"爱迪生的维太放映机（Vitascope）"和

---

① 其他英文单词均为不同种类的早期电影放映机。——译者注

"爱迪生的最新胜利"来销售,因为这样做,他参与了一场因骄傲的个性而损伤声誉的交易。①

但是这对他的财富恢复起了很大作用,因为维太放映机可以说是改变了娱乐文化的巨大成功。观众们在《狂暴的大海》中的汹涌波涛面前大口喘气,对《梅·欧文和约翰·赖斯的接吻》中的亲密行为感到震惊,这产生了极大的轰动效应,爱迪生的电影制片公司在这一年最受欢迎。《洛杉矶时报》惊叹道:"天才能走得更远吗?我们已经能够听到远方朋友的声音,现在我们也能够看到他们的动作。"如今只剩下爱迪生自己没有在镜头前展示了,他开玩笑地让一位年轻的报纸艺术家詹姆斯·斯图尔特·布莱克顿为他画了他在幕后生活中的素描。

用炭笔描绘的笔触粗粝的爱迪生的额发和黑色眉毛,可以说是他的一种招牌式的象征。②

8月11日,底特律爱迪生照明公司的首席工程师亨利·福特参加了在长岛曼哈顿海滩举行的行业大会,并有机会"现场"膜拜同行业的专家们。他偷偷拍下了爱迪生在东方酒店门廊里戴着草帽打盹儿的照片,直到午夜前后才敢接近他,当时爱迪生正与门洛帕克的几位老员工坐在一起喝啤酒。福特鼓起勇气告诉爱迪生,他设计并驾驶了一辆"小型燃油汽车"。虽然爱迪生开始认为蓄电池才是无马马车的理想动力源,但他的反应还是令人鼓舞的:"继续你的发动机吧,如果你能得到你想要的,那么我们将迎来伟大的未来。"

之后不到一个月,在罗得岛普罗维登斯举行的州博览会上,两辆

---

① 爱迪生对万花筒的授权使用只持续了一年。1896年11月30日,他推出了他自己的备受赞誉的放映机,并在1897年将万花筒专利重新转给了阿马特。

② https://www.youtube.com/watch?v=lW3uIm82hpY. 布莱克顿在这部时长95秒的短片的结尾鞠了一躬,之后成为重要的电影制片人和"电影动画之父"。

平均时速 15 英里的"电动车"在美国有史以来第一场汽车场地赛中，击败了 5 辆以汽油为动力的杜里埃汽车。

彼时，爱迪生回到了奥格登矿场，那里的矿砖厂终于有了很大的改良。他在给妻子的信中得意扬扬地写道："整整 13 000 块矿砖，它们完全烤好了，硬得像花岗石。现在一切都在恢复正常运转，我们正在把事情完成。"

米娜经常听到这样激动的话，但她非常渴望爱迪生的陪伴，所以很难假装兴奋。她倾向于抱怨——或者用他的话说，是"咆哮"着抱怨他们的多次分离。她刚满 31 岁，就像曾经的玛丽·爱迪生一样，也慢慢变得肥胖。爱迪生为了让她觉得不那么被冷落，给她写了许多过分肉麻的话语。"亲爱的比利（天生的咆哮者）……我只是单纯地爱你到每一寸肌肤……我的吻是如此厚重，4 000 万盏 X 射线灯都无法穿透……"

与此同时，在明尼苏达州的梅萨比山脉，蒸汽挖土机正把山上薄薄的表层土推到一边，把优质的赤铁矿用 13 吨一次的速度掘出。铁矿石的价格稳步下降，出货量在上升，从 1893 年的 621 047 毛吨上升到 1896 年令人震惊的 2 884 372 吨。爱迪生唯一的反应就是加大对斯巴达山的开采力度，他告诉报纸，他也已经给蒸汽挖土机下了命令，如果在宾夕法尼亚州卡塔索夸的克兰钢铁厂的样品加工测试令人满意，奥格登矿场就将进入每天全力生产 5 000 吨矿石的状态。这样一来，其他的东部炉工一定会更换使用光滑的奥格登铁矿，再也不会因来自德卢斯的红色碎石而被呛得窒息，工人们一定会很高兴。

好像是为了提醒世界他还是一个发明家，爱迪生完善了他的实验室，在 1896 年又发布了一系列新产品公告：优于托马斯·阿马特的万花筒的放映机，发条驱动的家用留声机，一种改进的蜡筒唱片，发送点状文字和草图的"自动电报机",与特斯拉线圈振荡器相结合的快速电流断路器——它能极大提高 X 射线机器的电磁力。

11 月 23 日,在肯塔基大学医学院的一次演示表明,辐射可以用来帮助外科医生从人体中取出子弹碎片,这在该地区将成为一项日常工作。演示还诱人地暗示,如果能说服这两位"天才"组成一个团队,可能会创造难以想象的科学奇迹。但考虑到他们的对立性格,这就像奥斯卡·王尔德与昆斯伯里侯爵结盟一样不太可能。爱迪生已经拿特斯拉尚未发明出的荧光灯开玩笑了——"如果特斯拉有一盏灯,那他为什么不把它亮出来呢?"与此同时,特斯拉则批评爱迪生为了弄清楚盲人能否从眼睛内部感知光线而对他们的眼睛进行 X 射线扫描:"现实已经很残酷了,再让他们产生这样的希望难道不残忍吗?"

在一件事上,他们达成了一致看法:过多地接触 X 射线,对他们自己造成了某种神秘的伤害。除非对辐射的病理学有更多的了解,否则他们宁愿进行其他更安全的研究。

爱迪生对他实验室的一位访客说:"事实是确实有一个与晶体和盐紧密相关的未知领域,到工坊里来,看看我的助手们是如何遭受这些射线冲击的。"他领着大家走进另一个房间,让克拉伦斯·戴利伸出手和胳膊,它们已肿得不成比例,好像遭到了棍棒的重击。

与同情相比,爱迪生更多地流露出对这一现象的兴趣。他渴望知道,聚焦的射线是否可能有效杀死结核分枝杆菌或去除白内障。"我可以蒙住你的眼睛,但还能让你通过 X 射线看到物体……我知道有些人说这样的事情是不可能的,但你不能一笑置之。"①

---

① 根据 1896 年 11 月 20 日的《尼亚加拉瀑布》杂志的描述,爱迪生在长时间的 X 射线工作之后,闭上疼痛的眼睛,发现仍然可以看到自己的手。

最后一道槽口

1897年元旦,爱迪生在卡塔索夸查看对奥格登矿场矿砖的一系列测试。陪同他的是与他形影不离的助手弗雷德里克·奥特,几年前,奥特因为在活动电影摄影机前拍摄假装打喷嚏而成为历史上的第一位"影星"。

"这是弗雷迪(Freddie,弗雷德里克的小名)。"爱迪生对克兰钢铁公司的总裁伦纳德·佩基特说。佩基特是英国人,他以为爱迪生说的是另一位著名的杂役——《鲁滨逊漂流记》中的"星期五"(Friday)。

后来,他们单独在一起时,佩基特问:"'星期五'是做什么的?"爱迪生听不清,只是回答说:"什么也不做。"

"如果他什么都不做,你为什么还雇用他?"

"因为他从不睡觉,他时刻保持清醒就是我雇他的原因。只要我需要他,他就在那里。当我需要什么东西的时候,其他该死的傻瓜总是在睡觉。"

佩基特让爱迪生住在家里,而奥特则住在当地的旅馆。吃饭的时候,他着迷地观察爱迪生对食物漫不经心的样子。

> 他从不要求什么,从不表示偏爱,从不自己拿取食物。他把自己面前的东西吃掉、喝掉。如果你什么都不给他吃,他也不会贪恋食物。然后他就在那儿讲了无数的故事。
>
> 如果你把一杯酒放在这个发明家面前,他就喝掉,什么也不问。倒的是雪利酒还是香槟,对他来说没有区别,对杯子里的酒,他总是一饮而尽。他(只是)不停地讲,并且毫不迟疑地吃掉盘子里所有的东西。

爱迪生对高炉中矿砖的初始产量很满意，但他一直希望鼓风机可以提高转速来产生更多的热量。当佩基特因担心发生爆炸而提出异议时，他嘲笑道，他在奥格登矿场故意毁坏了一台价值2.5万美元的破碎机，目的就是看看它能承受多大的负荷。"现在我可以在添加最后一道槽口之前，设计和建造一台像它一样运转完美的机器。"

整个宾夕法尼亚州的钢铁行业都对正在进行的测试产生了浓厚的兴趣，测试通常在凌晨两点开始。当火炉为生产做准备时，行业记者们就在佩基特的办公室里听爱迪生讲故事。一天晚上，他打断自己的思绪，吼道："嗨，你在干什么？现在搞什么鬼？来个人踢他一下。"

原来是奥特睡着了。

爱迪生在卡塔索夸待了一个星期，得到了积极的测试结果，等待着工厂的最终报告。回到西奥兰治之前不久，他给佩基特的竞争对手之一，新泽西州安多弗的S. B. 安德森发了一份电报："来吃早饭吧，足足有11 000吨。"当佩基特问这是什么意思时，他解释说，安德森曾嘲笑他的矿砖生产法，说"我可以吃掉你生产出来的所有东西"。

1英里长的磁铁

测试结果不仅是积极的，而且是非凡的。佩基特报告说，这些矿砖使熔炉冶炼效率增加了33%，如果原料供应足够，他相信效率增幅能达到50%。他们将矿砂还原成沉淀物，这种沉淀物"显示出不同寻常的强度，事实上，这是我们所制造过的最强大、最坚硬的铸铁"。从技术上考虑，它"再好不过了，因为矿砖的纯度可以让铁中的磷和硫含量非常低"。

更令人高兴的是，克兰钢铁公司向爱迪生订购了他所能提供的全部矿砂。同时，他的电影和留声机生意兴隆，而威廉·麦金莱当选总统，结束了国内长期的经济萧条，这是为他 2 月在奥格登矿场过的 50 岁生日准备的最好礼物。米娜送来一个生日祝贺蛋糕，蛋糕上还有矿工模型和一些小电灯。

爱迪生大受鼓舞，批准了工厂的另一次扩张，预备在春天进行全面的商业生产。他启用了两台伏尔甘蒸汽挖土机（其中一台重达 93 吨，是有史以来最大的），并在他的巨型压碎辊上安装了钢质的"重击"旋钮，使其旋转速度增加了一倍多。他还发明了一种使灰尘成为润滑剂而不会结块的设备，并将生产线延长，使其成为《哈里斯堡独立日报》所描述的总共有 480 个分选流程的"1 英里长的磁铁"。

他的目标是每天冶炼 500 吨精矿，但问题是，这座砖厂只能处理一半的产量。除非他再花 5 万美元安装 15 套设备、8 个新熔炉，否则两个仓库很快就会被矿料淹没。沃尔特·马洛里不得不给投资者寄去一封求援信，告诉他们爱迪生已经在奥格登矿场花掉了自己的 100 多万美元（光是在巨型压碎辊上就花了 20 万美元），现在他的产品供不应求，需要"朋友们"的帮助。

这时，有消息称，1896 年曾一度跌至每吨 3.25 美元的梅萨比贝塞麦铁矿砂，此时的价格下跌得如此之快，可能很快就会跌至每吨 2 美元的关口。爱迪生坚持说他可以以每吨 78 美分的价格出售，但他的算术并不是很好。美国矿业工程师协会主席在年度大会上表示，奥格登铁矿砂更合适的价位应该是每吨 4.08 美元。所以，"爱迪生工厂是不可能持续赢利的"。在斯巴达山上进行的这项非凡的冒险活动只能说是"一座值得敬佩的、对原始研究坚持不懈的丰碑"。

在这种情况下，爱迪生的资助者拒绝再给他投资，所以他不得不再次自己承担重大改进的费用。

当然，他至少可以省下一小笔开销，那就是给在奥格登矿场当普通机械师的大儿子发的工资。汤姆刚满 21 岁，玛丽·爱迪生给他留下了 17 309.91 美元的遗产。汤姆给父亲写了一封信，半是愤愤不平，半是恳求，他说他想要单干。"我觉得我做过的任何事情都没有让你满意……我知道我很难以我喜欢的方式和你对话——因为到目前为止，你在各方面都比我优越，所以我在你面前是完全无助的。"

汤姆想要通过一个特别的任务来证明自己也是一个发明家，爱迪生没有理会这一请求。在给米娜的一系列信件中，这个年轻人只表现出他是一个世界级的爱发牢骚的人。"为什么我不快乐？为什么我感到孤独？……为什么我这么落后？……我付出爱，但是没有人爱我。"

他在西部和南部逗留了几个月，但不可避免地，就像一颗运行在不规则轨道上的小卫星，在恒星的牵引下屈服了。到了 5 月，他又回到了工厂做体力活儿。他的父亲并没有表现出注意到他曾出去了。汤姆写信给米娜："我敢说，他连看都没看我一眼。"

爱迪生几乎没有时间看时钟。他忙着扩大矿砖厂的规模，建造一座更大的发电厂，为奥格登矿场的筛选系统申请专利，设计新机器（在一个方案中，一台设备就有 48 个版本），购买新的伏尔甘蒸汽挖土机，很快就把钱花光了。8 月，在又一次停产之后，他不得不卖掉爱迪生电气照明公司的股票，以便在停产期间维持工厂。"我一肚子酸水，但在这个计划中，我不得不忍受心不在焉的上帝对我的忽视。"

他很清楚，夏末奥格登矿场再次恢复生产时，它一定要以持续的运营来证明这里是一块取之不尽、用之不竭的铁矿宝地，这也是他早就许诺过的。否则，它将永远被称为"爱迪生的荒唐剧"，一个耗费他过往成就带来的数百万美元、生产的东西却比沙子好不到哪里去的笑话。

9月下旬，新的矿砖机已经准备就绪。他将整条生产线投入运营，并首次允许记者不受限制地进入。《铁器时代》《科学美国人》《麦克卢尔杂志》分别发表了一篇重要的文章，均有精美的插图，而且带有一种共同的崇敬之情。一位行业记者写道："爱迪生先生以一位杰出的建筑工程师的新形象出现，他努力解决最高级别的技术和商业问题，他所采用的选矿方法，会使那些受过训练的人大吃一惊。但是考虑到要解决的问题的特殊性质，他的方法既经济、明智，又很高效。"

使参观者们敬畏的，除了他们看到的世界上最大的炼铁厂，还有爱迪生使所有操作同步的方式——将机械动力与重力、动量和磁力这些自然力结合起来。在高高的铁山上，蒸汽挖土机把重达6吨的带有黑色纹路的片麻岩装进箕斗，这些箕斗沿着一条倾斜的轨道以每45秒一斗的速度朝工厂方向运行，同时将"空箕斗"送回采石场。

移动式起重机把矿石抬到破碎厂房的顶部，矿石从那里砰的一声掉到巨型压碎辊10英尺深的回旋裂缝里，这是任何人看一眼都会感到害怕的深渊。在不到3秒钟的时间里，矿石就被粉碎了，掉到一组中间的轧辊上，被"嚼"成小石块。一号升降机把小石块运送到第一根和第二根直径为36英寸的轧辊处，使这些小石块受到进一步的挤压，失去原来的集聚状态，变成一堆碎石。除非在最热的天气里，否则这种加工通常会表现出潮湿的迹象。碎石经过直径为24英寸的轧辊，到达二号升降机，滑入托马斯·罗宾斯用橡胶处理过的第一条传送带，然后在一号干燥机里烘烤。三号升降机以及第二条和第三条传送带传送着还在冒烟的碎石，把它们送到第三档轧辊上，它们在那里被打成砾石，然后穿过14目筛网，经过曲折的轨迹，只有最细的粉末才能到达选矿厂房。在那里，矿粉又从很高的地方落下来，一层薄薄的"灰帘"随着三块吸力逐渐增强的 12 英寸厚的磁铁把里面的含铁颗粒都吸过去而变白。即使在这个时候,对爱迪生来说,吸过去的黑色物质的含铁量也依然不够高。他又把这些颗粒放进二号干燥机加热,用 50 目筛网和 8 英寸厚的磁铁重新精选,在除尘室里对其进行清洗和除磷,用 4 英寸厚的磁铁进行最后的提纯,然后运到一个巨大的仓库里,为生产矿砖做好准备。

爱迪生将他的精矿转变成具有既多孔又防水的矛盾特征的矿砖这一过程,只有同时精通化学和物理的发明家才能设计出来。他把铁粉和一种配方保密的温热的黏合剂混合,做成"面团",放到一排压模机里,压模机抓取"面团",将其切成小块,压三次(为了防止粘在一起,要喷上大量的油),最后一台压模机以 6 万磅的力把"面团"压实。这一切都是以每分钟 60 块的速度进行的——每一块都是一个直径 3 英寸、重 19 盎司的黑色粗壮圆柱体。在发货前,它们会被高温再加热一个多小时。

《麦克卢尔杂志》的作家西奥多·沃特斯对奥格登矿场实现了完全的自动化感到惊讶。"源源不断、永不停息的材料在各建筑之间循环流动……在这个过程中,它们一次都没有被人类的力量阻止或驱赶过。"他还对这家工厂回收废品的经济方式印象深刻。9 月的最后一天,他看到一条传送带从"磁铁大楼"里缓缓展开,上面运输的东西像金子瀑布一样倾泻在一座小山大小的沙丘上,沙丘在阳光下奇异地闪烁着微光。它由石英、长石和磷酸钙尾矿混合而成,因锐利而闪烁着金光——所以不像海滩上的沙子那样颜色暗淡。建筑商和磨具制造商很珍视这些矿渣,所以在某种程度上,这就是爱迪生口袋里的金子。他甚至把除磷室里的灰尘卖给油漆公司,让他们用曾是斯巴达山上的岩石的东西来增稠它们的颜料。

刚出炉的蛋糕

奥格登矿场全力投入生产，爱迪生需要努力赚取每一分钱。艺术家威廉·道奇·史蒂文斯为《麦克卢尔杂志》画了一幅他的素描，线条勾勒出了他两眼之间强烈的忧虑感。

威廉·道奇·史蒂文斯画的爱迪生素描像，奥格登矿场，1897年9月30日

他刚刚以30万美元的价格抵押了西奥兰治的留声机工厂。就在同一天，他深感耻辱地向长子借用了11 175美元的遗产。汤姆并不愿意接受这笔交易，尽管爱迪生会付给他6%的利息。爱迪生已经欠了他4 500美元，这份"债券"协议的有效性存疑。两次提款差不多掏空了玛丽留给汤姆的钱财。汤姆还是像往常一样束手无策。没人对他心怀怜悯，他所能做的就是不停地从新泽西州的阿斯伯里公园给米

娜寄充满自怨自艾的信件,他第二次离开了奥格登矿场,定居在此。

之前,汤姆一直奇怪地模仿着爱迪生圆圆的手写体。但此时他的字体变尖了,像是出自另一个人的手,而且不稳定。字体越来越向右倾斜,好像失去了平衡。11月27日,他写信给爱迪生,说他病了,病因是"我在家人那里受到的对待",并且可能活不下去。"我真诚地希望——如果这病对我来说确实非常严重——你们所有人可以感到更满足……而我只是短暂地陪伴了你一下的爱你的儿子。"签名"汤姆"又成了工整的字体,只是太小,几乎看不清楚。

在另一封给米娜的信中,汤姆的言语听起来兴高采烈,充满雄心壮志。他发明了"世界上最好的白炽灯泡之一",在纽约大获成功。它被称为"小爱迪生改进版",并将"像'刚出炉的蛋糕'一样畅销——事实上,我永远无法满足我的订单——因为它实在是太了不起了……我打算让一万个代理商代销……我要么会控制世界市场,要么会破产"。他兴奋地持续写了8页,最后写道:"我不知道父亲听到这件事会怎么想,他很可能不会相信。"

汤姆猜中了。爱迪生知道这款灯泡是由他们在上一年共同研制的荧光灯管制成的。他还听说一些寡廉鲜耻的"资助者"希望利用汤姆的姓氏赚钱。12月5日的《星期日世界》刊登了一幅巨大的画,画中的年轻人在一个灯泡里,画的底部印着一个新版的汤姆的签名,字体很大,很像他父亲的签名。爱迪生因此急忙申请商标保护。更让人恼火的是,下面的文章宣称,"在发明的世界里,一股新的个人力量正在崛起",并引用了汤姆的话说,他将很快在"新泽西州门洛帕克"建造一座灯泡厂。

很明显,汤姆对父亲的迷恋正在退化成化身为父亲的幻想。除非他立马受到约束检查,否则他完全可能声称他发明了留声机。米娜给他写了几句善意的警告，得到的回复是滔滔不绝的溢美之词："那封信从未离开过它所在的神圣位置——最贴近我心脏的地方，它使我越来越靠近你，亲爱的母亲。"

他们最需要的东西

在 1898 年 1 月 12 日举行的新泽西和宾夕法尼亚选矿厂的董事会年度会议上，爱迪生自豪地说，奥格登矿场已经自动化到可以把 400 名工人减少到 78 名。这个听起来很经济的数字是骗人的，因为工厂又停产了。这次停产是为了解决干燥问题，但他不能确定何时可以恢复生产。至少这个问题——泥浆和冰块堵塞了矿石——是由于成功引起的：事实证明，蒸汽挖土机能比炸药更有效地把大块大块的矿石吞下去，"现在，只要是能装进送料斗里的东西，压碎辊照单全收"。这就意味着必须调整后半程的工序，以便处理过多的矿料，尤其是仓库，那里已经塞满了未成矿砖的精矿。

爱迪生以他一贯乐观的态度说了一会儿，接着又表示（沃尔特的眼睛直盯着他），工厂的资金不足："目前我正在和一个财团谈判，向它寻求运营资金，直到公司有自己的储备。但是，在清偿公司目前的债务所需要的资金，以及测试、保险和租赁的费用方面，除了我自己的钱之外，就没有其他的来源了。"

他表示他仍将准备为这家工厂提供资金，"尽我所能"，相信很快就会赢利。接下来，马洛里发表了自己的看法，列举了一些冷冰冰的数字，对"很快"产生了怀疑：奥格登矿场的资本为 225 万美元，到那时为止，它的建造、装备和测试成本为 2 091 924 美元，但仅售出了价值 158 591 美元的铁和沙。

在这种情况下，人们很难相信爱迪生（他私下里还想从他岳父那里借 1.5 万美元）刚刚告诉记者的话，他说他还打算在新墨西哥州圣菲东南部发掘一座价值 150 万美元的金矿。① 但是他那积极的措辞使董事们再次选他为总裁，并接受了他的提议，在接下来的 6 个月里借给公司 51 500 美元。正如马洛里对西奥多·沃特斯所说的那样："关于他个人魅力的说法并非虚传。"

2 月 9 日，爱迪生写信给米娜，说他已经清理了仓库，又要开始炼矿了。他每天工作 16 个小时，"已经在三四项用来筹集资金的发明上取得了很好的进展"。但他那据说是奉医嘱去佛罗里达的大儿子是不会收到类似信件的。"汤姆给威廉写了一封可怕的信，说他被家人抛弃了，他奄奄一息地躺着，我们可能再也见不到他了。"

米娜也收到了汤姆本人发出的类似的求救信号，汤姆大多数的信都寄给了她，每周两到三封，形成了躁狂抑郁症的连续记录。爱迪生继续说："我询问了我在迈尔斯堡的代理人，得到消息说，汤姆和他的朋友正玩得开心，他们刚猎完鹿回来。"

米娜自己是一个抑郁的人，天生富有同情心，在一定程度上同情汤姆。汤姆确实病得很重，听起来像是患了风湿性关节炎。她担心他可能会像偶尔威胁时说的那样"回家"居住。

威廉是另一个要求米娜承担继母责任的人。他在耶鲁大学读大一，但他讨厌那里。米娜尽其所能地满足了他们最需要的东西——表达爱意和支付账单，但她又怀孕了，预产期在 7 月，几乎没有时间照顾两个早已长大成人的抱怨者。爱迪生留给他们的时间甚至更少。在

---

① 爱迪生是认真的。他在奥尔蒂斯山区的多洛雷斯买下了一片 5.4 万英亩的低品位金沙地，签了两年租赁的地契。到 1898 年夏，他已经把一家预备的干沙厂投入使用，用磁鼓法提取黄金。他花了 50 万美元将其发展到奥格登矿场那样的规模，但最后彻底失败了。他开玩笑说："我正常地赔了一笔钱。"

他看来，他在 12 岁时就已经进入了这个世界，他们如果不选择游泳，那就会被淹死。

威廉·爱迪生，1898 年前后

年轻的日子

那年春天，爱国的美国年轻人嗅到了美国和西班牙之间的战争气息，起因是正在进行的自由古巴运动，这是一场为新大陆上最后一个主要欧洲殖民地争取自由的运动。米娜的弟弟西奥多·米勒是第一批发誓要参加战斗的耶鲁毕业生之一。他是纽约的一个 23 岁的法律系研究生，跟威廉和汤姆都很熟悉，但对他们两人不感兴趣。威廉（3月初从大学辍学）也想加入战争，而汤姆显然不适合服兵役，汤姆含糊其词地说"马上要消失离开了",但与此同时,他又在两个舅舅的支持下装成一家价值10万美元的新照明公司的总裁。西奥多·米勒给父亲写信:"他是个古怪的孩子,我很遗憾他被允许做这些事情,我已经和米娜谈过了,但她说爱迪生先生说他无能为力。"

国会于4月25日宣战,6周后,西奥多·米勒和威廉应征入伍,前者加入美国第一义勇骑兵队(也就是"莽骑兵"),后者加入纽约第一工程志愿团。

对于痴迷斯巴达山的爱迪生来说,美西战争不过是安的列斯群岛上持续了12周的地缘政治动乱,他在令人满意的工厂轰鸣声中听不到战争的隆隆炮火声。他对给海军部提供一种由碳化钙和亚磷酸钙组成的夜间照明材料的事情却非常重视,这些材料被装入炮弹,一旦与水接触就会爆炸,而且燃烧的时间长到可以在四五英里外就能发现敌舰。但是他后来发现,政府对民间国防创意想法不太感兴趣。

米娜很不解,为什么爱迪生没有参战,她却也要在卢埃林公园的绿色安宁中等待着她的爱人归来。爱迪生非常喜欢待在奥格登矿场,所以周日回家对他来说是件苦差事。他甚至对这儿的实验室也失去了兴趣,尽管西奥兰治园区的其他地方如火如荼地进行着留声机、电影、摄影机和放映机的生产,但由于没有"老头儿"分配任务,这儿的实验室还是萎靡不振。

此时,爱迪生已经接受了事实:由于"梅萨比现象",铁矿的价格永远不会比5月创下的历史低点再高哪怕几美分。(用于生产贝塞麦转炉钢的铁矿卖2.25美元,用于生产非转炉钢的铁矿价格低至1.75美元,这比他在19世纪90年代初刚开始矿业生产时为自己的铁矿预期的价格还要低60美分。)但他的骄傲就在于他在规模上取得的成就,他开始考虑将"大"本身作为一个经济优势。他将建造更多的奥格登矿场，每座奥格登矿场的规模都是现在这座的 4 倍。

除此之外，他在工厂里过得很开心，甚至比他在 1876 年与查尔斯·巴彻勒等其他伙伴一起在门洛帕克起步时还要开心。他与巴彻勒基本没再见面，后者处于半退休状态，多年来因自己在他们共同的发明中的贡献而富有，但爱迪生并不想念他。爱迪生身边又有了一群不同的"男孩儿"，他们以粗犷的阳刚方式享受着和他一样的山区生活。在难得的休息日里，他们打棒球、打拳击，或者把工资赌在矿井上展开的血腥的斗响尾蛇和斗鸡上。爱迪生允许公司商店出售啤酒，但不鼓励私自售卖被禁的烈性酒。在萨默维尔居民区，种族暴力事件时有发生，劳工们住在肮脏的破木屋里或者茅房外面。旧大陆移民对那些更舒适地居住在布谷鸟公寓或爱迪生为访客和高级管理人员建造的旅馆里的"美国人"抱有敌意。人们常常看到爱迪生在门廊里做白日梦，或者戴着他那顶巨大的草帽和除尘口罩，到采石场去看蒸汽挖土机干活儿，他对这一情景着迷不已。

多年后，他回忆道："我这辈子从来没有这么舒服过，努力工作，没有什么可以转移我的思想，清新的空气，简单的食物……令人非常愉快。"他重要的矿场装配工丹·史密斯在晚年以类似的怀旧心情回顾了这些"年轻的日子……这是我一生中最快乐的时光"。

然而，西奥多·米勒和威廉都没有在古巴服役。7 月 1 日，在圣胡安战役中，西奥多·米勒与他的指挥官西奥多·罗斯福上校并肩作战，他身受重伤。10 天后，米娜痛苦地生下了一个儿子，将其取名为西奥多·米勒·爱迪生。

到 8 月 12 日签订停火协议时，威廉幸存了下来，此后他一直在波多黎各养伤，祈求他的父亲帮助他早日出院，但他的病情似乎还不足以引起家庭的关切。这时爱迪生迫切需要把所有的精力放在工厂的问题上，汤姆也抱怨自己身体有恙、财务困难。据报道，汤姆当时正在阿迪朗达克山脉的一个营地里避暑，身边还有一个竟然没有女性家长陪同的名叫玛丽·图希的歌舞女郎。当这名女子 10 月再次出现在他的公寓时，汤姆否认了媒体有关他们订婚的谣言，他坚持说她只是在"照顾"他。

那个地洞

1898 年的最后几天，爱迪生遭遇了个人、职业和气象方面的突发危机，这让他比之前的任何时候都恐慌。一场暴风雪使斯巴达山变成白茫茫的一片，随之而来的是长时间的严寒。许多工人离开了他们的岗位就再也没有回来，这个时候恰逢大萧条时期，他们没有足够的安全感来忍受爱迪生不情愿支付的低工资和粗陋的住宿条件。而其他地方则有更好的前景。马洛里警告说，除非在工厂里建造像样的住房，否则奥格登矿场的所有自动化项目都永远无法赢利。事实上，当时的工人已经到了经济崩溃的边缘。

12 月 2 日，爱迪生绝望地写信给当时正带着家人在阿克伦游玩的米娜："我必须用通用电气公司的 1.2 万美元债券来换取留声机工厂的债券。如果没有这些债券，工厂就得关门。"他需要在 15 日拿到这笔交易的现金，还需要在圣诞节前获得北太平洋铁路公司的 5 000 美元债券。三天后，他发电报给她："我想你最好在 10 号前回来……很重要，我觉得很不舒服。"在一封随附的信中，他承认："我对所有事很担心。"

米娜急忙返回去帮助他，但在她回到格伦蒙特之前，天气和工人的原因迫使爱迪生关闭了工厂，工厂看上去就像上次停产时一样糟糕。与此同时，媒体上关于"小托马斯·爱迪生"古怪行为的不实文章大量涌现，这令爱迪生大为恼火，他通过威廉给汤姆发了一条口信，威胁说如果他不停止滥用家族姓氏，就要采取法律行动。威廉身负使命感地写道："'老头儿'说，他和你已经结束了，他还说你欠了债，你还娶了那个歌舞女郎。"

汤姆与玛丽·图希结婚的真实性尚不为人知，但在12月17日，他愤怒地回敬了他的父亲，称他为"亲爱的先生"。他责问爱迪生为什么要通过别人来训斥他。"我知道这是你的一个特点。"他狡猾地指出自己并不是爱迪生家族唯一负债的人。"但愿你知道如何经营自己的成就——你现在拥有的东西——问问金融界人士，他们知道……人们把钱都投入你的发明了，然后他们可以用爱迪生来命名产品——本来我会成为一个富翁的。"

这尽管听上去令人不快，但很接近爱迪生当时的真实处境，汤姆单独给威廉的回信表明他完全了解爱迪生的情况。"他在任何东西上都筹不到1美元——他为选矿厂独自掏出200万美元——仅仅是因为他无法从别人那里筹到钱。"

爱迪生把他对磁铁矿开采的全部希望都寄托在预备从国家留声机公司借来的款项上。这个月剩下的时间里，他在阅读中寻求忧虑的解脱："什么，已经是圣诞节了吗？"但他研究的书和期刊与铁精矿关系不大，而与堆积在选矿厂外面的金色沙丘关系更大。没过一年，他就准备把他的尾矿分离技术应用到波特兰水泥的生产上。

他坚信他在奥格登矿场的伟大实验将在19世纪末取得成功。但是1899年带有决定性意义或重大变革意义的事件不断提醒他，可供他探索的其他研究和开发方法已经不可能存在了。在过去10年的大部分时间里，他欣然接受了在奥格登矿场出现的难题，并为自己能够一个接一个地解决这些难题而感到高兴。但是，这一年的早些时候，

第四章　磁学：1890—1899年

他编制了一份清单，清单显示还有183个难题需要解决，他再也不能忽视那些对他不利的困难了。

2月17日，米娜受人尊敬的父亲路易斯·米勒去世了，这是7个月来米娜遭受的第二次巨大悲痛，这使她加速迈向中年。爱迪生刚过52岁，头发已经白了。3天后，他听说汤姆和玛丽·图希结婚了，举行了一场罗马天主教的仪式，这至少证实了他们之间关系的严肃性，新闻称那个女孩儿为了做一个全职妻子而放弃了她的舞台生涯。"没有我的同意，她是不会回去的。"据报道，汤姆是这么说的，试图表明这次他是主导的一方。

当春天来临时，奥格登矿场仍然处于停产状态，这时全国范围内的铁矿需求激增，而苏必利尔湖的矿山虽然很不错，但无法满足这种需求。马洛里告诉投资者，重新恢复生产需要10万美元。如果有必要的话，爱迪生先生还会拿出更多的现金来换取股票，但首先得为工人建造像样的住房。

于是，爱迪生又回到实验室全职工作，自学波特兰水泥生产的所有工序。经过连续24个小时不眠不休的努力，他设计出了后来全美最大的水泥厂，甚至连管道、润滑和通风等细枝末节都设计好了。

4月15日，他成立了爱迪生波特兰水泥公司，投入1 100万美元的资本，并开始在新泽西州西部寻找合适的地点。接下来的一个月，他参加了在纽约举行的一年一度的电气展览会，会上大家都在谈论电动汽车。他否认正在为自己制造这样一辆车，但他告诉马洛里，他有一个想法，那就是制造一种轻便、高效、耐用的蓄电池，"绝对不用铅和硫酸"。他马上开始做实验，很快派来了100多名技术人员负责这项工程。

7月，汤姆告诉记者，他已与父亲"断绝了一切联系"，将以发明家的身份追求独立的事业。"我认为他是一个聪明的人，不会为不可避免的事情而烦恼。"威廉不再穿军服了，也不再对没有得到西奥兰治的工作感到愤怒。威廉在10月26日满21岁之前，也为自己的独立做出了一些努力。他在给爱迪生的信中写道："几天后，我将用我得到的一点儿钱，投资电影机器和一家小工厂。如果我失败了，那将是我自己的损失。"三周之内，他也将结婚，并用一生的时间证明这次他是对的。

11月，在奥格登矿场，沿着斯巴达山的山脊排列的几排工人房屋开始施工。当工人入住，栗树也已重新长出叶子时，爱迪生和马洛里大胆地谈及重新开矿。但是奥格登矿场的资产负债表在年底出炉时，彰显了饱含人类美好期望的虚荣心。自1890年以来，新泽西和宾夕法尼亚选矿厂的建造和运营成本为2 600 942美元，而产品的销售额仅为180 688美元。加上预付现金的利息，爱迪生应该得到334 611美元，但是没有钱可以付给他。他已经持有公司剩余的大部分股票，但那些都是不可赎回的纸面财富。在它的账簿上只有一份合同尚未履行：一份已有两年之久的为伯利恒钢铁公司供应500吨低含磷量的矿砖的订单。如果他选择兑现诺言，那么在全国的仓库里都充斥着廉价矿砂的情况下，他将不得不以低价参与竞争，而这势必又会使他进一步负债。

在工厂变成一堆废弃的建筑后，上了年纪的人对于是谁让爱迪生意识到工厂正面临破产的回忆也是多种多样的。查尔斯·巴彻勒回忆起他给爱迪生带来了一份关于约翰·D. 洛克菲勒接管梅萨比矿区的新闻报道，这将意味着铁矿产量的大幅增加，并经由五大湖和圣劳伦斯水道向世界各地发货。然而，令人难以置信的是，巴彻勒说这篇文章使爱迪生大笑起来，然后嚷道："好吧，我们还是吹哨，关门大吉吧。"

托马斯·罗宾斯声称自己是这一事件的目击者——"'老头儿'和我跨坐在两匹马之间的一块木板上",他的回忆里没有笑声,只有爱迪生满是善意的担心,如果工厂关闭,"这个男孩儿"就会失业。然而,1899年,罗宾斯其实和巴彻勒一样,早已离开奥格登矿场。

听起来最真实的是沃尔特·马洛里的故事,爱迪生在山上的大部分时间里,他都日夜与爱迪生一起工作。他说,当他第一次听到这个坏消息时,他不愿把它传出去。爱迪生感到有些不对劲,于是两个人互相回避了三天,把他们都害怕的时刻推迟了。最后,他们在霍帕康湖旅馆的一间阴冷的卧室里相遇了,马洛里关上门,他尽可能地放大声音,以求更勇敢地把他所听到的消息都汇报出来。

爱迪生坐在床边听着,紧张地拉着他右边的眉毛。他的第一反应是可以预见的:"是的,这是个问题,是个问题。但是担心解决不了问题,思考却可以。"

马洛里不敢苟同,因为他知道再多的思考也改变不了供求规律。

爱迪生挥手示意他别出声,沉思了很长时间,仍然拉着他的眉毛。然后他平静地说:"我们现在立即停止工厂的工作。"

除了山脊上的建筑工程外,几乎没有什么要停的,工厂本身已经停产一年了。爱迪生标记了一些要转移到斯图尔茨维尔附近石灰岩地的机器,他选择了这个地方作为他的新水泥厂厂址。但在此之前,他决定以最低的价格履行与伯利恒钢铁公司的合同。奥格登矿场,他那过于沉重的凤凰,必须试着再一次飞起,然后才能永远地坠落。①

---

① 奥格登矿场的工厂在1900年确实重新生产了几个月,但产品未能满足伯利恒钢铁公司的低磷要求,工厂被迫以低于成本的价格处理剩余的矿砖。它最终在那年年底被关闭并被拆除。

大雪覆盖的奥格登矿场，19世纪90年代末

无论伯利恒付的钱多么地少，爱迪生都不会接受破产。他的荣誉感迫使他偿还工厂的全部债务，这是汤姆和威廉无法理解的。他对公司的失败并没有表现出任何尴尬，在他的余生里，他会带着怀旧的心情回顾他在矿场的日子。只有一次，在一次回访中，人们听到他说："我把300万美元投进了那个地洞里，却从未听到它触底的声音。"

第五章
光

1880—1889 年

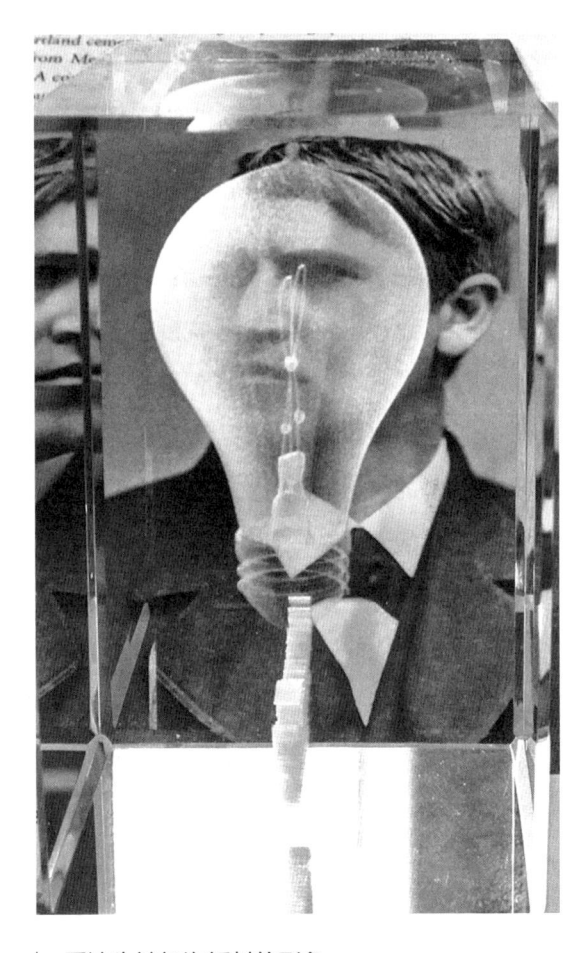

爱迪生被灯泡折射的形象

在33岁这一年,爱迪生开始了他后来所说的"一生中最伟大的冒险……犹如在未知的海域中航行"。他面临的挑战是把他刚刚打磨完美的小小的发光物(历史上第一个性能稳定的电灯泡)发展成一个大型城市照明系统,这个系统的每一个部分都将由他亲自发明、制造并安装。

1879年的最后一天晚上,爱迪生在门洛帕克展示了让人惊叹的成组灯泡。从那以后,爱迪生在大众中的名声就从记录声音的"巫师"变成了发明电灯的"天才"。然而爱迪生对"天才"这个称号嗤之以鼻,因为"天才"早已被滥用于贝多芬和歌德身上。他曾经对他的同事沃尔特·菲利普斯说:"你很清楚,我可不是这类人,除非我们同意迪斯雷利的理论——天才就是持久的耐心。我的确足够有耐心,这倒是真的。"

然而有一个非常要命的问题:爱迪生对于访客简直来者不拒,这些人却很少能意识到自己会打扰爱迪生。一夜之间,他的乡村实验室成了一个时髦之地,而且可以预见,只要门洛帕克的灯光秀持续举办,这种情况也将持续下去。正因为选择向公众敞开大门,他的公关活动取得了惊人的成功。但是支持爱迪生的电灯发明——可能是电报以来最具突破性的发明——的金融家们意识到,每次爱迪生和陌生人分享雪茄、诙谐地打趣,都是他的电气工程师对手们奋起直追,在市场和专利局中战胜他的好机会。他的电灯泡的主要特点——高电阻、碳丝线圈、熔融玻璃、真空,都早已为人所知。这个时候,立即保护它们显得非常重要,否则爱迪生式电灯泡很快就会像雪花莲一样遍布大西洋两岸。

一位负责其专利的律师写道:"如果可以的话,我决不会让爱迪生先生宣传到这种程度,一半也不行。"门洛帕克已经不得不应对广泛宣传的后果。这里的车站以前少有人使用，宾夕法尼亚铁路的火车从这里疾驰而过，从不停留。现在，每天傍晚都有好几百个好奇的人聚集在这里，大多数人只是想看看这位伟大的发明家。包括乔治·威斯汀豪斯、查尔斯·布拉什、爱德华·韦斯顿、伊莱休·汤姆森、威廉·索耶和海勒姆·马克西姆在内的许多照明行业专业人士则热衷进行工业密探活动。

未来之光

经过一定的艺术加工，《哈珀周刊》新年刊中的插图展示了访客走上栈道，到达坡顶的研究大楼之前看到的景象。整幅画的主体是夕阳映照下爱迪生的房子，门前的院子已经变得很昏暗了。可以看到玛丽昂和汤姆在荡秋千，还有3个成年人，一男两女，在索纳尔大道的尖桩栅栏附近散步。画里他们显得很小，但那个朝着路过的骑马者挥舞着帽子的"罗圈腿"，不像是爱迪生本人，最有可能是爱迪生的助手，在实验室里协助吹玻璃的查尔斯·F. 史迪威。两位女士则分别是查尔斯的姐姐，27岁的爱丽丝·史迪威和24岁的身材丰满的玛丽·史迪威·爱迪生。

画里的帽子、云卷起的波浪、围栏和骑马的人，以及前面的旗杆和后面的风车，都是柯里尔＆艾夫斯公司的印刷画中常见的元素，不同之处在于房屋的某些窗户发出了一种新的光，对面人行道上的白色柱子似乎也顶着一团倾斜的光晕。画家显然不知道该怎么描绘这种新事物。它是世界上第一盏使用白炽灯泡的路灯，也是在斜坡上其他地方排列的58个鱼缸形灯泡中的第一个。

爱迪生在门洛帕克的大楼，1880年1月

此刻，它们的光辉只照亮了几百平方码[①]的建筑物和草木繁茂的田野与山顶。门洛帕克的房子太少了，它都算不上一个小村庄，下垂的光秃秃的铜线串起了其中的三栋房子，里面发出了类似于爱迪生灯泡的光亮。光线柔和，略带淡橘色调，稳定，又不同于柔和的油灯光，也不同于较白的煤气灯光，各个光源独立。每个屋子发出的光芒比扩散状的光晕略亮一些，最亮的光来自访客的目的地——实验室的上层。实验室是一座坐落在独立场地中的长条形的两层棚屋，两侧是砖砌的办公室兼图书馆、吹玻璃的工坊和机械车间。

对于从纽约来的早期访客来说，报纸上描述的"光明之村"一开始令人失望，它的效果很难与百老汇沿街的弧光灯相提并论。但是，当夜晚来临，门洛帕克周围的乡村陷入一片黑暗（除了一些遥远的、

[①] 1平方码约为0.84平方米。——编者注

提灯照亮的农场窗户以外）时，爱迪生创造的奇迹就越发彰显了出来。在这里，一堆看不见的发电设备点亮了无处不在的玻璃球，玻璃球不散发烟气，没有烟灰，也不用点燃任何东西，发光时可以被握在手中，散发出令人愉悦的温暖，可以浸入雪堆，甚至可以泡在水中而不会熄灭。它们安安静静，不会闪烁，每个都抵得上16支蜡烛的明度[①]，据称非常讨某个年龄段的女士的喜欢。令人难以置信的是，它们从6英尺高的地方跌落到实验室的木地板上也没有破裂。灯泡可以像花朵一样簇集，也可以像星星一样分散，但是一个开关就可以将它们全部打开或关闭。也不用担心这些灯泡串联起的序列被打乱。可以从20个连接的灯泡中拧下一个，另外19个将继续发光。

没有技术背景的访客很难理解，每个灯泡内部细小而又明亮的马蹄形灯丝其实本来是纸。爱迪生工匠般的助理发明家查尔斯·巴彻勒完善了一种方法，可以从细料纸板上切下U形纸条并在白炽状态下将其碳化，直到它们缩成坚硬发亮的黑色"灯丝"。这个词由爱迪生本人第一次引入了电力行业。碳丝被铂丝紧紧地夹住，在百万分之一个大气压的真空中被点亮，这种灯丝持续燃烧却不见消耗，有些甚至可以燃烧数百个小时。平均下来究竟可以燃烧多长时间，实验室没有人知道。

为了留作纪念，一些人爬上了9英尺高的路灯，偷走了他们可以拧下来的每个灯泡。爱迪生需要每个灯泡的信息来做统计，但是这些人毫不知情或并不在意。矮一些的破坏者躲在实验室的人群里，顺走了工具和试管，或者从工具台上切下木块带走。这些情况使实验室必须雇用安保人员来防止珍贵设备被破坏或失窃。一位煤气行业从业者

---

① 16烛光的现代等效功率约为95瓦。

试图用一条穿过他外套袖子的跨接电缆来引起实验室整个电路的短路，结果被抓了个现行。

在人群中，爱迪生经常被忽视。几乎没有人看过他的照片，因为报纸只能印刷版画肖像，而这些肖像无法反映他的真实相貌。他粗糙的工服也没有与实验室中的其他工作人员区分开，除了一条在耳朵下方打结代替衣领的白色丝巾引起了人们的些许注意。他抽着雪茄，四处闲逛，一绺头发落在他宽阔又苍白的额头上，看上去就像是时不时地在仓库里徘徊的流浪汉。

这种流浪汉的印象也不完全是假的。过去的几个月，爱迪生对照明技术无比着迷，几乎住在实验室里。玛丽明白丈夫不会回家吃饭，就沿着木板路把晚餐送到办公室里。爱迪生太过痴迷工作，常常到饭凉了都忘记吃。《太阳报》报道："他的助手说，如果不提醒，他会忘记吃饭、忘记上床睡觉。"

前几天，他从纽约返回时，在门洛帕克下车，却忘记了他年幼的女儿还在车上。当火车即将出发前往费城时，售票员认出了孩子。"你不是爱迪生先生的女儿吗？"他说。"是的，先生！"她回答道。列车长把她带到了站台。而在前面不远的地方，她的父亲正急匆匆地赶往实验室，完全没有意识到自己的疏忽。

爱迪生心不在焉（即使在夜间的正式招待会上，他也戴着巨大的软帽），却专注于人群中的每一个问题，他把手拢成杯状搭在右耳上，并用老式的礼节回应。他一再被问到是怎么做到让每个灯泡内都没有空气的，或者像一位访客所说："您是如何抽真空的？"他用最简单的语言，插上几句打趣的话，解释了来自巴伐利亚的玻璃吹制工路德维希·玻姆是如何将每个灯泡吹制成一定的形状,然后用单独的半熔融基料将其塞住,并引入灯丝组件和两根"导入性"铂丝的。他一次又一次地演示水银泵、吹管和颈缩剪的操作。他还会提到"真空"的拉丁语或引用铂与玻璃相同的收缩和膨胀系数,这时才会表现出他是专业的发明家。①

《泰晤士报》的联络员在传回英国的电报中写道:"他耳朵不好,非常谦逊。但是,当他发现来访者支持他,而不是一个只会批评别人的'业内专家'时,他就成了我见过的最有趣的人之一……在他身上看不到任何随着成功而来的自负。"

爱迪生的做法生动地体现了公关的价值。他似乎很喜欢和普罗大众聊天,就像与科学家和金融家聊天一样。一位当地农民说道:"当爱迪生不思考问题的时候,他就像一个小学生一样快乐。"宾夕法尼亚铁路增设了东西方向来往的车次之后,门洛帕克的来访者达到每天3 000人。甚至爱迪生都认为实验室应该停止公开接待,免得访客把实验室挤垮。他的父亲之前一直可以用木头很好地维护实验室,但是到这一年1月的第二周,墙壁就需要用电线杆加固了。

此后,只有与爱迪生电灯公司真正有联系的科学家或官员才可以拜访他,他需要整合完善他的城市电力计划所需的人力、机械、智力和财务资源。他的老朋友、法务顾问格罗夫纳·劳里是少数了解这项任务的艰巨性的人之一。时值经济恐慌,爱迪生又患上了风湿,劳里

---

① 罗伯特·弗里德尔观察到,此时围绕着爱迪生的人群代表了"先进技术与普通人之间的新关系。爱迪生的电灯就像那个时代的所有发明一样神秘而令人敬畏……现在,科学技术的神迹不导致怀疑,而是带来希望。这种对科学和技术力量的态度是19世纪最重要的遗产之一,接下来的10年里,没有任何一个例子可以比门洛帕克的人群中生发的热情更好地体现这一点"。Friedel and Israel, *Edison's Electric Light*, 89–90.

不由得怀疑他的老朋友能否完成任务。但是在近期的展览中，这些灯的完美表现让他感到欣慰。在实验室的一个安静的晚上，劳里向朋友匆匆写道："我在爱迪生桌上的未来之光旁写下了这些文字。我刚开始写字时点亮的那盏灯，仍然在稳定地发光……之前已经发光300个小时了。如果它能通过另一项测试，那么这种灯的经济性和耐用性将就此得到证明。"

伟大的发现者

劳里的乐观在海外得到了伦敦《泰晤士报》的权威回应。该报用一页半密集的专栏版面来赞扬爱迪生的成就，这本该由爱迪生电灯公司的宣传人员来撰写。

> 爱迪生先生决心保持他作为这一时代伟大的发现者的地位。沉寂了几个月后，他再次作为电气照明系统的发明者闻名世界，他声称该系统已经全部完成……经爱迪生完善，新的照明设备可用于公共和私人用途。它像煤气一样易于管理，可以调亮到超过任何煤气灯的亮度，或者调暗到只发出微弱的光芒。铺设该系统没有困难。为此，仅需一根细丝与发电机相连即可。这是不发热的光。无论是否使用不慎，都不会有引发火灾的风险……它发出的几乎就是普通日光的色调。除了这些优点，它还是有史以来最便宜的光源。

英国电气工程机构的成员开始提出反对意见，认为这样的伟业不可能由一个未受过教育的、没有体面胡须的美国推销员来完成。电化学家约瑟夫·斯旺首先宣布了自己在该领域的卓越地位。他在《自然》杂志上宣布:"15年前,我在基于白炽原理的电灯构造中就使用了烧焦的纸和卡片。"斯旺很坦率地说:"那时我无法保证其耐用性,这是我一直在寻找的。"[1] 他没有解释为什么他从未提交过预防性声明或临时性说明[2]来保护他的发明,而是继续时不时地进行实验,并且没有把相关情况发表到英国的行业期刊上。

《电工》《化学新闻》等期刊纠正了这种对爱迪生的成就缺乏注意的问题,更不用说《星期六评论》了,该杂志于1月10日发表了未署名的题为"爱迪生引发的大恐慌"的文章。有些吹捧之词显得非常狡黠:

> 爱迪生先生该是多么开心啊!在短短的18个月内,他连续3次光荣而又成功地解决了全球关注的问题。的确,每次问题都是相同的,并且在每次提出解决方案之后,这个问题又会以有趣的新面貌出现,未经解决,准备好接受下一次致命打击……他的朋友们可能会期待一个漫长而同样幸福的未来,每隔一段时间就取得类似的辉煌和最终的胜利。因为,如果他仍像之前那样,在电力照明领域取得的成果总是那么严控成本,那么他在接下来的20年中应当仍能每年解决两次电力照明问题,并且每次都富有经济效益和创新性。

斯旺还要10个月才能生产出自己的灯丝灯泡,并且事实证明它

---

[1] 之后斯旺把他的发明时间提前5年至1860年,在他去世后,他的孩子又往前推至1855年。
[2] 在提出更正式、更详细的专利发现之前,19世纪美国的"预防性声明"或英国的"临时性说明"能起专利保护的作用。

与门洛帕克展出的灯丝灯泡几乎完全相同。但这并不影响英国皇家学会的著名自然哲学教授约翰·丁达尔认可斯旺的追溯主张，即他在 19 世纪 60 年代就开发出了这种灯泡。因此，爱迪生被指责说其发明"完全缺乏独创性"。但丁达尔认为，这两位发明者追求的都是海市蜃楼。过去 80 年的研究证明，"最经济的电灯形式目前是，而且很可能永远是弧光灯"。

的确，爱迪生和斯旺只是历史上众多电气照明先驱中的后来者，以往那些先驱可追溯到汉弗莱·戴维爵士，他在 20 世纪初曾通过连接大量伏打电池而诱发电弧光和白炽光。从那时起，数十位发明家就试图将这两种不兼容的光源中的任何一种（一种刺眼、发散、易消耗，另一种则微弱且极不稳定）转化为一种足够可靠、可与煤气灯竞争的光源。早在 1840 年，威廉·格罗夫就在玻璃杯中使螺旋形铂丝亮了一两秒钟。以俄罗斯的帕维尔·亚布洛奇科夫为代表的国际弧光灯协会，已经成功地用弧光灯照亮了一些大型公共场所，但这种光永远不会走进世界各地的普通家庭和工业生产中。

问题是，斯旺是否真的先于爱迪生最终制出了真正可用的白炽灯泡，丁达尔的说法解释不了这个问题。斯旺当时唯一能作为证据的灯泡是一根装在烧瓶里的碳棒，看起来像泌尿科的导尿装置。他在 1879 年年初进行了展示，比爱迪生早期做出螺旋形铂丝灯泡晚几个月，但远在第一根"马蹄形"碳丝开始在门洛帕克周围的"玻璃球"中发光之前。

根据报道，斯旺的碳棒只会亮一两分钟，还会产生大量的烟灰，这说明真空状况不理想或裸露的碳过多。然而，在 1 月英国的临时性说明清单中，有一个不祥的迹象表明，斯旺和爱迪生一样掌握了制作灯丝的技术。斯旺为他的发明寻求专利保护，也就是通过加热从白炽灯泡元件（无论是"棒、细丝还是薄片"）中排出的阻塞性气体以改善灯泡的真空状态。

在 1 月底之前，英国官方的意见已经很坚定，即不对爱迪生有任何让步。[①]《自然》的编辑认为他的灯是"无望的失败，设计错误，原则错误，仅仅显示了一个聪明的实践者是多么缺乏科学知识"。

"简而言之，伙计，这儿的人对你不感兴趣。"爱德华·约翰逊在伦敦写道，"你错就错在过于成功了。"

巴黎也是如此，唯一不同的是，法国照明技术权威泰奥多斯·德蒙塞尔在巴黎引用的先例，大多是他的同胞创造的。他告诉《时报》的读者，爱迪生只不过是一个非常有独创性、多产的发明家，他不能自称对电气科学的微妙之处了如指掌。很难相信他的新灯，"这根马蹄形的碳丝，可以形成如此完美又精致的螺旋"，而且在白炽化的时候不会发生损耗。德蒙塞尔建议欧洲的评论家们在爱迪生确认这一消息之前不要给予赞扬。对他自己来说，他将继续警惕"从新世界传来的华而不实的公告"。

对于外国的反美主义情绪，爱迪生足够达观，他对此类言论不予理会。更让他紧张的是同胞们的辱骂，他们声称比他本人更了解他的发明。史蒂文斯理工学院院长亨利·莫顿在一封广为传阅的公开信中称，爱迪生发明的电灯泡是一个明显的失败，没有任何挽救的余地。每个熟悉这门学科的人都明白，把大量灯泡串联在一起会极大地降低

---

① 这种共识在当下的英国依然存在。例如，《英国工业史指南》中"约瑟夫·斯旺"词条下的时间表中，斯旺在 1860 年"获得了一项部分真空碳丝白炽灯的英国专利"，然而他直到 1880 年 11 月 27 日才申请保护（1880 年英国 4933 号专利），此时爱迪生提前申请的英国专利（1880 年英国 4576 号专利）获得批准已有 9 个多月了。

效率。西门子、韦斯顿、布拉什和马克西姆等电气先驱"相同"的碳测试已经一再证明,白炽化只是短暂的现象。

在实验室天花板上悬挂的 84 盏灯的光照下,爱迪生读着莫顿的信。他对看着他的记者说:"他应该先进行调查,再做出批评。"

所有操作

1 月 27 日和 28 日,爱迪生分别获得了他职业生涯中最具历史意义的两项专利:美国 223898 号"电灯"专利和 369280 号"配电系统"专利。前者保证为他的基本灯泡提供 17 年的保护——或者说,如果这些年中的 11 年没被用来对抗因为嫉妒而发起的诉讼的话,他的灯泡本应该得到这样的保护。[①] 后一份申请的序言则表明,他头脑中已经有了照亮曼哈顿下城的计划的主要部分。

致启者:

众所周知,我,美利坚合众国新泽西州门洛帕克的托马斯·A.爱迪生,在用电提供照明和电力方面进行了某些新的有用的改进……

本发明的目的是设置一种用于光、电或两者皆有的电力系统,完成发电、供电、用电的功能,从而使需要特别关注或者专业知识的所有操作,均可以在中央发电站中代替消费者完成,消费者仅需要关闭或者打开电源。

[①] 爱迪生的英国专利,1880 年英国 4576 号专利,10 天后获得批准。见第六章中美国 223898 号专利的最终批准,它可以说是爱迪生的 424 项照明和电力专利中最重要的。

这项专利包括4 000余个单词的文字说明和一组复杂的图表，这使劳里备感沉重。他担心，设计和建造这样的系统将会耗尽爱迪生电灯公司的资金（当时为30万美元）。然而，爱迪生已经把他的计划当作现实，他在一张图上分别标出了科兰特街、百老汇和少女巷。另一张图则将4个相同的供电区域排列成网格，每个都有自己的"中央发电站"和互连的"导线"，这张图不仅预见了未来一个世纪内城市的电力设备分布体系，而且清楚地表明了爱迪生的梦想——点亮整个城市。

爱迪生写道："我将在此声明，所有转化电能的装置都被安排在多支路系统上，每个装置都在它自己的电路中，实际上是给每个装置提供了一条独立于其他装置支路的电路。"

"装置"指的是所有将存储在中央发电站的原煤转化为光（也就是电）的机器。年轻的弗朗西斯·厄普顿在一篇与老板的专利申请相呼应的杂志文章中，将转化的范围延展得更广，从自然光到人造光，但爱迪生只专注于这项工作的细节。

首先从原动机即蒸汽机开始，其皮带和轴使一组发电机产生大量的电磁能，即"力场"。这种结构方便制造，可以满足市场需求。爱迪生在制造出他在电磁学中最喜欢的研究对象之后，对前一年为驱动灯泡实验而申请专利的双极发电机的"极长"磁芯进行了一些漫不经心的探究讨论。为了回应专利局的异议，他不得不重写专利申请中的这一部分，这时他又提出了一个重要的主张，即"电流可以在低电阻的电枢中产生其所需的强电磁力，在这种电枢中，产生的热损耗将减少到最低"。

接下来是铜导线，或者叫"主线"，电流在调节器控制的电压下沿着主线流动，调节器感知客户开关灯的波动需求。这在最大程度上保持了爱迪生尤为高效的灯泡的高电阻。他解释说,其他发明家的电灯采用的低电阻会使得电灯不够经济。①多支路系统意味着他可以布置任意数量的电路,而不会明显削弱发电机的输出。为了确保电压均匀,他设想在中央发电站安装光度测试灯,在任何需要的节点安装电流计,这样任何下降或波动情况都可以通过光的变化或指针的偏转显示出来。

爱迪生接着说:"为了分配这样产生和调节的电流,我倾向于将导线装在绝缘或者防水的管道里,这些管道埋在地下,设置合适的间隔以避开房屋或做侧向连接。"他曾在纽约市中心的一些街道上看到过电话线和电报线令人抓狂地交织在一起,他不想让自己的导线也纠缠其中。②投资应当谨慎,在城市人行道下铺设管道会花费爱迪生电灯公司大量的金钱和人力,更不用说获得市政官员的许可,以及与此相关的所有审批手续。此前几十年,煤气行业就已经安装了独立的管道,并获得了巨大的利润。③

比起防水或防止啮齿类动物咬破管道的任务,充气管道的绝缘工作不那么令人担忧。在支路连接路灯柱的节点上或者在平行街道的辅助主线上,可靠的密封口尤为重要。这些节点进一步延伸到愿意安装这种系统的每一座住宅或每一家商业机构。这将需要在入口点安置防

---

① 同等电压下,电阻越高,电流越小,根据焦耳定律,热量与电流的平方成正比,因此高电阻能减少能量的损失。——译者注
② 埃德蒙·斯特德曼在谈到19世纪80年代纽约市中心错综复杂的电线时写道:"没有鸟可以从里面飞出去,人几乎可以直接在这些线网上行走……它们甚至遮蔽了街道,挡住了窗户的光线。"
③ 爱迪生的想法是尽可能多地利用所有他计划通电的建筑物里现有的煤气装置,甚至包括改造枝形吊灯的护罩。这既能帮他节省钱,又能激怒他的竞争对手——一石二鸟,令人满意。

篡改的仪表。而建筑物本身必须用分支电路进行布线，根据客户的要求，这些电路可以给带开关的灯泡或带电插座供电。

爱迪生当然已经把他的专利灯泡视为这个庞大电力网络中的核心。他注意到还有一些他尚未发明的部件，如安全保险丝和离心调速器。在电力需求上升或下降时，这些部件控制发动机的运行，他觉得发明这些很轻松。与此同时，他声称已经列出了13个完全原创的电动科学创意，他用最简单的话来申请专利保护："这样的系统为经济可靠地利用电力作为照明或动力源提供了所有先决条件。"

在接下来的一年里，他在门洛帕克与世隔绝，在他的实验室里及其毗邻的人行道和空地上建起了模型，规模大约是他计划在纽约市建立的"第一个"照明区的1/3。他打算输出足够点亮800盏灯的功率。宾夕法尼亚铁路的火车恢复如初，除非提前预订，否则不会停车，但这并没有减少公众对门洛帕克的向往。夜间经过门洛帕克时，火车上会传出欢呼声："爱迪生的灯在那儿！"来往纽约的乘客挤在一起，在面前的黑暗中，他们看见几个针尖大小的光点，出现、膨胀、掠过、飞溅，瞬间又让位于黑暗。

疲倦的身躯

如果说爱迪生在20多岁时勤奋无比，执行力极强，那么此时他在这两个方面已达到超常的程度：对他的员工而言，他是一个超人一般的人物；对他的财务支持者而言，他是一个无法控制的幻想家，半是天才半是笨蛋；对他的对手而言，他是一个毫无创意、哗众取宠的小丑；对他的妻子和孩子而言，他变得越来越陌生；对专利局审查员而言，他是一个不知疲倦的麻烦人物，仅在1880年就提交了60份专利申请。①

他的项目规模使彼时的任何电气类工程都相形见绌，而且其中大部分项目都是全新的，所以他考虑招募一个更大的、更聪明的助手团队来进行这项工作。除了老詹姆斯·麦肯齐和"老爹"爱迪生以外，这个团队的人都很年轻。老詹姆斯·麦肯齐在爱迪生小的时候教过他电报知识；"老爹"爱迪生像 70 多岁的哈克贝利·费恩，来来去去，行踪不定。团队人数从春天的 64 人增加到秋天的 75 人。爱迪生挑选前来的求职者，报酬开得很低，有时则根本没有。他说有才华的人很快就会获得与价值相应的回报，而那些没有才华的人或者需要正常睡眠的人，会因自然选择而变得越来越少。因此，他很少主动解雇员工。

查尔斯·巴彻勒是爱迪生过去 9 年里的副手，蓄着黑胡子，面无表情，但每当爱迪生太过激进时，这个英国人都是不可或缺的忠实、细致、沉闷的冷却剂。弗朗西斯·厄普顿将菲利普斯学院和普林斯顿大学的教学方式与对数学和科学理论的精通结合。② 爱迪生给他起了个外号叫"文化人"。还有约翰·劳森，一名好辩的实验工作者，他坚持认为碱性氧化物需要特殊的热处理，爱迪生叫他"碱性"劳森。实验室的杂务工马丁·福斯也不可避免地被喊成"法丁·莫尔斯"。理性的查尔斯·克拉克在鲍登学院获得了理学硕士学位，他的工作是电

---

① 1880—1883 年，爱迪生申请了 321 项专利，比他职业生涯中的任何时候都要多，比之前和之后的任何发明家都要快。这一总数还不包括 78 项爱迪生声称由腐败的专利律师泽纳斯·威尔伯偷走并出售的专利。

② 厄普顿是典型的爱迪生式戏弄的受害者。爱迪生要求他计算一个梨形灯泡的体积，他花了几个小时，绞尽脑汁地对其三维曲线求数值积分。在他还没有完成证实之前，爱迪生又跑过来询问将灯泡装满水银并称重是否会更加简单。Dyer and Martin, *Edison*, 277.

气系统分析，薪水每周12美元，但事实证明他的价值远超于此。作为一名绘图员，他绘制的草图和钢版画一样精确。22岁的威廉·J.哈默已经是一个很有天赋的电气工程师了，他头发剪得很短，如同军人一样整洁，傲慢自大地对待资历比他浅、比他年轻的人。这些人包括十几岁的勤杂员"约翰尼"·伦道夫和乔治·希尔，还有在实验室周围闲逛、希望偷到雪茄或易爆化学品的邻居家野孩子。斯托克顿·格里芬（小名叫格里夫）担任爱迪生的私人秘书，有朝一日伦道夫会接替他。19岁的弗朗西斯·杰尔对电特别感兴趣，他力大如牛，所以总经理威廉·卡曼让他负责给真空泵灌满水银，这可比铅重得多。威尔逊·豪厄尔是一个戴着眼镜的年轻人，他渴望做一些没有报酬的零工，其他一些年轻人也期待着爱迪生最终可以雇用自己。

在门洛帕克，一批说德语的人影响着这里的委托程序和狂热保存记录的工作习惯。机械师约翰·克鲁西（"诚实的约翰"）来自瑞士德语区；大嗓门儿的玻璃吹制工路德维希·玻姆，还有他的助手威廉·霍尔泽、化学家奥托·摩西和阿尔弗雷德·海德博士都是德国人；约翰·奥特、弗雷德里克·奥特和弗朗西斯·杰尔是在家里说德语长大的；就连厄普顿这个彻头彻尾的美国人，也在柏林大学读了一年研究生，师从赫尔曼·冯·亥姆霍兹。

尽管他们有着共同的职业道德，但在工作时间上，每个人都必须迁就爱迪生而非德国人的态度。他的一天只有在7点吃早餐和半夜吃"午餐"的时候才会被打断，就算这样，他有时都会忘记吃饭。如果疲倦压倒了他（通常是在凌晨4点左右），他就会蜷缩在楼梯下，像流浪汉一样睡在一堆旧报纸上。因此，在实验室的许多地方、一天中的许多时候，都能看到许多疲倦的身躯，而实验活动则在其周围继续忙碌地进行着。

门洛帕克实验室团队的成员，1880年2月22日。左起：路德维希·玻姆，查尔斯·克拉克，查尔斯·巴彻勒，威廉·卡曼，塞缪尔·莫特，乔治·迪恩，爱迪生（戴着无边便帽），查尔斯·休斯，乔治·希尔，乔治·卡曼，弗朗西斯·杰尔，约翰·劳森，查尔斯·弗拉默，查尔斯·莫特，詹姆斯·麦肯齐（藏于美国国会图书馆）

神秘的蓝色光晕

考虑到国别和其他偏见，怀疑爱迪生的人说他尚未开发出完美的灯泡是可以理解的。源自纸的灯丝易碎，难以安装，在巴彻勒灵巧的手中有时也会折断。灯丝被夹在碳夹上时会发出美丽的光芒，但是下面的玻璃冠状结构有沿着引入的导线开裂的趋势，从而破坏真空状态，使碳氧化。

对于这类问题，爱迪生有信心解决。然而，在使用一两个星期后，他的灯内部会变暗，这使他感到困惑。好像有看不见的烟灰（他称之为"碳蒸气"）从灯丝上散发出去，烟灰在玻璃内壁上沉积变厚，让灯泡先变暗，然后变黑。然而烟灰是火焰的产物，他的真空灯泡不可能有明火，只有白炽光。烟灰也不是均匀分布的，从某个角度看，它似乎显示出灯丝的负影，在马蹄形灯丝的正极一侧最明显。威廉·哈默将其与碳夹周围出现的一种蓝色荧光联系起来，这种荧光对可以从一极被拖到另一极的磁力有很奇怪的反应。爱迪生以为蓝色荧光是碳夹释放的气体，但他替换成铜夹后，同样的光晕也在周围晃动。他把氧化锆涂在一根灯丝上，蓝色则加深变成紫色。爱迪生对此非常着迷，他在两极之间插入一根导线，然后接通电流计，电流计立即显示电流导通。然而这不能解释"马蹄形碳丝的一侧带电"的现象，当电流变为反向时，带电侧也随之逆转。也许是热量使电极在烘烤的灯丝中失去了内聚力，导致它们向附近温度较低的表面移动。爱迪生写道："这种带电量取决于灯丝的电阻、白炽度、固定电极之间的电动势以及真空状态。"

他的语言描述已经非常接近[1]，但他终究没意识到自己差点儿发现电子。电子（带电亚原子粒子）的理论，在17年之后才由J.J.汤姆森提出。[2] 这个被半开玩笑地称为"爱迪生效应"的现象，实际上是热电子发射。[3] 就照明事业而言，这无足轻重，但对爱迪生来说很新奇。他要求普林斯顿的天文学家查尔斯·扬"用分光镜检查神秘的蓝色光晕"，但没有得到确定的结论。爱迪生继续做了3年的无导线粒子转移实验，并最终获得了这一现象的专利，以期"利用这一发现来显示或调节电动势"，但他从未意识到它有可能被应用于收音机而

---

[1] 爱迪生也使用了分子轰击一词。
[2] 1972年，分子生物学家冈瑟·斯坦特提出了科学研究中著名的"早熟性"，即科学发现或理论远远超过当代认知，直到数年后才意识到需要认真探索。
[3] 如现在的真空二极管中所示。

改变世界。①

一个类似的星群

到3月，门洛帕克周围已经安装了220盏灯，它们一直亮着，昼夜不灭。爱迪生邀请查尔斯·扬和另一位普林斯顿大学的物理学家塞勒斯·布雷克特参观实验室，并对他的发电系统进行深入评估，《美国科学期刊》6月刊以报告的形式展示了结果。这份报告令人震惊，整个学术界都难以置信。布雷克特和扬发现爱迪生的双极发电机的总效率比（电力输出与机械输入的比率）达到了89.9%。尽管它内部消耗了4个百分点的产出，但这个数字仍远远超出了70%——理论上可实现的最大效率或者工业的平均效率水平。

另外两位物理学家，来自宾夕法尼亚大学的乔治·F. 巴克和约翰斯·霍普金斯大学的亨利·罗兰，在同一本期刊上发表的关于爱迪生灯泡热效率的报告几乎同样令人欣喜。"只要这种灯泡能制造得足够便宜或耐用，毫无疑问，爱迪生会成功。"然而这种赞美又一次被广泛地否定了，这令爱迪生对纯科学界共同体的鄙视与日俱增。

爱迪生还可以再多点亮几百盏灯，这只需要在机械车间里现有的小型供电设备的基础上增加一台两吨重的发电机，但是手工制造一个灯泡需要好几个小时。吹制玻璃，烘烤灯丝、安装和接线，在喷灯的加热下抽出空气，密封和冷却抽气孔，然后测试灯泡，而结果并不总

---

① 爱迪生的美国307031号专利是美国有史以来第一项授予电子产品的专利。它具有一个两元素真空灯泡的图示和说明，这个灯泡的关键细节在后来约翰·安布罗斯·弗莱明于1904年"发明"的二极管中出现。他曾使用爱迪生效应校正无线电波。20年后，弗莱明在自传《电力五十年》中声称自己是首个发现"封有金属片的碳丝白炽灯泡可用于整流高频交流电"的人。爱迪生对此非常恼怒，在页边注中潦草写道："都是胡说，他明白这是谎话。"

是成功。一些看起来完美的样品就是不会发光,要么光线微弱,要么灯丝会因为漏气而燃烧殆尽。微小裂缝不仅出现在内部结构上,而且会出现在灯泡玻璃上的"两点钟方向",原因无人能知。然而,平均来说,灯泡的发光时间为686个小时,其质量足够稳定,因此爱迪生大胆地接受了一份与街道照明无关的商业订单。

订单来自亨利·维拉德,这位铁路大亨正在建造一艘汽船"哥伦比亚号",它将在太平洋沿岸航行。维拉德参加了爱迪生的"光明之村"展览,并想让一个类似的星群漂浮在海面上——具体来说,就是汽船在5月初绕过合恩角前往旧金山的首航。尽管这个设想打乱了爱迪生在纽约建立一个照明区的计划,但从许多角度尤其是公共宣传的眼光来看,它都是令人无法抗拒的。紧促的工期提高了门洛帕克团队的效率,而"哥伦比亚号"的紧凑船体——从船头到船尾332英尺,有一根38.5英尺的横梁——使他们能够近距离整合所有的元素,这些元素有一天会组成爱迪生设想的照明区。维拉德要求在"全玻璃房间"里安装120盏灯,每个一等舱一盏,每个酒廊里安装一盏吊灯。[①]他在船尾为4台110伏的发电机留了足够的空间,其中3台系在由立式发动机驱动的中间轴上,与灯的电路并联。发动机室内的配电盘通过用软橡胶管绝缘的绞合电缆向全船供电。这些缆线(用棉布包裹,涂上红色或白色以表示极性)在7条独立的馈线电路中发散,每条馈线电路又分别为分布在上层和下层的灯供电。为了更加安全,爱迪生发明了一系列跳闸装置,每条电路都有保险丝,单极断路器被固定在小玻璃管中的酒廊灯上,保证即使发生电涌,也不会有熔化的铅合金滴落在任何人的晚礼服上。爱迪生在这里首次为每盏灯都安装了按键

---

① 维拉德没有要求爱迪生提供航行用灯,这一功能由海勒姆·马克西姆更强大的弧光灯实现。

插座和支架，以及允许吊灯在海上轻轻摇摆的天花板固定装置。开关被锁在船舱底部的红木盒子里，只有乘务员才可以打开。

纵使有了这些保护装置，维拉德的造船工程师仍然非常害怕电气引起的火灾，所以拒绝监管船上照明系统的一切事项。爱迪生和巴彻勒因此获得了监管该系统的有用经验。厄普顿把灯泡带来时——它们被装在一个巨大的篮子里，像新鲜鸡蛋一样被单独包装——他们实际上已经创造了第一座"孤立"的照明电站。

"哥伦比亚号"成为世界上第一艘全电动船。4月27日晚上，伊斯特河的码头上灯火通明，爱迪生陪同他的妻子上船参加庆祝酒会。一支乐队在甲板上演奏起小夜曲，数百个维拉德的朋友在舞厅里跳舞，享用晚餐，一直沐浴在柔和的白炽灯光下。这对玛丽来说是一次难得的享受，在门洛帕克，她没有什么机会展示她漂亮的衣服。这也是爱迪生的又一项宣传举措。他的装置比船上其他任何名流的聚会都获得了更多的赞赏。10天后，"哥伦比亚号"启航，经过新泽西州和特拉华州前往合恩角，其间那长长的舷窗一直发光，直到隐没在地平线之外。

一场绝美的事故

毫无疑问，那年春天，门洛帕克最无聊的工人是"一个红头发、雀斑脸的爱尔兰男孩，脸上像蛤蟆的皮肤一样坑坑洼洼"。有人看见他整天坐在室外，将铁轨枕木浸入滚烫的沥青桶，将其裹上绝缘层，用于爱迪生在实验室北边建造的一条实验性的电气化铁路。这是亨利·维拉德资助的另一个交通项目，爱迪生欣然接受了这个项目，因为这是研究运动力学和负载平衡定律的机会，而这两者都是他的城市照明计划的重要部分。

这条铁路（有两个顽童站在对侧的铁轨上握手，差点儿把自己烤熟了）穿过开阔的田野，向上坡延伸到一道树木繁茂的山脊，长约 1/3 英里，然后向西弯曲延伸 1/3 英里，最后回到实验室。它的轨迹巧妙地形成了巨大的灯丝状，维拉德领会不到其中的幽默，他出生在巴伐利亚州施派尔，原名海因里希·希尔加德，没什么幽默感。

爱迪生用两台"哥伦比亚号"同款发电机来给铁路上的电路供电。他指派他的顶尖工程师查尔斯·休斯将第三台发电机用螺栓固定在一辆大小只够两个人坐的铁质敞篷车厢上，由此制造出机车。司机用一根长长的传动变速杆控制两个巨大前轮的牵引力，这种变速杆在即将脱轨的时候就像一根撑杆一样方便使用。一个轮子从它所在的轨道上获取能量，并通过一个黄铜轮毂和电刷将其传输到马达的旋转线轴（电枢）上，而电流则从另一个轮子流回铁轨。爱迪生的机车于 5 月 18 日首次试运行，证明动力足够拉动两节载有 12~14 名乘客的车厢，或者同等重量的货物。因此，这部分实现了他 4 年前在中西部的一个愿景：风力发电机驱动的无人驾驶电动火车装载着玉米，车轮在平原上来回穿梭，"像铁手一样抓住轨道"。

在电动前灯、信号钟和装饰流苏的观景车厢等方面接受改进之后，火车成了具有吸引力的旅行方式，尽管在炎热的时候，从发动机里飘来的电枢的异味与沥青浸过的枕木的味道混合在一起，可能会刺激人们敏感的鼻孔。玛丽·爱迪生选择在一个凉爽的夜晚，带着她的一些朋友完成了可能是历史上第一次的电气化照明铁路旅行。

到 6 月初，"爱迪生快车"的时速达到 40 英里，足够让格罗夫纳·劳里仅剩不多的头发变白。"我们脱轨了。"在铁路上待了一天后，劳里在给妻子的信中写道，这差点儿成了他这辈子的最后一天。

我抗议急转弯（用来展示发动机的功率）时的速度太快，但

第五章　光：1880—1889 年

工程师说他们经常这样做……当进行最后一次旅行时，我说我不喜欢这样，但只要爱迪生坚持继续，我就也会坚持下去。火车在一个短弯道上脱离了轨道，把驾驶的克鲁西抛了出去，他的脸埋在泥土里，另一个人在矮树丛中滑稽地翻着跟头。爱迪生在一分钟后下了车，又跳又笑，宣称这是一场绝美的事故。克鲁西站了起来，他的脸在流血，颤抖了好一阵儿。我永远不会忘记他说话时的声音和表情（带点儿外国口音）："哦，是的，绝对安全！"

爱迪生为他的铁路申请了专利，但是没有声称拥有该系统的整体优先权。[①] 他向记者强调，维尔纳·冯·西门子一年前在柏林发明并驾驶了一辆电动火车。7月，有消息称美国工程师斯蒂芬·达德利·菲尔德因为一个非常相似的机车设计而被授予了专利证书，爱迪生心情愉悦，毫不在意。菲尔德的专利完全基于一种新颖的纵向推力杆，这种推力杆从铺设在铁轨之间或铁轨一侧的导线获取电力。"奇怪的是，公众对专利问题的看法是多么模糊……一个人……在启动机器时加入了自己的'改进'，人们就认为他发明了这一切。"

像这样幽默和客观的评论，证明爱迪生在任何辛劳中都决不气馁（甚至当专利局宣布他的申请是对菲尔德申请的"干涉"时也是如此），对劳里这样的悲观主义者则是一针强心剂，他担心爱迪生在本该把全部精力都投入照明项目的时候被轮船和火车项目耽搁。这个50多岁的小个子律师身材肥胖，眼睛鼓鼓的，是个孤苦伶仃的鳏夫。他在1869年就认识了爱迪生，并一直敬爱他。劳里总是觉得有责任保护他的客户，让爱迪生在任何时候都不会因为争夺专利优先权而浪费精

[①] 在密歇根州迪尔伯恩的亨利·福特博物馆可以看到爱迪生于1880年制造的机车和车厢。

力，时间特别宝贵。作为爱迪生电灯公司的法务顾问，劳里知道公司的董事们为爱迪生实验室费用的加速增长而担忧，这与他纽约中央电力系统的进展停滞形成了鲜明的对比。

爱迪生的电动火车，由查尔斯·巴彻勒驾驶

这种担忧是实实在在的。爱迪生一周又一周地面临着大量的技术问题，比如仍未解决的灯泡变黑，这些问题可能会让其他项目经理认为失败就在眼前而不再保持乐观。有一天，劳里对爱迪生电灯公司的财务状况感到沮丧，他来到门洛帕克接受爱迪生的鼓励，并重燃希望："和爱迪生在一起的一个小时让我恢复了精神……也许我最好和他结婚，因为他治愈了我。"

上帝的万能工坊

越来越多的媒体称爱迪生在纽约的市政照明计划是一种幻想。爱迪生认识到，大众总是倾向于从具体事物中凭直觉感知整体，因此对这些言论不屑一顾。他将其归因于煤气行业的游说，还对《波士顿环球报》的一名记者说："我正在建立一个投资 8.5 亿美元的人工照明系统，它将取代煤气系统，但这不可能一天完成。"

这位记者比劳里更客观，一边说话一边仔细观察他，产生了一种爱迪生如苦行僧般的印象。

> 他像一个在罗马天主教某协会见习了几年的新信徒。他的脸上几乎没有表情，看起来非常疲惫。他整体给人的感觉是他在私下不断地做实验和思考……他的眼睛非常明亮，发出一种"电光"，透出敏锐的穿透力和迅速的感知力。他消极的面庞整个都被照亮了……他的棕黄色头发中带有灰色发丝。

那年夏天，弗朗西斯·厄普顿负责计算曼哈顿下城通电的市场数据，克鲁西挖出门洛帕克的红黏土来掩埋一个实验管道系统，爱迪生和巴彻勒则专心于灯丝实验。灯泡厂将于秋季开始运营，预计年产量为 50 万个。他们必须准备好自己标准化的基本灯泡。实验室的灯泡测试中发生了很多故障，让人想起德蒙塞尔说过的关于白炽灯元件损耗的话。爱迪生不相信他的细料纸板碳丝的粉状质地："纸是人造的，不适合做灯丝。"无论这些小圈被烤得多硬、多亮，它们在通电时都无法均匀分配热量。

一周又一周，这两个人从他们能得到的每一种纤维物质上切割、刨取和碳化细丝：山核桃木、冬青、枫木和红木夹板，黄樟木髓，猴子皮，姜，石榴皮，桉树和肉桂的芳香树皮，马利筋，棕榈叶，云杉，柏油棉，大叶桃花心木，雪松，亚麻，椰壳纤维，枫糖浆煮过的黄麻，缠起来糊上纸后浸泡在橄榄油中的马尼拉麻。爱迪生否决了6 000多个不同样本，因为它们都扭曲或裂开了："在上帝的万能工坊里，在某个地方会有一种植物，具有适合我们使用的、几何形状强大的纤维。"①

在三伏天里，随着热浪拍打着草帽和藤制遮阳伞，他想到了竹子。自然界中没有什么比这种管状的植物更直、更强壮了，它易于切取和弯曲，有承压的含硅表皮。它还有另外一个优点，对他来说非常理想，那就是电阻极大。爱迪生碳化了从一把扇子外缘切下的几个圈，它们的冷态电阻测量值是188欧姆，其中一个在真空中像44支蜡烛同时点燃一样明亮。那种特殊的廉价竹子来自加尔各答，在灯丝夹中发蓝，大约一个小时后熄灭。来自远东的竹条纹理则更好，碳化得非常好，可以承受能使夹住它们的铂夹都熔化的白热。玻姆吹了一个新的梨形灯泡来适应它们弯曲的形状。在8月2日的一个关键实验中，一些日本样品发出71支蜡烛同时点燃的亮度的白炽光——是商业所需的4倍多——并持续发光近3.5个小时。另外一个样品则减弱到16支蜡烛的亮度，在110伏的电流下发出令人舒适的光芒，燃烧了令人

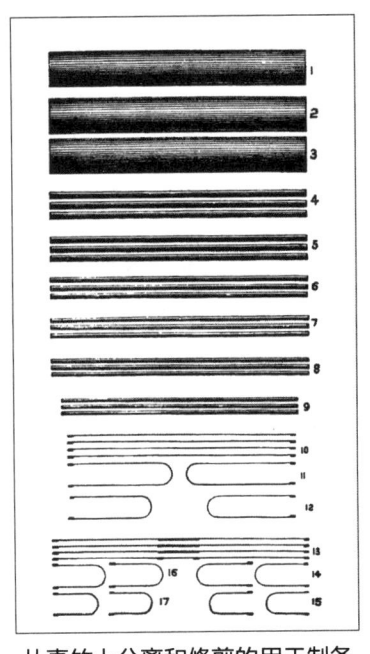

从真竹上分离和修剪的用于制备碳化灯丝的竹条的不同阶段

---

① 他甚至尝试了一些古怪的材料，如没药树胶、通心粉、沥青、钓鱼线、软木塞和钞票纸。

惊讶的 1 589 个小时。在刷新纪录的那天晚上，威廉·哈默就像一个渴望得到圣杯的骑士一样，手里拿着灯泡跑上实验室台阶，与爱迪生、巴彻勒和厄普顿分享这个消息。这四个人在工作台周围高兴得手舞足蹈，然后下楼，在夜色中边唱边欢呼，人们跟在他们四个身后，形成了一行队伍，大家即兴地跳起康加舞。

从那天起，竹子和灯丝这两个词在门洛帕克的工作谈话里就成了同义词。

长长的波浪线

约翰·克鲁西是爱迪生雇用的最有天赋的机械师。他在瑞士接受了几何和物理方面的训练，也擅长精密加工（他制作了留声机的原型机），他承担了布置世界上首个地下配电系统的艰苦工作。纤长的手臂和倾斜的肩膀似乎让他天生适合动手的体力劳动。他专注于解决技术问题，远离投资者以避免被打扰。爱迪生试图让他理解事实和"延迟的事实"之间的区别，但没有成功。

然而，克鲁西的直觉非常敏锐，能将他老板最简略的图表转化为可以运转的严谨模型。其中最具创造性的是馈线兼主线配电原则，它一举解决了数学家们长期致力于攻克的一个问题：如何在不使用大量铜的情况下，一个街区接着一个街区地传输电？据估计，仅给 9 个街区输电就要耗费 80 万磅的铜，总计超过 70 万美元。如果客户允许爱迪生进入房子铺设线路，那么铜的消耗可能会让他无法降低灯的价格。

克鲁西的发明和灯泡本身一样重要，取代了爱迪生最初规划的树状系统。从本质上来说，那是一根从中央发电站冒出来的铜"树干"，逐渐变细成"树枝"，然后——用他自己的话来说——变成了铂和碳的"叶子"。将尽可能多的电能输送到顶端需要厚实的主干。尽管如此，厄普顿警告说，由于沿途的电阻，到达顶端的功率将下降30%。

爱迪生为馈线兼主线配电概念申请了专利，他在第一份申请中写道："这项发明的目的是消除这种隐患，并在整个系统中保持几乎相等的功率。"他画了一个标有"中央发电站"的正方形，周围是4条对称扩展的正方形边界线，就像典型美国城市的地段、街区和地区一样。中央发电站方形的每一边都辐射出一对线，通向东西南北4个方位，并入整个网格。长长的波浪线显示了每条支线通往目的地的路线。它们生动地展现了电流在整体周围的流动，形成了一种精致的平衡分布。应用到实践中，在110伏的电压下[1]，铜的花费降低了7/8，并且几乎完全避免了离中央发电站最远的灯的能量损失，在任何一处都没有明显的亮度减弱。[2]

当英国最杰出的电气科学家威廉·汤姆逊爵士被问及为什么没有其他人想到一个如此简单又有效的系统时，他回答道："因为爱迪生只有一个，这是我想到的唯一答案。"

在现实中，这个系统比在图纸上看起来更复杂。爱迪生的第二份申请是他为配电系统单独提交的77份申请之一。其中的放大图和成段的说明文字不太可能迅速获得专利局的批准："图6标示出了直接馈线也就是主馈线电路1—2和5—6以及其供电的灯泡电路3—4和9—10，还有通向侧街的分支馈线7—8、15—16和21—22以及其供电的灯泡电路17—18、19—20、23—24和25—26，分支馈线是从主馈线引出的电路。"他提出了一种消耗电路，它广泛分散电压损耗，以至于肉眼无法察觉单个灯泡亮度的减弱。他的这个想法非

---

[1] 爱迪生选择了110伏，而不是他的竞争对手喜欢的低得多的电压，这最终成为美国的标准电压。

[2] 爱迪生还发明了一种"三线"连接系统，将导线的铜含量进一步降低了2/3。

常有力,加拿大、意大利、比利时、法国、奥地利、澳大利亚、新西兰、西班牙和印度几乎立刻授予他专利证书。但直到他设计的"灯泡电路"在曼哈顿第一区周围发出5 000倍的光之后,他的专利才在美国获批。

克鲁西和6个挖掘工人刚完成门洛帕克地下实验管道的埋设——用5英里长的电线连起来的4英寸×4英寸的松木方箱,每一个都有16英尺长——两周的降雨就把覆盖其上的黏土全部泡成了泥浆。尽管每一对电线都位于凹槽中,浸有大量的煤焦油,并覆盖了额外的木材,红色的泥浆还是渗进了一些箱子里,使电线短路。克鲁西为了解决之前未涉及的绝缘问题,不得已把整个网络重新挖了出来。他用白色橡胶布、棉布和细麻绳包裹各种长度的铜缆线,这些包裹材料全部用热煤焦油、冷石蜡或亚麻籽油浸泡过,或涂了树脂胶,或在黑沥青、松焦油、棉籽油和其他各种原料中煮过,但没有一种能够完全防水。爱迪生让年轻的威尔逊·豪厄尔随意使用实验室的图书馆和化学室以煮沸一系列化合物,其中有的产生了毒烟,即使是习惯于制造异味的实验领导者奥托也无法忍受,要跑出去呼吸新鲜空气。他们最终确定了一种"在氧化的亚麻籽油、石蜡和少量蜂蜡中煮沸的精制特立尼达沥青"的混合物。15名工人将它涂到电缆上。他们把裸导线放在锯木车上,三人一组地跨在上面,双手紧紧地螺旋式缠绕黏糊糊的薄纱带,一点儿一点儿、一层一层地向另一端前进,整个过程似乎永远不会结束。然而,当最终完成时,人们发现这种三层包裹的电缆既能阻止内部电流的泄漏,也能阻挡外部水的渗入。

在11月2日选举日之前,他们重新铺设并连接好了第一条完全绝缘的线路。它绕着实验室,向东北方向延伸了1英里,平行于索纳尔大道和铁路。夜幕降临时,坚定的共和党人爱迪生对他的总机接线员说:"如果加菲尔德当选,就给电路通电;如果他落败,那就不要通电。"[1]

天黑后不久,实验室的电报机发声器开始发出嗡嗡声。爱迪生在动力室保持发动机满负荷运转,随时准备启动电路发电机。9点左右,当胜利的天平确定倾向加菲尔德时,他下令通电。1英里长的竹灯丝路灯从仓库一直亮到他房子后面的谷仓。

他们一直待到将近午夜,第一次用白炽灯光向一位美国总统候选人的胜利致敬。

"没有人替你说一句话"

那个秋天,爱迪生没什么别的高兴事了。爱迪生电灯公司董事会对他大力施压,要求向纽约市议员代表团展示他提出的第一区照明计划的主要内容。但在一台新的100马力的波特-艾伦蒸汽机准备就绪前,他无法做到这一点。这台蒸汽机预定为门洛帕克扩大的工厂供能,当时正在费城努力地制造。他给蒸汽机的制造者写信说:"在这个时候,每一次小小的延迟都让我们感到尴尬,我们不能再等了。"

但他不得不等下去。业界不断有传言称,在宣布解决细分电光的问题两年后,"巫师"输给了问题的复杂性。与此同时,他的资深玻璃吹制工路德维希·玻姆在混乱中离开了门洛帕克。他在一封辞职信中提到,自己厌倦了在实验室被"男孩儿们"欺负。"昨天,我和巴彻勒先生因为一个不值一提的原因发生了争执,他说,如果我不在这里会更好。"

爱迪生一直依靠玻姆来帮助他创办世界上第一家电灯泡工

---

[1] 詹姆斯·加菲尔德(俄亥俄州共和党人)与温菲尔德·汉考克(宾夕法尼亚州民主党人)竞争。

厂——一个精心设计、自筹资金、价值1万美元的项目，由以前的电动笔工厂改造而成。早在他们预估在纽约与煤气照明竞争的劳动力成本时，厄普顿和克拉克就明白，他们必须设计某种铸模机械来加速灯泡的生产。由于失去了玻姆的专业知识，又面临着其他许多起始问题，爱迪生与康宁玻璃公司签订了承包合同，让该公司以每一罗（144个）5美元的价格提供空灯泡。每天两辆货车运送灯泡，每次3万个，如同早上的牛奶一般准时。

爱迪生在工厂面临的主要挑战是安装476个高耸的水银泵。为了适应日常运转，它们无法效仿弗朗西斯·杰尔在实验室里精心制作的斯普林格尔-盖斯勒水银泵。后者可以很好地泵出空气，虽然有点儿慢，随着水银在重力作用下滴落，每一滴都会将灯泡坯里的空气吸出。但是因为配备了太多额外的仪表和管子，它需要经常维护和修理。爱迪生宣称，任何能设计出简化版本的员工将得到他的奖品。毫无疑问，杰尔赢了。他获得了将分给他电灯公司1.6股股份的证明书和老板父亲般的告诫："弗朗西斯，不要声张。"

杰尔设计的水银泵原型虽然高效，但仍要靠重力工作，所以需要水银持续循环。爱迪生发现，他的生产线需要25吨水银一直保持悬浮状态。为此，他发明了一种基于阿基米德螺旋原理的超级泵，不使用蒸汽推动，而是通过连接到中央发电站的电动机来驱动整个真空系统，迈出了向电力工业化应用的开创性一步。

他还需要制造巨大的碳化炉和退火炉来大规模生产灯丝，巴彻勒为它们设计了漂亮的模具。但是从工厂出来的第一批90个灯泡的平均寿命只有25.8个小时。相比之下，哈默在实验室里制造的灯泡寿命达到破纪录的132天。炉子没有任何毛病，问题出在某些纤维粗糙的竹子在白炽化时容易翘曲，弯曲后会触及并熔化灯泡内壁。

日本竹子仍然是爱迪生灯丝的首选木材。但是当他得知全世界生长有1 000多种刚竹属竹子时，他授权6名探险家，要他们在加勒比海、南美洲和亚洲寻找一种质地紧密、足以承受长时间白炽的竹子。这是一个富有他特色的大动作，在接下来的几年里将花费他10万美元。

邓氏信用评级机构报告说："爱迪生说他正在向完美的电灯迈进……可能很快就会成为一个非常富有的人，他一年的收入肯定有成千上万美元，但他的持续实验消耗金钱的速度快得惊人……人们认为他到现在没有存多少钱。"

11月中旬，爱迪生听说发明家海勒姆·马克西姆设计的60个灯泡在纽约的公平人寿大楼里运行良好，比他的灯泡更亮，虽然没那么稳定，灯光会随着简陋的发电机的节奏跳动。他记得马克西姆当年早些时候参观了门洛帕克，并花了一整天时间"参观了整个地方"。从他的密探告诉他的情况来看，新灯泡不过复制了他的纸纤维原型灯丝，只是灯丝被拧成了M形。[1]但他对由此产生的竞争性宣传无能为力，爱迪生一年前的兴奋早已不再。

这种宣传大部分源自几位大学教授。亨利·莫顿在美国国家科学院前宣读的一篇论文中指出，马克西姆的灯泡比爱迪生的"更经济、更高效"。天体物理学家亨利·德雷伯在他的实验室举行了一场招待会以配合美国国家科学院的会议，并用马克西姆灯泡照明。乔治·F.巴克是宾夕法尼亚大学的物理学家，当年早些时候曾对爱迪生赞不绝口，此时通过《晚间邮报》如此称赞马克西姆："在我、莫顿教授和德雷伯教授的心目中，毫无疑问，马克西姆先生的发现意义非

---

[1] 马克西姆灯泡还用一种阻燃碳氢化合物蒸气代替爱迪生灯泡中的高度真空，松散地密封在灯泡中。

凡……我并不是说马克西姆比爱迪生更擅长电力研究，但他发明了一种灯泡，我相信这种灯泡甚至超越了爱迪生的理想。"

爱迪生可以忽略莫顿的批评，认为他是一个对电没有实际经验的人，但是巴克的评论让他受伤。早在 1878 年他们和德雷伯一起去西部观察日全食之前，他们俩就是朋友了。就在那时，爱迪生第一次构想出了他的集中电力的宏图，巴克直接在学术层面称赞了他，还说他有"独创且天才"的科学头脑。尖鼻子的巴克时常阿谀奉承，他想借门洛帕克的设备来做公开演讲时更是对爱迪生曲意逢迎，而今似乎已经准备好搭上另一辆快车了。

爱迪生在 11 月 23 日写给巴克的信中说道："我注意到了最新的纽约《晚间邮报》，所谓的采访……在采访中，你说了一些关于我的电灯的工作，我无法相信你会提到这些。你能不能告诉我，你是否为那位记者的报道提供了依据？"

巴克还没有回复，约瑟夫·斯旺就向英国电报工程师协会展示了 36 个相连的灯丝白炽灯泡。出席会议的有英国电气界的代表，包括约翰·丁达尔、亚历山大·西门子和威廉·亨利·普里斯。斯旺对自己的碳丝的实质含糊其词，说他有一项专利正在申请中，但令人信服的是，他展示的碳丝像线一样细，但是又坚硬，还容易弯曲。他再次声称 20 年前他就曾尝试碳化导线。除了重新提起爱迪生最早的铂丝灯泡的"不成功"之外，斯旺没有再提到他大西洋对岸的对手。[①] 根据会议的官方记录，他因自己展示的"美丽而稳定的灯光"而受到称赞。

一个与会者出于同情在给爱迪生的信中写道："没有人替你说一

---

① 斯旺此时对爱迪生的蔑视在他于 9 月 24 日起草的一封信中表露无遗，但显然信从未寄出："在一个晴朗的早晨，我发现我们在同一条道路上，并且你在几个细节上领先于我。我感到很惭愧——但现在我想我已经领先你一步了。"

句话。"他却不解释自己没有站出来的原因。

巴克在回信中证实了他在《晚间邮报》上的言论。在一封既礼貌又派头十足的信中，他说已经得出结论，斯旺和马克西姆作为实用白炽灯的发明者享有优先权。他对后者尤其钦佩，因为他刚刚参观了后者的实验室。"我坦率地告诉你……他制造并加固的碳环有极好的抵抗力和耐用性。他让它们达到了60支蜡烛的亮度，亮了整整一个月之后仍然完好。"

爱迪生对M形灯丝持保留意见。但是让他感到震惊的是，巴克"无知"地断言，马克西姆在1878年10月4日申请专利的粗糙碳棒，预见到了爱迪生在一年之后才实现白炽化的碳化棉质灯丝。根据《化学新闻》的报道，更不光彩的是，从专业的角度来看，担任美国科学促进会主席的巴克似乎愿意接受斯旺完全没有证据的声明。

"在这种时候，这样针对我实在是太卑鄙了。"爱迪生抱怨道，并把一份巴克的评论寄给了亨利·罗兰。"你最近有没有注意到，技术新闻完全不关心科学工作成果是否首次发表和公开？"就好像他过去愿意让任何竞争对手访问门洛帕克，参观和测试他的发明，在本应客观反映实际的杂志上却毫无价值。显然，一篇演讲摘要和一项专利一样有用。只有一本杂志为他辩护称，"如果知道斯旺先生工作的书面记录（早于爱迪生的公布和展示）放在哪里一定很有趣"。

爱迪生非常委屈，因为他在近几个月努力展示自己既是科学家又是发明者的形象。他甚至自己掏钱资助了一份新的周刊《科学》。[①]但是这都是徒劳。自他发明留声机以来，有越来越多的当权派攻击他

---

① 爱迪生在1881年秋继续资助《科学》，个人花费为10 000美元，之后他拒绝继续资助。该杂志经历了短暂的失败，又由亚历山大·格雷厄姆·贝尔重新启动。该周刊现在仍在出版中。

为"巴纳姆的伟大继承者",一个非学院派的自我推销者,贪图金钱,而不追求学术团体的朴素美德。巴克也加入了最新的浪潮,声音尖锐。爱迪生觉得自己因为"设计细分电光的罪行"而受到了惩罚。

罗兰是一个正直的科学家,他认为巴克没有资格接受采访。他给爱迪生写道:"看到关于马克西姆灯的声明,我和你一样惊讶。当然,它只是在你的方案上稍微修改了制作方法……只有你才能向世界展示你的劳动成果,然后甩掉这些细枝末节。"

然而,事实是又一个冬天即将来临,马克西姆在曼哈顿的一座公共建筑里装满了白炽灯泡,而爱迪生在门洛帕克毫无进展。他听说路德维希·玻姆在为马克西姆的美国电气照明公司吹制玻璃,这些事联系到一起,点醒了他,爱迪生决定起诉专利侵权。在这位不可捉摸的发明家的陈述被公布之前,他都对约瑟夫·斯旺声称在1860年前后能在真空中点燃一根纸质碳丝无能为力。[①]

没有煤气的纽约

爱迪生在12月召回了他所有的竹子探索者,因为他们中的威廉·摩尔已给他送来了理想的竹子品种:日本关西森林中的一种巨型竹材——八幡真竹。[②] 其长而如铁般强韧的纤维由八边形细胞构成,

---

① 照明历史学家亚当·阿勒兰德指出,在1879年12月27日斯旺本人公开地记起自己的发明之前,爱迪生几乎不可能知道它的存在,而就在同一天"光明之村"登上了新闻。从那一天起,英国的电气机构就大力支持斯旺的优先权要求,而它以前没有注意到这一点。斯旺承认,他那未申请专利的"发明"(先于爱迪生开发一种可用电灯泡的20次尝试之一)只亮了一分多钟。1888年,伦敦上诉法院裁定第一个斯旺灯泡为"失败品"。

② 一座题词"纪念托马斯·阿尔瓦·爱迪生"的纪念碑矗立在日本大阪和京都之间的石清水八幡宫。选择这个地点立纪念碑是因为它靠近为爱迪生电灯公司提供灯丝纤维近15年之久的竹林。

这些纤维碳化后具有均匀的密度和硬度，通电时仍能保持原初形状，平均寿命为 2 450 个小时。

弗朗西斯·厄普顿努力在纸面上证明，曼哈顿的中央电力系统照明特许经营权有利可图，尽管在第一台发电机开始运转之前，还需要克服物理、政治和经济上的阻碍。利用保险地图和他心爱的计算尺，他估计在初始的市中心区域布线将花费 150 680 美元，外加 45 989 美元的专利权申请费和其他费用。如果客户点上 1 万盏灯，每天运行 5 个小时（根据目前的煤气平均消耗量估计），一年的总收入应该是 136 875 美元，然后肯定会以复合速率增长，因为越来越多的纽约人会开始认同白炽灯的安全性和经济性。因此，厄普顿自信地建议公司投资 30 万美元左右，预期 30% 的可付股息和 60% 的投资年回报率。

然而，爱迪生的金主们已经学会了在批准任何来自门洛帕克的计划之前先看一眼。12 月 17 日，由格罗夫纳·劳里领导的爱迪生电灯公司的 9 名董事进入一家新公司——纽约爱迪生电气照明公司的董事会，占据多数席位。一旦说服市政厅允许爱迪生挖掘街道，这家公司就要立即把爱迪生的业务转移到曼哈顿。董事会的成员构成明显代表了华尔街最有权势的金融家们的利益，爱迪生由此感觉到，如果离开门洛帕克前往曼哈顿，他会丧失很多独立性。他决定不再担任董事，以此抗议，却是徒劳。劳里否决了他的决定。"我不会递交你的辞职信，因为（德雷克塞尔-摩根银行的）法布里先生强烈反对你离开董事会。他认为'爱迪生的名字对我们来说是一座力量之塔，如果他从来不出席会议，或者他的名字不出现在董事的名单中，那将是一个巨大的损失'。"

纽约爱迪生电气照明公司正式成立，初始资本为 500 万美元。距离圣诞节还有 5 天的时候，爱迪生展示了他征服中产阶级的能力，包括 8 名市议员在内的一大群市政要人乘坐专列抵达门洛帕克。太阳刚刚落山，大约 200 盏刚擦亮的路灯已经在山坡上发光了。铁路旁有一家小酒馆，准备好缓解来访者旅途中的口渴，但是他们被关在实验室里无法休息。在实验室里，戴着海豹皮无边便帽的爱迪生花了两个小时解释了多弧电路的复杂性、馈线兼主线配电、铜沉积物的计量以及各种竹子的冷态电阻。市议员们对这些问题不太感兴趣，他们更感兴趣的是他是否会比他著名的"午夜午餐"时间提前一个小时宴请他们。爱迪生无情地带他们参观了机械车间和发电室，那里本来有一张床，但他新的波特–艾伦发动机占据了主要空间。

他陪着那些筋疲力尽的客人回到楼上的实验室的时候，已经是晚上 8 点了。他们不在的时候，长长的房间漆黑一片，但是当他们登上楼梯的时候，37 盏吊灯（其中一盏装在一个闪闪发光的水球里）突然亮起来。一张 U 形餐桌在希尔伯恩·罗斯福管风琴的背景下显现，戴着白色手套的侍者站在那里准备倒香槟。随之而来的是一场由德尔莫尼科餐厅承办的宴会。劳里坐在桌子的最前面，爱迪生坐在他的左边，以反对电力系统计划闻名的首席市议员约翰·莫里斯坐在他的右边。他们喝了很多葡萄酒（爱迪生用大量的水稀释了他的酒），然后又喝肯塔基波旁威士忌。到分发雪茄的时候，莫里斯已经成为市政白炽灯照明的热心倡导者。他告诉记者，爱迪生"有资格获得全世界的感谢，因为他制造了如此完美的光源，现在可以用它来代替煤气照明了"。

煤气主管斯蒂芬·麦考密克承认电光源更安全。对纽约的酒店客人来说，吹灭煤气灯就寝后很容易"就此长眠不醒"。公园专员安德鲁·格林说，中央公园终于可以安装不会烧着树叶的灯了。约翰·麦克拉夫议员变成了预言家，他看到了1900年没有煤气的纽约。"如果我的意见或投票可以用来宣传今晚在这里看到的美丽电灯，那我随时乐意效劳。"

劳里站起来提议为发明家干杯。当其他人伸手去拿酒杯时，爱迪生想起他还戴着他的无边便帽，于是笨拙地把它摘下来。伴随着响亮的欢呼声，被祝酒的人醉醺醺地站在原地。

没有回头路

第二天早上，纽约的报纸宣布爱迪生电气照明公司获得了市中心51个街区的白炽灯安装许可。其中之一是第一区，从伊斯特河延伸到西边的拿骚街，南至华尔街，北至斯普鲁斯街。这一区域囊括了该市一些人口最密集的建筑，包括几家主要的金融机构（特别是德雷克塞尔-摩根银行）的总部，以及许多联排别墅和公寓。在这里，爱迪生只要找到适合的区域，就可以挖掘街道，建造电力系统——不过这要经过下一年就任的下届市政委员会的批准。

劳里对这项随时可能被吊销的许可感到不安。他需要从新政府那里得到正式的条例，鉴于市政厅的办事门路，这必然要付出高昂的代价。但那是他的问题，不是爱迪生的。门洛帕克酝酿的革命已经没有回头路了。经过4年半的离群索居和集体实验，发明家和他的"男孩儿们"（他们中的许多人在酒馆里自己开起了香槟派对，用的是从实验室的储藏室偷出来的酒）将不得不面对大规模迁居的痛苦——这也标志着他们青年时代的终结。

12月27日，大雪纷飞，雪花使门洛帕克的建筑群变成白茫茫一片。下一个世纪，这片建筑的光芒将由亨利·福特在另一个州重新点亮。

1880—1881年那个冬天的门洛帕克，由理查德·F.奥特考特绘制

真有耐心

随着日偏食而来的1881年预示着巨大的变化，但爱迪生却心情忧郁。很明显，近期对他的攻击仍然刺痛着他。他向《芝加哥论坛报》的一位记者抱怨道："我想我的成就应该值得他人称赞。仅在一年前，细分电流点亮电灯不可能实现……每个人都看不起我。现在一个叫斯旺的家伙正在伦敦展出我的白炽灯。"作为艾萨克·牛顿爵士有名无实的后裔的英国皇家学会主席威廉·斯波蒂斯伍德宣布斯旺终于解决了电灯的问题，"我的白炽灯"暴露了爱迪生的愤怒。

爱迪生摊开双手。"一个人究竟该怎么做事？如果他保守秘密什么都不说，人们就会指责他是江湖骗子；如果他公开进展，其他人则会窃取他所有的想法。"

他没有意识到，旧大陆的敏感正好和自我谦虚及程序合理的传统相配。作为美国人，爱迪生过度分享的倾向，对每一项发明的吹嘘，天真地把自己的发明借给竞争对手测试，相信对手无法仿制——他所做的一切都让旧大陆感到厌恶。对伊顿公学、哈罗公学和牛津大学的产物——斯波蒂斯伍德这样的建制主义者来说，爱迪生展现了让人尴尬的美国自我中心主义。他不懂拉丁语，也不精明，这使他成了人人嘲笑的傻瓜。

约瑟夫·斯旺出身工人阶级——这是斯波蒂斯伍德说的"背景"。他狡猾精明，在英国社会中层层攀升。在开始测试灯泡之前，他也没有接受过什么正规教育。斯旺十几岁时就在一位化学家那里当学徒，并在一家地方药店工作。根据他的第一次回忆，灯泡实验开始于1855年，后来他和他的家人又慢慢往前推至1848年——爱迪生那个时候才1岁。从那以后，斯旺在事业上步步为营，他在伦敦以绅士发明家的身份创立了自己的公司，并等待了20年来为他的灯丝灯泡申请专利。

"他可真有耐心啊。"爱迪生嘲讽道。

热爱或者收益

在主显节的下午，纽约金融界的三位王者约翰·皮尔庞特·摩根、埃吉斯托·法布里和雅各布·罗杰斯参观了门洛帕克，以确定对爱迪生投资的计划是明智的。爱迪生手腕一挥，500盏灯就在雪地上投射出了橘色的光芒，这是最具说服力的证据。三人中的一人说道："出于热爱或者收益，我都不相信你们只买一股股票。"

爱迪生已经恢复了他的幽默感，他让一名助手看看伟大的"J. P."（约翰·皮尔庞特）。摩根若有所思地靠在实验室的一张工作台上，用一把象牙顶的雨伞轻轻戳着鞋子。"哈默，看看摩根，看不出来他有10万美元，对吧？"

从那时起，德雷克塞尔-摩根银行就成了爱迪生电气照明公司的金主，在海外扩大照明公司的利润并管理爱迪生的个人投资组合。

不出所料，新一届威廉·格雷斯市政府希望增加税收，为此批准了第一区的照明计划。政府最初要求收取费用，每英里街道电线管道超过1 056美元，加上该系统开始运营后总收入的3%。但是摩根通过强力的游说，让市政府最终只收取了直线长度每英尺5美分的沟渠费。政府的另一个要求是爱迪生要支付安装期间检查员的长期驻场费用。（他很快发现"长期"意味着只在发薪日短暂露面。）只要这样，一旦曼哈顿下城的土地解冻，他就可以开始铺设管道了。

在将大部分业务转移到纽约之前，他希望系统分析师查尔斯·克拉克对整个门洛帕克系统进行一次严格的测试，以确保在纽约按照比例放大系统时依旧合算。模拟时没有使用新的波特-艾伦发动机。发动机虽然已经最终交付完毕，但还没有被安装在机械车间，他对此另有打算。他的80马力的老式布朗发动机，与11台发电机相连之后足够启动测试。

1月28日晚上9点22分，系统启动，作为爱迪生手下最有数学头脑的人，克拉克对于记录下的数据非常高兴。公式$772t(W+wS+W^1s)$表明，尽管能量在导体内部损耗了一部分，但热量计还是证明了电灯的经济价值。爱迪生高兴地相信了他的话，对于克拉克的最终结论则更为喜悦。在12个小时的测试结束时，从锅炉中的"干净的、完全燃烧的小煤块"到39 000英尺电路中的最后一盏灯，系统的方方面面都协调得很好。克拉克最后的报告中最重要的数字是每马力7.25盏灯的比率，实际上高于煤气照明的比率。他相信随着发电机设计的改进，它还可以增加。爱迪生很高兴地告诉他："在这之后，电灯会变得非常便宜，只有富人才会点蜡烛。"

淑女们在起舞

2月到来了，门洛帕克的年轻人想知道谁会先去城里找住处。他们中的几个人已经结婚了。至少在一两年内，也可能是永远，"老头儿"将不得不把他的乡村帽换成在时髦的曼哈顿更常见的圆顶礼帽和大礼帽。（摩根先生想要在自己的居所搭建一套照明系统，范德比尔特先生也是如此。）

玛丽·爱迪生25岁，育有三个孩子。如果不考虑她对花哨衣服的偏爱，她可爱的性格挺讨人喜欢。对于即将到来的变化，她心情复杂。她的大房子是村子的社交中心，而她在纽约只有一个好朋友。但在纽瓦克长大的她也绝不喜欢安居乡下。她颇爱消费，她的丈夫打算住在曼哈顿中城第五大道，离"淑女街"的时装设计师和糖果商不远，对此她欣然接受。但在新的环境下，她的工人阶级背景可能比在门洛帕克显眼得多。玛丽昂和汤姆再也不能在乡下自由闲逛，也不能在他们父亲的实验室里闹别扭了。他们需要城市里的家庭教师，更不用说两岁的威廉了，得给他找一个保姆。玛丽还会想念和她姐姐爱丽丝的同居友谊，爱丽丝爱上了玻璃吹制工威廉·霍尔泽。她也不能随时驱车12英里去看望她的父母了。

灯泡厂、铁路和机械车间继续运转，爱迪生还不想和当地断开所有联系。实验室也可以由骨干人员维护，直到他在市里找到一个替代地点。门洛帕克的房子和它毗邻的绿地将成为一个令人愉悦的避暑胜地，尽管在一个特别寒冷的冬天里，这种前景看起来还很遥远。

玛丽充分利用了她在家的最后几天做她喜欢的事——打扮和娱乐。《纽约先驱报》的一名记者前去参加实验室的灯光展示闭幕活动。他写下了一段关于她即将离开的小世界的描述性文字：

> 爱迪生夫人的客厅确实很棒……悬挂着的球体在周围朝下散发出不间断的光芒，看到它们你才会明白，这就是爱迪生的电灯。这里，一群快乐的人充满活力和喜悦。一位意大利绅士为自己的同伴即兴演唱了一首那不勒斯歌曲，淑女们在华尔兹乐曲中起舞……我们去了火车站。当火车隆隆驶入车站，把我们带回城里时，雪橇铃铛的叮当声在爱迪生教授家附近的雪地上响起，因为在门洛帕克，在电灯的光芒下坐雪橇是最让人愉快的事情了。

你应该看看它运转的样子

2月5日，随着查尔斯·巴彻勒前往巴黎，门洛帕克实验室的人们开始散居各地。巴彻勒负责为1881年晚些时候将在巴黎举行的国际电力博览会筹备展览。

在同意参加展览之前，爱迪生犹豫了。当时他应该在纽约站稳脚跟，开始他职业生涯中最重大的实践项目。但这次博览会是第一次完全聚焦于电力科技的活动。马克西姆和斯旺一定会在那里，试图用他们的仿制灯泡让公众和媒体眼花缭乱。展览将会有演示、评奖和全球性的推广。爱迪生不知道如何应对，只有派出最有能力的"巴奇"代表他。

巴彻勒离开了，厄普顿又要负责已注册为爱迪生电灯泡公司的灯泡厂。那么谁将成为老板的得力助手呢？这个问题并没有悬置太久。巴彻勒启程后，又过了两个早晨，精力旺盛的爱迪生兴奋地对实验室另一边的查尔斯·克拉克喊道："快点儿，克拉克，马上收拾行李和我一起去纽约！我们马上就要开始做生意了！"

中午时分，他们走进了位于第五大道65号的一栋共四层、两倍宽的棕色石质建筑。爱迪生宣布它为爱迪生电灯公司的新总部。

"公司已经任命你为首席工程师。"他一边说，一边催克拉克上楼，"这是你的办公室，家具今天下午会到。你楼上起居室的家具也会在一起——我希望你一直在我身边待命！"

棕色石质建筑很快被称为"65号"。它坐落在第十四街以南大道的东侧，16扇高高的窗户在午后的阳光下伸出条纹遮阳篷。每年的这个时候，门洛帕克满是这样的遮阳篷。

爱迪生一家本可以住进顶层的套房，但他选择把它作为实验室。他在其他地方寻找公寓，打算租下附近某处的房子。[①] 在2月剩下的时间里，玛丽和孩子们留在了乡下，而他则负责监督人员和设备在哈得孙河上的转移。

爱迪生对克拉克兴奋的喊叫声表明了他过度旺盛的精力。爱迪生手头的项目让他兴奋起来，就像一台发动机"激励"一台发电机一样。28日，他和克拉克在门洛帕克重聚，做一项最后的实验，他和发电机的对比成了现实。

爱迪生的中央电力系统计划的关键——发电机依旧不能让人满意。11台双极发电机已经能够满足模拟系统和电气化铁路的要求，但是要点亮第一区还需要一台强大数倍的发电机。他在上一年春天就意识到了这一点，当时他指派两位电磁理论专家厄普顿和克拉克为他建造一台新发电机，其容量是以前发电机的16倍，单是旋转的电枢就有一吨半重。

正是为了带动这个庞然大物，他需要100马力的波特-艾伦蒸汽机。克拉克认为新发电机的最佳转子速度应该是每分钟350转。为了确保万无一失，爱迪生要求查尔斯·波特制造一台强大到足以驱动机

[①] 爱迪生的一些单身员工被允许住进"65号"楼上的卧室。

车的机器。发动机延迟交货的部分原因就是他额外要求其通过一根共同的轴直接与发电机连接，这种蒸汽和电力的结合肯定会在实验室的"男孩儿们"当中引发粗俗的笑话。

目前为止，所有的发电机都是通过齿轮和绑带间接连接到发动机上的。爱迪生意识到那样会损耗很多能量。他希望直接传输、高速度和低内阻能带来高达 90% 的效率，而不是 60%——一般电气工程师认为的发电机的极限。但无法计算的是振动——因此波特-艾伦发动机的铸铁基座有两英尺厚，它在机械车间里的地基也又厚又重。

发动机-发电机组合已经装好，准备在门洛帕克进行测试。查尔斯·波特从费城回来，深感荣幸地启动他自己的发动机。他太紧张了，以至于无法近距离操作，于是他在油门上拴了一条链子，并在拉油门前尽可能地后退。蒸汽压力慢慢增加，而爱迪生手里拿着秒表，不停地要求增大功率。然后调速器开始运转，发电机快速加速，用克拉克的话说，直到"所有的活动部件都像苍蝇翅膀一样开始振动，变得模糊不清"。不仅地基开始动摇，脚下的山坡也开始震动。如果现场有喜欢瓦格纳的人，他可能会称之为"大地之声"。整个世界都在发出声音。但只有爱迪生手里还拿着秒表，吼着："快！快！"

克拉克感觉脖子上汗毛直竖。根据爱迪生的信号，他启动了速度指示器，发现发电机的转子速度达到了每分钟 750 转。发电机接近了它的临界点，爱迪生同意波特把油门调小。克拉克对电枢的性能并不满意，但是爱迪生此时很自信，对即将被安装在中央发电站的 6 台更大的发电机来说，已经有了一台原型机。几年后，他向《电气评论》的编辑夸口说，有一次他几乎让波特-艾伦发动机开足全力："你应该看看它运转的样子！哎呀，每次连杆上升时，它都想把整座山举起来！"

一位无价的私人秘书

1881年3月1日,爱迪生把他的家人安顿在第五大道72号的奇普曼公寓。那天也是塞缪尔·英萨尔进入爱迪生的生活的日子。他从英国来到美国,刚刚下船,21岁,身材瘦小,留着小胡子,眼睛瞪得大大的,阅读塞缪尔·斯迈尔斯的著作(《自己拯救自己》《品格论》《节俭的力量》《人生的职责》)让他的行为变得一板一眼。英萨尔看起来不像是未来世界最有钱的人之一,然而,他得到了爱德华·约翰逊的大力推荐。后者在伦敦认识了他,认为爱迪生可以雇用一个有簿记员头脑的人来负责自己的个人事务和财务。

英萨尔很适合这个岗位,爱迪生的首席欧洲代理人乔治·古洛德上校曾雇他做事务总管。在那段时间里,他成了爱迪生传奇的狂热追随者。他的梦想莫过于有幸被"世界上最伟大的智者之一"雇用。约翰逊陪同他登上"65号"的台阶,在简陋的办公室里把他介绍给爱迪生。英萨尔的第一反应是这么有名的人竟然会穿破旧的黑色三件套西装和粗糙的棕色大衣。但是,随意打着结的白色丝巾上方的面孔让人难忘。"让我印象最深的是他那令人惊叹的智慧和迷人的表情,以及他那双极其明亮的眼睛。"

同一天晚上,英萨尔发现他的新老板在金钱方面有些幼稚。爱迪生拿出他的支票簿,大方地说他的银行账户上有78 000美元现金。爱迪生问他应该卖出哪种欧洲电话证券,好立即为自己的三家公司注资——一家大型灯泡厂、一家发电机制造厂和一家在纽约街道下面铺设管道的公司。

英萨尔当场就能回答,因为他早已读过古洛德办公室经手的爱迪生的所有合同。他对股票和股份有着惊人的记忆,他告诉返回欧洲处理交易的约翰逊,哪些需要脱手和在哪里脱手。爱迪生的资产包括在伦敦联合电话公司拥有的价值约 10 万美元的复归权益，他还可能会从古洛德试图与贝尔公司在远东达成的交易中获得同样多的收益。到凌晨 4 点，英萨尔已经看完了爱迪生的笔记和著作并编制了一份外国专利权清单，届时作为抵押可以借到更多的资金。爱迪生就此确信他获得了一位无价的私人秘书，他也被英萨尔整夜工作而不疲劳的能力折服。蔑视时钟的共同点证明了他们将在未来几年里牢牢地联系在一起。

要么建厂，要么消亡

查尔斯·克拉克认为，爱迪生"像公牛一样"过于自信，他急于启动中央电力系统的三个辅助设备制造项目。所有项目都独立于爱迪生电灯公司。他责怪自己对门洛帕克系统提交了过于理想的报告，以至于"老头儿"认为在市区内大规模复制的系统也能正常工作。由于他的隐瞒，任何被掩盖的小问题都有可能成为大问题。

事实上，公司的谨慎已让爱迪生感到被掣肘。公司的副总裁兼总经理舍伯恩·伊顿就是代表。伊顿是一名内战老兵，他喜欢被称作"少校"。虽然个子很小，但他占据了"65 号"最大的办公室。甚至在他们每个人搬进来之前，伊顿就已经明确表示，他的董事会同事们认为他们的主要资产是 1878 年从爱迪生那里获得的专利，他们提供资金给爱迪生开发电灯作为回报。伊顿整洁的小山羊胡子似乎在说：已经没有时间做实验了，公司最后的巨额投资必须是在第一区的建设上。如果这个照明系统的建设像爱迪生承诺的那样成功，那么世界各地的城市都会争相复制。他的专利将变得无价，他将不需要再铺设新的电缆。

因此大多数董事会成员反对进入制造业，他们认为这是不必要的。为了爱迪生的计划，他们投入了超过 13 万美元，却看到市中心现下连一块鹅卵石都没有挖出来。德雷克塞尔-摩根银行的预算审计们不明白为什么不能直接买管道和发电机，而非要高价定制。他们也不明白为什么他会想要再建一座灯泡厂。门洛帕克的灯泡厂每天可以吹1 000个灯泡，真竹灯丝用泥煤苔藓包裹后可在炉子里均匀碳化。

爱迪生认为，从长远来看，改造中央发电站系统的每一部分都是有利可图的。他对此深信不疑，甚至当被告知他将不得不用专利使用权来补偿爱迪生电灯公司时，他也没有退缩。为了掌控整个项目，这是值得的。无论如何，除了他之外，没有谁能制造出其他人从未做过的东西——配电盘、调节器、电流指示器、电线管、馈线兼主线接线盒、连接器、仪表和室内布线，甚至还有灯的插座。

"因为资本是胆小的，"他告诉伊顿少校，"我会筹集资金。问题是要么建厂，要么消亡。"

英萨尔回到美国才睡了几个小时，就被催着赶到伊斯特河附近的戈尔克街104号，去参观一系列厂房中的第一处——一座巨大的老炼铁厂，此时上面装饰着3英尺高的"爱迪生机械厂"的招牌。爱迪生花了65 000美元把它租下、翻新并安装了设备，其中90%由他自己出资，其余的由查尔斯·巴彻勒出资。①

英萨尔已经知道爱迪生的财务状况，对100美元的月薪没有异议，尽管这只相当于他在伦敦收入的一半。他的决定得到了回报。当爱迪生在接下来的几年里创立一家又一家子公司时，英萨尔被任命为所有公司的秘书，每个公司都付给他相应的薪水。他甚至在干满一年之后收到了一笔15 000美元的股票红利。"如果你在钱的问题上逼迫爱迪生，他会非常吝啬。但如果你把决定的权利交给他，他就会像王子一

---

① 两人当时都想不到，他们就此联合创立了通用电气公司。

样慷慨。"

不久之后，电力管道公司成立，由约翰·克鲁西在华盛顿街的一家商店经营。市政府于4月19日发布批准法令后，公司就开始为客户在大楼里安装电线。由格罗夫纳·劳里谈妥的特许经营权范围达到了极致。它赋予爱迪生"铺设管道、电线、导体和绝缘体，以及在纽约市的街道、公园和公共场所内架设灯柱，以传输和使用电力或电流来照明"的权利。如果他需要的话，不仅在选定的第一区，他还可以在其他住宅区这样做。

早年间为爱迪生工作的两个老伙计，爱德华·约翰逊和装配工西格蒙德·伯格曼4月也在曼哈顿合伙成立了伯格曼公司，签订了一份"生产电灯器具"——开关、灯座、面板、仪表——的合同，这些器具对戈尔克街上的大型机器来说太小了。爱迪生注资将近一半，远超约翰逊的12%。但是和电力管道公司一样，名义上他不负责这家公司——这可能是为了防止金主们认为他涉及的事务过多。

他还于5月初在新泽西州东纽瓦克的另一家大型工厂投资了5 000美元。一旦门洛帕克的工厂不够用了，就用这地方生产灯泡。这时，他已无法抑制自豪感，正是这股激情驱动着他完成了在电灯行业的所有扩张。这家工厂有三座巨大的厂房通过桥梁连接，覆盖了一整个街区，爱迪生电灯泡公司赞助52 250美元拿下了它。[①]因此，它构成了他的新工业帝国的第四块也是最后一块版图。

接下来只剩下在曼哈顿下城购买安置中央发电站的建筑了。爱迪生可能不是一个投资人，但他对于房产有灵敏的嗅觉。他意识到珍珠

---

① 爱迪生有投资房地产的天赋，他完成了一笔非同寻常的交易。该房产要价136 000美元，但他以52 250美元的价格从破产管理人手中买下了它。几年后，他售出时，该工厂的价格已经达到了108万美元。

街的皮革贸易走廊有许多优势。春天暖和的时候，那里总是"芳香四溢"，因为这里仓库的90部货梯大多是马拉的。在平坦的屋顶上可以看到男孩儿们驾着运货马车，随着一捆捆兽皮的起伏来回巡逻。爱迪生买下了255号和257号的房子，这样他可以研究明白这些马是如何爬上去的。这是5 000平方英尺的地基上的两座连体四层建筑。他代表爱迪生电气照明公司支付了65 000美元，这个价格已经算是便宜的了，如果珍珠街离五个街区外华尔街上的各大银行更近的话，花费会更可观。除了价格之外，这栋建筑还有一个优点是处在该地区的中心。省下的钱可以让他随心所欲地重新规划建筑。

他立刻意识到他预计安装的六联发电机会把257号的二楼压垮。他也不能相信南北墙能支撑起承载发电机的大梁。克拉克需要制造一根完整的内部锻铁梁，几乎和高架铁路一样粗。在它下面，一组锅炉将为发动机提供蒸汽，煤将从地下室向上被连续输送给锅炉。在三楼，他会放置电压调节器。在四楼，一组1 000个负荷监控灯泡常亮不灭。（与煤气灯公司相比，他的最大优势在于缝纫机等设备可以在白天利用他提供的能量。）隔壁255号的那栋连体楼将用作服务区、睡眠区和储藏室。

到5月27日，活力十足的爱迪生开始了所有关键项目，希望在6~7个月内完成第一区的照明系统建设。到目前为止，所有次要活动——"65号"的行政规划、门洛帕克的灯泡生产、工厂的发电机装配、克鲁西在华盛顿街的一家商店里铸造数英里长的电线管、伯格曼在伍斯特街宣传辅助设备——显得毫无章法、互不相连，就像一场暴风雨前的沉寂。但是趋势逐渐明朗，重点也会变得清晰，直到一切都集中在他即将打开的开关上，在幸运的加持下，在11月的某个时候，它将就此开启全世界的白炽灯照明时代。

苍穹的球体

"圣安托万大道上那些可恶无情的码头小偷商人。"爱迪生在满是工程数据的实验室笔记本上潦草地写道,"为什么人马座要把从天狼星到御夫座的流畅线条变得曲折生硬?在这路上,有 1 000 万只魔鬼降临引起混乱。"

他要么是在讲述一个梦,要么是在戏弄笔记本的主人查尔斯·休斯,让他认为自己已经失去了理智。或者更有可能的是看着自己在铅笔的笔尖磨损之前会写下多少废话来自娱自乐。"告诉我,地狱里长着翅膀的恶魔,在无穷无尽的最远端,是否有长着锋利嘴巴的好战恶魔向苍穹的球体吐口水……"

意识流中的一些意象——圣安托万街、码头小偷、恶魔——指向他最喜欢的小说家维克多·雨果笔下的巴黎。吐口水也可能与他关心的一些同时代的事情有关:一份关于灯泡厂工人在操作水银泵时过度流涎的报告。那是慢性汞中毒的明显迹象。其他的许多表达听起来像是在故意胡说,包括提到地下世界的抽水马桶和睡在电线杆上的男人,除非它们与他在市区计划的工作有某种联系。

爱迪生写了 4 页,最后断言托马斯·德·昆西"有一个直径 300 英里的满是阿片的大脑",这 4 页文字并不包括朗费罗的诗《伊凡吉林》——他最爱的另一部作品——中恋人们的激情。然后,他翻开最后一页,划出了一个紧凑、对称的之字形痕迹,把这些冗长的话留给后人琢磨。

伟大的发电机

事实上,阿片成了爱迪生家的一个问题。玛丽服用了大量的吗啡,以至于她的朋友担心她哪天超量服用引发生命危险。神经痛常常困扰着她，这在 19 世纪的家庭妇女中很普遍。当它袭来时，她可没办法指望她四处游荡的丈夫帮着护理自己。①

爱迪生在公共场合对玛丽闭口不谈，只有在极少数情况下，他才会拐弯抹角地暗示玛丽是自己想甩掉的包袱。在见到凯特·阿穆尔之后（他的律师娶的一个颇有才华的加拿大女人），他突然说道："为什么女人几乎都不长脑子，劳里？"

问题对象不包括凯特，他立刻和她搭讪，并送给她一份书法优美的笔记作为纪念品："你好，我亲爱的阿穆尔小姐。相信我，爱迪生电灯公司会成功。"劳里很惊讶，他告诉凯特："我从来没有听到他提起哪个女人两次。"爱迪生喜欢玛丽，但认为她不适合做天才的贤内助。劳里吐露道："他的经历微不足道，也是最糟糕的。"

就目前而言，玛丽似乎还不错。她逛遍了淑女街上的商店，穿着更加华丽，还给玛丽昂穿上尼罗绿色或黄色绸缎的派对礼服，上面点缀着手绘花卉图案。她喜欢去剧院和音乐厅，甚至还偶尔参加社交舞会，但是她的丈夫总是因为耳聋而退出，所以她只好让朋友陪伴。

爱迪生比以往更加忙碌②，不过幸运的是，曼哈顿的天气转暖之后，玛丽可以搬回门洛帕克住。这年夏天她不在曼哈顿，他因此可以在机械厂监督筹备即将举行的巴黎国际电力博览会。自他决定参会以来，查尔斯·巴彻勒就在努力尝试填满香榭丽舍宫的两个大厅，展示爱迪生拥有的所有电气设备——投票记录器、双工/四工/八工电报机、电动笔、留声机、微压计和其他几十种设备，它们都沐浴在他最

---

① 毫无疑问，玛丽·爱迪生的痛苦是真实的（见第六章），也许和她的情感问题有关系。但这似乎也遗传给了她的大儿子，她的大儿子一生都患有突发性头痛。
② 1881 年 5 月 17 日至 6 月 25 日，爱迪生申请了 26 项美国照明或电力专利，其中只有 4 项未被批准。

新、最伟大的作品的光芒之中。所有设备将会仰仗一台发电机，它甚至比震动门洛帕克山坡的那台还大。

事实上，电阻决定着发电机的表现。爱迪生的发电机设计理论是电枢越大，抑制电流流动的电阻就越小。因此，它的转子由叠片铁和沉重的铜条组成，两者前后成对地与环状的铜质部件相连。其内里的磁体有将近6英尺长，由8根实心铁柱组成，每根铁柱上缠绕着2 000多匝铜线。蒸汽机的旋转力带动发电机，但是高速旋转的波特-艾伦蒸汽机在直接连接的情况下表现不佳，会导致发电机产生火花并升温。爱迪生订购了一台125马力的阿明顿＆西姆斯发动机，它运行得更慢，但幸运的是，产热更少。

当这个庞然大物的所有部件在工厂被连接在一起时，它的重量达到了令人生畏的30吨。它有14英尺长，比弗朗西斯·厄普顿还高。爱迪生不遗余力地完善它，甚至给接头和螺丝镀金来降低电阻。发电机的机械设计给人一种冷酷的美感，所有的几何构造元件聚集在无形的电磁波汇合点周围，保存关键的能量。但在6月底测试时，它的温度升高，产生火花，在两根感应棒之间产生了电弧。爱迪生很失望，认为这台机器不能按时参加8月11日的博览会开幕式。他下令对电枢进行紧急重建和重新缠线。他安排了两个班次连续工作了8天，两班分别为55名和60名工人，每天24小时连轴转。当他们拆除转子的时候，他23页的笔记本上画满了近乎天文图般复杂的接线图。

最终，他选择了一组涂有锌白的细金属条，用漆纸包裹，外加风扇通过缝隙吹风冷却。电压因此下降，所以他给上面的转子增加了两块额外的电磁铁。这使得电路不够对齐，但是恢复了电压，发电机的运转速度为每分钟350转时，它成功地点亮了700盏灯。但是为了保持电阻最小，他往换向器和电刷中加入了过量的水银。这是一个错误，发电机表面发生氧化并散发出有毒蒸气，使得工厂的工作人员和他们在灯泡厂的同事一样流涎不止。

他最终解决了电阻问题——让一位银匠经常打磨和抛光[①]，这样可以让电阻降低到不足 0.01 欧姆。但是还有其他许多"故障"需要修理，在博览会上代表他的查尔斯·巴彻勒不得不依靠两台较小的发电机来照亮展出爱迪生发明的展厅。博览会开幕式开始了，然后结束了。希望参观爱迪生伟大的发电机的访客被告知可能要再等一个月才能展出。

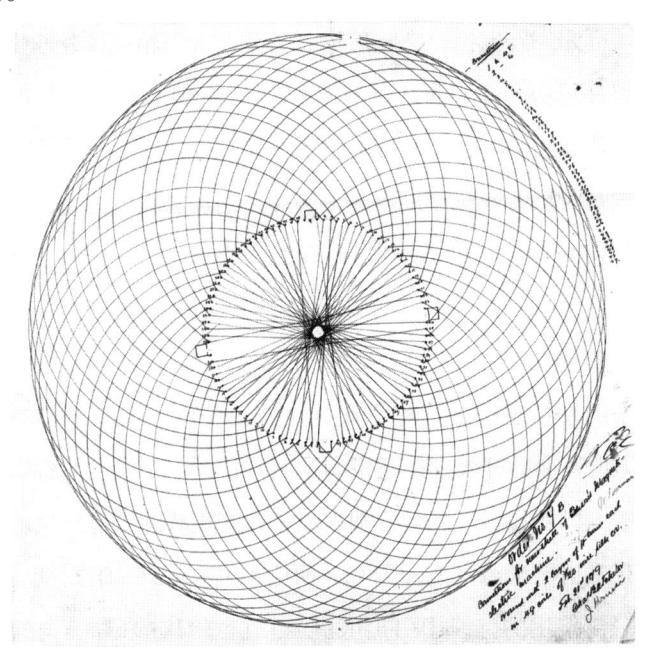

爱迪生的大型磁发电机的壳形绕组，1879 年 2 月

[①] 爱迪生在 1881 年 9 月 8 日写了一封 8 700 个单词的信，信中极其详细地把这台发电机托付给了巴黎的巴彻勒（"如果我遗漏了什么，我会再写信给你"）。这是一个说明他如何紧密地控制他的下属的典型例子。

到 8 月底，发电机似乎已经可以运输了。爱迪生这时不得不去接玛丽，她在去休伦港探亲的时候生病了。某种本能促使他在离开前再测试一次发电机。这次一通电，曲轴就断裂了，碎片直接飞出去，穿过了厂房。幸运的是，没有人因此受伤。他咒骂着检查破碎的铁轴，惊讶地发现阿明顿 & 西姆斯发动机的制造商没有给曲轴退火。

9 月初，当他从密歇根回来时，发电机已经安好了一根新的钢轴，开始运转，并最终准备好装运。9 月 7 日，它搭乘法国邮轮"加拿大号"前往勒阿弗尔。离货舱关闭还有 4 个小时的时候，60 名机械厂的员工才拆卸完发电机，把它装进了 137 个板条箱。而爱迪生这时正在求助坦慕尼协会（当时纽约有名的政治腐败团体），让他的送货车快速到达装卸码头。于是警察管制了道路交通，拉起了消防警铃清路。送货车被马匹拉着快速穿过市区，装卸工们在码头等待着。当最后一个箱子被装上船时，离货舱关闭还剩 1 个小时。

"5 枚金牌"

后来的事情表明他其实不必匆忙。由于供电问题的影响，巴黎国际电力博览会的开放程度还没有达到预计的一半。展品都暗淡无光，只有一楼入口处的蓝色弧光灯和白炽灯在交相辉映。爱迪生的灯即使不是很亮，也至少稳定地发着光，而巴彻勒和威廉·哈默则尽可能地从他们可以使用的母线中引出电流。9 月 23 日，来自美国的巨型发电机引发了人们的兴奋。因为它的大小是欧洲既有的一切发电机的 4 倍。爱迪生给了它一个模型标记"C"，以区别于他较小的双极发电机。但是由于它巨大的体形，它很快就获得了"巨兽"的绰号。

当这台发电机让爱迪生精致的灯尽情闪耀时，法国科学作家半是懊悔地表示钦佩。他们在过去的几年里和他们的英国同事们一起嘲笑着"门洛帕克的落寞"。此时他们看到，爱迪生已经组建起了一个完整的照明系统，而不像斯旺和马克西姆只能展出灯泡或者吊灯。《费加罗报》不得不承认："爱迪生所言非虚。"亨利·德帕维尔在《辩论日报》上写道："时代的确变了。所有的疑虑都烟消云散。那些想要物证的人，比如圣托马斯，现在可以见证爱迪生的电灯了。"

也许这些怀疑者中最有影响力的是泰奥多斯·德蒙塞尔。他在《电气照明报》上发表了一篇长文，收回他之前对爱迪生的贬低——称他是一个"浮夸的"装腔作势者。他也确实该这么做，因为爱迪生电气照明公司每月付 1 000 法郎让他担任公司在欧洲的代表。一个国际评审团在 10 月中旬表示，爱迪生的灯泡在他的 3 000 瓦发电机的供电下，效率为每马力 12.73 盏灯。斯旺灯泡的效率是 10.71，他的同胞乔治·莱恩·福克斯的灯泡是 10.61，马克西姆的灯泡则是 9.48，后三者大体持平。

巴黎国际电力博览会上爱迪生的"巨兽"发电机，1881 年

10 月 22 日，爱迪生电气照明公司的巴黎代表格罗夫纳·劳里给纽约的爱迪生发了电报：

第五章 光：1880—1889 年　　429

今天公布的官方名单授予你发明家一等奖。你是唯一获奖的电灯参展者。斯旺、莱恩·福克斯和马克西姆得的奖的级别都在你之下。评审团投票给了你5枚金牌。但是大会决定给你颁发最高荣誉证书。我们大获全胜，大会没有什么更高的赞誉可以给你了。

几乎同一时间，另外一条电报线传来的消息写着：

致纽约市的爱迪生：您获得了评审团给出的最高奖项，祝贺您。

约瑟夫·W. 斯旺[①]

他们都死了

爱迪生收到了5枚金牌的消息，但没有发表评价。他正在制造另一台发电机——"巨兽2号"，它比巴黎的那台还要大。爱德华·约翰逊要靠它于1882年1月在伦敦水晶宫举办一场展览。《纽约时报》的一名记者有幸在机械厂参加了一次非公开展示，他在凌晨4点参观，这个时间对展示者来说更加方便。

爱迪生说："你今晚将看到的是前所未见的东西。"当变阻器转动并在测试室高高的天花板上点亮一排排的灯时，他高兴地搓着手。"1 000盏电灯，全部依靠一台发电机。"电枢加速到每分钟360转，闪烁着一种奇怪颜色的电光轮，以至于《泰晤士报》的人只能用"难以形容"来表述。

---

① 斯旺还私下向劳里承认："爱迪生比我更有资格……他比我更广泛深入地研究了这个问题。他预见到了一些细节并为其做了准备，直到我看到他的系统，我才明白。"

对任何一个记录者来说，要找到爱迪生本人精力衰退的迹象同样困难。即将 35 岁的他正处在鼎盛时期。他无处不在又踪迹难觅，试图跟上他的脚步或者只是强行跟他搭话，以唤起这个门洛帕克实验员的注意力，都是不可能的。他很乐意停下来聊天，在管风琴上涂画曲谱，交换午餐饭盒，甚至有时关闭车间，租一艘船，带着"男孩儿们"去桑迪胡克钓鱼。除了金牌之外，他从博览会上获得了他最想要的东西——全世界的尊重。

然而，这在纽约市中心对他没有太大作用。克鲁西的电力管道公司安装第一区配电系统的进度几乎止步不前。那些要加入电灯照明系统的商户和住户都接入了电线，等着最后一次看看或者闻闻煤气灯罩。但纽约不允许白天在街道下面铺设主线和馈线。铜电缆和部件的延迟交付让夜间施工拖到秋天才开始。一队爱尔兰工人在下层土冻结之前，尽可能拼命多开掘一些沟渠。爱迪生意识到，他没有办法在 11 月 1 日照亮这个地方。下一年都不一定。

工人要连接 15 英里长的铁管和 30 英里长的半月形导线，浇注滚烫的绝缘层，拴接沉重的接线盒，在刺眼的弧光灯下辛苦工作，还要忍受着行人的怒气。行人很费解，想知道电流为什么不能通过高架电线传输。他们很难理解像电这样无形的东西需要保护。这项工作既肮脏又危险，偶尔有煤气泄漏，还有不止一次线路短路放电，把路过的一匹马电倒在潮湿的鹅卵石路上。

爱迪生经常在工地里帮忙，好像他认为自己可以加速电力管道公司的推进速度——一周进度不足 1 英里。他喜欢艰苦的劳动，经常不回家睡觉，而是睡在克鲁西储存在 255 号地窖里的备用管道上。这在一定程度上实现了他的幻想——他想成为睡在电线杆上的男人。他似乎不在乎铁圈上的焦油给他的大衣印上了条纹，随着冬天的临近而产生的潮湿也无法困扰他。他声称："我雇了两个德国人在那里测试，他们都死于白喉。"

与在市区的夜晚不同，他很享受和一个新朋友在德尔莫尼科餐厅度过的愉快夜晚。这个新朋友是伟大的匈牙利小提琴家爱德华·雷梅尼。他们来自相距遥远的不同文化，很难走到一起，但是对雷梅尼来说，爱迪生的技术分享是一种新的音乐。他在他们的一次对话后写道："自从我和维克多·雨果、李斯特见面之后，我从来没有像现在这样沉浸在知识的天堂里。"他开玩笑地称自己为机械厂的"宫廷音乐家"，就像他曾经在温莎皇宫那样。在 65 岁的时候，他为爱迪生在机械厂举办了几场私人独奏会，边演奏边哭泣。当爱迪生问为什么时，他说："当我听到真正好的音乐时，我总是忍不住哭泣。"①

到 11 月，机械厂已经做好准备，囤积了 130 多台小型发电机出售，也有在巴黎和伦敦展出过的那种巨型发电机。相比之下，门洛帕克的爱迪生电灯泡公司的生产率和质量都下降了。爱迪生决定进行一次"大检修"，然后把电灯泡公司搬到东纽瓦克。他再次过河，不到 8 天，灯泡的寿命就从 400 个小时延长到了 600 个小时。"那一周我只睡了 18 个小时，靴子都没脱。"他不相信弗朗西斯·厄普顿会继续改进。如果有必要，他会选择整个冬天都待在门洛帕克，直到他的灯泡能耗降到以前的一半。

圣诞节是他和玛丽的结婚十周年纪念日。玛丽重新开放住宅，举办舞会作为庆祝。英萨尔细心安排了宾夕法尼亚铁路公司为下半夜返回纽约的客人提供列车。爱迪生的耳聋使他无法像玛丽一样享受这种场合。但是专利局在 12 月 27 日给了他一份礼物：他的电解表获得了

---

① 1898 年，爱迪生在纽约雷梅尼的葬礼上担任送葬人。

美国 251545 号专利。这是一种无线圈装置，非常简单，测量电流时不需要任何操作。

尽管他未来的照明客户不会喜欢它，但除了他的大型发电机，电解表是他这一年最重要的发明。如果没有每月可靠的耗电量或节电记录，纽约爱迪生电气照明公司就将永远无法赢利。还有其他很多同样精巧的设备，比如"电动可拆卸吊灯"，它可以拆开重新组装，不需要重新布设蜿蜒的电线。爱迪生灵感迸发，平均每 4 天就要申请一项新专利。他在 1880 年总共成功申请了 59 项专利，1881 年还会有 90 项，1882 年则会超过 100 项。1880—1889 年这十年里，他平均每周申请一项专利（从电灯开始，到液压调节的留声机结束），同时担任制造商、工程师、企业家、宣传人员、绘图员、主管、丈夫和父亲。这种极度活跃只因"永恒的女性"而暂时中断了两次。[①]

被设计成闪光的匕首

当坐牛酋长看到这台前往伦敦的巨型发电机时，他承认它"太大了"。这也是英国邮政局的电气工程师威廉·普里斯的观点，他曾在巴黎被这台机器震惊。在皇家艺术学会的一次演讲中，他告诉同事们："每个人都应该对这台机器感兴趣，因为这是一个决定性的进步——你们很快将有机会看到它在高霍尔本地区 57 号工作。"

普里斯指的是爱德华·约翰逊在伦敦安装的爱迪生中央发电站系统，它是 1882 年 2 月 25 日水晶宫展览的开幕展品。尽管该发电站不是永久性设施（它是伦敦郡议会的白炽灯照明实验项目的一部分），而且只能照亮霍尔本高架桥的半英里，但毫无疑问的是，白炽灯照明

[①] "永恒的女性"（das Ewig-Weibliche）这一表述出自歌德的《浮士德》。这句话应该是指爱迪生结了两次婚。——编者注

的真正起源地将会是这里，而不是曼哈顿珍珠街257号。

它很快就要完工，因为约翰逊不需要从地下为高架桥（尽管它的名字是高架桥，但它实际上只不过是法灵顿大桥路上方的一条宽阔大道）沿线的建筑布线。他要做的就是把他的主线和馈线沿着已经被城市煤气公司挖空的管道，在支撑的石块下面连接起来。① 与此同时，约翰·克鲁西却别无选择，只能等待市中心曼哈顿的下层土解冻，好让他的输电系统完工。如果他能在仲夏之前完成，第一区还是很有可能在秋天之前被灯光点亮的。

无论约翰逊在做什么，他都是一个热心、诚实、滔滔不绝的推销者。他的职业生涯始于在西部销售电报设备，未来将终于在纽约州北部销售牛奶盒。此时，他正全心全意地为爱迪生在英国的电话和照明事业工作。伦敦《每日新闻》评论道："世间唯有一个爱迪生，而约翰逊是爱迪生的使者。"

1月19日，在爱迪生电灯公司派出的工程师顾问哈默和杰尔的帮助下，约翰逊在高架桥上点亮了400盏爱迪生电灯，在水晶宫的一次正式晚宴上又点亮了250盏，简直让英国媒体眼花缭乱。不用说，水晶宫里的任何一盏灯都会向周围发射光芒。但是约翰逊挂在音乐厅里的吊灯上还装有单独的水晶，可以将灯泡的光加强10倍以上。它被设计成闪光的匕首，给予在场的每一位煤气行业高管致命的打击。在接下来的几周里，随着新加的发电机提高电压，高架桥和水晶宫的这两组电灯装置又都扩大了。高架桥照明系统最终达到了3 000盏灯的容量，水晶宫达到了1 000盏灯的容量——其中一些被哈默安装成拼写字母"E-D-I-S-O-N"，使得他的老板成为第一个"有了用灯做的

---

① 现在，法灵顿大桥的管道入口的门上仍然贴着"北泰晤士煤气"的标签。

名字"的人。

然而,爱迪生点亮整个伦敦的希望破灭了,因为英国议会通过了反商业化的电气照明法案,有力地禁止了垄断特许经营。这没有阻止他在3月成立一家英国子公司——爱迪生电灯有限公司。公司加入了许多欧洲初创企业的行列,在巴黎的胜利余晖中,它们像输电的馈线一样迅速发展。仅在法国,他就创立了爱迪生工商业公司,该公司在查尔斯·巴彻勒的管理下生产灯泡,法国爱迪生电气公司则在当地建造中央发电站。在全欧洲范围内,爱迪生大陆公司也在做同样的事情。这些获批的公司中最成功的一个是柏林的德国爱迪生公司。爱迪生灯泡在斯特拉斯堡火车站和米兰的巴黎歌剧院、史卡拉歌剧院的大厅里闪闪发亮。巴彻勒训练的团队在芬兰安装了独立的照明系统。

约瑟夫·斯旺也参与了这场激烈的竞争。他在伦敦的萨沃伊剧院建立了自己的照明系统,远远早于弗朗西斯·杰尔在波希米亚布吕恩的市剧院建立的照明系统。然而,尚且不清楚斯旺的新灯泡是否抄袭了爱迪生的,这个问题只能在法庭上解决,但他的灯泡同样有效,内里羊皮纸化的棉灯丝甚至比日本真竹灯丝更光滑、更坚硬。约翰逊认为,对两位发明家来说,最好的办法是合并他们在英国的利益。爱迪生是不会听的。在巴黎国际电力博览会上,斯旺对他的胜利做出了绅士般的让步,但他依旧无动于衷。"我认为他在试图占有别人的工作……表面上不懈地追求社会名誉,根本上还是一个'无情的骗子'。"

红白黑

那年冬天,丈夫在四处奔波,玛丽·爱迪生则饱受子宫病症和抑郁症的折磨。家庭医生给爱迪生写道:"她看起来非常紧张和沮丧,认为自己永远不会康复。最近她看起来在身心方面都发生了很大的变化，我认为应该做些什么。"

医生建议带她去欧洲几个月。但是珍珠街的工程即将重新开始，爱迪生能做的只有在3月陪她和孩子们去佛罗里达待四个星期。在连续工作了72个小时后，精疲力竭的他也在医生的命令下暂时远离工作。这是他第一次前往阳光之州，正值草莓收获的季节。绿湾温泉度假村在克莱县的圣约翰河边，那里有养生的硫黄水。玛丽不急着北上返回。英萨尔很享受以爱迪生的名义写信，非常高兴没有"大亨"的指示，直到28日爱迪生突然宣布回家。

就目前而言，家意味着门洛帕克而不是曼哈顿，爱迪生没有放弃收回电灯泡公司。他觉得是时候把那台巨型发电机搬迁到在东纽瓦克买下的巨大工厂了。搬迁从4月1日开始，由厄普顿负责。这意味着当地的100多个工作岗位消失了。只要爱迪生需要他的实验室和电气化铁路来做实验，只要玛丽把房子作为他们的乡间别墅，门洛帕克就还会保留一些生气勃勃的迹象。但是随着厄普顿、巴彻勒和克鲁西离开，乔丹夫人的公寓住进新的租客，灯泡厂被荒废，门洛帕克即将变得冷清起来。

爱迪生回到曼哈顿，在联盟广场上的豪华酒店埃弗雷特豪斯租了一间套房作为落脚处。这个夏天他将无比忙碌。上一年秋天，巴彻勒和约翰逊为他在巴黎和伦敦赢得了如此热烈的欢呼，此时如果他继续耽搁点亮第一区的时间，纽约市民只会更加粗鲁地抱怨。

《纽约时报》报道，第一区的爱迪生电灯公司客户已经开始"抱怨"了，他们厌倦了挂在墙上的不能用的电线。随着春天土层的解冻，挖沟工程已经恢复，但仍有7英里需要完成，每天的进度为1 000英尺。该报派了一名记者去问舍伯恩·伊顿是否已经设定了完工日期，他的回答清楚地表明了爱迪生完成计划的压力。

伊顿：无论如何，我们现在还不能确定交付日期。如果材料承包商没有违反合同的话，我们本该在去年秋天起霜之前完成这项工程的。

记者：可以确定一个较为宽松的期限吗，比如说4个月之后？

伊顿：不确定。

记者：一年后会结束吗？

伊顿：我不能确定任何最后期限。我们的承包商可能会就材料问题又一次延后供货。

记者：你预计会因严寒天气而再次推迟吗？

伊顿：你可以像我一样对此做出判断……我们正在尽最大努力铺设电线，之后我们应该能立刻点亮电灯。

资助者希望爱迪生开发一个利润丰厚、成本较低的替代方案，以取代中央发电站系统的建设，比如为像J. P. 摩根这样的私人客户或郊区工厂和小城镇提供独立电力系统。这种期望的变化表明，如果爱迪生没能在1881年的冬季之前完工，那么纽约第二区的融资将会非常困难，甚至遥遥无期。

春天，4个240马力的锅炉被安装在珍珠街257号，3台巨型发电机被安装在二楼，隔壁有许多辅助装置。7月5日，直连在波特-艾伦发动机上的第一台发电机开始运转。3天后，它被连接到257号顶层的监控面板上。当安装在墙上的椭圆形灯亮起时，一个即使是爱迪生也无法想象的未来景象出现了：1 000个灯泡近距离排成许多排，根据供给它们的电流情况以不同的亮度闪烁。①

7月，管道铺设的速度加快了，爱迪生和以前一样在帮忙。虽然此时比以往任何时候都更加混乱，但他的专利申请步伐并没有减缓。其中包括一种煤炭转换的发电方法——本质上预示了燃料电池作为能源的前景——以及一个330伏的高架"乡村"配电网络。它进一步降低了珍珠街电力系统已经很低廉的铜价。他同时出色地发明了一种三线分支电路（但没时间发布预防性说明），这种电路在两根各为220伏的导线之间插入了一根中性导线，允许多盏灯在110伏电压下独立工作。他不会想到有一天红白黑三种颜色的电线会成为美国家庭的标准设备。②

那年春夏两季，他一共成功获得了53项专利，其中不包括外国专利，也没有计算丢失的或被他那酗酒的专利律师泽纳斯·威尔伯窃取的78份申请。爱迪生在晚年说道："我可以坦白地说，这78项发明的丢失给我留下的伤痛从未愈合。它们是重要的、有用的、宝贵的。"

虽然不知为何原谅了威尔伯，但爱迪生还是采取了预防措施，雇用了一个新来的年轻知识产权律师理查德·戴尔。爱迪生交给他的任务是清点所有的专利证书。据统计，爱迪生在美国的专利数量就超过了400项。

对于爱迪生的电灯公司、电灯泡公司、独立照明公司和电气照明

---

① 在现代电脑屏幕上看到这张印刷在1882年8月27日出版的《科学美国人》杂志上的监控面板的黑白照片时，一排排的电灯会显现不同模式的折射色彩。https://babel.hathitrust.org/cgi/pt?id=pst.,000062999472;view=1up;seq=137.

② 爱迪生直到1882年11月27日才将这项发明的专利实体化，这使得约翰·霍普金森可以在那之前在英国成功提交一份类似的申请。爱迪生系统于1883年3月20日在美国获得了优先权（美国274290号专利），但那时霍普金森已经获得了英国专利。

公司，尤其是电力管道公司和机械厂来说，8月是飞速发展的一个月。所有人都意识到他们的努力成果即将到来，这种势头似乎是确定不移的，而非来自任何管理者的意愿。就连爱迪生也受到了这种想法的影响。纽瓦克灯泡厂的产量上升到每天1 400个，未来预计产能是这一数量的30倍。由于爱迪生的外国企业的需要，工厂有太多的发电机要制造，但工厂还要制造完成珍珠街所需要的6台大型发电机，所以在此期间国外订单积压。

最后，一整列成对的发动机和发电机在珍珠街257号准备就绪。克鲁西铺设完成了第一区的最后一根电线，完成了所有主要用电客户的系统连接，其中最著名的是公园路的《纽约时报》大楼。目前为止，爱迪生电灯公司已有946个客户，安装了超过14 000盏电灯。还没有签约的业主和租户会听到的宣传是：公司承诺在"你最终决定永久使用我们的电灯"之前都不收取安装费用。

《科学美国人》于8月26日发表了对"爱迪生电力照明站"系统的第一份详细描述，文章配的精美的技术性版画比任何一张照片都更好地展现了高高立起的监控面板散发的光芒（详尽地画出了1 000个灯泡中的每一个），生动地展示了发电机令人震惊的体积，蒸汽机锅炉口的巨大尺寸，16个火炉和旁边戴着精致的圆顶礼帽的工作人员，以及24个街道导体组成的精密工程。这些导体铺设在珍珠街的人行道下由反射式壁灯提供照明的调度中心里，不为头顶上拥挤的行人所知。这篇文章还解释了所有活动设备是如何工作的，从运煤器到一个巨大的开关，后者像一把三叶铡刀，它可以切断任何发电机的电路。

编辑们写道："我们毫不怀疑，在这篇文章出版之前，这个地区就已经被点亮了。"

电力监控面板，爱迪生在珍珠街的发电站，1882 年

在接下来的几天里，人们看到煤气公司的工人从珍珠街的路灯上取下煤气灯泡，用货车运走。

结束循环

另一期《科学美国人》在 9 月 4 日爱迪生准备好启动系统之前已经出版。他在启动时有些害怕，失却了平日的表演才华。下午 3 点，他只启动了一台发电机，并把电流分散引向该地区 1/3 的客户。他似乎希望日光能弥补"发光的马蹄形灯丝"任何可能的失败。《纽约时报》的职员直到黄昏才注意到他们习以为常的光线出现了变化。他们转动办公室墙上的螺钉，发现自己被一片令人愉悦的柔和光晕包围，而不是闪烁的煤气灯光。上班族沿着富尔顿街走到布鲁克林渡口时，注意到人行道上也发出了同样的光。人们抬头看到了梨形灯泡，还有瓷质灯罩挂在铁钩上。如果盯得太久，闪亮的灯丝会在眼睛里留下印记。

晚上 7 点，天色已经够暗了。记者们在寻找爱迪生，想看看他是否感到惊讶——珍珠街的灯没有被点亮，虽然发电站已经灯火通明。记者发现他在 257 号的二楼，看上去兴高采烈，他戴着高顶白帽子，穿着无领衬衫，一如既往地不修边幅。他说："我已经实现了我承诺的一切。"当被问及为什么他没有让灯照亮整个第一区时，他说他本可以这样做，但是纽约火灾保险委员会坚持认为应该对每栋接入电线的建筑进行审批。他为那些已经连通的灯感到高兴："半英里外的德雷克塞尔-摩根银行办公室里的灯和这里的一样亮。"

然而，明亮的灯早已不是新鲜事物。与城市内其他公共场所的弧光灯相比，那天晚上 800 盏电灯达到的平均 16 烛光的亮度显得苍白无力。爱迪生促成的革命没有引起关注，但同时又改变了世界。经历过这场革命的人中很少有人（如果有的话）意识到发生了什么：爱迪生结束了人类历史上一直以来的昼夜循环。此前火炬手、灯夫和煤气公司试图用微弱的火光来改变，爱迪生的成就是对他们努力的嘲弄。

大象之间的争斗

毫不奇怪，仅有的关注纽约中央发电站启动照明服务的早报是新闻编辑室里拥有爱迪生灯泡最多的两家：《纽约时报》和《纽约先驱报》。全美各地还有其他一些简短的报道，但没有一篇表露出兴奋的情绪。最悦耳的英国式评论仅说该系统值得尊重，毕竟这是爱迪生第一次在没有吹嘘的情况下取得了一些成就。《波士顿环球报》的一篇社论最接近事实:"这天晚上对于爱迪生骑士只是开始,他的目标是点亮黑夜,使其宛如白昼。"①

爱迪生在发电站里的小床上睡了一个星期,决定随着第一区照明网络用户的增加而提高发电量。他预见到会有一天,需要投入 6 台发电机来满足 1.6 万盏灯的需求。他尝试把两台巨型发电机捆绑在一起,认为这种结合将有助于电力的顺利汇集。事实证明,他大错特错。

> 当我们加上第二台发动机时,第一台发动机慢了下来,第二台几乎在一瞬间加速,然后达到之前两倍或三倍的速度,我们都以为发电站会垮掉。然后第一台发动机会加速,从每分钟 50 转加速到每分钟 800 转。没有任何金属经受得住随之而来的高温。换向器的电刷烧了,炽热的铜熔化滴落在地板上,点燃了木头,引起滚滚浓烟。大楼显然要倒了,每个人都向楼梯走去。最后,我大喊必须关掉发动机,其中两个人跳了上去,关上了油门。

爱迪生遇到了"找寻"现象——有旋转部件的机器的相反扭矩在机械动力和电磁力之间不断寻找平衡。但是关键在于稳定性。珍珠街发电机下面的木板搭在一根铸铁梁上,尽管铸铁梁很坚固,但它不靠墙,会向下传递每台发电机的振动,与重力影响波特-艾伦发动机调速器的方向相同。发动机调速器非常灵敏,被发电机之间的电连接搞糊涂了,电连接使得一台发电机一会儿作为发电机运转,一会儿作为发动机运转,于是调速器开始疯狂地寻找平衡和稳定。结果是一台发电机的速度变化与另一台发电机的变化发生冲突。这是一场大象之间

---

① 1878 年,爱迪生因在留声机方面的工作成就被授予法国荣誉军团骑士勋章。

充满刺耳的和低沉的声音的争斗，任何一个驯兽师都应付不了。爱迪生幸运地没有失去他的发电站。

他有生以来第一次想要来杯酒，于是他和爱德华·约翰逊穿过街道去买酒。"我要全喝掉吗？"他看着倒满的杯子问道。

"是的。"约翰逊说。

电灯公司的新一期宣传广告没有提到差点儿发生的灾难，但承认在珍珠街发电站出现了"与不完善的发动机调节相关的特殊机械性质"问题。爱迪生通过设计一根管状连接轴解决了这个问题，这根连接轴能抑制扭矩的旋转，使波特-艾伦发动机保持同步。但是他认为从阿明顿 & 西姆斯发动机公司订购带有离心配重作用更强的调速器的新发动机更为明智。在此之后直到1889年，该发电站稳定运营，只有两次短暂的服务中断。

现在看到孩子存活下来

对一个知识分子来说，个人藏书的搬迁象征着不可逆转的变化；对一个实验室来说，试管和精密仪器的转移同样如此。爱迪生在1882年9月末完成了这两项任务，租下了格拉梅西公园25号的灰色石砌联排别墅，租期两年，并在曼哈顿的B大道和第十七街的伯格曼工厂顶楼开设了一个新实验室。爱迪生此时仍住在自己的乡间别墅里，但他说"因为女人们不断骚扰他"，他从此将在纽约以外的地方工作。

玛丽·爱迪生无疑是这些女人中的一员，他的女儿也在其中，还有玛丽的妹妹尤金妮亚，她最近也来到了爱迪生家里住。女儿玛丽昂9岁半了，在寄宿学校度过了一年，她期待着和父母一起住在这座城市最时尚的街区，然后和汤姆去附近德雅农小姐的"少男少女英法双语学校"读书。①

爱迪生向英萨尔抱怨说他更喜欢生活在河对岸，但这个年轻人不信他的话。英萨尔在给查尔斯·巴彻勒的信中写道："约翰逊和我都认为他们差不多，他和女人们一样想搬过来。"

爱迪生新居的租约中包括了家具和配件，但显然书不是很多。为了补充他从门洛帕克带来的书，他订购了狄更斯、乔治·艾略特、雨果、库珀和霍桑的小说集，以及《堂吉诃德》《吉尔·布拉斯》、朗费罗的诗歌全集、麦考利的散文集和其他许多书，它们"装订结实，却不花哨"。这栋房子是玛丽从20处待选房产中挑出来的。但当他登上阁楼探索时，他发现了电码发明者塞缪尔·莫尔斯的私人日记，他感到脑海中又出现了一项宏大的计划，电码一直以来都是他的第二语言。

最后一个在1882年"骚扰"他的女人是露西·塞费尔特夫人，他几乎不认识她，也从没留意过，不过新泽西州法院在12月18日裁定爱迪生欠她5 065美元。她的证据是他6年前为自动电报公司筹集资金时写的一张期票。爱迪生记得那张期票，但也记得当时这张期票的持有人不是她。老萨姆·爱迪生的血液在他的血管里流淌，他和父亲一样倔强，拒绝支付这张期票。因此，该案件被移交给新泽西最高法院审理。

这次不愉快预示着未来可能发生更多类似事件。除此之外，这一年对爱迪生来说是愉快的。他创办的照明企业还未全部赢利，甚至还需要一段时间证明各自的可行性。尤其是珍珠街项目，要想收回其60万美元投资，还需要好几年的时间。它的新增客户从9月的400

---

① 小托马斯·爱迪生也在同一所学校上学。

个增长到 12 月的近 5 000 个，令人印象深刻。但是人们愿意接入电路的大部分原因是起初宣传的免费供电。不过毫无疑问，中央发电站发出的"恒定而平等"的电流和爱迪生的灯泡比任何英国制造的同类物都更加值得英国报纸的赞赏。《泰晤士报》宣称，爱迪生系统的成功"现在是毋庸置疑的"。

那时，另一个仍在亏损的是爱迪生电灯泡公司。它在纽瓦克造价昂贵的工厂还没有达到日产 1 500 个灯泡的盈亏平衡点。每个灯泡在运输和销售前都要经过 200 道精细工序，造价达到了 40 美分，随着产量的增加，这个价格肯定会下降。灯泡的寿命和质量在稳步提高。如果该工厂达到了每天 42 000 个灯泡的预期产能，那么它很可能会成为爱迪生在新泽西州主要的收益来源。

机械厂（巴彻勒在法国塞纳河畔伊弗里成功仿建了一座）则有一个相反的问题，那就是生产效率太高，以至于有 7 台未售出的巨型发电机积压——"对我们来说太沉重了"，英萨尔抱怨道。他老是习惯说一些蹩脚的双关语。尽管这带来了 14 万美元的债务，但机械厂至少有盈余，而且爱迪生已经收到了 3.8 万美元，这是他这一年的第一笔像样的存款。

截至那时，他最赚钱的公司是爱迪生独立照明公司。137 个家庭或小企业工厂都在使用爱迪生发电机，用它点亮爱迪生灯泡。其中最有名的爱迪生发电机位于麦迪逊大道的 J.P. 摩根的中城宅邸，它经常短路，烧了大亨的桌子，惊吓到他的马，引来邻居的抱怨，但在其他方面完全令人满意。更好的报道来自遥远的地方，远到位于北纬 62 度以北的俄罗斯的一家锯木厂。镇议员们对它的灯光非常满意，他们投票决定将它升级为中央发电站。在苏格兰格拉斯哥的造船厂，人们在 12 月的大雨中排队参观一艘使用爱迪生照明系统的新汽船，甚至它竖起的烟囱也在发光。

爱迪生预见到,在不久的将来,公司会有许多问题,因为他试图依靠电灯公司的董事会来获得更多资金投资中央发电站,而他们通过向他的独立公司提供"帮助"来更快地获得利润。他在给英国照明公司的一份备忘录草稿中写道:"目前为止都是我在照顾这个孩子……我相信我可以不借助任何外人的帮扶继续照料下去,尤其是那些断言孩子永远不会出世,就算出世也不能存活,现在看到孩子存活下来就想改变照顾方式的人……如果我在任何细节上失败了,那就是时候召集其他发明家了。"

这就叫赞助人吗

除了2月之前与家人在佛罗里达度过了一个匆匆结束的假期,1883年的头几个月里,爱迪生很少在公共场合露面。他尽情享受伯格曼大楼顶层实验室的宽敞空间。他发现通常乘电梯到顶楼的时间和他给表上发条的时间一样长。当他坐电梯上楼的时候,他就把发条转柄抵在轴承支柱上,省得自己用大拇指和食指出力,到达顶楼时正好就上好发条了。[①]

自1880年以来,大家似乎都公认他已忘情投入电灯创新,以至于新闻在报道他还能兼顾其他发明时表现得近乎惊讶,比如一辆马拉的运货车,它可以铲起积雪,将其体积压缩90%,然后以整齐的冰块的形式堆积起来,让街道的其他部分保持干净畅通。他也想过用真空包装麸皮,原因只有他自己知道。他还不得不放弃两年前获得专利

[①] 萨姆·爱迪生每次参观工厂都喜欢爬楼梯。82岁的时候,他仍有一双如同麋鹿般健壮的腿和让他的儿子感到自豪的肺活量:"我想他呼吸时胸口的起伏幅度有5.5英寸。"

的另一种设备，对此很遗憾。这是一种磁力铁矿选矿机，旨在提炼覆盖长岛库格和罗得岛阔诺孔托格海滩的黑色沙层。这些沙层有些时候埋在地下20英尺深的地方，伊顿少校和他一样，对这些含铁丰富的沙层感到兴奋。然而，他们共同组建的爱迪生矿石加工公司从未发展起来，主要是因为海浪一直在冲刷沙滩。正如爱迪生后来抱怨的那样，"办的抵押贷款都拿去喂鲱鱼了"。

冬天，爱迪生与格罗夫纳·劳里的关系变得有些紧张。彼时，他是爱迪生在电灯公司董事会最好的朋友。作为一名华尔街人士，劳里对爱迪生、厄普顿和约翰逊的抱怨不屑一顾，他们认为公司为成本仅为40美分的灯泡设置10美分利润的行为过于贪婪。时任总裁伊顿曾不怀好意地暗示，他们所代表的独立制造企业——机械厂，加上电灯泡公司、电力管道公司、独立照明公司和伯格曼公司，在大企业的赞助下会发展得更好。

爱迪生为这样的威胁感到无比生气。他和他的合伙人签署了一份毫无商量余地的联合宣言表明立场，用来提醒伊顿，电灯公司不欢迎他们资本化的尝试。这封宣言由约翰逊起草，他当时可能回忆起了127年前另一个诗人约翰逊对另一位财阀的呼喊："大人啊，有的人眼见落水者在水里拼命挣扎而无动于衷，等他安全抵岸之后，才多余地伸出所谓援手，莫非这就叫赞助人吗？"

美国的确定性

4月25日，爱德华·雷梅尼在内布拉斯加州林肯市给爱迪生写了一封信："你那亲切的——令人愉快的光是如何不断地传播开来的？"他刚刚参加了一场宴会，沐浴在爱迪生电灯的光芒中，沉浸在自己与电灯制作者的亲密关系中："我——一个老提琴手，吹牛说我是你忠实而深情的朋友，也是你的宫廷音乐家。"

爱迪生自己也意识到了电灯使用范围的扩张。他已经采取措施组建了托马斯·阿尔瓦·爱迪生中央发电站工程部来追求"乡村电厂生意"。这是一家独立的公司，将在地方安装廉价的高架电线中央照明系统。他的新企业的名字很奇怪，一个部门怎么可能是一家公司呢？这个名字似乎是为了掩饰它的目的。他把它的总部设在"65号"，好像是为了指责伊顿少校对纽约以外的中央发电站不感兴趣。

爱德华·约翰逊回伦敦处理当地爱迪生电灯公司的复杂事务，爱迪生写信告诉他，最好把那儿混乱的管理抛在一边，彻底回国做事情。"刚才我们在尽全力推动乡村的生意。有现成的资金，而且很多……在这里我们可以按照预期把事情做好，因此我认为最好把努力集中在美国的确定性上，而不是英国的可能性上。"

约翰逊在伦敦很受尊敬，他不想被视为一个懦夫。在加入工程部之前，他需要几个月的时间来完成任务。此外，他想帮助一名伦敦的律师进行诉讼辩护，申请高级法院判决约瑟夫·斯旺侵权，禁止他的专利。爱迪生坚持进行该诉讼，但考虑到法院大楼采用的是斯旺的灯泡，做出有利判决的前景并不乐观。

爱迪生在缺席的情况下任命约翰逊为合伙人，同时被任命的还有巴彻勒、英萨尔和伊顿——几乎无法把伊顿排除在外。这位少校性格温厚，也很谨慎，是那种可以借助一切机会获得更大权力的官僚。不知何故，他不仅成了爱迪生电灯公司的总裁，也成了独立照明公司的总裁。如果爱迪生要将自己的专利用于工程部的项目，双方的合作就是必要的。作为回报，母公司将从他的每一个新发电系统的"令人愉快的光"中获得一份收入。

英萨尔比伊顿更野心勃勃，他过去两年牺牲自我服务爱迪生，终于得到了合伙人的身份。附带条件是他必须处理新成立的工程部的复杂财务事宜，还要负责总部的运营。而约翰逊担任销售总监，"老头儿"监督设计和安装。不过对英萨尔来说，权力越大，他就越快乐——更何况爱迪生还同意向他支付最低 2 400 美元的地方工厂利润作为年薪，外加剩余利润的 20%。5 月 3 日，英萨尔又掌管了机械厂的财务，这可能是爱迪生最赚钱的企业。① 他给约翰逊写道，那家企业的经理"踢了我一脚"，但"爱迪生强势地支持我上位"。

简单明了的业务

爱迪生 12 岁时就经营过非常成功的生意，销售糖果、水果和报纸，还不用缴税。除此之外，他从未独自经商过。工程部是他自己的商业理念和职责，他用自己的 11 000 美元启动了这家企业，可能会致富，也可能会变穷。每 20 美元的盈亏，他要付出 60 美元的赌注。因此，他不得不放弃最喜欢的实验和在笔记本上涂鸦，接受许多认识他的人都会为之震惊的一个新身份。

《布鲁克林鹰报》在 7 月 29 日写道："门洛帕克的'巫师'怎么样了？我最后一次见到爱迪生时，他变得很壮实，不再带着迷蒙的眼神、戴着破旧的毡帽四处游荡了。相反，他戴着闪亮的海狸皮帽和金色的眼镜，看起来很时尚……也许是太多的成功——因为爱迪生已经发了大财——把他头脑内所有的发明想法都冲走了。"

这番描述有些讽刺，虽然玛丽·爱迪生已经发现她节俭的丈夫对馅饼情有独钟。她自己也喜欢馅饼，还喜欢昂贵的哈伊勒巧克力，她能成磅地吃。随着季节的推移，她的礼服越来越大，越来越精致。她

---

① 当它成为通用电气公司之后，它确实是爱迪生最赚钱的企业。

穿着一件锦缎礼服拍了一张照片，摄影师的焦点都在她礼服胸前和大腿处被针别住的红衣凤头鸟上。①

爱迪生在 8 月接受《晚间邮报》采访时证实他暂时放下了工作，正在休长假。"这一年我将只做生意……不会靠近实验室。"他用听起来更像是英萨尔而不是他自己的语气，列出了一长串工程部与地区市政当局已经签订的合同："宾夕法尼亚州森伯里，我们安装 500 盏灯；宾夕法尼亚州沙莫金，1 600 盏灯；马萨诸塞州布罗克顿，1 600 盏灯；马萨诸塞州洛厄尔，1 200 盏灯；马萨诸塞州劳伦斯，4 000 盏灯。"他还未一一列举完，就已经在各地架好了假想的电线：俄亥俄州、威斯康星州、明尼苏达州，向西远到艾奥瓦州的达文波特。"我对这个系统取得成功深信不疑，正如我之前所说的，我已经放弃了发明，转而从事一些简单明了的业务。"

这类采访的麻烦之处在于读者都是比他不幸的人，比如他 52 岁的哥哥皮特，一个休伦港的农民。

亲爱的弟弟：

我从报纸上看到你希望当一年商人，我在农场里留了一个好

玛丽·爱迪生和她长着羽毛的"朋友"，1883 年

---

① 这件由安娜·杜瓦尔夫人设计的礼服上用了 7 只红衣凤头鸟。它的价格是 391.9 美元，相当于 2019 年的 9 500 美元。

帮手，所以大部分时间我不需要待在那里。现在你能否把我安排在某个地方？那段时间我好做点儿事情，我不在乎在纽约还是别的什么地方。

爱迪生回答说："我觉得你能做的最好的事就是在你待的地方找点儿事做。"

《晚间邮报》文章的另一位读者可能是亨利·罗兰，那位约翰斯·霍普金斯大学的教授，他在3年前称赞了爱迪生灯泡的效率。爱迪生从那时起在全世界的成功，加上他已经成为百万富翁的猜测（事实证明是不正确的），深深地印在罗兰的脑海中。那是在明尼阿波利斯举行的美国科学促进会8月会议上，罗兰慷慨激昂地"为纯科学呼吁"。他拒绝以科学的名义给电报机和电灯这样的"便利"正名，认为追逐金钱、制造业和追求名誉阻碍了智力的进步。"应用科学与纯科学混淆在一起，这并不罕见，尤其是在美国的报纸上。某个默默无闻的美国人窃取了过去杰出人物的想法，并通过将这些想法应用于国内而使自己变得更加富有。这个人经常得到比伟大的原创者更多的称赞。如果他的头脑具有足够的智慧，他可能已经发明了数百种这样的实用器具。"

罗兰的演讲很明显不是在为纯科学本身呼吁，而是在请求为大学实验室提供更多的资金——这一请求在一个世纪之后也会常常出现。

感到骄傲

爱德华·约翰逊已经从伦敦回来了。正如他所料，高等法院驳回了爱迪生诉斯旺一案，认为该案毫无价值。奇蒂法官认为，原告未能证明他的灯丝和被告的面条般粗细的碳棒之间有任何本质不同。当碳化的灯丝第一次在真空中被加热时,从灯泡中抽出形成阻塞的气体,如果爱迪生在申请英国专利时没有粗心地忘记描述他设计的这种独特的"基于泵"的方法,那么在这个案子中,他的证据会更加强大。

爱迪生觉得,任何长了眼睛的法官都应该明白,一个干净地发出白炽光的弯曲的黑色纤维环和一根不到1个小时就把灯泡熏黑的脆弱碳棒是有区别的(斯旺后来制作的羊皮纸化棉质灯丝不在此考虑范围内)。约翰逊又提起他的大胆建议,认为爱迪生的公司和斯旺的公司应该合并。

爱迪生不情愿地同意了。但他想方设法让斯旺拒绝,在双方共同关注的问题上故意让斯旺方代表不满,比如坚持"公司名中只应保留我的名字"。"在我与斯旺先生在灯泡专利上有争执的时候,不这样做会让人觉得我在让步。"相反,如果不是因为爱迪生坚持认为他的发明必须在全世界都获得承认,他完全乐意退出英国市场。

> 不管是在这个国家,还是我能去的任何地方,我都尽可能地保留我对自己的发明的所有权。我从未放弃过我的任何财产,除非是为了继续我的各种工作而被迫放弃……我对自己的声誉感到骄傲,也为自己的工作自豪并充满兴趣。因此我对这个行业也保持着关注。现在行业内的大多数人都选择售出发明并带着所得收益退休,我希望我可以自己管理公司,应用我所有的发明。

在一封本应措辞冷静的信上署名之前,他忍不住加了一句讽刺的话:如果斯旺对照明科学的贡献和他一样多,"那么他的朋友们也完全可以说我说过的话"。

约翰逊只允许他在打官司时把这封信作为一件证物。然后,他、英萨尔和爱迪生把他们的注意力转向了一项更迫切的需求——让工程部顺利运作。

逃出无底洞

爱迪生公开宣称可以"在60天内"完成任何城镇或村庄的规划、布线和通电工程，结果他们发现预算超标，无法实现。在起草合同之前，必须逐条街道对销售区域进行调查和游说，这样英萨尔就可以计算出预期收入和需要克服的障碍，从而给出一个可行的价格。这又要花很多钱。通常情况下，当城镇（包括爱迪生吹嘘过的几个城镇）选择退出时，这些支出就只能打水漂。爱迪生要承担制造必要硬件设备的初始成本，还要提供运输和施工现场的劳动力——更不用说教当地照明公司如何维护它们的系统了。中央发电站系统技术是全新的，几乎无法找到合格的工程师。因此，爱迪生需要在机械厂建立一所学校来训练工程师，还要说服他们生活在阿肯色州坎宁和在纽约一样有趣。

还有一个难处是每座中心发电站安装的结算问题，用现金基本上是不可能的。早在9月中旬，5家地方公共事业公司就欠了爱迪生4.3万美元。其他公司则穷到根本无法支付，他不得不接受它们的股票分红承诺，总好过什么都没有。他经常别无选择。他花了10 400美元走访了80个城镇，其中只有12个城镇订购了照明系统。

对他的企业来说唯一令人鼓舞的是，一旦一个社区通电亮灯，客户就会稳步增加。但这意味着未来，而不是当下的收入，同时工程部的大部分资产和负债都计入了他的个人账户。他的期望很高，高得无法估量，但现实中越来越穷。

一项可以削减的开支是格拉梅西公园的豪华联排别墅。他拖欠了几个月的租金。他潦草地在詹姆斯·普赖尔的一张账单上写下"如果可能的话，我会逃出这个无底洞"，然后把账单交给英萨尔。（英萨尔很会搪塞别人，这是爱迪生喜欢这位秘书的原因之一。）他拿玛丽的病身作为借口，请求取消为期两年的租约。"我非常遗憾，由于我妻子生病，她必须按照医生的指示放弃家务。"

普赖尔拒绝了，对这种躲在女人后面的行为表示蔑视，但同意转租房子，并"减轻你自己承受的负担"。爱迪生让他的家人搬到了克拉伦登酒店的一栋豪华附属建筑里，那里的价格是这栋联排别墅的两倍，但至少在赊欠方面更宽容。

他并不像英萨尔所说的那样财务拮据，因为他在上一年12月偿还了德雷克塞尔-摩根银行总额为42 806美元的两笔借款。与此同时，他指示露西·塞费尔特一案中的己方律师"尽可能长时间地"拖延对他不利的判决。他宁愿面对新泽西最高法院的愤怒，也不愿失去华尔街的善意。

圣诞节到来时，玛丽的生活方式没有因为财务问题受到影响。她喜欢送礼物，其中有些礼物后来很少见到了，所以玛丽昂记得特别清楚："有《拉封丹寓言》的第一个版本，有漂亮的蚀刻画，有一枚镶有钻石和绿松石的戒指，还有装在蓝色天鹅绒盒子里的勒梅尔珍珠母观剧镜。"

爱迪生给自己的礼物是在珍珠街上闪耀的12 843盏灯，还有闪耀在全美范围内的另外64 856盏灯。

你忠诚的

大约在这个时候，爱迪生注意到机械厂的测试室里有一个23岁的苏格兰人，名字长得离谱——"W. 肯尼迪·劳里·迪克森"。这位工程师几个月前就被英萨尔聘用，在合同上用花体签下了自己的名字。

一封推荐函提到他受过电气工程的训练，也精通法语、德语。他也是阿谀奉承的大师，不过爱迪生对此并不感兴趣。迪克森在一张附在灯泡设计图上的便签上写道："如果你知道我对你的发明和工作有多上心，你现在应该马上帮助改善我的生活前景。"

爱迪生忽略了设计图，但给了迪克森两个自己的设计模型让他测试。它们看起来像普通的T形模型，除了碳环里有一个不寻常的"铂舌"。它是单独连线的，当灯丝发出白炽光时，它会引起电流计指针的偏转。这表明真空的灯中产生了电流，进一步证明了热电子发射效应，即著名的爱迪生效应。它的发现者显然忘记了自己只想当个商人，爱迪生想利用它申请一个"电指示器"专利，它可以测量和调节多弧连接的灯泡的电压。

一天晚上，迪克森在实验室向爱迪生报告了良好的结果。他的这段记忆深刻到在40年后都栩栩如生：光秃秃的砖墙上悬挂着许多灯泡，宛如星系，一台杰曼银（一种合金，并不是银）分流器放在角落，两个助手在悠闲地做自己的事，一台中央炉在散热。爱迪生头发蓬乱，斜靠在温莎椅上，一只脚放在工作台上，在迪克森和他说话的时候，他悠闲地摆弄着一盏测试灯。

此后不久，他制作出了该指示器（美国307031号专利）。这台设备工作起来不太理想，他忙于其他项目而搁置了它。但这是第一次将热电子发射效应运用到实际中，也是科技首次涉及未来会被称为电子学的领域。[①]

至于迪克森，他终于被注意到了。他很快被任命主管测试室，并由此摆脱了默默无闻的状态，开始晋升。

---

① 见第四章。

"他这样做的后果"

1884年伊始，爱迪生回到了位于伯格曼大楼顶层的实验室，试图利用各种胶质开发合成灯丝。他还希望能研究出沉淀金箔的电沉积技术。他的手不停操作，他的耳聋掩盖了外面的噪声，这种对实验的专注通常是个信号，表明他厌倦了继续扮演自己的一贯形象：精通生财之道，擅长操纵董事会，对政治、女人和孩子有兴趣，一个舒适地生活在社会里的人。

他曾试图通过工程部向劳里、伊顿和爱迪生电灯公司的其他董事表明，他的发明家品质——逆向思维、不断重复、大胆设想、乐于挑战困难——将比他们坚持的谨慎进步更快地终结煤气工业。他指望董事们会钦佩自己投资创办新企业的勇气。但是，尽管工程部已经签下了许多城镇的订单，但它的支出大大超过了收入。此外，为了尽可能快地完工以收取费用，其服务质量往往不高。公司内流传着一个令人不快的关于"爱迪生拆迁部"的笑话。他面临着赤字，不得不去问伊顿，爱迪生电灯公司是否会填补自己11 000美元的个人亏空。因为伊顿大概率会拒绝，所以他的高级实验室为他提供了庇护和慰藉。

伊顿的确拒绝了他。爱迪生受伤的愤怒（毕竟爱迪生电灯公司从他的专利中获得了巨大的利益）让英萨尔感到高兴。随着英萨尔获得财务上和行政上的权力，这位秘书越来越强大，他预见到一场企业危机即将到来，而他可以从中获利。"没有人比塞缪尔·英萨尔更渴望财富。"他承认道。爱迪生没有试图阻止他。他很感激英萨尔用冰冷的效率把债权人拒于门外，同时总是拿出他和玛丽需要的一切现金。

英萨尔的秘密计划是尽可能巧妙地架空爱迪生对工程部的权力。他打算把它和他老板在当时最成功的企业爱迪生独立照明公司进行合并。与此同时，他想扳倒他和爱迪生都认为阻碍公司的人：舍伯恩·伊顿和格罗夫纳·劳里。他此次"政变"的预定日期是10月29日，届时伊顿将主持母公司的年度董事会会议。这让英萨尔有大半年的时间来获得足够的股东支持，迫使其选举出一位新总裁，这位总裁将对他而不是对德雷克塞尔-摩根银行负责。

伊顿是一个注重礼仪的人，一直看不惯英萨尔嚣张无礼的做派。2月18日，他给英萨尔发了一份备忘录，尖酸刻薄地提醒爱迪生工程部存在的一个不足。他犯下了一个大错。"我毫不怀疑，在付出沉重而不必要的代价买来教训之后，他会明白他这样做的后果。"英萨尔可能是自私的，但没有人会批评他崇拜的老板而不被惩罚。

恶魔鲨鱼

爱迪生当时在佛罗里达州克莱县，因此让英萨尔代他行事，而他和玛丽则享受着他们有史以来最长的假期。这一次，他们把孩子们留在家，和玛丽的好朋友乔西·雷默夫妇一起旅行。爱迪生口袋里有1 500美元的工程部资金，他诚实地在账上记为"南方费用"。

女儿记录道，爱迪生在佛罗里达陪玛丽时，玛丽比以前任何时候都开心：在玉兰温泉度假酒店享受优质的服务，懒洋洋地躺在温水浴池里，和他一起在圣约翰河上巡游，河岸两侧满是棕榈和酸橙树，而他则在袖珍笔记本上潦草地写下关于实验的想法。

"想待多久就待多久。"英萨尔在"华生顿盛日"（正确写法为"华盛顿生日"，即华盛顿诞辰纪念日）给爱迪生写道，这是他偶尔尝试的幽默之一，"至少待到4月1日，在这之前不要回纽约。我很自信，想试试自己处理工程部的事情。"

爱迪生对于暂时被解除责任并不感到遗憾，他照做了。他终于承认，这些事务太复杂了，他无法独自处理。无论是独资还是联营，几乎每周都有新的照明系统在世界各地下线运行，竞争越来越难以避免。出于这个原因，他最终同意让约瑟夫·斯旺与他一起组成英国的利益联盟。此后公司称为爱迪生＆斯旺联合电灯公司。他还同意将他的灯泡公司和机械厂合并，同时继续抵制伊顿，后者想把它们和电力管道公司加入德雷克塞尔-摩根银行的投资组合。他还不知道英萨尔私下里完全相反的谋划。

他继续在他的笔记本上记录关于电的想法，但有一个故事他并没有写上去，它马上就变成了在佛罗里达州的钓鱼人之间广为流传的离奇故事之一。3月的最后一周，一名陪同玛丽的记者（"一个完美的金发女郎"）在圣奥古斯丁港看见爱迪生登上一艘游艇，陪同他的是雷默夫妇和一个黑人小男孩，他提着一篮旁观者认为是香槟的东西。游艇驶到了灯塔外的渔场，在那里，有一条多年来已经吞掉了许多黑鱼、鲈鱼以及一两个游泳者的"恶魔鲨鱼"。电线从船上放下来，其中从篮子里解开的一根只是普通电报线，用古塔胶包裹绝缘。它被连接到一块强大的电池上，另一端装上了一个电极。不到15分钟，爱迪生和船长就钓上了一条700磅重的鲨鱼，它受到了致命的电击。这条鲨鱼最终在当地的维德博物馆被永久展出，标签上写着：

恶魔鲨鱼。

被爱迪生用电饵抓到。

傲慢

4月初，当爱迪生在纽约恢复工作时，另一种鲨鱼（也许爱迪生就是这么看待他们的）聚集起来了。他不在的时候，伊顿少校曾威胁性地尝试收集他赢利生产线的全部财务细节。爱迪生电灯公司没有从中获得任何收益，而伊顿却不断收到爱迪生认为他应该支付的工程部"杂项"费用的账单。伊顿不确定他是否应该支付，并追问相关的信息，他指出这毕竟"与我们的业务相关"。

爱迪生回答说，他不会退让，"直到我有机会与维拉德先生讨论问题"，他指的是爱迪生电灯公司的一个董事，他一直可以依靠这个董事获得道义和金钱上的支持。但是维拉德已经破产，他的俄勒冈&横贯大陆铁路推进的速度太快，导致了铁路和自己的崩溃。他无法提出任何建议来让爱迪生改掉类似的傲慢轻率，后者创业遇到的困难与他自己的相比简直微不足道。

4月24日，爱迪生写信给伊顿，表示他无法为工程部签下任何新合同，也无法从他已签的合同中获得更多现金。"我发现我不得不立即解散我的这家公司，因为与此相关的费用太高，我无法维持下去。""正如有人建议的那样"，他将允许爱迪生电灯公司接管爱迪生独立照明公司，以及他目前所有的建设项目，越快越好。在过去的一年里，他已经招募了一些电气行业的精英，发不出薪水而让他们离开会是一种短视的行为。

实际上，查尔斯·克拉克和弗兰克·斯普拉格——一名由爱德华·约翰逊招进来的才华横溢（尽管有些吵闹）的年轻工程师——已经离开了，他们都是这个被普遍认为已陷入困境的商业帝国的早期难民。这种看法是不准确的。珍珠街每个月都在生产更多的电能，而且看起来肯定会在不久的将来赢利。曼哈顿的第二座中央发电站的规划已经开始，约翰·克鲁西在布鲁克林为电力管道公司开拓了额外的空间。但在这些日子里，华尔街普遍的情绪是消极的，主要是由于维拉德的破产。对爱迪生来说，这是一个令人沮丧的时刻，他不得不承认自己没能推进一个宏伟的项目。

爱迪生电灯公司董事会接受了他的提议，并重申了购买他公司的兴趣。而英萨尔如同狐狸般压低姿态行事。然后在 5 月中旬，一场流动性危机袭击了美国的银行。商业活动停滞，爱迪生恐慌地解雇了他的工程人员（只剩下迪克森和一名助手）。他还关闭了机械厂进行"维护"，工厂内还有几台巨型发电机尚未售出，他试图让自己的英国公司买下，但没有成功。

对玛丽来说，这个春天也是暗淡的。她敬爱的父亲去世了，长假后，她的身体也没有如预料般好转。除了忙于筹备葬礼之外，出于经济原因，她也必须把丈夫和孩子从克拉伦登酒店转移回格拉梅西公园的房子里。爱迪生的转租无人理会，而本来的租约要到 10 月 1 日才结束。

露西·塞费尔特的法律团队选择在这个时候通知爱迪生，新泽西最高法院再次确认了他的债务，不包括诉讼费用，共计 5 349 美元。鉴于他顽固地拒绝付款，米德尔塞克斯县治安官有权没收他在门洛帕克的财产。

爱迪生毫无理由地坚信，如果他继续拖延，塞费尔特太太会接受 300 美元的赔偿，这是她持有的那张期票的原价。他让律师主张他以前的实验室及其附属建筑属于爱迪生电灯公司。索纳尔大道上房子里的所有东西都应该归到玛丽名下，这样治安官就无计可施了。房子本身是他的，但在纽约被抵押出去，这意味着这起争执将不得不越过州界，还得再花费几年时间，塞费尔特太太才能得到满意的结果。他向玛丽展示了（"亲爱的——请在下面签名"）一份声明，声称他们仍然拥有门洛帕克所有物品和动产的所有权，从主卧室里的六件套，到一匹灰色的马、三头牛、两头猪和院子里的"大量肥料"。①

---

① 玛丽在签署这份声明时绝不是被动的。她在声明上附了一张字条，警告治安官："你如果干涉此事，就得为此承担同等风险。"

他路过

奥利芙·哈珀是一名关注妇女问题的自由记者。在 6 月初《世界》杂志发表的一篇文章中，她采访了玛丽，对玛丽在格拉梅西公园金碧辉煌的家印象深刻。淡蓝色的缎面家具和奇克林钢琴是租房的时候房东提供的，但玛丽重新设计了一楼的客厅，额外铺了波斯地毯，并塞进了许多显然是她自己创作、制作的绘画和瓷器。

哈珀小姐似乎想写一篇描述性文章，指出"爱迪生夫人被称为纽约在个人装饰方面最奢侈的女人"，并估计她的体重有 160 磅。但是玛丽为了悼念父亲，只穿了黑色的衣服。她想利用第一次也是最后一次向媒体讲述的机会，纠正一个关于她的婚姻的故事，她为这个故事恼怒了 5 年多。

"首先，"玛丽说，"我从来没有在任何工厂工作过，没有为爱迪生先生工作过，也没有为其他任何人工作过，因此关于他周一晚上在我工作的地方路过，然后就向我求婚，并把婚礼定在周二早上的故事，完全是假的。"

她证实，她在第一次遇见爱迪生时 15 岁半。她为了躲雨，躲到了纽瓦克沃德街上他工作的地方。他的眼睛"非常帅气"，尽管其余部分非常肮脏油腻。"我有点儿喜欢我丈夫的眼睛——是的，事实上，非常喜欢。"他是最温和的人，逐渐赢得了她父亲的信任。

玛丽在谈论爱迪生和她的孩子时变得多愁善感，以至于忘记了她想否认的主要谣言——他在新婚之夜去了实验室，忘了回家。"和他在一起我一直很幸福，我希望我可以幸福到老。"

安静和乡村的空气

6 月，玛丽回到了门洛帕克，那里被洗劫一空，令人悲伤，"男孩们"和他们的妻子没有一个留下来,实验室空无一人,电气化铁路长满了草,著名的街灯熄灭了。她很少见到她的丈夫,因为他的工作集中在纽约,而巴彻勒先生又从法国回来了。白天,母亲、妹妹尤金妮亚和孩子们可以和她聊天。但是晚上家里没有男人,流浪汉蹲在附近的旧灯泡厂里,她得枕着枪睡觉。

安静和乡村的空气至少对她不确定的健康状况有好处,对8岁的"汤米"(汤姆)也有好处。他像他的父亲,有着明亮的眼睛和大脑袋,但也像母亲,容易昏厥,患有神秘的头痛。小"威利"(威廉)更强壮,刚过11岁的玛丽昂更是如此,她金色的长发让玛丽想起了自己年轻的时候。

一个好人

对爱迪生来说,巴彻勒再次回到他身边,算是一种安慰。他们一起在已关闭的机械厂里共同研究发电机的改进工作。爱德华·约翰逊(英萨尔正打算把他安排到改组后的公司董事会中去)是唯一像巴彻勒一样服务爱迪生这么久、这么忠诚的助手。但是,约翰逊像是一条易怒、易冲动的狗,不断地冲向前方的下一个目标。而巴彻勒则是一只猫,一只听从自己意见的猫。在共同为工作台上的胜利欢欣鼓舞的时候,他把这些年来爱迪生给他的奖金、股票和其他的赏钱都明智地进行了投资。他已经是个有钱人了,如果他知道他的雇主目前在银行里只有20多美元的存款,那他一定会很震惊。①

---

① 《托马斯·A.爱迪生文献》的编辑发现,1884年6月1日,爱迪生在德雷克塞尔-摩根银行的存款只有18.64美元,在大都会银行只有3.80美元。然而,他们指出,他一直把银行当成结算中心。"大笔资金流进他的两个支票账户,(并且)很快就流走了。"

爱迪生任命他为机械厂总经理,并接受了他的推荐,雇用尼古拉·特斯拉。这位天赋卓绝的塞尔维亚工程师刚刚从法国乘船到达美国。巴彻勒上一年在巴黎遇到了特斯拉,并且震惊于他对电的理解和对牛排的贪婪胃口。[①] 在这两个方面,特斯拉来美国都算是来对了。巴彻勒很容易就说服了他远跨大西洋,成为爱迪生的雇员。

特斯拉一来就马上解决了发电机的一个问题,这个问题阻碍了安装着爱迪生照明系统的汽船"俄勒冈号"离开纽约港。熬了一整夜之后,他又向工厂报告另一项任务。爱迪生对巴彻勒说:"这真是一个好人。"

特斯拉也同样被打动了。"爱迪生对我产生了非凡的影响。我看到这个了不起的人没有接受过任何训练,没有任何优势,全靠自己动手完成了这一切,(看到)他的企业和发明应用的丰硕成果,我感到羞愧,我已经浪费了我的生命……只是穿梭在图书馆里阅读各种东西。"

21 件拍品

玛丽声称拥有门洛帕克房子里的所有东西,但这份声明并不能使她丈夫的律师相信米德尔塞克斯县治安官会因此而延缓没收他们的财产。他也不可能被她的字条吓倒,她特意加了一句话:"你如果干涉此事,就得为此承担同等风险。"尽管玛丽很虚弱,胃炎让她的慢性神经痛加重了,但是她是个战士。

爱迪生也是战士,但他的情绪不那么激动,更多的是心存复仇念头。他阻止塞费尔特夫人诉讼的伎俩都没有通过法律程序。根据新泽

[①] T. C. 马丁在 1894 年 2 月的《世纪杂志》中写道,爱迪生甚至猜测特斯拉会吃人肉。

西州的法律，抵押贷款没有延期，而玛丽无法出示转让契约，证明她是房子内动产的合法所有人。爱迪生有良好的信用，他可以借钱来履行州最高法院强加给他的义务。但是他拒绝这么做，因此县治安官宣布他在门洛帕克的所有财产都将被拍卖以执行法院判决。拍卖的时间是 6 月 22 日下午两点。

无人知晓玛丽那天在哪里，也无人知晓她对陌生人低价竞拍她珍视的东西有何感受。然而，一个她很熟悉的竞拍者最后胜出了。所有的 21 件拍品都卖给了纽约的查尔斯·巴彻勒先生。

支付的总价只有 2 750 美元，这反映了门洛帕克的绝望，也反映了经济的紧缩。巴彻勒只是充当了爱迪生的幌子，爱迪生已经安排好了事后的偿还。但判决书上写着还欠款 2 852 美元，在爱迪生看来，县治安官接下来又会催还这笔款项。

玛丽搬回了房子，等待法院对诉讼的下一项判决。同时，爱迪生搬出了他在"65 号"的办公室，理由是他又成了发明家，可以安全地把公司事务的重组工作交给英萨尔。他回到了纽约的实验室全职工作，并立马在尝试直接把煤炭转化为电力时打破了实验室的窗玻璃。

8 月 7 日星期四，刚安顿下来的他没留下任何说明就动身前往门洛帕克。他的火车在日落前到达那里。两天后，玛丽在凌晨时分去世了。

门洛帕克的悲哀

除了 1871 年自己母亲的去世，爱迪生此前没有经历过重大的丧事。母亲患痴呆好几年，所以他有时间为她的死亡做好心理准备。但玛丽只有 28 岁，平时还能从病痛和抑郁症的折磨中恢复到满溢着快乐和爱的健康状态。她的离去是如此突然，他平生唯一一次不由自主地哭了。把这个消息告诉玛丽昂的时候,他颤抖着抽泣,几乎说不出话来。

人们马上要问的问题是,是什么导致了玛丽的死亡。半个世纪后,她的姐姐爱丽丝告诉一位爱迪生传记的作者:"死因是伤寒。"如果是这样的话,那么玛丽的病程进展得过于迅速了。爱迪生从纽约坐火车来的时候,乡下的医生们急忙赶来也没能挽救她的性命。她的死亡证明和爱迪生电灯公司出具的一份简明扼要的报告中提到了"脑部充血",这放在当代可能意味着从脑膜炎到脑瘫的任何一种病,也可能是在吗啡的刺激下,颅内动脉交替扩张和收缩导致的。8月7日的《世界》杂志上一篇没有署名的文章《门洛帕克的悲哀》(读起来好像是奥利芙·哈珀写的),非常明显地暗示玛丽死于阿片类药物的滥用。

> 她患有顽固的神经痛,拒绝接受各种治疗。她找了最好的医生,但他们的治疗方法都无济于事。最后为了暂时缓解,她尝试了吗啡,并很快认识到这种镇静剂巨大的缓解作用——她身边总是有一服镇静剂,当发作的前兆症状出现时,她知道了这种白色粉末的价值。
>
> 在爱迪生先生的要求下,她去年冬天去了一趟佛罗里达州,但没有得到解脱,反而患上了胃炎。因为环境的特殊性,或者是长期以来对吗啡的耐药性,她的胃炎并没有得到缓解。她回到门洛帕克后,情况变得更加糟糕。她的疼痛加剧了,有时她几乎要疯了。吗啡是唯一的解药,她自然而然地尝试着增加医生开的剂量。她家里的一位朋友不经意间说的一句话让人猜测,她是在被病痛折磨得狂乱的时候吞下了过量的吗啡,因此英年早逝。当时在场的医生说,她是因脑部充血而死的。当记者向他提出这个问

题时,他肯定地说,这是直接的原因,但对于更深层次的原因,他想保持沉默。①

爱迪生也保持沉默。他像亨利·亚当斯和西奥多·罗斯福以及当时其他许多震惊得没缓过神儿来的丧偶者一样,敬重逝去的亡者,把悲痛留给了自己。除了在月底的一次采访中简短地提到"我可怜的妻子",他很少再提到玛丽。因为她很快就被取代了,她没有被编进爱迪生家族后来的历史中——除了还留在她的孩子们心中,其中也只有最大的孩子对她有很多记忆。在史迪威家族的神话中,玛丽变成了一个瘫软的、赤裸的身影,被圣洁的修女从浴池里抬起来,或者是一个游走在爱迪生家的前院里的鬼魂,当他跑上前去攥住她的白色夏裙时,她的身影飘浮升起,夏裙在他的指尖上像云朵一样消散了。

达蒙和皮西厄斯

爱迪生在1884年堪称流年不利,他在商业上的愚蠢导致自己几乎破产,他的房子被羞辱性地拍卖,他孩子的母亲撒手人寰,最后这件事在情感上的打击让他与玛丽昂变得更加亲近。11岁半的她已经能感受到别人的悲伤。爱迪生从她的陪伴中得到了慰藉,称她为"玛丽昂·爱迪生小姐,最可爱的人"。9月,玛丽的母亲"格拉玛奇"·史迪威在门洛帕克照顾汤姆和威廉,而爱迪生则带着玛丽昂去费城参加国际电力博览会。这是她回纽约上学之前的一次成长的享受。东十八街有一套漂亮的新公寓在等着他们。他们不会再住在格

---

① 玛丽·爱迪生的死亡证明上没有任何医生的签名,死因登记的地方也是空白的。新泽西州档案馆中的原件有被撕碎的迹象。正如一个家庭朋友在她的葬礼上说的那样:"她现在已经死了,可怜的孩子,但没有人会知道她是怎么死的。"

拉梅西公园那栋石砌房子里了,告别了淡蓝色的缎面家具和充满记忆的镜子。

父女俩手牵手参观费城的展览,组成了一个感人的二人组,他们抬头凝视着由 2 000 多个灯泡组成的陶立克柱,这些灯泡在彩色的光柱上逐字拼写着他的名字,光芒耀眼。仿佛这还不够神化,会场还有一尊发明家爱迪生的电气化半身像,展现着他在完善他的第一个碳丝灯泡的时刻,他的眉毛被一团白炽光晕包围着。

他对记者说:"只要我再去实验室,我就会研究几个新的东西。一直以来,除了光,其他的研究工作我都不怎么做。"

一次偶遇把他拉出了绝望的沼泽地,他碰到了自己做电报员时的一位老同事。埃兹拉·吉利兰是个幽默、口齿伶俐的电工,来自纽约州北部,6 年前曾帮他推广留声机。在那之后的时间里,吉利兰婚姻美满,身体健康,在波士顿的美国贝尔电话公司的研究部门工作,并在北海岸有了一栋海滨别墅。

吉利兰也涉足发明领域,拥有多项通信专利。当爱迪生问他"下一步该做什么好?"时,他建议他们合作为美国贝尔电话公司设计一台长途电话送话器。爱迪生立即产生了兴趣,因为 7 年前,他自己发明了使贝尔电话能发声的碳钮。[①] 回到纽约后,他立即转向声学技术,早在 9 月 24 日,他就申请了一台类似木琴的信号接收器的专利,该接收器可以在不同的人被呼叫时发出不同音调的声响。

他觉得可以自由地为外部客户工作了,尤其是在英萨尔(由于玛丽的死而陷入忧郁)如约在 10 月成功重组了电灯公司之后。伊顿被开除,由更顺从的尤金·克罗尔取代;爱德华·约翰逊任副总裁,劳

---

① 见第六章。

里退出了董事会。①制造车间的独立性得到了保留，德雷克塞尔-摩根银行阻挠创新的权力被消除了。英萨尔感叹道："我终于得到了我想要的。"爱迪生的报复心没有那么强，他对摆脱了公司的限制感到欣慰。"我已经工作了5年，每天工作18个甚至20个小时，不想看到我的工作因为得不到适当的推动而被扼杀。"随着约翰逊掌控了电灯公司和其他门洛帕克的朋友运营的车间，爱迪生又回到了电信领域的研究中，这是他曾经和未来的激情，也是一个人在悲痛中能想象到的最好的治疗方法。

12月初，爱迪生和吉利兰联合申请了一项关于防止电磁干扰语音传输的专利，巩固了他们的专业关系。之后的整个冬天，他们都在纽约和波士顿一起工作，待在彼此的公寓里，重新拾起以前身为流浪电报员的友谊。因为爱迪生是个鳏夫，晚上需要有人陪伴，他们的关系突飞猛进。新实验室并不像老实验室里一样充满情谊，只有几个机械师和一个男孩陪他一起吃午夜午餐，前提是他能说服他们待到这么晚。吉利兰和他小鸟一般的妻子莉莉安还没有孩子。他们用许多娱乐活动来弥补，邀请朋友们十几岁的女儿们来参加，其中许多人是波士顿私立学校的学生。

1885年2月20日，爱迪生带上了玛丽昂，她很开心可以从纽约的学校逃学。他们与吉利兰一家开启了一场长途火车旅行。他们首先前往密歇根州的阿德里安，吉利兰的父亲住在那里，16岁的爱迪生曾在这里的湖岸&密歇根州南部铁路上当夜间电报员。一场暴风雪阻碍了他们的旅程。这两个人花时间讨论了吉利兰拥有的一项专利，该专利产品通过电磁感应从行驶的火车中发送无线电话波。他们认为

---

① 劳里因为爱迪生对公司人事变动明显的默许感到受伤，但他劝服了自己，认为只有英萨尔才是始作俑者。

这项技术可以改进，通过使用振动簧片将莫尔斯电码的点和杠压缩为快速脉冲（爱迪生计算得出，每秒高达 250 000 次），然后使其"跳"到铁轨沿线的传输电线上，从而传输到各个站点。

当他们经过芝加哥和辛辛那提时，这个想法在他们的脑海中逐渐形成，他们曾在芝加哥和辛辛那提一起为西联电报公司工作，爱迪生也曾在那里进行第一次多路电报的实验。月底，他们参加了新奥尔良的工业博览会，然后向东进入佛罗里达州。他们把吉利兰夫人和玛丽昂安置在圣奥古斯丁的豪华酒店圣马可，然后来到了佛罗里达半岛另一边相当荒凉的海湾海岸。据说在蓬塔拉萨附近的海鲢特别好钓，所以他们在锡达基租了一艘单桅帆船，向南航行到克卢萨哈奇河口的一个牛区小镇。他们住进了舒尔茨酒店，这家酒店在各方面都与圣马可酒店截然相反，因此完全符合爱迪生的喜好。

有一天，爱迪生听说上游 12 英里的迈尔斯堡的竹子能长到 70 英尺高，便对那里产生了好奇。他仍在给一个竹子探索者付工资，让他在世界各地寻找竹材，但他没有想到佛罗里达州是一个可能的供应来源。3 月 20 日，他和吉利兰坐上了单桅帆船，离开了被鱼腥味和牛群臭味包围的蓬塔拉萨，向内陆方向航行，进入了正值花期的橙树和美洲蒲葵的芬芳中。

河的左岸有一条平行的路，满是白色的碎牡蛎壳，被橡树、罗望子树、枣椰树和本土肉桂树遮挡了一半。路上到处都是粪便，表明了它作为通往该州南部的牛群通道的功能。在路的尽头，迈尔斯堡进入了人们的视野：一个由几十栋房子、一家小电报局、一家药店、一家旅馆、一所学校、一座教堂和一家房地产公司组成的杂乱的聚居地。

尽管"比利溪"附近生长的竹子在硬度上不如日本真竹，但爱迪生还是被这个小镇深深吸引了，他请求参观沿白色公路走 1 英里到达的河边13英亩待售地产。这里杂草丛生，但是有1.5英里宽的河，风景壮丽。第二天，在航行回到蓬塔拉萨之前，爱迪生付了3 000美元买下了这块地。

另外，吉利兰同意支付价格的1/4。他们计划在那儿面向河水的小树林里建造两座相同的过冬房屋，虽然大部分房款是爱迪生付的。几天后，当他们和女伴们北上返回时，除了发火车电报之外，他们还有别的事情要讨论。蓬塔拉萨变得越来越时髦，在河流上游投资似乎是值得的，尽管爱迪生承认："这是在野蛮地掠夺我们的银行账户。"他们在事业上结合在一起，并且至少部分在住所上结合在一起，于是开始称自己为达蒙和皮西厄斯——吉利兰是前者，希腊神话中的达蒙愿意为他最好的朋友而死。

"皮西厄斯"刚回到实验室，就以"达蒙"的名义申请了两项专利，一项是使用感应电报的无线火车通信系统。尽管爱迪生总是独占自己的专利，但他也一丝不苟地承认其他发明家的领先，不过这次对方只是收买了他。但根据法律建议，从此之后他是该系统的主要开发者，于是他在提交申请的时候加上了自己的名字。一周又一周过去，通过一个接一个的签名，这两个人被绑得越来越紧了。

拉斐尔式的美

住在吉利兰在波士顿的公寓的年轻女性中，有一位米娜·米勒小姐。她19岁，是俄亥俄州阿克伦一位富商的女儿。她在纽伯里街上的一所女子精修学校读书，在那里学习并熟练掌握了法语，并在美术和家务技艺方面受到了良好的训练。然而任何东西都无法与米娜对音乐的热爱相提并论。当米娜坐在吉利兰夫人的钢琴前时，爱迪生的第一反应是惊讶和好奇。"我忍不住对任何一个毫不犹豫地演奏和演唱的人产生兴趣,哪怕他们的演奏和演唱非常糟糕。"

米娜表演并不是因为她虚荣,而是因为她被要求这样做。顺从是她的天性。她怀疑自己能否再见到爱迪生。当然,他很有名,而且是"一个和蔼可亲、可爱的人"。但是他的年龄是她的两倍,他的头发里夹杂着灰白色,并且习惯于在谈话时把手在右耳旁拢成杯状。尽管她读过许多英国文学作品,但她没有想到这样一个单身且拥有一大笔财产——更不用说还带着三个失去母亲的孩子——的男人肯定需要一个妻子。①

起初,他只看到一双"耀眼的大眼睛",在随后与吉利兰去波士顿和美国贝尔电话公司做生意时,他注意到米勒小姐结实的身躯内还有其他令人愉悦的品质。如果她的头发是浅色而不是深褐色的,那她可能会让他想起一个更年轻的女学生,那个15年前闯进了他的生活的人。②除此之外,米娜还有可怜的玛丽从未拥有的条件。她的4个哥哥都是大学生,两个弟弟注定是去耶鲁大学念书的料。她的姐姐和她一样优雅,常常旅行,另外两个妹妹一个在韦尔斯利学院读书,另一个也即将成为该学院的学生。她的父亲刘易斯·米勒是一个百万富翁,在阿克伦是举足轻重的人物,也是卫理公会元老,以及肖托夸协会的联合创始人和主席。米娜从她同样虔诚的母亲那里继承了某种沉闷的气质,对爱迪生来说,这不如那双大眼睛吸引人,不过令人高兴的是,她在家里的一个工坊做事——这又是命中注定的巧合吗?

原来米勒先生也是一名发明家,他名下有100项农具专利,所

---

① 爱迪生在去佛罗里达的火车旅行中向莉莉安·吉利兰承认了这一需要,并请她把他介绍给"一些合适的女孩儿"。
② 见第六章。

第五章 光:1880—1889年

以米娜对技术有所了解，当爱迪生和她谈论电子照相镜时，她不会感到无聊。在马萨诸塞州温斯罗普市吉利兰的度假屋伍德赛德别墅，和她以及其他"纯真又新鲜的丽人"一起在此尽情享受，让爱迪生如此着迷，他自己也好像重返少年时光，在6月底，他写信给英萨尔说："你4号能来吉利兰家吗——这里有很多漂亮女孩儿。"

大约在这个时候，吉利兰社交圈里的某个人建议他们都开始写日记，尽可能多地记录个人细节，以供大家分享。爱迪生于7月12日在门洛帕克开始写日记，史迪威夫人在那里照看他的孩子。

当他带着玛丽昂回到伍德赛德别墅时，米娜已经离开，去了肖托夸和她的家人见面。莉莉安·吉利兰公开为他寻找配偶，并向他推荐了来自印第安纳州的路易丝·艾戈。"艾戈小姐，"他写道，"金发碧眼，肤色像小天使的心一样光洁无瑕。"但是他无法摆脱米娜那种沉郁的魅力。在波士顿的一次购书旅行中，他"想到了米娜，差点儿在街上被一辆车撞倒——如果米娜更多地出现在我的脑海里，我将不得不买一份保险"。

接下来是他一生中最懒散、最爱沉思的时期。这段时间阳光普照，充满海边清新空气的味道，以及女性魅力和奇怪的法式浪漫。不同于他所习惯的日常生活，这些日子似乎融入了一种疯狂，与其说是现实，不如说是漫长的梦。只有"肖托夸的少女"从他的梦中消失了，但却渗透了他的一篇篇日记，他下定决心，和米娜的远隔将只是暂时的。与此同时，米娜被与雷卡米耶夫人联系在一起，她是吕西安·波拿巴心中衣着单薄的缪斯女神，是可望而不可即的性感化身。尽管爱迪生很少讲法语，但他总是被法国文学吸引，他在波士顿购买的一本书是"神圣的"朱丽叶的自传——"我想看到这样一个女人"。沉浸在其中，他恍惚地想象着那个让她流亡的好猜忌的暴君。

```
Menlo Park N.J.
Sunday July 12 1885
Awakened at 5.15 A.M. my eyes were embarassed by the sunbeams
- turned my back to them and tried to take another dip into oblivion
- succeeded - awakened at 7 A.M. thought of Mina, Daisy, and
Mamma G— put all 3 in my mental kaledescope to obtain a
new combination a la Galton. took Mina as a basis, tried
to improve her beauty by discarding and adding certain
features borrowed from Daisy and Mamma G. a sort of
Raphaelized beauty, got into it too deep, mind flew away
and I went to sleep again.  Awakened at 8.15 A.M.
Powerful itching of my head, lots of white dry dandruff—
what is this d——mnable material, Perhaps its the dust from
the dry literary matter I've crowded into my noddle lately
Its nomadic. gets all over my coat, must read about it in the
Encyclopedia.   Smoking too much makes me nervous -
must lasso my natural tendency to acquire such habits —
holding heavy cigars constantly in my mouth has deformed
my upper lip, it has a sort of Havanna curl.   Arose at
9 oclock came down stairs expecting twas too late for
breakfast—twas'nt.  couldn't eat much, nerves of stomach
too nicotinny.  The roots of tobacco plants must go clear
through to hell.  Satans principal agent Dyspepsia
```

爱迪生日记的一页，写于1885年夏①

日记大意为：

新泽西州门洛帕克

1885年7月12日星期日

清晨5点15分醒了，我被阳光照得睁不开眼睛。我翻过身背向阳光，想再睡个回笼觉。睡着了。7点醒来，想起了米娜、黛西和"妈妈"·G，把她们都放进我想象中的活动电影放映机，按照高尔顿的方式组合成一个新的人。以米娜为基准，试着通过抛弃某些原有特征，加入从黛西和"妈妈"·G身上借来的另一些特征来提升米娜的美，一种拉斐尔式的美。我想得太入迷，思绪越飘越远，又睡着了。8点15分醒了，脑袋奇痒无比，生了许多干燥的白色头皮屑，这种讨厌的东西是什么？它们可能是我脑子里最近塞满的枯燥文学作品的灰尘。这些"流浪者"在我的外套上落得四处都是，我一定要在百科全书中查一查。吸烟太多使我变得神经紧张，我必须阻止自己不自觉地养成这种习惯。嘴里一直叼着粗重的雪茄已经让我的上唇变形了，它有点儿哈瓦那式上翘。9点起床下楼，以为我已经错过了早餐——并没有。我吃不下太多东西，胃部神经过度"尼古丁化"了。烟草的根肯定深入地狱了。撒旦的主要化身就是消化不良。

---

① 爱迪生在日记中提到的是格蕾丝·加斯顿（小名"黛西"），那年夏天和吉利兰一家一道前来度假的一个女孩儿；"妈妈"莉莉安·吉利兰；英国遗传学家弗朗西斯·高尔顿（1822—1911）。

早餐后，躺在沙发上，浅睡一觉，梦见自己在太空深处，在一颗荒凉而巨大的星球上，伟大的拿破仑的孤独灵魂是唯一的居民。在暴风雨的号叫和巨浪的冲击中，一如图画里的一样，我看见他的蓝色眼睛放出鹰似的光芒。他站在高高耸起的海角上，凝视着世界和星空。在他的上方万里之外，皇帝的雄鹰盘旋着，用沉重的翅膀扫过天空，爪子里握着一封信。

　　然后，我的梦境发生了变化——我以为我正在望着大海，突然间，空气中充满无数的小天使，就像在拉斐尔的画作中看到的那样，每一个看起来都只有苍蝇大小。它们的形状很完美，似乎是半透明的，每个小天使都飞到了海面上，伸出两只小手，抓起一滴水，向上飞去，在那里聚集在一起，似乎形成了一朵云。

很明显，爱迪生正处于一种情绪混乱之中，这种情绪混乱使他在一个由确定的自然法则或由上帝统治（如果米娜坚持这么认为的话）的宇宙的稳定中努力寻找平衡：

　　我去阳台上欣赏自然。宛如欣赏了路易斯·普朗的一幅石印画①，在画里可以看到各种各样的昆虫、蝴蝶、无数的鸟，还有如同非洲市场上出售的印花布一样颜色各异的花朵……这是一个人类关于万能上帝的多么渺小的想法！我的印象是，他制定了不可改变的法则来管理这个世界和其他数十亿个世界，他甚至已经忘记了地球这粒很久以前就存在的小小尘埃。为什么人不能遵循和实践自己良心的教导，管好自己的事情，而不要强迫自己

---

① 路易斯·普朗的斑斓的"多彩石印画"，流行于19世纪后期的美国。

有意识地用有限的头脑去处理那些没有任何建议就会被解决的事务呢？

玛丽昂在想象力的表达上不甘落后，为一部关于"强迫婚姻"的小说写了一篇提纲。当她读给爱迪生听时，他似乎想起了自己过去的经历，"满是苦涩"。

对他来说，这是唯一有些心酸的插曲。然而，一个充满欣喜若狂的期待的时期已经开始，米娜（8月6日她满20岁了）将接受他的主动追求。如果她向西走是在玩欲擒故纵的游戏，那么他会追随她，甚至融入她家人的圈子。这意味着他将不得不讨好多达10个姓米勒的人，更不用说米娜的无数表亲，特别是要赢得她的父亲——肖托夸湖的小池塘中最大的青蛙的青睐。

米娜·米勒打扮成吉卜赛人的样子，大约在爱迪生第一次遇见她的时候

爱迪生最好的机会是作为发明家讨好刘易斯·米勒，同时避免谈到是否常去教堂的事。"我的良心似乎忘记了星期日。"他在日记中写道。他阅读一本名为《成功是如何赢得的》的令人鼓舞的商业资料集，通过这本书了解刘易斯的一切。他无法改变自己的年龄，只能买一双不舒服的法国制造的绅士鞋来追求优雅的外表。[①] 他在日记中写道："这双鞋很小，看起来很漂亮。我的第二头脑（后天获得的头脑）已经成功地说服了我的第一头脑（原始头脑或心灵），为可能受到的青

---

① 这双鞋花了爱迪生14美元，相当于现在的355.6美元。

第五章 光：1880—1889年

昧而忍受身体上的痛苦是纯粹的虚荣、自负和愚蠢。"

他还钻研了一堆大部头书，从中汲取了知识：卢梭的《新爱洛伊丝》，迪斯雷利的《文学珍谈录》，耶尔马·博伊森的《歌德和席勒》（"这种文学风格中的一点点机智和一点点风趣如同面包里的小苏打"），约翰·卡斯帕·拉瓦特的《面相学短篇集》，霍桑的《英文笔记》，罗斯·克利夫兰的《乔治·艾略特的诗歌和其他研究》，歌德的《威廉·麦斯特的学徒岁月》和《少年维特之烦恼》，托马斯·奥尔德里奇的《坏男孩的故事》（"非常风趣、迷人"），以及朗费罗的《亥伯龙》。仿佛这还不够博学，他又陶醉在西德尼·史密斯的故事中，并提醒自己，"我必须读《简·爱》"。

8月10日，爱迪生来到肖托夸。玛丽昂陪着她的父亲，但两人并不能一直友好相处。当他向吉利兰夫妇赞美米娜的"完美"时，他感觉到女儿开始嫉妒了。

刘易斯·米勒则给了爱迪生一个惊喜。他立刻喜欢上了爱迪生，认为他和自己一样，从为人类提供便利中赚了很多钱。虽然他寻求的宗教之光比电更有"灵性"，但他同时也是一个朴实、善良、善于接受的人，比他严肃的妻子更愿意为愚蠢的笑话放声大笑——爱迪生小心翼翼地抹去了可能会让他们震惊的词语。就连玛丽·瓦林达·米勒也承认，她女儿的新追求者有一种必胜的信念。她以前曾希望米娜和肖托夸协会另一个联合创始人的儿子乔治·文森特相配，但她和刘易斯都禁不住受宠若惊，因为这世界上最有名的男人之一正手拿帽子、满怀真心地在他们的别墅门口呼唤。①

然而，当爱迪生请求带上米娜去纽约州北部和新罕布什尔州旅行

---

① 米勒家的乡间别墅如今仍然矗立在肖托夸。

的时候，他们却拒绝了。即使爱迪生是个体面的鳏夫，一个有教养的女孩儿也绝不能去参加这样的活动。埃兹拉和莉莉安·吉利兰主动提出当监护人，路易丝·艾戈（她爱上了米娜的哥哥罗伯特）自愿做另一个同伴。用米娜的话来说，他们都"让旅行更吸引人了"，她的父亲最后同意了。

一行6人于8月18日出发。他们的火车和游船旅行路线经过尼亚加拉瀑布和纽约州北部的千岛湖到达蒙特利尔，然后向南转到新罕布什尔州的怀特山，终点是枫林大酒店。米娜拘谨地回忆道，在这里，她和四工电报机的发明者之间"开始有了点儿火花"。

> 在华盛顿山顶度过一天后，晚上我们在山脚下的酒店落脚。爱迪生先生为我写下了莫尔斯电码字符，第二天早上我就记住了。过了一会儿，他慢慢地用莫尔斯电码给我发了一条我能理解的信息。这条信息太郑重了，我都不好意思再重复一次。

玛丽昂说看到了米娜的手在敲击，以及"杠-点-杠-杠，点，点-点-点"的回应。玛丽昂经常在门洛帕克她父亲的实验室闲逛，可能也学过莫尔斯电码。更有可能的是，随着时间的推移，米娜的故事成了她想象出来的回忆。无论如何，她在已有的人生里度过的最幸福的一年结束了，爱迪生和米娜就此结合，直到死去。

丘比特的要求

9月30日，爱迪生写信给刘易斯·米勒，正式询问自己能否和米娜结婚。

尊敬的先生：

几个月前，正如您所知，我经人介绍，认识了您的女儿米娜小姐。后来，我们的友谊变成了一种仰慕之情，因为我欣赏她温柔、优雅的仪态，以及她美丽、坚韧的心灵。

这种仰慕已经转化成了爱情，我已经请求她成为我的妻子。她把我介绍给您，我们的订婚需要您的准许。

我的生活、经历和社会地位已经广为人知，因此不需要再次陈述。我相信您不会因此指责我自大狂妄。我意识到，名声已经成了评判我好坏的标准。

最后，我只需要补充一句，我请求您的女儿把她的幸福托付给我，这是我深思熟虑的结果，我完全理解我将要承担的责任。

我承认您的答复和我的幸福息息相关，我坚信您会认可我的恳求。

此致

托马斯·A. 爱迪生

他留下了纽约的实验室地址作为回信地址，在听到关乎自己命运的回复之前，他都不会忙工作上的事。爱德华·约翰逊希望让自己的注意力集中在一件紧急的事情上——如何应对留声机的新对手"格拉福风留声机"，但他不得不推迟进一步的讨论。"原因很简单，他恋爱了，不想提前做任何与丘比特的要求可能冲突的约定。"

米勒立即以同样正式的方式回应，邀请爱迪生于10月初在阿克伦橡树广场自己家见面。米娜家高耸的房子被大量的鹿、马和狗的雕像守护着。米娜的母亲对爱迪生不是非常满意，因为他耳聋这个不幸的问题，米勒太太怀疑他不会常去教堂。米娜自己也对这一点有些担心，但刘易斯一点儿也不在意。他非常喜欢爱迪生，并允许这对恋人于1886年2月24日在他家的屋檐下结婚。

在那之前，爱迪生要对房地产的安置做一些重大决策。前一年夏天，在海边的一个明亮的夜晚，他沉浸在对遥远的米娜的幻想中，对着月亮进行了一次想象的三角测量，"所述三角形的两边与俄亥俄州伍德赛德和阿克伦的地球基线相交"。他的计算使他精确地按计划到达了阿克伦。然后他得绘制一系列其他的延伸线，这将成为他未来生活的路线。首先，从橡树广场到迈尔斯堡，他想带他的新娘去迈尔斯堡度蜜月，而且他和吉利兰正在那里建造一组联排房子和一个共享的冬季实验室；然后回到纽约地区米娜想定居的地方（他让她来决定住在城里或乡下）；接下来，从这个位置到新的大型实验室，这段路程将会抹去门洛帕克的所有记忆。

米娜选择了卢埃林公园，这是新泽西州西奥兰治的一个单独的、有大门的山坡飞地。它离奥兰治市中心的火车站足够远，可以被认为是乡村，但又足够近，有市政马车服务。格伦蒙特是该庄园的主要住宅，由于主人亨利·佩德在一起百万美元的贪污案中垮台，它被连带家具一起挂牌出售。这比米娜的娘家还要大，是一座有许多山墙、23个房间的英式风格豪宅，有红色的砖和外部框架，整座房子几乎是新的，建得像银行一样坚固。房子里有桃花心木的中央楼梯、一个桌球室、一个音乐室和一个弯曲的朝东向阳的巨大储藏室；所有卧室都有可以放热水的浴室和壁炉；有中央供暖，手绘的天花板，油画雕像，一大堆蒂芙尼银餐具，还有一个图书馆，藏有精装带皮封面的书，这些都是佩德先生逃去圣基茨时无法带走的东西。

格伦蒙特之所以这样命名，是因为它在一道山谷里，面向东方，隔着奥兰治山与纽约相望，纽约离这儿只有20英里。它周围环绕着

11英亩修剪的草坪和植物，这些都是由内森·富兰克林·巴雷特设计的，他是美国最重要的景观建筑师。在它的后面和北面，散发清香的林地向鹰岩保护区延伸，那里冬天可以滑冰，夏天是躲避蚊子的避暑地。米娜只需要一个未婚夫就能以125 000美元的价格买下这个天堂——远低于该房产估价的1/3。

位于卢埃林公园的格伦蒙特，摄于爱迪生为米娜购买之后不久

爱迪生没有让米娜失望。他又开始发迹了，他的制造车间和其他企业利润猛增。珍珠街发电站处于赢利状态，在一年内付清了启动成本，并已发放了第一笔股息。纽约的爱迪生照明公司准备开始在更大的、向北一直延伸到中央公园的第二区施工。在全国范围内，58座爱迪生中央发电站和520座独立发电站的电路中有超过30万盏灯在工作。机械厂在拥挤的下东区社区发展得如此之快，以至于很快就搬出曼哈顿，甚至搬到了州北部。爱迪生可能几年内都不会像卢埃林公园的其他豪宅主人一样富有，但他有生以来第一次感到自己足够有钱，可以与自己的支出和雄心相配。

1月10日，爱迪生签署了购买格伦蒙特的协议。他不希望讨厌的塞费尔特夫人又向他的房产伸手，花6 134美元了结了她的诉讼——这是他欠她丈夫的原始债务的20多倍。他同时命令纽瓦克的一家花店停止在玛丽的坟墓上放花，了结了另一桩心事。他带着91岁的父亲去欧洲旅行了3个月。他写信给在迈尔斯堡的房地产经纪人，通知他们自己很快就要去那里了（没有提到是去那里度蜜月），并期待着和吉利兰先生搬进他们完工的房子。① 他派出两艘装载重型设备的船去实验室，其中一艘在途中被闪电摧毁后，他又派出另一艘载有同样设备的船。对于在格伦蒙特定居后将要做的工作，他画了几幅位于北边的实验室及其附属建筑的立面图，这些建筑按照布杂艺术风格呈四边形分布，大门右边是一个图书馆。

　　埃兹拉和莉莉安·吉利兰选择在爱迪生的婚礼前去迈尔斯堡，为他的到来做准备。他们带走了玛丽昂，汤姆和威廉则留在学校。② 2月20日，门洛帕克的"男孩儿们"在纽约德尔莫尼科餐厅为"老头儿"举办了一场兄弟聚会。3天后，巴彻勒、约翰逊、英萨尔和其他几个人乘一辆私家车到了阿克伦。24日下午3点，爱迪生站在橡树广场米勒家客厅里的玫瑰花架下，等着米娜嫁给他。

爱和珍重

　　米娜用爱迪生给她买的钻石和珍珠项链把自己打扮成了一个穿着白色缎面礼服的闪闪发光的新娘。大房间里陈列着成堆的钻石、红宝石、蓝宝石和银器等其他礼物，围绕着一根纯色缟玛瑙制成的柱子，金色的柱头显示着爱迪生新增的财富。他穿着一件黑色的艾伯特王子

---

① 这组联排房子是用从缅因州运来的成套零件建造的。
② 3月1日，汤姆给他的父亲写道："我在做乘除法，威利在做减法。"

礼服外套，试图打扮得优雅一些，但不愿戴手套。

美国国内的媒体广泛报道了这个省略手套的做法。这是一个信号，表明尽管新婚妻子在社交上有所期望，但爱迪生仍然是一个用双手工作的人。当天晚上，他匆忙前往佛罗里达，至少和对性爱一样迫切渴望回到创造性工程中。他们刚开始穿越佐治亚州的种植园，他就弄明白了一台带有吹气脱毛器的自动采棉机的机械原理。

桃花在通往佛罗里达的路上盛开。当"爱迪生夫妇"入住杰克逊维尔的圣詹姆斯酒店时，米娜发现自己成了公众热切关注的对象，她因此感到害羞。她躲在房间里，而她那习以为常的丈夫则去观光。像许多年轻的新娘一样，在经历了令人扫兴的蜜月之后，她发现自己已经嫁给了一个不太投缘的人。丈夫的无礼令她烦恼。之前，在她父亲的房子里，她在白色祭坛前跪在他旁边，听他发誓："根据上帝的神圣法令去爱和珍重彼此，直到死亡把我们分开。"因此她希望他能接受卫理公会 223 页的《教义和纪律》，刘易斯·米勒把它的副本放在他的上衣口袋里，让他在火车上阅读消遣。"他打算好好研究它，"米娜写信给她的母亲，她的话看起来很可疑，"前几天他想知道我嫁给他是否为了改变他的信仰。"

爱迪生试图让她明白，他需要确凿的证据，或者至少需要逻辑论证才能相信任何事情，而宗教在这两个方面都有缺陷。他不指望把她变成不可知论者，也愿意承认他对宗教的轻蔑可能是错的。但他无法控制自己的感受："日常生活一定是令人信服的力量。"至少在这一点上，他们达成了一致。

未知数

爱迪生的创造力在玛丽死后的 18 个月里消退了许多，如果米娜知道这一点，她会把爱迪生婚后灵感的迸发归功于自己。这些灵感一到迈尔斯堡就像火山一样爆发了。他在那里的实验室只是一座简单的预制棚屋，根本还没有准备好，价值 16 000 美元的设备还没有安装。但这丝毫不影响他用图和各种笔记填满 6 本笔记本，这足够一个研究团队在 19 世纪剩下的十几年里忙活了。有那么一两张草图透露出超现实主义，比如一架钢琴，通过用琴键"弹奏"橡胶喉咙来产生语音而不是音乐，还有一幅米娜的半身像，肩膀裸露，被放在一个空用时钟上。但是大多数条目都经过精确的构思，并标注了日期和签名，很明显他已经在脑海中建立了一个实验室。

爱迪生用超现实主义风格把米娜描绘成空用时钟

一号笔记本以 3 张图片开始，在度蜜月的时候来看，这些图片可能都会被认为在描绘阳具。但对爱迪生来说它们都是白炽灯的变形，

第五章 光：1880—1889 年

这是一个永远迷人的主题。在那天的记录结束之前,他已经在脑海中测试了11次碳化溶液,用一管管细铜粉净化和干燥"城市煤气",用一个箔气球测试传递远距离电信号,并将天然气转化为灯黑。接下来的6个星期里,又有400多项发明问世,包括流体棱镜、留声机汽笛、百货商店的机动"运钞车"、金属疲劳探测器、声呐深度探测仪、人造丝绸喷射器和从树上吸取松脂的气动装置。这些无足轻重的想法中,出现了两个他认为非常重要的概念:电磁引力理论(受法拉第的著作影响)和将光/热转化为电。由于前者,爱迪生把太阳系当作一台巨大的离心发电机,或者从普遍意义上来说,当作宇宙中数十亿个旋转的分子中的一个。后者源于一个困扰他多年的想法,即在人类已知的频谱极限之外中存在一种新的能量,他只能称之为"未知数"。他想象光束或热穿过液体,或者在理论上构想电容器中的电流和磁铁中的磁力线的对立关系,每当这种时候,他就会感觉到"未知数"的存在。他和吉利兰正在研究的发送信号的火车究竟是什么,是一个可以无视绝缘定律,让电能在空气中"跳跃"的电容器吗?他绘制了一个旋转的、带有沟槽的圆柱体在磁铁的尖头

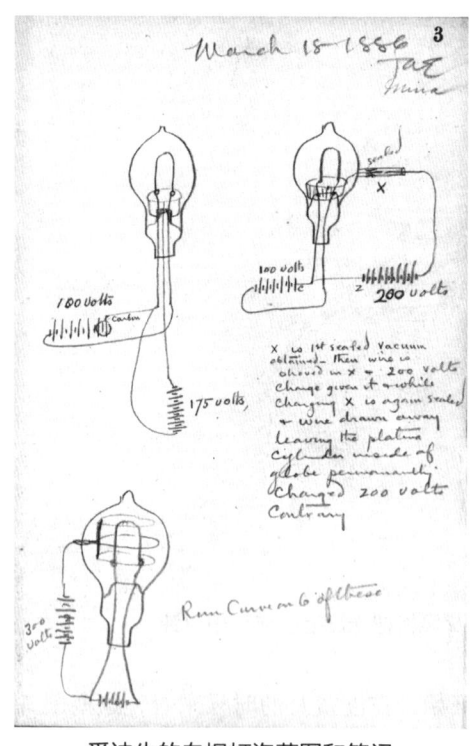

爱迪生的白炽灯泡草图和笔记

点亮黑夜——爱迪生传　　484

之间投射"笔直的和呈直角的"光线的各种方式的三维图。在他大脑的"耳朵"里,他听到了一个快速旋转的磁化轮发出的声音,可以通过一个附带的电话听出那是一种频谱音乐。"如果这种扰动是在没有电或磁的情况下产生的,那么我们就有了一种新的能量形式。"

在这种时候,他笔记中的文字拼写显示出他被卷入了一种兴奋的狂热,小心翼翼撰写的手稿退化成了杂乱无序的扩散式涂鸦,就好像手中的铅笔已经跟不上他的思考。爱迪生正奔向一个甚至连理论科学家都不敢涉足的思想领域,他明白自己还不够格,但这就像他与米娜争论神学一样,他无法控制自己。①

而米娜则情不自禁地迷失在河边庄园原生态的环境中,这里没有丛林生长,只有部分区域移植了树。联排房子非常吸引人,看起来很原始,木工才刚完工。莉莉安·吉利兰在她身边帮助应付玛丽昂,令她欣慰。但她看不起牛仔和有色人种,她写道:"几乎每一个都是最黑暗的阴影。"他们构成了佛罗里达社会的下层阶级。她在波士顿的同学们可能会说,他们不是"一个世界"的。

爱迪生无休止的诙谐加重了米娜对婚姻的怀疑。她自己缺乏幽默感,丈夫却肆意取笑他人,有时甚至有些粗鲁,她对此惴惴不安,并疑惑他在只和男人密谈时是怎么说话的。同样难以适应的是他对身边人和事的控制欲,即使是非常普通的任务,比如规划他们冬季住所周围的花园,也必须由他自己来完成。

爱迪生向他们的园丁兼管理员展示了这幅设计图,并附上了1 500个单词的精确说明,告诉他需要280船的表土来覆盖河边4英

---

① 《托马斯·A. 爱迪生文献》的编辑得出结论,爱迪生熟悉詹姆斯·克拉克·麦克斯韦的经典著作《电磁通论》中非数学方面的内容,也熟悉奥利弗·赫维赛德近期在《电工》(英国)上发表的所有关于"电磁感应及其传播"的论文。

寸深的 8 英亩土地。他订购了 90 种不同的果树，包括无花果树、杧果树、桑树、鳄梨树、李树、桃树、杏树、柿子树和"尽可能多的最好品种的橙树"，还应该有一个 20 平方英尺的香蕉林圃，1 000 棵菠萝植株，以及一道柠檬树篱。（"如果你不能在别处买到普通的意大利柠檬种子……普通的柠檬种子也可以。"）他还要求购买 8 吨化肥："我建议让这片土地成为佛罗里达最肥沃的土地……我认为你应该去河里找些黑色的淤泥和淡水淤泥……很明显，土地需要一些带有细纤维的海绵状腐殖质，就像放在椰子的洞里一样来保持肥力，防止肥料直接流到地球另一边。"

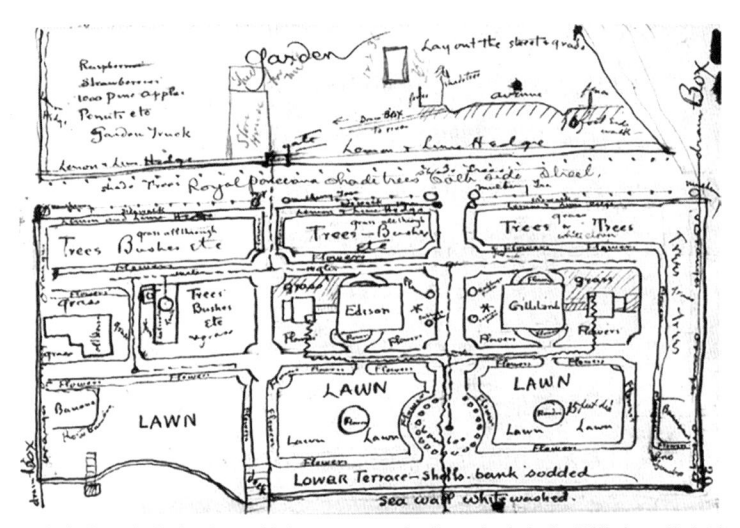

爱迪生的迈尔斯堡庄园计划图，1886 年春。实验室在联排房子的左边

米娜明白了，就像之前的玛丽一样，她永远不会拥有一个完整的丈夫，甚至一半也不行。也许是感觉到了她的不安，爱迪生给她笔记本中的许多发明让她复制并签名。但是他唯一允许她一起做的实验是电击牡蛎，以使它打开壳。他们最后不得不放弃，称其为"彻底的失败"。

比利、乔治、汤姆、威利

爱迪生在 4 月下旬结束蜜月后,并不急于恢复正常生活。在搬进他们的宅邸之前,他和米娜在阿克伦度过了 5 月初的时光——这段时间,米娜过得忧心忡忡,爱迪生则带着虚假的谦逊。"这段时间的生活对我来说太好了,"他告诉一名记者,"但是"——他摸着米娜的胳膊——"对我的年轻妻子来说,还不够好。"

她担心的不是庞大的宅邸,而是自己可怖的前景——她必须管理这么大的家庭,许多仆人和 3 个继子女都期望她可以出面做主。一旦爱迪生开始全心工作,他就无法参与这些事情。家务,包括维持家庭账户的平衡,都是女人的工作。想要教化爱迪生就如同马克·吐温笔下的道格拉斯寡妇教导哈克贝利·费恩一样徒劳,尽管有一段时间朋友们很开心地看到他的裤子熨好了,鞋子擦得锃亮,夹克的纽扣扣在了正确的孔里。

爱迪生又开始关注自己的事业了,他果断地采取行动,惩罚了 5 月 19 日爱迪生机械厂的罢工者,罢工的目的是获得工会认可和更高的工资。如果纽约市的"共产主义者"认为他们能够管理他的一个车间,那他很乐意将整个工厂搬到斯克内克塔迪,英萨尔在那里幸运地找到了一家旧机车厂。"做大点儿,萨米。让它获得巨大成功,"他说,"不然就算是失败。"

英萨尔将"大"这个词铭记于心,并在伊利运河旁建立了通用电气未来的全球总部。[①]

随着他和约翰·克鲁西的离去,爱迪生前所未有地不再受制于产权负担,能够专注于他当时最大的兴趣点——无线电报。他一年前与

---

① 在两年内,英萨尔使机械厂的销售额翻了两番;在 6 年内,他将机械厂员工的工资名单从 200 个增加到 6 000 个。

吉利兰一起开发的"跳跃"火车通信设备被命名为"蚱蜢"系统，正在密尔沃基 & 圣保罗铁路上进行测试，还没有完全成功。他对自己申请专利的另一种装置多路音频电报机更有信心。它使轨道沿线的车站能够通过多条线路相互发送电报，而不会干扰终端通信。在灵感迸发的瞬间，他设计了一层加重的振膜来增强其声学效果，它在大干线铁路沿线表现得非常出色，这正是他当初作为报童谋生的路线。他的测试员阿尔弗雷德·泰特[①]转述道："没有'平底锅'感应或'莫尔斯哈希'效应淹没按键的书写。"从电报术语翻译过来，这意味着电报听起来很清晰，没有噼啪声干扰，莫尔斯电码的点和杠也没有模糊地叠在一起。

"蚱蜢"系统最终被统一铁路电报公司接管，但一直没有发展起来。然而，爱迪生多路音频电报机在 7 月被巴尔的摩和俄亥俄州采用，并在 20 世纪成为美国铁路的主要设备。

那年夏天，爱迪生把他的实验室从纽约搬到了离家更近的东纽瓦克的电灯泡公司。他继续让米娜参与他的实验工作，把她带去当助手。因为她被允许进入一个男人的世界，所以她常常被叫作"比利"。玛丽昂偶尔加入他们，她是"乔治"。8 月中旬，爱迪生加入了比利、乔治、汤姆、威利和在肖托夸的许多米勒家族成员的行列，在威廉·詹姆斯所称的"纯粹的善良"中尽情享受生活。

在米娜的余生中，这样的一年一度的旅行，以及去教堂做礼拜，是为了让她从丈夫对物质的盘算中解脱出来，获得精神的慰藉。然而，肖托夸从未完全减轻她的抑郁倾向，她在 1886 年集会上听的布道也没有帮助她解决继女的嫉妒问题。随着青春期的临近，玛丽昂无法适

---

① 1883 年，泰特接替英萨尔成为爱迪生的秘书兼杂役。

应一个只大她 6 岁半的女人占据了爱迪生的爱。男孩子们也很难相处。米娜在给母亲的信中倾诉了她的焦虑，母亲安慰她，以肖托夸人一贯的随和语气回复道："试着去爱他们，他们会爱你的，爱迪生先生也会非常开心的。"

但是爱迪生已经非常开心了。10 月，他的好朋友吉利兰在东纽瓦克加入了他的新一轮实验，米娜发现那里不再需要她了。大约在同一时间，她怀孕了。

令人震惊

11 月 2 日，美国专利局批准了布达佩斯的卡罗利·齐珀诺夫斯基、奥特·布莱希和米克萨·德里的一项不可思议的专利，这是一种感应线圈变压器，它能提供线路需要的高电压，在远超爱迪生直流系统极限的距离下经济地分配交流电。这种装置被普遍称为"ZBD"变压器，其能源形式为"交流电"，而爱迪生则被定位为"直流电"的捍卫者。竞争就这样开始了，随着时间的推移，在许多充满阴谋论的谜团中，这场竞争发展成爱迪生和乔治·威斯汀豪斯暗中支持的尼古拉·特斯拉之间的"电流之战"。

最开始与其说这是一场战争，不如说这是爱迪生的一项研究努力，他想看看交流电技术能否与他自己的技术结合，弗兰克·斯普拉格曾预言交流电技术"将成为直接供电系统的强大对手"。爱迪生早就意识到，直流电虽然适合像纽约第一区这样的紧凑城区，但不适合长距离传输，因为延伸得越远，铜导线就必须越粗，造价也就越高。他的"三线"配电系统是对这个问题的巧妙回答，但同时也只适用于一条密集的电路。直流电从发电机到灯泡以中等电压稳定地向一个方向流动。交流电则在电线中交替波动，电压达到波峰又降低到零，被变压器强制提升到 3 000 伏之高，然后交流电源利用磁感应一个接一个变压器地将电压降低到不会熔化灯丝的水平。它使用的铜很少，而且不管多远都可以保证供电。然而，在 ZBD 变压器被完善之前，高压交流电太不稳定，无法加以利用。[①] 但是匈牙利人的变压器很有效地解决了这个问题，以至于斯普拉格警告爱迪生电灯公司的总裁爱德华·约翰逊："你来不及采取措施阻止别人比你先进入这个领域。"

约翰逊因此购买了 ZBD 变压器的美国专利权，但是他收益有限。威斯汀豪斯已经成立了自己的西屋电气公司，在马萨诸塞州的大巴林顿资助组建了一个交流电系统，并且购买了一台威廉·斯坦利近期设计的构造更复杂的变压器。与此同时，爱迪生出于好奇而非好斗，申请了近 12 项自己的交流电相关专利。他对此进行了巧妙的实验，确信交流电系统中那隐形、闪烁、局限于电线里的闪电很可能会杀死粗心大意的公共事业工人，更不用说那些修理故障插座或馈线附近的绝缘材料破损的住户了。他在一份给约翰逊的冗长的、满是技术内容的备忘录中总结了自己的发现和感受："（电流的）来回波动不可能立即开始，也不可能立即停止……它将需要 130 伏左右的电压来产生相当于 100 伏的电流，因此就令人震惊地出现了变向的间歇电流，它不断升高直至影响人体，这时的电压差已经达到令人不适的 260 伏。"

提及婴儿床

在新旧年之交的一个寒冷的日子，爱迪生在东纽瓦克的实验室外

[①] 爱迪生早在 1882 年就尝试并摒弃了交流电，他说交流电除了对动物实施安乐死之外，没有任何好处。然而，当交流电源被成功地安装在他欧洲的独立照明系统上，例如 1886 年 5 月安装在米兰的史卡拉歌剧院里时，他的态度就不一样了。

讲笑话时没穿外套，因此染上了胸膜炎，重病了好几个星期。①1月底，他才可以坐在床上，处理1887年的第一笔生意：在西奥兰治的山谷路和湖滨大道交点的拐角处购买14英亩的房产，距离卢埃林公园的家大约1英里。

他一恢复活动能力，就想回到灯泡厂工作，为爱迪生灯泡开发一种纤维素喷挤灯丝。他相信，如果通过这些改进把照明系统的覆盖范围扩大一倍，他就能击退交流电的挑战。但是医生坚持让他在佛罗里达继续休养。他听从医生的话，2月初动身前往佛罗里达，只好在火车上庆祝他的第四十个生日。这时，他患有肺结核并且永远不会北上返回的谣言报道传遍了全国。爱德华·约翰逊认为是西屋电气公司在捣鬼。爱迪生在迈尔斯堡的康复是缓慢而伴有并发症的，3月24日，他不得不让医生切开一个耳部脓疮放脓。几天后，《世界》杂志的一名记者在他的木质实验室里发现了他。他很健康，但听力更差了。埃兹拉·吉利兰承认道："他的确是个病人，不知何故，病症波及心脏，到后来需要多次进行吗啡皮下注射。"

米娜则有她自己的烦心事，结婚一年后，她担心自己没有爱迪生那样"充沛的感情"。4月中旬，她带着玛丽昂先他一步北上，错开时间让她的父亲单独拜访爱迪生，让后者接受"卫理公会的审查"。刘易斯·米勒到访后留了下来，然后被哄骗了。他徒劳地聆听爱迪生编造的故事，以及任何可能表明对作为妻子的米娜失望的评论。

他在给米娜的信里写道："我越是了解他，就越对他的伟大和真诚善良印象深刻。我完全相信他对你是真诚的，内在心理和外在表现是一致的。在社交方面，他比我认识的任何人都优秀。"

---

① 爱迪生也可能是患了肺炎。

不管父亲的话多么振奋人心，那个春天的某个时候，她不得不面对比想象中的关系紧张更真实的创伤。米娜流产了，她在信件中不再提及婴儿床和特别定制的衣服。

凹陷与凸起

5月，爱迪生让米娜在他的东纽瓦克实验室工作了一段时间，但他很快就被一个技术含量很高的项目吸引了，只有巴彻勒和吉利兰能帮上忙。查尔斯·萨姆纳·泰恩特和奇切斯特·贝尔于1886年申请了一项圆筒录音机专利，爱迪生想用一种改良的录音机来对抗它。那两人申请专利的时候，爱迪生因为得了相思病而没有留意太多，而此时他必须关注了。他们的设备被称为"格拉福风留声机"（graphophone），这个名字可能和留声机（phonograph）没那么相似，但它的外表和留声机几乎完全一样，喇叭、螺旋形凹槽和手摇曲柄一样不缺，足以让普通顾客上当受骗，误以为他们得到了他的授权许可。[①]这两种机器的关键区别在于，格拉福风留声机的触针切刻蜡套筒，而不是压刻锡箔圆筒。这无疑是一个销售上的优势，此外，泰恩特和贝尔已经准备好销售他们的设备，而爱迪生在这场竞争中目前只能提供一幅"改良留声机"的草图。

1878年，爱迪生在英国而非美国申请了大量可能的留声机开发专利，这一错误进一步拖累了他。泰恩特和贝尔声称的所有独立的改进都包含在他申请的创新产品（用67张描述性图纸逐项列出）中。但是专利局拒绝授予爱迪生在美国国内的优先权，理由是他只有权享

[①] 1881年10月20日，泰恩特和贝尔在专利局的一个密封的标有日期的盒子里标注的"留声机"实际上是一台爱迪生留声机，金属圆筒上涂有一层蜡。这一骗局直到1937年才被揭露。

受海外保护。讽刺的是，此时无论爱迪生为美国市场设计了什么新机器，都不能侵犯格拉福风留声机的专利，而他早在9年前就预见到了该技术。

他在5月7日的素描中相应地展示了一台由电动机驱动并有橡胶声学管的留声机，可以用于记录和回放。圆筒的筒面被神秘地留白，鉴于他和巴彻勒后来制造出被称为"M型"的留声机，很明显他们认识到蜡涂层纸板在做记录时比箔面铁筒更有优势。在切刻时，触针用最小的阻力干净利落地刻蜡；在压刻时，触针就要用重量在箔片表面压出凹陷与凸起。蜡的问题是比箔软，所以每次重播，声音质量都会下降。

因此，爱迪生面对的挑战是配制出一种符合条件的蜡，这种蜡要足够坚硬，非常耐磨，但又能灵敏地记录最高的、刻痕最浅的频率，比如像"sphynx"这样的念起来咝咝作响的词。（在美国商业繁荣时期，清晰的发声对这台机器来说至关重要，因为爱迪生和泰恩特都瞄准了录音的市场。）当圆筒旋转时，刻下来的蜡不应该卷曲在后面阻碍触针；理想情况下，刻下来的蜡应当飘浮到空气中。当然，这意味着唱针本身应该锋利可靠，但又不至于太锋利，那样第二次经过时会损坏纹路。

在接下来的13个月里，爱迪生的主要任务就是在这些化学、物理和电气工程上的要求之间寻找一种理想的平衡。与此同时，在几乎同样长的时间里，他承担着同样具有挑战性的任务：规划、建造、装配、搬进他位于西奥兰治山谷路的大型实验室，并为其配备人员，该实验室已于7月5日破土动工。

两个项目都给他带来了极大的快乐，其中第一个项目是一场实验马拉松，他最好的发明从中诞生。他有至少一个开创性的想法：一枚"从来不接触唱片表面但本身带电"的播放针，本质上是一个磁性拾音器。出于某种原因，他放弃了它，这使得电子录音机的出现迟了33年。

在此期间，还有另外三件事要处理：长期停业的爱迪生传声留声机公司的未来，这引起了一次争吵；1887年秋，米娜的第二次怀孕；摄影师埃德沃德·迈布里奇之后的来访，这将对爱迪生的未来产生深远的影响。

爱迪生刚开始研究M型留声机，旧留声机公司的联合创始人爱德华·约翰逊和尤赖亚·佩因特就劝说他接受泰恩特和贝尔的提议，将他们的专利合并，成立一家新公司，这实际上垄断了录音机的市场。对爱迪生来说，把留声机和格拉福风留声机、佩因特和泰恩特混在一起十分可笑，任何这样的合并都是不可想象的。这将损害他在录音领域的领先地位，他可以看出贝尔公司真正想要的是他的英国专利。他给自己在伦敦的代理人乔治·古洛德上校写道："在任何情况下，我都不会和格雷厄姆·贝尔有任何瓜葛，他的格拉福风留声机的发音太老气了。我有一台好得多的设备，并且已经在建造可以生产它的工厂。"

亚历山大·格雷厄姆·贝尔与他的兄弟奇切斯特和萨姆纳·泰恩特有牵连，因为他们三人新成立了位于华盛顿特区的美国留声机公司。爱迪生越来越固执，反复拒绝了他们与他做生意的请求，并决定成立一家新的公司——爱迪生留声机公司，而不是重振以前的传声留声机公司。他于1887年10月10日注册成立了该公司，初始资本为120万美元，并对约翰逊和佩因特痛苦的抗议置之不理，两人称他践踏了他们作为旧公司股东的权利。他们拒绝接受爱迪生让他们持有爱迪生留声机公司30%股份的提议，认为这既不光彩也不够丰厚，因为如果他接受了贝尔的提议，他们将获得一半的利益。现在看来，这本该是一次明智的合并，尤其是在一个月后，德国移民爱米尔·贝利纳申请了一台圆盘留声机而非圆筒留声机的专利。

这个柏林人的设计从几个方面来说都具有革命性，但是还要再过几年才能商业化。爱迪生有一个贝利纳和贝尔都没有的优势，他可以炫耀自己"设备最好、规模最大的实验室"即将完工。它将有三层楼高，总占地面积为37 500平方英尺，并将雇用大量的科学家、专业工程师和工匠。总之，这是一个多部门组合的设施。"对于一项发明要快速、廉价地开发来说，它比其他任何设施都优越得多。"他打算在感恩节前搬入，并在年底前全面投入使用。许多附属建筑将围绕着它，每一座都有其协调的研究或开发功能，包括一座巨大的留声机工厂，它将（通过伊利铁路，正好经过实验室后门）运出很多完美的发声机器，多到格雷厄姆·贝尔会希望继续设计电话，而不是插手留声机事业。在创新和制造的结合中，西奥兰治实验室将接近顶峰时期的门洛帕克。"事实上，"爱迪生写道，就好像实验室已经在运行，"没有类似的机构存在……这里可以制造任何东西，从女式手表直到机车。"

埃兹拉·吉利兰在大部分时间里都在与公司律师周旋，研究M型留声机的机械原理，他发现称病就可以顺理成章地不去上班。因此，作为爱迪生认识最久的朋友和第一台留声机的热情支持者，在这场对约翰逊来说特别痛苦的摊牌中，吉利兰避免了偏袒任何一方。约翰逊一生中头一回成了富人，他同时担任爱迪生电灯公司和爱迪生独立照明公司的总裁，还享受着个人发明——闪烁的彩色圣诞树灯——的专利费。他住在康涅狄格州的一座富丽堂皇的宅邸里，并把旧留声机公司的复兴视为自己命运的关键。但是爱迪生没有出于同情选择他作为新公司的"总代理"，而是任命了吉利兰。后者的合同条款非常慷慨，保证了他在第一个完整的生产年的收入约为16万美元。

除了对达蒙如此偏爱皮西厄斯感到惊讶之外，约翰逊别无他法。他是个敏感的人，当尤赖亚·佩因特试图胁迫他参加股东反抗，以惩罚爱迪生卖掉他们以前的权利时，他退缩了。他给爱迪生写过信："我们能不能聚一聚，把这件事弄清楚？这不是钱的问题，而关乎受伤的自尊——收到你的答复后，我将采取行动，永远摆脱目前不愉快的处境……我长久以来的梦想被埋葬在这家留声机公司里，这将让我留下巨大的遗憾。"

爱迪生相当不屑一顾。他回答道："今日成了这样，也不是你的错。等佩因特发完脾气，我会安抚他的。"

爱迪生希望吉利兰出售"改良"的留声机，但这玩意儿缺乏吸引力，吉利兰有些退缩。它仍然只是一台录音机，一个人对着它说话，另一个人近距离听它说话。最多能说它的音质非常出色。它很小，但出奇地复杂，有两片振膜、暴露在外的电线圈，以及一系列的螺柱、滑块、旋钮和螺钉，这很可能导致速记员的大规模失业。

爱迪生前不久赢得了诉讼，这使他的灯泡设计几乎在全世界范围内获得了完全的专利保护。这让吉利兰担心，爱迪生开始认为他发明的任何东西都可以取代其他发明家的作品，包括像泰恩特和贝利纳这样的有天赋的人。他们制作的留声机通过踏板操作，比他朋友的M型留声机更简单、更好。那年秋天的早些时候，爱迪生向《纽约邮报》记者吹嘘说，尽管他的留声机工厂仍在建造中，但到1888年1月底，他就会有500台新机器出售。他还通过计算留声机的4个可拆卸圆筒（每个圆筒的容量为600个单词）足以记录一整本《尼古拉斯·尼克尔贝》来显示他对数学的精通。①

5号楼

  幸运的是，新的一年里，山谷路新工厂开张的兴奋让他忘记了这些承诺。这是一座雄伟的建筑，没有通行证，任何人不得进入。约瑟夫·塔夫特设计的这个红砖建筑群超过了爱迪生最初期望的37 500平方英尺的面积。有4个实验长屋为主实验室服务，分别致力于物理、化学、化学品贮存和冶金方向。第一栋楼完全不含金属，所以电流计和其他精密仪器只会受地球磁场影响。第二栋楼肯定是爱迪生最喜欢的地方，设有一块倾斜的混凝土地板以排出有毒物质。在他个人收藏的用品中，有一些是年少的他在当电报员时拆开的旧格罗夫电池留下的铂阴极。

位于西奥兰治的爱迪生的新实验室，留声机工厂就在后面

  对面的5号楼修建了3扇巨大的拱形窗户用以通行——当时主要是四轮车。玻璃后面是爱迪生的双层带长廊的图书馆，镶着黄松木板，

---

① 爱迪生大大低估了这本小说的长度。狄更斯的这本小说总计263 520个单词。

随着时光的流逝，木板的颜色会逐渐暗淡，营造出学究的气氛。除了阿尔弗雷德·泰特之外，他打算安排在那里的第一个助手是一位语言学家，可以为他翻译订阅的德国、法国和意大利的技术期刊，更不用说用英语写作的科学家使用的行业术语了。他的豪华浴室和这里相连，里面闪烁着瓷器和意大利大理石的光泽。（在实验室的其他地方，反光的主要是镀锌铁。）更远的地方是一个房子大小的仓库，负责收集世界上每一种不易腐烂的物质并将其编成目录和索引，从硬木、石墨、蜡、药物和宝石到玻璃片、丝绸、海泡石、种子、骨头、芳香油和马鹿毛，爱迪生发现马鹿毛比骆驼皮的纹理更纤细，可以清洁他留声机圆筒上的凹槽。这座巨大建筑的其余部分修建了轻型和重型机械车间，外加三楼的许多研究室，这些研究室的墙壁是可移动的，随着他兴趣的改变，它们的功能也会改变。一座带有高大烟囱的发电站连接在后面，它输出的直流电满足了所有实验室建筑和留声机工厂的需求。而在奥尔登街旁边有一片冰冻的田野，等待春天解冻。爱迪生计划为1英里外卢埃林公园里他的房子安装输电支线。

到1月底，爱迪生已经从纽约招聘或调走了75名实验室助理，员工名单稳步增加。他似乎期望每个人加班的时间也是如此。一名员工对"老头儿"构思的基本时间表解释道："星期六，实验室在5点而不是6点关门……假期是用工作来庆祝的。"当他抱怨没有自己的生活时，爱迪生说了句让他困惑不解的话："年轻人，来的时间和去的一样多。"

一张接一张

2月27日，摄影师埃德沃德·迈布里奇在奥兰治展示了"动物实验镜"的图像后，拜访了爱迪生。他花了多年时间让赛马和裸体的人或跑或跳，要么就漫步经过一长排相机，每一台相机都同步捕捉一个看似静止、实际上是运动的瞬间。他有一个想法，认为能吸引爱迪生这个同样多年记录声音和投射光线的人。发明一台能显示移动的、有声的图片的机器，爱迪生会参与进来吗？

具有讽刺意味的是，迈布里奇构想的系统只是把他自己关于摄影的概念反了过来。尽管他的多台相机——一排多达 24 台——每台只能曝光一帧，但爱迪生想象中的单台相机必须连续曝光数百次，甚至数千次，并以与他的留声机回放声波几乎相同的方式再现照片。连续性当然是一种幻觉，一张接一张照片，每张都略有不同，切换的速度快到眼睛无法记录下它们之间的空白。

爱迪生很感兴趣，说他有时间会研究这个想法。在他的要求下，迈布里奇把他精选的影片中的动物影像送到西奥兰治实验室图书馆展出，它们令人难以忘怀的序列留在了爱迪生的潜意识里。

对第一次实验来说还不错

3 月，正当吉利兰否认爱迪生留声机公司要和美国留声机公司合并的谣言时，匹兹堡的千万富翁杰西·利平科特采取行动接管了后者。利平科特的财富来自玻璃。在美国经济蓬勃发展的时期，这次接管看起来是一项不错的投资，除此之外，他对留声机业务一无所知。他还觊觎"改良"留声机的销售权，尽管它在被发布后再也没出现过。作为一个资本家，他对任何一点儿金融风险都保持着狼一样的警觉，他意识到爱迪生在西奥兰治已经过度扩张，可能会同意出售自己的产业，这将使他在名义上领先于泰恩特和贝尔兄弟。

利平科特猜对了。爱迪生确实缺钱，除了在个人房地产上的支出外，他还向新实验室投入了 14 万美元，并为留声机工厂另外编列了

25万美元的预算。他曾私下里试图让亨利·维拉德资助西奥兰治的工厂，但没有成功。他没有暂停下来好好思考，尚未意识到这可能是在鼓动另一匹狼在他周围徘徊。

英萨尔仍然管理着爱迪生的财务，他在 5 月下旬给泰特写了一封信，说他听说爱迪生的留声机公司没有支付账单，他担心这会影响斯克内克塔迪的机械厂的信誉。"如果你们奥兰治的人要滥用信用，那么你们会使我们瘫痪的。"

他发出这一感叹时，恰逢爱迪生在实验室进行灾难性演示，爱迪生希望用他最新改进的 M 型留声机给另一群金融家留下深刻印象。爱迪生不知道，弗雷德里克·奥特在机器的扬声器里放了一枚比刻录针还要宽的触针。播放的结果是机器发出长时间的嗞嗞声，让爱迪生迷惑不解，投资者们则又带着完整的支票簿回到了纽约。

爱迪生以前也遭受过类似的羞辱，当时他正在门洛帕克测试他的第一个灯泡。这一刻，和在门洛帕克时，还有他在生命中面临的其他危急时刻一样，他组建了一个最优秀的助手团队——数学家阿瑟·肯内利、化学家沃尔特·艾尔斯沃斯、弗朗茨·舒尔茨-伯奇和在德国接受教育的声学专家西奥·万格曼，他们投身于一场追求机械完美的长期斗争。此时的留声机比 1 月时的更加复杂，既能播放音乐也能播放语音，但它还没有准备好生产或销售。伦敦的古洛德上校要求用一台这样的留声机来吸引英国投资者，同时也有必要让留声机公司的股票对利平科特尽可能地有吸引力，到目前为止，这位企业家已经提出了 50 万美元的直接收购邀约，吉利兰认为这太好了，实在是不能拒绝。这两个因素催促着爱迪生的发明。

爱迪生全神贯注于他的实验室工作，没有注意到邀约中的一项条款，即授予吉利兰 50 000 美元现金和 200 000 美元新公司股票，作为他的"总代理"合同。此外,一旦购买完成,这些股票就可以兑换成现金。

6月16日,爱迪生宣布暂时完成了新留声机的"改进"和"完善"。他紧接着通过一艘开往伦敦的汽船寄出了一个手工制作的模型,还有他称为"音图"的东西——历史上第一封有声信件。他亲自把妻子刚刚生下一个孩子的消息录制在一个可拆卸的圆筒上。

咳咳!录于我新泽西州奥兰治的实验室里

1888年6月16日,凌晨3点

我的朋友古洛德——咳咳!这是我第一次邮寄录音制品……我请汉密尔顿先生捎给你一台新留声机,这是我刚寄出的第一台新型留声机。正如你将要看到的,我们非常匆忙地组装好了它,虽然还没有彻底完成。我已经给你寄了一些实验性的留声机唱片坯,这样你就可以回复我了……

爱迪生夫人和孩子都很好。婴儿的吐字有点儿模糊,但声音很响亮。留声机还可以改进,但对第一次实验来说还不错。[①]

致以亲切的问候,

爱迪生

7月14日,杰西·利平科特创立北美留声机公司,结束了爱迪生和泰恩特、贝尔之间的利益之争,并把他们的所有专利都集中到一起。这使所有相关的人都受益匪浅,尤其是吉利兰,他急忙把剩余的25万美元奖金兑现,并匆匆前往欧洲。他声称是去那里展示留声

[①] 马德琳·爱迪生出生于1888年5月31日。H.德库尔西·汉密尔顿是爱迪生的付费环球旅行者之一。

机，但爱迪生发现了代理销售条款，并听说它是由吉利兰的私人律师约翰·汤姆林森协商的，这就好像达蒙在皮西厄斯的肋骨之间插了一把刀。他给伦敦的吉利兰发电报："我今天废除了你的合同，并通知了利平科特先生，他将自担风险，支付一切进一步的款项。既然你如此卑鄙，我就要拿走你所有的钱。"

吉利兰回电说："这笔和利平科特的交易完全符合你的要求，并得到了你的批准……你的做法罔顾事实，对我也很不公平。"法庭受理了爱迪生发起的违约诉讼。但是他们的友谊已经结束了，这段友谊曾给他们带来了经济上的、职业上的利益，也影响了爱迪生的个人生活。在接下来的14年里，只要吉利兰一家在迈尔斯堡过冬，爱迪生一家就会远离此地，他们家发电机发的电和风车汲的水也不会再给吉利兰家使用。①

运动中的事物

10月8日，已经摆脱了另一项公司责任的爱迪生画了一个乍看起来像留声机的装置。

但是"M"既不是触针又不是发声管，"N"也不是蜡筒。它表面的点也不是压刻或切刻的凹痕：它们的间距太大了。事实上，他想到的是显微照片——将迈布里奇的图片缩小到1/32英寸宽，使其以每秒显像25次的速度盘旋着通过一个微型望远镜。他计算出一个熟石膏圆筒上可以嵌入42 000幅这样的图像，以留声机的速度旋转，可以呈现出28分钟长的动态图像。如果驱动轴P在播放模式下与记录声音的圆筒的驱动轴配合，图像和声音将会变得协调。

---

① 埃兹拉·吉利兰于1903年5月13日死于心脏病，无子女。在晚年，他的遗孀写信给爱迪生："他非常爱你，爱迪生，并对所有的误解表示遗憾。"

他在一份重要文件的漂亮手稿中写道："我正在试验一种机器，它可以像留声机留住声音那样留下画面。它记录并再现运动中的事物，而且形式既便宜又实用方便。我将这个装置称为'移动图像的'活动电影放映机。在实际动作的第一次捕捉中，比如在一场歌剧当中，这种设备也可以被称为活动电影摄影机，但是它随后可以再现画面，这对大众才是有用的，它可以恰当地被称为活动电影放映机。"

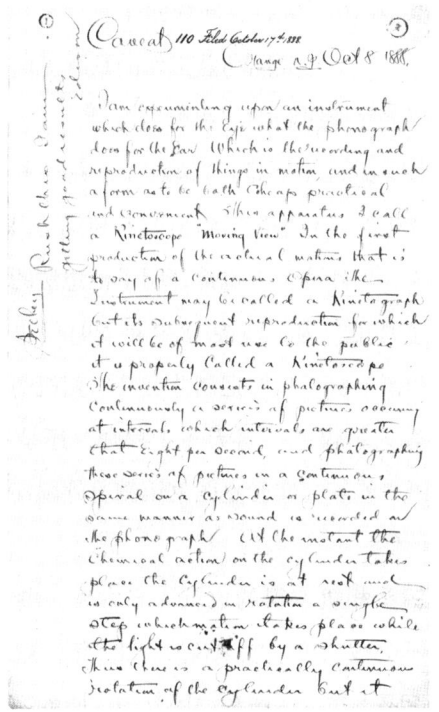

爱迪生关于活动电影放映机的第一份预防性声明，1888年10月8日

他接着描述了设备的摄影版本：一台足够大的相机，可以容纳一个感光圆筒，甚至一卷胶卷，两者都可以进行间隔极短的运动和停留，所以看起来像是连续的。他的这一发明的本质是欺骗：每一次极其短暂的停留都拍摄一个动作片段，每一次极其快速的跳跃都足够曝光另一帧。这就需要一个像前进的圆柱体一样移动的快门，每秒至少能抓拍 8 张照片（但最好是 25 张），以便让它们稍后顺畅地移动经过放大的镜头，并实现所谓的视觉暂留。

爱迪生因此在历史上第一次阐明了有声电影的概念。但他永远不会实现语音、音乐、移动图像的这个组合，而且他错误地在自己专利的预防性声明中暗示螺旋圆筒比能够展开的胶片带更好。甚至当他在文件上写下"1888 年 10 月 8 日，新泽西州奥兰治"时，他也不知道路易斯·普林斯——一个在英国利兹工作的默默无闻的法国照相机发明家，还有 6 天就会完成眼睛的"留声机"。①

那天晚些时候，爱迪生写道："快点儿，我马上要取得进展了。"他把活动电影放映机的专利手稿发给他的专利代理人，让他们转交给专利局。没过多久，另外两个人也都证明了他想法的潜力和特点。但是在接下来的 9 个月里，为了迎接 1889 年划时代的巴黎世界博览会，他忙于推广电力和留声机，只好把制造圆筒照相机的技术工作留给了迪克森。这个年轻人不仅是一名天才工程师，还是一名专业摄影师。他精通法语和德语，能够在实验室图书馆浏览外国期刊，并跟进海外的运动摄影实验。②

普林斯用单镜头相机取得的成就尚未发表，事实上这一成就在近半个世纪内都不会被认可。如果说在 1888 年，迪克森不了解普林斯的工作，那他肯定也知道法国和德国其他先驱的进展，并一直活到

---

① 1888 年 10 月 14 日拍摄的《朗德海花园场景》，现在被普遍认为是第一部电影。参见大卫·尼古拉斯·威尔金森 2013 年的纪录片《第一部电影》，网址为 https://vimeo.com/ondemand/thefirstfilm/181293064。
② 在某些方面，奥托马尔·安舒茨同时代的电子高速摄影仪和艾蒂安-朱尔·马雷的天文摄影仪比爱迪生的更复杂，一个利用投影，另一个利用间歇动作。

了爱迪生在电影（一个当时还未出现的词语）史上的领先地位受到攻击的那一天。届时已是老人的迪克森会把他的记忆一年年地往前追溯，以证明活动电影放映机无疑是所有电影摄影机之母，而且他和爱迪生在1887年秋就开始研究它了。他费了大量笔墨拒绝承认时代精神这种东西的存在，就像他尊敬的老板在1912年所做的那样，用最谦虚的话说："我的那些所谓发明已经存在于环境中——我只是将它们拿出来而已。"

对生命的相对危险性

11月，爱迪生陷入了他职业生涯中最不愉快的矛盾之中，当时一个自称法医学会的机构建议纽约州的立法机关采用施加3 000伏的直流电或交流电的方法处决死刑犯，因为这么做快速且可以减少痛苦。

1888年早些时候，州长戴维·希尔对这一观点印象深刻，他签署了一项法案，不再将绞刑作为该州的标准死刑方法，赞成使用电刑，这让正统主义者苦恼不已。很少有人比查尔斯·巴彻勒更了解这个决定的作用，他在爱迪生实验室的直流电系统上安装一个灯泡时差点儿害死自己。如果当时是交流电而不是直流电，他的生命就停留在42岁了。[①]交流电每秒逆转方向成百上千次的剧烈电流，会撕碎他身体中的每一个细胞。或者说爱迪生是这样说服自己的，依据的是巴彻勒、阿瑟·肯内利和哈罗德·布朗在他的默许下进行的动物试验。哈罗德·布朗是直流电独立而热情的支持者。

爱迪生和威斯汀豪斯正在争论哪种系统更适合大多数的照明目

---

① 20世纪70年代进行的实验证实了爱迪生在19世纪80年代提出但未能证明的一个想法，即交流电的致命电量比直流电低2.5~3倍。同时，没有证据表明直流电或交流电导致的死亡是无痛的。

的，而布朗是造成争论的罪魁祸首。除了安全之外，在所谓的"电流之战"中，各方面都是交流电更有利。在过去的一个月里，乔治·威斯汀豪斯收到的中央发电站照明的订单比爱迪生公司在上一年收到的还要多。当地公共事业公司只是发现他的细线高压系统安装和操作起来更便宜，而且可以拓展到富人客户居住的郊区。

布朗唯一的办法是将交流电打上"杀人电流"的烙印，比起在家用更适合在死囚牢房用。尽管他的行业经验不够丰富，但他已经到了近乎病态的程度，渴望通过在西奥兰治和在哥伦比亚大学这样的公共场所电击狗、小牛和马来证明自己的观点（阿瑟·肯内利仔细记录了它们的抽搐）。布朗如此狂热地反对交流电是有原因的，他在布拉什弧灯公司当过5年电工，目睹过类似事故致死的情况。

爱迪生目睹了几次电刑，但没有任何震惊的迹象。"我带走了生命——但不是人的生命，因为我相信并充分意识到目的决定手段。"他过去反对死刑，但此时发现他对死刑的道德态度摇摆不定，死刑已经成为电工们的一个关注点。如果罪犯要为他们的罪行而死，那么他宁愿他们是被西屋电气公司的发电机电死的。他告诉一名正就此问题向他提问的记者："必须使用高压电，而且得是交流电，而不是直流电。"

然而，他真诚地相信，对普通配电而言，大约300伏的直流电比西屋电气公司通过高架电线向匹兹堡等城市输送的交流电更安全，这些高架电线可能会与电报和电话公司的电线发生灾难性的缠绕。只要他发话，爱迪生电灯公司本可以利用自己的交流电专利在高压与低压层面开展竞争。但他不会同意，因为公司付出了巨大的代价宣传直流电。①

---

① 随着21世纪早期新的高水平变电站的出现，高压直流电被重新视作一种优秀的电流传输形式，例如用于水下输电系统。

12月，法医学会正式建议在新新监狱安装一个交流电系统，以驱动纽约州行政官埃德温·戴维斯正在那里制造的电椅。《纽约时报》发表了一篇题为"比绳子更可靠"的赞许文章。乔治·威斯汀豪斯无法继续在这场争论中保持沉默的体面，他公开指责哈罗德·布朗受爱迪生电灯公司指使，是一个损人利己、危言耸听的傀儡。布朗则以挑战威斯汀豪斯作为回应，要求举行一场电拳击比赛。在比赛中，他们每个人都将使用自己支持的电流出拳。每一轮出拳增加50伏，一直持续下去，直到其中一个认输。他很确定失败者不会是他。

令人失望的是，威斯汀豪斯没有接受挑战。布朗在新的一年扩大了他的宣传活动，呼吁在全国范围内禁止使用超过300伏的交流电。他出版了一本名为"持续交流电对生命的相对危险性"的小册子，在书中感谢爱迪生给了他做实验的空间和力量。新新监狱当局奖给他三台西屋电气公司的发电机，它们由汤姆森-休斯敦电气公司的查尔斯·A.科芬秘密提供。被判死刑的谋杀犯威廉·肯姆勒荣幸地成为第一个测试监狱电椅有效性的人。[1]

你的机器嘲笑我

爱迪生只是偶尔关注这场旷日持久且日益恶化的"战争"，这主要是爱迪生电灯公司的总裁、布朗的主要支持者爱德华·约翰逊关注的问题。眼下爱迪生对视听方面的应用科学更感兴趣。他写了另外两份关于运动图像的专利手稿，用以激励迪克森。迪克森还曾负责制作一台装有旋转圆筒的微缩照相机。

---

[1] 1890年8月6日，肯姆勒被处死，这是一场众所周知的令人痛苦的灾难，需要施加两次长时间的电击杀死囚犯。爱迪生也认为对它的描述"阅读起来让人不快"，并认为如果刽子手把肯姆勒的手浸在与电路连通的水罐里，肯姆勒会死得更快。

爱迪生和他的微缩照相机，迪克森摄于 1888 年

与此同时，改良留声机开始在西奥兰治生产。它可以清晰地播放声音，爱迪生改变了想法，不只把它作为一种商业工具进行营销。他在实验室里开设了一间隔音室，并开始在涂有硬蜡的圆筒上进行一系列音乐和语音表演，他就像保守巴贝奇对维吉尼亚密码的解答一样，对硬蜡配方秘而不宣。它由 80% 的勃艮第葡萄酒、25% 的乳香、9% 的松香（一种源自云杉的树脂）、8% 的蜂蜡、4% 的橄榄油和 4% 的水组成，加热到 110 度，然后放在模具中冷却，直到变成固态。唱片制作是一个简单的重熔蜡的过程，这样就可以将空白的熟石膏圆筒浸入其中并旋转以获得均匀的涂层。

在这十年结束之前，爱迪生将把一些古典音乐中的伟大人物的声音注入这个深红色的媒介，他们包括约翰内斯·勃拉姆斯、汉斯·冯·彪罗、约瑟夫·霍夫曼和约翰娜·迪茨，还有其他名人，如马克·吐温、威廉·格莱斯顿、阿尔弗雷德·丁尼生勋爵、弗洛伦斯·南丁格尔、亚瑟·苏利文爵士、拿破仑王子、奥托·冯·俾斯麦和赫尔穆特·冯·毛奇伯爵。冯·毛奇背诵了歌德的一些经典的诗句："你的机器嘲笑我/用汽缸、杠杆、轮子和齿轮。"

这些唱片中的大部分都是由西奥·万格曼录制的,爱迪生任命他为新的留声机实验部的经理,并派他作为音乐使者出国。但爱迪生也派遣了另一名音响技师朱利叶斯·布洛克前往俄国,在那里可以听到彼得·伊里奇·柴可夫斯基兴奋地咯咯笑的尖锐声音,柴可夫斯基称留声机为"19世纪最卓越、最美丽、最有趣的发明"。布洛克没能记录下沙皇亚历山大三世和列夫·托尔斯泰的声音,但他们和柴可夫斯基一起送去了美好的祝愿和"伟大的发明家爱迪生万岁!"。[1]

这些来自欧洲的喝彩,为爱迪生在1889年巴黎世界博览会上的出场定下了基调,当时他的独立照明系统正在欧洲铺设开来。他决定8月参加博览会,一方面是因为他派去的先遣人员威廉·J.哈默正在整理他此前职业生涯中的发明,另一方面是因为米娜在经历了两年的婚姻和与继女的相处后,需要这样一次机会散散心。(玛丽昂已经成了一个令人愤怒的麻烦,他们允许她离开学校,请一个阿姨陪同她,提前把她送到了法国。)[2]

此外,钢琴家汉斯·冯·彪罗注意到,4月的爱迪生已经精疲力竭。上一年,爱迪生获得了38项改良留声机的专利,把爱迪生灯泡的亮度提高了一倍,发明了活动电影放映机,开始了新的唱片制作生

---

[1] 1908年爱迪生送给托尔斯泰一台留声机作为礼物后,托尔斯泰确实录制了一些唱片,现在还能收听,网址为 https://www.youtube.com/watch?v=6310hAtdl6k。这台机器现藏于托尔斯泰庄园博物馆。

[2] 到法国之后,玛丽昂由一名家庭教师照顾,她在欧洲接受了余下的教育。

涯，与埃兹拉·吉利兰让人绝望的背信行为做斗争，并在一次化学爆炸中差点儿失明，那次爆炸让他的脸缠了将近一个月的绷带。在这个令人筋疲力尽的时期，他半是后悔，半是解脱，眼睁睁地看着亨利·维拉德将他所有的照明公司和车间工厂（只有新泽西的留声机工厂除外）重组为爱迪生通用电气公司，注册资本为1 200万美元。①

此外，维拉德把弗兰克·斯普拉格经营成功的电气铁路和发动机公司收入麾下，该公司为斯克内克塔迪的机械厂提供了2/3的业务。1887年，斯普拉格在弗吉尼亚州里士满创立了世界上第一家电动有轨电车公司，抹去了爱迪生6年前建造的小铁轨和火车的记忆。爱德华·约翰逊和其他经营爱迪生车间的门洛帕克的老员工对维拉德游说他们放弃自主权感到不快。爱迪生假装同情，但他认为这种组合在商业上是有意义的。当他在4月24日签署公司注册文件时，比起巨大的收益——大约125万美元的现金和股票，更让他感到愉快的是公司所有权的"铅领"终于从他的肩膀上掉了下来。

20年间，他不得不寻找资金来维持他的各家企业的运转，由于缺乏时间和资金来开发，他不得不搁置许多发明。度蜜月时有数百人来找他只是这股压力最近的例证。如果那时他就成功发明了热磁发动机、玻璃制造机和活动电影放映机，他此时就可以自由发展新的事业！首先，他对采矿业产生了强烈的兴趣。博览会结束后，他可能会完全转向这一行业。

变成玫瑰的一部分

1889年夏，爱迪生去巴黎进行了为期5周的访问，这是一次令

---

① 维拉德以前成功地合并了爱迪生在欧洲所有的照明公司。

人眼花缭乱的旅行,给爱迪生带来了社会声望和职业上的重大成功。当法国外交部长授予他最高级别的荣誉军团勋章时,这一成功达到了近乎神化的程度。①他不得不在衣领下系上一条红丝带,外加一个悬挂的珐琅大十字架,而非他通常系的宽松的黑色蝶形领结。除了通常授予政治家的两项更高的"尊荣",这是法国能给予的最高的公民荣誉,承认他作为文明的恩人所创立的"杰出功绩"。

无论他去城市里的什么地方(他在到达之前就已经在脑海中绘制好了地图),人群都紧紧地盯着他,发明家们用胳膊夹着设备拦住他,马屁精们称赞他为"先生""爱迪生陛下""巴黎之王",还有不那么正式的"留声机之父"。每天有200封信涌入他在旺多姆广场的酒店套房。保守派的专栏作者"卡利班"开始打起极端法国式的隐喻,出于对爱迪生在"束缚闪电"和"外化声音"方面所取得成功的"神圣的嫉妒",预言普罗米修斯一定会很快报复爱迪生。夏尔·古诺用钢琴为他演奏,埃玛·埃姆斯为他献唱。后者是歌剧界的一颗冉冉升起的新星,她为他演唱了李斯特谱曲的《他们怎么说》,这是他最喜欢的维克多·雨果的一首诗。路易斯·巴斯德带他参观了自己的研究所。亚历山大·小仲马恳求他到皮伊来,这样他们就可以握手相会了。

他在爱丽舍宫受到萨迪·卡诺总统的两次接见,在古斯塔夫·埃菲尔设计的令人眩晕的新铁塔里享受了两次香槟午餐。②飞速升降的电梯,炖牛肉和法式奶油面包,失聪的耳朵里喧嚣的法语对话声,对他来说并不比一顿布法罗·比尔·科迪招待的"美式早餐"好到哪里去:餐桌摆在户外,桌上摆满了蛤蜊浓汤、玉米面包、猪肉炖豆子、

---

① 仪式于9月在爱丽舍宫举行。
② 直到今天,人们还可以在埃菲尔铁塔顶部埃菲尔的办公室里看到和埃菲尔一起参观的爱迪生的蜡像。

第五章 光:1880—1889年

牛排、玉米粥和两种馅饼。在最盛大的庆祝活动开始之前，巴黎市政府在市政厅为他举办了一场配有 17 道菜的宴会，从加了雪利酒的汤开始，然后杯里斟满 1875 年滴金酒庄出产的葡萄酒。爱迪生皱缩的胃开始反抗，他因消化不良而脸色苍白。

在所有的公共场合，他都固执地保持沉默，拒绝接受无数奉承他的祝酒词。然而，他像往常一样接近记者，面无表情地告诉他们，他正在设计一种电话，可以让打电话的人看到对方。他没有提到等他回去后他和迪克森将要研发的运动图像机器。但是，他在纪念达盖尔银版照相术问世 50 周年的晚宴上遇到了艾蒂安-朱尔·马雷。这个人似乎猜到了爱迪生的秘密，给爱迪生演示了他自己的电子照相术，这是一种滚动的胶片装置，每秒钟可以拍摄 20 张鸟类飞行的图像。马雷之后承认他们之间存在差别：他寻求运动静止瞬间的幻觉，以阐明鸟类或动物的运动方式，而爱迪生通过快速流动展示的静止物体寻求运动的幻觉，眼睛是无法"抓住"它们的变换的。[①]

爱迪生的展览规模是博览会上最大的，每天能吸引 3 万名参观者。他的展览在巴黎机械厂占据 1 英亩的场地，以一盏灯为中心——两万个灯泡聚集成的一盏 40 英尺高的灯。每隔一段时间，它们就会熄灭，只靠一根巨大的隐藏碳丝发光。人群涌入走廊，喘着粗气，一道光波从灯座底部升起，将乳白光变成白炽光，直到整盏灯闪闪发光，像即将升起的发光气球一样。它的光芒落在爱迪生的 493 项发明上，包括他 1869 年的投票记录器。当留声机播放"欢快的美国歌曲"时，这些发明在亮光下闪烁着、跳动着。通过扬声器的振膜只能播放微弱的

[①] 1889 年秋，马雷给爱迪生送去了他那部宏伟的《鸟的飞行》的预发本，其中包括了他所有相机的性能说明。正如马雷冷淡地指出的那样，爱迪生后来的活动电影摄影机和活动电影放映机"与我的机器的外观存在相似之处"。

音乐声（音量放大的问题还没有被解决），但是当巴黎人通过机器附带的白色橡胶管聆听时，他们惊讶于利用蜡竟然可以发出这样丰富的声音。也不是每个人都喜欢听到的声音。骨质耳塞从语句和音乐中抹去了环境的噪声。这是一个严酷的新时代的声音，这个时代有会说话的机器、人造的阳光和像上帝一样的现代科技。

爱迪生在城市里四处奔走，却不知道一位长期痴迷于他的法国作家正被修女照顾着，奄奄一息。奥古斯特·维里耶·德·利尔-亚当创作了《未来的夏娃》，这是一部虚构的小说，想象爱迪生创造了一个女机器人。它的开篇写于1877年，描述了一个隐居的浮士德式人物，试图记录上帝的声音却受挫。作为替代，这个虚构的爱迪生运用他的机械魔法创造了一个"新夏娃"。他可能就此成为一个全新的人造种族的祖先，这个种族不受道德的困扰，只致力于科学的进步。起初他用声音塑造她，使她成为一个只有声音的隐形歌手。但后来主人公为她创造了实际的外观，使她成为一个歌手兼舞蹈演员，其诱人的活力来自听觉和视觉效果的同步——这恰好是真正的爱迪生正在梦想用他的活动电影摄影机和活动电影放映机实现的场景。"我正在测试一种机器，它为眼睛服务就像留声机为耳朵服务一样。"①

8月20日，《费加罗报》头版报道了利尔-亚当的死讯。几天后，"卡利班"在《费加罗报》中写道：

> 很明显，爱迪生从来没有读过《未来的夏娃》。毫无疑问，这个名字对他来说是完全陌生的。也许这篇文章会让他知道，在巴黎逗留期间，他曾距离临终关怀院仅仅百步之遥，一位先知在

---

① 9月9日，当爱迪生去看雷奥·德利勃的芭蕾舞剧《葛蓓莉娅》时，艺术照进了现实，舞剧讲述了一位老医生创造了一个真人大小、会唱歌跳舞的玩偶的故事。

那里承受痛苦。

　　我不像可怜的维里耶一样，用十字架来反对科学野蛮人入侵，我不赞同这种想法……我被这个类似拿破仑，又像贝多芬一样耳聋的美国人威胁着，我发现他让我陷入了不可言说的忧虑中，因为我很清楚他在他的口袋里掌握着未来。

　　在返回美国之前，爱迪生在德国、比利时和伦敦度过了两个星期，关注重点在科学研究上。他受到了赫尔曼·亥姆霍兹、维尔纳·冯·西门子、海因里希·赫兹和塞巴斯蒂安·德·费朗蒂等人的进一步关注。他又回到巴黎，去领取他的最终奖项，包括一个重要的纪念品——奥雷利奥·博尔迪加创作的白色大理石雕像《电力天才》。他还和玛丽昂告别，后者留在香榭丽舍大街的一所寄宿学校里完成她的欧洲学习生涯。

　　9月28日，当爱迪生从勒阿弗尔起航时，他已经参加过太多的宴会，强撑着听了太多的祝酒词，也不在乎自己是否需要穿礼服了。大西洋对岸，活动电影放映机的原型机正等待着他的检查，阿巴拉契亚山脉的大片土地下的铁矿正等待着他创立的新公司新泽西和宾夕法尼亚选矿厂去勘探。代表着他最高成就的珍珠街闪耀着 16 377 盏灯，而世界各地还有成千上万个类似的人工星群。

　　爱迪生创造够了光，也收获够了名声。新的十年即将到来，在这十年里，他打算恢复经验主义发明家的旧身份，用手和直觉去探索新的发现领域——也许是体现了集体性的亚分子科学，也许是所有物质在最基本层面的可互换性。将自己身体的每一个微观单位都置于控制之下，可以随意拆卸和调整，那将是多么伟大的事情啊！

　　"我体内的一个特定原子，姑且先把它叫作4320号原子，我会对它说：'暂时去变成玫瑰的一部分吧。'所有的原子都可以释放出来，成为不同矿物、植物和其他物质的一部分。然后，我只要摁下一个小按钮，就可以再次将它们召集到一起。它们会带回许多作为不同物质的一部分的体验，我将会受益于这些知识。"

第六章

声

1870—1879 年

爱迪生和他的留声机,
华盛顿,1878 年 4 月

23岁时，爱迪生获得了作为发明家的第一份合同。纽约市的金股电报公司付给他7 000美元，他用这笔钱在纽瓦克租了一个作坊，开发一种小型、快速的单线打印电报机。他得到了追加的400美元用于购买工具和设备，雇来一名机械师为他工作半年。当他的机器"可以申请专利"的时候（合同足够尊重他，没有说"如果"），公司将按照电工顾问的标准给他发放薪水。出于对他上一年夏天在曼哈顿表现出的创造方面的才智的认可，公司向他承诺，如果他能发明出不仅可以传输莫尔斯电码，还可以发送图像的传真电报机，他将获得3 000美元的奖金。这个金额至少对不久前还身无分文的他而言是一笔巨款。

在胡须就像圆顶礼帽一样必不可少的镀金时代，爱迪生的脸显得与众不同：这位年轻的电报员胡子刮得干干净净，脸大而苍白，思考时不带任何表情，但说话时充满活力，十分专注。爱迪生看起来坦率、迷人，只是在对食物兴趣寥寥和习惯穿西装睡觉上异于常人。他听不到别人说话，所以选择自己主导对话。他对任何技术问题都有近乎偏执的专注，这让他看起来像是一个隐士。然而一旦摆脱这种专注，他就像一个演员一样合群，渴望大家为他说的有时有些笨拙的笑话而发笑。他眼中的自己比实际当中的他更有趣，这暴露了他的某种跳脱性。他经常表现出慷慨和善良的态度，与此形成鲜明对比的是，他没有能力关心甚至注意到他人的情绪。因此受到伤害的人将他的冷漠归咎于他超越所有人的急切，实际上这常常阻碍爱迪生自己的进步。

他不断寻求机会拓宽自己的商业和社会关系网，同时又很难摆脱那些没有用或他不感兴趣的人。即便是此时，他在铁路大道15号挂上了"纽瓦克电报机厂"的招牌，他也仍然是波普-爱迪生公司的合伙人、纽约的电气工程师、金融商业电报公司的联合创始人，这家公司直接与金股电报公司竞争。他为波普-爱迪生公司申请了一项电报专利，并准备为金融商业电报公司再申请两项，一项以他自己的名义，另一项与富兰克林·波普共同拥有——他在波普的母亲家里寄宿，但生活环境日益紧张。波普和他进一步与詹姆斯·阿什利结盟，后者是《电报员》的编辑，总是愿意在这份期刊上宣传自己感兴趣的新设备。波士顿则有一些爱迪生的老同事，他们有着各种要求，其中一人拥有爱迪生的第一项专利发明——1868年的电子投票记录器——的权利。

他好像一只自信的蜘蛛，擅长以自己为中心调整所有网络，绝不会在寻找帮手时畏缩不前。在2月下旬，他雇用威廉·昂格尔作为自己的机械师，并给了他纽瓦克工厂的大部分股份。他很快就会后悔这么做——他和一见如故的约翰·奥特之间的友谊则不同。约翰·奥特是一个20岁的机械师，他能根据订单制造任何设备，这让爱迪生惊讶。"嘿，我告诉你我想要什么：你来帮我管理这个地方。"奥特在爱迪生手下工作了半个多世纪，直到他们在生命中最后的几个小时内相继去世。[①]

你们可以向我要钱

纽瓦克电报机厂很快会变成爱迪生&昂格尔电报机厂，这是纽约市的第一个通信实验室。爱迪生打算马上开始制造他的发明，但正如奥特指出的，爱迪生不会在体力劳动中浪费时间。他喜欢创造性地使用双手——拿着一支试管往另一支试管倒入正确量的液滴；快速绘制电报线路的草图（尽管速度很快，但很清楚）；用优美的书法写重要的信。在接下来的几年里，他埋头研究复杂的信息交换理论，同时越来越着迷于记录的技术流程——印刷、打孔、雕刻、动画、油印和其他此时仍然无法想象的捕捉语音的方法。

---

① 约翰·奥特在1895年得了严重的脑卒中。爱迪生雇用和支持了他一辈子。

他花了 3 个月来完善第一份合同中指定的设备，一台股票报价机，它比电报行业中标准的卡拉汉自动收报机更小、更快。金股电报公司的总裁马歇尔·勒弗茨对此印象深刻。他对爱迪生大加赞赏，尽管之后 11 年他都没能得到他想要的"图像传真电报机"。

通过发明获得财富非常愉快，在春天，这种感受更加明显。当时金股电报公司以 15 000 美元的价格购买了爱迪生和波普共同拥有专利的股票行情自动收录器。这台机器可以研究纽约证券交易所的黄金价格波动，他们称它为"黄金报价机"。这台机器的价值在于爱迪生创造性地使用电流进行了"同步停止"操作，可以同步电路上的所有报价机。詹姆斯·阿什利对专利没有任何贡献，但作为波普－爱迪生公司的合伙人，他很乐意接受 15 000 美元中的 1/3。[①]

爱迪生不太乐意这两人从他设计的机器中获利。他想方设法与他们划清界限，用他那份 5 000 美元中的一部分来支付他欠波普母亲的房租。然后他搬到了市场街的单身公寓。他高兴地写信告诉在密歇根州休伦港的父母，他们可以"在这之后生活得轻松点儿了"。他的母亲南希·爱迪生培养了他的求知精神，正因为痴呆卧床不起。

> 不要做任何辛苦的工作，妈妈想要什么都给她＝你们可以向我要钱——写信给我就好，告诉我你们 6 月需要多少钱，我 6 月 1 日会把钱寄出去＝我爱你们——告诉我镇上发生的事——皮特在做什么……
>
> 托马斯·A[②]

---

① 在接下来的 3 年里，爱迪生在国内外制造并销售了 3 600 台黄金报价机。
② 爱迪生写作的一个特点是他使用符号"＝"断句，表示的语气比破折号重，比句号轻。还有他的简化大写字母（大多潦草不堪），他似乎非常享受这种简化。

皮特指的是爱迪生的哥哥威廉·皮特·爱迪生，他是休伦港电车道的监管人，也是一个常年失败的投机客。爱迪生在余生中将不得不处理亲戚寄来的写着"亲爱的阿尔"的信件，这些亲戚的数量和信中提到的经济困难随他自己的成功不断增加。

整个夏天，他一直在尝试各种打印设备，但是过于急躁，在更稳重的旁观者看来有些不对劲。在曼哈顿的 F. 布伦纳雕刻和制模公司工作的一名助理回忆说，爱迪生把空白的打字机活字轮砰的一声摔在柜台上，问："我什么时候能拿到——什么时候能拿到？"好像他们快速雕刻加工就能决定电报技术的未来。有时他很匆忙，在助理回答之前就夺门而出。

秋天，爱迪生和波普创造了一台精美的带有玻璃圆顶、使用专线的打印机，在纽约的美国学会博览会上获得了一等奖。它"运行得相对缓慢"且易于操作，但这正契合它面向大多数电报员的定位。金股电报公司看到了它的潜力，不仅买下了这台机器，还买下了爱迪生和波普为销售机器而组建的公司。

这时，爱迪生的专利律师莱缪尔·塞雷尔担心，他的客户不太注意保护自己一直在傻傻谈论的技术创意想法。爱迪生立刻在一本笔记本上画满了草图，写满了说明性文字和相关灵感迸发的日期。事实上，大多数条目都是在塞雷尔的办公室里当场完成的，没有依靠实物提示，这体现了他如同照相机般精准的记忆力。

从这一系列图形中诞生了两个主要的项目：一个完善的自动发报系统，以及一系列不断发展的"通用"打印机，这将是他截至那时最重要的成就。

莫尔斯电码打字员容易患上重复性运动障碍，因此发明家们一直在努力完善自动电报技术，该技术通过机械发射编码电脉冲，不再依靠人手缓慢地敲击键盘。它包含穿孔的纸带，穿孔对应点和杠，当纸带旋转通过发报机时，电脉冲接触纸带，从而产生点和杠的印记。理论上，脉冲释放的速度只受纸带限制。然而在实践中，由于周围磁场中的电荷在导线中产生了感应电流，对每个孔都造成了一个被称为"拖尾"的问题。"拖尾"就像一颗微型彗星，电脉冲的电荷飘移到后方留下印记，模糊了下一个孔的圆形。只要速度超过每分钟10个单词，点和杠之间就模糊到无法辨识。过短的距离又加剧了这个问题，所以纸带的末端通常只能印出一道连续的条纹。

1870年早些时候，爱迪生设计了一种分路自动发报机，在一定程度上减轻了"拖尾"问题。10月，他带着使命重返工作岗位，当时一位独立的支持者乔治·哈灵顿帮助他在铁路大道上开办了第二家工厂——美国电报机厂，在1个月后又成立了自动电报公司，投入资本总额高达1 300万美元。哈灵顿是曾在亚伯拉罕·林肯手下工作的财政部前副部长，爱迪生期待他资助自己。另一个可能的资金来源是哈灵顿的朋友丹尼尔·克雷格，他是美联社的创办人之一，也是自动电报最热心的支持者。他非常了解爱迪生的技术，于是写信给他说："就算你说可以用机器制造婴儿，我也会信。"

这些承诺对一个还不是很有名的年轻发明家来说令人鼓舞，但一份几乎不可信的合同更激动人心。合同草案是马歇尔·勒弗茨亲笔写的，他出价"4万美元"购买一台可以发送文本拷贝以及数字信息的通用打印机。这是一笔巨款，但爱迪生没有注意到，勒弗茨再三考虑后，删掉了"4万"这个数字，代之以"30 000美元"，也没有注意到后面可怕的短语——"以股票支付"。

他再次写信向父母夸耀，口吻就像还没长大的孩子。

我现在可以给你们一些现金，所以你们可以写信告诉我需要多少钱＝今年冬天的某个时候我可能在家＝不知道具体什么时候，我有许多生意要做。我有一家雇用了18人的工厂，正在装修另一家工厂，这家工厂要雇用超过150人＝按照你们民主党人的说法，我现在是"臃肿的东方制造商"。

爱迪生最新招募的工程人员包括查尔斯·巴彻勒、约翰·克鲁西和西格蒙德·伯格曼。他们都是新移民，并会是他任职时间最长的助手。巴彻勒来自兰开夏郡棉纺厂，他动作缓慢、沉着、敏捷，有一双灵巧的手。他可以像绘图员一样画画，并制作自己的精密工具。克鲁西有许多相同的品质，还富有瑞士人的魅力。伯格曼刚从德国来到美国，还不太会说英语，但无论接下什么任务，他的表现都堪称一个顽强的完美主义者。爱迪生说："他的舌头是否颤抖并不重要，他的作品说明一切。"

比萨大教堂摇摆的吊灯

到1871年1月，爱迪生手头的工作堆积如山，客户们互相竞争，期望爱迪生全心投入自己的产品。乔治·哈灵顿想知道这位发明家的新厂什么时候会有一些适销对路的设备，好报答他在设备和用品上花费的数千美元。勒弗茨发现爱迪生正在为金股电报公司和自动电报公司设计穿孔器，他很恼火，又好奇哪家公司会从投资中受益最多。他写道："我看得很清楚，我将因为你遭受非常沉重的失败。"他的抱怨与其说是在诉苦，不如说是在哄骗，因为勒弗茨还没有签署通用打印机的协议。他可以一直等下去，直到爱迪生拿出什么东西证明合同生效。①

爱迪生劝告大家要有耐心，提醒所有人：实现技术突破不能操之过急。他写信告诉丹尼尔·克雷格："伽利略通过比萨大教堂摇摆的吊灯发现了钟摆定律。说这句话不太明智——为什么正好是灯而不是摆钟？"他又告诉哈灵顿，自己每天工作19个小时，"现在正在制造的机器将会很好、很完备，我用性命担保，它们的打印速度会超过每分钟80个单词"。

哈灵顿放下心来，继续按要求签支票，克雷格也一样，他很感激爱迪生那让人快乐的平静。"你的信就像你自信的脸一样，总是带来新的活力激励着我们。"

爱迪生的专利申请中的原创性和独特性也让人高兴，比如1月为纽约棉花交易所设计的一台打印机。它特别在一根轴上安装了两个类型的活字轮，一个用于字符，一个用于数字，还有一个极化继电器，这是爱迪生许多电报相关设计的特点。这台"棉花机器"让勒弗茨印象深刻，他订购了150台。爱迪生还生产出十几台实验性的使用专线的通用打印机，勒弗茨因此有底气将他当成金股电报公司的一笔财富，作为和美国最有实力的西联电报公司进行合并谈判的筹码。

西联电报公司由地位显赫的威廉·奥顿领导。他广受尊敬，时年45岁，是一名积极的共和党人和圣公会教徒。他魄力十足、清廉，却也易怒、严肃、脆弱。与镀金时代早期的许多大亨不同，奥顿不仅是一个金融家，还接受过印刷培训，写过一篇关于磁性电报的研究生论文，并通过教学、宗教和政治活动获得晋升，成为安德鲁·约翰逊总统

---

① 从1870年10月到1871年5月，爱迪生仅在实验上就花掉了哈灵顿大约11 000美元，勒弗茨为实验出的钱也许还要多一倍。为沃德街的工厂配备设备又花了哈灵顿16 000美元。

手下的国内税收专员。他的智识和他的行文风格一样，像玻璃般清晰而冰冷。他的严肃使得员工们只敢给他起姓氏首字母"O"这个绰号。

2月13日，当奥顿经人介绍认识爱迪生时，他可能不知道这个和蔼可亲又懒散的人几年前曾是他的流浪电报员大军中的一员，在西联电报公司远至孟菲斯和波士顿的办事处工作。但是奥顿已经确信爱迪生"可能是全美最好的电子机械师"，并且看到了他过去和未来的电报专利的价值。金股电报公司有它们的优先购买权，而勒弗茨开出的收购条件是保留他的公司作为收购后的分公司。

合并谈判继续进行。哈灵顿担心地跟着他们，不想失去自动电报公司创始人的待遇。4月4日，他防了一手，要求对爱迪生可能做出的任何"适用于自动电报的"发明或改进，他都保留2/3的专利权。

在签署了这份具有法律效力的协议一周后，因为母亲去世，爱迪生回到了休伦港。南希·爱迪生享年63岁，爱迪生是她最小的孩子，也是从她的丰富知识中获益最多的孩子——不过爱迪生没怎么接受她的宗教教育。在他满怀感激的记忆中，那时她是唯一不觉得他奇怪的人。"我的母亲创造了我。她理解我，让我遵从自己的意愿。"

合作和善意

爱迪生失去亲人后，更重的法律责任堆积在他身上，磨去了他仅存的稚气。5月1日，他和威廉·昂格尔"带着犹如4马力蒸汽机的优越感"租下了纽瓦克沃德街和皮尔巷拐角处的一栋建筑的三层和四层，把他们蓬勃发展的电报设备工厂搬了过去。5月10日，哈灵顿带来了5名投资者，以减轻爱迪生在铁路大道103号的另一家企业的经济负担，这使他需要对自动电报公司承担更多责任和人情债。很大程度上是哈灵顿良好的声誉吸引了这些人。投资者有威廉·杰克逊·帕尔默将军、伊拉斯塔斯·科宁、威廉·P.梅隆和乔赛亚·C.赖夫,他们似乎都渴望为这家公司贡献更多的资金,而哈灵顿已经投入了 16 000 美元。

两周后,马歇尔·勒弗茨和威廉·奥顿达成协议,将金股电报公司出售给西联电报公司,勒弗茨继续担任金股电报公司的总裁。两位高管都祝贺自己获得了"爱迪生先生未来的合作和善意"。

5月26日,爱迪生与勒弗茨签订了一份为期5年的合同,如果他继续向金股电报公司提供适销对路的发明,那么他的年薪将有 3 000 美元。合同特别提到了他刚刚完成的通用专线打印机。他将获得"电工和机械师顾问"的头衔,此外还将获得价值3.5万美元的公司股份。假设股票上涨,他的总薪酬可能会远远高于5万美元。[①]

很明显,爱迪生受到了有权有势、严肃尊贵的先生们的追捧。但是他新近的成功也带来了嫉妒。作为金股电报公司与西联电报公司交易协议的一部分,他与富兰克林·波普和詹姆斯·阿什利组成的美国印刷电报公司将不复存在。尽管他们都获得了丰厚的回报,但遣散费与爱迪生的意外之财相比还是小巫见大巫,而他们觉得自己在相关专利的工作中也是出了力的。尤其是阿什利,他永远不会原谅爱迪生。

非常漂亮的眼睛

那年春天一个湿漉漉的雨夜,3个纽瓦克的女学生在沃德街爱迪生工厂的走廊上躲雨。她们被一个认识她们的员工请进了工厂,遇到了正在研究一台股票行情自动收录器的爱迪生。15岁半的玛丽·史迪威被他打动了,原因有二:"首先,我认为他有一双非常漂亮的眼睛,

---

[①] 相当于2018年的106万美元。

其次是因为他太脏了，浑身都是机油。"

爱迪生的眼睛赢得了她的心，她鼓起勇气问他的工作。他们在外面谈话时，雨越下越大。她和朋友们觉得必须赶回家了。让她们进来的那个人说他的雨伞可以护送两个女孩儿，但是雨伞不够大，遮不住3个人。不管是偶然还是有意，玛丽最后发现自己和爱迪生单独在一起。他用搭在工作服上面的一件外套帮她遮雨，亲自护送她回家。

> 到达时，我看到他决心要进去，所以不得不邀请他。我的母亲下来，问他是谁。我告诉她是他把我带回家的，她就又进去了。我非常害怕她会请他留下来坐一会儿，但她还是这样做了，然后他进门脱下大衣，一直待到9点。他在离开时请求母亲和我允许他再打电话来。得到号码后，他几乎每天晚上都打电话来，终于在5个月后……

清晨漫步

在那个漫长的求爱时期，爱迪生发现他从各种合同中获得的收入虽然可观，但不足以覆盖维持三家工厂运转和雇用接近70名员工的开支。他还必须承担高昂的必要实验花费，以及专利申请费、食品和雪茄等必需品的费用。这严重影响了现金流。他选择拖欠债务，直到债权人威胁才付款。与此同时，他的完美主义阻碍了工厂的订单和承诺制造的原型机的交付。6月初，丹尼尔·克雷格写信道："你准备在什么时候展示一下新的穿孔机和打印机？"

哈灵顿总是忧心爱迪生还要应付勒弗茨和奥顿，他还抱怨自动电报明显缺乏进展，爱迪生少见地因此发火。"我再也受不了这种担忧了……你不能指望一个人夜以继日地进行发明和坚持工作，然后还要为怎么弄到钱付账而恼火。再这样过 6 个月，我的身心都会完全崩溃。"

哈灵顿的回应是一张支票，解决他发工资的燃眉之急。两天后，爱迪生觉得自己又有钱了，于是给休伦港的一家酒肆投资 300 美元。几年后，他开玩笑说："我太乐观了，总是攥不住钱。"

他说他夜以继日地工作，这倒是事实。6 月，他向金股电报公司交付了两台截至那时他最重要的发明（通用股票报价机）的原型机。在 7 月 26 日，他将两项专利中的第一项实体化，这两项专利都是改进自动电报的，这让克雷格非常高兴。爱迪生在纽瓦克的工厂和办公室以及纽约的各种客户的总部之间来回穿梭。四处游荡激发了他的创造力："我的脑子里有无数台机器。"他不想失去任何一个想法，最终选择随身携带笔记本记录每一个灵感，这个习惯后来伴随了爱迪生一辈子。

他当时的主要兴趣（除了玛丽·史迪威）是自动电报的电化学。乔治·利特尔在 1869 年发明了一种打印方法，允许信号从金属触针"流到"用碘化钾或其他水溶液敏化的纸上。如果用于记录的金属触针是铂针，留下的标记就是"可以消失的"，如果是铁针，标记则是永久的。但是利特尔专利的记录器的"拖尾"问题很严重，这促使爱迪生想出一个更好的方法。为此，哈灵顿让他在市中心曼哈顿的自动电报公司大楼顶层开设了一个小型研究实验室。

公司指派主管爱德华·约翰逊与爱迪生一起工作，有人警告他，爱迪生是"天才……并且是个工作狂"。就这样，约翰逊和爱迪生开启了自己一生中最重要的友谊。"一天晚上，我走进来，爱迪生坐在那里，手里拿着一堆化学书，叠在一起足有 5 英尺高，都是他从纽约、伦敦和巴黎订购的。他在书桌旁吃饭，在椅子上睡觉。"不到 6 周，所有的书都读完了，只剩下一本手写的摘要。爱迪生研究出了一种铁溶液，每加仑只需五六美分,而利特尔所用溶液的价格是每加仑17美元。

约翰逊因此很敬畏爱迪生。约翰逊本人非常活跃,留着小胡子,能说会道,注定要成为一名优秀的推销员。他总能够证明或编造出爱迪生的产品在每一个细节上的优势。但在他们成为朋友的早期阶段,他的主要价值是帮助"老头儿"(这个时候大家就开始用这个神奇的外号叫爱迪生了)应对远程自动电报技术的挑战,他是这个领域的专家。

他们发现彼此都有忍受贫苦的天赋。约翰逊回忆说,他们经常不吃晚饭就工作到天亮:

> 天色渐明,正是饥困交加之时,那时我们常常连一个面包都买不起,更不用说一张床了。在这种情况下,我们会与疲倦和饥饿做斗争,快步走到中央公园然后回来。这时办公室的勤杂员至少会在附近的"咖啡简餐"店里帮我们买一顿早餐,分量小得可怜,但令人感激。那是公园街上一家有名的廉价午餐店。除了我们,仅有的顾客是附近报纸印刷厂的学徒工。

一次"清晨漫步"的时候,他们甚至没钱去餐馆吃饭。爱迪生指着窗户上的装饰品说:"喂,约翰逊,我们别干发明了,去给人打工扮中国神仙吧。我们会更成功,至少不必挨饿。"

如何对待女人

感恩节前后,有次和玛丽散完步送她回家时,爱迪生开始认真地追求玛丽。她16岁了,他24岁。爱迪生叫她"玛丽",玛丽叫他"托马斯"。在她接受的唯一一次采访中,她回忆起他们是怎么聊起那个心照不宣的问题的。

"玛丽，你想过要结婚吗？"

"当然……至少现在不行。"

"嗯，我想过，我也愿意，我想让你做我的妻子。"

"哦，我还不行。"

"为什么不呢？你不喜欢我吗？现在想想吧，尽量别想错了。"

玛丽结结巴巴地说自己太年轻了。

他对她的抗议置之不理。"如果你的意思是不，那你会说不，所以我打算明天晚上去见你父亲，如果他答应，我们星期二就结婚。"

爱迪生不够浪漫，他用自己的坦率弥补。他握着玛丽的手对史迪威先生说："我爱您的女儿，我会成为一个好丈夫，我很真诚，我知道如何对待女人。"

他同意等史迪威先生一个星期之后做出答复，结果他得到了肯定的答复。

"就这样，"玛丽在她生命的最后一年告诉奥利弗·哈珀，"我们结婚了。"

宝贝妻子

婚礼在1871年的圣诞节举行。那时爱迪生已经在纽瓦克的赖特街53号买了一栋房子，并向金股电报公司交付了600台通用股票报价机。多亏了这份订单和其他工厂的订单，以及他作为公司电工顾问的固定工资，他重新赚到了钱，能够为他的新娘花2 000美元聘请家务助理、购买家具，还买了一个新衣柜，这对玛丽尤其重要。

玛丽穿着精致，非常漂亮，尤其当她在脖子上系一条性感的丝带，白色的褶边从宽松的袖子和衣领中翻出的时候。她是一个苗条、忧郁的女孩儿，有一双可爱的眼睛，手头拮据（史迪威先生是个锯木工①），但很想花钱，而她终于有个有钱的丈夫了。

他们的婚礼由一位卫理公会牧师主持，他们在家中度过了他们的新婚之夜——不出所料，爱迪生又问他能否在工厂停留一两个小时，解决一个托运问题。之后他们去尼亚加拉瀑布和波士顿度过了短暂的蜜月。他们在元旦回了家。从那以后，他们的夫妻生活一直保持私密，除了爱迪生在他的笔记本上写过两句有趣的抱

玛丽·史迪威·爱迪生，1871年前后

怨："我的宝贝妻子不会发明。""玛丽·爱迪生夫人，也就是我亲爱的妻子，发明不出任何东西！"

他自己当然不是这样的。在他结婚的第一年，尤其是在玛丽怀第一个孩子之前的几个月里，他将39项成功的专利发明实体化：打字电报机、打字机活字轮、穿孔机、化学纸、断流器、自动电报机、电磁调节器、信号传送器、同步停止器、电池、电路和信号盒。②这些

---

① 可能是由于尼古拉斯·史迪威的职业，爱迪生在结婚前的最后一个笔记本条目中，给他设计的锯子加上了双齿以保证锯子的稳定性。
② 在这一点上，人们可能会注意到爱迪生的两段婚姻的显著相似之处。在两段婚姻中，他都在春天爱上了一个女学生，整个夏天都在追求她，在秋天向她正式求婚，在卫理公会教堂仪式中和她结婚，接下来的几个月里，他的发明层出不穷。每个妻子都是先给他生了一个女儿，然后生了两个儿子。

第六章 声：1870—1879年

专利在数百条笔记本注释中被进一步扩展，其中一些和他结婚之前产生的一个印刷术的想法相关：在一根金属触针和一卷纸之间，插入一条丝带或其他某种弹性织物。丝带事先浸透墨水，金属触针产生的电脉冲会让墨水在纸上留下一系列墨点，形成字母。在1月18日的一篇笔记（"这是一件新奇的事情"）中，他画了一幅示意图，当丝带在纸卷上"流动"时，一些金属触针在丝带上敲打。在同一篇笔记中，他更详细地想象了一台电化学记录器，其中纸卷变成了一面"铂面鼓"，金属触针成了"铂笔"，中间的丝带变成了感光纸，当笔响应电荷的变化而敲击时，感光纸上就拼出了"波士顿"这个词。

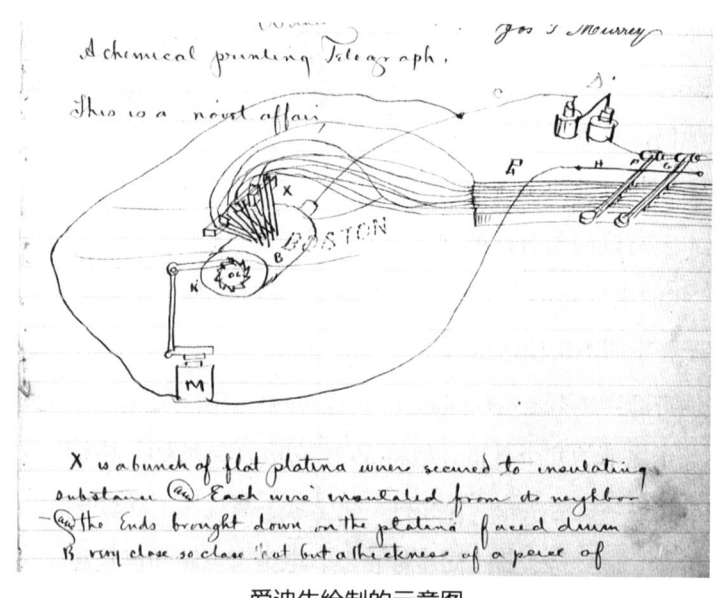

**爱迪生绘制的示意图，
图中他的化学打印机正在打印"波士顿"，1872年1月**

毫无疑问，爱迪生还没有意识到，这些触针、箔、圆筒和点刻振动的概念如同墙上的影子一般投射在他的脑海里，不久之后将会出现在他最重要的发明中。

铜和时间

爱迪生需要一个证人为可申请专利的想法签字并标明日期,他经常求助美国电报机厂的高级机械师约瑟夫·默里。2月,爱迪生&昂格尔电报机厂签下了过多电报公司(其中一些甚至远在英格兰)的订单,处理起来有些困难。他决定让默里成为一家辅助工厂的合伙人,主要为金股电报公司制造设备。2月5日,新工厂在铁路大道开业。加上爱迪生在工匠街为自己租的一栋附属建筑,他在纽瓦克的店面增加到了5个,他很快发现自己在行政和经济上都无法支撑5家工厂。贫富之间的来回切换贯穿了他的商业生涯,他又一次无法按需付账。[1]

7月,他用17 100美元的抵押贷款和期票买下了威廉·昂格尔的股份,并把生产都集中在沃德街,建立了爱迪生&默里公司,雇用的员工多达74人,这加剧了他的困境。

纽瓦克沃德街上的爱迪生&默里公司的全体员工,1873年

---

[1] 恐吓信并没有阻止爱迪生借3 100美元帮助他穷困潦倒的哥哥皮特在休伦港建造一条电车道。

交易完成后，邓氏信用评级机构的一名代表指出，爱迪生"在创造方面很有天赋，（但是）涉足太广。谨慎的管理虽然可以确保他的最终成功，但从某种程度上来说，公司的管理仍然是存在问题的，应该小心谨慎地对待信贷问题"。

爱迪生的灵感源泉在下半年仅略有减少，其间他击退了债权人，并试图为他两个相互竞争的客户——金股电报公司和自动电报公司分配同等的时间。这意味着他要交替或同时开发勒弗茨和奥顿的信息共享设备，以及哈灵顿的自动发报机。

在一次旨在取悦哈灵顿的实验中，他将通用专线打印机改为电动打字机，实现了令人难以置信的打字速度，达到每分钟 1 800 个单词。这种装置对自动电报公司没有什么直接的用处，因为它不能发送信息出去，但仍是一个重大的进步。先是莫尔斯电码，然后转向点状字母，研究多年之后，爱迪生的机器已经可以打出整齐的大写罗马字母和标点符号。"哈灵顿先生，"机器咔嚓咔嚓地运转吐字，"这是以打印机为基础制造出的样品——你认为它比上一个样品有所改进吗？它虽然算不上惊人的大改，但仍是朝着正确的方向迈出的一步。"

在秋冬之交，爱迪生（在乔赛亚·赖夫的 4 000 美元开发协议的支持下）改进了双工电报技术。① 它可以实现用一条线同时发送和接收消息，这门技术由约瑟夫·斯特恩斯开创，并由爱迪生发展成熟。当一束信号流从 A 点被送往 B 点时，另一束信号流则被反向输送。双工电报的想法是让信号流错开，这样前进的脉冲就不会与返回的脉冲发生碰撞，就像纽约人行道上去往市中心和市郊的人会相互避开。

爱迪生很快就完成了最初的设计，简洁精确，和大多数普通电报

---

① 赖夫不知道爱迪生一生都有让别人为他付钱的习惯，他以为自己是在资助自动电报机的开发工作。

机不同的是，线路的一端设置了中性继电器，另一端设置了极化继电器。他夸口说，只要有足够的资金，这种机器不愁销量。威廉·奥顿告诉他："很好，我买下你所有的产品——不管是一打还是一堆。"西联电报公司规模很大，这意味着它要处理全国大部分的信息流，因此它一直在寻找能加速传输信息的设备。更重要的是，西联愿意购买任何可以限制竞争对手的专利。爱迪生又提交了 21 个改良设计，其中一些是他在奥顿的接待室等待时用铅笔写的，这些专利把双工方式改进成了同向双工方式，这是一种在同一端口成对发送信号的方法。他暗示说，如果允许他使用西联的线路来测试这两种传输方式，有一天他甚至可能成功地协调双工和同向双工信号，创造四工电报技术，节省大量的铜和时间。

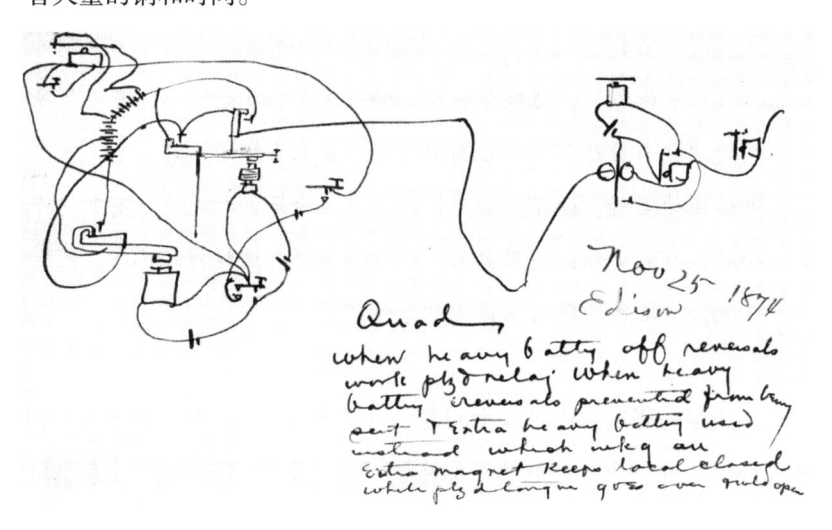

爱迪生的四工电报系统的草稿，1874 年 11 月 25 日

这个想法太大胆了，奥顿不理解它的含义。他允许爱迪生在纽约和波士顿之间的环线上进行夜间测试，在这段时间内占用西联电报公司大楼的实验空间并使用公司的工厂制造必要的设备。作为回报，奥顿要求保留爱迪生可能设计出的任何双工与同向双工专利的优先取舍权。[①]

孤独的夜晚

1873年2月18日，玛丽·爱迪生生了一个女儿，取名为玛丽昂，这使她开始了自己的"双工"生活。那年冬天她很少见到丈夫，因为他白天在爱迪生&默里公司工作，大多数晚上都在奥顿总部的地下室休息。一名西联的员工回忆说："在此期间，他从不上床睡觉，也没有固定的用餐时间。"就这么过了整整一周。他的电报模型机组合就放在地板上，用从他口袋里牵出来的铜线连接起来，一不小心就会绊倒粗心的过路人：

> 如果他饿了，他就会去附近的一家咖啡和蛋糕店，享受他所谓的波希米亚饮食，然后嘴里叼着一支未点燃的雪茄回来，重新开始他的实验。过了一会儿，他会坐在椅子上打盹儿，有时一个小时，有时更短，有时更长。他过去常说，这样打盹儿时，他会梦见许多在他清醒时困扰他的事情。

爱迪生的测试解决了一批问题，可又产生了另一批，他连续100多天都没在家过夜。他的笔记标注了至少一个"四工系统"，它是可能申请专利的设计，描绘出了一个令人生畏的复杂循环，旁边附有诙谐的注文"为什么不呢"。

这年春天，克雷格和哈灵顿派他去英国执行一项复杂的任务，他

---

① 爱迪生的具体任务是开发双工或同向双工设计，这种设计可以扩展西联拥有的斯特恩斯专利，而不会与其冲突。

不得不推迟其他工作。他要向英国邮政局电报部持怀疑态度的工程师证明，他的自动电报收发机比查尔斯·惠特斯通所谓的快速打印电报机更快。

爱迪生打包了一个小背包，往3个箱子里塞满了机器、化学纸和事先准备好的信息纸带，在助手杰克·赖特的陪同下于4月23日乘英国皇家海军舰艇"爪哇号"起航前往利物浦，一路狂风暴雨。他还从未在比休伦湖更大的水域乘船出行过，这时，他才发现自己有一个"铁胃"。直到地平线上出现兰开夏郡的绿色田野，大多数乘客才来到甲板上呼吸新鲜空气。

他把赖特和一些设备留在了默西赛德郡，于5月初抵达伦敦。对于大多数美国年轻人来说，他们首次来到这个世界上最大的城市时，必须先观光一番，但是爱迪生完全专注于工作。① 到达后的第二天早上，他在电报街的英国邮政局总部安装了自动接收装置。那里的审查员想看看赖特从利物浦发给爱迪生的样本信息的质量。其中一个审查员鼓励他说："你的展示不太可能成功。他们会给你一根旧的布里奇沃特运河电线，它的性能太差了，我们没法儿用。"工作人员还告诉他，赖特只能用"沙电池"发电报，这是一种充满作用微弱的沉积电解质的电池。

意识到形势对自己不利，爱迪生寻求自动电报公司的伦敦代理人乔治·古洛德上校的帮助。古洛德是一个高大、威严的美国侨民，他在内战期间获得了荣誉勋章，并在商业生涯中充分利用了这一荣誉。他留着油光发亮的小胡子，穿着擦得锃亮的鞋子，是个英俊的男人，

---

① 他似乎没有意识到，他的住处——著名的考文特花园的"浴室"旅馆，是狄更斯、萨克雷和刘易斯·卡罗尔最喜欢去的地方，并有着以假名登记入住的单身绅士的旅馆/公共浴室的恶名。

只有眼睛除外，就如一位认识他的外交官所说，"不是很配他的外貌"。这双眼睛为古洛德寻找着，然后告诉他，托马斯·爱迪生是一个值得培养的新人。①

古洛德答应爱迪生，公司会购买"一块强力的电池送到利物浦"。目前唯一可用的是曾被约翰·丁达尔用于皇家学会展示的超大电池。它由100块电池组成，价值100基尼②，赖特必须到伦敦去取。电池接入电路时，传送信息获得了强大的动力，得到的结果非常清晰，爱迪生说在电报街上进行的打印测试的结果"像铜版印刷一样完美"。

他不得不为邮政局的评判等了三个星期。同时，就算经过了海上颠簸的考验，他的胃还是忍受不了英国的饮食。在吃了一顿又一顿烤牛肉和油炸比目鱼后，他抱怨说他的"想象力正在陷入昏迷"，随后欣喜地发现高霍尔本地区的一家法国甜品店的碳水化合物可以给他抚慰。

5月23日，爱迪生终于能够证明他的自动电报系统比邮政局的惠特斯通系统速度更快。在接下来的5天里，赖特以平均每分钟500个单词的速度向他发送莫尔斯电码信息。首席审查员认为这个速度很好，但他指出，这样增加的信息量需要雇用额外的抄写员。事实上这会产生更多的电报收益，但是英国人想不到这一点，他们的传统就是蒙混过关。③

---

① 古洛德于1878年6月1日成为爱迪生在伦敦的代理人。
② 基尼，英国旧时金币名。——编者注
③ 尽管出于这个原因及其他原因，英国邮政局决定拒绝使用爱迪生的电报系统，但是后者深孚众望，两个英国投资者购买了它的外国版权。他们随后在英国推广该系统的努力没有成功。

在返回美国之前,爱迪生获得许可,在格林尼治水下储存的越洋电缆上进行改进实验。他通过2 000英里长的盘绕电缆发送信号,这时他困惑地发现,陆上传输的清晰信号在水下被扭曲了。发出的一个点在接收信号的端口只被印成了27英尺长的线。经过无休止的调整,他设法发送出了完整的单词,每分钟只能打印出两三个单词。最终,他意识到线圈状的电缆是罪魁祸首——或者更确切地说,感应电流导致他的信号从一个线圈输向下一个线圈时流失了。

爱迪生在格林尼治度过了一段从未有过的凄惨时光,唯一可以住的旅店里蟑螂滋生,供应的糖浆蛋糕和咖啡有烤焦面包的味道。古洛德也中了一次招,有一次他去那里和爱迪生一起吃早餐,后来他觉得很不舒服,不得不喝杜松子酒来恢复精神。爱迪生在6月中旬坐船回家,再也不想来这里了。

特别努力的头脑

在纽瓦克,爱迪生得到了一个令人不快的消息:一位治安官一直在为债务问题而烦扰玛丽。约瑟夫·默里写信给爱迪生说,他借给她200美元帮忙,但她"一张账单也没付"。默里是个软心肠的人,他很快补充道,"我不是责怪或批评她"——他当然不会这么做,因为她要养活一个孩子,而保障家庭收支毕竟是她丈夫的责任。更大的问题是,爱迪生&默里公司被买下威廉·昂格尔股份的信贷支出榨干了。而最大的问题是美国经济像爱迪生本人一样正面临增长过快的后果。内战后铁路和电报业的扩张逐渐放缓,因为市场已经饱和,也缺乏投机资本。默里写道:"生意比以往任何时候都更差,自从你离开后,我一直过得很艰难。我一个月就瘦了11磅,但如果我真的要死,我也应该在工作时死。"

接下来的一年半里，爱迪生面临破产，而他的大脑却在喷涌发明，为此钱飞进他的口袋，又从他的口袋飞出。1873年9月中旬，发生了一场金融危机，数十家银行破产，引发了一场持续了将近10年的萧条。威廉·奥顿为保存西联电报公司的资源，拒绝为爱迪生的双工电报机提供资金，即使它正在进化成为颇有应用前途的原型机。他认为爱迪生是"一个非常聪明的人，但是难以捉摸"，总是为了实验室经费而伸手求助别人。金股电报公司削减了订单，爱迪生&默里公司不得不加速生产以履行产品合同。挣扎求生的自动电报公司四处寻找买家，虽然一群英国投资者已为其专利的外国版权支付了5万美元的黄金。爱迪生不得不乞求能分到1/3，体会到了债主们被自己无礼对待时的感受。他还不得不再次乞求，这一次是向奥顿，因为一张应付给昂格尔的10 000美元支票需要马上兑付，否则就要抵押沃德街上的工厂了。奥顿只给了他3 000美元，原因是他未来的工作前景不明朗。一位富有同情心的自动电报公司投资人威廉·塞费尔特又拿出6 600美元来解除昂格尔股份的抵押，于是又产生了另一笔债务，这笔债务有一天会严重困扰爱迪生。

他的救星成了他的工作同事。查尔斯·巴彻勒曾在沃德街上的工厂担任精密机械师，他们一起在楼上进行了一系列准科学实验，实验灵感来自爱迪生在格林尼治的水下电缆中发现的感应电流。爱迪生并不是唯一对这种现象一无所知的人，因为美国的电工从来没有对长距离的海底信号做过很多研究，而是研究陆上中继传输。

他假装蔑视英国的创新者——"他们吃不下足够多的馅饼"——但在伦敦时，工作时间之外，他认识并会见了很多发明家，意识到他们在电气方面比自己更老练。1873年冬和1874年春，不知何故，他不再去想自己的财务问题，转而努力自学电磁和电化学科学这个领域的深奥知识。① 他从一本入门书——约翰·佩珀的《简明科学百科》开始，然后研究并注释了罗伯特·萨文和拉蒂默·克拉克的电报手册，接着又专心研读了威廉·克鲁克斯的《化学分析的选择方法》和查尔斯·布洛克扎姆的《实验室教学》等大部头著作。这些作者都是英国人。他们的博学启发了他，他开始自己写书，写一部基于他与巴彻勒正在进行的实验的电报专著。这本书尽管从未完成，但有几章刊登在各种商业杂志上，可能是在模仿伟大的苏格兰物理学家詹姆斯·克拉克·麦克斯韦早期的投稿方法。②

在长达 6 个月的时间里，爱迪生的个人生活和研究进度都是一片混乱，就像两只被暴风雨掀翻的大鸟。其间爱迪生做出了通信领域有史以来最重要的贡献。第一个是四工电报机，他已经构思了多年，通过他对感应电流的新理解，它变得实用了。1874 年 7 月 8 日，他让奥顿观察四工电报机在纽约和费城之间的运作。爱迪生第一次意识到自己有一项价值数百万的发明。"我激动到心脏都快要跳出来了。"演示取得了成功。两天后，《纽约时报》向全世界宣布了这一消息。虽然爱迪生只是顺带被提及，但他第一次尝到了成名的滋味。

之后他将花费多年继续改进和重构这个系统。根据设计方案，四工电报系统是一个严格对称的网格结构，由两个相对的终端站组成，每个终端站发送和接收两路信息。该系统允许 4 个信号沿着同一根线互相错开，这一壮举类似于用一根弦的小提琴演奏贝多芬的《大赋

---

① 爱迪生在晚年回忆道："那时候我非常缺乏资金，比起荣誉，我更需要钱。我每天付给一名治安官 5 美元，以阻止一项对我不利的判决，我在那之前没有注意过这个案子。"
② 爱迪生的书是根据各种档案资料改编而成的。它可以在《托马斯·A. 爱迪生文献》数字版中找到，编号为 NS7402。

格》。爱迪生进一步在主线的两端增加了"虚拟线"的对位,复制了电阻的变化,由此在理论上创造了另外 4 条传输线路。他不无得意地指出,这样的整体概念"需要特别努力的头脑,比如想象 8 种不同的东西在心智层面同时运动"。①

在专利申请中,他用枯燥的语言解释了每对终端如何传输不匹配的信号。发送器 A 从它的源电池获得恒定的功率,其极性在电流的点/杠脉冲之间反转,电路没有中断。接收器 A 是极化的——这是爱迪生大多数电报设计的一个特征——并且不带弹簧,因此它只对它感觉到的反转做出反应。发送器 B 由一个带伸缩弹簧的中性继电器控制,它对极性不敏感,而是依靠变化的感应电流强度来与接收器 B 保持联系。

奥顿不确定四工电报系统是否可以作为现行系统的良好补充,除非他看到产品在西联的生产线上完成了测试。但他确实向公司股东声称四工电报系统是"一项比双工系统更奇妙的发明",这句话出自一位以谨慎著称的高管之口,基本上相当于毫无保留的赞美。

新的力量

8 月,爱迪生在多工和自动电报技术领域申请了一系列专利,其中包括他当年的第二项伟大发明,名为"电报设备的改进",这源于他的早期发现:如果一块带正电的铅被推着穿过一块带负电的平板上放置的潮湿白垩片,电流会使白垩片的表面变得光滑,让铅块以很快的速度滑行,铅块可以朝向任何方向滑行而没有明显的摩擦或阻力,"就像在冰上一样"。虽然起初这种现象似乎只是从电信号到运动的流

---

① 爱迪生晚年评论说,他的白炽灯系统与四工电报系统相比"很简单"。

体静力学转换，但他后来把铅块看作笔尖，把白垩片看作白板。"因此我把我的发明称为动态电报机。"

不管是写字，还是电报和打印，都是在空白物体上画出标记。爱迪生推断，把纸用电敏化学溶液浸湿，然后蒙在鼓上，这么做可以替代白垩片。电流使笔震动，笔尖会滑动，从纸上划过，笔尖的轨迹就会变暗，就像着了墨一样。（钾的亚铁氰化物会变成普鲁士蓝。）相反，每当笔尖失去电荷时，纸就会变得不那么光滑，在通电和下一轮标记之前，会有短暂的阻力。这意味着经济实惠的印刷，字符之间不会有太多的空白。

他有理由庆贺自己发现了一种"新的力量"，这种力量太过新颖，爱迪生一时想不出它的充分应用。由于他已经习惯了电报记录器的记录模式，他并没有注意到动态电报机的记录模式。两者在接收电码时都会发出声音，在纸带前进时都会记录向下方的振动。《科学美国人》的编辑在9月5日敏锐地指出："爱迪生先生最近的发现的显著特点是：在没有磁铁或电枢的情况下，用笔尖，也就是触针，生成运动和声音。"

双工教授

爱迪生已因发明四工电报系统和动态电报机而获得了专业声誉，但他并未就此满足，又开始担任一份新的电报杂志《操作员》的科学编辑。他撰写了一系列文章，其中一篇是10月1日出版的讲述双工电报系统的文章，这篇文章的技术性太强了，以至于许多年轻的电工都不愿意接触多工电报技术。文章以一句"未完待续"的警告结束。他也为其他杂志撰稿，有时会发表深奥的问题让读者去解决，并付钱给布鲁克林的自然哲学教授罗伯特·斯派斯，让他给自己上一个月的化学速成班。

尽管他并未因此得到多少额外的关注（他的一些文章是匿名发表

的），但伴随名声的马屁精和灾祸还是出现了。宾夕法尼亚大学的乔治·F.巴克在11月3日写信祝贺他发明的"非凡的小机器"——动态电报机，并问他是否愿意"前来向全国最高科学机构——美国国家科学院展示它"。詹姆斯·阿什利还在为3年前爱迪生与金股电报公司的交易而愤怒，他开始在《电报员》中嘲笑他是"双工（两面派）和四工教授"。

爱迪生无视了阿什利，也无法答应巴克的请求，也许是因为他付不起去费城的车费。冬天来临时，他非常缺钱，不得不低价卖掉房子，和妻子、女儿搬进纽瓦克市中心一家药店楼上的公寓。这笔买卖没有给他带来任何好处，只是挽救了他的信用。唯一让他舒心的是因专业研究而得到的赞扬。他在这段时间的痛苦隐含在一个反复出现的梦境中："地狱中的黄色绿洲……影子在角力，一大块长着两只绿眼睛的腐肉，被午夜飘浮在荒凉的乡村墓地的薄纱缠住。"

到12月初，他无法忍受贫困了。四工电报系统正在西联的线路上进行测试，表现出色。线路从纽约延伸到波士顿、布法罗和芝加哥。奥顿认为该系统是公司的一项重要资产，在不久的将来价值至少1 000万美元，在遥远的将来更甚。但是他还没有对专利权提出报价。爱迪生在12月6日写信给他："我需要10 000、9 000、8 000、7 000、6 000、5 000、4 000、3 000或2 000美元——预支的数额由你选择。"他一如既往地率真，这是他魅力的一部分，但作为商人来说就是失格了。

奥顿折中地开出5 000美元作为"部分支付"，具体细节仍有待协商。爱迪生同时请求延期支付哈灵顿的3 351美元的到期期票，否则支付这笔钱可能会毁了他。随着寒冷的天气和圣诞节的临近，他的所有工厂里有100多名工人在等着他发工钱，更不用说玛丽和玛丽昂了。他向奥顿索取更多的钱，说四工电报系统应该值25 000美元，外加每条线路每年的版税。奥顿告诉他的一名职员："爱迪生对四工电报系统几乎是狂热的。"他自己对此也很激动,但并不急于达成协议,因为该系统的专利还没有申请。在向专利局提出正式申请之前,奥顿最多只能在12月17日给爱迪生&默里公司一份生产订单,订购20台四工电报机,交货价15 000美元,但爱迪生不得不承担制造成本。当他再次求情时,奥顿对他像斯克鲁奇①一样冷淡(或者说爱迪生是这样认为的),然后去了芝加哥,说假期后再回来继续讨论。

在这个节骨眼儿上,另一个狄更斯笔下的阴谋家在黑暗中隐现,金融家杰伊·古尔德深夜造访了沃德街上的爱迪生工厂。他宽松的长外套不体面地垂在地上,戴着一顶黑色圆顶硬礼帽。古尔德看起来温和、迷人,却有着鲨鱼般的名声,他拥有几条铁路和大西洋&太平洋电报公司。奥顿不知道的是,古尔德即将从哈灵顿和赖夫手中收购自动电报公司,从而控制爱迪生的打印机。眼下是一个可以将四工电报系统连同它的发明者一道夺走的机会。

爱迪生向古尔德解释整个系统的运作原理,同时被古尔德"未来的展望"震惊。古尔德没有做任何提议就离开了。但是几天后,在奥顿从芝加哥回来之前,爱迪生经人陪同进入曼哈顿第五大道的一栋房子。在一间地下办公室里,古尔德——

……立刻开口问我想要多少。我说:"给我开个价。"然后他说:"我给你3万美元。"我说,为了这笔钱,我愿意卖掉我所有的权益,这笔钱比我想象的还要多。第二天早上,我和古尔德一起去了谢尔曼·思特林律师事务所的办公室,我收到了一张

---

① 斯克鲁奇是狄更斯的小说《圣诞颂歌》的主人公,原本是一个自私透顶的吝啬鬼。——编者注

30 000美元的支票，古尔德说我得到了"普利茅斯岩石号"汽船，因为他以30 000美元卖掉了它，然后刚刚收到了这张支票。

这一天是1875年1月4日，随着一个百万富翁转手了一艘船，爱迪生也走上了成为富翁之路。就算还没富起来，他也已经从当下的绝望和受伤的自尊中解脱了出来。现金危机以后还会一直伴随他，有些时候甚至非常严峻，直到他可以利用自己的名声和信誉获得资金。

奥顿从他所谓的芝加哥"商务"之旅回来后，却发现爱迪生离开了纽瓦克去休伦港做所谓的"家庭"旅行。奥顿的旅行表明自己不愿被催促，而爱迪生的旅行表明自己不愿被愚弄。无论如何，奥顿是输家，当《纽约论坛报》（一份由古尔德控制的报纸）于1月15日宣布，扩大后的大西洋&太平洋电报公司将很快在纽约和华盛顿之间安装爱迪生的一个自动电报系统，并且他将成为该公司所有电报线路的首席电气工程师时，西联的股价下跌了4个百分点。

这一公告对威廉·奥顿是一个重大打击。他试图"接受"爱迪生之前以25 000美元出售四工电报系统权利的提议，但这是徒劳的，然后他又为索要这些权利而诉诸法律。如果他能活到1913年，他就会看到四工电报专利案件的最后判决，并意识到从自己手中溜走的这项伟大发明的重要性。[1]

---

[1] 奥顿在1875年1月28日提交的诉状中指出，爱迪生在上一年的夏天应允了与西联电报公司的首席电工乔治·普雷斯科特共同持有四工电报系统的专利，以换取对该公司线路的访问权。普雷斯科特对该系统的设计几乎没有贡献，但坚持要分享一半的权利。相互竞争的索赔和反诉，要求厘清哈灵顿、杰伊·古尔德和爱迪生本人的利益。随着时间的推移，这起案件演变成三起州诉讼与三起联邦诉讼，以及其他行政上涉及历任专利局局长和内政部长的案件，在《托马斯·A. 爱迪生文献》图书版第2卷第三章中有所概述。

在我们书写的时候戳字

作为庆祝,爱迪生挥霍了一番,购买科学书和设备,帮助他的父亲、哥哥和姻亲解决贷款和债务。玛丽也庆祝了一番,在 2 月 11 日为她丈夫的 28 岁生日举办了一场化装舞会,并给自己添置了一柜子的新衣服。她并没能穿太久最新的合身时装。当爱迪生一家在早春搬进南奥兰治大道的新房子时,她又怀孕了。

1875 年 5 月,爱迪生想要摆脱制造业的负担,他结束了与约瑟夫·默里的伙伴关系。与此同时,古尔德卷入了收购他的四工和自动电报系统专利的纠纷,爱迪生借此机会不再担任大西洋 & 太平洋电报公司的电气工程师,悄悄地过上了他梦寐以求的生活——在自己的实验室里做一名独立的发明家。

目前,爱迪生的实验室只有沃德街工厂的几个房间。他额外雇了 5 个人来协助他和巴彻勒的实验。他们是:机械师约翰·克鲁西和查尔斯·沃思,他们都来自默里的工厂;詹姆斯·亚当斯,爱迪生在波士顿时期的老朋友;爱迪生的侄子查理,一个 15 岁的易激动的男孩;老当益壮的萨姆·爱迪生,他愿意做任何必要的工作,从木工到打扫卫生,每周只收取 20 美元作为回报。在爱德华·约翰逊(仍在为大西洋 & 太平洋电报公司工作)和另一位电报事业前伙伴埃兹拉·吉利兰不时提供的额外帮助下,爱迪生有了一支高素质的研发队伍。

他们从 6 月 1 日开始工作,列出了 19 个实验项目,包括"一台一次可以印 100 份复印件的复印机"。第一台原型机是一个脏污的装置,用紫色苯胺染料和苹果渣浸透薄纸,闻起来很香,但操作起来很慢,因为需要经常上墨水。然后在这个月的最后一天,巴彻勒指出:"我们想了个点子:用笔在蜡纸上戳字,做出一块蜡版,再在整块蜡版上刷一层墨水。"

"笔"只不过是一个铂质笔尖,用它在蜡纸上戳字的时候,必须用手摁着。"它不够好。"巴彻勒以英国人的习惯轻描淡写地说道,"一定要制造这样一台机器,由转轮或者发动机驱动,在我们书写的时候在纸上戳字。"

爱迪生的电动笔就这样诞生了,这是一种用电池连接的尖笔,笔尖来回抖动,比蛇信子还快。为了平衡顶部的微型电磁马达,它尽可能地保持笔直,可以在蜡纸上戳出一连串几乎连续的点,这样执笔人就可以随意书写或画出图形。[①] 将得到的穿孔蜡纸框起来,压到空白的信笺上,墨辊一滚,就可以在短时间内复印出大量的清晰拷贝。

连接了电池和复印机的爱迪生电动笔,1875年

起初,电动笔是一种笨重的工具(尽管它的笔尖很灵活),爱迪生逐渐缩小了驱动部件,减轻了重量,使它拿在手上抖动得不那么厉

---

① 爱迪生的电动笔是第一个使用电动机的产品,也是第一台可以制作大量拷贝的复印机器,是 A. B. 迪克式油印机的前身,人们常常误认为仅仅靠爱迪生就完成了油印机的发明。Bruce Watson, "A Wizard's Scribe," *Smithsonian*, August 1998.

害。尽管如此，使用起来还是不方便：例如写一个字母O，如果写得太慢，笔尖就会离开纸面。他将制造权转让给了埃兹拉·吉利兰，这种笔成为他的纽瓦克实验室的展示产品，远到俄罗斯的企业和政府办公室都在使用。[①] 在接下来的10年里，它将售出大约6万支，并被铭记为"自动蜡版复制的鼻祖"。爱迪生感激地把一部分利润分给了巴彻勒和亚当斯。

帮助爱迪生开发电动笔让巴彻勒学习了电学方面的知识，这是他一直都未完全理解的领域。这次开发也让他了解了夜间劳动的魅力。他写信告诉他在英国的哥哥："我们通宵做实验，然后睡到中午，地毯上有54件东西……爱迪生是一个不知疲倦的工作者，无论多大的失败都无法打击他。他现在是这个国家最重要的发明家和电工。"他对"老头儿"（比他小一岁多）表示尊敬，从不像一些老朋友被允许的那样称呼他为"阿尔"或"汤姆"，而是喊他"爱迪生"或"爱迪生先生"，而爱迪生叫他"巴奇"。

真正未知的力量

这时，爱迪生已经对多工和自动电报失去了兴趣，而是被"声音"或"谐波"电报机迷住了，这是由伊莱沙·格雷和亚历山大·格雷厄姆·贝尔各自独立开发的。它通过几个不同音调的类似于音叉的"簧片"，沿着一根电线传输莫尔斯电码组成的声音信号。如果在接收端安装一组相同的簧片，每对相同的簧片就会产生共振，而其他簧片则保持静止。然而，理想的情况是，每对簧片都应该同时共振，从而实现比四工电报系统更大的信息传输量。

[①] 1877年，第一位对这款电动笔感到满意的顾客是刘易斯·卡罗尔。

声音科学对爱迪生来说是全新的，尽管他想到了他在1873年发明的一种继电器，它有一个振荡电极，可以改变水或甘油的电阻，产生声音信号。他在11月开始为西联电报公司做一系列的声学电报实验，再次得到了巴彻勒和亚当斯的协助。在不到一周的时间里，他改进了格雷的声音发报机，实现了电磁铁、谐振器和弹簧摆的微妙平衡，每种部件都接上独立的电源，只响应特定的频率，在不中断电流的情况下接入或退出电路。他在他的预防性专利声明中写道："我不希望把自己局限于任何特定形式的振动摆，不管是固定在两个终端的音叉或弦，还是可能会使用的管状发声器。"他还声称自己的想法是独一无二的，即通过在分支电路中放置接收器，并用电容器分流，使电流在长距离中波动（熟悉的电报问题"拖尾"）时保持清晰。

就在同一天，实验三人组被一种奇异的副作用吸引了。在磁化钢质振动器时，一个火花从磁体的核心迸发，比任何感应电流引起的火花都更大、更强烈。当振动器上的电线连接到实验室的煤气管上时，大楼里其他所有的固定装置都发出了同样的火花，三个人更加好奇了。它们的能量不遵循伏打或静电定律。它不影响电流计，没有极性，甚至没有放电的迹象。然而，如果用一把小刀划过20英尺外的金属炉子，可以划出一连串灿烂的火花。巴彻勒在笔记本上写道："这简直太棒了，这是一个很好的证据，证明火花的起因是一种真正未知的力量。"

对爱迪生来说，这简直是心想事成。5个月前，在他的实验项目清单中，他发誓要找到"电报通信的新力量"。这种不可估量的东西看起来已经比声音传播更奇妙了。他、巴彻勒和亚当斯将这种力量施加到28种不同材质的振动器上，获得了很多后续的乐趣。只有两种——硼和硒——没有反应。碳和铊产生"光化性的"火花；碲散发出"强烈而令人作呕的大蒜味"；镉的亮光比铋的强；银的火花亮光最好,是一股"壮丽的绿光"。

爱迪生想知道能否利用这些火花通过没有绝缘的地下和水下线缆发送信息。起初他没有想到,也许根本就不需要电线。随后他发现,如果两支"铅"笔倾斜,笔尖靠近到几乎接触,只要其中一支接地,另一支钩住大约 1 英尺长的电线,火花就会在两支笔之间摇摆闪烁。为了更好地观察这一现象,他把它们放在一个安装了黄铜目镜的"暗箱"中。

下一阶段就好像魔法一样,他在一根真空玻璃管中制作了一个点火线圈,可以产生"颤抖的铃声",并把暗箱带进了另一座建筑,暗箱中"铅"笔连接的电线仍然伸到外面。令人难以置信的是,火花持续存在,尽管微弱得多。他只能假设这种力量传到"铅"笔所经由的介质是"以太",这是 19 世纪最常被用来指代将物质分隔开的某种东西的单词。还得等上 30 年或更长时间,他的箱子里伸出的电线才会被称为无线电天线。[①]

发明工厂

小托马斯·阿尔瓦·爱迪生于 1876 年 1 月 10 日出生,那时他的父亲正沉浸在对声学的认真研究中,祖父则在新泽西州门洛帕克的一道山坡上建造一座长长的两层棚屋。

萨姆是个有经验的建筑工人,70 岁时仍身强体壮,能和只有他年龄 1/3 的人一起吊起屋顶横梁。爱迪生全权委托他在乡下找一个地方,

---

① 1875 年 11 月 28 日,爱迪生向报社记者公布了他所谓的"以太力量"的发现。这一头条新闻引起了公众相当大的兴趣。但是他没有以适当的学术形式发表他的发现,并且这些发现在很大程度上受到了科学界的嘲笑。他未来的工业对手伊莱休·汤姆森和埃德温·休斯敦进行了一系列相关的实验,他们满意地证明这种力只不过是电感应。然而,爱迪生实际上发现了高频电磁波,这在理论上得到了詹姆斯·克拉克·麦克斯韦的证实,在后来的实践中得到了赫兹、洛奇和马可尼的证实。

可以让他和他的"男孩儿们"在那儿生活工作，远离纽约市世俗的干扰，但又不至于妨碍商务旅行和物资的运送。萨姆喜欢省钱，就像喜欢威士忌一样（他每天都要喝4杯威士忌，这可不省钱），于是选择了门洛帕克，为儿子省了不少钱。这是一个半途而废的失败的开发项目，位于费城收费公路和宾夕法尼亚铁路的交会处。这里大概有40栋房子，还有大片空地，可以看到玉米和水果农场的风景，一座小湖像镜子一样坐落在不远处，曼哈顿距此24英里，在晴朗的天气里清晰可见。

爱迪生花了5 200美元买了两块地。更小、更靠近铁路的那块地上有一栋样板房，足够容纳他的家人、来访的亲戚和三个黑人仆人。克里斯蒂街（一条陡峭泥泞的木板路，玛丽不喜欢它）上更大的地块上，到春天将建起他梦想的实验室——一处偏僻的研究和开发场所，有才华的年轻实验人员任职于此，另外一组机械师提供服务，他们将制造和销售爱迪生发明的任何东西。这里很快被称为爱迪生的"发明工厂"，这是一个新的技术概念，也是一个新的科学概念：公开、民主又雄心勃勃。在威廉·奥顿的鼓励下，爱迪生首先考虑在此研究电话的制造。

此时，如果有人声称自己在开发电话上的进度领先（到目前为止，人们对它的理解只是传输各种音调的声音，而不是语句），这个人不会是伊莱沙·格雷或亚历山大·格雷厄姆·贝尔，而是德国电报员菲利普·赖斯。他在1861年发明了一种振膜电话。爱迪生早在1869年就已经熟悉了它的开关电路。在刚刚过去的那个夏天，他把单词"说"写在了他画的一部电话机的共鸣箱上面，这部电话是围绕一个音叉制造的，音叉的电阻由水银调节。

这个想法没有变成现实，但是在1月14日，他完成了一份声音电报机专利声明，其中包括他后来充满希望地称为"第一部有记录的电话"的玩意儿——一个带有薄膜的共振接收器，薄膜随着沿线传来的振动而振动，振动由一个很小的电磁线圈传输。然而，爱迪生认为它只是一种测量声波的装置。直到贝尔的可变电阻电话于3月7日获得专利后，他才意识到这种结构可以应用于语音接收。①

爱迪生他们三人，加上全美各地的其他许多人，都在准备参加定于5月在费城开幕的美国独立百年展览会。爱迪生获得了400平方英尺的展示空间，虽然比起他想象中的还有差距，但足以安装他的四工电报系统和自动电报系统、动态电报机和电动笔，以及一系列的打印机，包括那些利用化学溶液打印出罗马字母的打印机。他不准备展示"以太力"，以免激起科学界的愤怒。

许多项目仍有待完善，他不耐烦地等着萨姆完成新实验室的建设。玛丽·爱迪生没有他那么激动。她才20岁，有生以来一直都在纽瓦克生活。她知道丈夫古怪的工作日程，并不希望在一个没有灯光的小村庄里度过漫漫长夜，那里离最近的警察局有12英里。罗莎娜·巴彻勒——也是两个孩子的母亲——有着同样的担忧。3月16日，玛丽的一些亲戚在家里给她办了一场"惊喜聚会"，这可能是为了给她打气。

9天之后，新实验室成立了，爱迪生身边每个人的生活都发生了巨大的变化。

乡村夜晚的宁静

在接下来一年左右的时间里，爱迪生的团队保持在很小的规模，

---

① 1880年，当格雷和贝尔就谁发明了电话在法庭上激烈争吵时，爱迪生声称他在1875年7月画出了三个带有液体发送器的声音电报装置，这种装置实现了电话的基本"波形"或可变电阻电流现象。这些不同寻常的草图确实存在，但没有标明日期。现存的证据无法表明爱迪生在那一年的11月建造了模型。然而，他坦率地承认，这个模型不起作用，并且总是大力赞扬贝尔的发明。

大约有12名沃德街工厂的老员工。伯格曼退出了他们的行列，在纽约开了一家独立工厂，并迅速发达了。巴彻勒、亚当斯、克鲁西、沃思、约翰·奥特、吉利兰都搬到了门洛帕克。吉利兰以为他要在铁路旁的棚屋里建立一家电动笔工厂。萨姆和查理·爱迪生也来了，但是这位老先生不得不定期返回休伦港，他之前在那里把自己的管家搞怀孕了。

有天萨姆回来时衣服破烂，身上还有许多瘀伤。原来，他从纽约至费城的特快列车上跳了下来，当时列车正全速驶过车站。他说他只是模仿了他儿子过去在晚上带着报纸从底特律回家时的举动。"我告诉你，汤姆，我不会再为了10美元干这事了！"

爱迪生很感激萨姆发现了他所坚称的"新泽西最美丽的地方"。门洛帕克在初春的阳光下非常美丽，但爱迪生的实验室显得特别荒凉，它新鲜的白色油漆与村子里其他房屋的暗黄色和棕色形成鲜明对比。实验室就像一栋加长的双层校舍，唯一（看不见的）区别在于它有两根很深的地下砖柱以保证结构的稳定。测试声学设备时，保证地板不会振动至关重要。

爱迪生一直说来门洛帕克是为了寻求"和平与宁静"，似乎没有意识到这个说法对一个几乎失聪的人来说有些奇怪。同样奇怪的是，他越来越痴迷于声学，也许是因为乡村夜晚的宁静让他在测量声音频率时不再被城市的噪声干扰。电报机的敲击声和嘀嗒声对他来说不是问题，他可以像看散文一样轻松地用耳朵"阅读"莫尔斯电码。但是在4月，有消息称贝尔语音电话的谐波和音量的变化复杂得多，这对爱迪生是个冲击。为了赶上进度，并与贝尔和格雷展开竞争（尽管后两者也相互竞争），他必须改变想法，不能再认为电报传输的信号必须手写或打印，并适应纯粹以声音的形式发送和接收信息的概念——在大多数情况下，甚至不需要写下来。

这一转变对爱迪生来说难以接受。爱迪生是一个有强迫性的，甚至是狂热的记录者，记录着他认为有实用价值的每一个单词、每一种思想和行为。像另一个失聪的"涂鸦者"贝多芬一样，要是没有铅笔，他会不知所措，因此他总是把笔记本和松散的备忘录塞在口袋里。尽管他很喜欢日常对话，比如玛丽聚会上的闲谈，"男孩儿们"之间的玩笑，但他还是把对话和"交流"区分开来，他觉得交流是自己作为发明家的专长。虽然他正越来越深入地钻研无形的声学，但他也永远不会忘记动态电报机的记录触针、自动打印机的墨辊和电动笔的点刻。

随后，他在门洛帕克完成的前5项专利都被描述为"电报机"，尽管其中3项设计实际上是电话，用多个簧片、电磁铁、球状和管状谐振器以及发声盒发出声音，这些部件都成对地调到不同的频率。5月9日，也就是费城百年展览会开幕的前一天，他完成了最后一项专利。

他的展示没有引起应有的注意。他很晚才来到展览现场，并轻率地接受了威廉·奥顿的提议，把自己的展览场所当作西联电报公司的一个分会场。公司资助了爱迪生的大部分工作，奥顿不想让他显得过于独立。然而，电动笔和自动电报机是分开展出的，两者都获奖了，四工电报系统也获奖了。英国数学物理学家、评审委员会主席威廉·汤姆逊爵士称赞电动笔是"一项极具独创性的发明"。

但是这场展览的焦点出现在6月25日，亚历山大·格雷厄姆·贝尔演示了他的电话，在场的观众包括汤姆逊、伊莱沙·格雷、乔赛亚·赖夫和爱德华·约翰逊。作为聋哑人教学法创始人之子和一位教聋哑人的老师，贝尔对语音学的理解远比当时不在场的爱迪生深刻。他谦虚地将他的薄膜发送器和相连的铁盒接收器描述为"胚胎中的发明"，这样说也无可厚非，因为当他在另一个房间里给威廉爵士打电话

第六章　声：1870—1879年

时，爵士听到铁盒盖子的震动，不知所措。① 格雷用自己的耳朵听了听，起初只听到"一种非常微弱的、幽灵般的铃声"。最终，他听到了短语"是，有麻烦了"，并告诉其他人，贝尔在引用莎士比亚的话。

簧片、叉子、铃铛、绷紧的弦、锡管

爱迪生在百年展览会上太不显眼了。他在宾夕法尼亚州仍然鲜为人知，以至于当地一家报纸称他为"一个名叫爱迪生的英国人，他发现了一种被称为新自然力的东西"。他需要用一个更加令人难忘的作品给大众留下印象。他在纽瓦克和纽约工作的时候，至少媒体还会注意到他。此时他身处偏远之地，最多只能指望在生意上得到一点儿尊重罢了。他在给一个电报员老友的短信上潦草地写道："在接下来的6周内，我会把一些东西发给专利局，这会让你刮目相看的。"

这项专利是一个传声电报的超级系统，他在7月8日提交的一份冗长的专利声明中详细说明了这一点。它要求多个终端站点在一个频率范围内同步，"频率范围由簧片和精细的接收设备适用的振幅决定"。爱迪生的新想法是用电路通断的时间间隔来传递不同长度的声音信号，间隔变换得迅速又平稳，主线电流不会因此中断，信息也不会在它们各自的支线末端被干扰。这是一个电子分时的概念，或者用未来的术语来说，是时分多址。②③ 他补充了13份精心制作的技术备忘录，将其编入了记录门洛帕克实验的一套笔记本。这一记录相当于对他所有

---

① 更不用提当时在场的另一位观众了——巴西国王也是如此。
② 时分多址是指在无线电通信中，不同用户在不同的时间段内使用同一频段进行通信，从而提高通信效率。——译者注
③ 时分多址成为移动电话网络的基本操作系统，移动电话网络具有与爱迪生1876年的传声电报一样的同步性挑战。

电报发明的回顾总结，为他当前从事的声音领域的专业研究打下了基础。

爱迪生一边研究多种电报技术，一边在电话传输方面做了一系列实验。他确信可以改进贝尔的短程信号的弱点，他的方案是在磁化的黄铜振膜上加一层潮湿的毡垫圈。他成功地让接收器发出"你好"的声音。但是这个短语的复杂程度很难比得上贝尔的装置4个月前就已发出的"沃森先生——来这里——我想见你"。爱迪生接着将大头针以不同的弯曲程度钉在振膜的各个角度，以确定特定音高的最佳切入点，并探索他的动态电报机的声学潜力。比起电话，这一发现更接近电报机，不过它至少让他明白了亥姆霍兹是如何使用叉子和磁铁来研究发声机制的。

有时候，簧片、叉子、铃铛、绷紧的弦、锡管……1 000件振动的发声部件会在他耳边嗡嗡作响。

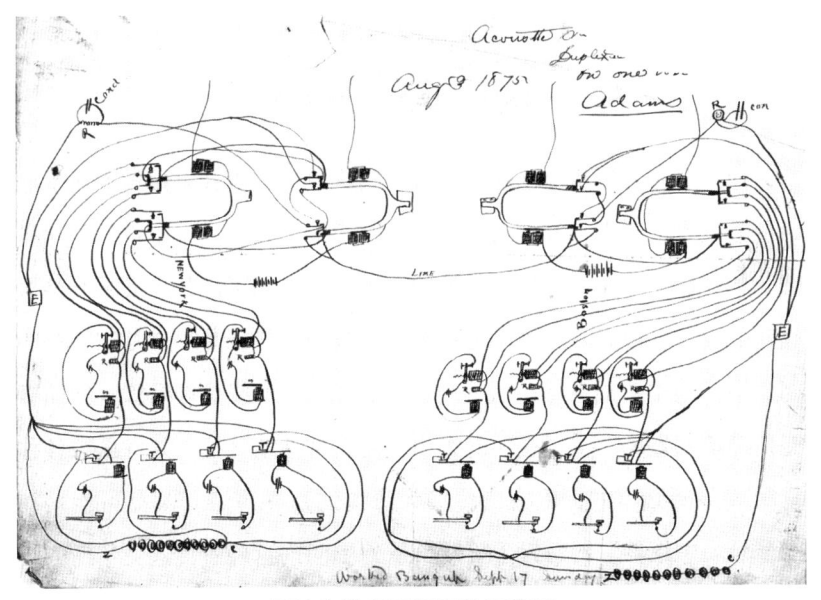

爱迪生的发声机器结构草图

有时候，耳边出现的是人声。

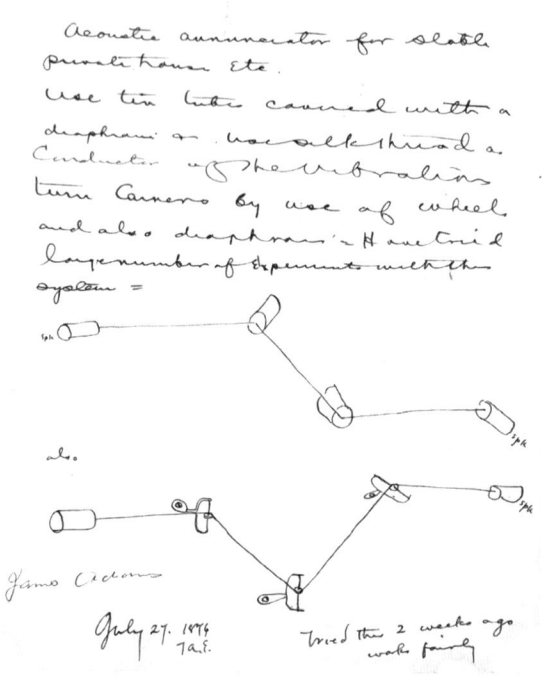

爱迪生传输人声的概念图

他并非一直清楚自己在探索哪一门学科——声音电报技术还是电话传输技术，甚至不确定自己是不是在模糊地想象尚未出现的某学科。圆筒和圆盘一次又一次出现在他的绘画中。圆筒可能是一面带有共振底座的空鼓，或者是一个手摇的谐波接收器，或者是一个复制穿孔印刷文字的墨辊，或者是一块旋转的电磁铁①，抑或是伸缩管。伸缩管能精确地测量出"空气柱"的大小，而这种"空气柱"是发送"各种咝咝声"所必需的，电力的传输无法传送这种声音。圆盘可能是在"记录器-中继器"的触针下旋转、从外围向内盘旋着传递莫尔斯电码

---

① 爱迪生在他的笔记中讲到这一点时，通常会提到从玫瑰油瓶中提取玫瑰香精的想法。

形式的信息的硬蜡纸，或者是在电话接收器中转动的电化学涂层板，抑或是有碳涂层、接触另一个圆盘的振动锡箔面的硬橡胶按钮——他认为这个双圆盘组合很有前景，但迟迟没有开发实物。

从这些思考中产生的最美丽的、技术上最先进的仪器是1877年2月3日的爱迪生翻译压印机。尽管它的名字有"翻译"，但它无法翻译不同的语言，只能加快大量电报文本的分发或"传递"，比如通过长途线路传达总统的讲话。[①] 它在运行时很安静，外观线条圆润，带有两个转盘和两只跟踪涡形槽的记录臂／复制臂，像是一个世纪后的产品。

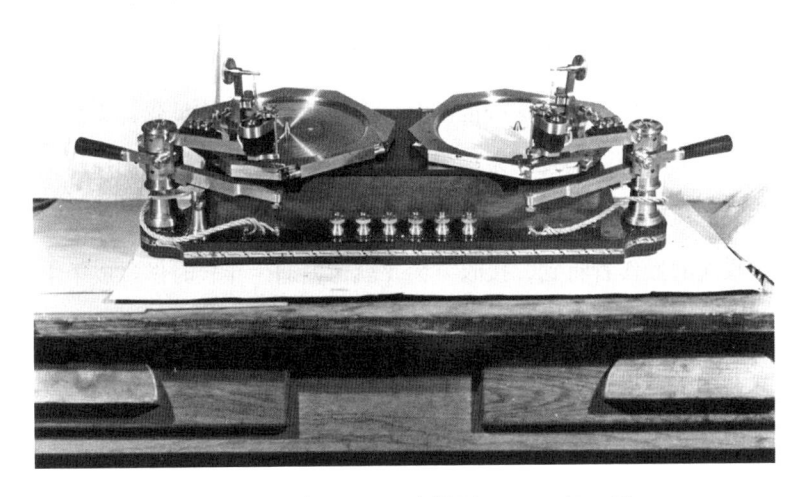

爱迪生的压印记录器-中继器，1877年2月

该机器的圆形夹子夹着油纸（爱迪生发现猪油润滑的油纸最好），将它们压在转盘的凹槽压板上。传入的电磁脉冲让一个小弹簧压印触

---

① 爱迪生的意思是改进他的自动电报机已经令人印象深刻的性能。1876年12月5日，自动电报机在一个多小时内将格兰特总统的包含12 600个单词的电报从华盛顿传送到了纽约。

第六章　声：1870—1879年

针压在第一个转盘的纸上，同时记录臂沿着压板螺旋前进，确保压印触针保持在轨道上。当第一个转盘印满了之后，隐藏的双杠杆启动第二个转盘。重复（用现在的术语来说就是复制）是一个简单的过程，即让压印触针又以高速压过它留下的凹痕，将记录的信号发送到尽可能多的附属终端站点，这些站点可以连接到压印机电路中的发声器。

分子音乐

也是在1877年2月，爱迪生年满30岁，头上有了第一缕银发，他和巴彻勒开始了一系列新的实验。他们称之为"电话电报机"、"通话电报机"和"通话电话"。这种名称混淆在通信行业很常见，在美国人完全接受这种让人吃惊的概念，明白通过电传输的信号不一定要以文字形式输出之前，这种混淆会一直持续。甚至连贝尔都无法想象，有一天人们会用他的发明来聊天。爱迪生认为，电话可以加速将语音转化为电流的脉冲，然后在另一端又将脉冲转化为语音——语音只会被接收端的操作者听到，接收方会（就像爱迪生年轻时做过成千上万次的那样）抄下要传递的信息。因此，尽管该机器会发出声音，但它实际上还是电报机。

声音的清晰度是关键，他努力改进落后的贝尔磁电机发送器，但尚未成功。他认为可以通过闭合电路中可变电阻的原理来获得理想的结果，这对于语言的电气化至关重要。他和巴彻勒经常通宵工作，用沿着电路中的石墨轨道移动滚轮或触针的薄膜制作发送器，但当他们试图传递清晰的声音时，他们只听到了"一声咕哝"。直到他们回到爱迪生的旧想法上，用一个带电线的按钮抵住振膜，用压碎的黑铅（石墨的别名）代替橡胶制作模型，才提升了声音的清晰度。巴彻勒在2月12日记录道："有了这个装置，我们已经能够清楚地区分句子里的纽约和门洛帕克。"

纯碳在电压下的可导电性是一个重大的发现，或者说是重新发现。4年前，爱迪生在制造管状变阻器时发现，装填其中的粉末状石墨的电阻会像一个气压计一样"随着每一种噪声、震动或声音"上下跳动。奇怪的是，当他用手捂热用铁环框起来的"碳钮"时，会发出吱吱作响的和谐音调，他称之为"分子音乐"。

碳在分子音乐中表现出的相当的敏感性，对此时的爱迪生来说已经不够了。他在寻找一种能够适应人类声音的复杂层次的介质，甚至可以传达呼吸、叹息、咳嗽和说话时的犹豫。

问题是碳钮应该有多紧实，或者有多松散，才能获得最大的电阻范围。① 碳以多种形式存在，从最柔软的灯黑到岩石般坚硬的无烟煤。在巴彻勒和亚当斯的帮助下，他不得不混合和测试大多数种类的碳的弹性和孔隙度。"我聋得厉害，没办法判断发音是否更好，只好依靠别人。"

语音

那年5月，爱迪生正在描绘可以留存声音的蓝图，这时马萨诸塞州众议员本杰明·巴特勒向他挑战，要他发明一种能把声音转换成文本的电话记录器。爱迪生沉思了一两天，然后想出了相反的创意。他画了一个像飘浮在空中的木琴的东西，然后潦草地写道：

键盘发声电报机
　　我想的是一根带电动轮子的长轴，上面有一个键盘，通过同

---

① 例如，无烟煤的电阻从300欧姆到1 700欧姆不等，但爱迪生抱怨说，这个范围只能记下一个字母O而已，而且无法记录说话时的"咬舌音和咝咝声"。

时按下一组字母"THIS",接触的弹簧将一个接一个地通过电线发送相应的振动,使动态电报机接收器和振膜清楚地"说"出这个词……很容易就可以发出"咝咝"的辅音,因为电轮和接触弹簧可以以任何形式排列,并且根据需要可以很容易地发出词语的泛音和谐音。认真想象一下吧,先生。

木琴的琴键作为字母键,每一个键的终端都有一个锯齿状的小金属轮,用以产生或中断高频信号。爱迪生想当然地觉得可以通过连续快速击打这些键位,让一个键对应字母发音的一部分,然后 T 会依次和 H、元音 I 结合,当最后一个键被摁下时,元音 I 会变得尖锐并发出咝咝声。这完全不是巴特勒建议的文本记录器,实践上也不可行。爱迪生很快意识到字母与语音没有什么关系。他想出来的是个激进的点子:把文本通过数字转换成声音。①

尽管不切实际,但他认为键盘发声电报机——既可以用来打印也可以用来传话——标志着他对声学的理解的重大进步。至少在理论上,它的特点是"音轮"滚动出声波的形状,这说明爱迪生认为语音由泛音和大量气音组成,并且他又一次开始发明一种可以同时记录和复制的机器。

6月,爱迪生一直无法记录足够清晰的声音。直到他做出了一块可以发出咬舌音和咝咝声的振膜。他开始觉得自己无法充分发挥碳变阻器的潜力。在当下的实验中,它是一个大约 10 美分硬币宽的粒状石墨圆盘,有时被包在丝绸里。它被放置在电磁体的杯状电极上,然后被压在电池连接的电枢下面,和发声器一起接入主电路。主线电流

---

① 现在的文本转语音的计算机应用实现了爱迪生 1877 年的梦想。

的流入减小了电枢的磁性"重量",将碳的电阻降低到只有几欧姆;电流的流出则产生相反的效果,电阻增加到几百欧姆,并再次激活发声器。《每日电讯报》在一篇题为"爱迪生的压力继电器"的文章中评论道:"这可能是迄今为止唯一能普通地使用电池将不同强度的信号从一个电路转换到另一个电路的装置。"

尽管存在高频配准的问题,但爱迪生还是在6月中旬组装了一部电话的收发装置并完成了测试,"比贝尔的更简单、更好"。平时冷漠的巴彻勒也非常满意,他向他的兄弟吹嘘道:"我们刚刚把'语音电报机'完善了。"事实并非如此,而且连轴转的声学实验让《操作员》报道:"爱迪生看起来像一只灰色的獾,而且在快速老去。"

实际上,爱迪生并不缺乏活力。他从金股电报公司和西联电报公司获得了大量现金,并且很享受第一次"失眠"闪电战,这会成为他发明家生涯的一大特征。直到7月16日,他才觉得电话可以开始申请专利。他当天签署的申请详述了"复制"声音变化的多重定音鼓、一块对嗞嗞声敏感的振膜以及在振膜和触针之间插入的一层铂箔。一位实验室访客(亚历山大·格雷厄姆·贝尔的密探)发现这种机器音量非常大,虽然"分歧"听起来像"婚期":"爱迪生正在努力改进发音直至完美,如果成功了,他打电话的声音就会大得好像打雷。"

巴彻勒向埃兹拉·吉利兰抱怨道:"我们在语音电报机上做了可怕的艰苦工作,过去的五六个星期里,我们经常一起连续工作两个整夜。"

随着夏天的到来,碳尘、铂黑、过氧化铅、石墨和其他煤烟导体把爱迪生染成了灰色。有一次休息时,玛丽走进家中的备用卧室,发现一个"烟囱清洁工"躺在"我漂亮的白色床罩和枕套"上,睡得死死的。

第六章 声:1870—1879年

声音

爱迪生在 7 月 18 日写道:"刚刚尝试用有压印触针的振膜和快速移动的蜡纸做实验。发声器的振动效果很好,毫无疑问,我将能储存人类的声音,并在之后的任何时候完美地重现。"

那年夏天,究竟是在什么时候,爱迪生对声音收发研究的积累形成了他最伟大的发明呢?作为一项前所未有的发现,关于它的传说也不断增加,而他自己对此的记忆也开始混乱。或许是这样一个时候:当时他正听着翻译压印机的优雅嗡嗡声,这不是一种声音机器,但它的圆盘高速旋转的声音异常悦耳,他觉得自己听到了声音,"显然是在说一种无法被理解的语言"。或许是当他让触针重新压过一张蜡纸上的图形划痕,听到了自己背诵字母表的微弱声音的时候。又或许是他对着话筒喊"哈啰!哈啰!",把蜡纸放进机器,听到的声音微弱得像从山谷对面传来的时候。或许是他做的一个声控玩具的动作——一个小人儿随着背诵诗歌的响亮声音锯起木头。或许不是声音,而更应该是这样的场景:他对着振膜说"啊——啊——",和振膜相连的触针发出振动。甚至可能是当他心不在焉地抚摸着振动的触针时,感觉拇指被戳到了——声波刺伤了他的手指。[①]

"克鲁西——做这个。"他回忆起他对这位机械师说的话,给了他

[①] 在电话交谈中,爱迪生开始用"你好"这个问候语,而不是老式的"哈啰"和贝尔更喜欢的"啊哈!"。1987 年,声音历史学家艾伦·凯尼格斯伯格在《牛津英语词典》编辑的同意下,确定"你好"这个词确实是爱迪生发明的。1877 年 8 月 15 日,他第一次写了这个词,在一封短信中吹嘘说,他最新的电话接收器不需要响铃,"因为'你好!'在 10~20 英尺外都能被听到"。到 1880 年 9 月 7 日,全国电话公司大会的代表们都在翻领上戴着问候按钮。Allen Koenigsberg, "The First 'Hello!': Thomas Edison, the Phonograph and the Telephone," *Antique Phonograph Monthly* 8, no. 6(1987).

一张箔包裹的圆筒的设计图，圆筒的一边有一个转动的把手，还有一个振动送话口，从中伸出一枚接触箔表面的触针。

我告诉他我要录下谈话，然后让机器复述。他认为这很荒谬。然而机器还是被成功制造了出来，箔被放上去了。然后我大声说了"玛丽有一只小羊羔"之类的话。我调整了复制机，机器完美地再现了句子。我这辈子没有这么惊讶过。每个人都很惊讶。我总是害怕一次就成功的事情……但是这一次不用担心。

"复制机"只是一个发声组件，它沿着箔上的轨道回放，把刚才进入的声波再现。让爱迪生感佩的是，如果箔和触针保留完好，那时间就不是问题：一个世纪之后的1977年，如果某个此时还未出生的人转动同样的手柄，一个早已死去的人的声音会在他耳边重现。难怪克鲁西在怀疑地听着他制造出来的机器发出爱迪生的声音时，用德语喊道："我的天哪！"

在接下来的几个月里，所有听过这台神奇机器发声的人，包括美国总统都同样难以置信。自从人类诞生以来，宗教就断言，人类的灵魂会在身体腐烂后不复存在。人类的声音几乎和灵魂一样是无形的，但它是身体的产物，因此也必然会消亡，事实上，声音的确会消亡，就像呼吸一样在每个单词、每个音素发出的那一刻蒸发。就这一点而言，即使是无生命事物发出的音符——树倒在树林里、雷声隆隆、冰层断裂——也会消亡，除非它们激起了回声，而回声本身很快也会消失。

但是此时的回声变成了坚硬的实体，可以让任何人随时回听。呼吸被转化成金属，金属又能被转换成空气。这是比耶稣基督的复活更难相信的复活（因为不需要信仰）。也许正因为如此，对这台传声机器最大力的盛赞来自一位英国圣公会牧师，霍雷肖·N.鲍尔斯牧师。他不仅写了诗，还对着爱迪生的机器录了音，这是第一首为录音而写的诗。它被命名为"向留声机致敬"：

  我抓住跃动的空气 / 我贮藏

  音乐和演讲 / 我掌管所有呼吸的唇舌

  我说话 / 这个不可侵犯的词

  证明了它的起源和标志……

  灵魂通过我永生 / 我是一个信使

  像真理一样完美 / 真理由我诉说

  我复现灵魂 / 当我回应时

  人们可以听到短暂已逝的话语

把演讲重新放出来

越来越多关于留声机的传说、诗歌和真实的记录混在一起（留声机这个名字是爱迪生亲自起的，基于"声音"和"铭文"的希腊语），爱迪生没有完全否认它们。他于7月16日申请新的电话专利，随后他自信地预测在两天之后，他就能够"储存和复制"人类的声音，而这时发生了一件不寻常的事情。

大约在7月17日拂晓，他在笔记本上写道 [夹杂在一堆声学绘图和充满辅音的短语（四分音符、低氯化物、物理学家寻找的终极真相）中]："好极了＝今天早上5点完成了电话的改进＝可以读出报纸1/4版面的文字了，发音完美。"他显然已经顿悟。他的笔记没有提到回放他听到的声音。但在同一天的一个笔记片段里，他画出了电话和翻译压印机，并写下了一些零散的词："复制"、"压刻"和"触针"。压印机被画成带有两只音臂的螺旋压板。电话附有一个奇怪的装置，可能是一个轮子，但也可能不是，如果是轮子，为什么有两枚触针在它的外围移动——一枚来自接收器，另一枚来自回放振膜？如果把这个轮廓视为圆柱体的侧视图，那么笔记的目的就变得更加清晰了。这是爱迪生（上面签了他的名字，下面是见证人巴彻勒和亚当斯的签名）在发送、接收、记录和回放声音方面的思考——这些都在一组连续的笔记中。

查尔斯·巴彻勒提供了他顿悟时刻的补充证词，他是一个实事求是的人，不像爱迪生一样惯于异想天开。

> 我记得，第一个实验是这样做的：爱迪生先生手里拿着一块装在橡胶送话口里的电话振膜，他在振膜前面放声音，用手指感受振膜中心的振动。他玩了一会儿后，转过身来对我说："巴奇，如果我们在这上面安一枚触针，就可以在某种材料上做记录，然后我们把材料拉到触针下方，它会把演讲重新放出来。"我说："嗯，我们可以快速地尝试一下。"我在振膜中心加上了一枚触针，拿来一张旧的自动电报机用纸，把纸涂上蜡，当爱迪生先生对着它说话的时候，我把它拉过来刻出凹槽。第二次翻蜡纸时，我们俩都意识到讲话已经被录下来了。同一天晚上，我们对此做了相当多的修改，爱迪生先生立即设计了一种机器，这种机器能更好地回放我们的讲话。

这个设计是如何"立即"实现的，他们俩都无法确定。91年期间，另一份签名文件被看作托马斯·爱迪生在 1877 年 8 月 12 日完成了留声机的立体设计的证据。他命令克鲁西"做这个"：

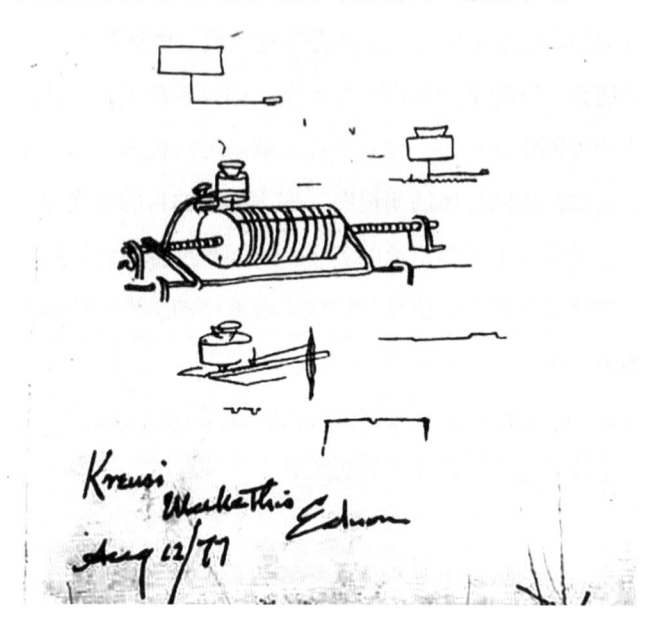

爱迪生的第一台留声机（1877 年 11 月前后）的草图

直到 1968 年，人们才发现，虽然这幅画可能是原作，但题字的日期晚得多，是爱迪生为了满足一位宣传人员而潦草地画出来的，当时他太老了，没办法关注模型的设计与制造。但他确实在 7 月 30 日提交了一份临时的英国专利说明书，尽可能谨慎地确认他已经能够"记录下大气中的声波"。他可能会立刻建造一个模型作为证明，毕竟目前为止他只用手持振膜和蜡纸条发出过声音，还没有做出实用的机器。在做模型之前，必须先设计好。经过整个夏天和秋天的大部分时间，爱迪生思维中的组合——声波和凹槽、圆盘和按钮、鼓和圆筒、触针和笔、脚本和声音——将会融合成一种更好地记录和回放他话语的设备。

真实的幻觉

12月初，爱迪生从克鲁西那里收到了留声机原型机，它像铁路车钩一样简单而坚固。它由一个有螺旋形沟槽的小黄铜圆筒组成，轴和旋转手柄以相同的间距切刻，因此触针从左到右的前进（记录或回放）与圆筒的前进相同。每一次新的录制都夹上一层坚韧但可以留下刻痕的锡箔套筒，振膜组合可以切换，保证每次只会有一块振膜振动。

在对触针的设计进行了大量实验后，爱迪生发现把凿形触针改成圆头触针可以更轻柔地将箔压入凹槽，从而更忠实地响应上面振膜的振动。爱迪生最初使用的触针太锋利，他对着话筒朗诵"玛丽有只小羊羔"时，巴彻勒听到的只是"阿里又吃袄昂凹"。"声音不太清楚，但是大体上听得出来。我们都发出一声满意的叫喊：'天哪，就在那儿！'然后和周围的人握手。"

这时，随着圆筒稳定地转动，触针平稳地在凹槽里前进，玛丽和她的小羊没有错，所有的咝咝声听起来都很清楚。到11月末，爱迪生已经准备好向世界展示他的"会说话的机器"。

多亏了爱德华·约翰逊，他自称是门洛帕克产品的巡回小贩，消息很快传开，说新泽西的一位年轻工程师发明了一种"录音电话"。但是大多数专业人士难以相信，宣传没有达到预期。爱迪生决定让机器自己宣布这个消息。

12月8日，《科学美国人》刊登了其历史上最大的独家新闻。

会说话的留声机

托马斯·A.爱迪生先生最近来到这间办公室，在我们的桌子上放了一台小机器，转动曲柄后，机器询问我们的健康状况，问我们喜不喜欢留声机，告诉我们它很好，并亲切地祝我们晚安。这些话不仅我们自己听得见，周围聚集的十几个人也听得见，它们只需要借助如下的图表和简单的说明即可被回放。

然后杂志刊登了一张技术图纸，只使用了4个指示性的字母：A表示适度弯曲的橡胶送话口，B表示轴上的圆筒，C表示曲柄，D表示回放扬声器。图中可以看到箔上的凹痕。该杂志继续写道："毫无疑问，通过练习，借助放大镜，我们也许可以读出爱迪生先生的莫尔斯电码[①]，但爱迪生让机器自己逐字读出消息，省去了我们的麻烦。这种变化就好像我们不再自己读书，而是把书丢进一台机器里启动，然后等待，人们就会听到作者读出他自己的作品。"

《科学美国人》写了一篇1 500词的文章来描述留声机看似复杂的操作。"不管一个人多么熟悉现代机械及其令人满意的性能，不管这个奇怪装置背后的原理多么清晰，他在听到机器的声音后都不可能不怀疑自己的感官在欺骗自己。"即便是富有想象力的人也会对留声机的用途不知所措。伟大的歌手在失去声音并死去很久之后，仍会继续歌唱，宛如从未衰老。法庭上的证人会把他们的证词记录下来，让犯人直到最后也无法否认。富人的孩子在父亲的财产都被立契转让给情人时，会听到爸爸决心坚定、神态清醒的证词。如果有一天，奇迹发生，会有像爱迪生这样的人"把人们的立体照片放在屏幕上让人看见，然后添加会说话的留声机来伪造他们的声音……很难还有比这更真实的幻觉了"。

---

① 记者在描述时说的是"莫尔斯电码"，而不是爱迪生凹槽中连续的波峰和波谷。这显示了一个科学记者在1877年适应新的留声机是多么困难。

锡箔会说话

像主人公常有的桥段一样，爱迪生一觉醒来，发现《科学美国人》的这篇文章让自己出名了。专家和大众的喝彩起初被他的发明近乎神秘的本质抑制。他在圣诞夜申请专利时，其独创性让专利局的官员们大吃一惊，他们毫不怀疑地批准了专利，没有任何先例可以用来评判该机器。《辛辛那提每日问询报》在这一年的最后一天发表的文章中称他为"爱迪生教授"，很快这个敬语就流传开来。史密森学会的秘书约瑟夫·亨利称他为"这个国家最有独创性的发明家"，他停顿了一会儿后补充道，"或者在任何一个国家都是"。对威廉·汤姆逊爵士来说，爱迪生是"这个时代首屈一指的电工"。法兰西科学院允许爱迪生向其成员展示该机器。爱迪生赶忙让他的留声机欧洲销售代理蒂瓦多·普斯卡斯前去，学院听众报以"暴风雨般的掌声"，尽管他们中的许多人都知道，巴黎的业余工程师查尔斯·克罗斯已经为类似的东西提交过说明书，那个时候爱迪生还在研究他的动态电报机电话接收器。[1] 从伦敦到米兰再到旧金山，留声机成了学术演讲展示的主题，它被誉为19世纪最伟大的声学发现。它的发明者被比作富兰克林和法拉第，成为女学生的论文、宗教社论和漫画的主题。到3月，"天才之火"会在他那双其实是蓝色的"敏锐的灰色眼睛"中燃烧。然后在4月10日，《每日画报》盛赞爱迪生为"门洛帕克的巫师"，这个称谓甚至在门洛帕克不复存在后依然流传。

---

[1] 1877年4月18日，因为太穷而无法申请专利的克罗斯向法兰西科学院提交了一封信，描述了他的想法，即通过将斯科特·德马丁维尔的"记音器"与照相的光刻法结合，制造出复制声音的留声机，整个过程非常困难，让人望而却步。克罗斯从未制造出一台有效的原型机。尽管有一些人提出了阴谋论，但他和爱迪生在1877年12月之前似乎并不知道对方的存在。

爱迪生的实验室不再与世隔绝。他向本杰明·巴特勒抱怨道："每天都有许多文学和科学的明星来到这里。"记者和观光客成群结队地走上木板路，他称之为"走向森林"。事实上，他喜欢宣传，并且使用了更多宣传手段，甚至写了一封书法优美的信感谢《每日画报》对留声机的报道。他在结尾的签名一点儿也不谦虚——并随即成为他的标签。

4月18日，他接受邀请，在华盛顿史密森学会的春季大会上向美国国家科学院赠送留声机。在下午的会议介绍之前，宾夕法尼亚大学的乔治·F. 巴克安排了一次贝尔、菲尔普斯、格雷和爱迪生的电话的比较。前三个系统都是磁性的，苦于微弱的信号和费城沿线的干扰，而爱迪生系统依靠它的碳钮送话器，让声音听起来清晰明朗。

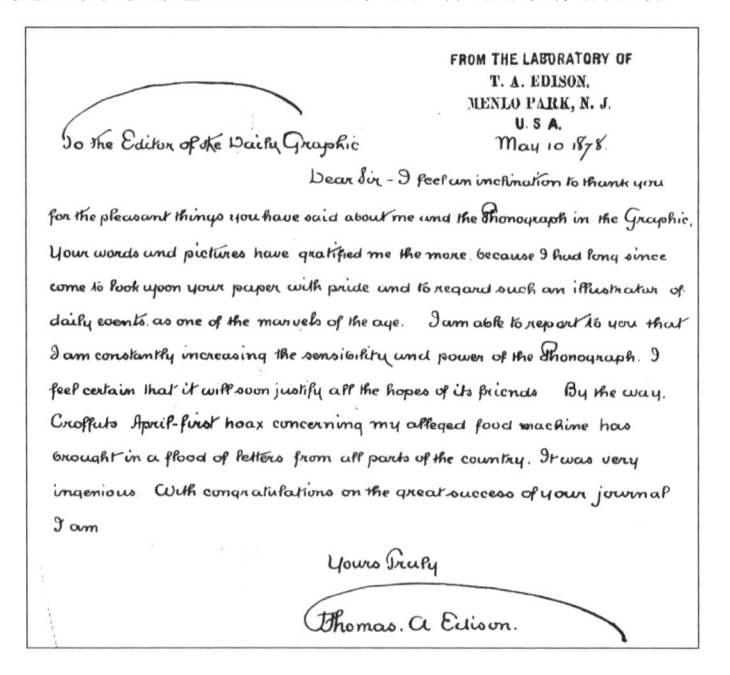

爱迪生给《每日画报》的致谢信，于1878年5月16日被发表。他在信中感谢报纸对他和留声机的报道，同时表示自己正在进一步完善留声机

爱迪生拒绝上台现身，于是待在隔壁主席办公室的一张桌子后面。想见他的学者太多了，工作人员不得不把门的铰链卸掉以让大家通过。这时他坐在那里，面对着留声机，紧张地用手指捻着橡皮筋。他以前从未被人包围过，也从未因耳聋而感到困扰，可以看出他是一个害羞、笨拙的公众人物，他让查尔斯·巴彻勒负责大部分的展示。

这台机器比他向《科学美国人》展示的那台更长一些。一个飞轮使它稳定转动，运行良好，会发出轻微的咝咝声，但能逼真地回放一些忘记保持稳重的科学家对它发出的叫喊声、歌声、口哨声和笑声。锡箔会说话，他们都感到惊讶。天体物理学家亨利·德雷伯试图以一次关于太阳光谱的演讲来恢复正式的大会程序，但他太过激动，声调都难以平复。

随着时间的推移，爱迪生放松了。《华盛顿明星晚报》派出的一名记者注意到，他在描述自己实验室的最新产品时变得活跃。他说他刚刚发明了一种测量恒星热量的装置。至于声学机器，他正在开发一种比圆筒留声机"强大三四倍"的圆盘留声机，以及一种"改进的耳式喇叭"，里面有一个气室，这将有助于他"非常清晰地"听到远处的声音。

当被问到他的耳聋时，他说这并没有困扰他。如果他需要清楚地听到他的声学设备的输出，他只需用牙齿咬住一根小棍子的一端，然后让棍子的另一端卡在扬声器的振膜上。他解释道："这样我能比通过外耳听得更清楚。"

那天晚上，一直到凌晨两点，以及接下来同样漫长的一天里，他和巴彻勒用掉了几码长的锡箔以娱乐华盛顿的精英们，其中包括数百名国会议员，他还为陆军部总司令威廉·特库赛·谢尔曼做了私人演示。作为高潮，爱迪生受邀为拉瑟福德·海斯总统演示发明，总统一直到午夜才放爱迪生离开白宫。

嘉宾们不断惊叹着吸气，反复要求重播"玛丽有一只小羊羔"，为了从中解脱，爱迪生跑到了史密森博物馆。在那里他发现，1860年斯科特·德马丁维尔曾使用插有触针的薄膜在被煤烟熏黑的玻璃上追踪语音的模式，这让他感到惊讶。[1]斯科特的一台"留声机"在博物馆被展出，它被认为主要是一种视觉装置，意在展示每种声音的独特波动。因此，它只是一台记录声音的机器，不能进行声音回放。爱迪生评论道，如果斯科特足够聪明，能够在锡箔而不是玻璃上刻字，那他将成为"留声机之父"。

在回家过复活节之前，爱迪生在宾夕法尼亚大道上的马修·布雷迪照相馆前停下来，坐在一把林肯可能坐过的椅子上拍了一张照片。相片里，他将一只手放在他那光彩夺目的发明上，看上去太累了，甚至都没办法再做一次同样的动作。

窃窃私语

令一些人惊讶的是，在发明留声机、申请专利、宣传留声机并授权给爱迪生传声留声机公司后，爱迪生希望把自己从留声机事业中解放出来。4月24日组织的这一活动将爱德华·约翰逊列为总代理，并做出了不出售留声机，只是向付费客户展示的冒险决定。约翰逊带着一台机器上路，里面有录制好的"朗诵、对话、歌曲（带有歌词）、短号独奏、动物模仿、笑声、咳嗽等"，这些声音可以取悦客户。爱迪生在会说话的玩具和钟表的营销方面达成了附带协议，要求每售出一件商品就支付20%的版税，并且不提供任何机械方面的帮助。

---

[1] 劳伦斯伯克利国家实验室的现代计算机程序员已经将斯科特的一些视觉展示戏剧性地转化成了实际的音频。

在着手一个他认为更适合发明家的项目之前,他完成了两项英国留声机专利申请中的第一项,该专利惊人地几乎预见了未来25年声学工作的所有改进和提高:圆盘和圆筒唱片,蜡槽代替锡箔槽,利用电磁录音和回放,通过电镀和使用印刷机进行大量复制,甚至还有压缩空气的扩音器。他忽略了在美国为这些想法申请保护,从而使自己陷入了多年痛苦的诉讼,这种失误的原因除了疏忽以外,想不出别的可能。

他尽快恢复了研究电话的工作,因为他看到碳钮在电话上可以实现巨大的商业潜力。贝尔电话公司显然也有同感,并试图从他那里购买该设备,但没有成功。爱迪生报价10万美元向西联电报公司出售一台固态的送话器,它将感应线圈和一张纯灯黑圆盘结合在一起,紧贴在振膜上,甚至不需要触针。

在向威廉·奥顿提供这一突破性的设备时,他确信会得到公正的评判。奥顿一直是一个很难对付的人,但出于对爱迪生发明的尊重,他从未反对爱迪生为大西洋&太平洋电报公司工作,也没有犹豫过是否要给他更多的任务。爱迪生私下里承认很喜欢他,尽管他们过去在钱的问题上争吵过,但很高兴奥顿没有被他的报价吓倒,只是规定要先测试送话器。它在西联电报公司的电线上运行良好,能捕捉到3英尺外的窃窃私语声,并把声音发送到70英里之外而不受干扰。相比之下,贝尔的送话器无法从纽约向纽瓦克传话。

在这个胜利的时刻,爱迪生没有想到的是,年仅52岁的奥顿从此再也无法帮助他。他们刚同意他自己指定的销售条件"每年6 000美元,一共17年,按月分期付款"不久,西联电报公司就宣布其总裁得了脑卒中。

格罗夫纳·劳里写信给爱迪生说:"他对我说的最后一句话是关

于你的。"

该公司的董事们完全可以重新就这笔悬而未决的交易展开谈判。但他们选择尊重，这并不奇怪，因为爱迪生一如既往地低估了自己发明的价值。他的碳钮送话器将在下一个世纪里继续作为美国电话的主流。

当时，他认为自己像一个精明的商人。"我知道，如果我能一下子得到所有的钱，我很快就会把这笔钱花在实验上。"他晚年在回忆时说道，那时他已经不如往昔，"我解决了这个问题，所以不会一下子花光了。"

显然是在偷窃

尽管爱迪生试图堵住一条生财的渠道，但其他的收入还是愉快地流入了他的个人账户。其中包括爱迪生传声留声机公司提供的1万美元发展基金，公司还保证向他提供20%的展览收入、碳钮订单（他保留了该部件的制造权），以及出售他的电话机的版税，仅芝加哥就购买了500台。为了分享他的好运，他给了查尔斯·巴彻勒10%的留声机版税，让父亲去欧洲旅行，并为玛丽的春季出游买了几匹漂亮的马。

他还雇用了一名私人秘书斯托克顿·格里芬，来处理随着他的新名声而来的成袋邮件和访问请求。这使他摆脱了文书工作，而他的实验室笔记则多了许多。他完善了他在华盛顿采访中提到的天文设备，起初称之为"碳电子温度计"，后来又称之为"微压计"。他发现硬橡胶棒对热非常敏感，当瞄准方向时，它甚至能记录下恒星的温度。微压计的发明正是基于此原理。硬橡胶棒的膨胀改变了相邻碳钮的电阻，可以用电流计进行校准。他还将可变电阻原理应用于大量的"电话"产品中：一种使用压缩空气向人群或开小差的孩子传声的扩音器；一台据报道从两英里外捕捉到了对话的电话影像机；一副为失聪的人提供同样功能的微型耳机；一台将声波转换成旋转机械动作的声动机，这些设备给无聊的演讲者们提供了多种多样折磨人的方式。①

5月中旬，英国实验物理学家大卫·爱德华·休斯公开宣称他早在爱迪生之前就发现了可变电阻，这让爱迪生很不高兴。据报道，英国皇家学会收到了一部"休斯电话"，它的主体是一台固态碳钮送话器，和爱迪生的很像。爱迪生给英国邮政局新任命的电气专家威廉·普里斯写道："很明显，休斯先生不看报纸，那就是我的碳钮电话……我敢赌100英镑。"

普里斯在回复中不仅否认这一点，而且支持休斯的新主张，认为休斯才是碳钮"微型电话"的发明者，爱迪生的不爽变成了愤怒。1873年访问伦敦以来，爱迪生一直把普里斯视为朋友，认为他是自己在当地科学机构的宣传者。不到一年前，他曾欢迎这个英国人来到门洛帕克，向他展示了所有以压力继电器为特色的声音装置。然而此时，普里斯却赞赏地写道："休斯教授最近的发现让你的电话黯然失色。"

这些话有一定真实性，因为爱迪生近期向英国寄了一些电话模型机，希望打入当地市场，结果证明这些电话很容易受到干扰，实际上无法使用。他忘记了英国的大部分线路都是铺设在地下的，不像美国的高压电线具备传输清晰声音的能力。普里斯教训他说："你正处在一个伟大发现的门槛上……如果不是留声机分散了你的注意力的话。"

爱迪生确信自己能解决干扰问题。但是他被他眼中休斯的"盗版"和普里斯的不忠激怒了，并决定公开他们的问题。他不理会威

---

① 1878年春，爱迪生对新设备名称的需求快速增长，他命令他的书商给他买了一本雅各布·博伊斯的《希腊词汇词源学》。查尔斯·巴彻勒开玩笑地在给他的一封信上签下了："献给你的留声自动图像碳钮电话，巴奇！"

廉·汤姆逊爵士的论点，后者认为爱迪生是"微型电话"的真正发明者，但休斯也独立开发了一部。爱迪生在给一个英国熟人的信中写道："这不是共同发明，因为两年来，这玩意儿已举世闻名，突然有人'再发明'，这显然是在偷窃。"

一场旷日持久的优先权之战接下来在大西洋两岸爆发，主要在报纸和技术期刊上展开。[1]这让爱迪生和普里斯的关系变得不愉快，也耽搁了他改进留声机参加展览的进度。因为体力消耗殆尽，他在床上躺了几天，此时已是6月底。巴克教授和德雷伯教授邀请他参加7月29日在怀俄明州罗林斯进行的观测日全食的科学考察，他接受了邀请，要前往海拔近7 000英尺的高地，爱迪生觉得这是一次测试微压计的机会。

玛丽怀第三个孩子已经5个月了，她不喜欢一个人待着。他离家不到一个星期，格里芬就发电报给他，问："你打算在那里待多久，夫人想知道。"

入夜了一样

从玛丽满腹牢骚的询问中可以清楚地看出，爱迪生没有告诉她，他打算在日全食后继续向西走，直到太平洋。"这是我很久以来的第一个假期，我想好好享受它。"他告诉记者，说他想去看看优胜美地和旧金山。但首先，他决心在月亮挡住太阳的时候测量日冕的热量。

他于7月18日到达罗林斯，这个镇子小到装不下一车陌生的学者，更别提他们还拖着几乎一吨的天文和摄影设备。镇上只有一条长

---

[1] 至少有一份英国杂志《工程》故意隐瞒了支持爱迪生这场论战的数据，但他在英国的声誉还是因此受损。年末，汤姆逊批评他未能承认自己反应过度："毫无疑问，他是一个极其聪明的发明家，我本应该认为他有超越他人的天赋……他已经有些过度膨胀了。"

长的由酒吧和妓院组成的街道。晚上，街道上会传来平息骚乱的枪声。爱迪生要和《纽约先驱报》的记者埃德温·福克斯拼房才能在旅馆住下。那天晚上，一个喝醉的拓荒者闯进他们的房间，打扰了他们的睡眠。这名拓荒者说他想见在报纸上读到的著名发明家，他自称"得克萨斯杰克"并开枪来展示他的技术，子弹穿过窗户射中了风向标。爱迪生一夜没睡好，当他在楼下询问杰克的情况后，他确信"杰克是个相当好的人"，而不是经常进城的"坏人"。

他四处寻找一个合适的地点来安装他的微压计，却发现科学家们已经占据了所有最隐蔽的地方，放好了望远镜和德雷伯的湿板照相机。罗林斯处于落基山脉的尖端，暴露在日全食可能造成的大气湍流中。爱迪生别无选择，只能把自己安置在鸡舍里，暂时取代原来的住客，并祈祷天气良好。

天文代表团的活动引起了许多当地人的议论。爱迪生和他的观测伙伴们提出，在短暂的日全食期间，他们应该不受干扰，他们的仪器必须保持完美的聚焦。罗林斯的执法当局表示理解，并允许他们"当场"射杀任何未经批准进入的入侵者。

7月28日周日，从黎明到午夜，所有的望远镜、分光镜和其他流程都进行了彩排，当日全食到来时，这些流程必须协调一致。爱迪生完全牺牲了那个周末的睡眠，试图确保他的红外线接收器可以接收阳光而不被遮挡。微压计是一个像照相机一样的、装有带一道狭缝的遮阳板的盒子，围绕一个以灯黑为材质的按钮制成，这个按钮被压在两个电池连接的铂圆盘之间，盒子支撑在一个膨胀性的硬橡胶圆盘后面。一个镜面电流计在旁边，沿着刻度线发出一点儿光，记录下微弱到百万分之一华氏度的热量。其他任何热源，哪怕是他的小指在5英尺外移过遮阳板也会使光点偏移。出于这个原因，盒子必须与一架屋顶望远镜一起精确地对准日冕。他通过聚焦大角星和织女星来练习。罗林斯预计在周一下午 3 点 15 分进入月球的阴影,爱迪生记录完整日冕的时间不足两分半钟。

令人鼓舞的是,天气一开始很好。《拉勒米每日哨兵报》报道:"天空晴朗无云,有着山区独有的清澈和深蓝色。"后来,一团积云向太阳飘移并开始变厚,给景观和天文学家心头蒙上了一层阴影。它在中午左右消散,他们欢呼起来,但是接着刮起了风,天空好像被从西北方快速逼近的黑暗搅动。风开始变大,冲击着爱迪生所处的鸡舍。空气中飘满了羽毛和蓟种子冠毛。当月亮划过太阳,光线变暗时,他试图平衡他的望远镜,但没有成功。3 点 5 分,太阳只剩下约 1/8 的发光面积。当日全食逐渐扩大时,罗林斯的市民透过一块块烟熏过的玻璃观看。天空好像入夜了一样,牧场里的牛也停止吃草。日全食发生在 3 点 15 分,但是爱迪生的装置仍然不稳定。然后日食只剩下一分钟,风停了,他找到了日冕的位置,并得到了向右扫过的日冕光。

从怀俄明州的克雷斯顿看到的日全食,
1878 年 7 月 29 日,E. L. 特鲁夫洛绘制

但是他发现微压计过于敏感，接收的光线超出了量程。他没有时间为进一步的测量调整，日光重新照向地面，困惑的公鸡开始打鸣。

太阳的光带

许多年后，微压计被搁置并被遗忘，一个传说称托马斯·爱迪生在罗林斯观星（观日）时"发明了电灯"。另一个故事则说他不小心把一根竹竿扔进营火，看到它在火焰中发光，从而发明了电灯。

这些故事当然是异想天开，因为这时各种形式的白炽灯已经出现了（或者至少有人尝试过），从雅克·特纳德于1801年发明的短暂发光的铂丝，到斯坦尼斯拉斯·科恩于1873年制造出的会自行烧毁的碳棒灯。爱迪生已经在门洛帕克用一些临时的灯泡做了实验，用电池供电，并像他之前的许多电工一样得出结论：白炽灯不可能长时间发光而不遭受侵蚀。

如果他在罗林斯逗留期间没有顿悟，那么在8月的第一周参观旧金山和优胜美地之后，他肯定会思考如何利用电力来工作和照明。他翻越了落基山脉，跨过翻滚的河水，想知道为什么水力发电没有被用来采矿和探测矿石。艾奥瓦州的玉米地即将丰收，超载的货车驶向远处的谷仓，这里迫切需要电动火车，甚至是自动火车，沿着与地形匹配的路线快速行驶。

到目前为止，在他的整个职业生涯中，他一直认为电只存在于电报和电话中，而微压计只不过是可变电阻实验中的副产品。然而微压计使他对天文学产生了兴趣。（到家后，他打算用它来搜索天空中未被发现的星星。）与亨利·德雷伯的合作也让他对光谱学这门新科学感到好奇。也许更"有启发性"的是，他刚刚经历了一个大部分人看不到的天文事件。爱迪生通过怀俄明州一间鸡舍敞开的屋顶，与大角

第六章　声：1870—1879年　　581

星的光和太阳的光带发生关联，体会到了某些康德式的情感。

在经由芝加哥返回东部之前，爱迪生被邀请于 8 月 23 日在圣路易斯向美国科学促进会做一次题为"关于测量恒星热量和日冕热量的微压计的使用"的报告。他惧怕做公众演讲，正好秘书给他带来了一封令人不安的信，他有了谢绝邀请的托词。斯托克顿·格里芬写道："夫人的健康状况不好。她非常紧张，非常担心你，担心一切。我认为这是神经衰弱——她昨天太害怕了，害怕孩子们会走上（铁路）轨道，所以晕倒了。"格里芬叫来了家庭医生莱斯利·沃德医生，玛丽又恢复了，但"需要马上改变这种情况"。

格里芬的最后几个字里带着一丝责备的语气，因为报纸上说爱迪生在山里逗留了一段日子后看起来黝黑而健康。然而，爱迪生觉得无法拒绝美国科学促进会的邀请，哪怕只是因为巴克和德雷伯想让他成为会员。他刚接受，格里芬就发电报要他"马上回来"，因为玛丽的病症复发了。爱迪生在投递地址后立即离开了圣路易斯。他在 8 月 26 日到达门洛帕克，发现玛丽需要的治疗就是让他回来。

那天晚些时候，有人看见爱迪生坐在一辆轻便的马车上，车停在村子上方的山顶，玛丽驾车，孩子们依偎在他身后。

能够细分

回家后不到 24 个小时，爱迪生就画了一幅他称为"电灯"的草图，尽管它看起来更像一枚电池驱动的螺丝。仔细观察就会发现，支架中的压力点是铂，压力点之间的材料是硼或硅。只要分隔压力点的材料不松动，电流通过就会产生一道光弧。

这不是他第一次涂鸦产生火花的装置或发光装置的草图。在他早期的可变电阻实验中，他注意到夹在两根带电碳纤维之间的一块金属硅发出稳定的辉光。如果可以解决白炽状态下元素的氧化和熔化导致的材料损坏，这种辉光很可能会激发"普通的电光"。他曾用碳化纸芯做实验，在弱真空玻璃室中给它们通电，但只获得了短暂的光亮，然后材料就开始冒烟。这年春天，他听说经验丰富的发明家摩西·法默帮助康涅狄格州安索尼亚的电线制造商威廉·华莱士制造了一台8马力的发电机，于是谈到要把电发出的光"细分"成各种电灯。华莱士的一个工程师请求说："如果爱迪生能够细分电光，这将是世界的幸事。"但是电话的研发工作让他未能北上去看那台发电机。

在西部的时候，爱迪生和乔治·F.巴克讨论了发电机的问题，乔治·F.巴克认识华莱士，并建议他们不久后一起去参观安索尼亚。这个建议重新点燃了爱迪生对照明技术的潜在兴趣。巴彻勒回忆起日全食后老板的兴奋状态，写道："他回家时，满脑子想的都是如何大量生产光，然后像煤气一样加以分配。"这两个人坐了好几个晚上，"设计出可以向房屋输送电流的站点，这些电流既可以用于照明，也可以用于小功率设备，如水泵、缝纫机、印刷机和各种制造业设备——这些设备都可以随意打开或关闭，而不会影响其他任何设备"。

9月7日下午，巴克和巴彻勒陪爱迪生去了安索尼亚。爱迪生戴着一顶磨损的草帽，穿着一件长长的亚麻风衣，被巴克教授庞大的身躯挤在车厢的一角，同行的伙伴看到这个场景，觉得非常好笑。

第二天，爱迪生站在华莱士的嗡嗡旋转的小机器前，一边沉思一边咀嚼烟草，想弄清楚它是如何工作的。他没有听到其他三个人在他周围谈话打趣，巴彻勒在传话给他的时候，他跟着笑了一下，但很快又被吸引了。发电机通过一根粗铜线点亮了8盏耀眼的碳弧灯。爱迪生显然对设备可以长距离分开安装的前景感到满意。在场的一名记者说："他像个孩子一样天真地趴在桌子上，做各种各样的计算。他

第六章 声：1870—1879年

计算了机器和灯的功率，传输过程中可能存在的功率损失，机器一天、一周、一个月、一年可以节省的煤，以及这种节省在制造业中的影响。"

最终，他告诉华莱士，这个世界想要的不是每马力只能点亮一盏灯的机器。"我相信我能在研究中击败你。"他说。

巨大的财富

爱迪生无意批评发电机本身，他打算当场买下机器。这台机器产生的能量比他处理过的所有电池都多，照亮了整座铸造厂。但是不断被侵蚀的碳、高温和1/4英寸厚的铜导体都使他乐观地认为他可以"击败"华莱士及其他实验者，最终实现白炽灯和电光细分的双重幻想。他后来说："这一切都触手可及，我知道研究还没有发展起来，但我有机会……强光还没有被细分并被引入私宅。"

同一天晚上，在门洛帕克，他随手画了一些电弧灯和煤油灯，显然是希望在他的脑海中制造一场大火。他笔记本上的一幅画展示了位于开关上的金属电极，周围缠绕着一对螺旋形电线。他在下面写道，也许可以让中央发电站的一个调节器调节目前由一根大型螺旋形电线调节的主电流，然后他想到，也许对白炽灯可以按照这种方式进行调节，电线永远不会熔化。在接下来的几天里，他和巴彻勒草拟了这个想法的45种变体，并发布了预防性声明来保护它们。9月13日，爱迪生给华莱士发了电报："快点儿开动机器。我发现了巨大的财富。"

像往常一样，当开始一个新的实验时，他总看到自己辉煌的结尾，而不是令人烦恼的开头。他忘记了他已经名声在外，再也不能在没有把握的情况下吹嘘自己的发明了。"我现在已经要成功了！"他对一位记者说，"当一台电机点亮10盏灯时，人们会把这视作科技的胜利。"他精准地描述了在不久的将来要实现的目标：

> 通过我刚刚发现的过程，我可以用一台机器点亮 1 000 盏灯——或者 10 000 盏灯。事实上，这个数字可以是无限。当灯光对大众来说变得明亮和廉价的时候——这将在几周内实现，或者就在我确定了专利之后——用煤气照明的方式将被抛弃。有了华莱士先生完善的 15 或 20 台电动发电机，我可以用一台 500 马力的发电机点亮整个纽约市下城。我提议在拿骚街建立一个照明中心，电线可以从那里延伸到住宅区，一直延伸到库珀学院，延伸到巴特莱，穿过两条河。这些电线必须绝缘，并像煤气管道一样铺设在地下。我还建议使用现在正在用的煤气灯和吊灯。在每栋房子里，我可以放置一个测光表，这些电线将穿过房子，每盏煤气灯上都会被装上一个特制的金属装置并且接入电线。这时管家可以关掉煤气，把气表送回公司。想要点亮煤气灯时，只需要触摸装置附近的一个小弹簧，不再需要火柴。
>
> 同样，给你带来光明的电线也会带来能量和热量。有了这种能量，你可以运行电梯、缝纫机或其他任何需要马达的机械装置；通过这种热量，你可以烹饪食物。为了利用热量，只需要将烤箱或炉子适当地改装以接收热量。这可以用很小的代价来完成。

事实上，爱迪生描述的电器设备都还不存在，他也将很快开始制造自己的发电机。伏特、安培和欧姆这几个词这时还没有被广泛使用。10 月 5 日，他制造出了他的第一项照明专利，但仅是以他声称已经实现的神奇细分过程为前提的。他故作谦虚，声称"电灯有所改进"，从他的预防性专利声明当中抽取了一些设计做出了一个模型。尽管如此，这是他发明的第一个白炽灯泡，随着时间的推移，它的独创性变得越发明显。一根螺旋形的铂丝或其他高熔点的金属丝悬挂在玻璃圆柱体里，松散地缠绕在一根垂直的锌棒上。当金属丝发出白炽光时，锌棒会变长并且压下一根杆，就在螺旋形金属丝闪耀出最大的光辉并即将熔化的时候，杆切断了金属丝的电流，让它在仍然发光的同时冷却。同一时间内，锌棒缩短，另一股电流涌入圆柱体。此起彼伏的循环如此之快，以至于人眼并没有意识到光线的波动。但实际上，锌棒一直都在缩短、变长，这种持续振动导致灯泡疲劳损坏。爱迪生试验过其他一些装置，但都失败了。

他不得不承认，他还需要一段时间才能把10盏灯串联起来，更不用说跨越"整个纽约市下城"的10 000盏灯了。然而，他已经名声在外，仅仅是这种发明的前景就激起了华尔街的强烈兴趣。当大西洋两岸的煤气股票暴跌时，格罗夫纳·劳里把他拉进了与德雷克塞尔-摩根银行相关的一群金融家的谈判中。银行慷慨地提出资助爱迪生，以换取他的照明专利当下和未来的所有权。J. P. 摩根试图获得英国和欧洲的销售权，一旦爱迪生成功（他肯定会的）将电光细分，这将会是一笔巨大的财富。摩根给他的伦敦合伙人发去电报："如果获得了这样的成功，怎么高估结果都不为过。"

爱迪生犹豫了。他已经承诺让乔治·古洛德和蒂瓦多·普斯卡斯处理他国外专利的销售，但他们的影响力无法与摩根相比。他把委托权给了劳里，以减轻自己的愧疚，并告诉他："我只希望得到资金来推进电灯的发明。"10月16日，代表西联、德雷克塞尔-摩根银行利益的蓝筹股法人们组成的董事会仓促成立了爱迪生电灯公司。他们授予爱迪生25万美元的股票、13万美元的实验预算、保证最低份额的年度版税，以及其他津贴，总计 39.5 万美元。①

劳里告诉他："有了英国专利，我想你这辈子都不用担心启动资金的问题。"

两年，或更久

爱迪生突然被神化为现代的普罗米修斯，却没有给任何人带来光明。他意识到过分吹嘘的后果比劳里想象的还要可怕。如果他不能兑现这些看起来轻描淡写的承诺，他将会受到羞辱，事业也可能毁于一旦。当爱迪生电灯公司的董事们要求他展示他们投资的系统时，这个问题变得严重起来。他不敢冒险展示当时已有的几个模型，它们都太容易出故障。一根又一根燃烧的铂丝在他手中嗞嗞作响或断裂。他也无法证明他"刚刚发现"细分电光的秘密，尽管他宣称自己做到了。他开始紧张起来，并对来访者关上了实验室的门。

不可避免地，仍然有少数几个人设法溜了进去，其中有一名记者。他用一支雪茄得到了上楼进实验室的机会，发现"教授"比平常低调得多。外面下着雨，蓝色的烟雾萦绕在爱迪生的头上，他承认完成他的电灯泡所需的全部必要改进需要两年，或更久。他把一个工作台模型连接到刚刚交付的华莱士发电机上，出于谨慎，一会儿他就关闭了电源，在这之前，铂丝发出了强烈的冷白光。"现在，伙计，出去，让我去工作。"

采访于 10 月 20 日发表，爱迪生感受到了新的压力，他被要求"展示和讲述"他的新发明。他不眠不休，半饥半饱，双眼布满血丝，胡子一周没刮。他努力打造一个发光时间能和蜡烛一样久，至少也有

---

① 相当于现在的 1 030 万美元。

蜡烛一半久的灯泡。在 3 天的奋战失败后，他被剧烈发作的面部神经痛击倒，在接下来的时间里卧床不起。① 这个月 26 日，玛丽也痛苦不堪，威廉·莱斯利·爱迪生出生了，体重 12 磅。

当听说竞争对手威廉·索耶可能已经实现了他近期的研究项目时，爱迪生还没有完全康复。格里芬在给劳里的信中写道："我对爱迪生先生接到消息时的反应感到惊讶。他显然很焦虑，却说那只是老调重弹云云，缺乏自信——和他在电话发明工作中的经历一样，事实上也和他所有成功的发明一样……他说，每个一直朝这个方向努力的人……一旦确定系统很可能是完美的，就会立即宣布自己的所有权。"

事实上，索耶生活在纽约，是个时不时酗酒的穷鬼。他认为爱迪生不可能成功。他从经验中知道，可以自主调节的铂丝灯泡永远不会实现，不可能在成本和效率之间达到平衡。他和搭档阿尔本·曼宣称已经发明了"一种不用消耗碳就能让它发出白炽光的方法"。爱迪生试图淡化这个令人不安的消息，他告诉格里芬，索耶正在开发的线路"完全是空中楼阁，已经过时了"。

这地方可太闷了

12 月，当爱迪生电灯公司的董事和银行家们终于获准参观门洛帕克时，他们对爱迪生的印象是一个孤独的、鼓舞人心的天才。按照劳里的委婉说法，这种想法"有些偏差"。坐落在能俯瞰纽约的绿色山坡上的广为人知的白色实验室，已经变成了一片泥泞的建筑工地的中心。砌砖工和木匠准备赶在冬天之前，在前院建一栋新的办公图书馆大楼，并在后面建一个大型机器车间。格里芬的职员、文件柜和克

---

① 三叉神经痛，是医学上已知的最痛苦的疾病之一。这是一种经常由压力引起的痉挛状态。

鲁西的工匠、重型设备正在从旧址的一楼搬到新的地方,实验室本身显然处于混乱的扩张状态。腾出的空间已经挤满了新的实验者和研究人员,其中许多人拥有大学或理工学院学位。爱迪生的口袋里揣着摩根的资助金,在接下来的一年里将把员工扩充到眼下的3倍。

"这地方可太闷了,"年轻的普林斯顿大学毕业生弗朗西斯·厄普顿给他的父亲写道,"不过这项工作当然能让我保持头脑充实。"

董事们为爱迪生的挥霍无度感到担忧,并沮丧地发现照明部门几乎没有什么进展。爱迪生似乎把他所有的智力都集中在设计一台发电机上,而这台发电机看起来只不过是一个巨大的音叉。他解释说,这是一台"磁电机",如果成功的话,它能为他提供相当于20或30台华莱士发电机可提供的电力。在一个成功的灯泡出现之前,必须有稳定的电力供应,而且由于电力只能来自机械——爱迪生比任何一个电工都更了解这一点——他已经在两台新的大型发动机和锅炉上投入了大量资金,这些发动机和锅炉被安装在机器车间尽头深厚的地基上。

劳里穿梭于爱迪生和他的支持者之间,恳求他不要抵制公司的检查,同时说服爱迪生电灯公司的董事会,让他们相信这是一笔明智的投资。无论如何,双方都非常确定,这一年内,其他发明家不会有这样的资本和创造力完成细分光的壮举,无论是索耶和曼的易断裂的碳丝和破裂的玻璃管,海勒姆·马克西姆的在充满碳氢化合物蒸气的球体中闪烁的石墨棒,还是英国人圣乔治·莱恩·福克斯-皮特的在氮气中发光的铱环,都不行。这些囊中羞涩的人没有一个具备门洛帕克独特的研究、开发和制造功能。劳里向爱迪生保证,他的支持者信任他,只想让爱迪生觉得他们正在支持他的努力:

他们或者我,想从你身上获得信心。当你遇到困难时,尽管说出来。你当然会在你的行业中遇到困难，也会有克服这些困难的经验（这是我们其他人都没有的）。有时候，你可能会觉得让我们看见你的困难是不利的，担心我们可能会因为没有你在成功方面的经验而过早地失去信心。

美国最忙的人

邓氏信用评级机构的信用评估员在近期关于爱迪生的报告中写道："他是一个不知疲倦的天才，喜欢在还没结束手头工作的时候，就从一项发明跑到另一项去。"

这份报告不那么符合1879年的情况，因为他开始研究通用电灯——英国的威廉·普里斯公开称之为"绝对的幻火"。他全神贯注，很快就变得痴迷。他告诉一位更富同情心的英国朋友、耳科专家克拉伦斯·布莱克："毫无疑问，我是美国最忙的人，我现在不怎么留意留声机了。"

然而，他依然迷恋声音，尤其是在近期布莱克在伦敦做了一次电话演讲，并在结束时向格雷厄姆·贝尔致敬，但没有提及爱迪生的碳钮送话器之后。乔治·古洛德在贝尔完全垄断英国专利之前就急于在那里开一家电话公司，他一直恳求爱迪生完成并送来几个月前发明的接收器，希望它能绕过贝尔的英国专利。这是一个声音惊人地响亮的装置，利用了回放触针在电敏表面上移动的动态电报机原理——在这种情况下，电敏表面是一个顶针大小的、用水润滑并用把手驱动的硬白垩质圆柱体。如果把手转得足够快，纽约的正常音量传到门洛帕克之后，声音可以大到在实验室外面也能够听到。

爱迪生之前把接收器交给了他的侄子查理去开发。此时，古洛德的恳求激起了他的竞争本能，他命令西格蒙德·伯格曼为他制造两部可搭载新装置的壁挂式电话。把手在右边，一根中央杠杆把一个湿滚筒压在白垩上，一个孔口看起来像嘴巴，里面装有振膜，用来发出声音。一根立起的送话器管子从盒子下面向上弯曲，用于呼出电话。这是爱迪生一生中制造的最丑陋的工具，他的生活通常不受美学的影响。但是它的音量和声音的清晰度让留声机相形见绌。约翰·丁达尔推迟了原定的关于爱迪生声音装置的演讲，以便将这台机器的说明添加到他的演讲中。这两套设备将在2月底准备好，由查理·爱迪生负责送到伦敦。

丁达尔对它们很满意。他在演讲中演示了接收器，让查理从皮卡迪利广场打电话给观众，这样他就可以清晰地把这个年轻人的声音传送给在场的科学家们。古洛德给爱迪生写道："我衷心祝贺你取得了这一伟大的成就，实现了你的所有承诺，此后，人们对电灯的怀疑就会减少。"

无知的黑暗

如果说古洛德指的是生活在英国并阅读《泰晤士报》的眼光敏锐的人，那么他太乐观了。3月22日，这份报纸报道："爱迪生先生的实验失败了。"他的16项关于促进照明科技的声明中有14项已经被美国专利局驳回。"他迄今为止最大的成就是用一台16马力的蒸汽机将400根盘绕的铁丝维持在接近白炽的状态。"他承诺用一座中心发电站点亮两万盏灯。"这个冲动的人"试图用铂丝制造一个可以自动调节的灯泡，但没有成功，导致了"门洛帕克的巨大失败"。铂必须被加热到2 700华氏度，才能发出明显的光，此后它将快速地熔化，爱迪生鼓吹的关闸棒无法阻止这种现象的发生。这就是爱迪生到目前为止都没有举办一次公开展览的原因。

进入门洛帕克实验室的少数幸运儿看到了它——一盏装在玻璃球里的灯，美得像晨星的光。但他拒绝让任何人仔细查看它，也从未允许它在私下里长时间展出。它无法持久点亮。他的仪器远不如以前完美，事实上，纽约消息灵通的电工们现在甚至不相信爱迪生先生的实验是正确的。

爱迪生的反应既有自我辩护的成分，也有幽默的一面，他告诉《每日画报》，他"从未读过有如此多谎言的报道"。然而，《泰晤士报》帮了他一个忙：其虚假的报道减少了参观者，解放了爱迪生的时间。他说："我祈祷过地震或类似的事情，让他们中的一些人远离我。"他并没有把来自海外的辱骂放在心上，反而说"我非常喜欢这样，你们继续报道，至少在我准备好展示自己的成就之前，我都不会受到丝毫困扰"。

他还坚称他的员工"非常快乐"，但这并不完全正确。例如弗朗西斯·厄普顿正在丧失信心。"光线没有我希望的那么亮。"整整一个冬天里的漫漫长夜，他都在爱迪生身边工作，他预见到，实现光的细分绝不是可以立竿见影的。《泰晤士报》关于铂灯丝不耐用的说法是真的，他的老板似乎是实验室里唯一拒绝接受这一说法的人（除了难以捉摸的巴彻勒）。

厄普顿是一个聪明的人，年纪轻轻就掌握了数学和统计学知识，因此他很难理解爱迪生的思维方式。他始终觉得，实验进行了 4 个月，依旧无法改善这个棘手的东西，这意味着这个东西本身就不好。对爱迪生来说，失败本身是好事，它是成功迷人的对立面。如果研究的时间足够长，就像一张锡版相片不断曝光，最终会显示出积极的画面。

他通过显微镜观察铂丝、铱丝和镍丝的白炽度，观察到它们在熔化前神秘地破裂爆开。爱迪生几乎瞎了，就好像他还在盯着日冕。7个小时后，他的眼睛开始"疼痛得使他宛如身处地狱"，但他证实了俄国物理学家亚历山大·洛地均的发现，即某些气体（包括氧气）会在白热化时从易熔金属中渗出。这使得灯泡在密封后不可能保持任何程度的真空。

爱迪生从实验一开始就明白，只要有氧气，任何导线都会分解，即使在它发出白炽光时。但是实验室里只有一个手动泵，没办法从实验的灯泡中抽出全部空气。气体总是在关键时刻阻碍他从螺旋形铂丝中获得可爱柔和的光芒。大约在同一时间，他注意到导线越细，缠绕得越紧，亮度就越大。换句话说，灯丝的电阻越大，灯泡的发光效率就越高。这一现象被简化后，促使他提出了爱迪生电灯定律："一个物体所损失的热量与该物体的散热面积成正比。"

这是一个关键的见解，代表着他所说的锡版相片开始显像，同时也促进了同样重要的另一个发现。如果灯泡作为电阻增加了能量以光和热的形式的耗散，那么它也会相应地减小所需导体的尺寸。爱迪生因此推翻了照明工程师们的共识，即一个由灯泡组成的网络需要尽可能地减小电阻，这是荒谬的错误，因为它需要大量的铜。他将电流比作水流，无阻力下，电力流动就像水在宽敞的管道内流动，在水库排水的同时，很难保持水压稳定。如果只允许极小的电流流入电路中的每个灯泡，那么中央发电站的"覆盖范围"可以扩大到无限。

他还坚持认为，电路中导体应该呈多弧状分布，而不是像电报继电器那样串联。[①] 这样，如果有灯被关掉，其余的灯还会继续发光。厄普顿依然牢记他在海德堡大学的研究，当爱迪生第一次提出这些

---

① 多弧电路现在通常被称为并联布线。

论点时，他无法适应，认为这些与正统冲突的观点肯定是错的。正如他在1918年遗憾地承认的那样："我对于在门洛帕克的岁月留下的一个深刻印象是：当即将解决新的问题时，未来的发展往往显得难以预测；当一个人的天才想法点亮了无知的黑暗时，结果往往十分简单。"

磁力线

4月，数学家厄普顿、技术员巴彻勒和设计师爱迪生在发电机设计方面取得了重大突破，他们制造出的发电机远远领先于市场上其他任何发电机。爱迪生已经测试了威廉·华莱士的两台发电机，发现它们都有缺陷。他又确信，齐纳布·格拉姆和维尔纳·冯·西门子的发电机除了消耗自身的能量之外，几乎什么也做不到，这也与常人的看法相反。整个冬天，他用测力计测试了欧洲的机器，意识到它们必须用煤和蒸汽推动，才能把自身的能量转换成电力。巴彻勒画了许多优美的图形来描绘电枢绕组的理想曲率。厄普顿可能是门洛帕克唯一理解麦克斯韦理论的人，他把这些图形翻译成电磁代数形式，并将每台发电机的能量输出转换成尺磅的形式。但这个团队并不确定，新的发电机是应该采用格拉姆支持的"环形"绕组模式，即电线串联缠绕在一个旋转的轮子上，还是采用西门子的"鼓形"模式，即用一圈连续的电线缠绕在一个大圆筒上。爱迪生决定采用后者。

在一个更具开创性的决定中，依靠直觉而非理论或实验证据，他组装了两块异常巨大的电磁铁和一个电阻极低的电枢。后者旨在尽可能多地保存发电机内部的能量，并最大限度地提高其效率——这也是一个与标准做法相反的想法，反而最大限度地提高了输出功率。当集成到一组相同的发电机中，并接入一个完整的照明系统时（爱迪生打算很快在门洛帕克建成并展出），合成的电场强度将只提供主线所需的电力——无论外部对电力的需求如何，每台机器都分担等量的负载。

双极发电机的原型机看起来瘦长奇特，因为它像保罗·班扬[①]的下半部分一样站在电枢上，引发了更习惯于粗短发电机的工程师们的嬉笑。约翰·丁达尔对爱迪生的扬声电话赞不绝口，但是忍不住嘲笑发电机，说它看起来是"全新的"并且完全被误导了。他在《煤气照明杂志》上写道："很难充分表达这种设置带来的荒唐低效，但是我非常确定一件事，那就是认真想出这种结构的人完全缺乏电学或能源科学的相关知识。"

爱迪生在美国对此毫不知情，他只知道，发电机开始测试的时候，"产生了如此大的能量，以至于绕线筒上的线圈都被撕成了碎片，我不得不停下来"。无论是当时还是后来，他都没有觉得把磁体做得细长有什么不对。对他而言，它们的直径仅仅基于磁铁的电阻，或者它所能提供的磁场的强度，而不是磁力线传播的空间或距离。他更重视磁铁的长度，这决定了磁场延伸到空间中的距离。正是这个尺寸，以及电枢周围磁场的绝对强度，破坏了线圈。"似乎从来没有任何一个与发电机有关的人提出这个事实，但它是最重要的。这解释了我使用长磁铁的原因。"

在机器的性能变得稳定之前还需要做很多小改动，但是它古怪的设计最终有了意义，到7月，厄普顿有理由吹嘘："我们现在有了有史以来最好的发电机。"[②]

[①] 美国神话中的人物，樵夫，身材高大，力大无穷。——译者注
[②] 1879年年底，英国的弗朗西斯·霍普金森证明，通过简单的尺寸变化，双极发电机的效率可以进一步提高。这一发现让他为爱迪生的激进发明正名。

那一刻

这十年即将结束，1879 年的夏季让大部分美国人觉得有所宽慰，1873 年开始的大萧条终于看到了尽头。爱迪生从他在英国的电话支持者那里收到了 24 500 美元的预付版税，并给了玛丽 1 000 美元零花。他花了一大笔钱为他的砖砌图书馆购买了 500 本书和期刊，并雇用了一些新的助手，以期在秋季对灯光的研究进行最后的全面突击。这些年轻人被分配到克里斯蒂街的一个寄宿处，这儿由玛丽的继姐妹"萨莉阿姨"（萨莉·乔丹）经营。

这些新手中最重要的是路德维希·玻姆，一个曾在波恩著名的海因里希·盖斯勒车间受训的玻璃吹制工。他会弹齐特琴，戴着德国精英大学的红色学生帽，喜欢历数自己的许多特点，不过幽默显然不是其中之一。结果，他受到了无情的嘲笑，爱迪生同情他，让他住在实验室附近一家小玻璃店的阁楼里。不用为电灯泡团队吹制玻璃球和玻璃管时，他会回到自己的房间，唱阿尔卑斯山歌，直到被扔到阁楼屋顶的鹅卵石吓得噤声。唯一喜欢他的人是 6 岁的玛丽昂，玻姆为她制作了许多彩色玻璃动物。

玻姆使用吹玻璃的长管的高超技巧是毫无疑问的。他能毫不费力地吹制出如火烈鸟脖颈般完美的烧瓶和试管，其中一些是为水银泵设计的，内孔只有 1/8 英寸。这些工具帮助减轻了弗朗西斯·杰尔的劳动强度，杰尔是个健壮的 18 岁男孩，想成为一名电工，但大部分时间都在给灯泡抽真空，在这个过程中，他自己也被抽空了。在实验室获得第一组可自动操作的盖斯勒真空泵和斯普林格尔真空泵之前，杰尔不得不用双臂和肩膀压在一个坚硬的活塞泵上，上下摇摆，直到压力计显示真空已达到完美。一旦基础的灯丝被放入、密封和连通电线，在灯泡中维持真空就非常困难。首次达到白炽状态时，螺旋形铂丝会释放气体，除非立刻抽出来，不然就会影响真空状态。一旦灯泡被氢氧火焰"堵住"，如果这时有气体残留，它们就将重新进入灯丝并削弱其结构。

爱迪生对铂的迷恋持续了整个夏天，他妄想在世界某个地方可以找到并开采出大量的贵金属来降低成本。他用一支电动笔复制了1 500封信向远至俄罗斯圣彼得堡的各地方当局抱怨——"亲爱的先生：如果你们附近有金属铂矿的话，能告诉我吗？"——并派一名探矿者走遍加拿大和美国西部，希望能有好运。虽然最后竹篮打水一场空，但是他对采矿和矿物学产生了兴趣，这将深刻地影响他未来的人生。[1]

8月底，爱迪生和玛丽一起去萨拉托加矿泉城参加美国科学促进会的年会，他在那里终于意识到铂是制造电灯的可行材料。他有几台双极发电机，还有些即将投产，灯泡内的压力已抽到了大气压的十万分之一，有的金属灯丝在接受测试时已能在烧断前发光长达4个小时。在度假村停留的两天里，他写了一篇胜利的论文，题为"用电流在真空中加热金属的现象"，并让厄普顿为他读了这篇论文。[2] 他声称已经生产了一种不会阻塞的铂，这是生产家用电灯的最佳元素，"一种前所未有的金属，一种在几乎其他所有物质都会熔化或分解的高温下绝对稳定的金属，一种像玻璃般质地均匀、像钢丝般坚硬、呈螺旋形的金属……灯丝在发出耀眼的白炽光和冷却的时候都能保持弹性"。

但在9月重新回到实验室开始实验时，爱迪生不得不承认，除了成本，铂还有其他问题需要解决。一个是必须缠绕紧密，保证可以产

---

[1] 爱迪生在1879年为他的图书馆订购了500本书，其中7本是矿物学和采矿研究著作。
[2] 爱迪生克服了怯场的心理，宣读了另一篇论文，描述了他的白垩圆柱体电话接收器，亚历山大·格雷厄姆·贝尔在现场听了演讲。就目前所知，这是爱迪生最后一次公开发表演讲，50年后，爱迪生年事已高，他才又在庆祝电灯发明的庆典上露面。

生他想要的亮度和电阻。巴彻勒制造的一些螺旋形灯丝非常精细，可以拉直到 30 英寸长。此外，需要一层超精细的"高温绝缘体"涂层来防止灯丝在卷曲时接触短路。这种复杂的结构，再加上即使在最纯的真空中也难以抑制的氧化，迫使他几乎绝望地回到碳元素上，将其作为"永恒之光"的潜在来源。

正如两年前发明留声机时一样，他在发现第一根可行的灯丝（或者说灯丝发现了他）的那一刻很快就成了神话。他一直不知道奇迹是怎么发生的。肯定是在 10 月的第一个星期之后，那时玻姆将盖斯勒水银泵和斯普林格尔水银泵吹到一起，制作出一个接近百万分之一个大气压的真空灯泡。也肯定是在 10 月的第二个星期之后，那时查尔斯·巴彻勒刮出油灯漏斗中盘旋的柔软灯黑并开始尝试碳化。但不可能发生在 10 月的第三个星期，那时爱迪生正在处理一场涉及英国的白垩电话的危机，以及他的侄子查理在巴黎的神秘死亡。①

最有可能的是——根据一条所有相关人员及时解决重大事件的命令，甚至可以肯定的是——在第四个星期，10 月 21 日星期二的晚上，一段碳化的线，或一卷碳化的纸，或一根碳化的钓鱼线，或其他某种碳化的纤维开始在真空中发出不会熄灭的光。看着那一根灯丝发光发亮的喜悦超乎寻常，以至于爱迪生后来说它亮了"超过 40 个小时"。

根据巴彻勒的笔记，持续发光的时间不超过 13.5 个小时，但这足以表明，尽管还有各种问题，"老头儿"已可以随心所欲地决定灯泡发光的时长。

---

① 查理·爱迪生在 10 月去世，当时他似乎与一位英国同性朋友发生了情感纠葛。他的叔叔不得不支付费用把他的遗体运回美国休伦港下葬。

照亮夜猫子们

在新年夜的前夕，当所有的兴奋都已过去，爱迪生的"发现"时刻（他实际上在他的实验日志中写下了这个词）已经成为全世界的头条新闻，59盏性能稳定的灯被挂在门洛帕克周围，为他早已许诺的大型公开展览做好了准备，"男孩儿们"聚集在实验室里进行预先的庆祝。《纽约先驱报》的埃德温·福克斯在那里记录了这一时刻。

查尔斯·巴彻勒在门洛帕克实验室，
这是第一张在白炽光下拍摄的照片，1879年12月22日

起初，爱迪生不知道去了哪里。巴彻勒说服了路德维希·玻姆带他的齐特琴来玻璃工坊演奏。"给我们演奏些舒缓的音乐。"玻姆于是演奏起优美的旋律。

演奏时，一个戴着皱巴巴的毡帽、脖子上系着白色丝巾、外

第六章 声：1870—1879年

套漫不经心地垂着、半扣着背心的人悄悄地进来了,他把手放在耳朵上,坐在玻璃吹制工旁边。这时玻璃吹制工沉浸在音乐中,也许又回到了他的故乡图林根州。

爱迪生环顾四周,说道:"很好。"

玻璃吹制工继续演奏,这一幕很奇怪。范克利夫[①]光着膀子站在他点燃的煤气炉旁,一边听着演奏,一边用钳子夹住(灯丝炉的)烙铁,但他动作很轻柔。爱迪生弯下腰坐着。其他拿起各种工具的人都慢慢地移动它们。在半暗的工坊里,可能看到年轻的杰尔在真空泵旁拿着沉重的闪闪发光的瓶子,轻柔的音乐在整个过程中微妙地令人激动。这是精神和物质的结合,给我留下了奇怪的印象。

爱迪生突然说道:"你会弹《心儿低垂》吗?"

"不,我不会。"

"唔——那就用口哨吹出来吧,你们谁会?"

五六个人吹起口哨,但是玻姆摇了摇头。爱迪生不再关注音乐。他从口袋里拿出一本便笺本和一支铅笔,画了一个玻璃工具的草图,然后递给玻姆。

"你能吹制出来吗?"

"能。"青年说,然后匆匆回到他的工作中去。此时是晚上10点30分,爱迪生显然已经准备好开始他的一次夜间工作台会议。

在接下来的几个小时里,爱迪生攻击理论科学家时犀利有力的言辞打动了福克斯。"拿一大堆我知道的东西来说,你会发现,按照他

---

① 科尼利厄斯·范克利夫,实验室的制碳工人,和玛丽·爱迪生同父异母的妹妹结婚。

们所说的科学真理，这些都是不确定的……喂，范克利夫，把《溶解度词典》给我拿来。"

他轻蔑地指出一个条目，说铂是不可熔的，除非在氢氧火焰的高温下。"你看，我现在就用气体喷射熔化一些……看看这里，你能看到放大的金属丝上有许多小球吗？这就是铂熔化的地方。"

接下来，他转向了电气照明的话题。"伏打弧光灯中特有的月光色是由于碳、镁等杂质的掺入……你怎么了，弗朗西斯？"

杰尔：我饿了。

爱迪生：午餐在哪里？

杰尔（沮丧地）：没有吃的。我们以为你整晚都不会回来工作，现在我们什么吃的都没有。

爱迪生：去吃点儿东西。（对福克斯）你看，所用的碳是由各种物质结合在一起的粉末制成的……乔治，给我一根碳棒和一根灯丝。

他继续展示、解释并提出了他的一些发现，用福克斯所描述的"人类特有的夜间光亮"照亮夜猫子们的生活。过了午夜12点。爱迪生说个不停，又回到了他的

爱迪生的"新年夜灯泡"，1879年

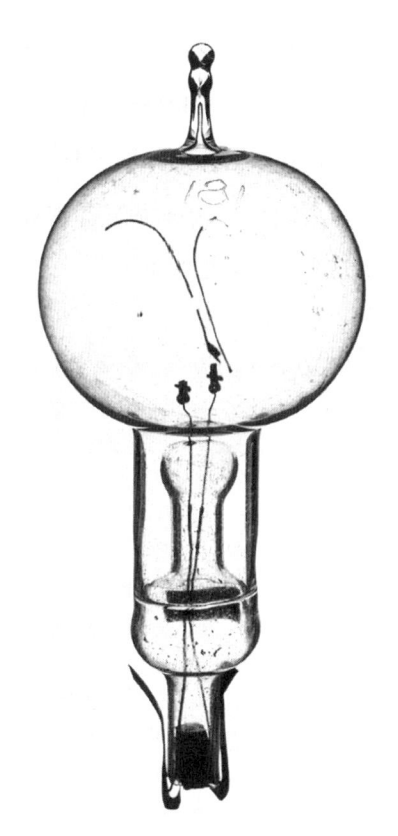

第六章 声：1870—1879年

老一套，认为经验主义优于学术科学家。"某某教授将会用书本知识把你驳倒，并用书本知识证明它不可能是这样的，尽管你把事实放在手掌心，并且可以拿它打碎他的眼镜。"

"午餐"终于到来，杰尔仅仅设法买到了用棕色纸袋包裹的一袋熏鲱鱼和一袋饼干。范克利夫找到了一些淡啤酒来佐餐，但爱迪生只喝水。

当爱迪生停止讲话的时候，已经是凌晨4点了，除了记者以外的所有人都已经睡着了（杰尔把头枕在《溶解度词典》上）。直到那时，爱迪生才脱下外套，四处寻找长凳打盹儿。福克斯离开，步入夜色，很受启发，但又想呕吐。"我不愿回想起那些放在高高的搁板上的熏鲱鱼、饼干和冷水，但我的胃可能永远不会忘记它们。"

夜晚多云，预计早上会下雪。门洛帕克的200名其他居民都睡着了。大约12个小时后，参加灯光庆典的客人会前来"打搅"他们以及这个与世隔绝的小村庄。

第七章
电报

1860—1869 年

年轻时担任电报员的爱迪生，1863 年前后

13 岁时，爱迪生第一次驾驶货运列车，在轨道上行驶了 47.5 英里，并且他后来自夸，那是"全程一个人"完成的，不过当时肯定有工程师在场盯着他的操作。不论是不是真的独立驾驶，这对于一个处于青春期边缘的男孩来说都是一个令人欣喜若狂的时刻，他听着震耳欲聋的发动机轰鸣声，甚至忘了自己已听不到鸟儿的歌唱。

芝加哥、底特律和大干线枢纽铁路每天往返于爱迪生的家乡休伦港和密歇根州的底特律。每天早上 8 点，年轻的"阿尔"[①]登上当地南行的旅行列车，在他前往大城市的 3 个小时的旅程中兜售糖果、山核桃和爆米花。休伦湖在他身后退去，圣克莱尔河在他的左侧滑过，爱迪生家族的祖籍之地加拿大在向远方延伸。然后过了一会儿，河流和边境都消失了，火车缓缓驶向内陆，穿过史密斯溪、里奇韦、纽黑文、新巴尔的摩、克莱门斯山和尤蒂卡，这些半年前看起来遥不可及的小镇，此时却几乎都成了他熟悉的乡邻，他在这儿开启他的事业。当河流重新出现时，它已经扩展为圣克莱尔湖。底特律就在前方，他在城里有近 4 个小时的自由时间。

因为年龄不够，爱迪生不能成为青年协会阅览室的成员，但是这个城市的商店是开放的，可供爱迪生浏览和购买化学和电气用品，以便他晚上做实验。他偶尔会从密歇根大道上大干线机修厂、发动机厂周围的垃圾堆里拿走一些有用的黄铜和铁，运气好的时候还会有旧电池。每天下午，在回密歇根中央车站的路上，他都会买 100 份《底特律自由报》，作为回家路上销售糖果时的额外售卖品。在火车慢慢驶近休伦港时，如果还有报纸没有卖出去，他就会带着这些报纸跳到一片沙地上，步行 1/4 英里到镇上，沿路兜售他的最后一批存货。

---

① 这个时候，爱迪生的父母称他为"阿尔瓦"，朋友称他为"阿尔"。他现存最早的一封信的日期是 1862 年 8 月 10 日，署名是"阿尔瓦"。

如果报纸卖完了，他就一直待在火车上，直到火车在格拉希厄特堡停下来。格拉希厄特堡是一个冷清的老军事保护区，守卫着河流和休伦湖的汇合处[1]。萨姆·爱迪生的白色大房子和瞭望塔就矗立在栅栏内。阿尔不用走太多路，只要穿过医院和墓地（在漆黑的冬夜里，这儿可不是个好地方），就能在舒适的家里享用晚餐，然后在他臭气熏天的地下室实验室里鼓捣东西了。

现在我们一起行驶

他已经有了自由时间、自由使用的传单、《自由报》，甚至自由使用铁路货运的特权，他的业务还扩展到水果和杂货销售，阿尔现在属于他自己了，不再受南希·爱迪生的严格管教。他每周有40~50美元的丰厚收入，每天郑重地付给南希1美元作为生活费，并将剩余的"财产"投资于化学和电气设备。与此同时，他自愿继续他的自由主义教育，在父亲的授意下阅读托马斯·潘恩的作品，他的父亲终身是自由主义者，支持南方各州脱离联邦。

1860年5月18日，当《自由报》报道芝加哥提名"黑人共和党人"亚伯拉罕·林肯参选美国总统时，南方的问题变得令人担忧。那年夏天，阿尔贩售的报纸报道了选举活动，"电磁电报"公告预言南方将会发生叛乱，如果林肯当选，将会发生"无法阻止的冲突"。大概是11月6日午夜，林肯获胜的消息首先通过电报线传到了休伦港，阿尔通过点和杠的细微震动向他的小伙伴们"读"出了总统大选的结果。从那一刻起，内战不可避免。格拉希厄特堡从沉睡中醒来，新兵开始在阅兵场上操练。

---

[1] 现在是休伦港的托马斯·爱迪生陈列博物馆的所在地。

当报童时的阿尔·爱迪生，1860 年前后

当萨姆特堡陷落时，阿尔已经 14 岁了。在 1861 年的大部分时间里，和密歇根州其他的年轻人一样，他不清楚在南方和东部发生的灾难。国家派遣了一个又一个军团到遥远的战场，但除此之外的其他地方还是和平的。每天都有火车开往艾奥瓦州和明尼苏达州，阿尔看到火车上的挪威移民越来越多，比穿军服的人还多。与此同时，他的杂货生意和新闻事业发展得非常快，需要开始雇用其他男孩。一个男孩在移民"特快"上卖面包、烟草和棒棒糖，另一个男孩带着几篮蔬菜登上开往休伦港的早班快车，一个德国小伙儿会在休伦港收购这些蔬菜，然后在市中心委托销售。爱迪生继续着他赚钱的通勤，途中从农民那里购买黄油和大量的黑莓，然后在线路的两端出售。

1862 年年初，他从一家旧货商那里买了 300 磅的旧铅字和一台小型二手印刷机，然后把它们组装起来。他想起在行李车厢的前部，有一个从未使用过的不通风的小隔间。他可以把这个隔间变成一个移动印刷厂。他自学了如何排版，并印制了自己的报纸《先驱周报》，在 2 月 3 日出版了他的第一期报纸，版面精美宽大，双面印刷，甚至印上了一幅噗噗喷蒸汽的火车头的木版画作为装饰，只是报纸上的文字拼写有待改进。在"本地英才"的头条标题下，该报首席通讯员通过嘉奖有功的服务人员来吸引大干线铁路公司的注意：

> 现在，我们正在与一位工程师，诺斯罗普先生，一起行驶，我们认为没有哪位工程师能像他一般仔细认真，专注于发动机工作，这是我们所看到的最可靠的工程师。（由于我们已在铁路上工作了两年多，我们认为自己是很公正的。）这位工程师总是很友善、乐于助人，并且永远坚守在自己的岗位上。[①]

在其他版面，阿尔报道了"卡修斯·克雷将军将在回国后参军"，即将到来的俄罗斯帝国的 1 000 岁生日，每磅猪肉和火鸡的最新价格。他还写了一点儿哲学思考，如"理性、正义和公平从来就没有在世界上指导过人类的政治"。他甚至在第四栏的底部找到空行刊登了一则笑话："让我收集自己"，男子在火药作坊里被炸碎时如是说。

热切的读者可以订阅《先驱周报》，每月 8 美分，并得到承诺，未来的报刊版面上将有他们的名字，再加上读者对行驶的火车上印刷和出售的报纸的猎奇心理，《先驱周报》的发行量迅速上升到每周 400 多份。

他越来越充分地使用行李车厢，在这里建立了一个移动实验室，他可以参考弗雷泽纽斯的定性分析，冒着被风吹出窗外的轻微风险混

---

① 人们怀疑"友善、乐于助人"的诺斯罗普就是那位允许爱迪生驾驶他的货运列车跑了 60.5 英里的工程师。

合化学物质。由于每周六都要花时间去印刷《先驱周报》，影响了他的实验和糖果销售，他很快就把第二项工作分包给了一名休伦港的学生。45年后，巴尼·麦松维尔回忆起他们的伙伴关系：

> 阿尔非常安静，全神贯注于自己的创造……大多数男孩喜欢钱，但他自己似乎从不在乎。我帮他干活儿时，他每天的销售额为8美元到10美元不等，其中大约一半是利润。但当我把钱递给他时，他会径直把钱拿走，放进口袋里。一天，我让他数数，但他说："哦，没关系，我觉得无所谓。"
>
> 他总是在研究一些东西，口袋里通常有一本科学主题的书。如果你和他说话，他会很聪明地回答，但你总能看到他说话时在想别的事情。即使在玩跳棋的时候，他也会漫不经心地移动棋子，好像他下棋只是为了陪人，而不是喜欢这游戏。他的谈话是经过深思熟虑的，他举止稳重，行动缓慢。
>
> 尽管如此，他常常显示出他还是知道如何赚钱的。

先生们，25美分一份

4月9日星期三，当阿尔乘着他通常坐的早间火车到达底特律时，他发现人们焦急地围着市报社外面的新闻公告栏转来转去。根据收到电报的编辑们用粉笔写的新闻标题，星期日在田纳西河畔的夏洛发生了划时代的武装冲突，第一批报道才刚刚发出。从拂晓时分格兰特将军的联邦军队遭到突然袭击开始，在持续了12个小时的冲突中流淌的鲜血超过美国历史上的任何一次战斗。鲜血几乎浸满了联盟指挥官的靴子。当时的联盟将军是艾伯特·约翰斯顿，后来由博雷加德将军继任。格兰特击退了猛攻，但是非常勉强，他未能在夜幕降临时追击敌人。星期一的战斗几乎同样残酷，一份最新的电报称，截至博雷加德被攻击时，可能已有 6 万人死伤。

作为一名记者，阿尔意识到，在他回家路上的每一站，都会有对《底特律自由报》下午版的巨大需求。比巴尼想的还要快，他立即采取行动，抄写了公告栏上的主要标题，并匆忙将它们交给密歇根中心站的大干线电报员。阿尔免费赠送他 3 个月的杂志，作为交换，电报员向铁路的北部各站长发出指示，让他们在当地发布新闻标题，并宣布下午 4 点的火车上将送到一大批重要的新闻报纸。

阿尔下一步去了《自由报》的办公室，那里的下午版已经开始印刷了。

他"赊"购 1 000 份报纸，该报编辑亨利·沃克被他的直接打动，接受了这笔订单。在另一个男孩的帮助下，阿尔把报纸拿到了火车上，到达尤蒂卡时，他已经把它们叠好了。而以往在尤蒂卡这一站，他通常只能卖出两份报纸。

THE GREAT BATTLE ON THE TENNESSEE.

The Fight Lasted Two Full Days.

ALBERT SIDNEY JOHNSTON KILLED.

BEAUREGARD'S ARM SHOT OFF

Gen. Prentiss, of Illinois, Taken Prisoner.

GEN. W. H. WALLACE KILLED.

GEN. W. T. SHERMAN WOUNDED.

1862 年 4 月 10 日的《底特律自由报》报道了夏洛战役

文字意为：
田纳西河上的大战。
战斗持续了整整两天。
艾伯特·西德尼·约翰斯顿阵亡。
博雷加德手臂中弹。
伊利诺伊州的普伦蒂斯将军被俘。
W. H. 华莱士将军阵亡。
W. T. 谢尔曼将军负伤。

> 我看见前面站台上有一群人，我以为他们是闲散群众，但我一到站，他们就向我涌来，然后我意识到了电报是一项多么伟大

的发明。我卖了35份报纸。下一站是克莱门斯山，这是一个大约有1 000人的地方。我通常能卖出6~8份报纸，我缺乏预判，完全没想到会有这么多人，所以我的报纸备货量不足，唯一补救的办法就是把每份的价格从5美分提高到10美分。人群果然等在那里，我提高了价格。在各个城镇都有读者。在休伦港，我习惯在离火车站大约1/4英里的地方从火车上跳下来，火车到了那里通常会减速。在那个地方，我的鞋已经吃进了许多沙子，我已经很熟练了。德国小男孩带着马在这里等着我，当马车接近城郊时，我遇到了一大群人，然后我喊："先生们，25美分一份。"我带的报纸不够多，全部卖掉了，赚了一大笔钱。第二天我就开始学习电报学。

瞧！这就是O了

阿尔对新事业的钻研遭到一位大干线列车长的抵制，他对阿尔将火车用于私人业务非常恼怒。成堆的新闻纸、一箱箱的食品杂货以及到处乱飞的果蝇已经够糟糕了，化学实验更是给车厢带来了火灾隐患。果然，那个夏天的晚些时候，阿尔的一根磷棒掉到了火车地板上，差点儿点燃行李车厢。阿尔在克莱门斯山的站台被赶下车，他不再是报童了。

幸运的是，当地的站长詹姆斯·麦肯齐是一名熟练的电报员，他很乐意教阿尔电报业务，因为他对阿尔感激不尽。8月的一个早晨，当火车转轨时，詹姆斯的小儿子被阿尔从铁轨上救了下来。[1] 在后来

---

[1] 根据爱迪生授权的传记中的描述，他在站台上闲逛时，一节没有刹车的车厢从侧线上被推出，马上就要碾到正在干线上玩耍的麦肯齐儿子身上。"爱迪生丢下他的报纸和帽子，毫不犹豫地冲向那个孩子，在车轮撞上他脚后跟的刹那，他把孩子推到了安全的地方，两个人摔倒在地，脸和手都被沙砾划破。"

点亮黑夜——爱迪生传

大约 4 个月的时间里，他教这位曾经的报童如何发送和接收（用电报术语来说，即"写"和"读"）莫尔斯电码，一些助记的押韵口诀很有帮助：

- • 一个点代表 E，当然是象征企业（enterprise）
- •• 两个点代表 I，象征自我纯洁
- • • 两个点分开一点点，瞧！这就是 O 了
- —— 两道杠，这就是 M 了

1862 年的大半个秋天和初冬，阿尔每天学习 18 个小时。他每天上午和下午都和麦肯齐在一起，然后乘坐夜车回到格拉希厄特堡，晚上单独练习。尽管他还需要几年时间才能真正熟练到手腕灵活自由、听莫尔斯电码如同听普通对话一样，但是他的敲码技术逐渐提高，能够以稍有间断但还算流畅的节奏"敲打黄铜器"。

他仍然经常乘坐火车去城里，并利用当地一家枪支商店的设施来制造一套属于他自己的机器。电报机的结构很简单，但战争通信以及报道对速度和信息量的需求很快就让它复杂起来。起初，阿尔所需要的只是一台带有弹簧按键的黄铜发报机，以及电线另一端的一台电磁继电器，它可以在纸带上打印出点和杠，或通过发声器发出电码。由一堆顶部敞开的酸性电池组成的格罗夫电池为电报的发送和接收提供能量。当他在实验网络中增加一个辅助站时，他发现功率较低的丹尼尔电池就足以驱动局部电路。

除技术外，阿尔和普通青少年一样渴望信息。那时他差不多已经长大了，说服了底特律青年协会，让他有资格在藏书丰富的协会阅览

室①里闲逛。他在 16 岁生日之前就成了会员，开始阅读《悲惨世界》和维克多·雨果的其他几部小说，还有罗伯特·伯顿的《忧郁的解剖》和多卷本《便士百科全书》。后来他声称还读过艾萨克·牛顿的《自然哲学的数学原理》，可以确定，那个时候他肯定没读懂。

1862—1863 年那个冬天的某个时候，阿尔在休伦港米契亚·沃克的珠宝店兼书店里做了一段时间的实习电报员。店内有一个小型电报站，通宵接收新闻报道，为当地报纸提供服务。每天他都在那里复印到凌晨 3 点，他发现自己的作息是夜行性的，孤独适合他。如果他白天觉得昏昏欲睡，他总能找到一张椅子小睡一会儿，他模糊的听力保证了睡眠所需要的安静。

到了春天，他熟练掌握了莫尔斯电码，申请了加拿大边境的大干线铁路枢纽斯特拉特福德的夜间电报员工作。这项工作要求与沿线其他车站交换电报信息来监控列车的运行。沃克先生开出 20 美元的月薪，想让他留在休伦港当学徒，但阿尔对珠宝生意不感兴趣，而本来不得不同意他签约的父亲也没有被这个条件诱惑。

无论如何，阿尔都有充分的理由离开这个地方。格拉希厄特堡不再是一个适宜居住的地方。萨姆·爱迪生的自由主义思想以及激进地反对任何权威的前科激怒了亲联邦本土主义的当地守卫亨利·哈特苏夫。哈特苏夫给陆军部写道："他来自加拿大，据报道是一个非常不诚实的人，有强烈的分裂主义，这让他在这儿令人憎恨。"

萨姆喜欢对抗，抵制驱逐。相比之下，阿尔只想在离家不远的地方找到一份有报酬的工作，有很多空闲时间继续自学化学和电学。交通枢纽斯特拉特福德保证了这一切。令人愉快的巧合是，它位于安

---

① 后来的底特律公共图书馆。

大略省，这里也是他父母早年结婚的地方。他 96 岁的祖父，老塞缪尔·奥格登·爱迪生仍然住在埃尔金县，那儿还有其他很多父系和母系的亲戚。因此，当阿尔的求职申请被接受时，南希不用担心她年轻的儿子就此离开家庭的怀抱。

无忧无虑的男孩

尽管阿尔说服自己，周薪 25 美元的夜间电报员工作可以让他有整个白天用于实验，但他仍然是一个比成年人需要更多睡眠的青少年。斯特拉特福德仓库在黄昏和黎明之间很安静。如果不是标准的安全程序要求每个小时沿线发送一次信号，他本可以享受长时间的休息。这个讨厌的操作促成了他的第一项发明，即自动发报机。它由他的办公室时钟驱动的带缺口的轮子组成，并连接到发报机上，使得在整点时，一把木槌会以所需的精确节奏升起，然后敲在按键上。该装置运行良好，一直到调度员来调查为什么有时联系不上斯特拉特福德站，但它仍照常发出有规律的信号。

一天晚上，阿尔差点儿让两辆货运列车迎面相撞，因此被狠狠地批评了。当时有一份电报询问他是否会停下其中一列火车以便让另一列通过，他的答复是肯定的。但是当他从电报局下到院子里四处寻找信号员时，一阵急促的轰鸣声告诉他一列火车已跑错了道。他冲回楼上，并向前方发去电报，说他无法"控制住这辆车"了，下一站的回答是"天哪"。

幸运的是，轨道是直的，将要会合的列车看到了对方，及时刹车停了下来。第二天早上，大干线铁路的总监督命令斯特拉特福德的经理把阿尔带到他多伦多的办公室，要他解释为什么允许一个只有 16 岁的小孩在天黑后担任如此重要的职位。

第七章 电报：1860—1869 年　　613

他拉着我的手，说我可能会被送到金斯顿州立监狱之类的话。就在这时，3个英国人走进了办公室。他们开始热烈地握手，快乐地交谈。我感觉到这是一个被忽视的好时机，于是悄悄地走向门口，下楼梯到了下面的货运站，上了去往下一个货运站的守车……并一直隐藏行踪，直到我又成为那个无忧无虑的男孩。

　　阿尔这时就与铂有缘。在加拿大短暂停留期间，他听说在戈德里奇的大干线车站有一批旧的格罗夫电池。他狡猾地问经理是否可以剥掉它们的"锡"阴极，实际上里面有几盎司重的贵金属铂。40年后，这些贵金属会被用在他的实验室里。

从没听说过你在这里

　　阿尔成了一名"流浪"电报员，和其他许多年轻人一样，不管是技术熟练还是半熟练，在内战后期，他们都在国家铁路上游荡。铁路工作对年轻人的需求非常巨大，因为电报电缆被来自前线的消息震得嗡嗡作响，列车长经常让他们自由地去他们喜欢的任何一个城镇。

　　尽管莫尔斯电码已经结束了过去通信对运输的依赖，但这两个领域仍然交织在一起，因为电报公司需要线路通行权，而铁路公司需要电报站来控制火车的运行，理想的情况是配备清醒可靠的人员。

　　不少年轻的"闪光者"或自称为"闪电投掷者"的人都在试图逃避征兵。1863年夏末，阿尔还要再过一年半才不用担心需要服役。与此同时，他适应了流浪的生活，也适应了在现代技术最前沿的行业工作的魅力。《电报员》杂志的每一期都印有头版格言："这难道不是一个伟大的壮举吗？智慧征服了时间。"全国各地都有许多工作机会，任何一个合格的求职者一走下火车就有机会被高薪聘用。[1] 通常他的前任们不会继续干,而是寻找姑娘更漂亮或者玉米威士忌更好喝的城镇去了。

除了最小镇子上的分部外,所有的电报分部都有许多电报员一起工作、合住,在有限的时间里以最夸张的形式分享黄色笑话(其中许多会以"蓝色的"莫尔斯电码结尾)。他们在内华达州卡森市或俄亥俄州克利夫兰市一起工作6个月后,会被分配到不同的地方,任何一对临时伙伴都不太可能再见面,尽管数年之内他们可能会奇怪地在相互交换的信号中认出彼此,这在外人看来则是胡言乱语。

波士顿:你的下一个号码是1。

圣路易斯:谢谢。1号,纽约9号转到——

波士顿:请安静。

圣路易斯:我标记"&"。

波士顿:从没听说过你在这里。他们在哪里挖出你的?这是个热门信号,哈哈!

如果他们中的一个会成为有名的发明家,那么他将不得不忍受无数都不记得名字的孤独电报员跑来攀亲道故。同样的道理,未来生活的变幻无常总是有可能带来惊喜的团聚,可能是甜蜜的,也可能是令人失望的。

阿尔的下一个落脚点是密歇根州的阿德里安,他在那里和一个名叫埃兹拉·吉利兰的当地男孩结下了不解之缘。他再次被雇用为夜

---

[1] 估计有1500名技术熟练的电报员被抽调去执行战争任务,因此民用部门急需人手。

班电报员，这次是在湖岸南方铁路公司，月薪 75 美元。他在那里逗留的时间很长，就建立了一个自己的小作坊。但是，有一天晚上，他犯了一个错误，他的一条紧急信息"闯到"了一条由高级负责人控制的电报电缆上，他不得不去印第安纳州的韦恩堡从事一份白天的工作。那里的时间表也不太适合他，因此在 1864 年秋，他成了印第安纳波利斯联合车站西联电报公司的"二等电报员"。

每分钟单词数

在这里，阿尔满了 18 岁，发明家的人生从此开启。他在斯特拉特福德发明的钟表发报机只能算是一个玩具，但此时他设计了一种具有严肃目的的工具，这也预示了后来他最重要的两项成熟发明——翻译压印机和留声机。

这是一种满足了他审美愿望的记录器-中继器，能把平日非常长的新闻报道转换成清晰又优美的文本，同时又能以电报发送新闻的惊人速度进行处理。尽管他的书法很优雅，但他绝不是一个速度缓慢的抄写员。但即使是最敏捷的接收员也很难跟上多数信息传输时每分钟 40 个单词的速度。一些州的地方接收员时不时得乞求降低发送速度，而纽约和华盛顿的熟练发报员对此则报以幸灾乐祸的态度。最终这也造成了一个公开的秘密，即一些接收员或记录员经常改写句子甚至省略一整段，尤其是在深夜手腕疲劳的时候。编辑们常抱怨新闻报道不完整，但又不得不接受。

阿尔将两台钟摆驱动的莫尔斯电码记录器排成一行，并调整其中一台来快速接收拷贝，然后在一条缠绕在圆筒上的纸带上记录莫尔斯电码。纸带被解开，放进一个箱子里，然后被另一台记录器拉开，再以想要的任何速度通过发声器进行回放，通常是每分钟 25 个单词，这是记录员可以接受的舒适速度。他发明这台机器主要是将其作为提高自己操作能力的练习工具，但是当他获得正式使用许可时，他稿件的高品质让电报站的高级记者感到非常尴尬，以至于又让他另谋高就了。

战争的最后几天，他在辛辛那提第四街的西联电报分公司工作。①他雄心勃勃，想成为一名顶级的新闻从业者。电报站要想增加信息处理的速度和数量，就不太可能解雇任何一个有能力的电报员，至少阿尔的速度完全达标。阿尔暂时把实验放在一边，他努力地练习，进入了一种恍惚的自动机器的状态。他们一旦听到电码就能立即写下单词，但不理解其中的意思。

这一点在1865年4月14日的晚上非常明显，当时他和同行看到一大群人聚集在半个街区之外的《辛辛那提问询报》总部外面。他们派了一个男孩去打听是什么激动人心的事情。男孩回来时大喊："林肯被枪击了。"

这家报纸一定是从一份西联电报中获得了消息。这意味着房间里有人接收、自动转录并在街上传播了19世纪最重要的新闻，但这个人并没有注意其内容，会是谁呢？办公室经理要求"看看你们的文件"。经过短暂的搜寻，那份潦草的报告被找到，当事人受到了批评。44年后，阿尔回忆起来，依然不肯透露这是谁干的。

这个时候，他的工资是每月80美元，仅比在阿德里安多5美元，不足以在一个物价昂贵的大城市负担许多娱乐活动的花销。他精打细算，与两个演员和两个办公室职员朋友分摊房租，其中包括跟着他去了辛辛那提的埃兹拉·吉利兰。另外一个是米尔顿·亚当斯，一个见

---

① 我们不知道爱迪生是如何规避了1865年的入伍征召的。他可能支付了300美元的免征费，或者提前一步从印第安纳波利斯搬到了辛辛那提。

多识广的纨绔子弟，对阿尔的乡巴佬举止毫不在意。"这几个男孩不喜欢他，他很寂寞。"

也许是受林肯死亡的戏剧性氛围和室友的职业的影响，阿尔对戏剧和表演又产生了兴趣，并偶尔流露想要亲自登台的念头。只要有钱，他就会去辛辛那提的国家剧院观看演出，并大声背诵莎士比亚的一些作品，尤其是《理查三世》中的开场独白，并一瘸一拐地驼着背表演。余生中，当他想炫耀书法时，他便会写下"现在我们严冬般的宿怨"（《理查三世》台词）。

这一年，他有理由为自己的电报脚本记录技术感到自豪。他可以在没有画书写线的纸上漂亮地一行行记录着，文字上没有浪费时间的花体线，只是偶尔为了提高速度会有字符变形。[1] 他远离工会会议，一个人在深夜只要几个小时就能完成新闻报道，他用玛瑙笔在夹着复写纸的五层油纸上写字，效率极高，得到了日班经理史蒂文斯的奖励。"年轻人，我想让你在路易斯维尔线上夜班。你的工资将是125美元。"

这项任命比额外的加薪更有价值。阿尔由此正式成为一等电报员，在"闪电链接"电报网络的任何一站，他都有权获得特殊的尊重。

没有哪个国家像美国这样

在纳什维尔待了3个月，在孟菲斯3个月，在路易斯维尔还有4

---

[1] 爱迪生喜欢模仿各种各样的笔迹。他成了一名伪造专家，不费吹灰之力就可以模仿出华盛顿、杰斐逊、拿破仑的笔迹。他通过出示巨额欠款的票据然后问"这是你的签名，是不是？"来娱乐自己。出版商爱德华·博克回忆说，他画了1美分大小的圆，然后在圆里抄了一篇字号极小的《主祷文》，没有遗漏一个逗号和句号。Marshall, *Recollections of Edison*, 94; N. N. Craig, "Thrills," autobiographical ms. ca. 1930, Biographical Collection, 41, TENHP; *Providence* (RI) *Journal*, 13 Aug. 1927.

个月……和平的到来和梅森-迪克森线①的消失让这个刚满19岁的北方青年欢欣鼓舞，美国南方要重新向他开启了。他充满流浪的欲望和探索这块被击败的土地的好奇心。"我已经很大了。"他在一张由西南电报公司盖章的信息表格上提醒他的父母，"我现在看起来不像个小男孩了。"

他在一个类似的空白处写下的文字没有记下日期或地点，文字显示他似乎想去更远的地方旅行，并从书本上学习外语。"现在西班牙语非常好，在我回家之前，我将能和西班牙人说、读、写得一样快。我也能读法语，但不会说。"1866年8月初，他在新奥尔良，打算与另外两个电报员一起乘船去巴西。他可能不知道那里的通用语言是葡萄牙语。他们听说这个帝国的政府在国家电报系统的扩展上花费了许多钱，认为凭借他们的技术可以前去分一杯羹。但突然爆发了一场种族起义，他们乘坐的开往里约热内卢的轮船临时被联邦军队征用。一位曾居住在南美洲的老水手用自己瘦骨嶙峋的手抚摸着阿尔的脸，告诉他"没有哪个国家像美国这样"适合一个追求自我完善的年轻人。

带着愧疚，阿尔告诉他的两个朋友，他要回家了，他开始了回休伦港的长途旅行。②穿过亚拉巴马州无人区的铁路破烂不堪，"铁路枕木上的铁屑堆积如山"，火车只能以接近步行的速度缓慢前行。他甚至能够将身子探出车窗，从路边的树上摘桃子。

像其他许多回乡的浪子一样，他发现"家"不再是曾经的快乐之地。在格拉希厄特堡，战争的最后几年中，亨利·哈特苏夫对萨

---

① 梅森-迪克森线，美国内战期间自由州（北）和蓄奴州（南）的分界线。——编者注
② 后来爱迪生听说另外两人都在韦拉克鲁斯死于黄热病。

姆·爱迪生的敌意（"一个卑鄙恶毒的老顽固，为叛军的胜利而欢欣鼓舞，并指责我们的政府和公众人物"）已经发展到了偏执的地步。哈特苏夫身为要塞的看守人，以酗酒和腐败闻名，但他有儿子保护，他的儿子是一名陆军将军。利用这种影响力，他让底特律的首席军需官通过军事保留地的征用权征用了树林里的白色大房子。他最终成功地将萨姆从他的房产中赶出去，房子是在12年前合法购买的，估价为2 300美元，但萨姆只拿到500美元补偿金。

年老的爱迪生夫妇住到了格拉希厄特堡外面的一个黑暗的小屋里。萨姆一如既往地暴躁和反政府[①]，对军队发起了一场激烈的诉讼，任何人都看出他注定要败诉。南希生病了，失去了理智。阿尔忍受了不到1个月，就回到了路易斯维尔的西南电报公司办公室。

实验研究

阿尔在肯塔基州一直待到第二年7月。那时他已经21岁了，平均每天能以很有个性的笔迹抄写8~15列美联社的栏目报道："我发现竖着抄，把每个字母分开，不加花体线，这样是最快的，字母越小，速度越快。"他可以毫不费力地写下1 500~2 000个单词，每个单词都十分微小，但又像钻石一样清晰可辨。

他把才能发挥到了极限，完善了这种技艺。他在市中心一栋废弃建筑的二楼工作，房间从来没有打扫过，只有冬天时偶尔会供暖。天花板上的灰泥剥落了一半，上面点缀着已经风干的口嚼烟草。连接电报装置和交换机的铜线被腐蚀，生出了蓝色晶体，交换机的黄铜引线被"似乎已是路易斯维尔的一部分"的雷击的烟雾熏成了黑色。暴

---

① 64岁时，萨姆在格拉希厄特堡的跳远比赛里胜过了250人。

风雨天气中,雷声让人感觉好像墙壁要爆裂了,十分不利于心脏有问题的电报员的健康。阿尔的信息主要来自辛辛那提一台中继器的"盲端",这意味着他无法中断传输并请求重复一个遗漏的单词或句子。电线在卡温顿穿过俄亥俄河时也容易漏电,所以在他收信时,电流容易发生剧烈变化。他通过用4台继电器和发声器播放信号来消除一些波动。"咔嗒声很糟糕,但我可以轻而易举地读出来。有时除了这个无底洞之外,北至克利夫兰的线路也运行不畅,这时我需要大量的想象力才能猜到发送的是什么……因为这些东西以每分钟35~40个单词的速度传来,所以很难写下发送的东西,也很难猜想没发送的东西。"

12月,安德鲁·约翰逊总统向国会发表了7 126个单词的第二次年度咨文,随后在1867年的新年之初,用6 111个单词否决了哥伦比亚特区的选举权法案。在阿尔的记忆中,他把两段发言合并成一大堆废话,一段接一段地删去,一边写,一边赶到《信使日报》的办公室进行排版。"这一次我在椅子上坐了15个小时,连吃饭的时间也没有。"事实上,这两篇文章相隔一个月出版,但每一篇他都付出了巨大的努力,证明了他是这个国家速度最快的电报接收员之一。

到了仲夏,阿尔回到了西联电报公司辛辛那提办事处,在那里待了三个月。他对电报技术的精通打开了更广阔科学领域的大门,比如磁学、冶金学和传导学。他开始保留记录实验想法(有些是他自己的,有些是他抄来做指导的)的笔记本:自主调节的极化继电器、远程机电式中继器、双工发报机、军队的密码方案、宝洁公司的专线电报系统。他行云流水般地在平面上描画出这些想法,可以明显看出每样设计都是直接从他笔尖喷涌而出的,毫无阻碍。他把一系列要研究的学术书编纂在一起,其中包括法拉第的《电学实验研究》的第一卷,大约是在伦敦宣布这位伟人的死讯时，他从自由图书馆借来的。这一卷和另外三卷成了他一生的"圣经"，而法拉第也是所有科学家中他最崇敬的一个。他还阅读了20本《北美评论》来满足对时事和文化事务日益增长的渴求，这20本刊物是他在路易斯维尔花两美元买的，此后伴随他终生。

阿尔沉醉于书本，把古怪的模型堆在一起，忘记吃饭，拒绝喝酒，据说一季又一季都穿着相同的套装，他越是这样，其他脑子不如他聪明的同事就越觉得他古怪。他们称他为"发狂的爱迪生"或"维克多·雨果"，因为他喜欢法国小说。他们还想知道为什么他似乎从来没有钱，尽管他已经赚了两年的高薪。其中一个抱怨道："他总是不名一文，发工资的第二天，他就来找我借了一美元。"

埃兹拉·吉利兰、J. F. 史蒂文斯和辛辛那提的其他人更了解他，他们知道阿尔把所有的钱都花在了技术设备和原料上。这是一种强迫行为，是一个人的本能行为，他总会情不自禁地去做他生来该做的事情。他不再是男孩，已经是一个真正具有思想的技术员。

来自西部的松鸦

1868年1月，《电报员》的编辑詹姆斯·阿什利收到了一篇来自密歇根州休伦港的一名有抱负的发明家的文章。它展示了一台精巧对称的双工发报机，附带的文字保证"通过这种巧妙的安排，两条信息可以在同一条线上同时以相反的方向传输"。

这份手稿很长，阿什利认为它技术性很强，也很有意思，可以在他的杂志头版发表，但是等到春天他准备出版的时候，作者已经从休伦港搬走了。这名作者被确认是"马萨诸塞州西联电报公司波士顿办事处的托马斯·爱迪生"。

爱迪生来到这个国家最大公司的主要分部，标志着他发明生涯的正式开始。不过要到6个月后，他才能申请第一项专利；之后再过4个月，他才有足够的自信最终前往纽约。

因为暴风雪，火车行驶缓慢，他饥肠辘辘，看起来比平时更加寒酸。当他来到波士顿办事处时，他看起来确实不像是个重要人物。但是他受到了米尔顿·亚当斯的推荐，被介绍为一个"最出色的人"。在辛辛那提最初的那段时间，米尔顿·亚当斯一直是爱迪生的朋友，此时在波士顿的富兰克林电报公司工作。公司安排爱迪生在那天晚上5点半开始收信。他的夜猫子伙伴们不失时机地给这只"来自西部的松鸦"设置了一个陷阱。他们给了他一支便宜的笔，把他接到纽约的一号线上，说《波士顿先驱报》的一篇1 500个单词的电讯就要到了。根据事先安排，他们已经在曼哈顿安排了一名速度最快的发报员发送它，开始非常温和，然后加速到最快。

爱迪生毫不费力地跟上了传输速度，同时意识到他身后有一群惊讶的观众在看着他。接收员的直觉让他确信，他每分钟比纽约那边的人还要快四五个单词。发报员开始变得疲惫，节奏变得模糊，信号变得不清晰，但正如爱迪生后来所说的那样，"我已经习惯了这种发电报的方式，一点儿也不尴尬"。当他感觉到这个看不见的想要折磨他的人已经累了的时候，他打开线路，敲下了自己的留言："我猜你是用脚敲了一会儿。"[①]

从那时起，一号线就是他的专属线路。他承认自己并不是一个好

---

① 1898年，经验丰富的电报员弗雷德·凯特林给爱迪生写信说："虽然作为发报员，你算不上一等的，然而作为接收员，我认为你没有对手。30年前，我被认为是最快的，我想起那几个小时给你发新闻和信息的美好时光……这是一种享受，因为我可以不间断地发送消息而不被打断。"

发报员，但因为"书法"而全国闻名。阿什利在《电报员》中用这个令人印象深刻的词作为标题，宣称托马斯·爱迪生是"我们所知道的最好的记录员"。他说他看到了这个年轻人记录的一篇新闻报道，尺寸是"5英寸×8英寸，上面有647个单词……整个页面整齐得如同印刷出来的一样"。

米尔顿·亚当斯在帮助爱迪生后就陷入了困境。富兰克林电报公司经受不起西联电报公司的竞争，解雇了他。爱迪生出于同情让他住在自己位于布尔芬奇街公寓的"大厅卧室"。他们俩都没有钱，因为亚当斯的财务状况到了"绝对零资产"的地步，而爱迪生像往常一样，把钱投进了实验设备。贫困将他们拉在一起，他们变得形影不离，在一个"瘦子"供膳处一起吃饭，那里的饭食分量很小，他们还算付得起。

因此，他们没有多余的现金用于社交。一天晚上，一所私立女子学校的校长路过西联电报公司的办事处，问爱迪生是否愿意为她的学生演示电报。这一邀请让他首次感受到了电池之外的触动。

几天前，我带着机器，在亚当斯的帮助下把它安装在学校里。学校在公共图书馆附近的一座双栋私宅里。机器是在放学时安装的。那时我正忙着用我发明的机器架设专门的电报线，忘记了学校的安排。亚当斯提醒了我，他一直在找我，最后在乔丹-马什公司的商店房顶找到了我，当时我正在架设一根电线。他说，我们必须在15分钟内到达那里，我必须动作快点儿。我穿上工作服，忘记了洗脸。然而，我以为她们只是孩子，不会注意到我的形象。一到那个地方，我们就遇到了住宅女主人，我告诉她我忘记了约定，没有时间换衣服。她说没有关系。由于没钱，亚当斯的衣服也不是很好看。打开主客厅大门的瞬间，我惊讶得无法动弹，说不出话来，里面有40多位17~22岁的年轻女子，她们都来自最好的家庭。我勉强挤出几个字，说我将操作机器，而亚当斯先生会在一边解释。亚当斯非常尴尬，他被一张凳子绊了一跤，女孩儿们窃笑，这让他更尴尬了，他一句话也说不出来。当时的情况简直令人绝望，不知出于什么原因，我从自我介绍开始，然后演讲展示，从来没表现得这么好过。

后来，当他和办事处的同事们在镇上闲逛时，每次碰到女孩儿们，她们都会向他微笑点头，这让他颇为得意。

如何使用折刀

爱迪生喜欢在波士顿康希尔的二手书店闲逛，在购买了法拉第的《电学实验研究》全三卷之后，他突然迸发了一个灵感。这本书对他的影响远远超过他在辛辛那提借的书。他尝试在各种临时实验室里亲自完成这位"实验大师"的工作，同时也享受大师简明的白话文和对数学的灵活应用。亚当斯回忆说，凌晨4点，爱迪生从西联电报公司回家，不睡觉而跑去研究法拉第。吃早饭时，爱迪生突然说道："我现在21岁了，我可能只能活到50岁。我能像他一样做那么多工作吗？我有太多的事情要做，而生命又如此短暂，我要抓紧时间。"

这个时候，阿什利已经出版了他关于双工发报机的文章，并在《电报员》上称赞它是一个"有趣而巧妙"的装置，但还不是特别新颖。编辑指出双工传输在德国已经使用了很多年，"但是爱迪生先生简化了它的有效过程"。这使爱迪生走上了改进并最终光大双工技术的道路。波士顿的火灾报警专家约瑟夫·B.斯特恩斯在6月获得了类似系统的专利保护，这使爱迪生想早点儿获得专利的希望破灭了。爱迪生并不气馁，列举了他认为自己的发报机更优越的14个方面，与当地一名机械师商定按规格生产三套，并标价400美元、450美元和500美元进行广告宣传。但他没有收到订单。

阿什利的编辑也善意地鼓励他给《电报员》投更多的稿件。5月9日，题为"爱迪生组合中继器"的文章描述了另一项衍生发明。这项发明的最初原型是乔治·菲尔普斯于1859年制造的具有开创性的组合印刷电报机。爱迪生认为菲尔普斯的机器是由键盘操作的，就像钢琴一样，它在纸上潦草印下罗马字符的速度太快，以至于"莫尔斯线路上常用的中继器"无法准确地复制这些字符。而他的中继器建立在新的原理之上，并且使用了"一种特殊结构的"磁铁。以这种方式，它可以跟上任何速度的振动，更重要的是，它可以在"莫尔斯继电器感受不到的微弱电流下工作"。

随着夏季过去、初秋到来，他继续以旺盛的精力做实验和发表论文，其中最雄心勃勃的努力是在8月15日的《电报员》杂志上，针对波士顿电气和电报设备的主要制造商撰写了1 800个单词的调查报告。这篇文章展示了他在这儿居住的4个半月里，是如何彻底熟悉了这个城市的技术资源的。其中之一是小查尔斯·威廉斯的著名工作室，摩西·法默在那里有一个塞满仪器的小实验室。尽管爱迪生提到了这件事，但他没有提到他在同一栋大楼也有一块地盘。出于某种原因——可能是因为法默那朴素的、虔诚的宗教自尊，爱迪生没有试图去讨好这位美国的"法拉第"。

爱迪生晚上在西联电报公司工作，白天在威廉斯家三楼的阁楼捣鼓，他发明并制造了6种设备，包括股票行情自动收录器、火情报警器和传真电报打印机（"我打算用它来传输汉字"）。10月13日，他第一次成功申请了一项电化学投票记录器的专利，他自己还用硬木片制作了一个模型。"要成为一名优秀的发明家，你必须首先知道如何使用折刀。"

这是一个巧妙的装置，太巧妙以至于不适合商业化，他自己也很快发现了这个问题。该系统旨在优化立法机构烦琐的计票过程。这个装置从每张桌子的电开关上提取"赞成"或"反对"的信号，并将其印在一卷用化学方法预处理过的纸上，用议员的名字来识别信号。与此同时，它在一个指示盘上分别列出票数。他希望看到自己的"记录器"在国会会议厅里咔嗒咔嗒地运转，但他的梦想破灭了，他听说快速投票是政客们最不希望的，因为他们需要时间在媒体上互相游说。爱迪生决心以后只发明人们想用的东西。

他了解到，对一个年轻的发明家来说，申请专利是一道昂贵的程序，每一次申请和批准都要花费高额费用，支付给代理人、律师、起草人和专利局自身。除此之外，还需要一笔巨额花销用来针对侵权指控、为专利申请辩护或者用来起诉剽窃者。从这个时候开始，在爱迪生的整个职业生涯中，他的收入（不管是四位数还是六位数）的很大一部分，都被专利诉讼吞噬了。

专业发明另一个令人不快的方面是必须结交金融投资者和有影响力的商人。爱迪生碰巧擅长这个。一旦有钱人习惯了他粗鲁的外表，他们就会被他的幽默迷惑，被他十足的自信感染。但是投资者们的反复询问甚或想要插手发明的欲望令人难以忍受，更糟糕的是投资者要求他尝试他们自己的想法。

他谦虚地开始向同行德威特·罗伯茨吹耳边风，让他同意"提供足够的资金来申请专利和制造一台或多台……'股票经纪人打印机'，以换取 1/3 的潜在销售利益"。罗伯茨随后将部分股权出售给另一位投资者，这也是对爱迪生的一个警告，即金主并非都能由自己选择。但罗伯茨也还是资助了投票记录器，还有波士顿的各种经纪人、商人和电报公司的董事，最著名的是贝克·韦尔奇，他们都支持这位年轻的发明家，毕竟爱迪生的名声已传遍了这个城市。

金屋之上的实验室

1869年1月30日，《电报员》的"个人"栏目中出现了一则公告："爱迪生先生已经辞去了他在马萨诸塞州西联电报公司波士顿办事处的职务，他将专注于他的发明。"

18天后，爱迪生制造出了他申请的第二项专利发明———台优雅地发出嗒嗒声的黑金杂色的"股票经纪人打印机"，该设备几乎和钟表一样复杂。它利用字母和数字进行收报，目的是向认购经纪人报告纽约黄金和股票交易所价格的波动，这是瞄准了新兴市场的一项技术。这项技术在一年前由爱德华·卡拉汉首创，他的金股电报公司正寻求将业务扩展到波士顿。而其竞争对手塞缪尔·劳斯的金股报告电报公司也是如此（两家公司的名字几乎一模一样）。

爱迪生机智地选择在威尔逊巷9号开了一家自己的股票报价服务公司，就在塞缪尔·劳斯计划设立业务的那栋大楼里。爱迪生在楼上选了两个房间，一个用于价格监控和张贴，另一个用作实验工作室，他称之为"金屋之上的实验室"。由于对交易业务知之甚少，他在市场专业知识上依靠自己的一位支持者，经纪人小塞缪尔·罗普斯。他的第一个客户是基德·皮博迪银行经纪公司——当然并不是什么行业巨头，接着他又增加了25个新认股人。

塞缪尔·劳斯没有买他的机器，爱迪生对此很失望。他的设备优于卡拉汉的，只有一个而不是两个活字轮，并且用一根而不是三根驱动线操作。几个月内，爱迪生和他的新同行弗兰克·哈纳福德[1]靠在波士顿-坎布里奇地区安装廉价的私人拨号电报线勉强度日。他们还不得不花费可观的支出来购买47个用于电线杆布线的玻璃和陶瓷绝缘体、1.75磅蓝色硫酸电解液粉末，以及各种焦油、油和硫黄之类的物资，用来保护他们的电线免受城市腐蚀性煤烟的侵害。

到了春天，很明显，波士顿既小又保守，不太适合爱迪生永不休止的雄心。韦尔奇拒绝为他的"磁强计"打印机提供资金，该打印机本来可以让客户不用再维护肮脏、易出事故的电池。[2]西联电报公司也不允许他在任何繁忙的长途线路上测试改进后的双工发报机，但爱迪生对这种机器抱有很高的期望，因此他计划使用纽约罗切斯特的一家小公司——大西洋&太平洋电报公司的一条线路。

意外的好运

怀揣韦尔奇预付的40美元，爱迪生于4月10日抵达罗切斯特。他在雷诺兹拱廊街的一间办公室里等了4天，直到深夜，大西洋&太平洋电报公司才允许他使用纽约的线路。400英里长的电线绝缘性很差，他的机器操作起来又太复杂，他雇用的在曼哈顿的接收员感到困惑，测试失败了。尽管如此，他还是在《电报员》上发布了一则公告，称他的传输是"完全成功的"，然后短暂地回到波士顿，与那里的各种债权人结清了债务，用剩下的所有现金买了一张去纽约的单程汽船票。

他给韦尔奇的借口是，他需要对双工发报机进行局部改造，以

---

[1] 这个时候，米尔顿·亚当斯已完全沉迷于流浪，去了西部。
[2] 上一年冬天，爱迪生在他的实验室里使用硝酸时溅了自己一身，结果皮肤被烧成讨厌的棕褐色。"我的脸和背上有黄色条纹，皮肤被彻底氧化了。"

解决远距离感应问题，即电磁干扰会减小信号通过的速度并模糊信号。这项工作需要时间，大西洋 & 太平洋电报公司也得在他恢复测试前修复线路。但吸引他到纽约的真正原因是，他像之前无数渴望成功的年轻人一样，吸入这座城市的空气，捕捉到了或者自认为捕捉到了令人陶醉的成功气息，"这里的人来了就买，不需要你去拉客"。

如果真是这样的话，似乎和他在纽约前三天的经历不符。他整晚游荡在街上，口袋里的钱只够在华盛顿街史密斯 & 麦克内尔餐馆买一杯咖啡和一盘苹果饺子。他一直忘不了这盘饺子的美味。这些食物让他还有点儿力气继续游荡，直到第三天，他在百老汇塞缪尔·劳斯的金股报告电报公司门前停了下来，这里的人正因为发报机被卡住而感到慌乱。他研究了机器的工作原理，告诉塞缪尔·劳斯博士，是一根接触弹簧折断了，掉落在两个齿轮之间。

"修好它！修好它！"塞缪尔·劳斯大喊，他每分钟都在损失收入，"快点儿！"

爱迪生拆下弹簧，将接触轮调至零，员工则分散到金融区重置分行指示器。两个小时后，系统又开始工作了。劳斯博士当场雇用他为电报员兼机械师，月薪 100 美元。这尽管还不如他做流浪电报员时期的最高薪水，但至少意味着他将不用躺在刨花里睡觉，不用只靠粗粮和糖来维持生计了。他开始疯狂地工作，有时一天工作 20 个小时，"我永远不会放弃，因为我可能会在死前碰上意外的好运"。8 月初，劳斯博士任命他为公司整个运营工厂的最高管理者，并将他的薪水上调了两倍。

他重新配置和改进了一台劳斯博士设计的股票报价机，以此来证明他的晋升是合理的。这台机器因为模仿了爱德华·卡拉汉设计的机器而未能申请专利。但爱迪生实际上是制造了他自己的新股票报价机，它极度简单，体积更小，操作更流畅。但在这时，爱迪生失去了刚刚获得的有利可图的职位。因为在8月27日，劳斯的公司被出售给竞争对手，组成了几乎垄断行业的金股电报公司。扩大后的公司有了自己的负责人，所以到月底，爱迪生又流落街头了。

然而，这一次，大家都知道他在纽约已持有4项有用发明的专利权：投票记录器、私人拨号电报机、双工发报机和股票报价机，另外他还是几篇内容丰富的技术文章的作者。富兰克林·波普的新书《电报机的现代实践》也刚好出版，书中有一个小节称赞"爱迪生的按钮中继器"（他在辛辛那提发明的长距离继电器之一）有着"非常简单和巧妙的连接……在实践中被发现效果良好"。

波普在遇到爱迪生之前是法律公司的主管。此时他们两人发现彼此都有一身的技能，可以相互分享，他们决定合伙，并正式成立了"这座城市的电气和电报工程局"。爱迪生此前在市中心的经历已让他认清了永远不要高估有钱人的正直和责任心。

9月24日星期五，爱迪生在新街"金屋"的楼厅里值班，这里烟雾缭绕，令人窒息，投机者在一只喷水的金箔海豚的注视下交易黄金。这一天很快被称为"黑色星期五"。为了"垄断"大部分市场，杰伊·古尔德发动了一次秘密袭击。价格指数在前一天晚上跌至144.25，仅在6分钟内又飙升至155。人群中爆发了骚乱。爱迪生被深深吸引了，爬上了西联电报亭的顶部，看着一群头脑清醒、穿着体面的人突然变成了号叫的土狼。金融家艾伯特·斯派尔斯在前一天购买了价值600万美元的黄金，当他将价格指数提高到160时，他表现出了疯狂的样子。歇斯底里式的高潮出现在中午之前，价值指数达到了162.5。接着有消息传来，尤里西斯·格兰特总统授权财政部出售价值400万美元的政府黄金，这让古尔德的攻击变成了溃败，又引起了股票交易所的恐慌。收盘后，巨额财富蒸发，华尔街上凶杀和自杀惨案发生的可能性也大大增加，一个民兵连被派去维持秩序。

整个下午都保持冷静的观察者只有爱迪生、海豚和西联电报公司的电报员。他对爱迪生说："嘿，爱迪生，我们没事，我们一分钱也没有。"

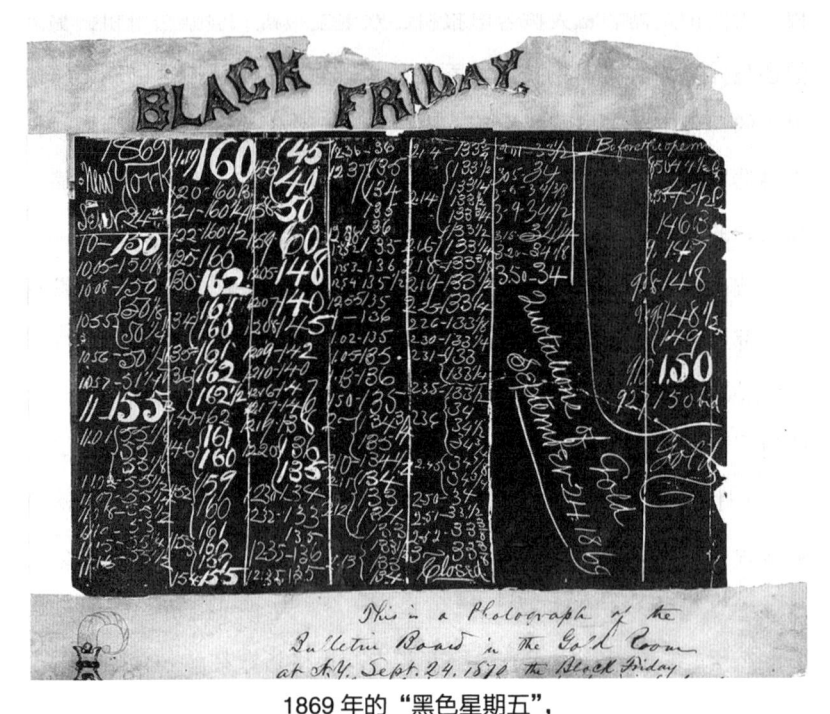

1869年的"黑色星期五"，
詹姆斯·加菲尔德标注的黄金价格公告，他后来成为美国总统

波普夫人的家

10月初，波普-爱迪生公司成立，并在市中心百老汇78~80号开设了一个办事处。詹姆斯·阿什利签约成为第三合伙人，他负责把爱迪生宣传为年轻有为的电气科学大师兼"最高级别的机械天才"。三

人组合决定了他们的开业卖点，爱迪生的最新发明，一种单线的"金融和商业机器"，可以在没有本机电池的情况下接收和打印莫尔斯电码信号。他们在《电报员》上登了一则广告，宣布道："我们拥有无与伦比的设备，正在为申请专利准备图纸和说明书。"他们将在河对岸的新泽西制造所有定制的设备，波普和他的母亲住在那里，爱迪生之后也会成为那里的租客。

波普夫人的家在伊丽莎白，从泽西城经宾夕法尼亚州铁路两站就可到达。爱迪生在泽西城找到了用作实验室的场所。随着白日越来越短，12月，他开始每天早上6点起床通勤，从那里赶上开往东边的火车。他像往常一样每天工作18个小时，然后在寒冷的黑夜里等待凌晨1点的火车回到伊丽莎白。

面对寒冷，他可以穿上多层内衣忍受，而对于黑夜，总有一天他要做些什么。

第八章

自然哲学

1847—1859 年

幼年时期的爱迪生，
1850 年前后

爱迪生只有3岁之后的记忆。实际上，他也只记得一些片段，这组成了他对幼年世界的模糊印象。他幼年的记忆中最主要的是一个宽脸黑发的女人，她抱着他，教育他，还有一个蓄着大把花白胡子的大块头男人，所处时期更早一些，但让爱迪生印象深刻。

另一些虽非最早但记忆深刻的片段能追溯到1849年夏。他爬过地板，爬向一枚墨西哥银币，这枚银币是前来向他姐姐玛丽昂献殷勤的年轻人扔下的。他看着一队大篷车向西追寻，融入了西部的淘金热，其中一辆车上还有他的叔叔斯诺·爱迪生。一下子，他又回到了母亲南希·爱迪生的怀里，但这一次她抱着他去看玛丽昂的婚礼，看见20岁穿着白色礼服的姑娘，嫁给了那个扔下银币的年轻男子。

12月的某一天，他18岁的哥哥皮特和16岁的姐姐坦妮就在他身边。还有3个在他出生之前就夭折的孩子则远在她母亲常常絮叨的浸信会天堂。

阿尔瓦·爱迪生是7个孩子中最小的一个，也是唯一待在他父亲房子里的孩子——一个长着巨大脑袋、眼神空洞的小男孩。他的成长环境很安全，在物质上如此——萨姆·爱迪生事业有成，铺砖建房，钉好了共有7个房间的房子的每块木瓦，房子俯瞰着运河流域；在情感上同样如此——他得到了母亲的大部分关注、关爱和教导。按照当时的标准，他的父母均已步入中年。萨姆——按照家谱叫塞缪尔·奥格登·爱迪生——在玛丽昂结婚时已经45岁，南希则已经41岁。因为她不太可能再生孩子，不管她还保留了多少上流社会的礼节，作为浸信会牧师的女儿，她的修养都将专门被用于熏陶阿尔瓦。

另一方面，他在兄弟姐妹中也是独一无二的。他是唯一不出生在加拿大的孩子。爱迪生家族很久以前起源于美国，但由于亲英的倾向，他们在独立战争后逃往北方。萨姆在安大略省的维也纳长大，这

俄亥俄州米兰，爱迪生的出生地

个农业村庄也吸引了南希所在的来自纽约北部的埃利奥特家族。在这里，萨姆和南希于 1828 年结婚。要不是因为萨姆性格"叛逆"，反抗一切主流的东西，甚至反对自己的父母，他们本来很可能会继续在安大略省的维也纳生活和工作：萨姆当旅店老板，南希做教师。如同他们拒绝了 1776 年的《独立宣言》，又支持 1812 年美英战争中的英国一样，萨姆在 1837 年反对保守的、教权主义的政权，该政权开始压制安大略省的自由思想。那一年，萨姆参与了一场反政府的叛乱，叛乱失败后，迫于政府军的紧追，他仅靠自己的双脚，越过边境逃往美国底特律。在加拿大，他被指控犯有叛国罪。他认为逃到俄亥俄州的米兰，开始他的木匠新生活是明智的。到 1839 年，他的家人已经搬来和他一起定居。在这里，萨姆在各家伐木企业和拍卖企业中工作出色，这为儿子托马斯·阿尔瓦·爱迪生提供了稳固的富裕中产家庭环

第八章 自然哲学：1847—1859 年

境。爱迪生就出生在 1847 年 2 月 11 日大雪纷飞的清晨。

《从桑达斯基市路向米兰看去》，J. 布伦纳德于 1847 年绘制

不怎么玩耍

从街上看，面对初升的太阳，萨姆的房子呈现了红砖白边的正面。在内侧和西侧，它俯瞰着米兰运河流域的全景。他把房子建在能俯瞰休伦河谷的悬崖最高点。任何一个站在客厅窗户旁的小男孩都会被下面的景象惊呆：几十艘满载小麦的湖上纵帆船从港口出发，途经运河，向北顺流而下。

19 世纪 40 年代末的米兰是一个大约有 1 500 名居民的小镇，同时也是世界上最大的主食谷物市场之一。经常可以看到一行 500 辆或更多的四马农用车载着小麦，嘎吱嘎吱地沿着山坡进入城镇。在有斜坡的地方，由滑道、起重机和手推车组成的复杂系统为阿尔瓦·爱迪生提供了了解基本物理知识的视觉课。港口附近有一家造船厂，每当一艘新的纵帆船下水时，人们就会聚集在爱迪生家的房子周围向下观看。

当阿尔瓦长大到可以用锯子学着他父亲去工作时，他模仿父亲测量、劈开并抛光来自加拿大的木材，将其制作成3英尺长的"门闩"，还把一些废弃的木材拼接并钉在一起铺就路面，在码头边的院子里闲逛，记一些伐木工和运河工人唱的歌曲。他短暂地在学校念过一段时间书，但他有些与众不同。他有着呈拱形的前额，还有一些古怪的习惯，比如费力地临摹一些店面上的标语，这让他的老师感到很困惑，也让许多孩子反感。一位同学多年后写道："我经常在镇上碰到他，他的鼻子和脸跟其他男孩的一样脏，但他似乎一直在想些什么，也不怎么玩耍……嗯，有些男孩称他为傻瓜，你可以想象这些男孩子的样子。但是他的一些话一点儿也不愚蠢，他的表姐（莉齐·沃兹沃斯）告诉我，有时她很容易明白他的意思。"

在傻瓜爱迪生成名之后，米兰的另一个老人绞尽脑汁，模模糊糊地回忆起"一个总是做着不同于其他人的有趣事情的孩子，他喜欢一个人待着"。萨姆·爱迪生坚持认为，"托马斯·阿尔瓦从未有过童年时代"。他对"蒸汽机和机械力"的兴趣远远超过对学校基础课的兴趣。

  他是一个非常聪明的男孩吗？嗯，不是的。我想，有些人认为他有点儿糊涂。老师让我们把他留在街上，因为他永远也成不了学者。他吃的营养都进了大脑，他总是不断问我问题，当我告诉他我不知道时，他会说："为什么你不知道？"[①]

[①] "糊涂"这个词在有关爱迪生的传说中经常出现，以至于阿尔瓦自己也声称听到他的老师在与一名督学的谈话中使用了这个词，老师说让这个男孩留在学校没有意义。"我被这件事深深伤害了……我突然大哭起来，回到家，把这件事告诉了我母亲。"在他的讲述中，母亲南希在路上拦住这位老师并告诉他"我比老师本人更有头脑"。

"糊涂"一词之所以经常出现在对年幼的阿尔瓦的描述中，可能是因为他奇特的冷静使他在危机或灾难中保持镇定。他似乎无法理解为什么把父亲的谷仓点着会激怒父亲，并会挨上一顿鞭打，可他"只是为了看看它烧起来会是什么样子"。更严重的是，有一次他在米兰南部河流上游的小溪中游泳时，失去了一个朋友乔治·洛克伍德。"在水里玩了一会儿后，和我一起的那个男孩消失在小溪里。"爱迪生回忆道，50多年后他对这场悲剧仍然记忆犹新，"我在附近等他上来，但天快黑了，我决定不再等了，就回家了。夜里的某个时候，我被吵醒，人们问那个男孩的情况。似乎全镇的人都提着灯出去了，还听说最后一次看见他时，他和我在一起。我告诉他们我是如何等了又等之类的话。他们走到小溪边，拖出了他的尸体。"

　　阿尔瓦在米兰还没上到二年级就辍学了。"我一直都和学校不对付。我现在也不知道为什么，我总是在班上垫底……我父亲认为我很笨，最后我也几乎断定我就是个笨蛋。"

木瓦、木柱、圆材

　　1854年春，在底特律，萨姆·爱迪生把南希、皮特、坦妮和阿尔瓦带上了一艘小轮船"红宝石号"。他们沿着圣克莱尔河向北前往40英里以外的休伦港。玛丽昂和她的丈夫霍默·佩奇留在了米兰，尽他们所能在米兰生活。由于铁路的出现，米兰急剧衰落。仅仅几年后，该镇的运河就淤塞消失，港口和造船厂也是如此。萨姆离开了这个小镇，他很聪明地从一个逐渐衰败的内陆港口搬到了一个规模是其两倍大的湖港，在新的地方，他建起锯木厂，每年运送9 300万板英尺[①]

[①] 板英尺是北美板材体积的计量单位，1板英尺约为0.002 4立方米。——编者注

的松木板条、木瓦、木柱、圆材,以及芬芳的雪松木杆和成捆的鞣革。他从米兰的谷物交易和休伦港的木材生意中获得了巨大的利润,准备在休伦港做出更成功的事业。

他花了 2 800 美元购买了一栋位于废弃的格拉希厄特堡军事保护区的双层白色框架房屋。房子内部面积超过 3 600 平方英尺,这还不包括将成为阿尔瓦第一个实验室的宽敞地窖。天花板很高,窗户很大,窗外是 10 英亩的小树林,这也是萨姆的财产。原始林地在房子西边,圣克莱尔河在东边与休伦湖相通。

格拉希厄特堡最突出的建筑是一座 74 英尺高的白砖灯塔,标志着河流和湖泊的交汇点。它配有烟雾缭绕的鲸油灯,这些灯透过玻璃投射出奇怪的绿色光芒,每天都要清除玻璃上的油烟。因为塔高,游客不易攀登,作为企业家,萨姆受到启发看到了商机,于是他在自己的地盘上建造了一座 26 英尺高的"瞭望"塔并向公众开放。开始的两三年里,他从这个景点获得了额外的收入。虽然站在上面有些摇晃,但在他的塔上可以看到湖泊、河流、两国分界线的宏伟全景,从某种意义上说,这两国他都可以称为自己的家。

在这短暂的时间里,萨姆处于商业经营的顶峰,不仅销售木材和谷物,售卖 75 美分一张的观景台票,还出售他的果园里的苹果、梨以及他的小农场里的蔬菜。接下来,他进入房地产行业,买卖当地房产,到 1856 年秋,他的身价估计为 6 000 美元。[①] 但是他的自由主义想法与财产法的原则不相符合,财产法要求售前接受一些调查,售后必须纳税。

1857 年 8 月 24 日,正当一些麻烦开始影响萨姆的现金流时,俄

---

① 大约相当于 2019 年的 183 000 美元。

亥俄州人寿保险公司的倒闭和铁路股票的下跌引起了美国第一次通过电报传播的经济恐慌。随后的经济衰退尤其打击了密歇根州。底特律经济崩溃，银行和企业关闭，失业的人们排队等待领取救济面包，儿童乞丐流浪在街头。休伦港也是类似的情形。12月，萨姆因房地产欺诈被起诉。有传言说他将部分财产归入南希名下，从而逃脱了破产或者更糟的境地。1857—1858年的那个冬天发布的信用报告称，作为一名商人，他"完全失败了"。如果不是有皮特·爱迪生经营的制服生意，以及阿尔瓦积极作为农场童工出力，萨姆可能会被迫卖掉他在小树林里的白房子。

唯一的老师

很少有文献记录阿尔瓦在休伦港的童年，所以不太可能说得清他是什么时候在那里上学的。60多岁时，他声称自己只受过3个月的正规教育。几乎可以肯定这是一种夸张，因为他上过乔治·恩格尔牧师主持的一所私立小学。中间隔了几年后，他去了镇上的联合学校。不论他每次念书的时间有多短，显而易见的是，他离开第一所学校的原因与他从米兰的红色小校舍被送回家的原因一样，即他被认为是"糊涂"的怪人。12岁时，出于同样的原因，他又离开了第二所学校，开始了他的铁路报童生涯。同样显而易见的是，他在课堂上存在学习障碍，直到那时唯一理解他并充实他大脑的老师是他的母亲南希·爱迪生。

在一次罕见的自我剖白中，他曾经承认："我的母亲创造了我，她是如此真实，如此肯定我；我觉得我有一个可以为之而活的母亲，一个我不能让她失望的母亲。"南希矮矮胖胖的，灰眼睛，黑眉毛，神情严肃。她是两个浸信会牧师的姐姐，也是一个贵格会教徒的孙女。她是一个纪律严明的人，在阿尔瓦清晰的记忆中，她是"一台已经磨损的赛斯托马斯牌旧时钟的开关"。然而，南希也并非冷酷无情，她嘴角挂着偶尔闪现的讽刺和永久的微笑，这两种特征都是她传给儿子的。她未能向儿子灌输任何宗教的虔诚，但也没有证据表明她对此感到不安。然而在其他所有方面，她对儿子的智力发展具有深远的影响。

一位家族朋友形容她"勤奋、能干、有文化、有抱负"，具有重要意义的形容词是第三个。另一个人回忆说，1855年6月坦妮结婚并搬出房子后的大部分时间里，阿尔瓦和南希都待在一起，"我清楚地记得在被果园围绕的老房子中，经常看到爱迪生夫人和她的儿子交谈。有时我注意到她在给他上课，我常常想知道他为什么从来不去上学"。还有一个人在晚年写道："有一件事我记得非常清楚，当时我在你家门前，看见你的母亲站在门口，叫你进来上课。"

南希·埃利奥特·爱迪生，1854年前后

第八章 自然哲学：1847—1859年

他们一起阅读的第一批重要的书似乎是宗教改革史，以及更符合阿尔瓦口味的罗伯特·西尔斯的《历史、传记、文学、地理、自然史和其他科学综合知识家庭指导手册或文摘》。这本书有 3.5 英寸厚，插图丰富，为他和南希在后来 4 年里阅读一些更令人生畏的书做好了准备，其中包括伯顿的《忧郁的解剖》、休谟的六卷本《英国史》、吉本的《罗马帝国衰亡史》。当他们读到对年轻时的阿尔瓦影响最大的理查德·格林·帕克的《自然哲学》时，他感兴趣的基本领域已经确立，即在一个没有上帝的世界中研究自然的运作。到这个时候，南希实际上没什么可以再教的了。

整个科学界

晚年的爱迪生告诉亨利·福特，帕克的百科全书是"我 9 岁时读的第一本关于科学的书"。如果真的如他所说这么早，那他在 11 岁进入联合学校时应该已做好了功课方面的准备。这本书的正式名称是《自然和实验哲学学术纲要》，1854 年版有一个副书名——"还包括对蒸汽和机车发动机以及电磁电报机的描述"。[1]

阿尔瓦在导言中读道："整个科学界由不同时代的不同个人从发现中推导出的原则组成，这些原则被应用到普通的事物中。因此，这些知识的整体是共同财产，而不属于任何个人。"在他想到自己要投身于科学界之前，有人警告说，在他之前有其他无数人，甚至包括最伟大的人——哥白尼、牛顿、富兰克林、法拉第，都把他们的工作建立在人类不断积累的智慧之上。除了造物主上帝，没有什么是原创的。

---

[1] 卷首是一幅精心制作的、展示"电磁电报通信"运作的插图。一位穿着礼服的绅士沿着穿过山丘、山谷和海岸线的电线向另一位绅士发送一条信息，后者查看打印出来的信息，对其中包含的消息一点儿也不满意。

所有的发明都不过是本原物质的重新发现和排列。

南希·爱迪生可能不反对这个想法。但帕克明确表示，对于精神层面的、道德方面的和哲学方面的分支，即神学、伦理学和形而上学，他的书与这些毫无关系。他只关心自然哲学，即"有关物质世界的科学"，而在这门科学中，"我们只关心无组织物质的一般属性"。

在阿尔瓦生活的时代，"物理学"这个词将作为科学术语取代"自然哲学"。但是帕克在1856年坚持认为前者比后者更普遍。物理学应当包括自然史和自然哲学，也就是有组织的和无组织的物质。帕克把化学从他的书中排除了，理由是它把人类的能动性引入了物体的条件和关系。因此，他把自己限制在对宇宙的非生物学观点上，接着列举并描述了阿尔瓦将会探索的除了X射线和植物学外的每一个领域。帕克好像以某种神秘的方式记录了阿尔瓦这个小子的未来。

在开始的章节"物质及其性质"中，帕克列出了61种已知元素，用花岗岩等岩石的元素组成举例说明。自然界的基本成分中有49种是金属，尽管化学家应该对它们进行充分的思考，但他给金和铂的"柔韧性"和"延展性"写就了足够的篇幅，让人感觉冶金学是科学中最有意义的部分。一盎司黄金可以延展到50英里以上的长度，而"铂甚至可以被拉成更细的丝"。

在"力学"中，阿尔瓦了解了6种基本工具：杠杆、滑轮、楔子、螺钉、斜面和轮子。如果轮子是由一个沉重的轮圈和又长又轻的辐条组成的，那么必须施加力才能使它旋转，但是一旦启动，它就会变成一个"飞轮"，惯性会让轮子所驱动的任何机器匀速转动。轮子或圆盘离运动中心最远的部分以最大的速度运动，所有部件的速度随着它们与运动中心的距离的减小而减小。

帕克将摩擦力定义为"物体相互摩擦时遇到的阻力",真空是"未被占据的空间,也就是一个不包含任何东西的空间"。他展示了一幅费力地从"玻璃容器或球形接收器"中抽出空气的手动泵的图画,并解释说空气对燃烧是必不可少的。"在接收器下放置一根点燃的蜡烛、雪茄或其他任何会产生烟雾的物质,耗尽空气,火会熄灭,烟雾颗粒会落下。"在"气体力学"中,阿尔瓦了解到空气的体积是可以变化的,很难做到完全排出空气。然而,当一根长长的装满重水银的封闭试管浸入盛有更多水银的碗时,重力会部分地将液柱向下拉,留下"托里拆利真空……已经发现的最完美的真空状态"。

标题为"蒸汽机"的讨论长达14页,附有解释性图表和一幅漂亮的木刻版画,描绘了一艘明轮船在波浪中颠簸前行。另一幅插图展示了一辆堆满菠萝的机车,让人想起阿尔瓦不久后独自一人驾驶了47.5英里的那辆机车。

理查德·格林·帕克的《自然哲学》中的机车

在"什么是电?"这一章节,他读到了最重要的(虽然还很模糊的)定义:"电是一种不可估量[①]的物质,它弥漫于物质世界,并且在它的作用下,物质世界才为肉眼所见。"很明显,"电"(electricity)这个术语来源于希腊单词"琥珀"(elektron),一种摩擦后会带电的材料,可以吸引"纸片、线、软木塞、稻草、羽毛或金箔碎片"。有许多"非电"物质不受这种力量的影响,而带电物质与不带电物质之间的"牵引力和排斥力"又是自然中基本的、明显的冲突。

一些理论家认为电是一种流体,也有些人否认它的物质性,认为它像磁性一样是"一种纯粹的物质属性"。帕克认为电是两种性质相反的流体永远在"正"和"负"之间寻找平衡。他还说现代科学达成的共识已经沿着这条路线发展。他写道,法拉第教授(第一次让阿尔瓦记住了这位伟大的实验家)提出了一份电学术语表,其中包括任何通过导体或电线的电流中都同时存在的正的"阳极"和负的"阴极"。

帕克提到的流动性让阿尔瓦很早就想到了水力术语中的类似东西。在他的余生中,他会看到这种电流就像水一样被来回泵送,无声无息,没有重量,只有在触电甚至丧命时才会感知到电。有朝一日,电流甚至可能被用来救活垂死的人。在"流电学"一章中有一段有趣的描述,关于近期发生在格拉斯哥,对一个被绞死的杀人犯进行的一次电测试:

> 所用的原电池由270对4英寸的极板组成。在将电池应用到身体的不同部位时,每块肌肉都陷入剧烈的颤动:腿被猛烈地甩了出去,尸体又开始呼吸了,脸上露出了不寻常的表情,手指似

---

① 帕克在别处解释说"不可估量"意味着"没有重量",它的对立面是有重量的,这构成了自然哲学的两大类。

乎在指着观众。许多人因恐惧或恶心而被迫离开房间,一位绅士晕倒了,一些人认为尸体真的复活了。

阿尔瓦能够学习电池的所有基本类型,从伏打电堆到锌-铂格罗夫电池,这种电池显然很强大,但效率低下,需要不断补充硫酸和镍酸,这是一项危险的、会引起咳嗽的工作。

接下来,帕克详细讨论了"磁性"和"电磁"。帕克试探性地写道,如果"黑色细沙",或称磁铁矿,被撒到一张纸上面,纸下面有一块马蹄形磁铁,"这些粒子会按照规则的顺序,沿着曲线的方向排列"。在一个脚注中,他根据近期对太阳黑子活动的研究,发表了法拉第发人深省的推测,即"星体和地磁"之间可能存在电学关系。

阿尔瓦还从书中了解到,声学是"一门研究声音的本质与理论的科学,它包括音乐和声的理论"。声波需要空气来传播,空气越潮湿越好,"下雨前的钟声比平时更明显"。相反,如果钟在空气耗尽的接收器里响起,声音就听不见。几何学和声学是密切相关的:"某些种类的贝壳光滑的内部表面,特别是螺旋形或波状的表面,很适合收集和反射附近发出的各种声音。"

帕克将声音与光进行了比较,因为声音在经过几个表面反射后,可以在某一点被收集起来,以获得更大的响度和集中性。在处理光、颜色和视觉科学的"光学"这一章里,他警告说,没有人真正知道光是什么,甚至艾萨克·牛顿爵士也不知道。牛顿认为光是由从光源流向观察者的微小粒子组成的,也就是光的"微粒说"。但是如果声音的模拟是正确有效的,那就意味着光也以波的形式传播,因此"当今研究者的观点倾向于波动理论"。无论哪个概念是正确的,光移动得太快了，它毫不费力就能描绘出任何肉眼可察觉的运动。这就提出了一个相反的问题：什么时候运动是不可察觉的？帕克的回答是："当一个物体（比方说休伦湖上一艘远处的货船）的移动速度不超过每小时 20 度时。"

奇怪的是，他并没有提到视觉暂留的现象，尽管阿尔瓦这个年龄的男孩都知道，快速翻转卡片上的一系列静止图像或者转动一个西洋镜，上面的图像似乎在自动移动。但是帕克在 245~246 页描述了魔法灯，有一幅插图展示了它是如何放大载玻片的彩色图像并把它投射到"一块准备接收它的白屏"上的。

帕克写道，所有的光学介质都是发光的、透明的或半透明的，以透镜为例，屈光镜根据形状的凹凸来弯曲光束。这让他对眼睛的生理学展开了深入的讨论，包括它对光线和黑暗突然变化的敏感性。这对任何可能有一天会被海军要求提高战时视力的年轻读者都很有用。

这本书的最后几章专门讨论了"电磁电报学"（其中有一个有用的莫尔斯电码对照表把阿尔瓦的姓氏翻译成"•—••••••—•"）和"天文学"。书中提醒他，如果他想观察日全食，它只会持续"3 分钟多一点儿"。

200 个瓶子

在掌握帕克所描述的部分或全部科学知识之前，阿尔瓦在 11 岁时成了一名菜贩子。用当时一句平淡无奇的话来说，就是"推销园艺货物"。1857 年夏，萨姆·爱迪生的经济状况极其困难，他不得不在房子周围的果园和田地里种植农产品并出售。多亏了格拉希厄特堡肥沃的土壤，他得到了丰厚的报酬。

萨姆·爱迪生正在格拉希厄特堡耕地，日期不详

阿尔瓦带着任务开始了工作，他耕种了 8 英亩的甜玉米、萝卜、洋葱、欧洲防风草和甜菜，"我对这个菜园非常关心，并且非常努力地工作。我的父亲有一辆旧马车，我们用它把蔬菜运到 1.5 英里之外的镇上，挨家挨户地卖"。夏季进入尾声时，梨和苹果在果园里成熟，阿尔瓦的收入也增加了。他聪明地将收入交给了他的母亲。随着时间的推移，他学会用加固底部的盒子来包装无花果，这也保证了运货时可以运送更多的水果。

在接下来的两个夏天里，他一直为"蔬菜水果零售店"工作，一度做得很好，能上交南希 600 美元。无论为自己保留了多少零花钱，他都投资到地下室，建起了一个化学实验室。

帕克挑衅地坚持认为化学与自然哲学没有关系，自然哲学是对物质世界的研究，阿瓦尔可能是受帕克这个观点的驱动而建立了这个化学实验室。化学超出物理学的范围，是一门创造性地研究和"改变元素的自然排列以产生我们所希望的某些条件"的科学。换句话说，化学主动而非被动地将思维应用于物质，在这方面更有人性化和挑战性。阿尔瓦从一开始就喜欢化学，当他能远离机器的噪声和老是误解他的学校，并能熟练地混合粉末时，他总是最开心的。他曾经说，他想知道"为什么他没有成为一名分析化学家，而是专注于电学，而起初他对电学并没有太大的兴趣"。

他的青少年实验室的主要特征是一组多达200个的瓶子，所有的瓶子都贴上了毒药的标签，这是一种故意的、有效的策略，目的是阻止任何人捣乱。他调制出了许多挥发性化合物，有时他的朋友约瑟夫·克兰西会帮他，南希担心这些化合物可能会爆炸。他虽然没有掀翻地下室的窗户，但还是炸毁了市中心旧电报局的一角，并且这场事故导致其他几个男孩被烧伤。

1858年的某个时候，阿尔瓦把足够长的电线、旧罐子、钉子、锌、绝缘铜线圈、一块格罗夫电池和弹簧铜钥匙绑在一起，让他的实验室与1.5英里外的克兰西家进行了莫尔斯电码通信。随着青春期的到来（"妈妈，我80磅，有一蒲式耳麦子那么重"），他度过了最后的带有孩子气的放纵时光，之后的两次经历使他清醒下来并步入成年。一次是返回位于休伦港市中心的联合学校，待了可能只有11个星期，可是他并不比前两次更适应教室。另一次是神秘的创伤，无论是出于医学上的原因、意外还是其他病理性的原因，结果是他将永远无法听到周围的声音。没有留存任何官方记录来解释那个创伤究竟是什么。当他长大到可以毫不尴尬地谈论耳聋时，他也并没有给出令人信服的原因。他在29岁时写道："我从12岁起就再也没听到鸟儿歌唱。"人们从他这不经意间的单纯伤感的描述才知道他耳聋的事实。

如果爱迪生给出的日期是对的，就在那呼呼冒气、鸣笛呼啸的火车头和叮当作响的车厢打破格拉希厄特堡的自然和谐声音的几个月前，阿尔瓦就失去了3/4的听力。无论如何，当他在1859年晚秋说服母亲南希让他乘坐大干线铁路上的火车时，他就已经不再是个孩子了。这条铁路上的蒸汽带着他走出了这里，走向远方，也是沿着这条轨道，他步入了未来的岁月。

终曲

1931 年

72 年后，爱迪生弥留之际，有人向胡佛总统建议，在爱迪生被安葬的那天晚上，整个美国的电力系统关闭 1 分钟。但是胡佛意识到，这样的做法会影响全国，很可能会导致无数人丧命。他也不赞成下令熄灭所有的公共灯光。这样做不仅不可思议，而且是不可能的。美国不可能再回到 1847 年托马斯·阿尔瓦·爱迪生出生时的那种黑暗之中，哪怕是 60 秒也不行。

总统在 10 月 20 日的声明中强调了这一点。"这个国家的生命和健康依赖于电流，这本身就是爱迪生天才的一座丰碑。"然而，他承认有一种"普遍的愿望"，要向作为人类恩人的"老头儿"表达个人的敬意，他呼吁所有个人和组织在美国东部时间第二天晚上 10:00~10:01 熄灯——这天恰好是 1879 年爱迪生发明第一盏可用灯的周年纪念日。

黄昏时分，爱迪生被安葬在新泽西州蒙特克莱尔的罗斯代尔公墓。当他的棺材被放进墓穴时，太阳从鹰岩后面落下。在曼哈顿河对岸，一大群人开始沿着百老汇聚集在第四十二街和第四十三街之间。

9点58分，哥伦比亚广播公司和美国全国广播公司的广播网提前播放了胡佛的呼吁，一些电台播放了海顿的《创世纪》中的"渊面黑暗"片段。俄亥俄州米兰的钟声响了，随着钟声每隔6秒响一次，爱迪生的出生地变暗了，白宫的所有灯都熄灭了，包括行政公园周围大大的球形灯泡，首都及其郊区的大部分地区的灯光也跟着熄灭。在纽约港，自由女神像手持的火炬闪烁不定。与此同时，"灯光大道"（百老汇）的广告牌和标志消失了，人群中一片寂静，人群向北延伸到了第五十街乃至更远。声音的消失比黑暗更值得注意，因为一些小商店没有熄灯。整个剧院区没有一辆车在行驶。

在佛罗里达州伊博尔市的美国军团竞技场，战斗节目进行到一半时，作为熄灯号的锣声响起，观众们脱下手套站在黑暗中。在宾夕法尼亚的雷丁电影院，说话的人停止了交谈，画面从屏幕上消失了，除了昏暗的红色出口灯光外，什么也看不见。位于该州另一端的小城富兰克林试图停电以营造完全的黑暗，但秋夜的月光使他们未能如愿。芝加哥的摩天大楼失去了光彩，几座灯塔熄灯，对空中交通构成了短暂的威胁。闭塞地区的农场和村庄就像溶解在墨水中的水晶一样消失了。太平洋煤气和电力公司熄灭了加州北部所有的灯光。一种奇怪的寂静笼罩着西海岸的城市地区。随着街道变暗，行人停步，男人脱帽，女人低头。

爱迪生的去世留下了一个长久流传的传奇，很快就发展成了神话。在长达25年的时间里，在一些阿谀奉承的传记和电影中，他被神化了，这让他的妻子和孩子既高兴又困惑，他们没有一个人能逃脱他的影子。他们试图以不同程度的成功来适应这种压抑的感觉。

米娜·爱迪生于1935年与爱德华·埃弗里特·休斯结婚，这位富有的老商人在1940年去世前说服她享受鸡尾酒（喝鸡尾酒在肖托夸是不被赞成的）和环球旅行的乐趣。她取了他的姓，但很快就放弃了。恢复守寡后，她在生命最后的 7 年里，在格伦蒙特和塞米诺尔小屋两处生活，又一次成为托马斯·阿尔瓦·爱迪生的夫人。

1935 年，汤姆忍受着妻子的出轨，独自一人在马萨诸塞州的一家旅馆里去世，据称是因为心脏衰竭。两年后，威廉在特拉华州的威尔明顿去世，在此之前，他为 5 种无线电设备和信号系统申请了专利。玛丽昂没有再婚，她住在康涅狄格州的诺沃克，哀悼着汤姆，寄情于歌剧，直到 1965 年去世。查尔斯经营着爱迪生公司这个庞大但不断萎缩的企业集团，直到 1957 年它被麦格劳电气公司收购，可以说，他是爱迪生的儿子中最成功的一个，在 1937 年被富兰克林·罗斯福任命为海军部助理部长，并在 1940 年辞职竞选新泽西州长之前被提拔为部长。他只担任了一个任期的州长，然后回到商界，在富有的晚年，成了一个古怪的反对共产主义的人。像他的兄弟姐妹（除了马德琳）一样，他没有孩子，于 1969 年去世。10 年后，马德琳也去世了，她和约翰·艾尔·斯隆生了 4 个儿子。西奥多是最后一个去世的主要家庭成员，他是一个恪守原则的知识分子、自然资源保护主义者，晚年时还是越南战争的反对者。1992 年西奥多去世后，爱迪生的名字只在斯隆家族的后代中流传。老萨姆·爱迪生强有力的血统在父系断绝了。

一个垂死的发明家已经陷入昏迷，床边的看守人永远不能确定在他一动不动的白发苍苍的脑袋里，可能正在上演什么事实或想象的梦。最重要的是，他已经完全失聪，这使得他最后的意识更加隐秘。但是，如果爱迪生在 1931 年 10 月的听觉记忆能够让他记起 12 岁失聪之前的声音，他或许听到了在大干线铁路列车到来之前，使格拉希厄特堡成为一个自然音符的天堂的和谐噪声：阅兵场的号声；云雀、黑鸟和鹌鹑在小树林里的房子周围的合唱；休伦港的 7 家锯木厂嗡嗡作响；圣克莱尔河中木头的撞击声；母亲呼唤"阿尔瓦"的声音，她在叫他去上课；学校和教堂的钟声；他在米兰记住的造船厂工人唱的歌曲——他的第一批录音！说不定他还听到了更遥远的地方的音律，甚至在潜意识的深处，听到了渗透他生命最初 9 个月的黑暗的所有声音。

致谢

在传记的信息搜集和写作过程中,感谢托马斯·爱迪生国家历史公园的首席档案保管员伦纳德·德格拉夫提供的专业协助。还要感谢罗格斯大学的《托马斯·A.爱迪生文献》项目编辑保罗·伊斯雷尔和高级编辑托马斯·杰弗里。除了他们的常规协助,德格拉夫和杰弗里先生对我的手稿进行了全面的学术审查。我的妻子,也是我的同行西尔维娅·尤克斯·莫里斯也进行了同样的审查。本书的科学、技术和医学部分分别由"文献项目"的副编辑路易斯·卡拉特、位于佛罗里达州迈尔斯堡的爱迪生–福特过冬庄园顾问卡尔·霍纳博士和密歇根州诺斯维尔的凯伦·查普尔博士进行审查。戴维·爱迪生·斯隆博士允许我翻阅他的爱迪生家族档案。我非常感谢这些慷慨耐心的人,以及我以前和现在的编辑罗伯特·鲁米斯和安迪·沃德,还有下面列出的其他善良的人。

米歇尔·阿尔比恩,玛丽·阿拉娜,戴维·鲍尔,皮尔森·鲍尔,康斯坦丁·巴特金,安东尼·博蒙特,帕梅拉·布伦菲尔特,萨姆·布莱劳斯基,凯伦·查普尔,内德·康斯托克,迈克·科斯登,李·克雷格,安东尼·达维多维茨,朱迪·达维多维茨,查尔斯·德凡提,迪诺·埃弗里特,马克·格鲁瑟,汤姆·格里菲斯,乔治·赫里克,克里斯·亨特,多迪·卡赞建,乔治安娜·恩赛因·肯特,金尼·基兰德,克利福德·劳伯,戴维·莱夫斯克,理查德·林赛,查尔斯·麦克弗森,斯蒂芬·摩根,约翰·诺沃格罗德,哈里·彭宁顿,凯特·阿默·里德,亚历山德拉·里默,本杰明·罗森,唐娜·佩雷特·罗森,戴维·苏伯特,沃尔特·苏斯基,雷切尔·威森伯格,乔治·威勒曼,小希拉姆·威廉斯,路易斯·沃尔夫。

最后,我想向斯科特·莫耶斯表达感激之情,感谢他第一个建议我创作关于托马斯·阿尔瓦·爱迪生的传记。

埃德蒙·莫里斯

图片来源

除非另标注来源，本书所有图片均由国家公园管理局和托马斯·爱迪生国家历史公园免费提供。

文前图：爱迪生在他的实验室图书馆里，站在奥雷利奥·博尔迪加创作的雕像《电力天才》旁，1911年。国会图书馆提供。P215图：爱迪生在他的化学实验室里，1902年。国会图书馆免费提供。P373图：爱迪生被灯泡折射的形象。埃德蒙·莫里斯免费提供。P517图：爱迪生和他的留声机，华盛顿，1878年4月。原始出处不明。P572图：爱迪生给《每日画报》的致谢信，于1878年5月16日被发表。《托马斯·A.爱迪生文献》，罗格斯大学提供。P580图：从怀俄明州的克雷斯顿看到的日全食，1878年7月29日，E. L. 特鲁夫洛绘制。原始出处不明。P601图：爱迪生的"新年夜灯泡"，1879年。史密森学会国立美国历史博物馆产品和工业部门提供。P609图：1862年4月10日的《底特律自由报》报道了夏洛战役。原始出处不明。P632图：1869年的"黑色星期五"，詹姆斯·加菲尔德标注的黄金价格公告，他后来成为美国总统。原始出处不明。P637图：俄亥俄州米兰，爱迪生的出生地。原始出处不明。P638图：《从桑达斯基市路向米兰看去》，J. 布伦纳德于1847年绘制。原始出处不明。

参考文献与注释

编者按：由于篇幅所限，本书参考文献与注释部分以线上电子文件的形式供读者阅读，请扫描下方二维码获取参考文献与注释具体内容。对于由此给您的阅读带来的不便，我们深表歉意。

扫码进入中信书院页面，查看《点亮黑夜——爱迪生传》的参考文献和注释